Wie die Geschichte der Menschheit selbst begreift Ernst R. Sandvoss auch die Geschichte des philosophischen Denkens, des Wandels in der Auseinandersetzung des Menschen mit sich und der Welt, als evolutionär. Er verfolgt diesen Prozeß von den Anfängen im frühen Indien und China bis in die Gegenwart. Der Leser erhält in einer umfassenden und dabei knapp und verständlich geschriebenen Entwicklungsgeschichte der Ideen einen Überblick über philosophische Traditionen und ihre Repräsentanten, wobei der Autor immer auch den jeweiligen gesellschafts- und kulturhistorischen Kontext einbezieht. Die Darstellung legt ihren Schwerpunkt auf die traditionellen Disziplinen der Naturphilosophie, der Ethik, der Logik und der Metaphysik, wobei sie sich auch für die Neuzeit nicht auf die klassischen europäischen Denker beschränkt, sondern den Blick ebenso nach Nord- und Osteuropa sowie auf die anderen Kontinente lenkt.

Ernst R. Sandvoss, geb. 1929 in Braunschweig, studierte Philosophie, Klassische Philologie, Geschichte und Sanskrit an den Universitäten Freiburg i. Br., Göttingen und Tübingen. Promotion 1954 über die Psychologie des Aristoteles; Forschungsstipendium der Harvard University 1965/66; Habilitation 1969 über Platons Gesetzgebung; von 1971 bis 1994 Professor für Geschichte der Philosophie an der Universität Saarbrücken. Veröffentlichungen u. a.: ›Sokrates und Nietzsche‹ (1966); ›Hitler und Nietzsche‹ (1969); ›Platon‹ (1972); ›Leibniz‹ (1975); ›Augustinus‹ (1978), ›Bertrand Russell‹ (1980); ›Aristoteles‹ (1981); ›Immanuel Kant‹ (1983); ›Philosophie im globalen Zeitalter‹ (1994); ›Sternstunden des Prometheus. Vom Weltbild zum Weltmodell‹ (1996); ›Ethik im globalen Zeitalter‹ (1999).

Ernst R. Sandvoss

Geschichte der Philosophie

Mittelalter
Neuzeit
Gegenwart

Deutscher Taschenbuch Verlag

Für Gisela

Aktualisierte Neuausgabe
Mai 2001

www.dtv.de

Umschlagkonzept: Balk & Brumshagen
Gesamtherstellung: C. H. Beck'sche Buchdruckerei, Nördlingen
Gedruckt auf säurefreiem, chlorfrei gebleichtem Papier
Printed in Germany · ISBN 3-423-30815-X

Inhalt

6 Christliche Philosophie

6.1 Die feudale Gesellschaft

6.1.1 Germanen

Die germanische Völkerwanderung (vom Ende des 4. bis zum Ende des 6. Jahrhunderts), verursacht durch klimatische Veränderungen, Bevölkerungswachstum, Landnot und Abenteuerlust, im Südosten ausgelöst durch das Vordringen der Hunnen, brachte Bewegung in die damalige Völkerwelt und führte zum Untergang des Weströmischen Reiches, auf dessen Boden Germanenreiche entstanden. Bedeutsam für die Entwicklung Europas wurde die Begegnung von Germanen und Christentum auf dem Trümmerfeld des Imperium Romanum. Der Bischof Wulfila (ca. 310–383) übersetzte die Bibel ins Gotische und gewann die Goten im Donaugebiet und auf dem Balkan für das arianische Christentum, das auch andere germanische Völker im Mittelmeerraum annahmen. Der Presbyter Arius lehrte die Wesensähnlichkeit (Homoiusie) des Gottessohnes mit dem Vater, konnte sich aber gegen die römische Orthodoxie unter Führung des Bischofs Athanasius nicht behaupten, der die Wesensgleichheit (Homousie) annahm und diese Lehre im Konzil von Nikaia (325) durchsetzte.

Die Germanen wurden als Föderaten in das Römische Reich eingegliedert und auf Kolonengütern angesiedelt. Während sie die römische Zivilisation übernahmen, gründeten sie bald selbständige Königreiche auf volksrechtlicher Basis. In die von den Germanen verlassenen Gebiete östlich der Elbe rückten die Slawen nach, ein weiterer für die Entwicklung des Abendlandes bedeutsamer Faktor.

Das erste germanische Reich auf römischem Boden, das Reich der Vandalen in Afrika (429–534), wurde von dem oströmischen Feldherrn Belisar zerstört. Während der Belagerung von Hippo Regius durch die Vandalen im Jahre 430 war der dort wirkende Bischof und Kirchenvater Augustinus gestorben; 455 hatten die Vandalen Rom geplündert. Byzanz, das »neue Rom«, war die Basis für die Entwicklung eines griechisch geprägten Christentums in Osteuropa. In Spanien entstand das Tolosanische Westgotenreich (419–507). Hier wurde von Eurich das älteste germanische Gesetzgebungswerk in lateinischer Sprache verfaßt, ein Produkt kultureller Verschmelzung: der ›Codex Euricianus‹ (um 470). Der für germanische Staatsgebilde typische Kampf zwischen Adel und König schwächte dieses Reich, dessen südlichen Teil die Byzantiner (551) eroberten, später (seit 711) eroberten es die Araber. Hier schuf Rekkeswind ein gemeinsames Gesetzbuch für Goten und Römer, die ›Lex Visigotorum‹ (654). Im Reich der Burgunder (443–534) entstand unter Gundobad (516) die ›Lex Burgundiorum‹. Das Reich eroberten später die Franken. Die byzantinischen Feldherrn Belisar und Narses vernichteten das Ostgotenreich (493–552) in Italien. Karl der Große eroberte das Reich der Langobarden (568–774) in Italien und vereinigte es, ohne das Herzogtum Benevent, mit dem Frankenreich. Den Weströmern unter Aëtius war es, im Bund mit den Germanen, gelungen, die Hunnen unter Attila zu vertreiben; ihr Sieg auf den Katalaunischen Feldern (451) war die letzte militärische Großtat Westroms zum Schutz des Abendlandes. Die Oströmer hatten die Reichsgründungen der Germanen auf römischem Reichsboden beseitigt und damit die römische Herrschaft im Mittelmeerraum wiederhergestellt. Das kluge Bündnis der Päpste, die auch weltliche Herrschaft ausübten, mit dem Frankenreich unter gleichzeitiger Abwendung von Byzanz (Zwei-Kaiser-Problem), war die dritte große Leistung für das entstehende Abendland.

6.1.2 Christentum

Die kulturelle Verschmelzung von Germanen und Römern vollzog sich vor allem auf den Gebieten, die auch das Leben der Römer bestimmt hatten, auf denen des Rechts und der Religion.

Auf dem Boden des Römischen Reiches begegneten sich Judentum, Christentum und Islam einerseits, Griechen, Römer und Germanen andererseits. Nirgends hat eine aufstrebende Weltreligion so günstige Bedingungen vorgefunden wie das

Christentum im Römischen Imperium. Es baute in religiöser Hinsicht auf der großartigsten Volksreligion, der Tradition der Juden auf, konnte auf das beste intellektuelle Rüstzeug, die griechische Philosophie, zurückgreifen, fand die idealen organisatorischen Voraussetzungen in einem abdankenden Weltreich vor und noch dazu ein großes Reservoir an unverbrauchten, zivilisationshungrigen Völkern. Allerdings hatte das Christentum auch Gefahren, innere wie äußere, zu bestehen[1]: Glaubensspaltung, Konkurrenz (Islam), philosophische Kritik und die germanischen Herrschaftsstrukturen. Die Auseinandersetzung mit diesen Gefahren bestimmt die Geschichte des Christentums in der Spätantike und im frühen Mittelalter.

Nicht anders als zur Zeit der Großen Kolonisation der Griechen, der klassischen griechischen Kultur, des Hellenismus sowie des Imperium Romanum stand auch das neue, christliche Europa im Zeichen der Vielfalt, der Synthesen und des Pluralismus. Geographisch und ethnisch ist dies evident, aber auf wirtschaftlichem, sozialem, politischem und kulturellem Gebiet herrschte ebenfalls eine große Mannigfaltigkeit.

6.1.3 Wirtschaft

Die Wirtschaftsweise der Germanen bestand hauptsächlich aus Ackerbau und Viehzucht. Es wurden die auch heute noch dominierenden Getreidearten angebaut, und die heute bekannten Haustierarten gab es schon gegen Ende der Steinzeit. Von den Römern lernten sie den Obst- und Weinbau. Der Boden gehörte der Sippe oder dem Gemeinwesen, die Gewannflur mit Feldgemeinschaft und Flurzwang entstand erst im Mittelalter. Seit der Bronzezeit handelten die Germanen mit den Bewohnern des Mittelmeergebietes: Bernstein, Frauenhaar, Pelze und Sklaven gegen Handwerksartikel und Fertigwaren.

Im Römischen Imperium setzte sich gegenüber der alten republikanischen Silberwährung die Goldwährung durch (von

[1] Eine nicht ungefährliche Konkurrenz waren die Lehren des Mani (ca. 216 bis 276), eines Erleuchteten, der in Persien und Indien predigte. Der nach ihm benannte Manichäismus beruht auf einem strengen Dualismus, der Unterscheidung eines Gottes des Lichts und eines Gottes der Finsternis, Ahura Mazdas und Ahrimans. Augustinus war neun Jahre lang Manichäer.

Caesar bis Konstantin): 1 Solidus = 24 Denare. Die seit dem 1. Jahrhundert entstandenen wirtschaftlichen Großräume (Gallien, Britannien, Germanien, Griechenland, Vorderasien, Afrika) verselbständigten sich im 3. Jahrhundert auf Kosten Italiens. In der Kaiserzeit weitete sich der Fernhandel dank eines gut ausgebauten Straßennetzes aus. Zur Befriedigung wachsender Bedürfnisse von Armee, Flotte und Verwaltung entstanden Fabriken, die jedoch nicht mehr als 100 Arbeiter, Sklaven oder Freie, beschäftigten. Handwerker schlossen sich in Korporationen zusammen. Die kleinen Freibauern konnten sich gegen ausländische Konkurrenz, Bandenunwesen und Steuereintreiber nur schwer behaupten und suchten Schutz bei den Großgrundbesitzern, denen sie ihr Land übergaben, um künftig als Kolonen oder Landarbeiter, dem Namen nach Freie, den Besitz der Reichen zu mehren. Die Gutsbesitzer *(potentes)*, die in prächtigen Gutshäusern *(villae)* wohnten, usurpierten Rechtsprechung und Steuergewalt, unterhielten oft eine eigene Polizeitruppe und residierten auf ihren Latifundien wie die Herren im Mittelalter. Gegen Ende der Kaiserzeit verlagerte sich der Schwerpunkt der Wirtschaft aufs Land, infolge eingeschränkten Handels kehrte man weitgehend zur Naturalwirtschaft zurück. Beides kam der Verschmelzung von Römern und Germanen entgegen, die in Dörfern lebten und Tauschhandel trieben.

6.1.4 Gesellschaft

Gesellschaftlich war die Konstellation nicht minder günstig. Den Anfängen des Feudalismus im Römischen Imperium entsprach bei den Germanen die für die Entwicklung des mittelalterlichen Feudalismus günstige Ständeeinteilung in Adel, Freie, Halbfreie und Sklaven. Der Adel entstand entweder durch gesteigertes Machtstreben einheimischer Familien oder durch Eroberung von außen. Dabei ging ethnische Schichtung in gesellschaftliche über. Aufgrund von Führungsansprüchen und Gefolgschaft oder Eroberung und Raub etablierte sich ein durch Besitz und Macht, nicht durch Recht, bevorzugter Herrenstand. Teils zeichnete er sich durch kriegerische Leistungen und Tugenden wie Mut, Ehre und Treue aus, teils schloß er sich ab, nahm elitäre Züge an und genoß seine Privilegien.

Beim Feudalismus ist zwischen einem weiten und einem engen Begriff zu unterscheiden. Im weiteren Sinn waren die Gesellschaften im alten Indien und China, in Hellas, Rom und Germanien feudale Gesellschaften, insofern eine Kriegerkaste das Monopol der Gewaltanwendung besaß und daraus gesellschaftliche Vorteile zog; im engeren, westlichen Sinn war der Feudalstaat ein Lehnsstaat, der sich im Frankenreich entwickelte und germanische wie römische Elemente enthielt.

Aus römischen und germanischen Anfängen entwickelte sich im frühen Mittelalter das Lehnswesen, die feudale Gesellschaft (*feudum:* Lehen), die im hohen Mittelalter Europa das soziale Gepräge gab, dann durch das Aufkommen von Söldnerheeren und Feuerwaffen ihre Funktion verlor (Don Quichotte) und in den Ständestaat überging. Deutschland blieb formell bis zum Untergang des ersten deutschen Reiches (1806) ein Lehnsstaat, dessen Reste im 19. Jahrhundert, 1918 oder erst durch das Kontrollratsgesetz 45 von 1947 offiziell beseitigt wurden. Inoffiziell und indirekt übt das Herrschaftssystem auch heute noch dank seiner fast zweitausendjährigen Tradition eine nicht zu unterschätzende Macht aus.

Schon für den spätrömischen Feudalismus war die Selbstauslieferung *(commendatio)* Freier (*ingenui in obsequio,* abhängige Freie) in den Schutz *(patrocinium)* großer und mächtiger Herren *(optimates, domini, proceres)* und damit die Begründung einer Klientel charakteristisch. Die Kehrseite der Schutzgewährung bestand in Dienstleistungen. Germanisches Gefolgschaftswesen und römisches Klientelverhältnis gingen ein Bündnis ein. Dem *comitatus* entsprach die Gefolgschaft, dem *puer* oder *miles* der *gwas* (keltisch), woraus *vassus, vasallus* und schließlich Vasall wurde. Aus dem *gasindus* wurde das Gesinde, zuletzt das Gesindel. Der Vasall empfing von seinem Herrn das Lehen *(beneficium),* das ihm Schutz und Unterhalt gewährte, und war dafür zu Rat *(consilium)* und Hilfe *(auxilium)* verpflichtet. Die persönliche Bindung blieb auch bei zunehmender Bedeutung des dinglichen Bestandteils ein durchgehendes Merkmal der Vasallität. Lehnsrechtlich war die Kommendation ein Vertrag, der für beide Seiten auf der Grundlage persönlicher Bindung Rechte und Pflichten implizierte. Bruch des Treueids, Pflichtverletzung eines Partners (Felonie) galt als schweres Verbrechen und wurde mit Sanktionen belegt, die aber bis zum 13. Jahrhundert oft wirkungslos blieben. In solchem Streit entschieden dann die Waffen.

Aus den komplizierten Abhängigkeitsverhältnissen von Herren, Vasallen und Untervasallen entwickelte sich eine Hierarchie der Grundbesitzrechte und Machtinstanzen, eine Lehnspyramide mit, je nach Land und Verteilung der Herrschermacht, verschiedenen, zentripetalen oder zentrifugalen Tendenzen. Dank eines nahezu unerschöpflichen Vorrats an erobertem Land und unaufhörlicher Kriege entstand zur Zeit der Karolinger ein weitverzweigtes Netz von Lehnsherren und Vasallen, ein System von Unter-, Neben- und Überordnung, eine politische Ordnung der Macht, die in Kunst, Philosophie und Religion analoge Ausdrucksformen suchte und fand. Die Aushöhlung und Auflösung dieses Systems der Machtverteilung durch Erblichkeit der Lehen, Verdinglichung der Beziehungen, Funktionsverlust und selbstzerstörerische Fehden, durch unersättliches Machtstreben, Rivalitäten und Prestigedenken bedeutete für den Menschen am Ende des Mittelalters nicht nur den Verlust von Halt und Orientierung, sondern auch den Untergang einer für absolut gehaltenen Weltordnung.

6.2 Hierarchische Weltordnung

6.2.1 Gott – Mensch – Welt

Ein Verständnis christlicher Philosophie ist ohne eine Kenntnis der Gesellschaft, der sie entstammt, nicht möglich, auch nicht ohne eine Analyse des christlichen Weltbildes, das untrennbar mit der Stifterpersönlichkeit des Christentums verbunden ist. Wenn es auch nicht leicht ist, Philosophisches streng von Theologischem und Religiösem zu trennen, so ist es doch nicht aussichtslos. Es gibt in der christlichen Botschaft und in den Lehren der Kirchenväter und Scholastiker Aussagen, die ihrem Charakter nach philosophisch sind und zum Philosophieren herausfordern, wurde doch Jesus Christus von großen Teilen der antiken Intelligenz als Philosoph verstanden. Gegen den christlichen Satz »Die Wahrheit wird euch freimachen« hätte wahrscheinlich kaum ein griechischer Philosoph Einwendungen erhoben. Neu, spezifisch christlich an dieser Aussage ist die Betonung der Freiheit. Ebensowenig hätte wohl irgendein für die Philosophie aufgeschlossener Römer, eingedenk der zahllosen äußeren und inneren Kriege, in die sein Land verwickelt wurde, die christliche Botschaft der Liebe, des Friedens und der Brüderlichkeit abgelehnt. Die Sehnsucht nach Frieden, Versöhnung und Menschlichkeit war zur Zeit von Christi Geburt weit verbreitet und entsprach der Stimmung der damaligen Welt. Die »Pax Augusta« war ein »heidnischer« Versuch, das Ersehnte zu verwirklichen. Spezifisch christlich war indessen die Radikalität der Forderung. Schon im Alten Testament erscheint die Nächstenliebe als sittlicher Wert. Und auch in Texten sowohl der hinduistischen und buddhistischen als auch der chinesischen Philosophie (Lao Tzu) finden sich bereits Lehren, nach denen Böses nicht mit Bösem und sogar mit Gutem zu vergelten ist. Das Gebot »Liebet eure Feinde!« radikalisiert diese Ansätze jedoch in einer bis dahin ungekannten Weise und bringt sie auf eine ethische Maximalformel.

In seinem letzten Dialog, den ›Gesetzen‹, hatte Platon in echt hellenischer Weise von Gott als dem Maß aller Dinge gesprochen. Mit der Idee, Gott als Vater, die Menschen als Gottes Kinder zu verstehen, hat erst das Christentum die Herzen der Menschen gewonnen. Das Christentum brachte auch ein neues Weltverständnis mit, wiederum so radikal wie nie zuvor und an die Erfahrung der Stifterpersönlichkeit gebunden: »Ich habe die Welt besiegt.« Christus wollte damit sicher nicht sagen, er habe als Imperator die Welt erobert, vielmehr, daß er der Versuchung, sie zu erobern, der Verlockung von Ruhm, Macht und Größe widerstand. Die Botschaft Christi ist die radikalste Absage an jede Art von Herrschaft des Menschen über Menschen, zugleich die radikalste Aufforderung zum Dienen, welche die Geschichte kennt.

Mit dem Satz »Ich bin der Weg, die Wahrheit und das Leben, niemand kommt zum Vater, denn durch mich« hat Christus die Wahrheit an die Persönlichkeit gebunden, der Wahrhaftigkeit den Vorzug vor der Richtigkeit gegeben, Wort und Tat unlösbar miteinander verknüpft und der Wahrheitssuche einen Sinn gegeben: das Heil der Seele, das wichtiger ist als alle Schätze dieser Welt. Platon hatte das Heil *(soteria)* der Welt von der Erkenntnis erwartet, Christus erkannte, daß auch der menschliche Geist der Versuchung durch das Böse, der Korruption und

Verderbnis ausgesetzt ist. Sein Ideal ist nicht der sokratische Philosoph oder der stoische Weise, sondern der Heilige, der seine Tugenden nicht selbst erwirbt, sondern von Gott geschenkt bekommt.

Anstelle des griechischen Vertrauens auf die Logik und der römischen Geborgenheit in der Ratio trat mit Christus der Glaube an Gott und an den Mittelsmann seiner Gnade: ein für antikes Empfinden höchst befremdlicher Gedanke. Christlicher Glaube hat etwas Unlogisches, Irrationales, Paradoxes.

Die griechische Philosophie, speziell die sokratische, kannte den Begriff des Weges, der Methode, einer Technik, um zur Erkenntnis zu gelangen. Christus bezeichnete sich selbst, sein Leben und seine Existenz, als Weg und gab damit dem Begriff des Weges einen tieferen Sinn, in dem asiatische, europäische und afrikanische Erfahrungen verschmolzen sind.

Wer war dieser Jesus Christus, der so von sich sprach: ein Größenwahnsinniger, ein Narr, ein Betrüger oder ein Erleuchteter, ein Heiliger, ein Sohn Gottes? Er selbst bezeichnete sich als Menschensohn. Seine Worte, seine Werke und sein Leben stimmen in einer Weise zusammen, die es weder vorher noch nachher wieder gegeben hat. Seiner Persönlichkeit haftet etwas Unerreichbares, Absolutes und Einmaliges an, das unendlich befreiend, beglückend und erlösend wirkt. Im Unterschied zu anderen Stiftern von Weltreligionen stammte Christus aus dem einfachen Volk, dessen Hilflosigkeit, Armut und Leiden ihn zutiefst bewegten. Er heilte Kranke, richtete Schwache wieder auf, gab Verzweifelten Hoffnung, linderte die Not der Armen, Gequälten und Unterdrückten und gab den Verachteten ihr Selbstvertrauen zurück. Gleichzeitig wandte er sich gegen die Selbstgerechten, Schriftgelehrten und Pharisäer, gegen Reiche und Richter, vor allem aber gegen den Hochmut der Herrschenden oder, mit dem Wort Senator Fulbrights zu sprechen, gegen die »Arroganz der Macht«. In christlicher Sicht ist der Hochmut die schlimmste Sünde, das Merkmal des Teufels. Entsprechend ist Demut eine spezifisch christliche Tugend, außerdem sind dies Mitleid, Glaube, Hoffnung und vor allen anderen die Liebe. Mit diesen Lehren stellte sich Christus in Gegensatz zu allem, was zuvor in der Welt allgemein hochgeschätzt war: Reichtum und Ansehen, Macht und Größe, Stärke und Härte. Die Geschichte des Christentums zeigt infolge dieser Bestimmung des Verhältnisses von Christ und Welt ein doppeltes Gesicht: der Christianisierung der Welt entspricht eine Verweltlichung des Christentums. Diese Prozesse können aufeinander folgen oder auch gleichzeitig auf verschiedenen Ebenen verlaufen. Insgesamt tritt im Verhältnis des Menschen zur Welt mit dem Christentum eine nie dagewesene Spannung auf. Gott hat die Welt aus dem Nichts geschaffen; das war eine dem griechischen Denken fremde Auffassung. Gott hat aber auch den Menschen als sein Ebenbild geschaffen; diese Vorstellung weicht ebensosehr von antikem Denken ab. Als Krone der Schöpfung kommt der Mensch zwischen Gott und die Welt zu stehen. Noch im Vorspiel zum ›Faust‹ umreißt Goethe den »Kreis der Schöpfung« mit den Worten: »Vom Himmel durch die Welt zur Hölle.« Vom Leben des Menschen im Diesseits hängt sein Schicksal im Jenseits ab. Gott, Mensch, Welt, Himmel und Hölle sind in einem Konzept, in einer »Weltordnung« zusammengefaßt, die ihrem Ursprung und Wesen nach christlich ist. Auch dies übersteigt die Grenzen antiken Vorstellens, Empfindens und Denkens.

6.2.2 Christianisierung der Welt – Verweltlichung des Christentums

Das politische Umfeld christlicher Welterfahrung war zunächst das Römische Imperium. Vor dem absoluten Maßstab christlicher Offenbarung konnten weder die ethischen Tugenden der Heiden bestehen noch ihre staatliche Ordnung. Dem Afrikaner Tertullian (ca. 160–220) erschienen die Tugenden der Heiden nur als glänzende Laster, und Augustinus (354–430), ebenfalls aus Afrika, stellte dem irdischen Kaiserreich der Römer Gottes himmlisches Reich, die Civitas Dei gegenüber. Bei dem Versuch, die Welt zu christianisieren, stießen die Apostel (Gesandte) des Herrn auf erhebliche Widerstände. Jakobus der Ältere wurde 44 hingerichtet, Jakobus der Herrenbruder 62 gekreuzigt. Mit Stephanus begann die lange Reihe der heidenchristlichen Märtyrer (Zeugen). 64 wurde Petrus gekreuzigt. In Athen, der Hochburg griechischer Philosophie, hatte Paulus nicht überzeugen können, in Rom wurde er, im gleichen Jahr wie Petrus, enthauptet, und dennoch breitete sich das Christentum unaufhaltsam aus, von Antiochia nach Syrien, von Ephesos nach Kleinasien, von Alexandria in Nordafrika, von

Konstantinopel über den Balkan und von Rom über Italien und Spanien.

Die Weigerung, dem Kaiser zu opfern, trug den Christen im Römischen Reich zahlreiche Verfolgungen ein. Am Ende wurde die an sich tolerante Religion der Römer (Pantheon) von dem intoleranten jüdischen Monotheismus der Christen verdrängt. Der Konflikt entzündete sich am Gottkaisertum, nicht an der Religion der Römer. Unter Theodosius wurde das Christentum zur Staatsreligion (391). Die römische Religion ging gewissermaßen an ihrer Toleranz gegenüber der Intoleranz zugrunde.

In der Zeit äußerer Auseinandersetzungen und innerer Spaltungen (Gnosis, Markion, Montanus) verlief ein erster Verweltlichungsprozeß des Christentums. Anstelle des ursprünglich demokratischen Führungsprinzips traten neue Organisationsformen, eine hierarchische Verfassung sowie Trennung von Klerus (Bischöfe, Priester) und Laien. Währenddessen vermittelten die Kirchenväter die griechische Theologie dem Westen (Hieronymus ca. 345–420; Ambrosius ca. 340–397; Augustinus). Die Christianisierung der Slawen ging seit dem 6. Jahrhundert mit dem Vordringen der römischen und byzantinischen Kultur in Osteuropa einher (Cyrillus und Methodius), im 9. Jahrhundert auch mit der Ausdehnung des Frankenreiches (Karl der Große). Die Slawen wurden in die Kirchenspaltung einbezogen: die Westslawen wurden römisch-katholisch, die Ostslawen griechisch-orthodox.

Zur Christianisierung trug wesentlich das Mönchtum bei, das sich von Ägypten und Syrien seit 300 schnell im Orient und dann auch im Okzident ausbreitete. Benedikt von Nursia, der Gründer des Klosters Montecassino, verband in der ›Regula Benedicti‹ mönchische Ideale (Askese, Reinheit der Lehre) mit römischer Disziplin: *stabilitas loci* (Verbleiben im Kloster), *conversio morum* (Armut, Gehorsam, Keuschheit), *ora et labora* (Gebet und Arbeit). Aufgaben des Klosters waren Armenpflege und Gastfreundschaft, Ackerbau und Viehzucht sowie schließlich auch Erziehung und Bildung und die Pflege der Wissenschaft.

Förderte das Mönchtum die Christianisierung der Welt, trug die Papstidee zur Verweltlichung des Christentums bei. Calixtus I. (217–222) hatte gegen Tertullian und Origenes (ca. 185–255) die Sonderstellung des Bischofs von Rom aufgrund von Matth. 16, 18 behauptet. Kaiser Theodosius entschied sich für den Anspruch des Bischofs von Rom auf die Lehrautorität. Der Papst trat fortan als Nachfolger des Petrus, Inhaber des »Apostolischen Stuhls« und Wahrer des rechten Glaubens auf, verfaßte in Anlehnung an die Form kaiserlicher Erlasse Papstbeschlüsse *(decretalia constituta)* und fühlte sich bisweilen nicht mehr nur als privilegierter Bischof, sondern, wie etwa Leo I. (440–461), als »geheimer weströmischer Kaiser«. Kaiser Valentinian III. bestätigte 445 den Primat des römischen Bischofs über das Abendland und gestand ihm das höchste Richteramt, die oberste Verwaltung der Kirche und das höchste Lehramt zu. Das Papsttum entstand also in Verbindung mit dem römischen Kaisertum und teilweise sogar durch seine Identifizierung mit diesem. Gelasius I. (492–496) ging noch einen Schritt weiter und forderte von Kaiser Anastasios I. die Unterordnung der weltlichen Herrscher unter das geistliche Oberhaupt der Kirche (Zweigewaltenlehre). Der nächste Schritt auf dem Weg der Machterweiterung bestand in der Erklärung, daß der Papst von keinem Menschen gerichtet werden darf (›Constitutum Silvestri‹). Die eigentlich weltliche Macht des Papstes begründete Gregor der Große (590–604); er zentralisierte das päpstliche Patrimonium, die Latifundien der römischen Kirche, übernahm weltliche Herrscherfunktionen in Rom, gewann Westgoten, Sweben und Langobarden für den katholischen Glauben und bekehrte auch die Angelsachsen, die die päpstliche Rechtsprechung anerkannten. Am Ende dieser Entwicklung, die wesentlich auf dem Anschluß an das Kaisertum in Rom und auf der Hinwendung zum aufstrebenden Frankenreich beruht, steht die Erklärung des Papstes zum Oberhaupt der gesamten Welt »Papa caput totius orbis«. Hätte Christus, der gesagt hatte: »Mein Reich ist nicht von dieser Welt«, diese Formel für sich akzeptiert?

Es zeichnet sich eine hierarchische Weltordnung ab, die von Gott über Christus und Petrus zum Papst führt, die die weltliche der geistlichen Herrschaft unterordnet und in einem weitverzweigten System mit vielen Verästelungen alle Bereiche des Lebens umfaßt, ordnet und auf ein absolutes Bezugssystem ausrichtet: ein faszinierender Gedanke, in dem sich die Idee römischer Weltherrschaft mit jüdischem Schöpferglauben und christlichem Heilsplan verbindet. Von der Schöpfung der Welt bis zu ihrem Untergang, dem Jüngsten Gericht, hat alles seinen Sinn, seinen Platz und seine Zeit. Diese Vision, dieses Konzept geht weit über alles hinaus, was griechische Philosophen erdacht und römische Staatsmänner für möglich gehalten hatten. Die Idee war phantastisch, ihrer Verwirklichung stellten sich jedoch ungeahnte Hindernisse entgegen. Zunächst einmal hatte man die Welt geordnet, bevor man sie hinreichend kannte. Die Welt war viel größer, rätselhafter und widersprüchlicher, als es der Bibel nach schien oder aus den Schriften des Aristoteles zu entnehmen war. Der Ordnung der Welt widersetzten sich Kräfte, an die man nicht gedacht hatte, sowohl äußere als auch innere. Von Karl dem Großen bis Friedrich II. (1212–1250) und darüber hinaus entbrannte ein erbitterter Kampf um den Primat der Macht. Die germanischen Herrscher glaubten zwar an Gott und Christus, fühlten sich aber nicht vom Papst abhängig, sondern leiteten ihre Herrschaft unmittelbar von Gott her. Die feudale Gesellschaft war zwar auch hierarchisch, aber ihre Hierarchie war eine andere als die des Pseudo-Dionysios Areopagita, eines christlichen Autors aus dem 5. Jahrhundert, der den Hierarchiebegriff einführte und mit ihm die gesamte mittelalterliche Philosophie beeinflußte. Schließlich, am Ende des Mittelalters, mußte man feststellen, daß die göttliche Weltordnung als Hierarchie aller Hierarchien Risse, Lücken und Unstimmigkeiten aufwies, die das gesamte Weltbild in Frage stellten. Der Versuch, die große Einheit herzustellen, war gescheitert. Das Papsttum hatte zwar den Kampf gegen das Kaisertum gewonnen, sich dabei aber zu sehr an die Ordnung der Macht angepaßt und dadurch an Glaubwürdigkeit verloren. Kirche, Klerus und Mönchtum waren verweltlicht und hatten sich weit von ihrem Ursprung, von Christus, den Evangelien und dem frühen Christentum entfernt. Man hatte die feudale Gesellschaft christianisiert und war selbst zu einem Teil von ihr geworden. Es bestand die Gefahr, daß die metaphysische Hierarchie, die als Korrektiv weltlicher Hierarchien einen guten Zweck erfüllt hätte, zur Rechtfertigung der feudalen Gesellschaft und ihrer zunehmend faulen Verhältnisse mißbraucht wurde.

6.2.3 Allmacht der Liebe oder Liebe zur Allmacht?

Aber nicht nur römische und germanische Herrschaftsstrukturen, innere Spaltungen und die Anpassung an die zu überwindende Welt drohten dem Christentum zum Verhängnis zu werden, sondern auch die große Konkurrenz aus der gleichen jüdischen Wurzel, der Islam. Seit dem Ende des 7. Jahrhunderts gab es zwei Religionen mit Absolutheitsansprüchen, und die guten Vorsätze beider Seiten, der Menschheit das Heil und den Frieden zu bringen, endeten in einer Reihe blutiger und grausamer Kriege. Ohne das Bündnis der Kirche mit der weltlichen Macht hätte sie kaum überlebt, aber dieses Bündnis brachte auch Nachteile. Man war angetreten, um die Menschen von Sklaverei, Herrschaft und Unterdrückung zu befreien, und fand sich eingebunden in eine Ordnung der Macht wieder. Die Spannung zwischen Freiheit und Ordnung, die daraus entstand, ist eine Variante der allgemeinen Spannung zwischen Mensch und Welt, ähnlich das Gegeneinander von Friedensabsichten und Kriegsverstrickungen. Ein weiterer besonderer Fall von Widersprüchlichkeit resultierte aus der Sorge um das Seelenheil des Einzelnen: sie führte zu Gesinnungsterror und zur Inquisition. Mit wachsender Macht und der Verbündung mit der Macht wurden aus den Verfolgten Verfolger, schlug Brüderlichkeit um in Bruderhaß und Brudermord. Aus der Allmacht der Liebe war stellen- und zeitweise die Liebe zur Allmacht geworden.

Insgesamt gelang es der feudalen Gesellschaft im weiteren Sinn, eine Reihe äußerer Gefahren vom Abendland abzuwenden: Karl Martell schlug die Araber bei Tours und Poitiers zurück (732); in langen und harten Kämpfen erwehrten sich Frankreich und England der Wikinger; Otto I. besiegte die Ungarn (955); zwischen 1000 und 1500 wurde Spanien zurückerobert; Herzog Heinrich beendete den Vorstoß der Mongolen in der Schlacht bei Liegnitz (1241), um nur die wichtigsten Ereignisse zu nennen.

Den größten Beitrag zur Erschließung Europas leisteten in aller Stille Bauern und Mönche, die in zäher Arbeit und ungeachtet aller Kriege, Seuchen und Nöte Urwald in Kulturlandschaft verwandelten. Nimmt man die Leistungen auf dem Gebiet der Kunst, vor allem der gotischen Architektur, hinzu, in der die hierarchischen Ordnungen des Himmels und der Erde versöhnt erscheinen, kann man ermessen, welche ungeheuren schöpferischen Kräfte in den jungen Völkern Europas schlummerten. Das Christentum hat es fertig gebracht, sie zu wecken, Übelstände der feudalen Gesellschaft wenn nicht abzuschaffen, so doch einzuschränken und eine Kultur hervorzubringen, die sich mit Leistungen der Griechen, Römer und anderer Kulturnationen messen kann.

Scheiterte das Christentum auch mit seinem Absolutheitsanspruch und gelang es ihm nicht, die Ordnung der Macht zu überwinden und durch eine allesumfassende Ordnung der Liebe zu ersetzen und damit seine Grundwerte Frieden, Freiheit und Brüderlichkeit sogleich zu verwirklichen, so hat es die Welt doch nachhaltig verändert und der Verwirklichung dieser Ideale nähergebracht: Gottesfriede, Landfriede, Ächtung von Gewalt, Überwindung des Kaiser- und Königtums sowie der feudalen Gesellschaft, langfristig die Abschaffung der Sklaverei und schließlich die Idee der Menschheit als einer Gemeinschaft freier, friedlicher und kooperativer Völker. De facto hat sich das Christentum in eine pluralistische Verfassung der Welt eingefügt und damit das europäische Konzept der Antike bestätigt, bewahrt und fortgeführt.

6.3 *Philosophia ancilla theologiae*

6.3.1 Theozentrisches Denken

Weder die römischen noch die christlichen Denker hatten eine originäre Beziehung zur Philosophie. Sie betrachteten die Suche nach der Wahrheit nicht als Selbstzweck, wie die griechischen Philosophen, sondern stellten sie in Dienst, benutzten sie für andere Zwecke. Cicero wollte mit Hilfe der Philosophie die republikanische römische Gesellschaft erneuern und betrachtete die Philosophie als ein Kulturgut, die Kirchenväter benötigten die Philosophie zur Verteidigung (Apologie) ihres Glaubens gegen die »Heiden«. In der Formel von der Philosophie als »Magd der Theologie« *(ancilla theologiae)* kommt die Unterordnung der Philosophie deutlich zum Ausdruck. Gleichzeitig drückt sie eine Verlagerung des Schwerpunkts aus. Der Schwerpunkt der Vorsokratiker lag auf der Erforschung des Kosmos; insofern war ihre Philosophie kosmozentrisch. Die Sophisten, Sokrates und im Anschluß daran die Sokratiker interessierten sich mehr für den Menschen; ihre Philosophie war anthropozentrisch. Bei den christlichen Denkern verlagert sich der Schwerpunkt wiederum, und zwar auf Gott; ihr Denken ist theozentrisch. Die Theologie ist nicht mehr, wie noch bei Aristoteles, ein Teil der Metaphysik, sondern Metaphysik und Philosophie überhaupt werden zu einer Art propädeutischer Disziplin für die Theologie. Das ist ungriechisch, unrömisch, aber aus dem Rang der Religion bei den Juden verständlich. Die Bibel wird zur Heiligen Schrift, zum Buch der Bücher, zum absoluten Buch und damit zum Maßstab der Wahrheit, die nicht mehr gesucht, verfehlt oder gefunden, sondern offenbart, geschenkt und vermittelt wird.

6.3.2 Von der Doxa zum Dogma

Entsprechend verschieden ist das Verfahren der griechischen und der christlichen Denker. Der griechische Weise nimmt zunächst wahr, das heißt er unterscheidet. Sapiens ist der Feinschmecker, der dort noch begrifflich unterscheidet, wo der Durchschnittsmensch gleichsetzt. Der Weg vom Groben zum Feineren ist zugleich der Weg der Abstraktion, der vom Einzelnen zum Allgemeinen führt. Demokrit ging davon aus, daß das Seiende teilbar sei. Die älteren ionischen arché-Denker blieben bei den vier Elementen: Wasser, Luft, Feuer und Erde stehen. Demokrit schloß aus der sichtbaren Teilbarkeit auf unsichtbare kleinste Teile, die Atome, er abstrahierte. Beobachtung in diesem vorneuzeitlichen Sinn, logische Analyse, Schließen und Abstrahieren waren die elementaren Bestandteile antiker Denkmethode. Hinzu kamen, wie bei allem echten Philosophieren, Phantasie, Intuition und Meditation. Den christlichen Denkern blieb dieser Weg verschlossen, weil ihnen die Wahrheit als Offenbarung vorgegeben war. Die Heilige Schrift war der Maßstab der Wahrheit, die Wahrheit selbst. Der Philosophie fiel die Aufgabe zu, die Vernunftwahrheit an den Glaubenswahrheiten zu messen, also primär nicht zu unterscheiden, sondern zu entscheiden. In diesem Sinn kann man den Unterschied zwischen griechischer Philosophie und christlichem Denken auf die Formel bringen: der griechische Weise unterscheidet, der christliche Denker entscheidet. Schon die römischen Denker neigten zu diesem Verfahren, da sie die griechische Philosophie wie einen Steinbruch, eine Sammlung von Theorien und Systemen betrachteten, aus denen es die brauchbaren auszuwählen galt. In den lateinischen Worten *cernere*: sehen, unterscheiden und *decernere*: entscheiden, beschließen, läßt sich die Verschiedenheit der Grundverfahren erkennen. Die scholastische Methode, die schulhafte Argumentationsweise mittelalterlicher Denker, beruht wesentlich auf der Auswahl vorgegebener Lehrmeinungen anhand von Texten, für die Gründe und Gegengründe angeführt werden. Schließlich entscheidet die Autorität des Magisters im Hinblick auf den Kanon der Wahrheit über wahr oder falsch. Nun werden allerdings auch im griechischen Denken schon Meinungen von Vorgängern erörtert. Aristoteles liefert in seinen berühmten Lehrschriften (›Metaphysik‹, ›Über die Seele‹) klassische Beispiele des Doxa-Berichts und der Doxa-Kritik[2]. Auch hat Aristoteles eine Konzeption als Maßstab für seine Beurteilung der Meinungen, aber diese Konzeption ist seine eigene, z. B. die Zweckursache oder das Begriffspaar Möglichkeit – Wirklichkeit. Er hat diese Konzeption aufgrund von Beobachtung der Phänomene, Abstraktion und Verallgemeinerung nach dem Prinzip der Minimierung der Prinzipien, also einem ökonomischen Grundsatz, entworfen, gefunden, erfunden. Es ist eine genuin philosophische Leistung. Die römischen und christlichen Denker machten sich solche Ergebnisse griechischer Philosophen zu eigen, urteilten und entschieden nach dem Prinzip der Nützlichkeit für ihre eigenen Zwecke und stuften die philosophischen »Systeme« entsprechend ihrem »Wert« ein. Das bedeutet nicht, daß christliche Denker überhaupt nichts Neues im Bereich der Philosophie aufzuweisen hätten. Neu war z. B. ihr Gottesbegriff im Sinn eines absoluten Bezugssystems. Für einen nach griechischer Art Philosophierenden ist allerdings mit einem solchen Bezugssystem für die Erkenntnis nichts gewonnen. Es erklärt alles und nichts, ist also überflüssig. Es hat lange gedauert, bis aus den neuzeitlichen Physikbü-

[2] Im griechischen Denken bezeichnet *doxa,* im Gegensatz etwa zu *epistéme* (Wissen, Wissenschaft), die ungeprüfte Annahme oder die Lehrmeinung.

chern Gott als unmittelbare Erklärung physikalischer Erscheinungen verschwand. Der griechische Philosoph suchte nach spezifischen Ursachen für Klassen von Gegenständen. Demokrit erklärte die materielle Welt mit Hilfe kleinster Teile, der Atome. Pythagoras erklärte die Verhältnisse im quantifizierbaren Bereich der Wirklichkeit mit Hilfe der Zahlen, Platon führte die Ideen zur Erklärung logischer Sachverhalte ein. Mit diesen, jeweils auf bestimmte Abschnitte der Wirklichkeit beschränkten Modellen läßt sich wissenschaftlich arbeiten, nicht aber mit der Universalursache Gott.

6.3.3 Auf das Heil kommt es an

Wissenschaftlich gesehen bedeutet also das christliche und schon das römische Denken einen Rückschritt gegenüber der griechischen Philosophie, aber das Leben besteht nicht nur aus Wissenschaft und Philosophie, und hier haben die christlichen Denker recht, wenn sie feststellen, daß elementare Bedürfnisse des menschlichen Gemüts nach Einheit, Erlösung, Heil, Geborgenheit und Gewißheit nicht mit logischen bzw. rationalen Mitteln zu befriedigen sind. Auch diese Unterscheidung ist nicht absolut. Platon stieß in seiner praktischen Philosophie auf den Begriff der *soteria,* des Heils, und christliche Denker haben in Detailfragen der Philosophie im engeren Sinn manches zur Klärung der Probleme beigetragen.

Grundsätzlich läßt sich der Unterschied griechischen Philosophierens und christlichen Denkens jedoch schwer verkennen: Die griechische Philosophie ist autonom, an Erkenntnisgewinn orientiert und verfährt analytisch, die christliche »Philosophie« ist heteronom, heilsorientiert und verfährt autoritär. Für den griechischen Philosophen ist das christliche Verfahren irrational, für den christlichen Denker das griechische Denken »nur« rational.

Man muß sich davor hüten, die Philosophie des Mittelalters als eine monolithische Einheit zu betrachten. Wie in der Gotik, der »steinernen Scholastik«, romanische und germanische, vorderasiatische, byzantinische und arabische Elemente verschmolzen sind, treffen in der mittelalterlichen Philosophie die verschiedensten Standpunkte, Richtungen und Methoden aufeinander. Schon bei der Fassung des jüdischen Gottesbegriffes durch die Kirchenväter weichen die Meinungen voneinander ab, die teils mehr griechisch geprägt sind, teils mehr römisch, afrikanisch oder orientalisch. Im Denken Augustins findet das Ringen der Kirchenväter um innere Einheit und die Verteidigung der »Apologeten« gegenüber Einwänden der Heiden ihren Höhepunkt und Abschluß in dieser Epoche.

6.4 Patristik

6.4.1 Jüdischer Glaube und griechischer Geist

6.4.1.1 Die Juden

Sowenig wie die Römer konnten sich die Juden den Einflüssen der griechischen Kultur entziehen. Griechische Philosophie und jüdische Religion waren einander schon vor Christi Geburt begegnet. Der Alexanderzug hatte den Freiraum für die Annäherung der drei damals bekannten Kontinente eröffnet und damit Bedingungen und Möglichkeiten auch für eine Weltreligion geschaffen. Wohl nicht zufällig lernten die Griechen im 3. Jahrhundert erstmals in Alexandria die jüdische Religion kennen. Megasthenes, Hekataios von Abdera und Klearchos von Soloi, ein Schüler des Aristoteles, sahen in den Juden eine »philosophische Menschenart«[3]. Der jüdische Philosoph Philon (geb. um 25 v. Chr.) sprach von der »Philosophie des Moses«, und der jüdische Historiker Josephus (geb. 37/38 n. Chr.) betrachtete die drei bekannten jüdischen Sekten der Sadduzäer, Pharisäer und Essener als philosophische Schulen. Zur Zeit des Josephus waren die Juden nicht nur in der Diaspora, sondern teilweise auch in Palästina weitgehend hellenisiert (»Hellenisten«). Um 200 v. Chr. entstand unter dem ägyptischen Herrscher Ptole-

[3] Vgl. Werner Jaeger, Diokles von Karystos. Berlin 1938, S. 137f. und Das frühe Christentum und die griechische Bildung. Berlin 1963, S. 22.

maios II. Philadelphos (308–246), der Alexandria zum Zentrum der hellenistischen Weltkultur machte, die erste und bedeutendste Übersetzung des Alten Testaments ins Griechische, die von 72 Dolmetschern erarbeitete sogenannte Septuaginta. »Die Umwandlung der Bibel in ein hellenistisches Buch ist für die Ausweitung der jüdischen Ideenwelt von größter Bedeutung; durch sie ist ein wichtiges Instrument jüdischer und christlicher Propaganda geschaffen worden.«[4]

Allerdings ist dabei sowohl zu berücksichtigen, daß die biblisch-jüdische Tradition – ebenso wie die griechische – vielschichtig ist, als auch daß der Annäherungsprozeß zwischen jüdischem Glauben und griechischem Geist nicht ganz reibungslos verlief. Es gab schon in Alexandria Antisemitismus, nicht selten als Reaktion auf den strengen Ritualismus und die Exklusivität der jüdischen Religionspraxis. Hinzu kamen auch wirtschaftliche Interessengegensätze. Wer die jüdische Religion verstehen will, muß die jüdische Geschichte studieren; sie wird aus den geschichtlichen Erfahrungen der Juden verständlich. Wie ein roter Faden durchzieht die Geschichte des jüdischen Volkes die Auflehnung gegen Fremdherrschaften: Auszug aus Ägypten; um 1000 Staatsgründung; schon bald der Zerfall in ein Südreich (Juda 925–587, Hauptstadt Jerusalem) und ein Nordreich (Israel 926–722, Hauptstadt Samaria); Zerstörung Samarias (722) durch Sargon II. (722–705), worauf Israel zu einer assyrischen Provinz wurde; Zerstörung Jerusalems durch den babylonischen Herrscher Nebukadnezar II. (604–562); Zerstreuung der Juden (Diaspora); Babylonische Gefangenschaft (586–538). Nach der Eroberung des Neubabylonischen Reiches durch Kyros II. (559–529) war Palästina ein Teil des Perserreichs. Jerusalem wurde kultisches Zentrum (Hohepriester) und politischer Mittelpunkt der Provinz Juda. Von 332 an stand Palästina unter der Herrschaft Alexanders des Großen. Die Samaritaner trennten sich von den Juden, und in Alexandria entstand ein neues Zentrum jüdischen Lebens. Die Hellenisten trennten sich von den konservativ-orthodoxen Juden. Ab 198 v. Chr. kamen die Juden unter die Herrschaft der Syrer und gerieten damit in den Konfliktbereich zwischen den Großmächten Ägypten (Lagiden) und Syrien (Seleukiden). Das Reformjudentum ging den Weg der Anpassung, Öffnung und

[4] Paul Wendland, Die hellenistisch-römische Kultur in ihren Beziehungen zum Judentum und Christentum. 2. u. 3. Aufl. Tübingen 1912, S. 196.

Hellenisierung, die Orthodoxen wählten den Widerstand: Aufstand (168) und Königtum (140–137) der Hasmonäer, Trennung von Konservativen (Sadduzäer), die sich jeder Neuerung verschlossen, gesetzestreuen Fortschrittlichen (Pharisäer), die zur Öffnung bereit waren, und radikalen »Aussteigern« und Asketen (Essener), die das Reich Gottes schon hier und jetzt verwirklichen wollten. Jesus von Nazareth gehörte, wenn überhaupt zu einer dieser Gruppen, so am ehesten zu den Pharisäern. Pompeius gliederte 63 v. Chr. Palästina in das römische Reich ein. Der vom römischen Senat zum jüdischen König ernannte Herodes rottete das Geschlecht der Hasmonäer aus und nahm Jerusalem ein. Einen letzten großen Aufstand der Juden (66–70 n. Chr.) schlug der spätere Kaiser Titus (79–81) nieder und ließ den Tempel von Jerusalem zerstören. Seines religiösen Mittelpunktes beraubt, erlosch das religiös-politisch aktive Judentum allmählich.

Die Einstellung der römischen Herrscher zu den Juden war indessen durchaus nicht immer negativ. Schon Pompeius hatte seinen jüdischen Freigelassenen das römische Bürgerrecht verliehen, und Juden erhielten römische Staatsämter. »Unter Caesar und Augustus spielen Juden eine große Rolle im Staatsleben, dann verfolgt sie Sejan unter Tiberius, Claudius vertreibt sie überhaupt aus der Stadt, aber am Hofe Neros sind sie wieder da. Vespasian bedient sich des Josephus als eines Propagandaleiters, Titus will die Jüdin Berenike heiraten, aber das Volk verhindert es, und zur Zeit Trajans ist der Senat ›voll von gottlosen Juden‹. Die antijüdischen Gesetze Hadrians hob Antoninus Pius wieder auf. Alexander Severus, in dessen Geburtsstadt Arca Caesarea eine von Römern besuchte Synagoge bezeugt ist, nimmt den Titel eines Archisynagogos an. Zuletzt hat Julian noch einmal aus Christengegnerschaft und unter Einfluß judenfreundlicher Neuplatoniker das Judentum begünstigt.«[5] Ohne die Ausbreitung der jüdischen Diasporagemeinden nahezu über das gesamte römische Weltreich, ohne das Netz ihrer Missionsstationen und ohne die Vorarbeit der jüdischen Apostel wäre jedenfalls der Übergang von der jüdischen Volksreligion zur christlichen Weltreligion und die unglaublich schnelle Ausbreitung des Christentums – ein natürlicher Vorgang, kein Wunder – nicht möglich gewesen.

[5] Carl Schneider, Geistesgeschichte der christlichen Antike. München 1970, S. 329f.

Überschaut man die jüdische Geschichte insgesamt, erscheint die hoffnungslose Unterlegenheit und Abhängigkeit eines kleinen Volkes gegenüber viel größeren und viel mächtigeren Nachbarvölkern als ein durchgehender Zug. Dadurch gewann das Problem der Selbsterhaltung, der Selbstbehauptung, kurz des Überlebens, im jüdischen Denken einen sehr hohen Stellenwert. Weil die Juden den Ernst ihrer Lage nicht unterschätzten, gelang es ihnen, eine wirksame Überlebensstrategie zu entwikkeln und Probleme zu bewältigen, an denen andere Völker scheiterten. In ihrer wechsel- und leidvollen Geschichte konnten die Juden immer wieder beobachten, daß die großen und mächtigen Reiche ihrer Gegner untergingen, ihr eigenes Volk dagegen alle widrigen Ereignisse und Schicksale überstand. So begannen sie, an ihre Mission in der Welt zu glauben und an die Existenz eines übermächtigen, wenn auch unsichtbaren Verbündeten, der sie letzten Endes aus allen Nöten befreit. Die Nöte aber empfanden sie als Fügungen Gottes, als Heimsuchungen und Strafen für ihre Sünden, für Untreue und Ungehorsam gegenüber dem Herren aller Herren. Damit war das Grundmuster jüdischen Glaubens, der strenge Monotheismus, das große jüdische Erbe des Christentums, festgelegt, ebenso die Ausrichtung des Lebens nach Gesetz und Moral. Untrennbar mit diesem Glauben verbunden war die Liebe, als Wechselbeziehung zwischen Gott und Mensch verstanden, sowie die Hoffnung auf eine große Zukunft des jüdischen Volkes ohne Fremdherrschaft, Unterdrückung und Abhängigkeit, die Hoffnung auf Freiheit. Wesentliche Bestandteile dieser Geschichtserfahrung, Religion und Moral hat das Christentum übernommen. Dabei ist jedoch zu berücksichtigen, daß die religiöse Tradition der Juden selbst vielschichtig war, daß mannigfache und widersprüchliche geschichtliche Erfahrungen die religiösen Vorstellungen beeinflußt haben und daß nicht einmal der scheinbar so einheitliche jüdische Gottesbegriff eindeutig ist. Auch er verwandelte sich im Lauf der Zeit. Aus dem Gott der Familie, dem liebenden Vater, wurde Gott der Weltschöpfer, daraus wieder ein Volks- und Staatsgott, ein Herrschergott, der König aller Könige, der schließlich im römischen Reich mit dem Gottkaiser in Konkurrenz trat und diesen besiegte.

Die Stärke des jüdischen Gottes lag in der Vereinigung aller Kräfte und Funktionen in einer überragenden gestaltlosen Gestalt: Schöpfer der ganzen Welt, Lenker der ganzen Welt und dereinst Richter über die ganze Welt. Die letzte Weisheit des

Alten Testaments heißt daher Gottesfurcht: Unterwerfung unter seinen Willen bedeutet Auflehnung gegen alle Menschen, die die Welt beherrschen, sie Gott entwenden wollen. Nach Perioden eigener Königsherrlichkeit fand Israel immer wieder zu der ihm eigenen Regierungsform zurück, der Theokratie, dem Bund zwischen dem Allherrscher und seinem (auserwählten) Volk.

Die innige Verbindung der Juden mit ihrem Gott nahm gegenüber anderen Völkern, Staaten und Religionen exklusive Züge an. Die Frömmigkeit der Juden, ihr Überlebenskonzept wurde zum Stein des Anstoßes für die anderen. Sie hielten die Juden für hochmütig, Feinde aller übrigen Menschen, für gottlos – eine wahrhaft tragische Verkennung, beruhend auf einem Mißverständnis, für das die eine Seite die andere verantwortlich machte. Durch ständige innere und äußere Konflikte erschöpft, durch fehlgeschlagene Reichsgründungen entmutigt und voller Zweifel an den Prämissen seiner Existenz, geriet das Spätjudentum in eine schwere religiös-moralische Krise zwischen der Anpassung an eine übermächtige Weltkultur und weiterer, tieferer, strengerer Isolation und Absonderung. An diesem Zwiespalt leidet das Judentum damals wie heute. Die jüdische Religion war zwar allen anderen Religionen an Dynamik und Reinheit überlegen, aber sie hatte in den letzten beiden Jahrhunderten vor Christus doch an innerer Kraft eingebüßt, verlor sich in theologischen Streitigkeiten, erlag der Macht der Gewohnheit und erstarrte in Regeln, Ritualen und Zeremonien. In einem Zeitalter universaler Weltöffnung war sie als Volksreligion überlebt. War sie den Herausforderungen des hellenischen Geistes überhaupt gewachsen?

Zur Zeit von Christi Geburt waren die äußeren Umstände einer Öffnung des Judentums günstiger als je zuvor, aber es fehlten die innere Bereitschaft, die Kraft, der Mut. Sowenig das jüdische Volk Weltgeschichte im Sinne der Perser, Griechen und Römer machte, sowenig zeigte es sich der welthistorischen Aufgabe gewachsen, seine Volksreligion zur Weltreligion umzugestalten. Der Jude, der dennoch das scheinbar Unmögliche vollbrachte – die große Öffnung in einer Zeit der inneren Verschließung –, scheiterte in seinem Heimatland – wie Sokrates in Athen. Als Christus wurde Jesus zur Brücke zwischen Israel und dem Rest der Welt, zwischen Volks- und Weltreligion, zwischen dem Gott der Vergeltung und des Gesetzes und dem Gott der Liebe. Jesus von Nazareth war dieser Funke göttlicher

Liebe, der zwar in Israel keinen Zündstoff mehr fand und daher verglimmte, die nichtjüdische, nach Liebe dürstende Welt aber in einer ans Wunderbare grenzenden »Kettenreaktion« erfaßte, entflammte und wandelte.

6.4.1.2 Die Griechen

Die Zuweisung von Religion und Moral an die Juden, Wissenschaft und Kunst an die Griechen, ist in dieser allgemeinen Form unhaltbar. Griechische Religion, Moral und griechisches Rechtsempfinden nähern sich stellen- und zeitweise stark entsprechenden jüdischen Auffassungen. Die Abstraktheit des jüdischen Gottesbegriffs nähert sich dem sokratischen Prinzip vom Nichtwissen, einer Grundvoraussetzung jeder Art von Wissenschaft, die jüdische Sensibilität für menschliches Leid findet in der griechischen Tragödie ihre Entsprechung, und der jüdische Glaube an einen Sinn der Geschichte kommt auch in der griechischen Geschichtsschreibung zum Ausdruck, nur daß die griechische Geschichtsbetrachtung vergangenheitsorientiert ist und analytisch verfährt, die jüdische dagegen zukunftsorientiert, prophetisch. Bei allen Ähnlichkeiten sind jedoch stets die Unterschiede von Fall zu Fall zu berücksichtigen. Nur so gelangt man aus dem sterilen Denken in pauschalen Alternativen heraus. Am weitesten dürfte die aristokratische Welt- und Lebensauffassung Homers, des Verfassers der »griechischen Bibel«, von den Vorstellungen der jüdisch-christlichen Bibel abweichen, obwohl es auch hier ähnliche Züge gibt, zum Beispiel die Diesseitigkeit im Alten Testament – wenigstens in den älteren Teilen – und in den Homerischen Gedichten.

Aber schon bei Hesiod, dem Sprecher einer anderen Gesellschaftsschicht, nimmt die Annäherung zu. Kurt Latte hat diese Ähnlichkeit in eindrucksvollen Worten zusammengefaßt: »Der heiße Glaube, der gerade aus dem Triumph von Gewalt und Unrecht in dieser Welt die Erkenntnis schöpft, daß droben im Himmel ein gerechter Herr waltet, der am Ende alle Schuld heimsucht an den Schuldigen und ihrem Geschlecht, er hat bei Hesiodos ergreifende Töne gefunden, die nicht zufällig an die israelische Prophetenrede anklingen. Die gleiche Entwicklung führt hier wie dort dazu, als real und göttlich zu setzen, was die irdischen Ordnungen nicht verwirklichen und die Menschen doch mit Widerstreben im innersten Herzen als sittliche Norm anzuerkennen genötigt sind. Sowenig jemals eine Gesetzgebung völlig die ethischen Anschauungen ihrer Zeit ausschöpfen wird und so notwendig die Kluft zwischen den einmal festgelegten Satzungen und dem fortschreitenden sittlichen Empfinden sich stetig erweitern muß, bis das positive Recht den Forderungen der Moral langsam nachkommt – kein Staat und kein Gesetz kann sich auf die Dauer dem Zwange entziehen, den eine von lebendigem Glauben getragene Ethik ausübte.«[6] Eine gewisse Ähnlichkeit besteht zwischen dem Totengericht der Orphiker und den in späteren Schichten des Alten Testaments zu Tage tretenden Auffassungen vom Gottesgericht über den einzelnen Menschen. Die »kosmologische Eschatologie« der Apokalypsen, also die Lehre vom Jüngsten Gericht, stammt aus der babylonischen und der iranischen Mythologie[7]. Platon hat in seinen Kunstmythen wesentlich zur Verbreitung dieser Anschauungen der Volksreligion in den gehobenen Kreisen der griechischen und später hellenistischen Kultur beigetragen. Ausgeprägte moralische Begriffe von Schuld und Sünde hat das Altertum nicht hervorgebracht. Für die Hellenen verschob sich der religiöse Aspekt dieser Vorstellungen immer mehr ins Ethische und Intellektuelle: Verfehlung im Sinn von Fehleinschätzung, nicht Vergehen gegen Gott. Im Hellenismus wird das allerdings anders.

Einen Schritt weiter auf dem Weg der Annäherung zwischen hellenischem und jüdisch-christlichem Bewußtsein führt die griechische Tragödie, ein Produkt der »bürgerlichen« Polis-Gesellschaft. An sich schließen sich tragische Weltbetrachtung und (monotheistische) Gottergebenheit aus. Im verinnerlichten Begriff des Gesetzes nähert sich jedoch hellenisches Denken dem jüdischen Glauben. Antigone beruft sich auf ungeschriebene Gesetze, die sie den Satzungen der Polis vorzieht. An diesem Gesetzeskonflikt, der ein Seinskonflikt ist, scheitert sie, wird »schuldig«. Im unerforschlichen Ratschluß Gottes hebt das Christentum solche Spannungen auf. Weder für jüdisches noch für christliches Denken und Handeln gibt es letztlich Antinomien, unauflösbare Konflikte.

Der griechische Geschichtsschreiber Herodot spricht von dem für die Menschen so verderblichen Neid der Götter, eine

[6] Heiliges Recht. Tübingen 1920, S. 1.

[7] Rudolf Bultmann, Das Urchristentum im Rahmen der antiken Religionen. München 1963, S. 78.

Vorstellung, die sich zwar mit Homer verträgt, nicht aber mit der Bibel. Andererseits wird auch bei Herodot ein verinnerlichter, politisch gerichteter Gesetzesbegriff faßbar. Als der persische Despot Xerxes dem spartanischen König Demarat, einem politischen Flüchtling, seine überlegene Streitmacht demonstriert und von ihm erwartet, daß er angesichts solcher Übermacht den Griechen keine Chance mehr gibt, antwortet ihm dieser mit einem Hinweis auf die Freiheitsliebe und Gesetzestreue der Hellenen, an denen jeder Eroberungswille scheitern würde.

Am weitesten kommt die griechische Philosophie der jüdisch-christlichen Religion entgegen, in der Philosophie wiederum Platon. Die Bezeichnung Theologie stammt von ihm. Der Staat seiner ›Gesetze‹ ist eine Theokratie, und es gibt bei ihm eine Heilskonzeption, eine Soteriologie, welche die Grenzen der Philosophie gegenüber der Religion erkennen läßt. Weder jüdisch noch christlich ist dagegen Platons Ideenlehre. Sie hat aber, direkt und durch den Neuplatonismus vermittelt, wesentlich zur Vergeistigung christlicher Religiosität beigetragen. Weder die Juden noch die Christen haben, wie die vorsokratischen Denker, nach der *arché,* dem Urprinzip des Kosmos, gesucht. Deshalb haben sie auch nicht, wie die Griechen, Denkmodelle der Wirklichkeit (Ideen, Zahlen, Atome) gefunden, auch nicht die Wissenschaft als ein System widerspruchsfreier Aussagen über Seiendes. Die Olympischen Spiele, die Demokratie und die Akademie sind Ausdrucksformen griechischen Geistes und haben als solche die Welt erobert, die jüdische wie die christliche. Der größte Unterschied zwischen jüdisch-christlichem und griechischem Denken dürfte im Formalen und Technischen zu suchen sein. Wer die ›Griechische Verskunst‹ von Ulrich von Wilamowitz und Eduard Nordens ›Antike Kunstprosa‹ zur Hand nimmt, wird die Überlegenheit der Griechen auf diesem Gebiet bald erkennen. Die christlichen Denker haben ihren Gottesbegriff am Modell des aristotelischen Geist-Begriffs orientiert, die aristotelische Lehre von den Ursachen, besonders die Stoff-Form-Prinzipien übernommen, von der aristotelischen Logik und der Rhetorik gar nicht zu sprechen. Philon war Platoniker, Thomas von Aquin Aristoteliker.

Gegen den Satz des Protagoras vom Menschen als Maß aller Dinge, der im jüdischen wie im christlichen Denken unmöglich erscheint, hat Platon als erster den Kampf aufgenommen und ihm den Satz entgegengestellt, der in der gesamten hellenischen Philosophie christlich-jüdischer Auffassung am nächsten kommen dürfte: »Nicht irgendein Mensch, sondern Gott ist das Maß aller Dinge« (Gesetze 716c 4–6). Allerdings darf man auch hier die Unterschiede nicht verkennen. Typisch griechisch, aber weder jüdisch noch christlich ist die Konzeption Gottes als Maß. Der Maßgedanke verbindet Form und Ethos, griechische Kunst und Kultur mit griechischer Ethik.

In mancher Hinsicht steht jüdisch-christlicher Glaube dem voluntaristischen Ansatz der Stoiker näher als der intellektualistischen Konzeption eines Sokrates, Platon oder Aristoteles.

6.4.1.3 Der Hellenismus

In der Verlagerung des Schwerpunktes der Wissenschaften von Athen[8] nach Alexandria (3. Jahrhundert), später auch nach Pergamon (2. Jahrhundert), Antiochia, Rhodos und schließlich nach Rom – nur die Philosophie dominierte weiterhin in Athen – spiegelt sich die politische Entwicklung wider, der Übergang vom Attischen Seereich zum Alexanderreich, von ihm zum Reich der Lagiden als Nachfolger der Pharaonen, zum Reich der Seleukiden als Nachfolger der persischen Großkönige und zum Antigonidenreich in Makedonien, das 168 v. Chr. römische Provinz wurde. Nach der Zerstörung Korinths (146 v. Chr.) vererbte Attalos von Pergamon sein Reich den Römern (133 v. Chr.) – seit 126 v. Chr. römische Provinz. Ägypten erhielt sich unter den Ptolemäern (323–30 v. Chr.) infolge seiner römerfreundlichen Politik noch einige Zeit seine Selbständigkeit, wurde 30 v. Chr. Kronland des Prinzipats und 296 n. Chr., unter Kaiser Diokletian, endlich doch Provinz des römischen Weltreiches.

Die römische Kulturentwicklung kann »als ein fortschreitender Hellenisierungsprozeß«[9] verstanden werden, anders ausgedrückt: »Mit dem Ende des politischen Hellenismus begann eine neue Phase des Hellenismus in der Kultur.«[10] Dabei spiel-

[8] »Athen hat an dem großen Gange der neuen Geschichte unter Alexander innerlich keinen Anteil genommen.« Wendland, Die hellenistisch-römische Kultur, S. 17.

[9] Ebd., S. 4.

[10] C. Bradford Welles in: Propyläen Weltgeschichte. Bd. 3, Frankfurt am Main 1986, S. 521.

ten weltanschauliche Momente, neben geographischen, wirtschaftlichen, gesellschaftlichen, politischen und kulturellen eine nicht unbedeutende Rolle.

Das Gesamtbild ist uneinheitlich und voller Widersprüche, der politischen Zerrissenheit Griechenlands ähnlich: Absterben der Poliswelt, Übergang zu Großstaaten, Ökonomisierung und Technisierung des Lebens, Überbevölkerung, Landnot, Kolonisations- und Expansionspläne, Verschmelzung von Hellenischem mit Orientalischem, panhellenischer Gedanke, Friedenssehnsucht, Persönlichkeitskult und Gottmenschentum, gleichzeitiger Hang zum Kolossalen und zum Miniaturismus, zum Universalismus und zum Individualismus, zum Realismus und zu mystischer Romantik, zu Öffnung und Verschließung, Unsicherheit, Zweifel und Angst im Gefolge von Einsamkeit und Verlassenheit. Große und mächtige Herrscher werden als Retter verehrt, vergöttlicht und angebetet: »In seiner praktischen Auswirkung läßt sich das religiöse Erlebnis der hellenistischen Griechen an Alexander dem Großen beobachten, dem ersten, größten und typischen Einzelrepräsentanten des Hellenismus.«[11]

Auch Alexander vermochte nur für kurze Zeit die wirtschaftliche Krise der hellenistischen Welt abzuwenden; aber nach der kurzen Erholung der hellenistischen Wirtschaft im Gefolge seiner Öffnungspolitik nach Osten erfolgten Rückschläge, die besonders Griechenland trafen[12]. In den Diadochenkämpfen der Nachfolger Alexanders, die zudem mit inneren Widerständen zu kämpfen hatten, ging das mühsam errungene politische Gleichgewicht bald verloren. Das Leben wurde unsicherer, unruhiger, aufreibender. Eine Zeitlang konnte dann Rom wenigstens die äußere Einheit wiederherstellen, und wieder folgte eine Phase des Aufschwungs, zumal wenn römisches Kapital in den Osten des Reiches zurückfloß *(negotiatores)*, aber an eine dauerhafte Genesung der hellenistischen Wirtschaft war nicht zu denken. Die Lasten der Abgaben zu Kriegszwecken drückten die Bevölkerung schwer. Die Verarmung Griechenlands gegen Ende des 3. Jahrhunderts v. Chr. hatte politische Ursachen. Apathie und Depression waren die Folgen. Ein wirklicher Ausgleich zwischen griechischem Polisdenken und orientalischem

[11] Ebd., S. 547f.

[12] Vgl. Michael Rostovtzeff, Gesellschafts- und Wirtschaftsgeschichte der hellenistischen Welt. Bd. 2, Darmstadt 1955, S. 811ff.

Monarchismus kam nie zustande, zwischen freiheitlicher Wirtschaft des Westens und wirtschaftlicher Kontrolle im Osten.

Eng mit den wirtschaftlichen hängen die gesellschaftlichen Veränderungen im Zeitalter des Hellenismus zusammen. Die griechischen Auswanderer: Soldaten, Kaufleute, Handwerker, Ärzte, Künstler und Schauspieler bildeten in den östlichen Ländern, zusammen mit der einheimischen herrschenden Schicht, bald eine kulturelle Oberschicht. Die griechische Sprache drängte das Aramäische, Ägyptische und Persische zurück, wurde zur Umgangssprache, und neben diese trat eine rechtliche Koiné griechischer Provenienz und Prägung. Die Herrscher zeigten sich gegenüber den Hellenisierungstendenzen im allgemeinen aufgeschlossen.

Neben der Oberschicht gab es eine gehobene Mittel- oder Bürgerschicht, ein typisches Produkt des Hellenismus. Zu ihr gehörten die griechischen Auswanderer und Einheimischen, die eine möglichst ungestörte Mehrung ihres Besitzes dem politischen Ehrgeiz, dem gesellschaftlichen Ansehen und dem wirtschaftlichen Streben nach Reichtum und Macht vorzogen. Die Masse der Einheimischen ging nie in den hellenisierten Schichten auf, ebensowenig die unteren Schichten *(laoi)*, bestehend aus Land- oder Industriearbeitern, kleinen Pächtern, Söldnern oder fahrendem Volk. Am unteren Rande der Gesellschaft standen nach wie vor die Sklaven, wenn auch eine gewisse ausgleichende Tendenz zu beobachten ist[13], so wenn eine Stadt einen tüchtigen Arzt, der lange in ihren Diensten stand, mit der Bemerkung ehrt, »keinen Unterschied zwischen reich und arm, Freien und Sklaven« zu machen[14]. Der Massenzustrom von Sklaven, besonders nach Rom – z. B. nach der Schlacht bei Pydna 168 v. Chr. – förderte den Hellenisierungsprozeß und hatte, da viele Sklaven ihren Eroberern an Intelligenz überlegen waren, auch eine zivilisierende Funktion.

Eine Emanzipation der Frauen im modernen Sinn fand natürlich nicht statt. Ein griechischer Zug des Hellenismus, neben Spezialistentum und Professionalismus, war die Mobilität, der die Hellenen im klassischen wie im nachklassischen Zeitalter nicht zuletzt ihre Überlegenheit verdankten. Der Durchschnittsbürger wünschte »ein ruhiges und leichtes Leben des Vergnügens,

[13] Obwohl die strengen Gesetze fortbestehen, wird der Abstand zwischen Freien und Sklaven geringer. Ulrich von Wilamowitz-Moellendorff, Staat und Gesellschaft der Griechen. Berlin, Leipzig 1910, S. 189.

[14] Rostovtzeff, Gesellschafts- und Wirtschaftsgeschichte, Bd. 2, S. 885.

mit einem Minimum an Arbeit und Sorgen. Am Staat und an der Religion zeigten sie sehr wenig Interesse. Ihr Hauptbestreben ging dahin, ihren materiellen Besitz zu vermehren und ihn ihren Nachkommen zu vererben ... Eine soziale Revolution lag in den griechischen Städten des Hellenismus immer in der Luft, doch war ihr niemals ein dauernder Erfolg beschieden, keinesfalls in großem Umfang. Die vereinten Anstrengungen der Bourgeoisie und der Könige – später der Römer – vermochten immer die Gefahr abzuwenden, manchmal im letzten Augenblick.«[15]

Die hellenistische Philosophie war viel zu distanziert und individualistisch, um sich, von einigen Affektausbrüchen der Kyniker abgesehen, an sozialen oder wirtschaftlichen Fragen zu erhitzen. Allerdings verwarf Eratosthenes (ca. 285–205) die aristotelische Zweiteilung in Herren und Sklaven und forderte stattdessen, Menschen nur nach moralischen Maßstäben zu beurteilen: ein eindeutiger Fortschritt der hellenistischen gegenüber der klassisch-hellenischen Philosophie. Für die hellenistischen Philosophen waren die Reichen weniger Ausbeuter, Diebe oder Verbrecher als bemitleidenswerte Narren.

Allgemein eröffnete das Zeitalter des Hellenismus durch seine äußeren und inneren Öffnungstendenzen den Tüchtigen größere ökonomische und gesellschaftliche Entfaltungsmöglichkeiten als frühere Zeiten. Eine der wichtigsten Bedingungen hierfür, wie später für die schnelle Ausbreitung des Christentums, war der Ausbau kommunikativer Systeme, wobei die hellenistischen Herrscher auf die Satrapienordnung des Perserreiches zurückgriffen, die Römer wiederum auf die verbesserten Verkehrswege der Attaliden, Ptolemäer und Seleukiden und alle diese auf das weitverzweigte Netz griechischer Siedler, das weniger politische als kulturelle Einheit ermöglichte. Einigend wirkte nicht zuletzt das lebhafte Interesse der Griechen für fremde Lebens- und Geistesart. In seinem Antiochos I. gewidmeten Geschichtswerk machte ein Priester des Bel (Marduk) namens Berossos (3. Jahrhundert) die Griechen mit der babylonischen Kultur bekannt. Der ägyptische Priester Manethon (3. Jahrhundert) schrieb eine Geschichte seines Landes (›Aigyptiaká‹, Ptolemaios II. gewidmet) für griechische Leser. Der griechische Geograph Megasthenes (4./3. Jahrhundert) verfaßte eine Geschichte Indiens (›Indiká‹), wohin er um 300 als Gesandter des Königs Seleukos I. gelangt war. Schon im 5./4. Jahrhundert hat-

[15] Ebd., S. 897.

te der griechische Arzt und Historiker Ktesias von Knidos, seit 405 Leibarzt des persischen Königs Artaxerxes II., 23 Bücher zur Geschichte der Perser (›Persiká‹) verfaßt.

Mit der Horizonterweiterung angesichts einer grenzenlos erscheinenden Welt hielten die Bedürfnisse, Stimmungen und Gefühle jedoch nicht immer Schritt. War die Erde für den Menschen zu groß geworden? Die Geographie nahm, im Gegensatz zur Geschichtsschreibung, im Hellenismus einen gewaltigen Aufschwung. Eratosthenes schrieb ein Buch ›Über die Vermessung der Erde‹, begründete die Chronographie als Wissenschaft und erzielte beachtliche Fortschritte in der theoretischen wie in der angewandten Geographie. Seine Forschungen ermutigten Christoph Columbus zu seiner großen Entdeckungsfahrt. Alexanders Flottenchef Nearchos von Kreta segelte 325/24 vom Indus zum Euphrat, und der Massaliote Pythias von Gades (Spanien) gelangte bis zur Nordspitze Britanniens und zur Elbmündung. Der Universalgelehrte Poseidonios von Apameia (ca. 130–50 v. Chr.) beschrieb die Fahrt des Eudoxos von Kyzikos und des Kapitäns Hippalos (117/116) von Ägypten über das offene Meer nach Indien in seiner Schrift ›Über den Ozean‹.

Aristarch von Samos (3. Jahrhundert) stellte die Hypothese eines heliozentrischen Weltsystems auf, an die Kopernikus in seiner Schrift ›Über die Umläufe der Himmelskörper‹ anknüpfte. Unter Ptolemaios Soter (bis 283) faßte Euklid das geometrische Wissen der Zeit in seinen ›Stoicheia‹ zusammen. Der Syrakusaner Archimedes berechnete die Zahl π genauer als je zuvor, erfand die Integralrechnung und entwickelte das nach ihm benannte hydrostatische Gesetz. Apollonios von Perge in Pamphylien begründete die Theorie der Kegelschnitte und führte die Bezeichnungen Ellipse, Parabel und Hyperbel ein. Ktesibios von Alexandria erforschte die Gesetze des Luftdrucks, baute Automaten, Feuerspritzen und Orgeln, sein Schüler Philon von Byzanz (um 250) verfaßte eine Mechanik, und Heron von Alexandria (1. Jahrhundert n. Chr.) faßte in zahlreichen Schriften das Wissen seiner Vorgänger zusammen, fand Neues hinzu und beeinflußte die neuzeitliche Technik (Dampfkraft) bis ins 17. Jahrhundert. Insgesamt wurde in dieser Zeit auf mathematischem und naturwissenschaftlichem Gebiet mehr erfunden als in den darauf folgenden 1500 Jahren zusammen. Allerdings zielte die griechische Naturwissenschaft weniger auf Machtgewinn als auf Befriedigung des Erkenntnistriebes. Aus der populärwissenschaftlichen Literatur der Spätantike mit ihren Mirabilia-Sammlungen spricht ein Sinn für seltsame Dinge und Vorgänge, der dem christlichen Wunderglauben entgegenkam.

Herophilos von Chalkedon und Erasistratos von Keos leiteten in Alexandria eine neue Epoche medizinischer Forschungen ein: Vivisektionen (um 300 v. Chr.), Entdeckung der Nerven, schwierige Operationen. Vom Nutzen der Medizin überzeugt, akzeptierte das Christentum diese Tatsachenwissenschaft der Griechen ohne Bedenken. Im Nützlichkeitsdenken trafen sich Römer und Christen, im Gegensatz zu den Griechen, denen solches Denken banausisch erschien.

In den bildenden Künsten zeigt sich, neben dem alles klassische Maß überschreitenden Hang zum Monumentalen und Kolossalen: Sarapeion von Alexandria, Leuchtturm von Pharos, Standbild des Helios auf Rhodos (Koloß), Didymaion von Milet, Großer Altar von Pergamon, der liebevolle Zug zur Kleinkunst: Mosaiken, Münzporträts, Historienmalerei.

Unter den Dichtern des Zeitalters ragen Kallimachos von Kyrene und Theokrit von Syrakus (beide um 300 geb.) hervor. Theokrit schrieb ›Kleinbilder‹ *(eidýllia)* und wurde damit zum Schöpfer einer neuen, der idyllischen Kunstgattung. Kallimachos erfand das Kleinepos *(epýllion)*. Menander von Athen (4./3. Jahrhundert) und seine Zeitgenossen Diphilos von Sinope und Philemon aus Syrakus schufen die Neue Komödie, voll Realistik, Popularphilosophie und feiner Psychologie. Im Anschluß an die ›Charaktere‹ des Theophrast entwickelte sich ein starkes Interesse am Individuellen. Es entstand die Biographie. Das Absterben der tragischen Dichtung im Hellenismus – nicht in Rom – begünstigte die Verbreitung des (vordergründig) untragischen christlichen Glaubens. Weder das christliche Altertum noch das Mittelalter hat Tragödien hervorgebracht[16].

Der attische Philosoph und Staatsmann Demetrios von Phaleron, ein Schüler des Aristoteles[17], half Ptolemaios I. (Soter) bei der Einrichtung einer staatlich geförderten Forschungsstätte in Alexandria, dem Museion, einem sicheren und ruhigen Ort, an dem gearbeitet und nicht politisiert wurde. Außerdem wurden noch zwei Bibliotheken und eine Sternwarte eingerichtet. Man rüstete wissenschaftliche Expeditionen aus. Die irreversible Emanzipation der Wissenschaften von der Philosophie nahm

[16] Vgl. Olof Gigon, Das hellenische Erbe. In: Propyläen Weltgeschichte, Bd. 3, S. 644.

[17] Ein anderer Schüler des Aristoteles, Theophrast von Eresos, eröffnete mit seiner ›Pflanzengeographie‹ neue Wege der botanischen Forschung.

ihren Lauf. Die Entwicklung[18] alexandrinischer Gelehrsamkeit gipfelte in Didymos (geb. um 80 v. Chr.), einem Mann von »eisernem« Fleiß, der 3500 Bücher geschrieben haben soll, darunter Kommentare zu den meisten griechischen Dichtern. Gegen Ende des 2. Jahrhunderts entwickelte sich hier die christliche Katechetenschule des Pantainos, aus der Clemens und Origenes hervorgingen.

In religiöser Hinsicht war das Zeitalter des Hellenismus eine Periode des Übergangs und Umbruchs, der Neuorientierung und der Suche, wobei sich Religion und Politik immer mehr trennten, ebenso Volksglauben und philosophische Frömmigkeit. Oft entartete die Religion auch hier, wie im Judentum, zur bloßen Konvention. Es herrschte die *tyche (fortuna)*, der Zufall, oder die *anánke (necessitas)*, die Notwendigkeit, vielleicht auch die *heimarméne (fatum)*, das Schicksal, oder sogar die *pronoia (providentia)*, die Vorsehung. In dem Heilgott Asklepios, mit Sarapis und später mit Christus gleichgesetzt, verbinden sich Vorstellungen von Heil und Erlösung. Die Vorstellung einer Erbsünde lag griechischem Denken dagegen fern. Orientalische Gottheiten wurden hellenisiert in der aus den Kontinenten Europa, Asien und Afrika zusammenwachsenden neuen großen Welt, die gebieterisch nach religiöser Erneuerung verlangte, aber die größtenteils verbrauchten Götter, Kulte und Mythen vermochten die anwachsenden religiösen Bedürfnisse nicht zu befriedigen. Der Weg führt hier von der philosophischen Religionskritik zur philosophischen und von da zur christlichen Theologie. Sie rezipierte die Grundzüge jener ohne Scheu: Gott ist ewig, allweise, allgütig und allmächtig.

In der Philosophie konnte sich die »Weltuniversität« Athen bis zum Ende des Hellenismus behaupten. Typisch für die Entwicklung vom Hellenentum zum Hellenismus ist in formaler Hinsicht die Ablösung des Dialogs, zunächst durch die Pragmatie (gelehrte Abhandlung), dann durch die kynische Diatribe, die in der christlichen Predigt weiterlebte. Bion von Borysthenes (um 280) schuf die Diatribe als ein Gemisch von populärwissenschaftlichem Vortrag, prosaischer Paränese (Ermunterung) und Rhetorik. Bion – so Eratosthenes – kleidete die Philosophie ins Dirnengewand.

[18] In die Reihe der berühmten Philologen und Bibliothekare gehören Zenodot aus Ephesos (4./3. Jahrhundert), Aristophanes von Byzanz (etwa 257–180) und Aristarch von Samothrake (217–144 v. Chr.).

Der Kosmopolitismus der Stoiker entsprach mehr dem Geist Alexanders als die konservative Philosophie eines Platon oder Aristoteles. In der Stoa fanden sich Vertreter aus dem Orient, zum Beispiel Zenon der »Phöniker« und Diogenes, der »Babylonier«. Zenons ›Politeia‹ stand im Gegensatz sowohl zu Platons Idealstaat als auch zur Polis der Hellenen überhaupt. Chrysipp definierte den Menschen nicht mehr, wie Aristoteles, als *zoon politikón* (stadtstaatliches Lebewesen), sondern als *koinonikón* (gesellschaftsbildendes). Die Grundtendenzen dieser Philosophie sind Kosmopolitismus, Humanität, Verbrüderung der Menschheit. Im Streben nach Freiheit konvergieren Stoa und Christentum, wenn auch das Freiheitsverständnis beider ein anderes ist.

Die erlahmende Kreativität der spätgriechischen Philosophie (Kommentare) kam den gläubigen christlichen Denkern zugute. Vollends mußte die Philosophie bei dem Versuch scheitern, religiöse Bedürfnisse zu befriedigen. Sie konnte zwar obsolete Religionen zersetzen, sie aber nicht ersetzen. Der Kampf der Philosophie gegen die Volksreligion und die Tendenz zum Monotheismus kamen dem Christentum entgegen. Gottlos ist nicht, wer die Götter der Menge ablehnt, sondern wer ihnen die Vorstellungen der Menge anhängt. Am gefährlichsten für jede Art Religion, heidnische wie christliche, war die Kritik des Akademikers Karneades, der beispielsweise die stoische Vorsehung mit dem Hinweis auf das Glück der Ungerechten und Gottlosen erledigte. In ihrer rationalisierenden Theologie bereiteten die Stoiker sowohl für den Synkretismus den Boden als auch für die Apologetik. Das Schwanken der Stoiker zwischen spekulativer Metaphysik und realistischer Anpassung konnte auf die Dauer nicht überzeugen.

Schließlich eroberte das griechische Erziehungsideal der *paideia* die Welt, hellenisierte sie. Das griechische Gymnasion und das griechische Theater, das hippodamische Städtebaumodell, griechische Rechts- und Verwaltungseinrichtungen sowie das griechische Vereinswesen bestimmten das kulturelle Leben in Afrika und Asien wie im griechischen Mutterland. In den Monarchien der Diadochen waren die »Leute vom Gymnasion« die führende Bildungsschicht, deren Ideen mit jüdischen, römischen und orientalischen Vorstellungen verschmolzen.

Über die Grenzen von Stämmen, Völkern und Staaten erheben sich die Konzeptionen eines kulturellen Zusammenhangs der bewohnten Erde *(oikouméne)* mit ihrem Komplement einer zivilisierten Menschheit. Eine Weltkultur zeichnete sich ab. Was noch fehlte, war ein Weltreich als äußerer Rahmen und eine Weltreligion als innerer Halt. Das eine trugen die Römer zur Vollendung des Ganzen bei, das andere brachte das Christentum.

6.4.1.4 Die Römer

Die Spaltung der antiken Welt in einen vorwiegend westlich-römischen und einen vorwiegend östlich-hellenistischen Teil sollte auch das Schicksal des Christentums wesentlich mitbestimmen. In ihm setzte sich die Spaltung in verwandelter Form fort. Im Verlauf dieser Trennung überflügelte der Westen politisch und wirtschaftlich den Osten, wenn auch der von Rom gesteuerte Verfall der hellenistischen Staatenwelt nicht ohne Rückwirkungen auf die Stadt am Tiber blieb. Letztlich überlebte das Oströmische Reich politisch den Untergang des Westreiches, wenn auch um den Preis der Erstarrung zum Byzantinismus. Vom 2. Jahrhundert vor bis zum 2. Jahrhundert n. Chr. dominierte jedenfalls Rom auf politischem wie auf kulturellem Gebiet. Dann übernahm die christliche Religion die Führung.

Unter der Vorherrschaft der Römer expandierte und verflachte die Bildung zugleich. Die eigentliche Philosophie blieb das Privileg einiger weniger Hochgebildeter: *paucis philosophari.* Sonst herrschten (die zweite) Sophistik, Schulrhetorik, Popularphilosophie, Literatentum und gelehrte Betriebsamkeit: »quae philosophia fuit, facta philologia est«. Wie seit dem 19. Jahrhundert an die Stelle der großen Klassiker Leibniz und Kant mehr und mehr Leibnizianer und Kantianer, die Leibniz- und Kantphilologie traten, entstanden im Altertum die Platon- und die Aristotelesphilologie. Man darf diese Entwicklung nicht nur negativ beurteilen. Solange Rom die damalige Welt beherrschte, konnten sich Religionen, Philosophien, Künste und Wissenschaften frei entfalten. Ein so buntes und reichhaltiges Kulturangebot hatte die Welt noch nie gesehen.

Was Rom allerdings den zunehmend in die geistige und moralische Vereinzelung geratenden Menschen nicht geben konnte, war der religiöse Halt, ein zentrales Bezugssystem und ein übergreifendes Geschichtsbewußtsein. Die römische Religion öffnete sich fremden Vorstellungen, Kulten und Lehren in einem Maß, das sie zur Selbstaufgabe zwang. Das Angebot an

Lebensphilosophien verwirrte in seiner Mannigfaltigkeit und Oberflächlichkeit die Gemüter. Im rücksichtslosen Spiel der Kräfte und Mächte fühlte sich das Individuum moralisch hoffnungslos überfordert. Korruption, Gewalt, Brutalität, Terror, Zwietracht im Inneren und Kriege nach außen vergrößerten das Gefühl der Unsicherheit, Verlassenheit und Verlorenheit, ließen keine Seelenruhe aufkommen und erzeugten ein tiefes, weitverbreitetes Gefühl der Angst vor einer immer unheimlicher, hoffnungsloser, gnadenloser, boshafter und grausamer werdenden Welt. Rom konnte eine Zeitlang den äußeren Frieden mit Gewalt erhalten, den inneren Frieden vermochte es nicht zu stiften, es erreichte ein hohes Maß an technischer Zivilisation und Verkehrssicherheit, an Kommunikation und Organisation, aber das innere Gleichgewicht, die innere Ordnung und das Gefühl der Geborgenheit konnte es nicht geben. Rom war ein Weltreich geworden, aber die Herzen der Reichsbürger verarmten, hungerten und sehnten sich nach einem anderen Reich, in dem die Unterschiede von Kasten und Klassen, Rassen und Völkern, Herren und Sklaven aufgehoben waren.

6.4.1.5 Der Orient

Rom bekam die Nemesis seines Weltherrschaftsstrebens am eigenen Leib zu spüren. Aus dem Allerheiligsten der römischen Welteroberer war zum Schrecken der Aristokraten, Herrscher, Dichter und Historiker eine »Weltherberge« geworden, in der es nichts Heiliges mehr gab, in der Aberglaube, Magie und Astrologie ins Kraut schossen, ein Fest, ein Triumph und eine Orgie die andere ablöste, in der nur caesarische Machtnaturen die sensationshungrigen Massen bei Lust und Laune halten und den Pöbel bändigen konnten, in der man sich unersättlich und neuerungssüchtig der Flut von neuen Religionen, Kulten und Offenbarungen hingab, die aus dem Orient andrang und Rom überschwemmte.

Die hellenistische Propaganda hatte bereits ägyptische, phrygische und syrische Götter und Göttinnen den westlichen Bedürfnissen angepaßt. Der syrische Gott Baal löste als Sonnengott den altersschwachen Jupiter ab, der persische Botschafter des Lichtgottes, Mithra, der sich in Griechenland nicht durchsetzen konnte, stieg in Rom zum ersten Soldatengott auf und wurde zur gefährlichsten Konkurrenz für das Christentum. Die phrygische Göttin Kybele eroberte mit ihrem orgiastischen Kult, mit nächtlichen Feiern, Flötenmusik und wilden Tänzen den Westen. Kaiser Caracalla (186–217), der das römische Bürgerrecht allen Angehörigen des Reiches gewährte (212), nahm die ägyptische Göttin Isis unter die Staatsgottheiten auf. Aber auch die Schar solcher Elitegötter, die neuen Olympier, konnten den religiösen Synkretismus, den Polytheismus und die allgemeine religiöse Verwilderung nicht mehr aufhalten. Rom war endgültig zum Pantheon aller großen und kleinen Götter geworden, zum Hort des Aberglaubens, der Schamanen, Scharlatane, religiösen Geschäftemacher und Betrüger.

Mit den orientalischen Religionen gelangten jedoch nicht nur Magie, Mystik und Ekstatik in den Westen, sondern auch neue religiöse Vorstellungen, Muster und Motive. Das für die Geschichte des Christentums und des Abendlandes wohl wichtigste Muster war der Erlösungsgedanke. Entsprechend werden jene vorwiegend orientalischen Religionen auch unter dem Sammelbegriff Erlösungsreligionen zusammengefaßt. Die Juden kannten Erlösung vor allem als Befreiung des jüdischen Volkes aus der Fremdherrschaft, mit Hilfe Gottes. Griechische Philosophen sahen in der Spiritualisierung menschlicher Existenz eine Art Erlösung.

Aus der Vielzahl von Erlösungsmodellen sei eines, vielleicht das urtümlichste und wichtigste, herausgegriffen: ein Herr befreit die ihm Anvertrauten, die in die Gewalt seines Widersachers geraten sind, durch Geiselgabe. Die Geisel opfert sich freiwillig für das Volk, das so die verlorene Freiheit wiedererlangt: ein Vorgang, der sich in der Geschichte unzählige Male zugetragen hat, ein tausendfach belegtes, konkretes Erfahrungsmuster. Nicht minder zahlreich sind die Variationen dieses Motivs in Mythos und Sage, Literatur und Geschichte. Aus dem konkreten Verhaltensmuster wurde ein Mythologem, der Mythos vom guten Herrscher, der sein Volk durch Opferung seines Sohnes aus der Gewalt seines Widersachers befreit. Hinzu kommen Schuld und Sühne, Sündenfall, Umkehr und Rückkehr, Unheil und Heil. Daraus entstand das Ur-Geiseldrama der Menschheit. Da die historischen Quellen über außerchristliche Erlösungsbegriffe kaum etwas enthalten, bleibt man weitgehend auf Rückschlüsse angewiesen. Nicht zu zweifeln ist indessen daran, daß solche literarischen Motive und Verhaltensmuster in der hellenistischen Überlieferung den christlichen Autoren in großer Zahl vorlagen. Mit seinem großartigen Instinkt für publikumswirksame Motive erkannte schon Paulus die Möglichkeiten des Erlösungsgedankens und rückte ihn ins Zentrum der neuen, christlichen Religion, einer Welt- und Erlösungsreligion. Paulus täuschte sich nicht. Einer der Hauptgründe für den durchschlagenden Erfolg des Christentums war das gereinigte, entmythologisierte und wieder konkretisierte, an der historischen Person Jesus von Nazareths festgemachte und damit monopolisierte Erlösungsthema. Die Erlösung der Menschheit durch Jesus Christus wurde zu einem weltgeschichtlichen Heilsereignis. Eine vergleichbare Modellvorstellung hatte die gesamte antike Philosophie nicht aufzuweisen und konnte daher mit dem Christentum fortan nicht konkurrieren.

6.4.1.6 Die Weltreligion

Die Ausgangssituation des Christentums war hauptsächlich durch die Faktoren: Juden, Griechen, Hellenismus, Römer und Orientalismus bestimmt. Vom Judentum übernahm das Christentum den Monotheismus, den Missionsgedanken und die Zukunftsorientierung, wandelte aber alles dies in charakteristischer Weise ab. Aus Gott dem Gesetzgeber wurde ein Erlösergott, ein Gott der Liebe, aus der Bekehrung zur jüdischen Volksreligion wurde die Heidenmission, ein wichtiger Schritt zur Weltreligion, und aus der jüdischen Hoffnung auf Befreiung aus der Fremdherrschaft wurde die Naherwartung des Reiches Gottes unter Verlagerung der Diesseitshoffnung auf das Jenseits. Das gemeinsame Band, das Judentum und Christentum verband, war der Glaube.

In einer Situation, in der die römische Religion zerfiel, die Philosophie erstarrte und der Aberglaube blühte, konnte eine neue Religion Rettung bringen, die, ohne selbst dem Synkretismus zu verfallen, ihm doch Rechnung trug, die den Polytheismus durch einen ebenso konsequenten wie zeitgemäßen Monotheismus ersetzte und damit ein einheitliches Bezugssystem schuf, das den Menschen den nötigen inneren Halt geben konnte, die ferner aus der Enge der Volksreligion und des mythischen Bewußtseins in die raumzeitliche Wirklichkeit der Geschichte führte – das Christentum entstand im Brennpunkt dreier Kontinente, zu einer Zeit, als das römische Weltreich gebieterisch nach einer Weltreligion verlangte –, die dem diesseitigen Kaiserreich ein jenseitiges Reich Gottes gegenüberstellte, die der Orientierung an Vergangenheit und Gegenwart ein weltumspannendes Konzept für die Zukunft bot und die Sorge um das Überleben in die Sorge um das Seelenheil transformierte, ohne den Kontakt zur Welt ganz aufzugeben.

Von den Griechen übernahm das Christentum die Philosophie, aus der theoretischen Philosophie die Logik als Werkzeug, aus der praktischen vor allem die Ethik und die Idee der Paideia (Bildung, Erziehung), darüber hinaus die platonische Ideenlehre, die aristotelische Metaphysik und die neuplatonische Mystik. Auch hier wandelte das Christentum das Übernommene in charakteristischer Weise ab: Vernachlässigung der Naturphilosophie bis zur Feindschaft gegen die Atomisten, Wegfall der polis-orientierten politischen Komponenten und Übergang vom zyklischen zum linearen Geschichtsbild.

Vom Hellenismus übernahm das Christentum die ökumenische Orientierung, allerdings nicht die Ansätze zur Wissenschaft als Welterschließung und Weltbewältigung. Wie die Philosophie an ihrer Leistung für den Glauben und der Lebenshilfe, die sie gewährte, gemessen wurde, wurde die Wissenschaft am unmittelbaren Nutzen für das Leben (Medizin) gemessen.

Von den Römern nahm das Christentum die Organisationsformen, Recht, Disziplin und Ordnung in seinen Dienst, lehnte dagegen Kaiserkult und (zunächst) Weltherrschaftspläne, Toleranz und kulturelle Öffnung ab.

Nicht zuletzt von den Orientalen übernahm das Christentum, neben manchen anderen Vorstellungen, den Erlösungsgedanken, den es aber, teils dem römisch-westlichen Kulturkreis, teils dem östlich-hellenistischen gemäß, abwandelte.

All dies hat zur Entstehung, Gestaltung und Ausbreitung des Christentums beigetragen, erklärt aber noch keineswegs seinen Welterfolg; es bedurfte einer integren Stifterpersönlichkeit und eines genialen Vermittlers. Wie dies für die klassische griechische Polis Sokrates und Platon gewesen waren, so waren es für das römische Weltreich Jesus von Nazareth und Paulus.

6.4.1.7 Jesus von Nazareth

Waren die Kontakte des Judentums zur hellenistisch-römischen Welt zunächst eher sporadisch, so wurde aus der Annäherung im römischen Imperium ein Dauerkontakt, für Juden wie für Römer eine Herausforderung. Die Juden standen vor der Frage, ob aus der Annäherung eine Öffnung und Verschmelzung der eigenen religiösen Tradition mit der hellenistisch-römischen Kultur werden sollte, oder ob sie sich verschließen, sich in das Gehäuse ihrer Volksreligion zurückziehen und sich der geschichtlichen Herausforderung verweigern sollten. Innerhalb des Judentums gab es für die eine wie für die andere Möglichkeit Gruppierungen: die Orthodoxen waren für Verschließung und Verweigerung, die Fortschrittlicheren neigten zur Öffnung. In Jesus von Nazareth war die jüdische Existenzfrage Fleisch geworden. In ihm entschied sich das weitere Schicksal des Judentums, das in der Volksreligion verharrte, die Herausforderung nicht annahm, und indirekt das Schicksal der übrigen Welt. Ein unbekannter Mann aus dem Volk wurde ohne großes Zutun und vielleicht sogar gegen seinen Willen zum Wendepunkt der Weltgeschichte. Jesus von Nazareth, an sich weder konservativ noch revolutionär, zwang durch seine Offenheit, Integrität und Radikalität zur Öffnung, zum Offenbarungseid des Judentums. Die Mächtigen im Lande konnten oder (und) wollten sich nicht öffnen. Jesus, die Öffnung selbst, scheiterte im Land der Juden wie Sokrates in Athen und mußte wie dieser sterben.

Das Gemeinsame an Sokrates und Jesus und der Grund ihrer weltgeschichtlichen Wirkung sind die Krisen, die sie offenbarten und selbst in gewissem Sinn verkörperten, Sokrates die Krise der griechischen Polis, Jesus die Krise der jüdischen Religion, die zugleich eine moralische Krise der Menschheit war. Beide scheiterten vordergründig, sofern sie Veraltetes zu retten suchten, beide siegten, sofern sie der Menschheit neue Entwicklungsmöglichkeiten erschlossen. Die Athener ertrugen Sokrates nicht, weil er sie auf den Widerspruch von Worten und Taten hinwies, in dem sie lebten. Ihre Existenz war zu einer Scheinexistenz geworden. Die Juden beseitigten Jesus von Nazareth, nicht weil er gegen (religiöse) Gesetze verstoßen hatte oder neue einführen wollte, sondern weil er schonungslos die Nichterfüllung der alten aufdeckte und zur Umkehr aufforderte. Nicht der Mensch ist um des Gesetzes willen da, sondern das Gesetz um des Menschen willen. Gesetz und Leben brauchen sich aber nicht zu widersprechen. Sie widersprechen sich dort, wo der Buchstabe des Gesetzes über seinen Sinn, wo Legalität über Moralität triumphiert. Da wird das Recht zu einem Werkzeug der Macht, das Gesetz zum Feind des Lebens und die Religion nicht zum Inbegriff der Nächstenliebe, sondern zum

Mittel, den Nächsten zu übervorteilen und auszubeuten. Der jüdische Reformator Jesus von Nazareth wollte, wie Sokrates, Verkehrungen richtigstellen, die Gesundheit, Glück und Leben jeder Gesellschaft gefährden und damit die Entwicklungsmöglichkeiten der Menschheit zerstören. Insofern wird er mit Recht als Heiland und Retter der Menschheit verehrt.

6.4.1.8 Jünger, Apostel, Evangelisten, Christen

Die Lebens- und Leidensgeschichte Jesu läßt die Krise, in die das Spätjudentum geraten war, erkennen. Die Annäherung der jüdischen Tradition an die griechische bot der Synagoge die Chance, römische Reichskirche zu werden. Die Verschmelzung der jüdischen Religion mit der hellenistisch-römischen Kultur setzte allerdings eine geistige Öffnung des Judentums voraus, aber dazu war die orthodoxe Priesterschaft der Sadduzäer[18a], die mit Klauen und Zähnen an ihren Privilegien festhielt, nicht bereit. Sie lud sogar ein Justizverbrechen, den Mord an Jesus von Nazareth, auf sich, um die Öffnung zu verhindern.

Die Legendenbildung bemächtigte sich des unschuldigen Opfers eines niederträchtigen Verbrechens, des edelsten, reinsten und glaubwürdigsten Menschen seiner Zeit. Jünger, Apostel und Evangelisten machten in wenigen Jahrzehnten aus dem historischen Jesus von Nazareth den kerygmatischen Christus, den Messias, den Propheten und Gottes Sohn. Mit der Tötung des einzigartigen Reformators erreichte die jüdische Führungsschicht – nicht das jüdische Volk – genau das Gegenteil von dem, was sie beabsichtigt hatte. Sie tötete Jesus nicht, sondern verhalf ihm zu ewigem Leben, zur Auferstehung von den Toten und zur Apotheose. Als Christus lebte er weiter und wurde zum Quell wahren Lebens. Der jüdische Gott hatte gegen die herrschende Priesterkaste entschieden und Jesus Christus als seinen »Sohn« anerkannt, zum Teilhaber und damit zum Mitrichter der Welt erhoben. Die unvermeidliche Öffnung der jüdischen Religion vollzog sich gegen den Widerstand ihrer höchsten Vertreter. In Jesus, fortan auch Christus genannt, war sie Ereignis geworden, und so konnte, an seinen Doppelnamen anknüpfend, die Verschmelzung von hellenistisch-römischer Kultur, orientalischer Erlösungsmystik und jüdischer Religion

[18a] Salcia Landmann, Jesus und die Juden. München 1987, S. 91, 102.

stattfinden, ein weltgeschichtliches Ereignis, ein Wendepunkt in der Geschichte der Menschheit, mit dem völlig zu Recht die Zeitrechnung beginnt, die sich weltweit durchgesetzt hat.

6.4.1.9 Paulus

Hier kann nur kurz eines Mannes gedacht werden, dem bei der Entstehung des Christentums eine Schlüsselrolle zufiel: Paulus. Seine Bekehrung vom Juden zum Christen, sein »Damaskus« symbolisiert den Sprung in der Geschichte der jüdischen Religion, der mit der Öffnung verbunden war. Der geniale und rastlos tätige Mann sammelte und formierte die fortschrittlichen geistigen und moralischen Kräfte des Judentums und verlieh ihnen jene Durchschlagskraft, der das Christentum seinen Aufstieg zur römischen Reichsreligion und damit zur Weltreligion wesentlich mitverdankt. Nur an einem Ort scheiterte Paulus: in Athen, nach wie vor die Hochburg der Philosophie. Erst die gewaltsame Schließung der Platonischen Akademie durch den oströmisch-christlichen Kaiser Justinian (529 n. Chr.) bereitete der Philosophie ein vorläufiges, kein absolutes Ende. Auch sie erstand, nach einem Scheintod, wieder auf, lebte weiter und erlebte seither, wie das Christentum, Höhe- und Tiefpunkte.

Paulus, in Tarsos, einem Mittelpunkt griechischer Bildung, geboren, stand sowohl der griechischen Philosophie als auch orientalischen Erlösungslehren näher als die christliche Gemeinde in Jerusalem. »Jesu Predigt trägt mit ihrer Gebundenheit an jüdische Vorstellungen und ihrer Anerkennung der praktischen Geltung des Gesetzes einerseits, ihrem prinzipiellen Emporstreben aus den nationalen Schranken andererseits ein Doppelantlitz. Sie schloß die Möglichkeit der Rückbildung ins Judentum wie die des Sieges der vorwärtsstrebenden universalen Tendenzen in sich. Auf der rückwärts gewandten Seite steht die Jerusalemische Gemeinde, die Richtung in die Zukunft bestimmt Paulus.«[19]

Für die fortschrittliche Tendenz des Paulus sind charakteristisch: die Heidenmission, die Messiastheologie, ökumenische Ambitionen: Einheit des Weltreichs – Einheit der Menschheit, die Anpassung an das griechische Kulturniveau.

In dem letzten der vier Evangelien, im Johannes-Evangelium,

[19] Wendland, Die hellenistisch-römische Kultur, S. 241.

gewinnt die Logoslehre die Oberhand über die Messiastheologie, und von den hellenisierenden Zügen der Areopag-Rede in der Apostelgeschichte (Act. 17) führt unverkennbar eine Linie zur frühen christlichen Apologetik.

6.4.1.10 Die Gnosis

Die christliche Religion und die christliche Philosophie haben sich erst allmählich als dauerhafte Gebilde aus dem großen hellenistischen Verschmelzungsprozeß der Denk- und Glaubensinhalte herauskristallisiert, wobei sich die positiven Formen immer klarer und deutlicher von Fehlentwicklungen abhoben.

Die Gnosis (Erkenntnis), ein typisches Produkt des griechischen Geistes und griechischer Einstellung zur Welt, erfaßte das Christentum wie auch die übrigen orientalischen Religionen im Einflußbereich griechischer Kultur. Einige Kirchenväter sahen in der Gnosis eine schlimme, weil von innen zersetzende Gefahr für die christliche Religion und bekämpften daher diese »griechische Weisheit«, die sie für eine Art Philosophie hielten, erbittert. Vertreter der griechischen Philosophie wie Porphyrios erblickten dagegen in der Gnosis eine aus der Philosophie entstandene Religion. Tatsächlich ist schwer zu sagen, ob dieses Zwittergebilde eher eine religiöse Philosophie oder eine philosophische Religion war. Bezeichnend für die Gnosis als geisteswissenschaftliches Phänomen sind Vielgestaltigkeit und Undefinierbarkeit. Sie enthält griechische und christliche, jüdische und ägyptische, babylonische und persische Elemente. Von seriöser Philosophie unterscheidet sich die Gnostik durch den Hang zu ungezügelter Spekulation und Verwischung von Unterschieden, von echter Religion durch üppig wuchernde Magie und Aberglauben.

In der Gnosis verwischt sich der in der griechischen Geistesgeschichte hervorgetretene Gegensatz von Mythos und Logos wieder bis zur Ununterscheidbarkeit. Der Verwilderung des Denkens entspricht eine Verwilderung der Sprache, die orakelhafte Züge annimmt, zu einer universalen Mysteriensprache degeneriert und Dunkelheit, Unverständlichkeit und Verworrenheit bevorzugt.

Astrologie, Okkultismus und Zauberei gehören zum Repertoire gnostischer Sekten, ebenso wie Ekstase, Trance und geheime Riten. Für die Kirchenväter ergab sich daraus die Notwendigkeit, dem Mißverständnis entgegenzuwirken, als sei das Christentum nichts anderes als eine derartige Sekte, für die Philosophen das vitale Interesse, nicht mit den »Gnostikern« verwechselt zu werden. So fanden sich die Kräfte der alten Philosophie und der neuen Religion ganz von selbst zu einem Zweckbündnis zusammen, das zur Auslese des Besseren beitrug, ein Prozeß, der mit der Patristik noch lange nicht zu Ende war und im Grunde das Mittelalter hindurch andauerte.

Bereits der Kirchenvater Justin nennt als Archegeten der christlich-häretischen Gnosis den Samaritaner Simon Magus, einen Wundertäter, der sich und seine Gefährtin Helena – Irenäus zufolge eine Dirne aus einem Bordell in Tyros – als Gottheiten verehren ließ und seinen Anhängern Erlösung verhieß. Den Juden offenbarte er sich als Gottes Sohn, den Heiden als Inkarnation des Heiligen Geistes und wandte dabei das gleiche Missionsschema an wie Paulus, der den Juden als Jude und den Griechen als Grieche zu erscheinen suchte. Simon Magus wurde zu einem ebenso gefürchteten wie verhaßten Konkurrenten der echten Religion. Sein Schüler Menander, ebenfalls Samaritaner, ging noch weiter, indem er seinen Anhängern Auferstehung und sogar physische Unsterblichkeit in Aussicht stellte. Satornilos von Antiochia bezog dann auch Jesus in die gnostische Lehre ein.

Von den etwa 60 im Umkreis des Christentums aufblühenden Sekten seien hier nur sieben der für es gefährlichsten und bekanntesten genannt: Simonianer, Menandriner, Satornilianer, Basilidianer, Karpokratiaten, Markioniten, Valentiner. Zu den Sekten, die sich nicht auf eine bestimmte Stifterpersönlichkeit zurückführen lassen, gehörten die Ophiten (Ophis: Schlange), Schlangenverehrer, die Barbelognostiker mit ihrer Vierzahlsymbolik und die Anhänger der ›Pistis Sophia‹ der gnostischen Lehre eines in koptischer Sprache verfaßten Werkes.

Erst wenn man solche Texte kennt, kann man ermessen, welche Gedankenarbeit die Kirchenväter geleistet haben, die außer der Verteidigung gegenüber äußeren Gegnern auch den Kampf gegen die innere Zersetzung führen mußten, aber auch verstehen, daß dieser Kampf Spuren hinterließ. Was einem aufgeklärten Zeitalter mißfällt, imponierte einem wundergläubigen: das Phantastische, Bizarre und Absurde, Berührungsängste mit der (materiellen) Welt und Verteufelung der Sexualität, Großsprecherei und Schamanismus bis zur Selbstvergottung. Es ist zumindest einseitig, die christliche Philosophie an den großen

Werken der griechischen Klassik zu messen. Auf dem Hintergrund der Geisteswelt, in der die Apologeten lebten und dachten, erscheinen auch die Reinigung des Edlen vom überwuchernden Wildwuchs, die verarbeitende Bewahrung des Wertvollen und die Tradition des Besten als lohnende Aufgaben. Diese Aufgaben hat die christliche Philosophie in mühevoller Kleinarbeit in hervorragender Weise gelöst.

6.4.2 Apologeten

Im Unterschied zur Patrologie (Väterkunde) – ein Begriff, den der protestantische Theologe Johannes Gerhard 1653 einführte – umfaßt der weitere Begriff der Patristik, der aus der *Theologia patristica* herauswuchs, mit dem die Theologen des 17. Jahrhunderts die Lehre der Väter im Gegensatz zur *Theologia scholastica* bezeichneten, die Dogmen-, Liturgie-, Konzilien- und (christliche) Literaturgeschichte als Quellen für die Lehren der Kirchenschriftsteller, Kirchenväter und Kirchenlehrer, deren Anzahl später begrenzt und nach den Merkmalen *doctrina orthodoxa* (orthodoxe Lehre), *sanctitas vitae* (vorbildliche Lebensführung), *approbatio ecclesiae* (kirchliche Billigung) und *antiquitas* (Alter) kanonisiert wurde.

Die Sprache der christlichen Autoren war anfangs auch im Westen das Griechische, später (seit dem 3. Jahrhundert) das Lateinische, im Osten traten als Landessprachen das Syrische, Koptische und Armenische hinzu. Die Bezeichnung »Vater« statt Lehrer, Gefährte oder Freund ist kirchlichen, orientalischen, speziell jüdischen Ursprungs und betont die Autorität, Familiarität und Personalität der Kirchenführer, vor allem der Bischöfe. Im Westen entstand aus den Väterschriften und Florilegien die *doctrina patrum*, die als *sententiae patrum* in die mittelalterliche Sentenzenliteratur eingingen. Grundlegend für die Entwicklung der Patristik waren die Kirchengeschichte des Eusebius von Caesarea und die Geschichte der christlichen Literatur (135 Autoren) des Hieronymus. Gennadius, ein Priester aus Marseille, setzte 480 das Werk des Hieronymus fort. Ihm folgten Isidor von Sevilla (615–618) und Ildefons von Toledo (gest. 667). Im 9. Jahrhundert legte Photios eine Sammlung von 280 christlichen (und heidnischen) Büchern an. In der Zeit nach der

Reformation bemühten sich Kardinal Bellarmin und der Benediktiner Ceillier (23 Bände) um die Literatur der Väter. Im 16. und 17. Jahrhundert begann die wissenschaftliche Erfassung. Es entstanden bedeutende Einzelausgaben und Sammlungen, so die mit 382 Bänden von J. P. Migne (1844–1866). Im 19. Jahrhundert kamen viele Neuentdeckungen dazu, auch aus entfernteren Sprachen (Armenisch, Georgisch), und die Universitäten richteten Lehrstühle für Patrologie ein. Im 20. Jahrhundert begann die systematische und historische Einzelforschung mit der Untersuchung von Worten, Begriffen, Vorstellungen und mit der Erschließung neuer Quellen (Papyri, Bibliotheken).

Bei der Einteilung patristischer Autoren spielen räumliche und zeitliche Gesichtspunkte eine Rolle, Schriftsteller des lateinischen Westens und des griechischen Ostens, Alexandriner und Ägypter, Kappadokier, Antiochener und Syrer, Armenier. Geht man von entwicklungsgeschichtlichen Kriterien aus, hebt sich von der Periode der urchristlichen Literatur (Neues Testament, andere Evangelien, Apostelgeschichten, Apokalypsen, Briefe, Gemeindeschriften, Märtyrerakten, frühe Texte mit gnostischem Einschlag) die Periode der frühen Patristik und antihäretischen Literatur ab. Sie ist von Begegnung, Auseinandersetzung und Polemik zwischen Christen und Nichtchristen gekennzeichnet (Apologeten). Ihr folgt eine Periode der Aneignung, Verarbeitung und selbständiger philosophischer Versuche. In ihr gewinnen, da die heidnischen Vertreter der Philosophie kaum mehr etwas Neues zu bieten haben, die christlichen Autoren dank ihrer straffen Organisation, einheitlichen Zielsetzung, Radikalität und methodischer Konsequenz das Übergewicht. Es entstehen zahlreiche neuartige Entwürfe von relativ hoher Qualität. Der Westen holt den Vorsprung des Ostens auf und überholt ihn in Augustin, der den Höhepunkt der Patristik bildet und Werke von philosophischem Rang verfaßt. Darauf folgt eine Periode der Einübung, Funktionalisierung und Instrumentalisierung des antiken Erbes, die in eine Phase der Erstarrung des patristischen Denkens ausläuft. Eine scharfe chronologische Abgrenzung dieser Periode ist nicht möglich. Augustins ›Gottesstaat‹ trägt noch gewisse apologetische Züge. Mit der Anerkennung des Christentums erübrigt sich der Kampf um die Gleichberechtigung, mit dem Aufstieg zur Reichsreligion die Apologetik. Versuche, die heidnische Philosophie in Dienst zu nehmen, unternahmen schon die frühen Apologeten.

6.4.2.1 Justin, Tatian

Die Einstellung der Kirchenväter zur Philosophie war keineswegs einheitlich, bildeten sich doch erst im Verlauf der Auseinandersetzung mit der Philosophie, der Gnosis, mit anderen Sekten und Religionen christliche Identität, Theologie und Orthodoxie heraus. In der nuancenreichen Palette patristischer Standpunkte, in der großen Mannigfaltigkeit der Typen und Charaktere lassen sich allerdings zwei Grundeinstellungen unterscheiden, die im Christentum strukturbedingt und darüber hinaus sogar für die Stifterpersönlichkeit Jesus von Nazareth und letztlich auch für das Judentum bezeichnend sind: Öffnung und Verschließung, Verschmelzung und Abstoßung, liebende Aufnahme und haßerfüllte Verfolgung. Das gilt sowohl für die östlich-griechische als auch für die westlich-römische Patristik.

Der Apostelschüler und erste Apologet, Quadratus von Athen, überreichte im Jahre 124 Kaiser Hadrian eine Verteidigungsschrift, von der nur ein Fragment erhalten ist. Er bemühte sich in einer wundergläubigen Welt, die Überlegenheit der christlichen Religion nicht etwa durch die Echtheit des Glaubens zu erweisen, sondern durch die längere Dauer der Heilungswunder Jesu im Vergleich zu anderen Heilern[20].

Marcianus Aristides verfaßte seine Apologie (etwa 140) unter der Herrschaft des Kaisers Antoninus Pius. Aristides suchte den Kaiser von der Überlegenheit der christlichen Gottesidee und der Brüderlichkeit der Christen zu überzeugen. Im Anschluß an seine Unterscheidung von vier Menschengeschlechtern: Barbaren, Griechen, Juden und Christen, entwickelte er eine Art Ideologie, derzufolge Gott die Welt nur um der Christen willen weiterbestehen lasse. Christliche Autoren ersetzten nach und nach das römische Sendungsbewußtsein, nach dem Rom zur Weltherrschaft berufen war, durch ein christliches, das die römische Geschichte in seinen Dienst stellt: Rom mußte die Welt bezwingen, damit sich das Christentum im römischen Reich ausbreiten kann.

Der Bischof Melito von Sardes überreichte um 172 dem Kaiser Marc Aurel eine Apologie, in der die Ansätze des Aristides zu einer Ideologie im Sinn von Thron und Altar weitergebildet erscheinen: Römisches Kaiserreich und Christentum haben sich

[20] Vgl. Eric Robertson Dodds, Heiden und Christen in einem Zeitalter der Angst. Frankfurt a.M. 1985, S. 108.

gleichzeitig entwickelt, das Christentum brachte dem Kaiserreich Segen, mithin ist friedliche Kooperation für Staat und Kirche das beste. Melito stellte dem Philosophenkaiser das Christentum als eine »Philosophie« dar und verfaßte eine (verlorene) Schrift ›Über die Wahrheit‹.

Im Jahre 177 richtete Athenagoras eine Bittschrift an Kaiser Marc Aurel und dessen Sohn Commodus, in der er Platon, Aristoteles und die Stoiker als Vorläufer und Verbündete des Christentums würdigt. Seine Schrift zum Thema Auferstehung sucht, ganz im Gegensatz zu griechischen Auffassungen, Argumente für die leibliche Auferstehung beizubringen.

Im Kampf gegen die Gnosis zeichneten sich besonders Irenäus und Hippolytos aus. Neben Tertullian ist Irenäus aus Smyrna, der 177 Bischof von Lyon wurde, die wichtigste Quelle des 2. Jahrhunderts für die Lehren der Gnosis und ihre Widerlegungen. In fünf Büchern ›Gegen die Häresien‹ arbeitet er den Standpunkt der christlichen Orthodoxie heraus: die einzig wahre Gnosis ist die apostolische Lehre. Aus ihr und den Offenbarungen der Natur wird, soweit das überhaupt für Menschen möglich ist, Gott erkennbar, nicht durch die »Schau« der Gnostiker. Irenäus, »der erste bewußte Schrifttheologe der christlichen Kirche«[21], stellt nicht nur der *gnosis* der Häretiker die *pistis* (den Glauben) der Orthodoxen gegenüber, sondern betont auch den Unterschied zwischen christlichem Glauben und Philosophie.

Der römische Presbyter Hippolytos (gest. 236/37), ein Schüler des Irenäus, führte in seiner quellengeschichtlich bedeutsamen ›Widerlegung aller Häresien‹ die Häresien auf die griechischen Philosophien zurück. Die Griechen verherrlichten, in Unkenntnis des Schöpfers, die Schöpfung. Ihnen folgten die Häretiker. In seiner Schrift ›Über das Sein des Ganzen‹ sucht er Platon Widersprüche nachzuweisen und polemisiert gegen Lehren der Platoniker über die Seele und die Materie.

Justin und Tatian repräsentieren extreme Positionen der Öffnung und Verschließung gegenüber der Philosophie.

Justin aus Flavia Neapolis in Palästina stammte von griechischen Eltern, studierte die verbreiteten Richtungen der griechischen Philosophie – Pythagoreismus, Platonismus, Aristotelismus, Stoizismus – und konvertierte, von den Märtyrern beein-

[21] Hans von Campenhausen, Die griechischen Kirchenväter. Stuttgart 1956, S. 29.

druckt, zum Christentum. Er suchte die Verwandtschaft wahrer Philosophie mit christlicher Religion aufzuweisen. Wie Philon hielt er Platon für einen Schüler von Moses. Justin betätigte sich als philosophischer Wanderlehrer, geriet in Gegensatz zu den Kynikern und wurde schließlich 165 in Rom selbst zum Märtyrer. Von acht seiner Schriften, die der Kirchenvater Eusebius erwähnt, sind nur zwei Apologien und ein Dialog mit Tryphon erhalten. In einer Apologie, die an Kaiser Antoninus Pius gerichtet ist, interpretiert er die stoische Logos-Lehre als Vorbereitung auf das Christentum; in dem erhaltenen Dialog verteidigt er das Christentum gegen den von jüdischer Seite erhobenen Vorwurf, es gebe den Monotheismus preis. Von den Positionen der griechischen Philosophie lehnt Justin nur den Epikureismus und den Skeptizismus ab. Das Verständnis der Heiligen Schrift hängt seiner Meinung nach von der Gnade ab und nicht vom Vermögen der Vernunft.

Wie das Beispiel des Justin zeigt, verteidigten sich die Kirchenväter nicht nur gegen griechische Philosophen, sondern auch gegen die jüdische Orthodoxie. Dem Vorwurf, durch die Göttlichkeit Christi vom strengen Monotheismus abzuweichen, begegneten die Apologeten mit der Lehre über das Mysterium der Trinität: ein Gott in drei Personen: Gott Vater, Gott Sohn und Heiliger Geist.

Weniger tolerant gegenüber der griechischen Philosophie war der Syrer Tatian (2. Jahrhundert), der, wie Justin, von dem er in Rom bekehrt wurde, vor seinem Übertritt zum Christentum viele Richtungen der griechischen Philosophie kennengelernt hatte. Tatian hielt die griechische Philosophie für ein dämonisches Machwerk, was ihn nicht davor bewahrte, von der römischen Gemeinde als Ketzer ausgestoßen zu werden. In seiner Heimat lehrte und schrieb er jedoch weiter, kämpfte für die Einheit der christlichen Lehre, verkündete die Göttlichkeit Christi und erlangte in der Kirche seines Landes großes Ansehen.

6.4.2.2 Minucius Felix, Tertullian

Wie im griechischen Osten Justin und Tatian Toleranz und Intoleranz verkörpern, stehen sich im römischen Westen Minucius Felix und Tertullian als Vertreter philosophiefreundlicher und philosophiefeindlicher Tendenzen gegenüber.

Der römische Rechtsanwalt Marcus Minucius Felix verfaßte um 200, in Anlehnung an Ciceros ›De natura deorum‹, den nach einem verstorbenen Freund benannten Dialog ›Octavius‹. Gesprächspartner sind der Christ Octavius und der Heide Caecilius; Minucius Felix steht als eine Art Schiedsrichter zwischen den Freunden. Der Dialog – Schauplatz ist der Strand von Ostia – richtet sich an gebildete Heiden und enthält auffallend wenig christliches oder biblisches Gedankengut. Seine Stärke liegt in der Argumentation, in der Klarheit und Übersichtlichkeit sowie in dem freien, offenen Geist der Darstellung.

Den Philosophen beeindruckt am Christentum vor allem der konsequente Monotheismus, der Unsterblichkeitsglaube und der Ernst des sittlichen Strebens. Im Einklang mit Auffassungen der jüngeren Akademie glaubt Caecilius nicht daran, daß der Mensch von Gott, Schöpfung und Vorsehung etwas wissen kann. Ein allwissender Gott erscheint als Phantasieprodukt, die Lehren vom Weltuntergang und von der Auferstehung sind unglaubwürdig, die Christen leichtgläubig: »quod supra nos, nihil ad nos« (5, 13).

Octavius beruft sich dagegen für seinen Gottglauben auf Dichter, Philosophen und die Volksmeinung. Dem römischen Sendungsbewußtsein stellt er die These entgegen, Rom sei nicht durch seine Religion, sondern durch Raub und Gewalt groß geworden. Für die Wahrheit der christlichen Lehre spreche die Haltung der Christen. Caecilius kann sich den Argumenten des Octavius nicht entziehen und nimmt den christlichen Glauben an, wenn auch nicht als starres System von Lehren.

Minucius stellt das Christentum als eine Religion reiner Menschlichkeit dar. Ganz anders sein Antipode Tertullian.

Quintus Septimius Florens Tertullianus (160–220), Sohn eines römischen Hauptmanns, Rhetor und lateinischer Kirchenschriftsteller, stammte aus Karthago. Asketisch, radikal und rigoros lehnte er die weltoffene Episkopalkirche ab und fand schließlich Zuflucht bei den Montanisten, einer extremistischen phrygischen Erweckungsbewegung, beseelt von urchristlicher Naherwartung des Herrn. Tertullian wurde durch seine irrationalistische These: *Credo quia absurdum* (Ich glaube es, weil es absurd ist) bekannt. Die merkwürdige Formel scheint eine Art Bekennerantwort auf Vorwürfe griechischer Kritiker gegen »absurde« christliche Lehren gewesen zu sein, Vorwürfe, die sich in der Zeit zwischen Tertullian und Augustin noch verdichten und verschärfen sollten.

In seiner Schrift ›Ad nationes‹ greift Tertullian das Heidentum an. Sein ›Apologeticum‹ (an die römischen Statthalter) bestreitet die Berechtigung der Christenprozesse. Die Schrift ›Adversus Iudaeos‹ soll zeigen, daß die Propheten Christus voraussagten und daß in ihm das alte Gesetz aufgehoben ist. In der Schrift ›De testimonio animae‹ vertritt Tertullian die wichtige zukunftweisende Lehre, daß die Heiden im Grund ihrer Seele christlich fühlten, weil dies natürlich sei: *anima naturaliter christiana.* Eine andere Schrift richtete sich gegen die für Christen verbotenen unmoralischen Schauspiele, eine weitere gegen die Häretiker (Abweichler). ›Über die Geduld‹ lautet der Titel einer Schrift, in der Tertullian diese Tugend lobt, aber gesteht, daß er sie nicht besitze. An anderer Stelle tadelt er die Putzsucht der Frauen und fordert zum Tragen des Schleiers außer Hause auf. Tertullian wandte sich auch gegen den Kriegsdienst und damit verbundene Riten. Asketischer Rigorismus zeigt sich in seiner Bezeichnung der Zweitehe als Unzucht oder in seiner Verurteilung von Geistlichen, die »fleischliche Sünder« zur Buße zulassen. Revolutionär erscheint, daß er der Kirche das Recht zur Sündenvergebung abspricht. Im übrigen ist Tertullian, wie später die Puritaner, von der unheilbaren Verderbtheit der menschlichen Natur überzeugt.

6.4.2.3 Clemens Alexandrinus, Origenes

Mit Clemens von Alexandrien und Origenes beginnt eine neue Epoche der christlichen Philosophie. In ihnen erreichte der Verschmelzungsprozeß von christlichem Glauben und griechischer Philosophie einen ersten Höhepunkt. Clemens beachtete als erster die Spuren griechischer Literatur im Neuen Testament, Origenes wandte als Gelehrter erstmals die Gattungen der griechischen Wissenschaft auf die christliche Literatur an: kritische Ausgabe, Kommentar, Scholion, Dialog und Abhandlung. All dies trennte er konsequent von den Predigten, die der Erbauung dienten.

Auch die Auseinandersetzung mit der Gnosis erreicht ein höheres Niveau als zuvor. Die Gnosis, die sich als eine hellenistisch-synkretistische Religionsbewegung mit persischem (Dualismus) und mystischem (Erlösung) Einschlag zu erkennen gab, trat der christlichen Pistis nicht mehr nur als feindliches Prinzip entgegen. Die Vorstellung vom Menschen als Schlachtfeld zwischen dem Guten und dem Bösen, zwischen den Mächten des Lichts und der Finsternis, wobei auch der Mensch zur Erlösung beitragen kann, kam entsprechenden christlichen Auffassungen entgegen. Clemens und Origenes wuchsen über die primitiven Formen der Gnosis hinaus und bezogen sie, als »Gnostiker«, in ihre sublime Geistigkeit ein, schufen eine neue, gereinigte und geläuterte Form der Gnosis, die den Orthodoxen zwar immer noch suspekt war, deren Einfluß man sich aber nicht entziehen konnte.

Titus Flavius Clemens von Alexandria (ca. 150–215) gehört, wie Justin, zu den Kirchenvätern, die über eine gründliche griechische Ausbildung verfügten und dann zum Christentum gelangten. Er leitete vor Origenes die Katechetenschule in Alexandrien, floh während einer Christenverfolgung nach Kappadokien, wo er starb. Er verfaßte einen ›Protreptikos‹, eine Mahnschrift zur christlichen Wahrheit, drei Bücher über christliche Lebensführung sowie sieben Bücher ›Teppiche‹, Schriften zu allerlei Themen in bunter Folge. Wegen seiner vielen Zitate wurde das Werk zu einer wichtigen Quelle philosophiegeschichtlicher Forschung. Im Gegensatz zu dem Metaphysiker Origenes legte Clemens das Gewicht auf die Praxis, vor allem auf die Erziehung. In seinem Werk ›Paidagogós‹ stellt er Christus als den größten, göttlichen Erzieher der Menschheit dar. Während Tertullian Vernunft und Philosophie fast verteufelte, sah Clemens in ihnen eine Gottesgabe, die man schätzen und pflegen müsse. Tertullians Unterdrückung der Triebe stellte er ein Konzept zu ihrer Veredlung gegenüber. Wie der Philosoph von den Axiomen, so gehe der Christ von der Offenbarung aus. Clemens vertrat übrigens im Hinblick auf die Bibel die Theorie vom »Plagiat« der Heiden.

Eine gemäßigte Hellenisierung der Heiligen Schrift findet sich bei Origenes (185 in Alexandria, später in Palästina). Als Christ wurde er während der Christenverfolgung unter Kaiser Decius gefoltert und wegen seiner gnostischen Tendenzen 232 aus der Kirche ausgestoßen. Von den zahlreichen Werken »des fruchtbarsten aller christlichen Autoren« ist wenig erhalten. Dem Beispiel Philons folgend, wandte Origenes die allegorische Exegese auf die Heilige Schrift an. Aus der einmaligen Weltschöpfung wird bei ihm eine dauernde. Das Böse besteht im Abfall der (präexistierenden) Seelen von Gott, zu dem sie nach einer Zeit der Bindung an den Körper zurückkehren. Christliche Eschatologie verbindet sich mit zyklischer Weltbetrachtung der Griechen, wenn Origenes gleichzeitig an die Erlösung, sogar des Teufels, glaubt und an die ewige Wiederholung dieses Prozesses.

6.4.2.4 Gregor von Nyssa

Neben Alexandria gab es in Syrien, benachbarten Provinzen und Kleinasien Zentren christlicher Gelehrsamkeit. In scharfem Gegensatz zu den Alexandrinern standen die Antiochener, deren Schule von dem Presbyter Lukian im 3. Jahrhundert begründet wurde und im 4. sowie in der ersten Hälfte des 5. Jahrhunderts ihre Blütezeit hatte.

Antiochia entwickelte sich zu einem Mittelpunkt der Arianismus. Die Antiochener stellten der allegorischen Methode der Alexandriner die historisch-philologische Schriftauslegung entgegen und neigten mehr zum Aristotelismus als zum Platonismus. Von den zahlreichen Gelehrten dieser und anderer Schulen ragen die Kirchenhistoriker Eusebius von Caesarea (265 bis 339) und Chrysostomos (»Goldmund«), ein Meister der Rede und ein Mann tätiger Nächstenliebe, hervor. Beide waren der Philosophie gegenüber aufgeschlossen, und beide hatten unter den Anfeindungen der Orthodoxen schwer zu leiden: »Mit ehrlichem Entsetzen bemerkt Euseb, wie in der geschichtlichen Stunde der Befreiung und des gottgeschenkten Triumphes theologische Zanksucht und Intoleranz den Bau des Reiches und der Kirche zu erschüttern drohen und die christliche Einheitsfront auseinanderbricht.«[22]

Chrysostomos aus Antiochia, ein gebildeter und freimütiger Kirchenlehrer, erregte den Zorn des Patriarchen Theophilos von Alexandrien (385–412), der gegen ihn intrigierte und schließlich seine Verbannung durchsetzte. Nach seinem Tod wurde der Vorkämpfer für ein freies, aufgeklärtes Christentum allerdings rehabilitiert und zu einem der gefeiertsten Kirchenväter der Christenheit. Seine Homilien (fortlaufende Bibellesungen und -erklärungen) sind als einzige christliche Predigten des Altertums auch heute noch lesbar.

Wie Chrysostomos dem Theophilos erlag der aus Persien stammende und in Antiochia ausgebildete Nestorius (ca. 381 bis 451) den Angriffen des Bischofs Kyrill von Alexandria, einem

[22] Campenhausen, Die griechischen Kirchenväter, S. 69.

Verächter der Philosophie, der für die grausame Ermordung der Philosophin Hypatia mitverantwortlich war. Nestorius hatte die Menschennatur vom göttlichen Logos in Christus zu trennen versucht. Seine an sich plausible Lehre wurde jedoch auf der »Räubersynode« von Ephesos (431) von Kyrill und seinen radikalen Unitariern verurteilt. Nestorius erlebte seine Rehabilitation, als der Monophysitismus 451 gestürzt wurde. Auf dem Konzil von Chalkedon wurde er dann als Irrlehre abgetan.

Unter dem philosophisch vielleicht noch bedeutsameren Neuarianer Eunomius formierte sich der Widerstand gegen die Orthodoxen (Basilius von Caesarea) noch einmal, aber Eunomius wurde von Kaiser Theodosius verbannt und starb in der Verbannung (394). Mit seiner Lehre von den leeren Aussagen der Vernunft (bloße Namen) und von ihrer kombinatorischen Funktion im Hinblick auf die sinnlichen Wahrnehmungen nahm Eunomius von seinem empirisch-skeptischen Standpunkt aus wesentliche Einsichten des mittelalterlichen Nominalismus vorweg.

Als letzter Apologet des christlichen Altertums wird Theodoret (gest. 458), der Bischof von Kyros (Syrien), angesehen, der große abschließende Systematiker der griechischen Patristik.

Neben Basilius dem »Großen« (330–379) und Gregor von Nazianz (329–390) gehört als der philosophisch bedeutendste Kopf Gregor von Nyssa (335–394) zu den »Kappadokiern«. Er stellte seiner Theologie auch eine Anthropologie und eine Kosmologie zur Seite, diese im Anschluß an Platon und den Stoiker Poseidonios, jene im Anschluß an Platon und Philon. Nach Gregor gehört der Mensch, ein Wesen zwischen den Welten *(methorios)*, mit seinem Körper zur sichtbaren, mit seiner Seele zur unsichtbaren Welt. Eine gewisse Ähnlichkeit mit der ekstatisch-mystischen Frömmigkeit des Origenes ist unverkennbar. Dafür spricht auch Gregors Versuch, die christliche Lehre in einer geschlossenen Konzeption einheitlich darzustellen.

In der Erkenntnistheorie ist eine Ähnlichkeit mit Auffassungen des mittelalterlichen Realismus festzustellen. Gregors Ethik trägt asketische Züge, ist aber nicht lebensfeindlich. Gegen den Arianer Eunomius verfaßte er mehrere Schriften, die sich durch Mangel an Polemik, durch Scharfsinn und Korrektheit auszeichnen. In seiner Auslegung des Hohenliedes schwingt sich Gregor dagegen zum Dichterphilosophen auf:

»Das Bild Gottes

Die Schrift sagt: ›Achte auf dich selbst!‹ Das ist der sicherste

Schutz der Güter. Achte darauf, wie hoch über die übrige Schöpfung dich der Schöpfer ehrte! Nicht der Himmel wurde ein Bild Gottes, nicht Mond und nicht Sonne, nicht die Pracht der Sterne oder sonst etwas in der Welt Sichtbares. Du allein wurdest zum Abbild des alle Vernunft übersteigenden Wesens, Gleichnis der unvergänglichen Schönheit, Nachgestaltung der wahrhaftigen Gottheit, Gefäß des seligen Lebens, Ausprägung des wahren Lichtes, auf das schauend du wirst, was jenes ist, dessen Einstrahlung in dich du durch Zurückstrahlen aus deiner eigenen Reinheit nachahmst. Kein Seiendes ist so groß, daß es deiner Größe vergleichbar wäre. Der ganze Himmel wird von Gottes Spanne umfaßt, Erde und Meer werden von seiner Faust umgriffen. Und dennoch: den so Großen, so Gewaltigen, der die ganze Schöpfung in seine hohle Hand preßt, ihn nimmst du ganz auf, in dir wohnt er, und er, der deine ganze Natur durchwandert, leidet [in dir] nicht Enge. Er spricht ja: ›Ich werde unter ihnen wohnen und wandeln.‹ ... Hast du das einmal gesehen, so magst du dein Auge auf nichts Irdischem mehr ruhen lassen. Was sagte ich? Der Himmel selbst wird dir nicht mehr wunderbar scheinen.«[23]

Bildeten im 2. Jahrhundert Justin, im 3. Jahrhundert Origenes, im 4. Jahrhundert Gregor von Nyssa (neben Augustin) Höhepunkte im Verschmelzungsprozeß von Christentum und Philosophie, war im 4. Jahrhundert das Konzil von Nikaia vielleicht das folgenschwerste Ereignis für beide. Der »Kirchenmann« Athanasios (295–371) ruhte nicht eher, bis er, der »Friedensstörer und Feind der Götter« (362), seinen Widersacher Arius zur Strecke gebracht und der »Rechtgläubigkeit« zum Sieg verholfen hatte.

Tatsächlich erweist sich hier, wie später im Sieg Augustins über Pelagius, die Janusköpfigkeit aller orthodoxen Bestrebungen. Erzwungene Einheit ist die Quelle neuen, endlosen und sinnlosen Streits, haßerfüllter Zwietracht und schließlich erneuter Spaltung. »Christliche« Rechtgläubigkeit, »christlicher« Radikalismus und »christliche« Intoleranz erweisen sich als schlimmste Feinde des authentischen Christentums. Der Triumph des Athanasios erscheint, so gesehen, als indirekter Triumph des Gottkaisertums, des Christentums der Macht, über den Geist des Jesus von Nazareth und das Christentum

[23] A. Heilmann und H. Kraft (Hrsg.), Texte der Kirchenväter. Bd. 1, München 1963, S. 347.

der Liebe. Der Logik negativer Theologie zufolge erweist sich jede Orthodoxie letztlich als Heterodoxie, das heißt eine Orthodoxie ist unmöglich, es gibt sie gar nicht. Glaubenshaß, Glaubenskämpfe und Glaubenskriege sind Folgen verabsolutierter Meinungen, von Vorurteilen, von Illusionen des Machtstrebens und damit auch von religiösen Wahnvorstellungen: Pistis statt Gnosis. Die Spaltungen der Christenheit erscheinen somit nicht als von Gott gesandte Strafen oder tragische Zwischenfälle, sondern als Folgen religiösen Übereifers, selbstgerechter und damit selbstverschuldeter Verblendung, selbstkritiklosen Einheits- und Machtdenkens, ein strukturelles Problem, das dem Christentum bis zur Gegenwart zu schaffen macht. »In keiner Religion ist dieser Fanatismus, die rücksichtslose, vor keinem Frevel zurückschreckende Verfolgung aller Andersdenkenden, so dominierend geworden und geblieben wie im Christentum in all seinen Erscheinungsformen.«[24]

6.4.3 Gegner des Christentums: Kelsos, Julianus, Porphyrios

Vor der Darstellung Augustinischer Philosophie seien die hauptsächlichen Einwände nichtchristlicher Denker gegen das Christentum in ihren Grundzügen zusammengefaßt[25].

Die Quellen bilden die um 180 verfaßte ›Wahre Rede‹ (Logos alēthés) des Platonikers Kelsos, ferner die ›Wahrheitsliebende Rede‹ (Logos philalḗthes) des Neuplatonikers Hierokles, die 362/63 verfaßte Schrift ›Über die Christen‹ von Kaiser Julianus (361–363), vor allem aber die fünfzehn Bücher ›Gegen die Christen‹, die der Neuplatoniker Porphyrios nach 270 verfaßte. Porphyrios, ein dem Judentum nahestehender Semit aus Tyrus, sagte sich vom Christentum los und schloß sich Plotin an. Er kannte Bibel und Kirche ebenso genau wie die griechische Philosophie. Außerdem war er ein scharfsinniger Denker, der viele Argumente moderner Bibelkritik vorweggenommen hat.

Die Christen haben keinen Grund (Kelsos), den Anthropomorphismus der griechischen Religion zu tadeln, da der Gott

[24] Eduard Meyer, Ursprung und Anfänge des Christentums. Bd. 2, Stuttgart 1923, S. 633.

[25] Zum Folgenden vgl. Wilhelm Nestle, Griechische Studien. Stuttgart 1948, 597ff.

der Bibel selbst anthropomorphe Züge trägt (Zorn, Liebe usw.). Die Vorstellung der Genesis vom Alter der Welt ist kindlich und beschränkt. Porphyrios moniert an der Geschichte vom Sündenfall, daß Gott den Menschen die Erkenntnis des Guten verwehrte. Julian wendet sich gegen die Lehre vom »auserwählten Volk«. Gegen den Dekalog wendet er ein, daß, außer dem Sabbatgebot und dem Verbot, andere Götter als Jahveh zu verehren, alle übrigen Gebote nur Forderungen enthielten, die in vielen anderen Gesetzgebungen schon enthalten seien und dort mit mehr Menschenliebe *(philanthropia)* verbunden seien. Im Messias-Glauben sehen die Kritiker den Anspruch auf künftige Weltherrschaft verdichtet. Porphyrios hielt im Hinblick auf seine Untersuchungen zu Daniel dem Prophetismus vor, daß er »Vergangenes erzähle« *(narrasse praeterita).* Entsprechend ist der von Justinus besonders geschätzte »Weissagungsbeweis« als Hinweis des Alten Testaments auf Christus eine unhaltbare Konstruktion. Die Geschichten von der wunderbaren Geburt Christi, von seiner Auferstehung und anderen wunderbaren Ereignissen seines Lebens bezeichnete er als Legenden. An der Historizität Christi wurde dagegen nicht gezweifelt. Man vergleicht ihn mit dem ebenfalls historischen Wundertäter Apollonios von Tyana. Porphyrios hält die Evangelisten für Erfinder, nicht für Erzähler des Geschehenen und schließt aus Widersprüchen auf den mythischen Charakter der Evangelien. Vor allem in den Auferstehungsgeschichten, aber auch in der Stimme vom Himmel bei der Taufe Jesu sieht Porphyrios ein Gemisch von Halluzinationen, Exaltationen und Wunschträumen oder einfach Schwindel. Totenerweckungen seien von vielen Zauberern, die ihre Kunst in Ägypten gelernt hätten, berichtet. Daraus könne man nicht den Anspruch begründen, daß Christus der »Sohn Gottes« sei. Porphyrios erkannte jedoch die Tragweite dieses Anspruchs nicht. Christus war danach ja nicht der Sohn irgendeines Gottes, sondern des einzig wahren Gottes. Die Gottessohnschaft wurde so monopolisiert und zu etwas Einzigartigem erhoben, das sich dadurch besser zur ideologischen Fundierung einer Weltreligion eignete.

Besonders hart ist die Kritik des Porphyrios an Paulus, dem er Schauspielerei nachsagt, Erkrankung des Geistes, Heuchelei und Gewinnsucht. Hierokles nannte Petrus und Paulus, im Anschluß an Porphyrios, »ungebildete Schwindler und Zauberer«. Die Paulinische Naherwartung habe sich bereits als »ungeheuerliche Täuschung« entpuppt. Viele Griechen sehen in Jesus eine Art Philosophen, andere einen Sophisten, wieder andere einen Weltuntergangs- und Erlösungsprediger nach syrischer Art und andere einen Schwindler der Art, wie ihn der Satiriker Lukianos (ca. 120–180) in seinem ›Lügenpropheten‹ karikiert hat.

Man kann die Kritik der Griechen am Christentum von der theoretischen Seite her auf die Formel bringen: Zu wenig Erkenntnis, zu viel Glaube, viel zu viel Aberglaube. Die Christen hatten leichtes Spiel, den Vorwurf des Aberglaubens im Hinblick auf die Mythen der Griechen zurückzugeben. Auf praktischem Gebiet galten die Christen vielen Römern[26] als Atheisten, Umstürzler und Verschwörer. Den Atheismusvorwurf entkräftet Tertullian auf seine Weise: Religion ist an Gottesverehrung gebunden; Staatsgötter sind keine Götter, ihre Verehrung keine Religion; also verstoßen die Christen nicht gegen die Religion.

Vielen antiken Menschen war der »aufdringliche Bekehrungseifer« der Christen zuwider, zumal er Mitglieder einer Familie verfeindete, ferner die Absonderung vom Staat und die Intoleranz gegenüber anderen Religionen. Während Jesus gegen das Böse in der Welt aufgetreten war, stürzten seine Anhänger durch die Radikalität beim Durchsetzen ihrer Ziele die Welt in Zwietracht und Blutvergießen. Porphyrios hielt es für ungerecht, untadelige Reiche vom Himmelreich auszuschließen, es schuldigen Armen dagegen zu verheißen. Hier wie in vielen anderen Fällen meldet sich die aristokratische Grundeinstellung der Antike zu Wort. Was die Kritiker des Bekehrungseifers und der Intoleranz nicht sahen, war, daß im Christentum der ganz neuartige Anspruch auftrat, daß eine Weltreligion im Entstehen war. Die Kritiker am »plebejischen« Charakter des Christentums übersahen die Bedingtheit ihrer aristokratischen Maßstäbe. Christi Satz: »Kein Mensch ist gut, nur Gott ist gut« war ein harter Schlag gegen den Aristokratismus. Die Christen erlagen ihrerseits dem Aristokratismus, als sie etwas von der Exklusivität der Religion des jüdischen Volkes übernahmen. Sie gerieten dadurch in Spannungen zwischen Exklusivität und Öffnung, elitärem Auftreten und Nivellierungstendenz.

Antikes Empfinden wehrte sich gegen einen von der Natur getrennten, transzendenten Gott, gegen die schroffe Trennung von Gott und Mensch auf der einen, Natur auf der anderen

[26] Vgl. Eduard Zeller, Römische und griechische Urteile über das Christentum. In: Vorträge und Abhandlungen, Bd. 2, Leipzig 1877, S. 189ff.

Seite, also gegen das dualistische Weltkonzept, gegen die Verlagerung des Schwerpunktes vom Diesseits ins Jenseits, gegen die Lehren vom Tod als Folge der Sünde, von der Erbsünde, von Hölle und Teufel, vom Wunderglauben und von der Gnade Gottes aufgrund von Unterwerfung. Es sind also vor allem die orientalisch-despotischen Züge der neuen Religion, gegen die sich hellenisch-römisches Bewußtsein zur Wehr setzt. Das Potential an persönlichem Freiheitswillen, welches das Christentum enthält, wird verkannt, ebenso die Sehnsucht nach Gerechtigkeit und Frieden.

Nicht wenige Züge des Christentums wirkten schon auf Menschen der Antike anziehend: die Botschaft der Liebe, die Hilfsbereitschaft der Christen untereinander, die Stärke ihres Glaubens, der Überdruß am Denken, an Logik und Verstand, die Hoffnung auf eine bessere Welt, die Geborgenheit in einer umfassenden, einheitlichen Weltordnung. Sofern das Christentum blinden Glauben verlangte, mußte es mit griechischen Philosophen in Konflikt geraten, die im Zweifel die Wurzel geistigen Fortschritts sehen. Kelsos wirft dem Christentum vor, daß es Wissen und Weisheit verachte, Torheit und Unbildung dagegen hochschätze. Was solche Kritiker nicht bemerkten, war die Gefahr intellektuellen Stolzes, geistigen Hochmuts und Überschätzung der Vernunft. Nach Auffassung mancher antiker Kritiker setzte das Christentum auf Masse und Armut, Schwäche und Dummheit und gewann damit. Seneca sagte im Hinblick auf die Verbreitung des Sabbats: »Die Besiegten haben den Siegern Gesetze gegeben.« (De superst. fr. 41–43) Die antiken Kritiker sahen nicht, daß man den Sieg des Christentums auch anders sehen konnte: das Christentum siegte, weil es auf Befreiung, Frieden, Gerechtigkeit und persönliche Unsterblichkeit setzte. Was die Kritiker dagegen richtig sahen, war, daß mit dem Christentum eine radikale Umwertung einiger bis dahin für unumstößlich gehaltener Werte einsetzte.

Mit dem Gedanken der leiblichen Auferstehung mochte sich Porphyrios nicht anfreunden. Neben dem Monotheismus, der Allmacht Gottes, der Gottessohnschaft Christi, der Schöpfung der Welt aus dem Nichts, der Ausrichtung der Welt auf den Menschen, der bösen Natur des Menschen, dem Weltuntergang, der Erlösung und dem Weltgericht bildete die Lehre von der Auferstehung des Fleisches eine der Hauptzielscheiben antiker Kritik, während sich erstaunlicherweise gegen das Dogma der Trinität keine direkte Kritik erhob, vielleicht weil die Lehre vom Heiligen Geist wieder griechischen Anschauungen vom *logos* oder *nous* verwandt schien. Gottessöhne und Halbgötter gab es in der griechischen Mythologie mehr als genug. Platon lehrte die Unsterblichkeit der Seele, Aristoteles die des schöpferischen Geistes, aber die Auferstehung des Fleisches ist ein ungriechischer Gedanke. Ein Einwand des Porphyrios, der für die gesamte Kritik griechischer Nichtchristen am Christentum charakteristisch ist, mag diese Zusammenfassung beschließen:

Ein Schiffbrüchiger ertrinkt im Meer; Meerbarben fressen seinen Körper; Fischer fangen die Seebarben und essen sie; die Fischer werden getötet und von Hunden gefressen; die Hunde sterben und werden von Geiern gefressen: wie soll der Körper jener Schiffbrüchigen wieder zusammengesetzt werden, nachdem er so viele Auflösungen erfahren hat? Ein Christ konnte auf diesen Einwand nur mit dem Hinweis auf die Allmacht Gottes antworten. Für den antiken Menschen findet jedoch Gottes Allmacht in den Naturgesetzen ihre Grenzen. So kann Gott Geschehenes nicht ungeschehen machen. Es entbehrt nicht der Ironie, daß die Kirche im Mittelalter sich die Interpretation des Porphyrios aneignete, wenn sie die Asche verbrannter Ketzer in alle Winde streuen ließ, um deren Auferstehung auszuschließen.

Porphyrios übersah bei seiner an sich vernünftigen Kritik, daß eine wundergläubige Menge eine wunderbare Geschichte um so eher glaubt, je unwahrscheinlicher, ja absurder sie ist. Das Christentum wandte sich primär an die Kräfte des Unbewußten, nicht, wie die antike Philosophie, an Vernunft, Bewußtsein und Urteilskraft.

6.4.4 Augustinus

6.4.4.1 Leben

Im Westen führt die Entwicklung von den apologetischen Autoren Arnobius und Lactantius über Hilarius von Poitiers und Ambrosius zu Augustinus[27]. Der Rhetor Arnobius (um 300) in Sicca Veneria in Afrika verfaßte sieben Bücher ›Gegen die Hei-

[27] Zu Julius Firmicus Maternus, Marius Victorinus und Boethius vgl. Bd. 1!

den‹. Das Werk ist eine wertvolle Quelle für religionsgeschichtliche Seltenheiten. Als Heide fühlte sich Arnobius besonders vom christlichen Monotheismus und der Stifterpersönlichkeit Christus angezogen; er erkannte die Schwäche der Vernunft und die Stärke des Glaubens. Die griechischen Mythen und den Polytheismus lehnte er ab, ebenso die Anwendung der allegorischen Methode darauf.

Lactantius, Afrikaner und Schüler des Arnobius, wurde 303 von Kaiser Diokletian als Lehrer lateinischer Rhetorik nach Nikomedia berufen, verlor sein Amt mit dem Beginn der Christenverfolgung und wurde 317 Erzieher von Constantins Sohn Crispus. Über sein weiteres Schicksal ist nichts bekannt. In seinem Hauptwerk, den ›Sieben Büchern göttlicher Unterweisungen‹, stellt Lactantius den christlichen Glauben dar und verteidigt das Christentum. Andere Werke sind ›Über das Schöpfungswerk Gottes‹, ›Über den Zorn Gottes‹ und ›Über den Tod der Verfolgten‹, eine Abrechnung mit den Christenverfolgern. Lactantius versteht das Christentum als religiöse Philosophie, die den wahren Heilsweg und die Unsterblichkeit in einer jenseitigen Welt aufzeigt. Griechisch ist die Deutung der Sünde als Unwissenheit, christlich die Verheißung der Erlösung durch Offenbarung. Da er die christliche Heilslehre in die römische Gedankenwelt transponieren will, operiert er oft mit rationalen Argumenten.

Als Übersetzer der Einführung des Porphyrios in die Kategorienlehre des Aristoteles und Übersetzer Aristotelischer Schriften lieferte Marius Victorinus Afer (seit etwa 355 Christ) den Kirchenvätern wertvolles Rüstzeug für ihre verschiedenen Vorhaben. Zum Christentum bekehrt, kommentierte er Paulusbriefe und setzte sich mit den Arianern auseinander. Über Alkuin, der ihn ausschrieb, beeinflußte Victorinus die Scholastik.

Hilarius von Poitiers (ca. 315–366), der »Athanasius des Abendlandes«, war auch ein angesehener Hymnendichter. Sein Buch gegen die Arianer gilt als »vollendetste schriftstellerische Leistung, welche die Geschichte des Kampfes mit den Arianern aufzuweisen hat«. Bedeutsam für den Westen waren seine persönlichen Kontakte zu griechischen Kirchenschriftstellern und die Vermittlung ihrer Werke.

Ambrosius (339–397), Bischof von Mailand und Bekehrer Augustins, verband Christliches und Platonisches und besaß ausführliche Kenntnisse der griechischen Philosophie, vor allem Platons und Plotins, aber auch von Philon und Origenes.

Als Aurelius Augustinus (354–430) aus Tagaste in Numidien (Algerien) nach seiner Bekehrung zum Christentum (24. 4. 387) in dessen Kampf um Rom eingriff, war die Schlacht so gut wie gewonnen. Am 24. 2. 391 wurde das Christentum unter Kaiser Theodosius I. (379–395) römische Staatsreligion, die »heidnischen« Kulte wurden verboten. Mit dem Für und Wider in der Auseinandersetzung zwischen Heiden und Christen genaustens vertraut, ebenso mit der Heiligen Schrift und den Hauptrichtungen der griechischen Philosophie, wenn auch meist nur durch lateinische Autoren vermittelt (Cicero, Seneca, Marius Victorinus, Tertullian), konnte er auf die geistige Vorarbeit von zweieinhalb Jahrhunderten zurückgreifen und eine reiche Ernte einbringen.

Augustin stammte aus, wir würden heute sagen, kleinbürgerlichen Verhältnissen. Sein Vater Patricius war ein *tenuis municeps* (»Kleinbürger«). Neben der armen Landbevölkerung und dieser bürgerlichen Mittelschicht gab es damals in Nordafrika eine dünne Oberschicht, meistens Großgrundbesitzer und römische Beamte. Mit dieser Schicht verband Augustin sein hoher Bildungsstand. Seine Eltern hatten früh erkannt, daß Bildung das einzige Mittel für ihren Sohn war, in diese Oberschicht zu gelangen. Augustin wollte aufsteigen und ergriff die Chance, die ihm seine Eltern boten. Der Verschmelzungsprozeß von Eingeborenen, Puniern und Römern erzeugte im »Neuen Afrika« in den Kreisen, die am wirtschaftlichen Aufschwung teilnahmen, Lebensfreude und Optimismus. Unter dem hellen Licht der afrikanischen Sonne verbanden sich das Temperament der Afrikaner, griechischer Erkenntnisdurst, römischer Machthunger und christliches Erlösungsbedürfnis zu einer neuen, spannungsvollen Lebenseinheit, die aufstrebenden Naturen viele Möglichkeiten eröffnete. Augustins Vater verfügte nur über bescheidene Mittel, besaß aber einen großen Ehrgeiz. Er war friedfertig, nahm jedes Opfer geduldig auf sich, um seinem Sohn ein Leben zu ermöglichen, von dem er nur träumte, starb aber schon, als Augustin 19 Jahre alt war. Augustin besaß eine ausgesprochen starke Bindung zu seiner christlichen Mutter Monika, die bis zu ihrem Tod bestimmend in das Leben ihres Sohnes eingriff, belehrend, ermahnend, liebevoll bis zur Selbstaufgabe, wenn nötig streng, um das Seelenheil ihres Sohnes besorgt und seelisch stärker als dieser. Aus dieser geheimen Kraftquelle immer wieder schöpfend, gelang Augustin eine rasante Karriere: Studium in Madaura und Karthago, Lehrer der

Rhetorik in Tagaste, Karthago, Rom und Mailand. Über seine Zeit in Karthago (371–383) berichtet Augustin in den Büchern 3 bis 5 seiner ›Bekenntnisse‹. Vier Ereignisse aus diesen zwölf Jahren sind erwähnenswert: das Konkubinat mit einer Frau, deren Namen nicht überliefert ist (372–385) und die ihm einen Sohn schenkte: Adeodat; die »Bekehrung« zur Philosophie infolge der Lektüre von Ciceros Dialog ›Hortensius‹, einer Mahnschrift zur Philosophie; der Anschluß an die Manichäer (373–382/84) und der Tod eines manichäischen Freundes (376).

Das ausschweifende Studentenleben in Karthago schockierte Augustin. Er geriet in einen Konflikt zwischen der Sehnsucht nach einer sinnvollen Lebensgestaltung und triebbedingtem Unvermögen, ein solches Dasein zu verwirklichen. Augustin sublimierte mit Hilfe von Arbeit und Kulturgenuß so gut er konnte, fand aber darin keine Befriedigung. Als seine Liebesbeziehung und seine Ehepläne scheiterten, sah er sich genötigt, sein Leben neu zu definieren. Eine protreptische Werbeschrift Ciceros von zweitrangiger philosophischer Bedeutung, der ›Hortensius‹, wirkte auf ihn wie eine Offenbarung: Abkehr von der Rhetorik, Hinwendung zur Philosophie, Einkehr in sich selbst, zugleich aber auch Kritik an der Philosophie, weil dort die Rede von allen möglichen Dingen, nicht aber von Gott war, den er im tiefsten Grunde seines Herzens suchte und liebte. Auch vermißte er in der Philosophie eine angemessene Berücksichtigung von Christus. So wurde die Begegnung mit der Philosophie zugleich für Augustin, den *homo religiosus,* ein Anstoß zur Religion. Er mußte erkennen, daß auch die Philosophie ihm keine Antwort auf seine Frage nach dem Sinn des Lebens geben konnte. Es sollte noch eine Zeit dauern, bis er in der Botschaft Christi eine Antwort fand. Mochte Augustin in der Philosophie im technischen Sinn hinter den Denkern des Altertums zurückstehen, in einer Hinsicht war er ihnen voraus: er ahnte etwas vom Gang der Weltgeschichte, kannte die Kraft der Liebe und des Glaubens, hatte einen Sinn für Zukunftsträchtiges wie auch für das Übernatürliche, Metaphysische, Irrationale und Unbewußte.

Platon hätte Augustins Gedankengänge wahrscheinlich für ziemlich verworren gehalten, Cicero sein Ethos für weichlich, aber weder Platon noch Cicero hatten bemerkt, daß es mit der Polis bzw. der römischen Republik zu Ende ging, daß eine andere, neue Welt in den Geburtswehen lag, eine Gesellschaft ohne Sklaverei, ein leidenschaftlicher Glaube an *einen* Gott, daß einige nie angezweifelte Tugenden fragwürdig geworden waren und daß eine neue Religion den Menschen die Möglichkeit bot, Selbstliebe in Selbstaufgabe zu verwandeln und damit eine höhere Form des Menschseins zu realisieren. Von den Niederungen der Rhetorik hinweg hatte sein Genius Augustin an den lähmenden Zweifeln der skeptischen Philosophie vorübergeleitet; vielleicht war es auch die nie ermüdende Liebe seiner Mutter, die ihn vor Verirrungen bewahrte und auf den für ihn wahren Weg brachte. Kurz nach seiner Bekehrung zum Christentum starb Monika in Ostia am Tiber. In einem ergreifenden Nekrolog, in dem die Stärke seiner Mutterbindung erkennbar wird, hat Augustin seiner Mutter ein literarisches Denkmal gesetzt. Die Jahre nach der Bekehrung (386–388) verbrachte er in Italien, davon einige Monate auf dem Landsitz (Cassiciacum) eines Freundes, südlich des Comer Sees. Augustin nutzte die Zeit der Muße für philosophische Studien und verfaßte selbst philosophische Schriften: ›Gegen die Akademiker‹, ›Über das glückliche Leben‹, ›Über die Ordnung‹, ›Selbstgespräche‹, ›Über die Unsterblichkeit der Seele‹ (Mailand 387). Bis zu seiner Priesterweihe (391) lebte er dem Ideal philosophischer, kontemplativer, schöpferischer Tätigkeit. Danach füllten mannigfache Aufgaben in seiner Heimat sein Leben als Priester und Bischof von Hippo aus. Augustin verfaßte insgesamt über 200, zum Teil sehr lange Briefe, fast 1000 Predigten und über 100 größere Schriften. Von ihnen gewannen die ›Bekenntnisse‹ (397/98) und sein größtes Werk ›Über den Staat Gottes‹ (413 bis 426) bleibende Bedeutung. Augustin starb während der Belagerung Hippos durch die Vandalen, allein, im Gespräch mit Gott, wie er es sich gewünscht hatte.

6.4.4.2 Werke

Mit Augustin tritt eine neue Kraft in die Arena politischer, philosophischer und religiöser Auseinandersetzungen im niedergehenden römischen Imperium, an der Schwelle eines neuen Zeitalters. Augustins Denken ist von einer glühenden Liebe zu Gott beseelt. Die Ruhelosigkeit der Seele auf der Suche nach ihrem Schöpfer ist eine christliche Grunderfahrung, der Augustin klassischen Ausdruck verlieh: »Du hast uns auf Dich hin erschaffen, und unser Herz ruht nicht, bevor es in Dir Ruhe findet.« (Conf. I, 1) Neu ist die Glut religiöser Leidenschaft, die

Dynamik des Gefühls, die starke Emotion. Augustin wurde nicht nur von inneren Konflikten geschüttelt, sondern auch in zahlreiche äußere Konflikte und Glaubenskämpfe verwickelt, mit Manichäern, Donatisten, Pelagianern.

Das größte politische Ereignis in seinem Leben war die Eroberung und Plünderung Roms (410) durch den Westgotenkönig Alarich I. Damit ging ein Mythos zu Ende – zum letzten Mal war Rom 800 Jahre zuvor von den Senonen unter Brennus eingenommen worden –, der Glaube an die Unbesiegbarkeit des Imperiums, das sich 66 Jahre danach tatsächlich auflöste. Römische Flüchtlinge kamen nach Afrika, nach Karthago! Die Welt schien aus den Fugen geraten. Wie in vielen anderen Schriftdokumenten der Zeit, zitterten auch in Augustins ›Gottesstaat‹ die Ereignisse nach, aber damit nicht genug. Augustin, und darin liegt wohl die eigentliche Leistung des Werks, fragte nach dem Sinn des Geschehenen und hob es damit von der realen auf die geschichtliche Ebene. Er stellte in echt christlicher Weise, mit einer Radikalität, wie selten ein Denker vor ihm, weltliche Macht und Herrschaft, Größe, Sieg und Ruhm in Frage. Augustins ›Gottesstaat‹ ist nicht, wie Platons ›Staat‹, ein Werk der Staats-, sondern der Geschichtsphilosophie. Das Heil der Menschheit wird zum Thema wie zuvor in den ›Bekenntnissen‹ das Heil der Einzelseele. Der Vergleich weltlicher Machtgebilde mit Räuberbanden (De civ. Dei IV, 4–5) läßt an Deutlichkeit nichts zu wünschen übrig. Dem Staat des Teufels, dem Reich Satans *(civitas terrena)* stellte Augustin den Staat Gottes, das himmlische Reich *(civitas Dei)* gegenüber, Babylon oder Rom wider Jerusalem! Der ›Gottesstaat‹ ist die längste, bedeutendste und letzte Apologie des christlichen Altertums. Sie zeichnet sich weniger durch Erörterung von Einzelfragen aus als durch das Heilsangebot insgesamt, das angesichts der Evidenz der Ereignisse in einer heillosen Welt seinen Eindruck nicht verfehlte. Augustin hatte erkannt, daß es mit Kritik und Widerlegung von Kritik allein nicht getan ist. Es kam darauf an, die alte Ordnung durch eine bessere neue zu ersetzen, und das versuchte er.

Das neue Konzept geht von der theozentrischen Grundorientierung des Christentums aus, die das Verhältnis zwischen Gott und Mensch in wechselseitiger Liebe *(amor dei)* sieht. Liebe ist für Augustin der Wert aller Werte: »Liebe, dann tu, was du willst!« Im Gegensatz zur Weltordnung der Römer, die eine Rechtsordnung war, ist die christliche Ordnung eine Liebesordnung. Die Welt als solche verliert an Bedeutung und wird zur Stätte der Prüfungen, die der Mensch besteht oder nicht besteht. Dementsprechend erwartet ihn beim Jüngsten Gericht Erlösung oder Verdammnis. Da das Heilsangebot an die Vermittlung Christi und seiner Kirche gebunden ist, kommen zur Liebe Glaube und Hoffnung als Grundwerte hinzu. Der Menschennatur entsprechend manifestiert sich die Liebesordnung auf theoretischem Gebiet in der Gewißheit, auf praktischem in der Freiheit. Augustins Denken bewegt sich in einer doppelten Spannung: der zwischen Glauben und Wissen und der zwischen Freiheit und Ordnung. Bei der Begründung der neuen Heilsordnung fand Augustin manches für die Philosophie Bedeutsame heraus. Insgesamt zeigen sich die Konturen einer universalen christlichen Weltanschauung, die von den Denkern des Mittelalters ausgebaut und vollendet wurde.

Dank der bohrenden Ruhelosigkeit seines Intellekts auf dem Grunde ebenso unruhiger wie leidenschaftlicher Gefühle fand Augustin einen neuen Zugang zum menschlichen Selbstverständnis. Seine Formel deckt sich fast mit der Formel René Descartes': »Ich zweifle, also bin ich.« Augustin ging es dabei jedoch nicht um eine rationale Wissensbegründung oder eine Ermächtigung des Individuums, sondern um die elementare Bestimmung der Seele in ihrem Verhältnis zu Gott. Die »Erfindung« Augustins folgt aus seiner theozentrisch-anthropozentrischen Grundentscheidung. Die Augustinische Formel liegt auf der gleichen Linie wie seine Subjektivierung des Zeitbegriffs, ebenfalls einer Neuerung gegenüber dem antiken Wissen über die Zeit.

Nach Augustin wurde die Zeit mit der Welt aus dem Nichts geschaffen. Gott ist zeitlos, ewig, und seine Ewigkeit ist etwas ganz anderes als die weltliche Zeit. Augustin relativiert und subjektiviert die Zeit, indem er eine Gegenwart des Vergangenen von einer Gegenwart des Gegenwärtigen und einer Gegenwart des Zukünftigen unterscheidet: Gedächtnis, Anschauung und Erwartung. Die Zeit existiert nur im Geist des Geschöpfes, und daher gab es vor der Schöpfung keine Zeit. Geschichtsphilosophie und Heilslehre hängen eng mit diesem Zeitbegriff zusammen. Die lineare Geschichtsauffassung gegenüber der antiken zyklischen ist eine Entdeckung Augustins, die Heilslehre ist zwar nicht völlig neu, trägt aber wesentliche Züge von ihm, vor allem als Gesamtkonzept. Die platonischen Ideen deutete er zu Gedanken Gottes um und subjektivierte sie damit ebenfalls. Zur Entrationalisierung der antiken Erkenntnislehre trägt die christliche Bindung der Erkenntnis an den Glauben bzw. an die Liebe bei. Die Erkenntnis des Menschen reicht so weit wie seine Liebe. Zwischen Glauben und Erkennen besteht eine Art Wechselbeziehung: »Ich erkenne, um zu glauben« *(intelligo, ut credam)* und »Ich glaube, um zu erkennen« *(credo, ut intelligam)*. Von den Seelenvermögen Gedächtnis *(memoria)*, Intelligenz *(intelligentia)* und Willen *(voluntas)* dominiert letzterer, der auch mit Liebe *(amor)* gleichgesetzt wird.

Eine ähnliche Spannung wie die von Glauben und Erkennen durchzieht Augustins Denken über Freiheit und Ordnung. Einerseits setzt die Makrokosmos und Mikrokosmos durchwaltende göttliche Weltordnung strenge Determination voraus, andererseits fordert die christliche Anthropologie die Freiheit des Menschen. Sowenig nun Augustin anstelle des Wissens Unwissenheit, anstelle der Ratio völligen Irrationalismus treten lassen wollte, sowenig propagierte er die Unordnung, verstanden als uneingeschränkte Freiheit. Das neue Heilskonzept setzte sowohl Freiheit als auch Ordnung voraus. Heilskonzept und Weltordnung scheinen einander zu widersprechen, lassen sich aber vereinbaren, wenn man gewisse Einschränkungen akzeptiert. Es ist hier nicht der Ort, all den philosophischen und theologischen Gedankengängen nachzugehen, mit denen Augustin das Problem zu lösen versuchte: mit der Lehre von der Vorherbestimmung (Prädestination), der Erbsünde, der Rechtfertigung und der Gnadenlehre. In manchen Fällen schwankt er, so zwischen Traduzianismus, der die menschliche Seele bei der Zeugung aus den Seelen der Eltern entstehen läßt und mit ihr die Erbsünde, und dem Kreatianismus, demzufolge die menschliche Seele durch einen besonderen Schöpfungsakt Gottes entsteht, ferner in der Beurteilung der Wahrnehmung und äußerer Güter sowie in seiner Einstellung zur Askese. In der Frage, ob Gott das Gute will, weil es gut ist oder das Gute gut ist, weil Gott es will, entscheidet er sich für die letztere, die »voluntaristische« Auffassung. Ursache des Bösen ist der Wille, der sich von Gott abkehrt. Das Böse existiert nicht selbständig, sondern ist ein Mangel des Guten *(defectus boni)*.

Über viele Jahre zog sich der Kampf Augustins gegen Pelagius (gest. nach 418) hin, einen britischen Mönch, der etwa zur gleichen Zeit wie er nach Italien gekommen war. Pelagius widersetzte sich der Lehre von der Erbsünde und legte, im Sinn der Stoiker und Römer, mehr Gewicht auf Selbstvervollkommnung aus eigener Kraft als durch Gnade. Augustin setzte gegen seinen Kollegen Pelagius Verurteilung seiner Lehre und Exkommunikation durch. Er erwies sich in diesem Fall wie in einigen anderen als intransigenter, unduldsamer Fanatiker.

Die 15 Bücher ›De trinitate‹ (399–419), ein weiteres Hauptwerk Augustins, enthalten eine Fülle von theologischen Spekulationen über die Dreieinigkeit. Augustin wendet das triadische Schema auf alle möglichen Bereiche an, in denen sich seiner Meinung nach die Dreiheit Gottes abbildhaft manifestiert, z. B. in Geist, Selbsterkenntnis, Selbstliebe; Gedächtnis, Einsicht, Wille; im Einzelmenschen, der menschlichen Gemeinschaft, der Wissenschaft. Solche Dreiteilungen, an sich ohne wissenschaftlichen Wert, erhielten, verbunden mit der Idee der Hierarchie, als Strukturelemente mittelalterlicher Systembauten einige Bedeutung. Insgesamt hat Augustin die mannigfachen Denkansätze seiner Vorgänger, Heiden wie Christen, zu einer ersten Synthese zusammengefügt, die zwar noch weit entfernt ist von dem überragenden Bauwerk des Thomas von Aquin, aber doch in vieler Hinsicht für das mittelalterliche Denken richtungweisend blieb. Augustin überzeugt weniger durch die Konsistenz seiner Theorien, durch seine Systematik und Methodik, als durch die Glut seiner religiösen Leidenschaft, den Glauben an Offenbarung und die Stärke seines Willens.

6.4.4.3 Fortleben

Zweifellos haben die Persönlichkeit und die Werke Augustins das Christentum entscheidend mitgeprägt, wie auch sein Leben und Werk von der Entwicklung des Christentums in der Antike mitbestimmt wurden. In Augustins Entwicklung spiegelt sich der Übergang von der Religion der Verfolgten (Donatisten) zu der der Verfolger, vom Christentum der Liebe zum Christentum der Macht. Man kann dafür sogar ein Datum anführen: die Krise von 395/96[28]. Sie hatte objektive und subjektive, sachliche und biographische, soziologische und psychologische Gründe. Augustin, der sein weltliches höheres Berufsziel in Italien verfehlt hatte, erreichte es in Afrika mit der Weihe zum Bischof: endlich war er, zeitlebens subaltern, eine Autorität, von Gott, wie er glaubte, berufen und auserwählt. An die Stelle des philosophischen Ideals des Weisen trat Christus, an die Stelle der

[28] Kurt Flasch, Augustin. Stuttgart 1980, S. 69.

Philosophie die Bibel, an die Stelle der Freiheit traten Gnade und Heil, an die Stelle der Wahrheit Autorität und Gehorsam, an die Stelle der Liebe Macht, Masse, Organisation und Gewalt. Augustin wurde zum »Ideologen der konstantinischen Wende« und Wegbereiter mittelalterlicher Papstpolitik[29].

In der Entwicklung der Lehre (Gnaden-, Erbsündenlehre) trug Augustin maßgeblich zu jenem dogmatischen Erstarrungsprozeß bei, den man als Konfuzianisierung des Christentums bezeichnen könnte und der im Mittelalter seinen Höhepunkt und Abschluß fand.

Es gelang Augustin, die Widersprüche seiner Lehre, seine inneren Konflikte, seine Angst vor Freiheit, Wahrheit, Wandel und Vielfalt, seine Unsicherheit, sein Schwanken, sein Scheitern, seine sexuellen Komplexe und seine Zwangsvorstellungen mit Hilfe seiner brillanten, schillernden Rhetorik zu überspielen, sich selbst und die Nachwelt über die wahren Motive seines Lebens und Wirkens, in bester Absicht (Seelenheil), zu täuschen. Das Erbe Augustins erweist sich damit als zutiefst ambivalent. Es entspricht den Maßstäben antiker sowenig wie der modernen Ethik: Autonomie, Authentizität, Toleranz. Im Endeffekt fallen viele der Vorwürfe, die Augustin gegen seine Mitmenschen erhob: Egoismus, Ehrgeiz, Stolz, Hochmut, Imperialismus, Machtstreben, Intrige, Terror und Gewalt, auf ihn selbst zurück. Von übernatürlichen Kräften, göttlicher Weisheit, höherem Bewußtsein und überlegener Moral ist bei alldem wenig zu spüren. Augustins Persönlichkeit und sein Werk lassen sich zwanglos aus natürlichen, menschlichen, allzumenschlichen Motiven verstehen. Bei aller Achtung vor seiner titanischen Anstrengung, vor der Größe seiner Leistung und der ungeheuren Wirkung seines Beispiels bestätigt sich an ihm, wenn an irgend jemandem, die Altersweisheit Platons, daß Machtgewinn die menschliche Natur korrumpiert.

Insgesamt gesehen: Die Idee der Liebe verband die griechische Philosophie mit der jüdisch-christlichen Religion, das Idol der Macht verknüpfte das römische Streben nach Weltherrschaft mit dem jüdisch-christlichen Absolutheitsanspruch. Die Geschichte des Christentums liefert eine Reihe von klassischen Beispielen für die Unvereinbarkeit dieser Konzeptionen, die dem Sinn der Antike für das Tragische nicht widerspricht, sondern ihn eher vertieft: Prometheus und Christus sind keine

[29] Ebd., S. 171.

absoluten Gegensätze, vielmehr ergänzen sich beide Paradigmen zu einer vertieften Erkenntnis der Wirklichkeit, die auch der Philosophie zugute kommt, nur daß die Herausforderungen im 20. Jahrhundert alle übrigen in der Geschichte der Philosophie weit übertreffen: Das Dasein erscheint rätselhafter, fragwürdiger, widersprüchlicher denn je.

6.4.5 Pseudo-Dionysios Areopagita, Boethius

Aus der letzten Periode der Patristik sind auf griechischer Seite, neben Pseudo-Dionysios, Synesios von Kyrene (um 400) und Johannes Damascenus (ca. 675–750), auf römischer Seite, neben Boethius, Cassiodor (ca. 480–565) und Isidor von Sevilla (gest. 636) besonders erwähnenswert.

Während sich Prokopius von Gaza (ca. 465–530), Leontius von Byzanz (ca. 475–545), Maximus Confessor (ca. 580–660) und der Aristoteles-Kommentator Johannes Philoponos aus Alexandria, Augustins Schüler Prosper von Aquitanien (gest. um 463) und Martin von Bracara (gest. 580) vorwiegend der Traditionsarbeit widmeten – Prosper verfaßte aus Schriften Augustins die erste Sentenzen-Sammlung des Abendlandes –, vertrat Synesios, ein Schüler der Philosophin Hypatia, auch als Bischof gegenüber der christlichen Orthodoxie einen liberalen, an der Philosophie orientierten Standpunkt. Nur unter dem Vorbehalt hatte er das Bischofsamt (410) angenommen. Synesios war glücklich verheiratet, wünschte sich »viele und wohlgeratene Kinder« und machte sich über den Bekehrungseifer seiner Kollegen lustig. Selbst Dichter, Philosoph und Staatsmann, bekämpfte er räuberische Barbaren und Landesfeinde nach außen, korrupte und machtgierige Elemente im Inneren erfolgreich. Mit dem Ernst des Lebens, mit Waffen- und Reitübungen verband der lebensfrohe Wahlchrist ›hobbies‹ wie Astronomie, Bücher und Jagd: so ging es also auch!

Cassiodor, der, wie Boethius, dem König Theoderich diente und das kalabrische Kloster Vivarium gründete, verfaßte, wie Martianus Capella, ein Kompendium der ›Septem artes liberales‹. In Spanien verfaßte Isidor, Erzbischof von Sevilla, eine Enzyklopädie in zwanzig Büchern. Sie war für Westeuropa, was die ›Quelle der Erkenntnis‹ von Damascenus für den byzantinischen Kulturkreis bedeutete.

Nicht nur für die mittelalterliche Mystik, sondern auch für die Scholastik wurde eine Gruppe von Schriften bedeutsam, die um 500 in Syrien entstanden waren: ›Über die himmlische Hierarchie‹, ›Über die kirchliche Hierarchie‹, ›Über göttliche Namen‹ und ›Über die mystische Theologie‹. Überliefert sind diese Schriften unter dem Namen des von Paulus bekehrten Areopagmitgliedes Dionysios von Athen. Die mittelalterlichen Autoritäten verehrten die Schriften des Dionysios fast wie die Bibel. Thomas von Aquin zitiert über 1700 mal daraus. Im Anschluß an den Neuplatoniker Proklos unterscheidet Dionysios eine bejahende, positive und eine verneinende, negative Theologie. Die bejahende führt von Gott in die Welt hinab, die verneinende von der Welt wieder zu Gott zurück. Auf dem Hintergrund des platonischen Ideenreiches und neuplatonischer theologisch-philosophischer Spekulationen entstand der Gedanke der Hierarchie[30], der zu einem Schlüsselbegriff für mittelalterliches Denken werden sollte. Der neuplatonische Dreischritt (Triade) wurde dabei mit dem Gedanken der Trinität verbunden. In entsprechender Umdeutung erscheint die kirchliche Hierarchie, ganz platonisch, als Abbild der himmlischen. Die Engelwelt ist in drei Triaden eingeteilt. Die irdische Hierarchie, das heißt die feudale Gesellschaftsordnung, das Herrschaftssystem des Mittelalters mit seiner ständischen Gliederung entspricht wiederum der kirchlichen Hierarchie. Zu dieser im Prinzip schon von Augustin entworfenen Ständeordnung gehört dann eine Standesethik mit abgestuften Pflichten. Im Endeffekt faßt die Hierarchie im weiteren Sinn Gott, Mensch und Welt in einer einzigen »Weltordnung« zusammen, die von der monarchischen Spitze über Engelwelt und Geisterreich bis zur gegliederten Kirche und organisierten Gesellschaft reicht. Dieses ursprünglich philosophische Weltbild degeneriert bei Glaubensverlust und Abbau geistlicher Autorität im Zuge der Verweltlichung des Christentums zu einer Ideologie, die den Oberbau zur Rechtfertigung weltlicher Herrschaftsstrukturen mißbraucht, und, was die Abhängigkeiten betrifft, in sein Gegenteil verkehrt.

Neben Augustin und Dionysios war vor allem Boethius für

[30] »Ihr realgeschichtliches Vorbild war der byzantinische Beamtenstaat«: Kurt Flasch, Das philosophische Denken im Mittelalter. Stuttgart 1987, S. 95.

die Entwicklung der christlichen Philosophie bedeutsam. Da er nach seiner Geisteshaltung und Wertorientierung zur antiken Philosophie gehört, wurde er bereits im ersten Band dieser Philosophiegeschichte behandelt. Hier seien einige der für die Entwicklung der christlichen Philosophie wichtigen Momente seines Denkens zusammengestellt[31]:

Weichenstellung für die frühscholastische Rezeption des Aristoteles als Logiker;

Fixierung der patristischen, speziell augustinischen Trinitätsspekulation;

Anwendung antiker philosophischer Methodenparadigmata auf christliche Inhalte;

Instrumentalisierung der antiken Philosophie, Inventarisierung philosophischer Terminologie;

Ontologisierung sprachlicher Formen und Formeln zu einer Kunstsprache, die Chiffrefunktion erhält;

Die Chiffren drücken vor allem soziale Zustände, Entwicklungen und Wandlungen aus;

Zunehmende Bedeutung und Bedeutungswandel der Metaphysik als System solcher Chiffren;

Rationalisierung der christlichen Philosophie des Westens durch das Medium der rationalen lateinischen Sprache;

Verbindung antiker und christlicher Leitbegriffe: Gutes (Platon), Glück (Aristoteles), Eines (Plotin), Gott (Christentum) mit impliziter Theodizee-Problematik (Rechtfertigung Gottes);

Übergang vom griechischen Theorie-Ideal zur christlichen Lebensphilosophie;

Vorbereitung christlich-personalistischen Denkens durch die Formel, z. B. *persona: »naturae rationalis individua substantia«*, oder frei: »unverwechselbarer Kern eines Vernunftwesens«[32];

Verdrängung der Naturphilosophie durch Theologie, christliche Anthropologie und begrifflichen Formalismus.

[31] Ausführlich: Flasch, ebd., S. 43 ff.

[32] Contra Eutychem. Ed. H. E. Stewart u. E. K. Rand, London 1918, S. 84.

6.5 Scholastik

6.5.1 Grundlagen

Christliche Grundorientierung und Führungsanspruch der Theologie verbinden die Lehren der Kirchenväter (Patristik) mit der Scholastik. Die Scholastik gegenüber der Patristik abzugrenzen[33], fällt nicht weniger schwer als das christliche Denken insgesamt von der antiken oder der neuzeitlichen Philosophie zu unterscheiden. Sowenig die patristische Philosophie sich als Einheit darstellt, sowenig kann man auch von einer einheitlichen Scholastik sprechen. Es lassen sich mindestens sieben verschiedene Komponenten in der mittelalterlichen Philosophie unterscheiden, daneben eine kaum übersehbare Menge von Richtungen und Kombinationen, Varianten und Synthesen. Wenn die Kirche mit ihrer ganzen Autorität, wie zur Zeit der Patristik, eine Orthodoxie, also eine Ordnung der Meinungen, zu etablieren suchte, so geriet sie eben dadurch in Konflikt mit dem christlichen Grundwert der Freiheit.

Die philosophische Entwicklung ist, wie die theologische, vom Realgeschehen, insbesondere vom gesellschaftlichen Wandel, nicht zu trennen. Dem Übergang von den spätantiken Gesellschaftsstrukturen zur feudalen Gesellschaftsordnung und von dieser zur bürgerlichen Gesellschaft entsprechen tiefgreifende Wandlungen im theologisch-philosophischen Bewußtsein, in der Gottesvorstellung, im Erlösungskonzept, im Menschen- und Weltbild sowie im Verhältnis des Menschen zu Gott, zu sich selbst und zur Welt.

Schon in der Frühphase der Scholastik wird das patristische Erbe der westlichen Welt angepaßt: Eriugena behauptet gegen

[33] Als ein Denker auf der Schwelle von Patristik und Scholastik erscheint der Angelsachse Beda Venerabilis (674–735). Schon die Themenstellung seiner philosophischen Schrift ›De rerum natura‹ läßt eine oft von Theologie und Metaphysik überwucherte Komponente mittelalterlichen Denkens erkennen, die erst in der Neuzeit wieder voll zur Geltung kam: die Naturphilosophie. Eine andere, politische Grundströmung lief der hierarchischen Orientierung zuwider, die Tendenz zur Volkssouveränität. Beda schöpfte u.a. aus der ›Naturgeschichte‹ des älteren Plinius (23–79 n. Chr.) und hielt so die Verbindung zur antiken Naturerfahrung aufrecht.

den spätaugustinischen Determinismus die Willensfreiheit. Die byzantinisch-mystischen Hierarchievorstellungen des Dionysios erfahren eine Korrektur zugunsten eines freieren, weniger subalternen Verhältnisses des Menschen zu Gott, und die von Boethius tradierte Version der aristotelischen Kategorienlehre wird vereinfacht und dynamischer gefaßt: Grundkategorien werden Ruhe und Bewegung, wobei letztere den Vorrang erhält. Die Gottesvorstellung verliert ihre orientalisch-spätantiken, despotisch-imperatorischen Züge, bekommt dafür zunächst lehnsherrlich-feudalistische, später menschlich-mildere, ja liebevoll-väterliche. Aus dem mythisierenden Erlösungskonzept nach Art eines Geiseldramas – Befreiung der Menschheit aus der Macht des Teufels – wird bei Anselm ein lehnsherrliches, indem der beleidigte Lehnsherr Satisfaktion bekommt und schließlich, bei Abälard, ein Liebeserweis Gottes an den Menschen. Der Mensch erscheint immer weniger als Sklave, dafür als freies Individuum, als gottähnliches Geschöpf und selbstbewußter Partner Gottes. Am Ende dieser Entwicklung steht der Begriff der Menschenwürde. Anstelle von Augustins verkümmertem Naturbegriff und seiner weltfremden bis weltfeindlichen Weltanschauung gewinnen Natur und Welt Zug um Zug ihren hellenischen Stellenwert zurück bis hin zur Wiederentdeckung der Natur in der Renaissance. Das Verhältnis des Menschen zu Gott, zu sich selbst und zur Welt wird von einem Jahrhundert zum anderen entkrampfter, offener, reicher, natürlicher. Mit dem Aufkommen der bürgerlichen Gesellschaft verbinden sich Tendenzen zur Selbstbefreiung des Menschen, zu Rationalität, Wissenschaft und Weltbewältigung. Die Mathematik wird zu einer gefährlichen Konkurrentin der Theologie. Verlängert man die Entwicklungslinien zurück und nach vorn, ergibt sich von den Anfängen des westlichen Denkens bis zur Gegenwart etwa folgendes Bild: Zunächst dominiert das kosmozentrische Denken (ionische Naturphilosophie), dann das anthropozentrische (attische Philosophie), darauf das theozentrische (Patristik, Mittelalter), danach wieder das anthropozentrische (Renaissance, Humanismus, Neuzeit), gegenwärtig, besonders seit der Entdeckung der Evolution, das kosmozentrische. Das moderne Bewußtsein ist, nur auf höherer Reflexionsstufe, wieder bei den Vorsokratikern angelangt, in der mathematischen Logik erlebte Pythagoras, in der Atomphysik Demokrit seine Renaissance. Patristik und Scholastik bezeichnen in dieser Sicht die Perioden größter Weltferne des Denkens, was dem weltfremden, abstrakten, feudalistisch-klerikalen Gesellschaftssystem entsprechen dürfte.

6.5.1.1 Augustinismus, Aristotelismus

Der erste namhafte Denker der Scholastik, Johannes Eriugena oder Scotus (810–877), ein Ire, den Karl der Kahle 840 an die Hofschule von Paris berief, übersetzte nicht nur die Schriften des Pseudo-Dionysios Areopagita, sondern setzte auch dessen neuplatonisch-mystische Denktradition fort, die griechische und syrische Elemente enthielt. Die Mystik blieb bis zum Ende des Zeitalters ein fester Bestandteil mittelalterlichen Denkens. Die Franziskaner schlossen sich an Augustin an, der die Ergebnisse des patristisch-apologetischen Zeitalters in einer Art Synthese zusammengefaßt hatte. Aristoteles, der Synthetiker vorsokratischer und sokratischer Philosophie, wurde zum Archegeten der Dominikaner. Thomas von Aquin, der »Fürst der Scholastik«, ein Dominikaner, versuchte dann die Synthese aller Synthesen, eine Verbindung von Aristoteles und Heiliger Schrift, die selbst wiederum eine Vielfalt von Meinungen, Standpunkten und Aspekten enthält. Die vierte Komponente mittelalterlichen Denkens – neben Augustinismus, Aristotelismus und Mystik – ist die arabische Philosophie. Hinzu kommen als fünfte Kraft die jüdische Philosophie, als sechste die byzantinische und als siebte die pythagoreische Tradition, die zum Erstarken der Mathematik führte, und als achte vielleicht die angelsächsisch-germanische Komponente, für die die Hinwendung zur Natur, zu Beobachtung und Erfahrung charakteristisch ist. Von den drei Grundpositionen hellenischer Philosophie fehlt im christlichen Denken nur der »Materialismus« Demokrits. Er kam erst wieder in der Neuzeit zur Geltung. Relativ schwach ist die Philosophie der Zahl (Pythagoras) vertreten – eine Ausnahme bildet die Schule von Chartres –, dagegen überwiegt bei weitem der Platonismus im umfassendsten Sinn, zu dem auch der »Realist« Aristoteles gehört. Die Scholastik selbst wuchs aus dem spätantik-römischen Curriculum der Artes liberales heraus. In Deutschland schrieb Hrabanus Maurus (767–856) aus Mainz, der *primus praeceptor Germaniae*, der »erste Lehrmeister Deutschlands« 22 Bände, eine Art Enzyklopädie, ›Über das Universum‹ (De universo).

Scholastiker, *doctores scholastici,* hießen ursprünglich die

Lehrer der sieben freien Künste, die an Dom-, Kloster- und Hofschulen unterrichteten. Unter Scholastik versteht man eine Disziplin, die kirchlich anerkannte theologische Lehren philosophisch fundiert und systematisiert. Die Epoche der scholastischen Philosophie reicht vom 9. bis zum 15. Jahrhundert und wird gewöhnlich aufgeteilt in: Frühscholastik (9.–12. Jahrhundert), Hochscholastik (13./14. Jahrhundert) und Spätscholastik (14./15. Jahrhundert). Die scholastische Methode besteht im Aufsuchen von Gründen für die Dogmen der Theologie und im Widerlegen von abweichenden Meinungen. Sie operiert mit Lehrmeinungen und bezieht sich auf Texte. Logik und Dialektik dominieren, nicht eigenes Denken, Beobachtung und Erfahrung. Die Disputation verdrängte Kontemplation und Meditation. War für die geistig erwachenden Völker des keltisch-gallisch-germanischen Kulturraums schon die »alte Logik« (Kommentar des Boethius zur Einführung des Porphyrios in die aristotelische Kategorienlehre) ein großartiges Spielzeug, mit dem man zu distinguieren, disponieren, subsumieren und spezifizieren lernte, so waren die gesamte aristotelische oder »neue Logik« (Analytiken) sowie die übrigen Schriften des Stagiriten eine Offenbarung. Man kann sich den Schock kaum vorstellen, den die Rezeption einer ausgereiften Hochkultur, auf philosophische Begriffe gebracht und im Zusammenhang dargeboten, bei diesen jungen Halbbarbaren auslöste. Aristoteles trug wesentlich dazu bei, daß die Philosophie sich aus der Vorherrschaft der Theologie allmählich emanzipieren konnte und an den Universitäten im Rahmen der Artisten-Fakultät ihren Platz fand. Der Grad der Abhängigkeit der Philosophie von der Theologie läßt sich schon aus der Tatsache ersehen, daß die namhaften mittelalterlichen Philosophen durchweg Theologen waren. Thomas von Aquin hat nicht übertrieben, wenn er das Verhältnis in klassischer Weise definierte: *Philosophia ancilla theologiae.* Dennoch gab es schon in der frühen Scholastik erstaunlich viele Anzeichen freiheitlichen Denkens, das sich jedoch gegen die Macht des Klerus nicht durchsetzen konnte. So verfaßte Gerbert von Aurillac (Auvergne), Erzbischof von Reims und später Papst Sylvester II. (999–1003), eine ›Geometria‹, entwarf eine natürliche Weltanschauung, stärkte das Vertrauen in die Vernunft und ordnete sogar die Theologie der Philosophie unter. Fulbert, Bischof von Chartres (960–1028), der den Dom erbauen ließ und die Schule von Chartres gründete, auch »Sokrates der Franken« genannt, warnte vor einem

Übermaß an Dialektik. Berengar von Tours (999–1088), der »Aufklärer des 11. Jahrhunderts«, wandte sich gegen den Glauben an die Unfehlbarkeit der Synoden und Konzilien: höchste Autorität sei die Vernunft, und ohne Exegese werde die Bibel zum Märchenbuch. Manegold (gest. 1103) und Lanfrank (1010 bis 1089), der Lehrer Anselms, vertraten bereits die Lehre von der Volkssouveränität.

6.5.1.2 Johannes Eriugena

Eriugena schrieb ›Über die Einteilung der Natur‹ (867) und erklärte das Weltgeschehen zyklisch, und zwar nach Art der Neuplatoniker: es gehe von Gott aus und kehre zu ihm zurück. Er unterschied eine schaffende und nichtgeschaffene (Gott), eine geschaffene und schaffende (Ideen) sowie eine geschaffene und nichtschaffende (Einzelwesen) Natur. Im Sein des Seins erkennen wir Gott Vater, in der Ordnung den Sohn und in der Bewegung den Heiligen Geist. Die Erlösung vollzieht sich ebenfalls in drei Stufen: Befreiung vom Veränderlichen, Rückkehr zum Zeitlos-Idealen, Vereinigung *(unio mystica)* mit Gott, wobei allerdings die Individualität der Seele in Gott erhalten bleibt. Auf die »karolingische Renaissance« folgte im 10. Jahrhundert eine Zeit des Verfalls. Im 11. Jahrhundert setzte mit der cluniazensischen Reformbewegung, dem erfolgreichen Kaiser Heinrich III. (1039–1056) und dem energischen Papst Gregor VII. (1073–1085) in Frankreich, Deutschland und Italien ein kultureller Aufschwung ein.

6.5.1.3 Anselm von Canterbury

Anselm wurde 1033 in Aosta (Piemont) geboren, trat 1060 in das Kloster Bec (Normandie) ein, wurde 1078 Abt und war von 1093 bis 1109 Erzbischof von Canterbury. Er setzte gegen König Wilhelm II. und Heinrich I. von England das Recht des Papstes auf Investitur durch. Der Leitsatz des »Vaters der Scholastik«: »Ich glaube, damit ich erkenne« verbindet ihn mit Augustin, ebenso seine Formel: »Glaube sucht Vernunft« *(fides quaerens intellectum),* wie der ursprüngliche Titel seines ›Proslogion‹ (Anrede) lautete. Während Anselm in seinem ›Monologion‹ die Trinitätslehre Augustins darstellt, entwickelt er in der

›Anrede‹ (an Gott) den »ontologischen Gottesbeweis«: etwas Größeres als Gott läßt sich nicht denken. Daß ein Gegenstand im Intellekt ist, ist etwas anderes als erkennen, daß ein Gegenstand existiert. Im Intellekt zu sein und zu existieren ist größer als nur im Intellekt sein. Also kann nicht gedacht werden, daß Gott nicht existiert. Schon der Mönch Gaunilo zu Mar-Moutier, ein Zeitgenosse Anselms, wandte dagegen ein, daß es im Denken auch ungewisse und falsche Dinge geben könne. In einem ›Liber apologeticus‹ versuchte Anselm, seinen Beweis zu retten. Bekanntlich hat Immanuel Kant in seiner ›Kritik der reinen Vernunft‹ den Beweis Anselms erneut widerlegt. Die Argumentation Anselms setzt eine Unterscheidung zwischen dem Gegenstand als solchem und seinem Begriff voraus. Fällt beides im Begriff zusammen, wird der Beweis »gegenstandslos«. In der Schrift ›Warum Gott Mensch wurde‹ (Cur Deus homo) versucht Anselm, das Dogma der Inkarnation, der Menschwerdung Christi, zu begründen. Die Sünde als Beleidigung Gottes ist von endlichen Wesen nicht sühnbar. Gott mußte daher die Sünde selbst sühnen, durch das Opfer seines Sohnes, und nur so konnte die Menschheit von der unendlichen Schuld erlöst werden.

6.5.1.4 Realismus, Nominalismus

Das Eindringen logischer Beweise und juristischer Kategorien in die Theologie signalisiert die Rationalisierung der Religion, den eigentlichen Beginn der Scholastik. Mit der Verfeinerung der logischen Untersuchungen in der zweiten Hälfte des 11. Jahrhunderts wurde der Boden für den sogenannten Universalienstreit vorbereitet, in den Logik, Erkenntnistheorie und Metaphysik verwickelt waren. Die Kontroverse entspann sich im Anschluß an die berühmte Einleitung des Porphyrios in die aristotelische Kategorienlehre. Porphyrios wies das Problem, ob die Universalien (*genera* und *species*) für sich existierten (Realismus) oder nur in Gedanken (Nominalismus, Konzeptualismus) mit der Begründung ab, es sei zu schwierig für eine Einleitung. In Verbindung mit einer Unterscheidung des Boethius in seinem Kategorienkommentar, fragte man sich außerdem, ob die Allgemeinbegriffe Gegenstände *(res)* oder Bezeichnungen *(voces)* seien. Wilhelm von Champeaux (ca. 1070–1121) vertrat die platonisch-realistische, Roscelinus von Compiègne (ca. 1050–1120) die nominalistische Partei. Anselm bekämpfte Roscelinus, der in der Synode von Soissons (1092) verurteilt wurde und widerrufen mußte.

6.5.1.5 Peter Abälard

Peter Abälard (1079–1142), ein Schüler Roscelins, versuchte die Standpunkte zu versöhnen und bereitete die Formel vor, mit der die Denker der Hochscholastik das Problem bereinigten: die Universalien befinden sich als Ideen im Geist Gottes vor den Dingen *(ante rem)*, als Wesen in den Dingen *(in rebus)* und als (abstrahierte) Begriffe im Verstand *(post rem)*. In seiner Schrift ›Sic et non‹ (Ja und Nein) demonstrierte Abälard, selbst ein glänzender Dialektiker, die Wirksamkeit der scholastischen Methode. An 150 Beispielen christlicher Dogmatik zeigt er in diesem Sentenzenbuch, einer Sammlung von Aussprüchen der Autoritäten, wie man Meinungen konfrontiert *(pro et contra)*, abwägt und zu einer Entscheidung kommt. Seine Ethik: »Erkenne dich selbst!« *(scito te ipsum)* mißt die Werke an der Intention des Handelnden *(pro intentione agentis)*, legt Wert auf Gesinnung und Gewissen und plädiert für die Treue, verstanden als Stehen zu seiner Überzeugung[34].

Abälards ›Dialog eines Philosophen, eines Juden und eines Christen‹ erinnert an Lessings ›Nathan den Weisen‹ und enthält, wie dieses Werk, eine Botschaft religiöser Toleranz. Der Öffnungstendenz Abälards wirkte sein »unerbittlicher Feind«, der rigide und rigorose Zisterzienserabt Bernhard von Clairvaux (1091–1153) entgegen, der das Wissen der Erbauung unterordnen wollte und die *ventosa loquacitas philosophorum*, die »windige Geschwätzigkeit der Philosophen« rügte. Auf der Synode von Sens (1141) wurde Abälard exkommuniziert, zu lebenslänglicher Klosterhaft und Verbrennung seiner Schriften verurteilt.

[34] Arnold von Brescia (1100–1155), ein Schüler Abälards und leidenschaftlicher Kirchenreformer, konnte, als Haupt einer demokratisch-republikanischen Partei in Rom, diese Eigenschaften unter Beweis stellen, als Barbarossa ihn gefangennehmen und der päpstliche Stadtpräfekt ihn hinrichten ließ.

6.5.1.6 Gilbert de la Porrée, Hugo und Richard von St. Victor

Gilbert de la Porrée (um 1150) war einer der bedeutendsten Gelehrten aus der Schule von Chartres, aufgeschlossen für die arabischen Wissenschaften, besonders für Medizin, Mathematik und Naturwissenschaften sowie für die »neue Logik« des Aristoteles. Die Vision des kalabrischen Mönchs Joachim von Fiore (1145–1202) von der Geschichte als eines Weges zur Befreiung der Menschheit blieb ein Traum, den die Vertreter der Orthodoxie (Thomas von Aquin, Bonaventura) erfolgreich bekämpften.

Eine wissenschaftsfreundliche Art der Mystik pflegten Hugo und Richard von der Augustiner-Stiftsschule St. Victor in Paris. Hugo (1096–1141), ein gebürtiger Graf von Blankenburg am Harz, verfaßte nach dem Vorbild Augustins ein Selbstgespräch (›Soliloquium‹), unterschied das Auge des Fleisches vom Auge des Geistes *(ratio)* und dem der Versenkung *(contemplatio).* Hugo verband in idealer Weise mystisches Erleben mit der Fähigkeit zur Reflexion und zur Theorie der Mystik. In der *cogitatio* erfaßt der Mensch denkend die Welt und hebt sie ins Bewußtsein, in der *meditatio* verarbeitet er das Erfaßte und dringt zum Wesen der Dinge vor, in der *contemplatio* gelangt er zur Vision des Göttlichen. Eine Einführung in Philosophie und Theologie enthält Hugos ›Didascalion‹ in sieben Büchern. Er führt damit die Tradition Cassiodors (6. Jahrhundert), Isidors (7. Jahrhundert) sowie des Hrabanus Maurus (9. Jahrhundert) fort. Das Werk entspricht, wie das berühmte Sentenzenbuch des »Magister sententiarum«, des Petrus Lombardus (um 1150), das das Erbe der Patristik ordnet und verarbeitet, einem weitverbreiteten Bedürfnis des Mittelalters nach umfassender Information. Richard von St. Victor vereinigte Scharfsinn und Spekulationsgabe mit Sinn für die Erfahrung *(experientia),* bei der alle Theoriebildung beginnen muß, auch im Fall der Gottesbeweise. Der Aufstieg der Erkenntnis vollzieht sich im Hinblick auf die Objekte in sechs Stufen: Anschauung gemäß der Anschauung *(imaginatio),* Anschauung gemäß des Verstandes *(ratio),* Verstand gemäß der Anschauung, Verstand gemäß des Verstandes, über, aber nicht außer dem Verstand, über und außer dem Verstand. Bei der Kontemplation sind drei Grade zu unterscheiden: Erweiterung *(dilatatio mentis),* Erhebung *(sublevatio)* und Entrückung *(alienatio)* des Geistes.

6.5.2 Aristoteles-Rezeption

Gegen Ende des 12. Jahrhunderts setzte die Wende von der Früh- zur Hochscholastik ein. Durch Vermittlung der Byzantiner, Syrer, Juden und Araber gelangten die bis dahin unbekannten Schriften des Aristoteles in den Westen. 1210 lag so ziemlich das gesamte Werk des Philosophen in arabischen und lateinischen Übersetzungen vor.

Nach der Schließung der Platonischen Akademie durch Justinian (529) war der Einfluß des Aristoteles in Byzanz gewachsen. Der Mönch Johannes Damascenus behandelte theologische Kontroversen mit aristotelischen Methoden. Der Patriarch Photios (ca. 820–897) und sein Schüler Arethas (ca. 860–932) pflegten das geistige Erbe der Griechen auch in Zeiten des Kulturverfalls (8. und 9. Jahrhundert). Die Neugründung der Akademie gegen Ende des 11. Jahrhunderts trug zur Wiederbelebung der aristotelischen und der platonischen Philosophie bei.

Die Syrer empfingen sowohl von den Griechen als auch von Persern Anregungen, was zu einer erstaunlichen Blüte der Philosophie in Edessa führte. Besonders die Nestorianer, eine Gruppe christlicher Häretiker, Anhänger eines ehemaligen Patriarchen von Konstantinopel, vermittelten den Arabern antikes Kulturgut. Zu Beginn des 9. Jahrhunderts nahmen die Wissenschaften am Kalifenhof zu Bagdad einen ungeahnten Aufschwung. Neben Physik, Astronomie, Medizin und Philosophie wurden Mathematik und Musik gepflegt. In der Begegnung der Kulturen verschmolzen persisch-dualistische Lichtmetaphysik sowie indische Lehren von *māyā* und *nirvāṇa* mit islamischen und, über Syrien und Ägypten, mit griechischen Vorstellungen, wobei die neuen Herren des Orients besonders die Logik und Methodik des Aristoteles schätzten. Ähnlich wie die weströmischen Denker der Spätantike (Boethius) und die frühchristlichen in Ost und West bemühten sich auch die Araber um eine Synthese von Platonismus, Aristotelismus und Neuplatonismus. So hütete etwa von 800 bis 1200 die islamische Kultur das philosophische und wissenschaftliche Erbe der Griechen und entwickelte es weiter. Danach verschloß sich der Islam dem wissenschaftlichen Fortschritt. Die »islamische Herausforderung« aber wurde zur »Schicksalsfrage der europäischen Kultur«[35].

[35] Flasch, Das philosophische Denken im Mittelalter, S. 262, 265.

6.5.2.1 al Kindi

al Kindi (um 800 – nach 870) aus Basra erkannte bereits den wichtigen Zusammenhang zwischen Naturwissenschaften und Mathematik. Auf beiden Gebieten leistete er Außergewöhnliches. Die aristotelische Lehre vom doppelten *nous,* dem aktiven und dem passiven Intellekt, ergänzte er durch zwei weitere Formen, den erworbenen und den demonstrativen Verstand, worin sich der Gegensatz empirisch – rational ankündigt. Die zehn aristotelischen Kategorien reduzierte er sinnvollerweise auf fünf: Materie, Form, Bewegung, Raum und Zeit.

6.5.2.2 al Farabi

al Farabi (gest. 950), aus Turkestan, ebenfalls in Bagdad lebend, Mystiker und Logiker in einer Person, versuchte, wie die Vertreter der Frühscholastik, das Denken an aristotelischer Logik zu schulen. Wie die Kirchenväter wies er der Philosophie eine apologetische Aufgabe zu, nur daß hier nicht die Bibel, sondern der Koran die Rolle der Heiligen Schrift übernahm. In der Trennung von Wesenheit und zufällig-wirklichem Dasein, in der Herausarbeitung des Kontingenzbegriffes sowie in der Annahme einer Übereinstimmung von Wesensreich und Dingwelt kommt al Farabi Leibniz nahe. Seine Einteilung der Philosophie in logische Propädeutik, Physik und andere Naturwissenschaften, Metaphysik und praktische Disziplinen entspricht der grundsätzlichen Einteilung des Aristoteles und kann sogar heute noch zur Groborientierung dienen.

6.5.2.3 Avicenna

Ibn Sina (lat.: Avicenna, 980–1037) aus der Provinz Buchara, studierte Medizin, Philosophie und Theologie, lehrte Medizin und Philosophie in Isfahan und war Leibarzt bei mehreren persischen Fürsten. Er war ein Mann der Theorie und Praxis zugleich, schrieb mehr als 100 Bücher, wurde von den islamischen Theologen ausgeschrieben, bekämpft und verdrängt, da er ihnen zu »heidnisch« war. Das Universalienproblem hatte er bereits gelöst, bevor es sich im Abendland stellte. Sein ›Kanon‹ bildete Jahrhunderte hindurch die Grundlage des medizinischen Unterrichts bei Mohammedanern und Christen. Sein Hauptwerk, das ›Buch der Genesung‹, ist eine Enzyklopädie in 18 Bänden. Ein Auszug daraus trägt den Titel ›Buch der Befreiung‹. In der *intentio prima* oder der ersten Intention richtet sich unser Denken auf die Dinge, in der *intentio secunda* auf die Dispositionen des Denkens selbst. Die Unterscheidung lebt in der neuzeitlichen Erkenntnistheorie weiter als *intentio recta* und *intentio obliqua*. Die Materie ist, für Avicenna, wie für Aristoteles, ewig. Sie ist das Prinzip für die Vielheit der Individuen und der Inbegriff von Potentialität, während die Aktualität in Gott begründet ist. Der menschliche (potentielle) Intellekt wird entweder durch Unterricht aktualisiert oder durch göttliche Erleuchtung. In der Psychologie des Avicenna zeigt sich eine Tendenz zur Empirie. Begreiflicherweise schätzten die orthodoxen Scholastiker, wie die moslemischen Theologen, Avicenna nicht besonders. Auch sie betrachteten ihn als einen Feind der Religion.

6.5.2.4 al Ghasali

Die Reaktion ließ nicht lange auf sich warten. al Ghasali (1059 bis 1111) war wie al Farabi ein Sufi. Die Sufis (Wollträger) waren asketische Mystiker, die auf dem Weg religiöser Ekstase die Vereinigung mit Gott suchten. al Ghasali war eine unruhige, widersprüchliche Natur, lehrte in Bagdad, später in Syrien und kehrte im Alter in seine persische Heimat zurück, wie er auch im Alter wieder zur Mystik fand, nachdem er bald Skeptiker, bald Fideist gewesen war. In seiner ›Widerlegung der Philosophen‹ (Destructio philosophorum) versuchte er, die Ziele und Lehren der Philosophen ad absurdum zu führen. Averroës schrieb dagegen eine ›Widerlegung der Widerlegung der Philosophen‹ und warf al Ghasali demagogische Tendenzen vor. Worum es diesem ging, zeigt der Titel seines Hauptwerks ›Die Neubelebung der Religionswissenschaften‹. Er teilte die Erkenntnisse in für die Religion nützliche oder schädliche ein. Wie später David Hume zweifelte er das Prinzip der Kausalität an, setzte allerdings dafür als Universalursache Gott.

6.5.2.5 Averroës

Averroës (arab.: Ibn Ruschd, 1126–1198) stammte aus Cordoba in Spanien und studierte Theologie, Jurisprudenz, Medizin, Mathematik und Philosophie. Zunächst betätigte er sich als Richter in Sevilla und dann in Cordoba, gewann darauf die Gunst des Kalifen, dessen Leibarzt er wurde, und diente auch dessen Sohn noch eine Zeitlang in hohen Ehren. Gegen Ende seines Lebens wurde Averroës ein Opfer der Orthodoxen, die ihn anklagten, durch die Philosophie der Religion zu schaden. Seiner Ämter und Würden enthoben, mußte er die Verbrennung seiner Schriften erleben. Bald nach seinem Tod ging auch die Herrschaft der Mauren in Spanien zu Ende, und der Koran verdrängte die Philosophie endgültig. Averroës verehrte Aristoteles fast wie einen Religionsstifter und betrachtete es daher vor allem als seine Aufgabe, mit Hilfe von Kommentaren, Paraphrasen, Kompendien, Epitomen und Analysen ein möglichst getreues Bild der aristotelischen Philosophie herauszuarbeiten. Wie Aristoteles im Mittelalter als »der Philosoph«, so wurde Averroës als »der Kommentator« zitiert. Allerdings kannte Averroës Aristoteles nur aus arabischen Übersetzungen. Am weitesten weicht Averroës von seinem großen Vorbild in der Gotteslehre ab: Personalität Gottes, Schöpfung der Welt aus dem Nichts, anfanglose Schöpfung. Die Gottesidee des Averroës deckt sich also weitgehend mit der des Thomas von Aquin. Anders als dieser bestimmt der arabische Philosoph indessen den Geist. Nach ihm existiert der tätige Geist zwar nach dem Tod fort, nicht aber als individuelle Substanz, sondern als Teil des universalen, göttlichen Intellekts. Hier liegt der Hauptpunkt der Differenz zwischen dem »Heiden« und der christlichen Orthodoxie. Religiöse und philosophische Wahrheit unterscheiden sich nach Averroës nicht wesentlich. Beide fließen aus derselben Quelle, aus Gott. Die Sprache der Religion ist nur bildhafter als die der Philosophie. Die Lehre von der »doppelten Wahrheit«, einer theologischen und einer philosophischen, hat Averroës nicht vertreten, obwohl christliche Autoren ihm dies unterstellten. Eine fideistische Theologie lehnte er ab.

Im Westen stießen die Lehren der arabischen Denker besonders in Paris bei den Franziskanern auf Interesse. Ihre Bedeutung für die Philosophie des Westens liegt, neben der Vermittlung des Aristoteles überhaupt, in der spezifisch arabischen Interpretation gewisser aristotelischer Lehren, wie der Lehre vom

Geist, die das westliche Denken zur Präzisierung seiner Standpunkte herausforderte. In der Betonung des Natürlichen, in ihrer Neigung zur Befreiung des Denkens von den Fesseln der orthodoxen Theologie gingen einige arabische Denker über die im Westen üblichen Toleranzgrenzen hinaus, was ihnen Verketzerung und ihren Schriften Ächtung eintrug.

6.5.2.6 Isaak ben Salomon Israeli

Die jüdischen Denker haben, wie die arabischen, sowohl vermittelt als auch eigene Denkarbeit geleistet. Wie bei den Arabern und Christen gab es auch bei den Juden Abwehr- und Öffnungstendenzen gegenüber der griechischen Philosophie; letztere behielten schließlich die Oberhand. Am Anfang der jüdischen Philosophie steht die Kabbala, eine Geheimlehre, deren Ursprung bis in die Zeit vor Christus datiert wird. Das Buch Jezirah (Schöpfung) wurde wahrscheinlich im 9. Jahrhundert n. Chr. verfaßt, das Buch Sohar (Glanz) im 13. Jahrhundert. In der Kabbala erscheinen alte jüdische Vorstellungen mit griechischen, speziell neuplatonischen, vermischt. Berührungen mit anderen Kulturen und Religionen, der persischen, hellenistischen, römischen, christlichen und islamischen, erweiterten das Blickfeld der Juden.

Der erste näher bekannte jüdische Denker des Mittelalters war Isaak ben Salomon Israeli (ca. 850–940), der in Ägypten lebte. Er verfaßte Schriften medizinischen und philosophischen Inhalts. Seine philosophischen Werke ›Buch der Definitionen‹ und ›Buch der Elemente‹ sind in arabischer Sprache geschrieben. Die darin zu Tage tretende philosophische Grundorientierung ist eher neuplatonisch als aristotelisch. Aus seiner Zusammenstellung von Definitionen stammt auch die berühmte Wahrheitsdefinition: »Wahrheit ist Angleichung der Sache und des Intellekts« *(veritas est adaequatio rei et intellectus)*, die u.a. von Thomas von Aquin und Bonaventura zitiert wird.

6.5.2.7 Saadja, Gebirol

Saadja (ca. 890–940) begründete die jüdische Religionsphilosophie. In seinem 932 verfaßten Hauptwerk ›Glaubens- und Vernunftgesetze‹ befaßt sich Saadja in zehn Kapiteln mit der Erschaffung der Welt, dem Schöpfer, mit Gesetz und Offenbarung, Gehorsam und Unbotmäßigkeit, Schuld und Verdienst, Wesen und Fortleben der Seele, Totenerweckung, Erlösung, Lohn und Strafe sowie den Sitten. Er wendet sich gegen Sophisten und Skeptiker, aber auch gegen Atomisten und Dualisten. Seine Grundgedanken sind: Einheit Gottes, Vielheit seiner Attribute, wie Leben, Allmacht, Weisheit, Schöpfung der Welt aus dem Nichts, Integrität des Gesetzes, Freiheit des Willens, leibliche Auferstehung, Weltgericht. Saadja kennt zwar die Kategorienlehre des Aristoteles, hält sie aber für nicht auf Gott anwendbar.

Der früheste jüdische Denker in Spanien war Salomon ben Jehuda ben Gebirol (ca. 1020–1070), den Scholastikern unter dem Namen Avicebron bekannt. Er verfaßte die Schrift ›Quelle des Lebens‹ (Fons vitae) in Dialogform. Das Werk behandelt die Kategorien Stoff und Form. Der göttliche Wille erscheint als Lebensquelle, aus der alle Formen hervorgehen. Nur Gott ist reine Form. Die geistlichen Substanzen haben auch eine Art Materie. Materie erscheint also teils als körperliche, teils als geistige. In absteigender Linie offenbart sich der göttliche Wille im Weltgeist, in der Weltseele und schließlich in der Natur.

6.5.2.8 Moses Maimonides

Ihren Höhepunkt erreichte die mittelalterlich-jüdische Philosophie in Moses Maimonides (1135–1204) aus Cordoba. Er kannte Aristoteles und die arabischen Kommentatoren, systematisierte den Talmud, vermittelte dem christlichen Europa arabische Wissenschaft und übte einen nicht geringen Einfluß auf die Scholastik aus. Sein Hauptwerk ›Führer der Umherirrenden‹ (um 1190) läßt die nach Orientierung suchende Grundtendenz seines Denkens erkennen. Maimonides will die, welche durch Beschäftigung mit der Philosophie ihren Glauben verloren, zum Glauben zurückführen. Das Gesetz verpflichtet nicht nur zum Gehorsam, sondern auch zur Erkenntnis der Wahrheit. Zu glauben ist, was durch die Sinne wahrgenommen, mit dem Verstand geprüft und was von den Propheten verkündet ist. Wenn Heilige Schrift und Wissenschaft einander widersprechen, ist die Schrift allegorisch auszulegen. Maimonides betrachtet Aristoteles als Autorität in wissenschaftlichen Fragen, nicht aber in religiösen, so in der Frage der Weltschöpfung und

Weltregierung. Gott ist unerkennbar und kann nur als reine Aktualität gedacht werden. Hier wird der Einfluß des Aristoteles deutlich. Auf dem Gebiet der Ethik lehrt Maimonides die Freiheit des Willens. Beweggründe unseres Handelns sollen weder die Hoffnung auf Lohn noch die Angst vor Strafe sein, sondern die Liebe zu Gott. Höchste Lust, höchstes Gut und höchstes Glück ist die Gottesschau. Wie Aristoteles unterscheidet auch Maimonides zwischen ethischen und dianoëtischen Tugenden und wie jener gibt er diesen den Vorzug. Gegen den Widerstand fanatischer Rabbiner setzte sich die Philosophie und Wissenschaft bejahende Grundtendenz des Maimonides durch und verschaffte ihm bei Juden, Arabern und Christen hohes Ansehen.

6.5.3 Entfaltung

6.5.3.1 Universitäten

Dem Wandel der äußeren Bedingungen, der Ausdehnung der Gegenstandsbereiche, des Stoffes und der Erweiterung des Blickfeldes mußten sich auch im Mittelalter die Organisationsformen des Lehrbetriebs, die Methoden der Aneignung und Verarbeitung sowie die Einstellung der Lernenden anpassen. Gegenüber den Klosterschulen bedeutete die Einrichtung von Universitäten – Bologna 1119, Oxford 1167/68, Paris 1175, Salamanca 1218, Padua 1222, Neapel 1224, Cambridge 1229 – einen großen Fortschritt. In Paris sammelten sich die *magistri* und *scholares* und gründeten in korporativer Vereinigung die *universitas* mit den vier auch heute noch erhaltenen Basis-Fakultäten: Theologie, Philosophie *(septem artes)*, Jurisprudenz und Medizin. Anfangs waren nur die »alte« (›Kategorien‹, ›Peri hermeneias‹) und die »neue Logik« (›Analytiken‹, ›Topik‹) des Aristoteles zugelassen, später auch dessen Metaphysik und Naturphilosophie. Neben den Universitäten erlangten die Ordensschulen der Franziskaner und Dominikaner für das Philosophiestudium Bedeutung, das lange Zeit hindurch vor allem der Aneignung aristotelischer Texte diente. Nach sechsjährigem Studium der freien Künste mit Abschlußexamen konnte ein Scholar Baccalaureus werden. Dazu mußte er Disputationen halten und an deren Ende selbst entscheiden *(determinatio)*.

Danach durfte er philosophische Textbücher erklären. Die Lehrform war die *lectio* oder *expositio.* Zwei Jahre darauf erfolgte dann gewöhnlich die Zulassung zum *magisterium in artibus.* Aus der *lectio* gingen die literarischen Formen des Bibelkommentars und des Sentenzenkommentars hervor. Neben der *lectio* gab es die *quaestio* und die *disputatio,* die Frage und die Erörterung. Die Frage bildete gleichsam das Rückgrat des Unterrichts und wurde in der Erörterung weiter gepflegt (aufgezeichnet: *quaestiones disputatae*). Die *disputationes ordinariae* fanden vierzehntägig statt und dienten der Vertiefung des Gelernten. Außerdem gab es *quaestiones* und *disputationes de quolibet.* Sie fanden jährlich zweimal in der Advents- und Fastenzeit statt. Sie waren gleichsam die Turniere der Gelehrten, auf denen sie ihre Gelehrsamkeit vor einem breiteren Publikum beweisen konnten. Jeder Fragende konnte dabei Fragen aus dem Gesamtgebiet der betreffenden Wissenschaft stellen. Ihren literarischen Niederschlag fanden sie in den Untersuchungen vermischten Inhalts *(quodlibetales).* Freie zusammenhängende Darstellungen kleineren Umfangs hießen Opuscula, umfassende Arbeiten Summen. Die Dialogform verschwand dagegen. Die Ordensgeistlichen erzielten die besten Leistungen und verdrängten den Weltklerus an den Universitäten.

Mit der Einnahme Toledos (1085) gelangten die Christen in den Besitz vieler wertvoller Texte der arabischen Philosophie und Wissenschaften. Hinzu kamen später die Übersetzungen aus dem in Konstantinopel bekannten aristotelischen Urtext mittels der Übersetzerschule in Sizilien. Zunächst verwertete man naturgemäß in Spanien die neuerschlossenen Quellen. Hier ging Dominicus Gundisalvi (um 1150), der Archidiakon von Segovia, mit gutem Beispiel voran. Er schrieb ›Über die Schöpfung der Welt‹, ›Über die Unsterblichkeit der Seele‹ und ›Über die Einteilung der Philosophie‹. In der Naturphilosophie leistete die Schule von Oxford Pionierarbeit. Alexander Neckham (um 1200) schrieb ein Lehrgedicht ›Über die Naturen der Dinge‹. Alfredus Anglicus verfaßte etwa zur gleichen Zeit eine Schrift ›Über die Bewegung des Herzens‹ und übernahm als erster die aristotelische Definition der Seele als Entelechie anstelle der allgemein herrschenden platonischen Konzeption. Michael Scotus übersetzte 1217 eine astronomische Arbeit der Araber ins Lateinische und löste damit den Kampf zwischen dem aristotelischen und dem ptolemäischen Weltkonzept aus, der mit dem Sieg des letzteren endete.

6.5.3.2 Robert Grosseteste, Johannes von Salisbury

Robert Grosseteste (1175–1253), Bischof von Lincoln, war Heiliger und Universalgelehrter in einer Person. Grosseteste vertraute bereits mehr der Erfahrung als den Autoritäten und erriet bereits im 13. Jahrhundert die Auffassung vom Licht als Urzustand der Materie – »Das Licht ist die erste körperliche Form« – und erkannte die wichtige Rolle der Mathematik für das Verständnis der Welt. Die Welt entwickelt sich, Grosseteste zufolge, nach geometrischen und physikalischen Gesetzen.

Was den Reichtum seiner Bildung und den Stellenwert der Empirie betrifft, erinnert Grosseteste an seinen Landsmann und Vorgänger Johann von Salisbury (1110–1180), den ersten großen Staatstheoretiker des Mittelalters, der sich Ciceros Stil zum Vorbild nahm, in seinem ›Policraticus‹ die Nichtigkeiten des Hoflebens einer geistlich-geistigen Lebensführung gegenüberstellte, das Recht zu Revolution und Tyrannenmord behauptete und in seinem ›Metalogicus‹ über Nutzen und Wert der Logik reflektierte. Als Krone aller Wissenschaften erscheint ihm die Ethik. Vorbedingung zur Glückseligkeit ist die Tugend, Vorbedingung der Tugend die Selbsterkenntnis, eine Frucht der Vernunft und der Gnade Gottes.

6.5.3.3 Wilhelm von Auxerre, Wilhelm von Auvergne

In Frankreich setzte Wilhelm von Auxerre (gest. ca. 1235) die Tradition des Dichterphilosophen Alanus ab insulis (1120 bis 1202) fort, dessen ›Anticlaudianus‹ (um 1182) er kommentierte. Darin waren bereits Themen der aristotelischen Naturphilosophie und Metaphysik behandelt. Alanus wollte Axiome und Beweise auch in die Theologie und Philosophie einführen. Wilhelm von Auxerre gehörte zu der vom Papst Gregor IX. eingesetzten Kommission (1231), welche die naturkundlichen Schriften des Aristoteles für den Lehrbetrieb »reinigen« sollte. Er verfaßte die ›Summa aurea‹, einen sehr geschätzten Kommentar zum Sentenzenbuch des Petrus Lombardus.

Wilhelm von Auvergne (gest. 1249) führte die platonisierende Kosmologie eines Thierry von Chartres[36] (gest. um 1150) wei-

[36] Bernardus Silvestris widmete um 1150 seinem Freund Thierry sein Hauptwerk ›Megacosmus et Microcosmus‹. Wilhelm von Conches (1080–1145), der

ter. Thierry hatte mit Hilfe pythagoreischer Zahlen-Metaphysik die Schöpfungsgeschichte kommentiert (›Über die Werke der sechs Tage‹). Wilhelms Ziel ist eine von der Theologie weitgehend unabhängige Kosmologie (›De universo‹).

6.5.3.4 Franz von Assisi

Franz von Assisi (1183–1226) fühlte sich zum apostolischen Wanderprediger berufen und stiftete im Jahr 1209 den nach ihm benannten ersten Bettelorden. Das Motto: »Fliehe, schweige, ruhe!« *(Fuge, tace, quiesce!)* entspricht einmal allgemein mönchischen Tendenzen, sodann auch den Erfahrungen des Stifters und nicht zuletzt dem Bekehrungserlebnis Augustins. Franziskus war sowenig ein Philosoph wie sein Konkurrent Dominikus, der sechs Jahre danach ebenfalls einen Bettelorden gründete, der seinen Namen erhielt. Dominikus (1170–1221) aus Caleruega in Kastilien war Sekretär des Bischofs Diego von Osma und wurde 1206 mit der Bekehrung der Albigenser betraut. Franziskus wollte wie Jesus leben und wirken: predigen, heilen, helfen, in Armut und Zurückgezogenheit leben, Nächstenliebe pflegen und die Vereinigung mit Gott suchen. In mystischer Verzückung empfing er am 17. 9. 1224 die Wundmale Christi, die erste von der Kirche als historisch akzeptierte Stigmatisation. Wenige Wochen später verfaßte er in rhythmischer italienischer Prosa den ›Sonnengesang‹, auch Gesang der Kreaturen (Canticus creaturarum) genannt. Bekannt und oft in der Kunst dargestellt sind die Tierpredigten des heiligen Franziskus, der zum Patron der Tierschützer wurde. Für Philosophie und Wissenschaft interessierte sich Franziskus nicht, Besitz und Macht lehnte er ab. Demgegenüber verwendeten die Dominikaner mit Eifer und großem Fleiß Philosophie und Wissenschaft zur Glaubensbegründung. Mit den Franziskanern und Dominikanern kam Leben in das philosophisch-scholastische Treiben des 13. Jahrhunderts: es begann der große Kampf zwischen Augustinismus und Aristotelismus, das zentrale Ereignis der Hochscholastik.

vielleicht auch in Chartres lehrte, befaßte sich mit grammatischen und naturphilosophischen Fragen.

6.5.3.5 Alexander von Hales, Bonaventura

Zunächst standen die Aussichten für die Franziskaner nicht schlecht. In Alexander von Hales (1170–1245) und Johannes Fidanza (Bonaventura, 1221–1274) hatte die Sache Augustins zwei hervorragende Anwälte gefunden. Alexander aus dem Kloster Hales in Gloucester trug den Beinamen »der Unwiderlegliche«. Er trat 1231 in den Franziskanerorden ein. Sein monumentales Hauptwerk, die ›Summa universae theologiae‹, übertraf an Systematik und Vollständigkeit alle bisherigen Werke. Roger Bacon meinte, nicht ohne Spott, das Werk sei schwerer als ein Pferd, und zweifelte seine Echtheit an. Als erster Scholastiker beherrschte Alexander von Hales die Lehren der Bibel, des Aristoteles, der Kirchenväter, der Araber und die Sentenzenliteratur in nahezu vollendeter Weise. Im Anschluß an das Sentenzenbuch des Petrus Lombardus behandelte Alexander 440 Quaestionen in vier Büchern. Er war auch ein virtuoser Methodiker, der nach der Sic et non-Methode Abälards vorging: Autoritäten *(pro et contra),* Lösung des Problems *(solutio)* und Widerlegung der Gegengründe *(refutatio).* Die dialektischen Operationen waren ihm ebenso vertraut: Definition, Distinktion und syllogistische Begründung. Auf erkenntnistheoretischem Gebiet war Alexander Realist, hielt apodiktische (notwendige) Gottesbeweise für möglich und akzeptierte Anselms ontologischen Gottesbeweis. Hier lagen aber auch schon die Schwachpunkte seiner Theorie und die Angriffspunkte für seine Gegner.

Die zweite bedeutende Persönlichkeit auf seiten der Franziskaner war Bonaventura aus Viterbo. Er studierte in Paris, nannte Alexander von Hales seinen Lehrer und Vater und trat 1244 oder schon früher in den Orden der Franziskaner ein, übernahm 1248 den Ordenslehrstuhl in Paris, wurde 1257 Ordensgeneral, 1273 Bischof von Albano und Kardinal. Verehrt als »Doctor seraphicus«, starb er in Lyon während des Konzils. Bonaventura, eine im Grunde konservative Natur, mehr Eklektiker als Systematiker, versuchte Scholastik und Mystik zu vereinigen. Seine Mystik läßt sich zwischen der der Viktoriner und der Meister Eckharts lokalisieren, enthält aber auch augustinisch-areopagitische Elemente. Berühmt wurde die auf Alanus ab insulis und das ›Buch der 24 Philosophen‹ zurückgehende, später von Pascal übernommene Formel: Gott ist »wie eine intelligible Sphäre, deren Zentrum überall und deren Peripherie nirgends ist.«[37]

In seinem Buch ›Des Geistes Wallfahrt zu Gott‹ (1259) unterscheidet Bonaventura sechs Stufen der Erhebung der Seele. Die Welt ist die Spur Gottes, die Seele das Bild Gottes, den man »durch« oder »in« sein(em) Bild bzw. seine(r) Spur betrachten kann, ihn selbst als Sein oder Gutes. Seine an Grosseteste erinnernde Lichtmetaphysik stellt Bonaventura in der Schrift ›Über die Zurückführung der Künste auf die Theologie‹ dar. Die Ideen erkennt man nicht auf dem Weg der Abstraktion (Aristoteles), sondern durch göttliche Erleuchtung (Illuminationslehre Augustins). Beim Erkennen lassen sich wieder sechs Stufen unterscheiden: Wahrnehmung, Vorstellung, Verstand, Vernunft, Geist und schließlich die Schau. Die Gottesschau ist die höchste Form der Erkenntnis. Sie besteht in der liebenden Vereinigung der Seele mit dem »Seelenbräutigam«. Die Analogie ist für Bonaventura der Zauberschlüssel allen Erkennens. In der Welt bilden die niederen die höheren Sphären ab. In der Dreiheit Substanz-Akzidenz-Relation (Verbindung beider) spiegelt sich die Dreieinigkeit. Im Anschluß an Augustin konstruiert Bonaventura auch die Geschichte in sechs Epochen, die den Schöpfungstagen entsprechen. Bedeutsam für die »rasante« Entwicklung der politischen Theorie zwischen 1200 und 1350 ist Bonaventuras Kritik an der Erbmonarchie, in der er einen »Ausbund der Unvernunft« sieht[38].

6.5.3.6 Albertus Magnus

Dem Doppelgestirn der Franziskaner – Alexander von Hales und Bonaventura – stehen auf der Seite der Dominikaner Albertus Magnus und Thomas von Aquin gegenüber. Albert von Bollstädt (1193–1280) wurde zu Lauingen an der Donau geboren. Er studierte in Padua Medizin und Philosophie, trat wahrscheinlich 1223 in den Dominikanerorden ein, studierte nun auch Theologie und lehrte in Köln und Paris. Den Beinamen »der Große« erhielt der sonst eher unscheinbare Mann, der »Doctor universalis« vor allem wegen seiner naturwissenschaft-

[37] Jean Pépin, in: François Châtelet (Hrsg.), Geschichte der Philosophie. Bd. 2, Frankfurt 1973, S. 165.

[38] Flasch, Das philosophische Denken im Mittelalter, S. 303, 347.

lichen Kenntnisse (Zoologie, Botanik), die ihm sogar den Ruf der Zauberei eintrugen. Albert schrieb viel, seine Werke füllen in der Pariser Ausgabe (1890–99) 38 Quartbände. Auf philosophischem Gebiet paraphrasierte und kommentierte Albert aristotelische Schriften unter Verwertung der arabischen und jüdischen Kommentare und Übersetzungen. Albert trat für eine Trennung der Autoritäten und Kompetenzen ein: Augustin für theologische Fragen, Aristoteles für philosophische und Hippokrates oder Galen für medizinische. In der Frage der Weltentstehung schloß sich Albert jedoch nicht an die aristotelische Konzeption einer ewigen Welt an, sondern an Maimonides, der die Weltschöpfung durch Gott als Dogma des Glaubens hinnahm. Albert versuchte, Natur und Übernatur in einer hierarchischen Ordnung zusammenzufassen. Aufgabe des Philosophen ist es, das System der Tatsachen in einem System des Wissens abzubilden, dem die Logik als Werkzeug, als Propädeutik vorausgeht. Die Philosophie zerfällt in die Gruppe der objektiv-theoretischen und der subjektiv-praktischen Disziplinen, in die auf Gott und Welt bezogenen Disziplinen der Theologie, Mathematik und Physik und die auf den Menschen bezogenen der Ethik, Politik und Ökonomik. Hinter der ersten Gruppe zeichnen sich die drei griechischen Modelle: Idee (Gott), Zahl, Atom ab, in der zweiten die griechischen Basisdisziplinen der anthropozentrischen Phase (Sophistik, Sokratik). Eine gewisse Ausnahme bildet die Ökonomik, der nur Xenophon besondere Aufmerksamkeit schenkte. Daß sie bei Albert erscheint, ist für die weitere Entwicklung der Philosophie nicht unwesentlich. Nicht weniger bedeutsam ist, daß auch der genetisch-evolutionäre Aspekt der Seinspyramide auf dem Umweg über die Logik bei Albert ins Spiel kommt. Hier kündigen sich Tendenzen an, die, besonders bei den angelsächsischen Denkern, über das spezifisch mittelalterlich-hierarchische Weltverständnis hinausweisen.

6.5.3.7 Thomas von Aquin

6.5.3.7.1 Leben

Thomas von Aquin (1225–1274) wurde auf dem Bergschloß Roccasecca (Aquino, im Neapolitanischen) geboren und bereits mit fünf Jahren der Obhut des Abtes von Monte Cassino, Sinibald, übergeben. Die Abtei hatte damals schon eine bewegte

Geschichte hinter sich, war von Langobarden, dann von Sarazenen zerstört worden und hatte sogar über 100 Jahre brach gelegen. Zur Zeit von Thomas lag sie auf der Grenze zwischen päpstlichem und kaiserlichem Einflußbereich. Mit zehn Jahren begann er das Studium der sieben freien Künste an der 1224 gegründeten Universität Neapel. Im Trivium, dem ersten Teil der *artes liberales,* unterrichtete ihn ein Magister Martinus, im Quadrivium, dem zweiten Teil, Petrus von Hibernia, der Aristotelische Werke kommentierte und den jungen Thomas wohl zuerst mit ihnen bekanntmachte. Gegen den Willen seiner Familie trat Thomas 1243 in den Dominikanerorden ein und nahm in Santo Domenico Maggiore zu Neapel aus der Hand des Priors Thomas Agni das Ordensgewand entgegen. Als seine Ordensoberen ihn 1244 zu den höheren Studien nach Paris schickten, nahmen seine Brüder Thomas unterwegs gefangen und hielten ihn ein Jahr auf den väterlichen Burgen fest. Aus der Gefangenschaft befreit, kehrte er 1245 zunächst nach Neapel zurück und studierte darauf in Paris (1245–1248), wo er Albertus Magnus kennenlernte, der sein Lehrer wurde. Als Albert vom Generalkapitel beauftragt wurde, in Köln eine Ordensuniversität zu gründen, begleitete Thomas ihn für vier weitere Jahre intensiven Studiums. Von 1252 bis 1255 las Thomas als *baccalaureus biblicus,* sodann als *baccalaureus sententiarius* über die Bibel sowie über die Sentenzen des Petrus Lombardus. 1256 erhielt er die *licentia docendi* und wurde damit Magister bzw. Professor der Theologie. Als Thomas seine Lehrtätigkeit begann, brach der Kampf aus zwischen den Pariser Professoren des Weltklerus und den Gelehrten aus den beiden Bettelorden. Thomas wurde in diesen Kampf verwickelt und verteidigte in einer Schrift den Standpunkt seines Ordens. 1259 wirkte er beim Generalkapitel in Valenciennes an der Verfassung einer Studienordnung *(ratio studiorum)* seines Ordens mit und kehrte noch im gleichen Jahr nach Italien zurück, wo er 1260 vom Provinzkapitel seiner Ordensprivinz in Neapel zum *praedicator generalis* ernannt wurde. In den Jahren 1259–1264 verfaßte er seine ›Summa contra gentiles‹, das Gesamtwerk gegen die Heiden, von 1261 bis 1264 hielt er sich als Theologe des päpstlichen Hofes (Orvieto) in der Nähe Urbans IV. auf. Manche Schriften dieser Zeit verfaßte er für den Papst oder widmete sie ihm (›Catena aurea‹, ›Contra errores Graecorum‹). Am Hof Urbans IV. lernte er auch den sprachkundigen Ordensgenossen Wilhelm von Moerbeke (ca. 1215–1286) kennen, der Werke des

Proklos, Archimedes, der Aristoteles-Kommentatoren Alexander von Aphrodisias, Themistios, Ammonios[39], Johannes Philoponos und Simplikios, besonders aber Schriften des Aristoteles selbst ins Lateinische übersetzte. Dieser Übersetzertätigkeit verdanken die Aristoteles-Kommentare des Thomas mit ihre Überlegenheit über die arabischen, denen eine so genaue Textgrundlage fehlte. Papst Clemens IV. (1265–1268) bot Thomas den erzbischöflichen Stuhl von Neapel an. Thomas erwirkte unter Bitten und Tränen, daß ihm die Stellung eines einfachen Ordensmannes erhalten blieb, damit er sich ausschließlich den Wissenschaften widmen könne. Im Jahr 1265 berief ihn das Provinzkapitel in Anagni zur Leitung des Ordensstudiums. Von 1267 bis 1268 übte er das Amt eines *lector curiae* am Hof des Papstes in Viterbo aus. Die Muße, die ihm sein Lehramt in Italien wohl in reicherem Maß ließ als das in Paris, verwendete er zu mannigfachen literarischen Arbeiten, vor allem an seinem reifsten Werk, der ›Summa theologiae‹, deren erster Teil in S. Sabina auf dem Aventin entstanden war. Zu Beginn des Jahres 1269 wurde Thomas wieder als Professor der Theologie an die Universität Paris zurückberufen.

Der zweite Pariser Aufenthalt des Thomas (1269–1272) wurde zum Höhepunkt seines literarischen Schaffens. Allerdings wurde er auch diesmal wieder in allerlei Streitigkeiten verwikkelt: gegen die Opposition des Weltklerus gegen die Bettelorden, gegen die Franziskaner und gegen den lateinischen Averroismus. Hier ging es um die Einheit des Intellekts und um die persönliche Unsterblichkeit. Thomas versuchte, die aristotelische Lehre vom Geist *(nous)* von neuplatonisch-averroistischen Bestandteilen zu reinigen und sie mit der christlichen Auffassung von der persönlichen Unsterblichkeit der »Geistseele« zu verbinden. Der Averroismus wurde 1270 tatsächlich durch den Bischof von Paris verurteilt. Thomas blieb also Sieger. Seine ebenso besonnene wie entschlossene Haltung führte dazu, daß er auch aus dem Lager seiner Gegner (Siger von Brabant) Anhänger gewann, so zum Beispiel Peter von Auvergne, einen Professor der Artistenfakultät, der einige Aristoteles-Kommentare des Thomas vollendete. Siger von Brabant (gest. 1282) lehrte einen gemäßigten Averroismus: Ewigkeit der Welt, unsterblicher, aber überindividueller Intellekt. Indessen erklärten sich

[39] Hermeion (um 480 n. Chr.), zu unterscheiden von Ammonios Sakkas (um 200 n. Chr.), dem Lehrer Plotins.

auch Mitglieder des eigenen Ordens gegen die von Thomas eingeschlagene Richtung der Aristoteles-Interpretation, so der Engländer Robert von Kilwardby (1272 Erzbischof von Canterbury, 1278 Kardinal, gest. 1279 in Viterbo), der eine vorzügliche Einleitung in die Philosophie (›De ortu et divisione philosophiae‹) verfaßte, und John Peckham (1279 Erzbischof von Canterbury, gest. 1292), der die Einheit der substantialen Form im Menschen (Thomas) leugnete. Gegenüber dem Intellektualismus des Thomas vertrat der »Doctor sollemnis«, Heinrich von Gent, ein Mitglied des Weltklerus, den Vorrang des Willens.

Im Frühjahr 1272 wurde Thomas von seinem Ordensoberen von seiner Lehrtätigkeit in Paris abberufen und mit der Leitung des Ordensstudiums an der Universität Neapel betraut. Die mannigfaltigen Beanspruchungen der letzten Jahre, interne Streitigkeiten und Glaubenskämpfe, hatten aber doch die physischen Kräfte des an Wassersucht leidenden Denkers überfordert. Anfang Dezember 1273 fühlte er sich außerstande, noch etwas zu schreiben. Auf die Frage seines Freundes Reginald von Piperno, warum er zu schreiben aufhören wolle, erwiderte Thomas, daß er nicht weiterschreiben könne, weil alles, was er geschrieben habe, verglichen mit dem, was er über göttliche Dinge schauend erkannt habe, ihm nun wie Spreu vorkomme. In diesem Zustand erreichte ihn eine Einladung Gregors X. zum Konzil in Lyon. Auf der Reise dorthin erkrankte er schwer und starb am 7. 3. 1274 im Zisterzienserkloster Fossanova bei Terracino. Beim Empfang der Sterbesakramente, so wird berichtet, sprach Thomas die Worte: »Ich empfange dich, Lösegeld meiner Seele. Aus Liebe zu dir habe ich studiert, Nächte durchwacht und mich abgemüht, dich habe ich gepredigt und gelehrt. Nie habe ich etwas gegen dich gesagt. Ich verharre auch nicht hartnäckig auf meiner Ansicht, sondern wenn ich mich über dieses Sakrament je unrichtig geäußert haben sollte, unterstelle ich es dem Urteil der Heiligen Römischen Kirche, in deren Gehorsam ich jetzt aus dieser Welt scheide.«

Auf dem Sterbebett erklärte Thomas von Aquin den Mönchen von Fossanova das Hohe Lied der Liebe (Salomo). Die sterblichen Überreste des rastlosen Denkers fanden ihre Ruhestätte in der Dominikanerkirche von Toulouse, seit der Französischen Revolution ruhen die Gebeine in der Kirche St. Sernin ebendort. Papst Johannes XXII. hat Thomas 1323 heiliggesprochen, Papst Pius V. ihn 1567 zum Kirchenlehrer erhoben. Man nannte den Heiligen »Doctor communis«, später auch »Doctor angelicus«.

6.5.3.7.2 Werk

Der Kampf zwischen den augustinischen Franziskanern und den Dominikanern war zugunsten der letzteren entschieden. Nicht der letzte Grund für diesen Ausgang dürfte in der hohen Qualität der aristotelischen Philosophie zu suchen sein; ein anderer lag in der sorgfältigen Vorbereitung durch Wilhelm von Moerbeke und Albert den Großen, wieder ein anderer in der formalen Begabung des Thomas, und weitere Gründe lagen schließlich in den Mängeln seiner Gegner, in der Abwertung des Wissens durch die Franziskaner im allgemeinen und der mystischen Ausrichtung Bonaventuras im besonderen[40].

Eine sinnvolle Thomas-Interpretation kommt um die Frage nicht herum, was von der »Philosophie« des Thomas nach Abzug aller aristotelischen, platonischen, neuplatonischen, patristischen und frühscholastischen Bestandteile übrigbleibt, wenn anders die Beschäftigung mit Thomas nicht zu einem Wiederkäuen längst bekannter Lehren führen soll. Wo man bisher überhaupt diese Frage ernsthaft stellte, kam man entweder zu dem Ergebnis, daß gar nichts übrigbleibt oder alles in einem neuen Licht erscheint. Nur eine ins einzelne gehende Faktorenanalyse kann hier weiterführen, eine Entscheidung von Fall zu Fall. Was aufgrund bereits in dieser Richtung erfolgter Sondierung gesagt werden kann, ist wenig genug. Offenbar besteht die Leistung des Thomas weitgehend im vorsichtigen Vermeiden von Meinungsextremen, im Ausgleich (wenn auch nicht im unbedingten), in zunehmender Differenzierung, alles im Dienst der großen Synthese. Was man bei Thomas findet, sind Akzentverschiebungen, Richtigstellungen, vorsichtiges Ausscheiden von Falschem, Zurechtrücken von Ungereimtheiten, Unterstreichungen des Richtigen: eine unendliche Fein- und Feinstarbeit des Geistes, eine Art Filigranarbeit der Vernunft.

Ob in der Architektur, Dichtung, Goldschmiedekunst, Buch- oder Glasmalerei – in allen Bereichen der Kultur und Gesellschaft war damals der gleiche Geist am Werk: »Der zur Synthe-

[40] Der Franziskaner Petrus Johannes Olivi (1248–1298) bewahrte das Erbe Bonaventuras und beeinflußte den Spiritualismus des 14. Jahrhunderts. Zugleich aber erweist er sich als selbständiger Denker. In seiner Willenslehre weist er auf Duns Scotus voraus. Seine Lehre wurde verurteilt, seine Schriften wurden verbrannt.

se strebende Geist des Jahrhunderts, manifestiert in der Philosophie der Scholastiker, fand seinen vollendeten dichterischen Ausdruck in Dantes ›Göttlicher Komödie‹. Wie die gotische Kathedrale und die ›Summa‹ des Thomas von Aquino besitzt sie enzyklopädische Größe, umfaßt das ganze Leben und ist in ihrer formalen Struktur ein Abbild der kosmischen Ordnung ... Die Kunst mittelalterlicher Kathedralen bietet ein getreues Spiegelbild der Gesellschaftsordnung ... Die mittelalterliche Gesellschaft gleicht einer Pyramide, in der Tote und Lebende zusammenhausen und über der Gott thront. Die Heiligen wirken ins Leben hinein wie bei Homer die Götter: am Leben und Treiben der Sterblichen zutiefst interessiert; jeder war einer Kultstätte besonders zugetan, einem Menschenkreis besonders hilfreich – eine Art höherer Aristokratie. Wie die griechischen Götter verfügten sie über wunderbare Kräfte; man erwartete, daß sie auch Gewalt anwenden würden, um die Ihren zu schützen. Sie blickten meist auf eine menschliche Vergangenheit voll heroischer Tugenden zurück und schätzten in ihren Schützlingen die Eigenschaften, die sie selber mit solchem Ernst in sich entwickelt hatten. Von ihnen aus führten zwei Stufenleitern in die Niederungen der menschlichen Gesellschaft: eine geistige, geistliche, Papst und Bischöfe an der Spitze, Äbte und Mönche, Archidiakone, Domherrn und andere Kleriker in der Mitte, die Ortsgeistlichkeit unten; eine säkulare mit Kaisern und Königen, Prinzen und Baronen, Rittern und Edelleuten, Kaufleuten und Handwerkern, Bauern und Knechten.«[41]

Die Werke des Thomas bilden einen Kosmos für sich, die Summen gleichen Pyramiden oder Kathedralen. Bei den Werken lassen sich vier Gruppen unterscheiden: Kommentare, meistens zu aristotelischen Werken, die Summen, von denen die ›Summa contra gentiles‹ in vier Bücher und 464 Kapitel eingeteilt ist, – die ›Summa theologiae‹ ist unvollendet –, die ›Quaestiones disputatae‹ bzw. ›Quodlibetales‹, wozu ›De ente et essentia‹ (1252), die ›Quaestiones disputatae de veritate (1256/59), ›Über die Seele‹ (1266) und ›De unitate intellectus contra Averroistas‹ (1270, gegen Siger von Brabant) gehören.

Was nun die spezifisch thomistischen Akzente betrifft, so trennt er einmal das mit den Mitteln natürlicher Vernunft Erkennbare schärfer von den Glaubenswahrheiten. Es gibt Grün-

[41] Christopher Brooke, Die Kathedrale in der mittelalterlichen Gesellschaft. In: Die großen Kathedralen. Köln 1984, S. 13ff.

de für die Annahme Gottes (Gottesbeweise), die Trinität dagegen ist ein Mysterium. Im Gegensatz zu Alexander von Hales akzeptiert Thomas den ontologischen Gottesbeweis Anselms nicht und zwar infolge einer sorgfältigeren Unterscheidung zwischen Essenz und Existenz einerseits, Zufall und Notwendigkeit andererseits. So ist zwar kein Schluß vom Begriff auf die Existenz Gottes erlaubt, wohl aber von zufälliger auf notwendige (= nicht zufällige) Existenz. Ähnlich verfährt er in der Frage der Weltschöpfung. Ob die Welt einen Anfang hat oder nicht, läßt sich nicht wissenschaftlich beweisen. Hier beginnt der Glaube – an die geoffenbarte Schöpfung.

Logik, also die Lehren von Definition, Urteil, Schluß und Beweis, übernimmt Thomas von Aristoteles. Auf dem Gebiet der Erkenntnistheorie unterscheidet er wiederum genauer als die meisten seiner Vorgänger. Er folgt weder dem Prinzip *Credo ut intelligam* noch dem *Intelligo, ut credam* ohne Einschränkung, verschiebt aber den Akzent zugunsten des letzteren. Der Glaube tritt nicht als Anhängsel zur Vernunfterkenntnis hinzu (Maimonides), sondern verhält sich zur Erkenntnis wie der Tempel zur Vorhalle. In der Ästhetik rückt Thomas den Begriff des Schönen in die Nähe von Erkenntnis und Wahrheit. Bei den Griechen war das Schöne mit dem Guten untrennbar verbunden. In der metaphysischen Fundierung der Seins-, Erkenntnis- und Wertordnung bei Thomas fehlt aber der Begriff des Schönen: »Ens est unum, verum, bonum« (Das Sein ist eines, wahr und gut). Anstelle des Schönen ist das Wahre getreten bzw. das Eine. Beides ist für die christliche Sicht der Dinge bezeichnend: Gegensatz von Gut und Schön, Einheit (Monotheismus). In der »technischen« Metaphysik, also den Grundbegriffen, schließt sich Thomas wieder eng an Aristoteles an, allerdings unter Betonung des Kausalitätsgedankens, den er für die Theologie benötigt. Mit Aristoteles lehnt Thomas den »Realismus« Platons und der meisten Frühscholastiker ab, sucht aber zwischen Aristoteles und Platon zu vermitteln, indem er die Ideen, wie Augustin, als Gedanken Gottes zuläßt. In der Fassung des Begriffs »Individuum« geht Thomas mit seiner Lehre von der *materia signata* etwas über Aristoteles hinaus, zieht aber noch nicht die Konsequenz der Nominalisten in der Spätscholastik, wonach nur die (individuellen) Einzelgegenstände wirklich sind. Auf dem Gebiet der Ethik folgt Thomas Aristoteles in der Unterscheidung von dianoëtischen und ethischen Tugenden, ihrer Rangzuweisung und der Lehre von der Tugend als Mitte zwischen zwei Extremen, präzisiert aber den Begriff der Willensfreiheit im Sinn eines natürlichen, durch die Erbsünde nicht verlorenen Wahlvermögens *(synteresis)*. Während die Synteresis ein Habitus (Verhaltensweise) ist, manifestiert sich das Gewissen im Akt der Anwendung unseres Wissens auf das, was wir tun. Mit den vier antiken Kardinaltugenden (Weisheit, Gerechtigkeit, Besonnenheit, Tapferkeit) werden die drei christlichen (Glaube, Hoffnung, Liebe) verbunden. Auf gesellschaftlichem Gebiet zog Thomas Hörigkeit und Leibeigenschaft sowenig wie Aristoteles die Sklaverei in Zweifel. In der Schrift ›De regimine principum‹ (Über die Herrschaft der Fürsten)[42], begründet Thomas den Staat sowohl von der Natur als auch von Gott her. Die Monarchie erscheint ihm als beste, die tyrannische als schlechteste Staatsform. Die Einbettung des einzelnen in die »Hierarchie der Lebenszwecke«, wie die feudale Gesellschaft sie definiert, wird von Thomas nicht in Frage gestellt[43]. Er opferte die christliche Freiheit einer scheinbar gottgewollten Ordnung, deren Bedingtheit er, wie die meisten seiner Zeitgenossen, nicht durchschaute.

Thomas ist zwar noch weit entfernt von der Praxis moderner Ideologen, die Herrschaftssystemen bewußt Rechtfertigungskonzepte liefern, aber einige Schritte in diese Richtung hat auch er getan, insofern er vorgefaßte Meinungen in Form von Dogmen, verbunden mit den Interessen klerikaler und weltlicher Machtgebilde, nicht anzweifelte. Im Denken des Thomas, einem äußerst kunstvollen Kompromiß, gewann die Ordnung das Übergewicht über die Freiheit und forderte damit gleichsam die Gegenbewegung heraus. Daß Thomas gerade Aristoteles zum geistigen Führer wählte, läßt sich aus der geistigen Situation beider Denker verstehen, die Synthetiker eines Zeitalters bzw. Kulturkreises waren, mehr oder weniger von der Endgültigkeit ihrer Konzepte überzeugt. Die Geistesgeschichte zeigt jedoch, daß nicht nur philosophische Meinungen und Standpunkte, sondern auch religiöse Auffassungen und Bedürfnisse dem Wandel unterliegen, eine bittere Erkenntnis für alle Absolutisten. Heute interessiert es kaum noch jemanden, ob der

[42] Die Schrift wurde von *Tolomeo di Lucca* (gest. 1318, Bischof von Torcello), einem Schüler (und Beichtvater) Thomas von Aquins, wenn auch mit veränderter, antimonarchischer Grundtendenz fortgesetzt.

[43] »Die Erstursache des Thomas verhielt sich wie ein wohlberatener Lehnsherr: Er griff nicht in die Zuständigkeit der Vasallen ein.« Flasch, Das philosophische Denken im Mittelalter, S. 334.

Sohn für wesensgleich oder wesenseins mit dem Vater gehalten wird, und wenn jemand, wie der Mystiker Bernhard von Clairvaux (1115–1153), in Europa zum Kreuzzug gegen die Ungläubigen aufriefe, predigte er tauben Ohren.

6.5.4 Spätzeit

Die Gegenkräfte gegen die Verschulung und die Verweltlichung des Denkens regten sich bereits in der Vor- oder Frühscholastik, wurden zur Zeit der Hochscholastik, als Thomas von Aquin den Gipfel seines Ruhmes erreichte, stärker und brachen in der Spätscholastik durch. Es waren keine feindlichen Kräfte, die von außen kamen, sondern zutiefst christliche Impulse, die zur Selbstauflösung der Scholastik führten, allem voran der Freiheits- und Wahrheitswille. Gerade bei begeisterten Anhängern des Thomas wird die zunehmende innere Distanz deutlich, so bei Dante Alighieri (1265–1321), der in seiner Schrift ›De monarchia‹ (um 1309) die weltliche Herrschaft *(imperium)* der geistlichen *(sacerdotium)* nicht mehr unterordnet, wie Thomas, sondern nebenordnet.

6.5.4.1 Roger Bacon

Roger Bacon (1214–1293), ein Zeitgenosse des Thomas und Franziskaner war ohnehin kein Anhänger des »Doctor angelicus«, aber schon ein gefährlicher Kritiker; gefährlich, weil seine Kritik naturwissenschaftlicher Denkweise entsprang und die gesamte »Philosophie« der Scholastik in Frage stellte. Roger Bacon, »Doctor mirabilis«, stammte aus einer reichen englischen Familie, studierte in Oxford, unter anderem bei Robert Grosseteste, und in Paris, wo er Alexander von Hales und Albertus Magnus kennenlernte. Seinen Lehrstuhl in Oxford mußte er auf Betreiben der Orthodoxie verlassen. Der Ordensgeneral Hieronymus von Ascoli verwarf 1278 die Lehren Bacons und verurteilte ihn zur Klosterhaft. Wie lange sie dauerte, ist nicht bekannt.

Was lehrte Roger Bacon? Zwischen 1266 und 1268 verfaßte er nach längeren Vorarbeiten drei Schriften, das ›Opus maius‹, das

›Opus minus‹ und das ›Opus tertium‹. Sein Hauptwerk, das ›Opus principale‹, vollendete er nicht. Bacon hielt die riesigen »Summen« der Scholastiker für unfruchtbar. Albert und Thomas erschienen ihm wie Knaben, die lehren wollen, ehe sie wirklich gelernt haben. Anstelle von Autoritäten, Dogmen und Texten forderte er Erfahrung, Messung und Vernunftbeweise, anstelle von Theologie Mathematik und Physik. Krone aller Wissenschaften sei die *scientia experimentalis.* Forderte Bacon in den Naturwissenschaften Rückkehr zu den Dingen, forderte er auf dem Gebiet der Geistes- und Sprachwissenschaften Rückkehr zu den Quellen und das Studium der Sprachen selbst, ein Programm, das dann später im Humanismus weitgehend verwirklicht wurde. Bacon war aber nicht nur ein Theoretiker und Programmatiker, sondern auch ein Praktiker und Erfinder. Er erfand Vergrößerungsgläser, befaßte sich mit Fragen der Optik und Astronomie sowie mit chemischen Problemen und der Kalenderreform. Aus naheliegenden Gründen tastete er die Autorität des Papstes, die Herrschaft der Kirche und die Lehren der Heiligen Schrift nicht an.

6.5.4.2 Raymundus Lullus, Petrus Hispanus

Zu dieser Gruppe der modernen, antischolastisch-naturwissenschaftlich orientierten Denker gehört Raymundus Lullus (1235–1315) aus Palma auf Mallorca, auch »Doctor illuminatus« genannt, seit 1292 Franziskanertertiar. Er bereiste England und Deutschland, lehrte in Paris und Montpellier, missionierte bei den Muslims in Nordafrika sowie im Orient und wurde schließlich von ihnen gesteinigt. Er war Mystiker und Logiker, Dichter und Enzyklopädist zugleich. In seinem Hauptwerk, der ›Ars generalis‹ (Allgemeine Kunst), entwickelt Lullus ein System von Grundbegriffen, Prinzipien und Regeln, das er mit Hilfe der Kombinatorik in eine »Kunst des Forschens, Beweisens und Erfindens« *(ars investigandi, demonstrandi et inveniendi),* die sogenannte »Lullische Kunst«, integriert *(ars magna et ultima).* In seiner ›Dissertatio de arte combinatoria‹ (1666) hat sich G. W. Leibniz mit der Kunst des Lullus befaßt, den er als Begründer der »Logica inventiva« würdigt und als Vorläufer seiner eigenen *ars combinatoria* oder Kombinationskunst ansieht. Lullus gilt auch als Vorläufer der modernen Logik.

Lullus' neue, an Mathematik, Mechanik und Relationenlogik orientierte Wissenschaftskonzeption setzte ein ebenso universales, praxisnahes Methodenkonzept voraus, einen Weg, alles zu wissen, *viam ad sciendum omnia*. In der praktischen Philosophie orientierte er sich an einem eher bürgerlichen als feudalen Grundwert, dem *bonum publicum*. Ein weiteres Ziel des Lullus war die Herstellung des religiösen Friedens, den er durch den Fanatismus der Orthodoxen am meisten bedroht sah.

Einen Beitrag zur Systematisierung der Logik lieferte Petrus Hispanus aus Lissabon (gest. 1277), später Papst Johann XXI., ein Anhänger des Thomas wie Dante und Vinzent von Beauvais (gest. 1264), der Verfasser des ›Speculum maius‹, einer großangelegten Enzyklopädie. Petrus Hispanus verfaßte ein für Jahrhunderte grundlegendes Lehrbuch der Logik, die ›Summulae logicales‹.

Zu den naturwissenschaftlich orientierten Denkern des 13. Jahrhunderts, die ihrer Zeit voraus waren, über sie hinaus wirkten, gehört ein Schüler Alberts, der Schlesier Witelo, dessen von Alhazens Optik abhängige Schrift ›Perspectiva‹ noch Johann Kepler ergänzte. Witelo verfaßte auch andere naturphilosophische Schriften, so zur Astronomie und Psychologie, denen ein mathematisch-dynamisches Weltbild zugrunde lag.

6.5.4.3 Johannes Duns Scotus

Auf den Grundlagen der Scholastik baute Johannes Duns Scotus (1270–1308), der »Doctor subtilis«, die stärkste Gegenposition der Franziskaner zu Thomas auf. Duns Scotus lehrte in Oxford, Paris und Köln, hielt an den wichtigsten Lehren der älteren Franziskanerschule fest und teilte auch den gemäßigten Realismus des Thomas, nicht aber dessen Auffassung der Individualität. Zu den Bestimmungen durch Geschlecht und Art *(genus, species)* tritt die individuelle Bestimmung *(haecceitas)*, die nicht nur im Intellekt, sondern auch in den Dingen, und zwar nicht nur der Möglichkeit *(virtualiter)*, sondern auch der Form nach *(formaliter)* bestehen soll. Zur Tierheit *(animalitas)* des Sokrates tritt seine Menschheit *(humanitas)* und zu dieser noch seine Sokratesheit *(socratitas)*. Die Materie ist nicht mehr nur Möglichkeit (Potenz) wie bei Thomas. Als Wirklichkeit mit verschiedenen Graden erhält sie einen neuen Stellenwert. Eine

Folge dieser Sicht ist, daß die Seele nicht mehr die einzige Form im Menschen bleibt, vielmehr durch eine Körperlichkeit *(corporeitas)* ergänzt wird. Der größte Unterschied zu dem Intellektualisten Thomas besteht jedoch in dem Vorrang, den Duns Scotus dem Willen zugesteht *(voluntas est superior intellectu)*, womit eine Aufwertung der Freiheit verbunden ist. Der Wille unterliegt keiner Bestimmung, er ist völlig frei. Diese Auffassung befindet sich grundsätzlich im Einklang mit dem Voluntarismus Augustins, dem Duns Scotus auch sonst verpflichtet ist, dessen Erleuchtungstheorie er aber ablehnt. Nach Duns Scotus reicht das »natürliche Licht« zur Erkenntnis aus. Die Bedeutung der Alternative zu Thomas wird bei der Anwendung auf den Gottesbegriff deutlicher. Gott erscheint nur durch seinen Willen determiniert. Das Gute ist gut, weil Gott es so will, entsprechend das Böse. Gott kann Schuldige straffrei lassen und Unschuldige bestrafen. Aus den Lehren des Duns Scotus folgte eine starke Aufwertung des Individuums, seiner Selbständigkeit und Freiheit: je mehr Individualität, desto vollkommener. Der individuelle Wille ist eine Urtatsache wie die Liebe Gottes. Die Lehren des Duns Scotus, der keine Summe mehr schrieb, wirkten mehr auf neuzeitliche Philosophen wie Leibniz als auf die römische Kirche, die sich im Prinzip den Standpunkt des Thomas zu eigen machte. Duns Scotus wurde als unbestechlicher Kritiker sowohl theologischer als auch philosophischer Begriffe und Lehren für das Denken im 14. Jahrhundert wegweisend, das nicht zuletzt in der Prüfung zahlreicher Ideen und Denkansätze der vorhergehenden Jahrzehnte seine Erfüllung fand. Die Tendenz des Duns Scotus zur Denkökonomie, die sich bei Ockham fortsetzt, läßt sich als »stabilisierende Stütze frühbürgerlicher Wirtschaftserfahrungen«[44] verstehen.

6.5.4.4 Vorboten einer neuen Zeit

Das 14. Jahrhundert brachte wenig Erfreuliches: den Hundertjährigen Krieg zwischen England und Frankreich (1339–1453), die Ausbreitung der Pest über ganz Europa (seit 1347), das Große Schisma (1378–1417), den Niedergang des Papsttums und die Verweltlichung der Kirche, den Niedergang des deutschen Kaiserreichs und die Aufgabe der universalen Reichsidee.

[44] Flasch, Das philosophische Denken im Mittelalter, S. 448.

Die Spätscholastik ist gekennzeichnet durch erbitterte Kämpfe zwischen Thomisten (Dominikanern) und Scotisten (Franziskanern), den Streit der extremen Minoriten mit der Kurie (Armutsideal), die Abkehr der Denker von Kirche und Papsttum, durch Modernismus, Nominalismus und Mystizismus; »Gottesfreunde«, die »Brüder vom gemeinsamen Leben«, die »Nachfolge Christi«-Bewegung, Beginen (Bettlerideal) und Flagellanten (Geißler) treten auf, Hierarchie, Zölibat und Ablaß werden verworfen (John Wiclif, gest. 1384). Die unaufhaltsame Trennung von Theologie und Philosophie wird institutionalisiert. Zwar hatte die Verurteilung von 219 unorthodoxen Thesen durch den Bischof von Paris (1277), der sich der Bischof von Canterbury anschloß, noch einmal die Macht der Orthodoxen demonstriert, aber das öffentliche Interesse an solchen Glaubensfestlegungen schwand, Kritik an der Metaphysik und politisches Urteilsvermögen nahmen zu, Erfahrung, Induktion und Analyse, Mathematik und quantifizierende Betrachtungsweise begannen ihren Siegeszug. Petrus Johannes Olivi hatte erkannt, daß es der Philosophie mehr auf den Weg als auf Ziele ankommt, und Dietrich von Freiberg (ca. 1250–1312) verlangte die Trennung von Philosophie und Offenbarung, setzte neue Maßstäbe für erkenntnistheoretische Erörterungen und begründete eine konsequent rationale Weltsicht. Damit waren die Grundlinien der weiteren Entwicklung der Philosophie vorgezeichnet.

Auf Duns Scotus, den »Lehrer für Jahrhunderte«, folgte eine Reihe von weniger hervorragenden Denkern, die sehr verschiedene Wege gingen und denen kaum mehr als die Kritik an den Systemen und Methoden der Scholastik gemeinsam ist. Die Zuwendung zu den Naturwissenschaften verstärkte sich, oft verbunden mit einer gewissen Skepsis auf erkenntnistheoretischem Gebiet. Solche »Vorboten einer neuen Zeit« sind die Dominikaner Jakob von Metz und Durandus de S. Porciano, der Franziskaner Petrus Aureoli und Heinrich von Harclay, Kanzler der Universität Oxford. Jakob von Metz (um 1300) polemisiert in mehr als 40 Punkten gegen Thomas und kritisiert vor allem dessen Lehre von der Form und vom tätigen Intellekt. Durandus (ca. 1270–1334), auch »Doctor modernus« genannt, stellte in seinem Kommentar zu den Sentenzen des Petrus Lombardus Thomas eine nominalistische Position entgegen. Er behandelte in der Metaphysik das Problem der Relation, in der Erkenntnistheorie die Frage nach der Gültigkeit von Allgemeinbegriffen sowie das Problem der Wahrheit und in der Psychologie das der geistigen Erkenntnis.

Petrus Aureoli (gest. 1322 zu Avignon) war Franziskaner und seit 1321 Erzbischof von Aix. Er polemisierte so ziemlich gegen alle festgelegten Denkrichtungen und neigte zum Empirismus. Heinrich von Harclay (1270–1317, Avignon) verfaßte einen Sentenzenkommentar und Quaestiones, in denen er das Problem der Realität von Relationen sowie die Universalienfrage erörterte. Er lehnt Thomas im allgemeinen ab, folgt Duns Scotus in einigen Fragen, während er in anderen auf Ockham vorausweist.

6.5.4.5 Wilhelm von Ockham

Wilhelm von Ockham (ca. 1290–1349), der führende Denker der Spätscholastik, gilt als Begründer des Nominalismus. Er war Franziskaner, lehrte in Oxford, geriet in Konflikt mit der Kurie und wurde 1324 nach Avignon vorgeladen. Aus der »Untersuchungshaft« flüchtete er nach Pisa, stellte sich in den Schutz Kaiser Ludwigs des Bayern, der sich ebenfalls im Streit mit dem Papst befand. Wilhelm folgte dem Kaiser nach München, lebte dort im Franziskanerkloster und starb, nicht lange nach dem Tod seines Beschützers (1347) an der Pest. Bei Ludwig dem Bayern hatte auch der Averroist Marsilius von Padua Zuflucht gefunden (1326), der Verfasser der revolutionären politischen Schrift ›Defensor pacis‹, in der er das Prinzip der Volkssouveränität vertrat: Souverän ist das Gesetz, das ist das Volk, das die Gesetze gibt. Der Klerus hat keinen Anspruch auf eine Sondergerichtsbarkeit, er darf keinen Staat im Staate bilden. Die Wissenschaft soll dem Leben aller Menschen, nicht der Herrschaft weniger dienen. Wilhelm von Ockham schrieb viel, einen Sentenzenkommentar, eine ›Summe der ganzen Logik‹, Arbeiten zur Naturphilosophie, speziell der Physik, einen ›Dialog zwischen Lehrer und Schüler über die Gewalt weltlicher und geistlicher Machthaber‹ sowie Quaestionen. Ockham vertrat gegen Anselm, Thomas und Duns Scotus konsequent den Nominalismus: nur die Einzeldinge sind wirklich. Begriffe sind Schöpfungen des Verstandes (daher auch: Konzeptualismus), oder sie sind Zeichen: Terminismus. Berühmt wurde Ockham auch durch sein Prinzip der Minimierung der Seinsarten, das »Ockhamsche Rasiermesser«: *entia non sunt multiplicanda praeter necessitatem* (Gegenstände – Objekte gleich Begriffe – dürfen nicht ohne Notwendigkeit vermehrt werden). Die Worte *(nomina)* sind Zeichen *(signa)* für Vorstellungen *(signa concepta sive mentalia, passiones* oder *intentiones animae).* Intuition ist die natürliche Art des Erkennens. Innere und äußere Anschauung sind die Hauptquellen des Wissens. Ockham ist, wie viele seiner angelsächsischen Vorgänger, Empiriker. Erkenntniskritik und Wissensanalyse lassen die Welt zusehends kontingenter (zufälliger) und das Denken komplizierter erscheinen. Die Kluft zwischen Vernunfterkenntnis (Philosophie) und Offenbarung (Theologie) wird größer. Die Vernunft kann weder Existenz noch Eigenschaften Gottes beweisen, sondern allenfalls durch Analogieschlüsse plausibel machen. Theologie ist keine Wissenschaft. Als Theologe hielt es Ockham allerdings weiterhin für verdienstvoll, das Unbeweisbare zu glauben. Daß er durch solche Auffassungen mit der kirchlichen Autorität in Konflikt geriet, ist verständlich. Ockham ist, wie Duns Scotus, Voluntarist. Mehr als ontologische und metaphysische Subtilitäten interessiert ihn jedoch die Verflechtung des Willens mit den Affekten und Trieben, also die (empirische) Psychologie. Die letztlich auf Gottes Willen zurückzuführende Ethik zeigt auch bedenkliche Aspekte: eine schlechte Handlung braucht keine Sünde zu sein, wenn sie zur Ehre Gottes geschieht. Werte an sich gibt es nicht. Gott hätte es auch anders einrichten können: »Aliter tamen potuit deus ordinare.« Vernünftiger erscheint die Maxime: Verletzt ein Fürst das Gemeinwohl, kann das Volk ihn absetzen und den Tyrannen töten. Das Kirchenvolk steht über der Autorität von Papst, Konzil und Geistlichkeit. Ein wesentlicher Pfeiler mittelalterlicher Gesellschaftsordnung, die Trennung von Klerus und Laien, geriet damit ins Wanken. Ockhams Kritik an feudalen und klerikalen Hierarchievorstellungen war der Ausdruck einer tiefen, für das Spätmittelalter bezeichnenden Autoritätenkrise. Aus der Kritik an der feudalen Besitz- und Herrschaftsordnung erwächst die demokratische Auffassung, nach der politische Macht auf dem Konsens der Bürger beruht.

Ungeachtet der Verurteilung seiner Lehre seitens der Universität Paris wuchs der Schülerkreis Ockhams, und der Nominalismus trat seinen Siegeszug an. Nikolaus von Autrecourt verknüpfte den aristotelischen Satz vom Widerspruch mit der inneren Erfahrung oder dem Bewußtsein. Seiner Meinung nach läßt sich aus der Existenz eines Dinges nicht mit Evidenz auf die

Existenz eines anderen Dinges schließen. Wie später Hume bezweifelte er die strenge Gültigkeit des Kausalitätsprinzips. Wie dieser verband er auch Empirie mit Skepsis. Nikolaus bestritt den Anspruch der Metaphysik, eine strenge Wissenschaft zu sein: sie gibt nur Begriffserklärungen und bringt keinen eigentlichen Erkenntnisgewinn. Seine Kritik richtet sich ferner gegen das elitäre Wissenskonzept der ewigen Wahrheiten. Von da war es kein großer Schritt mehr bis zu Lorenzo Vallas (moderner) Auffassung, nach der die Metaphysik auf sprachlichen Mißverständnissen beruht. In der Kosmologie griff er, ein Vorläufer Galileis, auf den lange verdrängten Atomismus Demokrits zurück. Auch ihm wurde der Prozeß gemacht, und er mußte seine unorthodoxen Schriften 1347 in Paris öffentlich verbrennen.

6.5.4.6 Johannes Buridan, Nicolaus von Oresme

Johannes Buridan, ein überzeugter Anhänger Ockhams, Philosoph, nicht Theologe, war 1327 und 1348 Rektor der Pariser Universität. Er interessierte sich mehr für logische, physikalische und psychologische Probleme als für theologische. Buridan hielt die Frage, ob sich der Wille bei gleichen Alternativen für oder gegen eine entscheiden könne, für unlösbar, da der Determinismus gegen das Prinzip der Verantwortlichkeit verstoße, der Indeterminismus aus gleichen Bedingungen nicht verschiedene Folgen zulasse. Bekannt ist der »Esel des Buridan«, der zwischen zwei gleichen Heubündeln wählen kann, sich nicht rührt und schließlich verhungert. Das neue Zeitalter kündigte sich bei Buridan in seiner Kritik der aristotelischen Physik an. Er griff die Impetus-Hypothese (Philoponos, Ockham) auf, wonach der Beweger dem Bewegten eine Kraft mitgibt, die das Bewegte in der Richtung so lange weiterträgt, bis eine Gegenkraft wirksam wird, und übertrug sie auch auf kosmische Bewegungen. Damit wurde aber die Lehre des Aristoteles von der durch Intelligenzen oder Gott gesteuerten kosmischen Bewegung hinfällig. Bei Buridan zeichnet sich bereits eine Art Himmelsmechanik ab. Seine Physik beeinflußte, durch Albert von Sachsen (Bischof von Halberstadt, gest. 1390) vermittelt, Leonardo da Vinci.

Nicolaus von Oresme (gest. 1382), Theologe und seit 1377 Bischof von Lisieux, übersetzte im Auftrag König Karls V. die ethischen, politischen und ökonomischen Texte des Aristoteles ins Französische und verfaßte selbst Schriften auf diesen Gebieten. Er gilt als der »bedeutendste Nationalökonom des 14. Jahrhunderts«. Auf naturphilosophischem Gebiet schloß er sich der Wurftheorie Buridans an und nahm die These des Kopernikus von der Erdbewegung vorweg, ebenso die analytische Geometrie des Descartes und Galileis Fallgesetz (›De difformitate qualitatum‹).

6.5.4.7 Pierre d'Ailly, Johannes Gerson

Die Engländer formalisierten Ockhams Logik weiter. In Frankreich verfaßte Kardinal Pierre d'Ailly (gest. 1420), ein Anhänger Ockhams, eine geographische Schrift mit dem Titel ›Imago mundi‹ (Das Bild der Welt). Sie beeinflußte Christoph Columbus, sein Kommentar zur aristotelischen Meteorologie Amerigo Vespucci. Auf erkenntnistheoretischem Gebiet geht er Descartes und Berkeley voraus, indem er die Selbsterkenntnis für sicherer als die äußere Wahrnehmung hält. In seiner Weltanschauung verbinden sich skeptische und mystische Elemente.

Johannes Gerson (1363–1429), der, wie sein Lehrer Ailly, aktiv am Konzil von Konstanz teilnahm, neigte mehr der Mystik zu, die er über Philosophie und scholastische Theologie stellte, im Anschluß an Augustin und Pseudo-Dionysios sowie die Viktoriner und Bonaventura.

6.5.4.8 Dietrich von Freiberg, Meister Eckhart und andere Mystiker

In Deutschland fand die Mystik ihren hervorragenden Vertreter in Meister Eckhart (1260–1327). Er empfing von Dietrich von Freiberg, dem zur Naturphilosophie und Erfahrung neigenden Schüler Alberts des Großen, mannigfache Anregungen. Eckhart, ein Dominikaner aus Thüringen, ist der erste Philosoph, der in deutscher Sprache schrieb. Er lehrte und predigte vielerorts in Deutschland, war aber auch in Paris, Straßburg und Köln tätig, wo man ihm einen Prozeß in Glaubensangelegenheiten anhängte. Eckhart widerrief bedingt und wandte sich an den Papst. Ehe jedoch die Bulle, die 28 seiner Sätze verdammte, eintraf, starb er. Sein ›Opus tripartitum‹ läßt sowohl scholastischen als auch platonischen Einfluß erkennen, und es ist schwer zu sagen, ob Eckhart ein scholastischer Mystiker oder ein mystischer Scholastiker war. Nicht weniger schwierig ist seine Position auf erkenntnistheoretischem Gebiet zu bestimmen. Einerseits hält er an der realistischen Position von Albert und Thomas fest – das Allgemeine ist wirklich –, andererseits hat sein Intellektualismus eine voluntaristische Note, indem er das Wirkliche ins Innere verlegt und eine starke Dynamik der Seele voraussetzt. Religiöse Erfahrung, Gotterleben, Selbsterkenntnis, Visionen und Ekstase beherrschen sein Denken, nicht Logik, Systematik oder Analyse. Auch der neuplatonische Gedanke des Ausgangs von Gott und der Rückkehr zu ihm findet sich bei Eckhart. Augustinisch klingt seine These von der Verankerung allen Seins in Gott. Die Einkehr in sich selbst, die Entdekkung des göttlichen Fünkleins *(scintilla)* in der Natur der Seele, des Menschen im Menschen, ist ein deutscher Zug seiner pantheistisch-panentheistischen Mystik, ebenso die Betonung der Freiheit, das Versinken in Gott – oder ins Nichts. Gott mußte schaffen: er braucht uns wie wir ihn[45]. Für Eckhart ist die Schau Gottes bereits in diesem Leben möglich, nicht erst, wie bei Thomas von Aquin, im Jenseits. Nicht die Werke heiligen uns, sondern wir sollen die Werke heiligen. Tugend ist ein Wirksamwerden Gottes in uns. Im Grunde gibt es nur eine Tugend, und das ist, ähnlich wie bei den alten Griechen, die Harmonie, die Schönheit, verbunden nicht mehr mit dem Eros, wie bei Platon, sondern mit der Liebe. Sie weiß nichts von Sünde und vertreibt die Furcht. Eckharts Verringerung der Kluft zwischen Geistlichen und Laien ist ein Ausdruck liebenden Erkennens und weist auf das neue Zeitalter voraus, ebenso seine enge Verbindung von Geist und Freiheit zu einer Freiheit des Geistes. Antifeudalistisch wie seine Freiheitsbotschaft, sein dynamischer Gottes- und Seelenbegriff, seine Tendenz zur Empirie sowie seine Kritik an der »Dingontologie« waren seine ethischen und gesellschaftlichen Ideen: Armut, Echtheit, Selbständigkeit und Gleichheit. Eckhart hatte, wie gewiß viele seiner Zeitgenossen, erkannt, daß der Geburtsadel weniger ein Stand als ein Mißstand ist und daß Könige und Kaiser weniger von Gottes als von Teufels Gnaden die Welt zu beherrschen suchen.

Von einer Art Taumel ergriffen, predigten und schrieben an-

[45] »Die feudale Vorstellung von göttlicher Erhabenheit ... wich einer neuen frühbürgerlichen Wertschätzung der intellektuellen Tätigkeit vor dem bäuerlichen Primat des festen Grundbesitzes.« Flasch, Das philosophische Denken im Mittelalter, S. 412.

dere Mystiker: Johann von Ruysbroek (1293–1381) in Holland schrieb über ›Die sieben Grade der Liebe‹; Johann Tauler von Straßburg (1300–1361) rief zur »Gottbesessenheit« auf; Heinrich Seuse von Konstanz (1300–1366) schwelgte von der Vereinigung mit dem »allersüßesten« Jesus; die »Brüder und Schwestern des freien Geistes« lehrten die moralische Indifferenz unserer Handlungen in Gott; Gerhard Groote stiftete die »Bruderschaft vom gemeinsamen Leben« und Thomas a Kempis verfaßte ein Buch ›De imitatione Christi‹ (Über die Nachfolge Christi).

6.5.4.9 Nicolaus Cusanus

Gewissermaßen auf der Schwelle vom Mittelalter zur Neuzeit steht die rätselhafte Persönlichkeit des Nicolaus Cusanus (1401–1464) aus Kues an der Mosel. Er verließ sein Elternhaus – sein Vater war Weinbauer – aus unbekanntem Grund, fand einen Schutzherrn, der ihn den »Brüdern vom gemeinsamen Leben« in Deventer zur Obhut und Erziehung übergab. Sie erkannten seine Begabung und ließen ihn an der Universität Heidelberg studieren. Von dort ging er schon nach einem Semester nach Padua und studierte bei namhaften Lehrern Jurisprudenz, Mathematik und Philosophie. Mystik und Mathematik verbanden sich in ihm zu einer untrennbaren Einheit. Nach sechsjährigem Aufenthalt in Italien und einem vergeblichen Versuch, sich in Mainz als Rechtsanwalt niederzulassen, entschloß sich Cusanus zum Studium der Theologie in Köln, der Hochburg der Scholastik in Deutschland. Er trat in den Augustinerorden ein, nahm am Basler Reformkonzil teil und verfaßte 1434 die für seine Einstellung bezeichnende Denkschrift ›Concordantia catholica‹. 1437 reiste er mit einer päpstlichen Gesandtschaft nach Byzanz, um eine Vereinigung der Kirchen anzubahnen, was jedoch fehlschlug. Als erster deutscher Denker betrat Cusanus die Hemisphäre griechischer Kultur. Da er Griechisch verstand, konnte er mit griechischen Gelehrten Verbindung aufnehmen. Von neuen Eindrücken und Erkenntnissen erfüllt, konzipierte er auf der Rückfahrt von Byzanz nach Venedig die Idee zu seinem an Sokrates und Platon erinnernden Hauptwerk ›De docta ignorantia‹ (Über das wissende Nichtwissen, 1440). Die Rückkehr zu den Ursprüngen vorsokratischen und sokratischen Philosophierens war für ihn so bezeichnend wie der Anschluß an die Mystik der frühscholastischen Philosophie, an Eriugena. Als Mathematiker hatte er Sinn für die pythagoreische Philosophie, die zu einem festen Bestandteil seiner Vorstellungswelt wurde. Vom niederen Verstand der Scholastiker, der Ratio, unterschied er den höheren Verstand, den Intellekt. Die Grundidee seines Werkes ist die *coincidentia oppositorum,* der »Zusammenfall der Gegensätze«. Darin treffen sich pythagoreische, heraklitische, platonische und neuplatonische Vorstellungen. Das Eine, Absolute, Unendliche, Übergegensätzliche manifestiert sich im Universum, dem Makrokosmos, und im Individuum, dem Mikrokosmos, im unendlich Großen und im unendlich Kleinen. Zwischen dem Unendlichen an sich und dem Endlichen gibt es kein Verhältnis *(infiniti ad finitum proportio non est).* Um die unendliche Kluft zwischen beiden zu überwinden, modifizierte Cusanus den platonischen Methexis-Begriff im Sinn von Repräsentation oder symbolischer Teilhabe *(participatio)* des Relativen am Absoluten, das im Universum durch Ausfaltung *(explicatio)* als Maximum erscheint, im Individuum durch Zusammenfaltung *(complicatio)* als Minimum. Gott ist die *complicatio explicans* oder die ausfaltende Zusammenfaltung. Das Unendliche, als Absolutes transzendent, wird gleichnishaft im Endlichen immanent. Alle Erkenntnis endlicher Gegenstände beruht auf Messungen, Vergleichen *(comparatio).* Das Absolute übersteigt alles Meßbare *(superlatio). Comparatio* und *superlatio* verhalten sich zueinander wie Endliches *(finitum)* und Unendliches *(infinitum).* Um sich verständlich zu machen, muß der Philosoph Symbole verwenden *(symbolice investigare).* Die rationale, auf Endliches gerichtete Logik wird zur symbolischen Logik des Unendlichen. In seiner ›Visio Dei‹ (1453), der ›Schau Gottes‹, bringt Cusanus Beispiele für seine Art der Logik. Dem veränderten Gottesbegriff entsprechen Wandlungen im Weltverständnis und im Menschenbild. Die hierarchische Weltordnung des Mittelalters verwandelt sich bei Cusanus in ein Universum, in dem das Einzelne das Ganze vertritt, spiegelt, repräsentiert. Entsprechend tritt das Individuum in einen neuen Weltbezug. Der Nominalismus des Cusanus zeigt sich in der Bindung des Absoluten an das Individuelle. Die Welt bekommt einen neuen Sinn, das Individuum einen neuen Rang, ein neues Selbstbewußtsein. So verbinden sich griechische Kosmologie und christliche Weltanschauung, in der Freiheit, Individualität, Personalität dominieren, alles dies zunächst in mystisch-symbolisch-rätselhafter

Weise, aber die Grundtendenz ist zu erkennen: sie führt vom theozentrischen Mittelalter zur anthropozentrisch-kosmozentrischen Neuzeit. In diese Richtung weisen auch die Ausführungen des Cusanus über Maß und Zahl, seine »symbolische Logik« und die von ihm entdeckte Spannung zwischen dem Relativen und dem Absoluten. Mit der einsetzenden Rehabilitierung Demokrits geht, bei Cusanus, die Rehabilitierung des Pythagoras einher. Er wirft den Scholastikern vor, sie hätten das Erbe des Pythagoras verspielt, der dem Namen und der Sprache nach der bedeutendste Philosoph gewesen sei: eine Wertung, die bis ins 20. Jahrhundert vorausweist.

In der Praxis war der große Mystiker nicht sehr erfolgreich. 1448 zum Kardinal ernannt, erhielt er 1452 das Bistum Brixen zugewiesen. Bei dem Versuch zu reformieren, erging es ihm ähnlich wie seinem Vorbild Platon. Er fand in Siegismund, dem Landesherzog von Tirol, einen hartnäckigen Gegner und geriet sogar in Gefangenschaft. Nach Jahren der Fehde zog er sich resigniert nach Rom zurück, wo er noch einige Werke verfaßte.

Ziemlich zur gleichen Zeit, da Cusanus sein Hauptwerk schrieb und die Dialogform wieder einführte, eröffnete Cosimo von Medici in Florenz die neue Platonische Akademie. Die große Zeit des Aristoteles war vorüber, ein neues, platonisches Zeitalter brach an. Auf der Schwelle zweier Zeitalter weist Cusanus sowohl in die Antike zurück als auch in die Neuzeit voraus, auf Kepler, Newton und Leibniz.

Man macht es sich gewiß zu leicht, wenn man glaubt, die Scholastik habe gar nichts zur Entwicklung der Philosophie beigetragen. Aristoteles hat nicht nur das christliche Denken geprägt. Mindestens haben die mittelalterlichen Denker durch ihre Aneignung der griechischen Philosophie, speziell durch ihre Aristoteles-Rezeption, das griechische Erbe bewältigt und in eine neue Kultur integriert; somit ist das Verhältnis nicht einseitig. Aber auch in Einzelfragen haben die Scholastiker Lehren des Aristoteles ergänzt und erweitert, am ehesten dort, wo der Schwerpunkt der Rezeption lag, auf dem Gebiet der Logik[46].

Etwa 1000 Jahre waren nötig, um das großartige Werk der griechischen Philosophie zu vollenden, wiederum 1000 Jahre dauerte die Aneignung, Verarbeitung und Verwandlung des

[46] Vgl. hierzu, I. M. Bochenski, Formale Logik. Freiburg, München 1956, S. 293.

Gedankengutes durch die Kirchenväter und Scholastiker. Ihnen ist es zu verdanken, daß die antiken Denker im neuzeitlichen Denken weiterleben und es ständig zum Weiterdenken herausfordern.

6.5.4.10 Ausblick

Patristik und Scholastik, das sollte man nicht vergessen, umspannen einen Zeitraum von tausend Jahren, Neuzeit und Gegenwart nur etwa ein halbes Jahrtausend. Innerhalb der Neuzeit heben sich Renaissance, Humanismus und Reformation als Bewegungen der frühen Neuzeit von der Aufklärung ab. Die frühe Neuzeit steht politisch im Zeichen der Bildung von Nationalstaaten, gesellschaftlich im Zeichen der Konkurrenz von Bürgertum und feudaler Gesellschaft (Klerus, Adel). Ökonomisch dominiert bis zum Zeitalter der Aufklärung die Agrarwirtschaft. Wie sich die Philosophie im späten Mittelalter von der Theologie emanzipierte, so beginnen sich nun die Wissenschaften von der Philosophie zu emanzipieren. Religion und Philosophie treten in ein neues Spannungsverhältnis. Das politische Kernproblem der Neuzeit ist Triumph (Machiavellismus) oder Bändigung der Macht (Demokratie, Rechtsstaat). Religion und Philosophie werden in das Schwerefeld der Machtproblematik gezogen (Staat – Kirche, Konformismus – Nonkonformismus). Mit dem Aufschwung der Technik beginnt im 19. Jahrhundert eine neue Phase zunächst der europäischen, dann auch der Weltgeschichte. Gesellschaftlich ist die Entwicklung durch Zunahme der bürgerlichen und Abnahme der feudalen Kräfte gekennzeichnet, ferner durch die Entstehung gravierender sozialer Probleme, ökonomisch durch den Übergang von der Agrar- zur Industriegesellschaft. Das Machtproblem gewinnt weltweite Bedeutung (Weltherrschaft), Nationalismus und Imperialismus schließen ein verhängnisvolles Bündnis, ähnlich dem von Thron und Altar. Die Philosophie degeneriert weitgehend zur Ideologie, entweder mit reaktionär-imperialistischen Zügen (Nietzsche) oder mit revolutionären (Marx). Eine Serie von Krisen, gipfelnd in zwei Weltkriegen, schüttelt die Menschheit. Das Problem der Macht nimmt apokalyptische Dimensionen an.

Innerhalb der Religion, Philosophie und Politik entstehen, als Begleiterscheinungen der Menschheitskrisen, spezifische Krisen, Krisenherde und Strategien zur Krisenbewältigung. Das Christentum zeigt, seiner Struktur entsprechend, eine starke Spannung zwischen Öffnung und Verschließung, liberalen und konservativen Tendenzen. Das Christentum der Liebe droht dem Christentum der Macht zu unterliegen. Die Philosophie erstarrt entweder zu Systemen, Ideologien, Schulen oder wird sokratischer, besinnt sich auf ihr Nichtwissen und öffnet sich für Erfahrungen und Methoden fremder Kulturen. Die Politik artet entweder, vor allem als Bündnis von Feudalismus und Imperialismus, zu immer brutaleren und grausameren Formen des Machiavellismus aus, erliegt der unersättlich kumulierenden Dämonie der Macht oder versucht sie, als Demokratie, pluralistische Gesellschaft und Rechtsstaat, einigermaßen zu bändigen.

Insgesamt bringt dann das 20. Jahrhundert einen Rückzug des Feudalismus, wenn auch mit charakteristischen Unterschieden in Europa und Übersee. China überwand den Feudalismus mit Hilfe westlicher Ideen und Methoden, in England gelang der Übergang am frühesten und besten, in Frankreich, wenn auch blutig, aber immer noch früh genug. Mitteleuropa, Deutschland, Österreich und Italien wurden zur Beute des Faschismus, einem Verwesungsprodukt des feudalistischen Zeitalters. Rußland, ein relativ spät christianisiertes europäisches Land, überwand zwar den Feudalismus aus eigener Kraft, erzeugte aber neue, den feudalistischen ähnliche Strukturen, die in einem erneuten revolutionären Anlauf vielleicht überwunden werden.

Im 20. Jahrhundert treten in der westlichen Welt einige seit ihrer Entstehung wirksame geistige Kräfte, Probleme und Strukturen in neuen Formen wieder auf. Der Gegensatz von jüdischem Glauben und griechischem Geist kehrt als ideologisch-utopisch orientierte oder als Wissenschaftsgesellschaft wieder, das römisch-imperialistische Streben nach Weltherrschaft konkurriert mit der christlich-humanistischen Idee des Weltfriedens, wobei die Technik neue Dimensionen paradiesischer Weltgestaltung oder infernaler Weltzerstörung eröffnet. Die althellenischen Probleme des Verhältnisses von Recht und Stärke, Recht und Gerechtigkeit, Idee und Wirklichkeit zeigen neue Dimensionen, Aspekte und Anwendungsmöglichkeiten, die weder von den Religionen noch von der Philosophie gemeistert sind, aber die Erkenntnis wechselseitiger Abhängigkeit von Religion und Philosophie gewinnt an Boden: eine spätmittelalterliche Erkenntnis!

Wenn man etwas Allgemeines, die Neuzeit Übergreifendes und Zukunftweisendes zur Philosophie sagen will, könnte man sie als Katalysator von zur Weltkultur führenden Entwicklungen verstehen, wie sie im römischen Weltreich ein Ferment hellenistischer Kultur war oder im Mittelalter ein Ferment des zur Weltreligion heranreifenden Christentums.

Literaturhinweise

Abaelard: Philosophische Schriften. Hrsg. v. B. Geyer. Münster 1919. 1921. 1933.

Albertus Magnus: Opera omnia. 38 Bde, Paris 1890–99.

Allers, R.: Anselm v. Canterbury. Leben, Lehre und Werke. Wien 1936.

Altaner, B. u. A. Stuiber: Patrologie. 7. Aufl., Freiburg i. Br. 1966.

Analecta Anselmiana. Hrsg. v. F.S. Schmitt. 5 Bde, Frankfurt 1969 ff.

Anselm von Canterbury: Opera omnia. 6 Bde, Hrsg. v. F.S. Schmitt. Edinburgh 1946–1961.

Arts libéraux et philosophie au moyen âge. Montreal 1969.

Augustinus: Opera. Turnhout 1954 ff.

Ders.: Werke. Hrsg. v. C.J. Perl. Paderborn 1940 ff.

Badawi, A.: La transmission de la philosophie grecque au monde arabe. Paris 1968.

Baeumker, C.: Die europäische Philosophie des Mittelalters. In: Die Kultur der Gegenwart 1, 5. 3. Aufl., Berlin 1923.

Baker, D. (Hrsg.): Relations between East and West in the Middle Ages. Edinburgh 1973.

Baumgardt, R.: Der Magier. Das Leben des Albertus Magnus. München 1949.

Baudry, L.: Guillaume d'Occam. Sa vie, ses oeuvres, ses idées sociales et politiques. Paris 1950.

Baylis, H. J.: Minucius Felix and His Place among the Early Fathers of the Latin Church. London 1928.

Beck, H.-G.: Das byzantinische Jahrtausend. München 1978.

Benz, E.: Marius Victorinus und die Entwicklung der abendländischen Willensmetaphysik. Stuttgart 1932.

Bernard, H.: Sagesse chinoise et philosophie chrétienne. Tientsin, Leiden, Paris 1935.

Bernath, K.: Thomas von Aquin. 3 Bde, Darmstadt 1978 ff.

Bernhart, J.: Die philosophische Mystik des Mittelalters von ihren antiken Ursprüngen bis zur Renaissance. München 1922.

Berschin, W.: Griechisch-lateinisches Mittelalter. Bern 1980.

Berubé, C.: De la philosophie à la sagesse chez St. Bonaventura et Roger Bacon. Rom 1976.

Ders.: De l'homme à Dieu selon Duns Scot, Henri de Grant et Olivi. Rom 1983.
Bett, H.: Johannes Scotus Erigena. New York 1964.
Bibliothek der Kirchenväter (BKV). Hrsg. v. A. Heilmann. 82 Bde, München 1911 ff.
Boehner, Ph.: Ockham. Philosophical Writings. 4. Aufl., London 1967.
Bonaventura: Opera omnia. 10 Bde, Quaracchi 1882–1902.
Borst, A.: Lebensformen im Mittelalter. Frankfurt a. M. 1979.
Bredow, G. v.: Platonismus im Mittelalter. Freiburg i. Br. 1972.
Brentano, F.: Geschichte der mittelalterlichen Philosophie im christlichen Abendland. Hamburg 1980.
Brown, P.: The World of Late Antiquity. London 1971.
Ders.: Augustinus von Hippo. München 1973.
Bujo, B.: Die Begründung des Sittlichen. Paderborn 1984.
(The) Cambridge History of Later Greek and Early Medieval Philosophy. Hrsg. v. A. H. Armstrong. Cambridge 1967.
Chaunu, P.: Le temps des réformes. La crise de la Chrétienté, 1250 bis 1550. Paris 1975.
Chesterton, G. K.: Thomas von Aquin. 3. Aufl., Freiburg i. Br. 1978.
Cooper, B. Z.: The Idea of God. A Whiteheadian critique of the St. Thomas Aquinas' Concept of God. Den Haag 1974.
Copleston, F. Ch.: Aquinas. Baltimore 1975.
Corbin, H.: Histoire de la philosophie islamique. Paris 1964.
Corpus Christianorum. Series Latina. Turnhout 1954 ff., Forts. 1966 ff.
Corpus Scriptorum Ecclesiasticorum Latinorum (CSEL). Wien 1866 ff., Nachdr. New York, London 1965 ff.
Crombie, A. C.: Grosseteste and the Origins of Experimental Science. Oxford 1953.
Ders.: Von Augustinus bis Galilei. München 1977.
Dales, R. C.: The Intellectual Life of Western Europe in the Middle Ages. Washington D. C. 1980.
Daly, L. J.: The Medieval University, 1200–1400. New York 1961.
Daniel, N.: The Arabs and Medieval Europe. London 1975.
Dante Alighieri: Monarchia. Hrsg. v. P. G. Ricci. Florenz 1965.
Davy, M. M.: Initiation médiévale. La philosophie au XIIe siècle. Paris 1980.
Dean, H. A.: The Political and Social Ideas of St. Augustine. New York, London 1963.
Demandt, A.: Der Fall Roms. Die Auflösung des römischen Reiches im Urteil der Nachwelt. München 1984.
Dempf, A.: Die Ethik des Mittelalters. München 1927.
Ders.: Meister Eckhart. 2. Aufl., Freiburg i. Br. 1960.
Ders.: Sacrum Imperium. 3. Aufl., München 1962.
Diesner, H.J.: Isidor von Sevilla und das westgotische Spanien. Trier 1978.
Dietrich von Freiberg: Opera omnia. Hrsg. v. K. Flasch. Hamburg 1977 ff.

Dodds, E. R.: Pagan and Christian in an Age of Anxiety. Cambridge 1965, dt. Frankfurt a. M. 1985.

Dörrie, H.: Porphyrios als Mittler zwischen Plotin und Augustin. In: Miscellanea Mediaevalia, Bd. 1: Antike und Orient im MA. Berlin 1962.

Duby, G.: Krieger und Bauern. Frankfurt 1983.

Ders.: Die Zeit der Kathedralen. Frankfurt 1986.

Dunbar, H. E.: Symbolism in Medieval Thought. New York 1961.

Duns Scotus, Johannes: Opera omnia. Hrsg v. C. Balić. Vatikan 1950 ff.

Ders.: Opera omnia (Vivès). 26 Bde, Paris 1639, Repr. 1891–95.

Easton, S. C.: Roger Bacon and His Search for a Universal Science. Oxford 1952.

Eckert, W. P. (Hrsg.): Thomas von Aquin. Interpretation und Rezeption. Mainz 1974.

Eckhart: Werke. Stuttgart 1936 ff.

Effenberger, A.: Frühchristliche Kunst und Kultur. Von den Anfängen bis zum 7. Jahrhundert. München 1986.

Evans, G. R.: Anselm and a New Generation. Oxford 1980.

Flasch, K.: Augustin. Einführung in sein Denken. Stuttgart 1980.

Ders.: Das philosophische Denken im Mittelalter. Von Augustin zu Machiavelli. Stuttgart 1986.

Fortin, E. L.: Dissidence et philosophie au moyen âge. Montreal 1981.

Fuchs, H.: Augustin und der antike Friedensgedanke. 2. Aufl., Berlin 1965.

Fuhrmann, M. u. J. Gruber (Hrsg.): Boethius. Darmstadt 1984.

Gersch, St.: From Iamblichus to Eriugena. An Investigation of the Prehistory and Evolution of the Pseudo-Dionysian Tradition. Leiden 1978.

Gewirth, A.: Marsilius of Padua and Medieval Political Philosophy. New York 1951.

Gilson, E.: Die Metamorphosen des Gottesreiches. München 1959.

Ders.: Der Geist der mittelalterlichen Philosophie. Wien 1950.

Ders.: Christliche Philosophie von ihren Anfängen bis Nikolaus von Cues. 3. Aufl., Paderborn 1954.

Ders.: Die Philosophie Bonaventuras. 2. Aufl., Darmstadt 1960.

Ders.: S. Thomas d'Aquin. 6. Aufl., Paris 1941.

Ders.: Le Thomisme. 6. Aufl., Paris 1972.

Ders.: Johannes Duns Scotus. Düsseldorf 1961.

Ders.: Dante und die Philosophie. Freiburg i. Br. 1953.

Ders.: Index scholastico-cartésien. 2. Aufl., Paris 1979.

Goichon, A.-M.: La philosophie d'Avicenne et son influence en Europe médiévale. 2. Aufl., Paris 1951.

Grabmann, M.: Thomas von Aquin. 8. Aufl., München 1949.

Ders.: Der göttliche Grund menschlicher Wahrheitserkenntnis nach Augustinus und Thomas von Aquin. Münster 1924.

Ders.: Die Grundgedanken des hl. Augustinus über Seele und Gott. 2. Aufl., Köln 1929 (Repr. 1967).

Ders.: Mittelalterliches Geistesleben. 3 Bde, Repr. München 1957.
Ders.: Die Geschichte der scholastischen Methode. 2 Bde, Repr. Basel 1961.
Grant, E.: A Source Book in Medieval Science. Cambridge, Mass. 1974.
Grundmann, H.: Vom Ursprung der Universität im Mittelalter. Darmstadt 1964.
Grunebaum, G. E. v.: Der Islam im Mittelalter. Zürich 1963.
Ders.: Das Fortleben der Antike im Islam. Zürich, Stuttgart 1965.
Guttmann, J.: Die Philosophie des Judentums. München 1933.
Haren, M.: Medieval Thought. Basingstoke 1985.
Harnack, A. v.: Die Mission und Ausbreitung des Christentums in den ersten drei Jahrhunderten. 4. Aufl., Wiesbaden 1924.
Hashagen, J.: Kulturgeschichte des Mittelalters. Hamburg 1950.
Haskins, Ch. H.: The Renaissance of the Twelfth Century. 7. Aufl., Cambridge, Mass. 1979.
Haverkamp, A.: Aufbruch und Gestaltung. Deutschland 1056–1273. München 1984.
Heer, F.: Europäische Geistesgeschichte. Stuttgart 1953.
Heers, J.: Le travail au moyen âge. 4. Aufl., Paris 1982.
Heimsoeth, H.: Die sechs großen Themen der abendländischen Metaphysik und der Ausgang des Mittelalters. 3. Aufl., Stuttgart 1954.
Hochberg, H.: The Empirical Philosophy of R. and Fr. Bacon. In: Philosophical Studies 20 (1953).
Hoffmann, E.: Platonismus und die christliche Philosophie. Zürich 1961.
Holte, R.: Béatitude et sagesse. S. Augustin et le problème de la fin de l'homme dans la philosophie ancienne. Paris 1962.
Huber, K.: Die Anfänge des Liberalismus im Mittelalter. München 1936.
Hübinger, P. E. (Hrsg.): Bedeutung und Rolle des Islam beim Übergang vom Altertum zum Mittelalter. Darmstadt 1968.
Hufnagel, A.: Intuition und Erkenntnis nach Thomas v. Aquin. Münster 1932.
Imbach, R. (Hrsg.): Wilhelm von Ockham. Texte zur Theorie der Erkenntnis und der Wissenschaft (lat./dt.). Stuttgart 1984.
Jaeger, W.: Early Christianity and Greek Paideia. Cambridge, Mass. 1962, dt. Berlin 1963.
Jaspers, K.: Nikolaus Cusanus. München 1964.
Ders.: Von der antiken zur mittelalterlichen Metaphysik. München 1979.
Jolivet, J.: Abélard. Paris 1969.
Jones, A. H. M.: The Later Roman Empire. 3 Bde, Oxford 1964.
Junghans, H.: Ockham im Lichte der neueren Forschung. Berlin, Hamburg 1968.
Keeler, L. W.: The Problem of Error from Plato to Kant. Rom 1934.
Klibansky, R.: The Continuity of the Platonic Tradition during the Middle Ages. London 1939.

Kluxen, W.: Philosophische Ethik bei Thomas von Aquin. 2. Aufl., Hamburg 1980.
Koch, J. (Hrsg.): Artes liberales. Leiden, Köln 1959.
Kohlenberger, H.: Die Wirkungsgeschichte Anselms von Canterbury. 2 Bde, Frankfurt 1975.
König, E.: Augustinus philosophus. München 1970.
Koyré, A.: Descartes und die Scholastik. Bonn 1923.
Kühn, W.: Das Prinzipienproblem in der Philosophie des Thomas von Aquin. Amsterdam 1982.
Lagarde, G. de: La naissance de l'esprit laique. Bd. 4 u. 5., Löwen, Paris 1962–63.
Landmann, S.: Jesus und die Juden. München, Berlin 1987.
Lasswitz, K.: Geschichte der Atomistik vom Mittelalter bis Newton. 2 Bde, Repr. Hildesheim 1963.
Lechner, O.: Idee und Zeit in der Metaphysik Augustins. München 1964.
Leff, G.: William of Ockham. Manchester 1975.
Le Goff, J.: La civilisation de l'Occident médiéval. Paris 1964, dt. München, Zürich 1970.
Leisegang, H.: Die Gnosis. 4. Aufl., Stuttgart 1955.
Lewis, E.: Medieval Political Ideas. 2 Bde, New York 1954.
Ley, H.: Studie zur Geschichte des Materialismus im Mittelalter. Berlin 1957.
Lindberg, D. C.: Science in the Middle Ages. Chicago, London 1978.
Ders. (Hrsg.): Roger Bacon's Philosophy of Nature. Oxford 1983.
Lindgren, U.: Gerbert von Aurillac und das Quadrivium. Wiesbaden 1976.
Lloyd, R.: Petrus Abaelardus. The Orthodox Rebel. 2. Aufl., London 1947.
Lottin, O.: Psychologie et morale aux XIIe et XIIIe siècles. Gembloux 1957.
Louis, R. u. J. Jolivet (Hrsg.): Pierre Abélard – Pierre le Vénérable. Paris 1975.
MacGrade, A.-S.: The Political Thought of William Ockham. London, New York 1974.
Mähl, S.: Quadriga virtutum. Die Kardinaltugenden in der Geistesgeschichte der Karolingerzeit. Köln, Wien 1969.
Maier, A.: Studien zur Naturphilosophie der Spätscholastik. 5 Bde, Rom 1949–1958.
Maier, F. G.: Augustin und das antike Rom. Stuttgart 1955.
Marebon, J.: From the Circle of Alcuin to the School of Auxerre. Cambridge 1981.
Marrou, H. J.: S. Augustin et la fin de la culture antique. 2. Aufl., Paris 1949.
Marsilius von Padua (lat./dt.). Hrsg. v. H. Kusch. 2 Bde, Darmstadt 1958.
Maurer, A.: Medieval Philosophy. 2. Aufl., Toronto 1982.

Mausbach, J.: Die Ethik des hl. Augustinus. 2 Bde, 2. Aufl., Freiburg i. Br. 1929.
Meersseman, G.: Geschichte des Albertismus. Rom 1935.
Metz, J. B.: Christliche Anthropozentrik. Über die Denkform des Thomas von Aquin. München 1962.
Meyer, H.: Geschichte der abendländischen Weltanschauung. Bd. 3, 2. Aufl., Paderborn 1952.
Miethke, J.: Ockhams Weg zur Sozialphilosophie. Berlin 1969.
Migne, J. P.: Patrologiae cursus completus. Ser. 1: Eccl. graeca. 167 Bde, Paris 1857–1912; Index. 2 Bde, Paris 1928–1945; Ser. 2: Eccl. latina. 221 Bde (mit Index), Paris 1841–1864.
Mojsisch, B.: Meister Eckhart. Analogie, Univozität und Einheit. Hamburg 1983.
Montgomery-Watt, W.: Islamic Philosophy and Theology. Edinburgh 1979.
Moos, P. v.: Consolatio. Studien zur mittelalterlichen Trostliteratur über den Tod und zum Problem der christlichen Trauer. München 1971.
Morris, C.: The Discovery of the Individual. London 1972.
Murray, A.: Reason and Society in the Middle Ages. Oxford 1978.
Nardi, B.: Studi di filosofia medievale. Rom 1960.
Ders.: Dante e la cultura medievale. 3. Aufl., Rom, Bari 1983.
Newald, R.: Nachleben des antiken Geistes im Abendland bis zum Beginn des Humanismus. Tübingen 1960.
Nikolaus Cusanus: Opera omnia. Leipzig, Hamburg 1932ff.
Ders.: Werke (lat./dt.). Hrsg. v. L. Gabriel u. D. W. Dupré. 3 Bde, Wien 1964–1967.
Nygren, A.: Eros und Agape. 2 Bde, 2. Aufl., Gütersloh 1954.
Ockham, W. v.: Opera philosophica et theologica. St. Bonaventure, N. Y. 1967ff.
O'Donnell, J. J.: Cassiodorus. Berkeley 1979.
Ohnsorge, W.: Konstantinopel und der Okzident. Darmstadt 1966.
O'Meara, J. J.: Eriugena. Dublin 1969.
Ormsby, M. E.: Theodicy in Islamic Thought. The Dispute over al-Ghazali's ›Best of All Possible Worlds‹. Princeton 1983.
Otto, W.: Der Geist der Antike und die christliche Welt. Bonn 1923.
Overfield, J. H.: Humanism and Scholasticism in Late Medieval Germany. Princeton 1984.
Parma, Ch.: Pronoia und providentia. Der Vorsehungsbegriff Plotins und Augustins. Leiden 1971.
Paul, J.: Histoire intellectuelle de l'occident médiéval. Paris 1973.
Pieper, J.: Scholastik. München 1960.
Pinborg, J.: Die Entwicklung der Sprachtheorie im Mittelalter. Kopenhagen 1967.
Platzeck, E. W.: R. Lull. Sein Leben, seine Werke, die Grundlagen seines Denkens. 2 Bde, Düsseldorf 1964.
Plinval, G. de: Pélage. Ses écrits, sa vie et sa réforme. Lausanne 1943.

Quillet, J.: La philosophie politique de Marsile de Padoue. Paris 1970.
Raimundi Lulli opera latina. Bde 1 ff., Palma de Mallorca 1959 ff.
Rashdal, H.: The Universities of Europe in the Middle Ages. 3 Bde, Oxford 1936.
Rintelen, F. J. v.: Leibnizens Beziehungen zur Scholastik. In: Reden und Aufsätze. Basel 1927.
Roger Bacon: Opus majus. Hrsg. v. H. Bridges. 2 Bde, Oxford 1897 bis 1900, Nachdr. Frankfurt 1964.
Ders.: Philosophy of Nature. Hrsg. v. D. C. Lindberg. Oxford 1983.
Roques, R. (Hrsg.): Jean Scot Erigène et l'histoire de la philosophie. Paris 1977.
Rosenberg, J. T.: The Principles of Individuation. Washington 1950.
Rüegg, A.: Die Jenseitsvorstellungen vor Dante. 2 Bde, Zürich 1947.
Rüthing, H.: Die mittelalterliche Universität. Göttingen 1973.
Schilling, O.: Die Staats- und Soziallehre des hl. Thomas von Aquin. 2. Aufl., München 1930.
Schwer, W.: Stand und Ständeordnung im Weltbild des Mittelalters. 2. Aufl., Paderborn 1952.
Sharif, M. M. (Hrsg.): A History of Muslim Philosophy. Bd. 1, Wiesbaden 1963.
Simon, M. u. H.: Geschichte der jüdischen Philosophie. München 1984.
Southern, R. W.: Western View of Islam in the Middle Ages. Cambridge, Mass. 1962.
Ders.: Saint Anselm and His Biographer. Cambridge 1966.
Ders.: Medieval Humanism. Oxford 1970.
Stanka, R.: Die politische Philosophie des Mittelalters. Wien 1957.
Steenberghen, F. van: Maître Siger de Brabant. Löwen 1977.
Ders.: La philosophie au XIIIe siècle. Löwen, Paris 1966.
Stelzenberger, J.: Die Beziehungen der frühchristlichen Sittenlehre zur Ethik der Stoa. München 1933.
Sternberger, D.: Der Staat und das Reich in der Verfassungslehre des Marsilius von Padua. Wiesbaden 1981.
Stock, B.: Myth and Science in the Twelfth Century. A Study of Bernard Silvester. Princeton 1972.
Tellkamp, A.: Das Verhältnis J. Lockes zur Scholastik. Münster 1927.
Testard, M.: S. Augustin et Cicéron. 2 Bde, Paris 1958.
Thimme, W.: Augustins geistige Entwicklung in den ersten Jahren nach seiner Bekehrung (386–391). Berlin 1908.
Thomas von Aquin: Opera omnia (Editio Leonina). Bd. 1 ff., Rom 1882 ff.
Index thomisticus. Hrsg. v. R. Busa. 49 Bde, Stuttgart-Bad Cannstatt 1974 ff.
Thomas, R.: Petrus Abaelardus. Trier 1980.
Thorndike, L.: History of Magic and Experimental Science. 8 Bde, New York 1923–1958.
Tierney, B.: Origins of Papal Infallibility, 1150–1350. Leiden 1972.

Tooke, J. O.: The Just War in Aquinas and Grotius. London 1965.
Töpfer, B. u. E. Engel: Vom staufischen Imperium zum Hausmachtkönigtum. Weimar 1976.
Ullmann, W.: The Individual in the Middle Ages. Baltimore 1966.
Ders.: Medieval Political Thought. 2. Aufl., London 1975.
Vauchez, A.: La spiritualité du moyen âge occidental, VIIIe–XIIe siècle. Paris 1975.
Verbeke, G.: The Presence of Stoicism in Medieval Thought. Washington, D. C. 1983.
Verpaalen, A. P.: Der Begriff des Gemeinwohls bei Thomas von Aquin. Heidelberg 1954.
Vignaux, P.: De Saint Anselme à Luther. Paris 1976.
Viller, M. u. K. Rahner: Askese und die Mystik in der Väterzeit. Freiburg 1939.
Völker, W.: Kontemplation und Ekstase bei Pseudo-Dionysios Areopagita. Wiesbaden 1958.
Völkl, R.: Die Selbstliebe in der Hl. Schrift und bei Thomas von Aquin. München 1956.
Vorster, H.: Das Freiheitsverständnis bei Thomas von Aquin und Martin Luther. Göttingen 1965.
Weimar, P. (Hrsg.): Die Renaissance der Wissenschaften im 12. Jahrhundert. Zürich 1981.
Weinberg, J. R.: Nicolaus of Autrecourt. Princeton 1948.
Ders.: Medieval Philosophy. Princeton 1964.
Ders.: Ockham, Descartes, and Hume. Madison, Wisc. 1977.
Wiesenthal, F.: Die Wandlungen des Friedensbegriffes von Augustin bis Thomas. München 1949.
Wippel, J. F.: Metaphysical Themes in Thomas Aquinas. Washington, D. C. 1984.
Wittmann, M.: Die Ethik des heiligen Thomas von Aquin. München 1923.
Wolff, M.: Geschichte der Impetustheorie. Untersuchungen zum Ursprung der klassischen Mechanik. Frankfurt 1978.
Zimmermann, A.: Albert der Große. Seine Zeit, sein Werk, seine Wirkung. Berlin 1981.
Ders. (Hrsg.): Die Auseinandersetzungen an der Pariser Universität im 13. Jahrhundert. Berlin 1976.
Ders. (Hrsg.): Studien zur mittelalterlichen Geistesgeschichte und ihren Quellen. Berlin 1982.
Zimmermann, H.: Das Mittelalter. 2. Bde, Braunschweig 1975–1979.
Zimmermann, R.: Der Kardinal Nikolaus von Cusa als Vorläufer Leibnizens. Wien 1852.

7 Philosophie der frühen Neuzeit

7.1 Vom Reich zum Nationalstaat

Die Abgrenzung zwischen Mittelalter und Neuzeit ist nach wie vor umstritten. Sie schwankt zwischen dem 13. (Crombie) und dem 18. (Troeltsch) Jahrhundert. Im vorausgehenden Kapitel zeigte sich, daß wesentliche Züge neuzeitlichen Denkens bereits hervortraten, als die Scholastik ihren Höhepunkt erreicht hatte. Thomas von Aquin und Roger Bacon waren Zeitgenossen. Auf der anderen Seite ist nicht zu übersehen, daß sich erst im Zeitalter der Aufklärung spezifisch neuzeitliche Tendenzen durchsetzten und in der Philosophie ihren bleibenden Ausdruck fanden. Es empfiehlt sich daher, die Epoche der Neuzeit zu unterteilen, und zwar in die *frühe Neuzeit,* vom Ausgang des Mittelalters (um 1500) bis etwa zum Ende des Dreißigjährigen Krieges (1648), oder, in philosophiegeschichtlicher Perspektive, von Cusanus bis Leibniz, in das Zeitalter der *Aufklärung,* oder von Leibniz bis Kant, und in die *späte Neuzeit,* worunter man entweder die Zeit von Kant bis zur Gegenwart verstehen kann oder besser das 19. Jahrhundert im Gegensatz zum modernen oder gegenwärtigen Zeitalter, das wiederum politisch wie geistesgeschichtlich mit dem Ende des Zweiten Weltkrieges (1945) einen Einschnitt aufweist.

7.1.1 Weltordnung ohne Weltkenntnis

Den Anfang eines neuen Zeitalters wird man erst dann verstehen, wenn man sich klar darüber wird, warum das alte zu Ende ging. Diese Fragestellung hat sich im Hinblick auf den Untergang des Römischen Reiches bzw. der Antike bewährt, sie sollte daher auch beim Übergang vom Mittelalter zur Neuzeit berücksichtigt werden. Das Mittelalter war weder nur eine Unterbrechung zwischen Antike und Neuzeit noch – sehr wahrscheinlich – der Zenit der Weltgeschichte. Was die Philosophie und die Wissenschaften betrifft, kann sich das Mittelalter mit den Hellenen nicht messen, schon eher mit den Römern. Die Stärke des Mittelalters lag eindeutig auf religiösem Gebiet und auf einzelnen Gebieten der bildenden Kunst, vor allem der Architektur. Aber auch zu Recht, Politik, Organisation, Handel und Finanz hat das Mittelalter beachtliche Beiträge geliefert. Es hat das Erbe der Antike bewahrt, gepflegt und die westlichen Völker aus der Barbarei geführt, es hat wesentlich dazu beigetragen, daß aus Wildnis und Urwald eine Kulturlandschaft wurde und die Zeiten des Friedens zunahmen, ferner daß den Menschen in Not und Verzweiflung wieder Halt und Hoffnung gegeben wurde sowie das Gefühl, in einer gottgewollten Weltordnung aufgehoben zu sein. Das ist nicht wenig, und wer dies alles mit den Errungenschaften der Neuzeit vergleicht, wird sich vor Überheblichkeit hüten.

Wenn die Einheit des mittelalterlichen Weltbildes, die feudale Gesellschaftsordnung dennoch am Ende zerbrach, dann lag das weniger an äußeren Feinden oder an mangelndem guten Willen der Beteiligten, als an einigen falschen Prämissen, auf denen das gesamte System beruhte. Wie Roger Bacon richtig bemerkte: Man hatte ein Weltbild entworfen, ohne die Welt hinreichend zu kennen. Außerdem hatte man ein Bild vom Menschen entworfen, das der Natur des Menschen nur sehr unvollständig entsprach. Man hatte dem Wandel, der Veränderung und dem Werden zu wenig Rechnung getragen, man hatte der Welt eine Seinsordnung, ein Ewigkeitsgewand angepaßt, aus dem sie bald herauswuchs. Ebensowenig ließ sich die Natur des Menschen auf ein Konzept festlegen, das den Wandel dieser Natur zu wenig berücksichtigte. Hinzu kamen auch moralische Gründe: menschliche Schwäche, Korruption, Verwahrlosung der Sitten, Habgier, Neid und Selbstsucht, hinzu kamen Ehrgeiz, Herrschsucht und Überheblichkeit, schließlich auch äußere Gründe: wirtschaftliche, gesellschaftliche und politische Faktoren.

7.1.2 Neue Horizonte

Noch während des Mittelalters entstanden in Europa unterschiedliche, nicht zuletzt geographisch bedingte Wirtschaftsräume. Die norditalienischen Städte, vor allem Venedig, waren prädestiniert für den Orienthandel. Durch die Kreuzzüge kam der vergleichsweise unterentwickelte Westen mit der fortgeschritteneren islamischen Wirtschaft in Berührung. Die Einführung der Dreifelderwirtschaft, zuerst in Nordfrankreich, führte zu einer starken Bevölkerungszunahme, so daß weite Gebiete des Ostens durch die Expansionspolitik Heinrichs des Löwen, der Mönchsorden und der Ritterorden urbar gemacht und besiedelt werden konnten. Die Hanse erschloß den Nord- und Ostseeraum für den Handel. So entstand eine mitten durch das Kaiserreich verlaufende Trennungslinie zwischen der nach Skandinavien und England orientierten norddeutschen Tiefebene und dem nach Italien blickenden süddeutschen Raum. Das Rheingebiet im Westen zeichnete sich durch handwerkliche Tätigkeit aus. Mitteldeutschland wurde zu einer dichtbesiedelten Mischzone. Die Städte mit ihren Zünften übernahmen eine bedeutende Rolle im wirtschaftlichen Leben. In Böhmen und Sachsen begann der Bergbau zu florieren, in Holland kamen die Windmühlen auf, in Flandern und Florenz blühte die Tuchherstellung. Die Juden erschlossen das private Kreditwesen, italienische Handelszentren wie Venedig und Genua förderten Bankwesen und Fernhandel. Handelswechsel, Handelsgesellschaften, Papiergeld, Börsen und Messen kamen auf. Eine an Rentabilität orientierte Wirtschaftsordnung löste die mittelalterliche Arbeits- und Eigentumsordnung ab. Im Gegensatz zu diesen aufsteigenden Tendenzen verfielen die Landwirtschaft und das Grundherrenwesen. Die Verfeinerung des Kompasses und der Bau von hochseetüchtigen Karavellen sowie die Erweiterung des Horizonts durch die aufkeimenden Naturwissenschaften ermöglichten Fahrten über die Weltmeere, die Entdeckung Amerikas, des Seewegs nach Indien und die Erdumseglung. Dadurch verlagerte sich der Schwerpunkt vom Mittelmeerraum und dem europäischen Norden auf den Atlantik. Spanien und Portugal, darauf England, errangen dank ihrer Lage und ihrer Initiative die Herrschaft der Meere. Die Entdekkung des Schießpulvers revolutionierte das Kriegswesen. Ritterheere erwiesen sich zunehmend als unbrauchbar, wurden schließlich funktionslos, die Ritter wurden zu Raubrittern, die das Kriegshandwerk zum Selbstzweck erhoben, und, wie die Piraten auf See, nun zu einer Gefahr für die zivilisierte Menschheit.

7.1.3 Gesellschaftlicher Wandel

All die Entdeckungen, wirtschaftlichen Entwicklungen und technischen Erfindungen hatten tiefgreifende gesellschaftliche und politische Folgen. Sie trafen die gesamte Hierarchie der Herrschaft, von der Spitze bis hin zur Basis; die großartige Pyramide zerfiel in ihre Bestandteile, aus denen sich neue, weniger hierarchische Strukturen bildeten. Dem Lehnsstaat folgte der Ständestaat, diesem nach Zwischenspielen und mit regionalen Unterschieden der neuzeitliche Staat, in dem antike Elemente sichtbar wurden: Republik und Demokratie. Der Unterschied zwischen Klerikern und Laien verringerte sich, seitdem an den Universitäten und im gebildeten Bürgertum eine neue frühbürgerliche Intelligenzschicht heranreifte, die sich aus den Fesseln der Kirche und der feudalen Gesellschaft befreite. Während ursprünglich das Wort »Nation« die Studenten nach ihrer Herkunft bezeichnete, wurde es auf dem Konzil von Konstanz bereits auf die dort vertretenen Mächte England, Frankreich, Deutschland und Italien angewandt. Die Entwicklung zum Nationalstaat verlief in den einzelnen Ländern verschiedenartig und verschieden schnell. Der Hundertjährige Krieg stärkte das Nationalgefühl Englands und Frankreichs und förderte die Ausbildung dieser Länder zu Nationalstaaten. Beide Länder wurden in der Entwicklung neuzeitlich-moderner Staatsformen führend. In Italien setzte sich wieder das antike Prinzip des Stadtstaats durch. Neben die Feudalstaaten traten die Signorien (Stadtherrschaften). Die am meisten der Tradition der Reichsidee verhafteten Länder Deutschland, Österreich, Italien und Spanien versäumten die Entwicklung zum Nationalstaat oder erreichten ihn erst spät, was das politische Gefälle in Europa zwischen veralteten und modernen Staats- und Gesellschaftsformen vergrößerte. Dazwischen bildeten sich in den Niederlanden und in der Schweiz kleine, aber fortschrittliche politische Staaten.

Überblickt man die Wandlungsprozesse, die vom Mittelalter in die Neuzeit führen, lassen sich vier Grundzüge feststellen: auf wirtschaftlichem Gebiet der Frühkapitalismus mit der Ablösung der Natural- durch Geld- und Erwerbswirtschaft. Nicht mehr Geburt, sondern Beruf, Besitz und Leistung sollen den Rang in der Gesellschaft bestimmen. An die Stelle der Geburts- tritt die Geldaristokratie, das Bürgertum wird allmählich zu einer einflußreichen Schicht. Infolge der Verlagerung des Schwerpunkts vom theozentrischen Denken auf das anthropozentrisch-kosmozentrische bekommt das Individuum einen neuen Stellenwert. Der Mensch steht der Welt gegenüber, fühlt sich einsam, gottverlassen und strebt bald nach schwärmerischer Vereinigung mit der neuentdeckten Natur, bald nach Überlegenheit über die Natur und Beherrschung der Welt. Die neue Einstellung des Menschen ist individualistisch; das zeigt sich nicht nur in den Beziehungen zwischen den einzelnen Menschen, sondern auch in denen der Völker. Der Staat erscheint als eine Art Großindividuum. Zwischen den Staaten herrscht der Naturzustand, also Rivalität, Kampf, Krieg. Eine gesteigerte Form der neuen Einstellung des Menschen zur Welt ist der *homo universalis*, verkörpert etwa in Leonardo da Vinci, aber auch in den großen Entdeckern, in den Kondottieri und Konquistadoren. Der universal gebildete Renaissance-Mensch ist eine Variante dieses Typs. Betrachtet man das Wirtschaftliche nicht isoliert, wird auch dieses zum Ausdruck eines neuen Menschentums, das die Herausforderungen der Welt angenommen hat, die tatsächlich viel größer waren, als man im Mittelalter angenommen hatte. Hand in Hand mit der Zunahme an Energien, Spannungen und Krisen stieg, seit der Erfindung des Buchdrucks (1453) durch Johannes Gensfleisch zu Gutenberg (1397–1468), der Informationsaustausch.

7.1.4 Krise der Kirche

Besondere Bedeutung kommt in der Übergangsphase vom Mittelalter zur Neuzeit der Kirche, in dieser wiederum dem Papsttum zu. Das Oberhaupt der Kirche hatte zwar den Vorrang der geistlich-geistigen Herrschaft vor der weltlich-politischen noch einmal behauptet, aber durch die wiederholte Anwendung des

Bannes, der Exkommunikation und dann wieder der Absolution, durch Paktieren aufgrund von machtpolitischen Erwägungen und durch Selbstwidersprüche erheblich an Autorität und Glaubwürdigkeit eingebüßt.

Gegen den Anspruch Bonifaz VIII. (1294–1303) auf Steuerfreiheit und weltliche Oberhoheit traten französische Rechtsgelehrte (Legisten) für die Hoheitsrechte ihres Königs, Philipps IV. (1285–1314) ein. Der Papst antwortete mit der Bulle ›Unam Sanctam‹, die »gemäß der Lehre von den zwei Schwertern« den mittelalterlichen Führungsanspruch des Papstes auch über weltliche Machthaber unmißverständlich zum Ausdruck brachte. Bonifaz verbot Abgaben der Geistlichkeit an den Staat. Philipp der Schöne spielte dagegen die reale Macht seines erstarkten Königtums aus, setzte den Papst kurzerhand gefangen, erzwang nach dessen Tod die Wahl einer Reihe französischer Päpste, die die Abhängigkeit der Kurie vom französischen König besiegelten, und verlegte die Residenz des Papstes von Rom nach Avignon. Es begann die Zeit der »babylonischen Gefangenschaft der Kirche« (1309–1377). Vielleicht noch schlimmer wirkte sich jedoch der innere Verfall aus, der in Avignon einsetzte bzw. sich fortsetzte: verschwenderische Hofhaltung, Belastung der Christenheit mit Abgaben, Einzug des persönlichen Besitzes der Geistlichen nach ihrem Tod (Spolien), Ämterkauf (Simonie), Jahrgelder (Annaten), Ämterverleihung (Provisionen), Ämterreservierung (Reservationen), Gebühren für Gnadenbriefe und Ablaß oder Loskauf von Strafen für Sünden. Als es dann noch zur Doppelwahl von Urban VI. (Rom) und Clemens VII. (Avignon) kam, begann das Große abendländische Schisma (1378–1417). Ein tiefer Riß ging durch die Christenheit Europas. Später (1409) gab es sogar drei Päpste, die auf dem Konzil von Konstanz abgesetzt und durch einen vierten (Martin V., 1417–1431) ersetzt wurden. An diesem größten Konzil seit Nizäa (325) nahmen 33 Kardinäle, 900 Bischöfe und 2000 Doktoren teil. Die Reform der Kirche »an Haupt und Gliedern« *(causa reformationis)* wurde aufgeschoben. Offensichtlich war die Kirche außerstande, ihre wichtigsten Probleme selbst zu lösen. 100 Jahre schwelte die Glut weiter, bis sie dann in der Reformation und in den darauffolgenden Kriegen aufloderte, die nun auch das westliche Christentum spalteten.

7.1.5 Staatenbildung

Mit dem Zusammenbruch des staufischen Kaisertums und dem Verfall des Papsttums zerbrach die hierarchische Weltordnung des Mittelalters endgültig. Aus ihren Teilen entstanden die Nationen. Da die Mittlerrolle der Kirche unglaubwürdig geworden war, blieb dem Einzelnen nichts anderes übrig, als sein Heil auf eine persönliche, unmittelbare Bindung an Gott zu gründen. Die Herrscher der Staaten leiteten ihre Autorität nicht mehr aus der göttlich-geistlichen Weltordnung ab, sondern aus der Idee der Autonomie, aus der Macht, aus Besitz und Geld. Nach dem Vorbild kirchlicher Abgaben erhoben die neuen Herren Steuern, um die Mittel für Hofhaltung, Söldner und Verwaltung zu erlangen, und vergaben Nutzungsrechte (Zoll, Münze) an Städte und Gesellschaften. Adlige Grundbesitzer und die hohe Geistlichkeit partizipierten über das Steuerbewilligungsrecht an der politischen Macht und vergrößerten im 14. und 15. Jahrhundert durch Zusammenschlüsse gegen den Landesherrn ihre Privilegien; es entstand ein dualistischer Ständestaat. Im Westfälischen Frieden (1648) erhielten die Reichsstände dann staatliche Souveränität, und der Fürstenstaat löste den Personenverbandsstaat ab, während das Reich zerfiel. Die gesellschaftlichen und verfassungsrechtlichen Veränderungen waren Ausdruck eines gestiegenen Bedürfnisses nach Freiheit, das zwar echt christlich ist, aber in der Neuzeit, nach der Auflösung der mittelalterlichen Ordnung, erst zur Entfaltung kam, besonders in der bürgerlichen Gesellschaft der Städte: Stadtluft macht frei! Die Städte erkämpften sich neue Freiheiten, Rechte und Privilegien und wurden zu Zentren der Kultur, die »Freien Reichsstädte« wurden zu Modellen neuzeitlicher Nationalstaaten.

Für das Kernland des Reiches begann eine Zeit der Zerrissenheit, Ohnmacht und Schwäche. Nach dem Ende der Staufer herrschte in Deutschland ein chaotischer Zustand, von dem Kurfürsten, Fürsten und Ritter profitierten. Man wählte möglichst schwache Könige, um den eigenen Besitz zu vergrößern. Rudolf von Habsburg (1273–1291) gelang es, auf eine Hausmacht gestützt, die Verhältnisse in Deutschland einigermaßen zu ordnen und die deutsche Südostgrenze zu sichern. Die Kurfürsten beschlossen zu Rhense (1338), daß der König nicht der Bestätigung durch den Papst bedürfe, der Reichstag zu Frankfurt fügte hinzu, daß mit der Wahl zum König auch die kaiserliche Gewalt (römischer Kaiser) gegeben sei. In der ›Goldenen Bulle‹ (1356) bestätigte Kaiser Karl IV. die Privilegien der Kurfürsten, die erbliche Mitglieder des Reichstags wurden; hinzu kamen später Vertreter der Städte. In einem dualistischen Ständestaat war somit die Macht zwischen Kaiser und Reich geteilt.

Durch geschickte Erb- und Heiratspolitik (Böhmen, Burgund, Ungarn) erweiterten die Habsburger ihre Hausmacht allmählich zu einer Weltmachtstellung. Während Deutschland über Ansätze zu einer Reichsverfassung und zur Überwindung der territorialen Zersplitterung nicht hinauskam, entstanden neue mustergültige Staaten auf altem Reichsboden, die Schweiz (1499) und schließlich die Niederlande (1648). Versuche Karls V. und Philipps II., das mittelalterliche Universalreich wiederherzustellen, scheiterten. Das Prinzip des Nationalstaates hatte sich durchgesetzt.

In den europäischen Städten entstand ein frühes Proletariat, die Kluft zwischen arm und reich vergrößerte sich. Patrizier und Zünfte bekämpften sich. Hinzu kamen Aufstände der Bauern und Handwerker in England, Frankreich, Italien und Deutschland, städtische Parteikämpfe in Italien und religiöse Kriege, die auf das Reformationszeitalter vorausweisen.

Überblickt man die politische Entwicklung der frühen Neuzeit insgesamt, so lassen sich zwei Grundtendenzen erkennen: die Herausbildung von rivalisierenden Nationalstaaten nach dem Scheitern des päpstlich-kaiserlichen Hierarchiekonzepts und eine erste Rollenverteilung der jungen Nationen in Europa, von denen keine ein absolutes Übergewicht erringen kann. Die Nationalstaaten Europas bilden seit ihren Anfängen in der frühen Neuzeit eine pluralistische Völkergemeinschaft, und pluralistischen Charakter hat auch die Philosophie von Anfang dieses Zeitalters an. In den europäisierten Teilen der Welt erringen die Angelsachsen in Sprache und Kultur einen bemerkenswerten Vorsprung.

Frankreich beschritt in der zweiten Hälfte des 16. Jahrhunderts den Weg des Absolutismus, den Jean Bodin (1530–1596) durch die Lehre von der Souveränität des Staates vorbereitet hatte. Der König besiegte den Adel, Frankreich blieb katholisch und erlangte unter Heinrich IV. (1589–1610) den nationalen Einheitsstaat. Ein wirtschaftlicher Aufschwung verlief parallel mit der ersten französischen Koloniegründung in Kanada.

In Italien versuchte der römische Notar Cola di Rienzo

(1313–1354) nach der Lehre der Volkssouveränität des Marsilius von Padua mit einem Schlag die römische Republik aus der Souveränität des römischen Volkes wiederherzustellen. Er scheiterte am Widerstand des römischen Adels, Italien blieb zerrissen wie Deutschland.

7.2 Die Kopernikanische Wende

7.2.1 Renaissance, Humanismus, Reformation

Das heliozentrische Weltbild des Kopernikus war nicht neu. Sowohl im Altertum als auch im Mittelalter gab es Vertreter dieser Idee, aber sie wurden von den »Autoritäten« verdrängt. Aristarch von Samos hatte schon 300 v. Chr. erstaunlich genau die Entfernungen von Sonne und Mond zur Erde berechnet, und Nikolaus von Oresme sowie Buridan hatten die Bewegung der Erde gelehrt. Roger Bacon forderte eine messende, empirisch-mathematische Naturwissenschaft, aber der Platonismus im weiteren Sinn, im Bund mit dem dogmatisch-orthodoxen Christentum, haben viele richtige Erkenntnisse unterdrückt. So kam es, daß erst Galilei an die Lehren Demokrits anknüpfen und sie entscheidend weiterbilden konnte. Der »Materialismus« Demokrits war von Platon wie vom Christentum geächtet. In der Neuzeit hat dann die Atomtheorie Demokrits der platonischen Ideenlehre den Rang abgelaufen. Ähnlich verlief die Entwicklung auf politischem Gebiet. Weder der Gedanke der Demokratie noch der der Republik wurde in der Neuzeit geprägt. Griechische und römische Vorstellungen wurden, nachdem sie von der christlich-feudalen Weltanschauung verdrängt waren, wieder entdeckt, umgebildet und leben bis heute weiter. Die drei großen für die frühe Neuzeit typischen Bewegungen: Renaissance, Humanismus und Reformation haben im Mittelalter Vorläufer gehabt: die karolingische »Renaissance«, den »Humanismus« besonders der Schule von Chartres im 12. Jahrhundert, die Reformbestrebungen von Wiclif, Hus und vielen anderen.

Man versperrt sich die Einsicht in geistesgeschichtliche Zusammenhänge, wenn man die Entwicklungen eindimensional, linear und monokausal interpretiert. Oft bleibt Richtiges lange verborgen, Wahrheit wird von Macht, Wissen und Autorität verdrängt, Einseitigkeiten, Verabsolutierungen und Monopole beherrschen das Feld, bis die Natur die Gewaltsamkeiten und Verzerrungen gleichsam selbst korrigiert. Auch Ideen bilden im Verlauf der Zeit Schwerpunkte, bleiben im Hintergrund oder treten hervor: vorhanden sind sie immer. Wenn christliches Denken aus der Welt nur eine Folie für das Heilsgeschehen machte, Natürliches bis zur Unkenntlichkeit gegenüber dem Übernatürlichen verblassen ließ, mußte diese theozentrisch-anthropozentrische Sicht eines Tages eine Selbstkorrektur erfahren, und so verschoben sich die Akzente am Beginn der Neuzeit auf eine anthropozentrisch-kosmozentrische »Weltanschauung« hin. Die kritiklose Übernahme mönchisch-asketischer Ideale in der Laienwelt mußte, als das Übernatürliche ins Unnatürliche umschlug, zu einem Ausbruch der fast erstickten Leidenschaften, Triebe, Gefühle und natürlichen Bedürfnisse führen bis hinauf in die Spitze der geistlichen Hierarchie. Man sollte die Renaissance-Päpste weniger verurteilen als versuchen, auch sie zu verstehen. Sie waren von dem neuen Lebensgefühl der Renaissance hingerissen, berauscht, fasziniert. Sie entdeckten die Natur in sich wieder und wurden zu begeisterten Förderern der Künste, sie waren verschwenderisch und weltlich, aber auch Freunde alles Großen und Schönen dieser Welt.

Der Begriff »Renaissance« (italienisch: *rinascimento,* deutsch: Wiedergeburt) wurde von dem Maler und Schriftsteller Giorgio Vasari um 1550 eingeführt. Bezeichnend für diese Bewegung ist die Hinwendung zur Welt, deren Herausforderungen empfunden, angenommen und leidenschaftlich bejaht werden. Renaissance, Humanismus und Reformation sind europäische Ereignisse, wenn auch mit unterschiedlichen Schwerpunkten. Die Renaissance hatte eindeutig ihren Schwerpunkt in Italien, die Reformation in Deutschland; Italien steht der Antike näher als Deutschland. Die Renaissance umfaßt die gesamte Kultur, vor allem die bildenden Künste, sie ist eine elementare Bewegung, der Humanismus dagegen ist mehr eine Sache der neuen bürgerlichen Intelligenz, die Literatur und Wissenschaften pflegte. Zwischen Humanismus und Reformation besteht kein ausdrückliches und durchgehendes Bündnis. Als religiöse Bewegung griff die Reformation vielleicht am tiefsten in das Leben ein.

7.2.1.1 Chrysoloras, Plethon

Hier interessieren vor allem die philosophischen und wissenschaftlichen Grundtendenzen des neuen Zeitalters. Im Gegensatz zum Mittelalter, aber auch zum alten Rom, die beide keine originäre Beziehung zur Philosophie hatten, erwacht mit der Renaissance auch die Philosophie zu neuem Leben. Die tragende bürgerliche Intelligenzschicht ist der Kirche nicht mehr verpflichtet und kann sich daher den neuen Herausforderungen der Welt stellen. Der Anschluß an das alte Griechenland wird in der Erneuerung der platonischen Akademie in Florenz und in der Berufung griechischer Gelehrter deutlich: Manuel Chrysoloras (1350–1415) und Johannes Bessarion (1395–1472). Chrysoloras lehrte als erster nach vielen Jahrhunderten wieder Griechisch in Italien und verfaßte die erste griechische Grammatik der Renaissance. Renaissance und Humanismus wollten das Christentum nicht ablösen oder ersetzen, vielmehr innerhalb desselben Vernachlässigtes zur Geltung bringen, Verabsolutierungen abbauen, Monopole und Einseitigkeiten korrigieren. So betrachtet erscheinen Renaissance und Humanismus wie auch Reformation als Kurskorrekturen eines pluralistisch-europäischen Gesamtkonzepts, nicht als Ablösung einer Geschichtsepoche durch eine andere.

Georgios Gemistos Plethon (1355–1452), ein byzantinischer Philosoph, wollte durch Verschmelzung von platonischen, neuplatonischen, stoischen und zoroastrischen Gedanken mit islamischen eine Weltreligion gründen. Sein »Schüler« war Bessarion. Leo Hebräus (1465–1525) aus Portugal, ein jüdischer Dichterphilosoph und Bekannter Mirandolas, schrieb u. a. ›Dialoghi d'amore‹. Danach ist die Liebe das einigende Band zwischen Gott, der Welt und den Menschen.

7.2.1.2 Pico della Mirandola, Petrarca

In Pico della Mirandolas (1463–1494) Streben nach einer Synthese von Platon und Aristoteles – wie einst Boethius – von neuzeitlichem Naturverständnis und christlicher Freiheit sowie von Kabbala und Philosophie zeigt sich die synthetische Grundtendenz des Humanismus. Die *studia humanitatis* oder *humanista* verstärken derartige Bestrebungen des Mittelalters, wenn sie sich auch in einem gewissen Gegensatz zur Scholastik sehen. Die allgemeine Devise lautet: von den Texten zu den Tatsachen bzw. von Übersetzungen und Paraphrasen zu den Urtexten und Quellen, vom Interpretieren zum Schaffen. Im Schaffen seiner selbst erlangt der Mensch eine neue Würde.

»Ich glaube nun, erkannt zu haben, warum der Mensch das glücklichste Wesen und mithin allgemeiner Bewunderung wert ist, und wie man seine Stellung in der Ordnung des Universums zu verstehen hat, um die ihn nicht nur die Tiere, sondern auch die Gestirne und die überirdischen Geister beneiden ... Schon hatte Gott Vater, der Baumeister, das Haus der Welt, wie es uns vor Augen liegt, diesen erhabenen Tempel der Gottheit, nach den Gesetzen verborgener Weisheit errichtet; die überhimmlische Region hatte er mit Geistern geschmückt, die Bahnen des Äthers mit ewigen Wesen belebt, die Bereiche des schmutzigen Abfalls der unteren Welt hatte er mit allerlei Getier bevölkert. Nun aber, nach Vollendung des Werkes, sehnte sich sein Erbauer nach einem, der den Sinn dieses großen Werkes erwägen, seine Schönheit lieben und seine Größe bewundern könnte. Deshalb dachte er, als schon alles ... vollbracht war, zuletzt erst an die Erschaffung des Menschen ... Also ließ er sich auf den Entwurf vom Menschen als einem Gebilde ohne unterscheidende Züge ein; er stellte ihn in den Mittelpunkt der Welt und sprach zu ihm: ›Keinen festen Ort habe ich dir zugewiesen und kein eigenes Aussehen, ich habe dir keine dich allein auszeichnende Gabe verliehen, da du, Adam, den Ort, das Aussehen, die Gaben, die du dir wünschst, nach eigenem Willen und Ermessen erhalten und besitzen sollst. Die beschränkte Natur der übrigen Wesen wird von Gesetzen eingegrenzt, die ich gegeben habe. Du sollst deine Natur ohne Beschränkung nach deinem freien Ermessen, dem ich dich überlassen habe, selbst bestimmen. Ich habe dich in die Weltmitte gestellt, damit du um so leichter alles erkennen kannst, was ringsum in der Welt ist. Ich habe dich nicht himmlisch noch irdisch, nicht sterblich noch unsterblich geschaffen, damit du dich frei, aus eigener Macht, selbst modellierend und bearbeitend zu der von dir gewollten Form ausbilden kannst. Du kannst ins Untere, zum Tierischen, entarten; du kannst, wenn du es willst, in die Höhe, ins Göttliche wiedergeboren werden.«[1]

Christlich ist die Annahme eines Schöpfergottes, die Lokali-

[1] Pico della Mirandola, De dignitate hominis. Eingel. v. E. Garin. Bad Homburg v.d.H. 1968, S. 27f.

sierung des Menschen in der Mitte der Welt sowie die Betonung der Freiheit, neuzeitlich die Selbstschöpfung des Menschen, der prometheische Geist und der Gedanke der Menschenwürde, eine Elementarkategorie der Menschenrechte.

Francesco Petrarca (1304–1374) bekennt sich zu Platon, Cicero und Augustin. Christlich ist seine Idee einer frommen, demütigen Philosophie, im Gegensatz zu den hochmütigen Naturforschern. Cicero nimmt er sich zum Vorbild im Sprechen, Platon im Denken. So führt eine Linie von Hellas über das antike Rom und das christliche Mittelalter zur neuen humanistischen Mitmenschlichkeit. In seiner Schrift ›Vom einsamen Leben‹ wird der individualistische Zug neuzeitlichen Menschentums sichtbar. Nach dem Minnesang wurde Petrarcas Liebesdichtung zu einem europäischen Modell.

7.2.1.3 Boccaccio, Salutati, Bruni, Valla, Alberti

Giovanni Boccaccio (1313–1375), ein Freund Petrarcas, schreibt den ersten Novellenband der Neuzeit, das ›Decamerone‹ (um 1350), in dem eine veränderte Einstellung zur Erotik den Wandel von der ritterlichen zur bürgerlichen Gesellschaft anzeigt. Boccaccio besorgte das erste vollständige Manuskript der Homerischen Gedichte, die er im Urtext lesen konnte.

Coluccio Salutati (1331–1406), ein anderer Freund Petrarcas, hatte als Kanzler der Signoria in Florenz die Berufung des Chrysoloras angeregt, Ciceros ›Briefe an die Freunde‹ bekanntgemacht und Petrarcas Epos ›Africa‹ veröffentlicht. Als christlicher Ethiker glaubte er an die Willensfreiheit des Menschen, und als Politiker verteidigte er die bürgerlichen Freiheiten gegen jede Art von Tyrannei. Dialektik lehnte er, wie Petrarca, ab. Sokrates und der heilige Franziskus waren seine Vorbilder.

Antike und Christentum verschmelzen auch im Denken Leonardo Brunis (1369–1444), des Amtsnachfolgers von Salutati. Er sucht antike Hingabe an die Gemeinschaft des Stadtstaates mit christlicher Nächstenliebe zu verbinden. Der Philosoph soll sich den Wissenschaften, der Welt sowie der Gemeinschaft öffnen und – er soll heiraten.

Lorenzo Valla (1406–1457), der Sekretär des ersten päpstlichen Humanisten, Nikolaus V. (1447–1455), begründete die historisch-kritische Methode oder den philologischen Humanismus, indem er die Vulgata untersuchte und Bibelkritik übte. In seiner mustergültig abwägenden Schrift ›Über die Freiheit des Willens‹ erörtert er die Gründe für und gegen die Freiheit. In seiner frühen Schrift ›Über die Lust‹ (1431) kommt Epikur wieder zu Ehren.

Leon Battista Alberti suchte dem von Baldassare Castiglione (1478–1529) geprägten Ideal des »uomo universale«, der umfassend gebildeten Persönlichkeit, so nah wie möglich zu kommen. Er befaßte sich mit mathematischen, sprachlichen, physikalischen und ökonomischen Fragen, letzteres im Anschluß an Xenophons ›Oikonomikos‹, ein Werk, das lange im Schatten der platonisch-christlichen Tradition stand und nun, im bürgerlichen Zeitalter, wiederentdeckt wurde.

7.2.1.4 Ficinus, Pomponazzi, Zarabella

Marsilius Ficinus (1433–1499), ein Freund Cosimo de Medicis, übersetzte die Werke Platons und Plotins. Er verfaßte, wie Valla, eine frühe Schrift ›Über die Lust‹ (1457), in der er Platon und Aristoteles zu versöhnen suchte, später in seiner ›Theologia Platonica‹ (1474) auch das Christentum mit der Philosophie. Christlich und neuzeitlich zugleich ist sein Bekenntnis zur Freiheit. Die Seele, die Trägerin der Freiheit, verbindet Gott mit der Natur. Aus dem Stadium, Gott in der Natur zu lieben, gelangt der Mensch auf den richtigen Weg dazu, die Natur in Gott zu lieben.

Den Platonikern mit dem Zentrum Florenz standen die Aristoteliker gegenüber, deren Zentrum die Universität Padua war. Die Aristoteliker waren in Averroisten und Alexandristen – nach dem Aristoteles-Kommentator Alexander von Aphrodisias (200 n. Chr., Athen) – gespalten. Beiden gemeinsam war das Ungenügen an den scholastisch umgedeuteten Lehren des Aristoteles; sie forderten den Rückgang zu den Texten. An der Streitfrage der Unsterblichkeit der Seele schieden sich die Geister. Hinter dem Streit wird eine tiefe Krise des Aristotelismus erkennbar. Der Alexandrist Pietro Pomponazzi (1462–1524) leugnet im Gegensatz zu Ficinus in seiner Schrift ›Über die Unsterblichkeit der Seele‹, die er, wie Aristoteles, als Entelechie versteht, die Unsterblichkeit bzw. modifiziert den aristotelischen Gedanken in bezeichnender Weise. Schon bei Aristoteles bildete sich ein Hiat zwischen der sterblichen Seele und dem unsterblichen, schöpferischen Geist; das ist möglicherweise eine Konzession an platonische Theorien. Die Averroisten ließen diesen Geist beim Tod des Individuums in den überindividuellen »Weltgeist« als einen Teil desselben zurückkehren. Die wissenschaftlich sauberste Lösung wäre nun gewesen, auch die Sterblichkeit dieses Geistes zu konzedieren, aber dazu konnte sich Pomponazzi als Christ nicht durchringen. Während er Entelechie als Einheit des Selbstbewußtseins versteht und damit einem Kantischen Gedanken nahekommt, gesteht er dem Geist als Vermögen der Selbstreflexion und der Bildung von Allgemeinbegriffen eine Art Unsterblichkeit zu, die aber, und darin wird der Unterschied zwischen Mittelalter und Neuzeit sichtbar, ihren Sinn im Diesseits erhält. Sogar die Religion läßt sich natürlich erklären. In der Schrift ›Über das Schicksal, den freien Willen und die Vorherbestimmung‹ hält Pomponazzi an der Freiheit fest, obwohl er die stoische Lösung für die sinnvollste ansieht. Das Problem Freiheit – Kausalität, das Kant so sehr beschäftigt, zeichnet sich ab. Pomponazzi blieb nichts anderes übrig als die Zuflucht zur Lehre von der doppelten (theologisch-philosophischen) Wahrheit. Philosophiegeschichtlich ist daraus zu ersehen, daß eine unzureichend gelöste Frage eine Kette von Halbheiten und Mißverständnissen auslösen kann.

Giacomo Zarabella (1533–1589) schlägt mit seiner Lehre von der resolutiven und der kompositiven Methode eine Brücke zwischen der aristotelischen Logik und der neuzeitlichen Methodik, wenn er auch die Bedeutung der Mathematik für die Naturwissenschaften noch nicht erkannt hat.

7.2.1.5 Nizolius, Caesalpinus, Machiavelli, Fracastoro

Marius Nizolius (1498–1576) wollte, im Gegensatz zum Formalismus der Scholastik, in den Begriff der Logik auch Grammatik und Rhetorik einbeziehen, um sie im neuzeitlichen Sinn fester an die realen sprachlichen Gegebenheiten zu binden, wobei allerdings, wie Leibniz in der Vorrede seiner Neuausgabe der Schrift des Nizolius ›Über die wahren Prinzipien und die wahre Methode des Philosophierens‹ (Frankfurt a. M. 1670) bemerkt, die induktive und die deduktive Methode nicht zu ihrem Recht kommen.

Andreas Caesalpinus (1519–1603) versuchte, zwischen Averroisten und Alexandristen zu vermitteln und dabei auch den Platonikern gerecht zu werden. Bedeutender war er als Naturforscher. In seinen 16 Büchern ›Über die Pflanzen‹ (1583) entwickelte er eine Art »natürliches System der Pflanzen« und eröffnete damit eine neue Phase der Botanik. Ähnliches schwebte ihm für die Mineralogie vor. Seine Untersuchungen des Blutkreislaufs weisen auf Harvey voraus.

Schwer einzuordnen ist der Staatstheoretiker und Kanzleibeamte Niccolo Machiavelli (1469–1527), der weder Platoniker noch Aristoteliker war, aber auch kaum etwas mit dem ›Fürstenspiegel‹ Petrarcas oder dem utopischen ›Sonnenstaat‹ Campanellas gemeinsam hat. In seinen Schriften ›Discorsi‹ und ›Il Principe‹ aus dem Jahr 1513 enthüllt er die Abgründe der Korruption und der Verkommenheit der Politik seiner Zeit, in denen er, wie so mancher »Realist« vor oder nach ihm, die wahre menschliche Natur erkennen zu können glaubt. Sie zu bändigen hält der »Republikaner« Monarchie, Staatsräson und Macht für geeignete Mittel. Wie damit die Geltung von Religion und Moral, an denen Machiavelli festhält, vereinbar sein soll, bleibt das Geheimnis einer tief gespaltenen Natur, die aus dem Konflikt von erlebter Ohnmacht und Bewunderung von Stärke, Macht und Größe nicht herausfand, es sei denn durch Überanpassung. Friedrich der Große schrieb als Kronprinz einen ›Antimachiavel‹. Nietzsche, Mussolini und Hitler haben Machiavelli bewundert. Was dieser zweifellos besser als seine Zeitgenossen erkannte, war der für die Neuzeit so bestimmende Faktor Macht.

Gemeinsam ist Platonikern, Aristotelikern, Machiavelli und den Naturphilosophen das Abrücken von der Theologie, ihren Dogmen, ihrer Metaphysik und ihren Voraussetzungen. Girolamo Fracastoro (1483–1553), Leibarzt Papst Pauls III., verfaßte ein Lehrgedicht über die Syphilis in lateinischer Sprache. In seinem Werk ›Über Sympathie und Antipathie‹ verband er Vorstellungen des Empedokles mit neuzeitlicher Theoriebildung und versuchte bereits, die Fernwirkung (Magnetismus) von Körpern aufeinander dadurch zu erklären, daß er Teilchen annahm, die sich von einem Körper lösen und in den anderen einströmen.

7.2.1.6 Cardano, Telesio, Patrizi, Campanella, Bruno

Geronimo Cardano (1501–1576) verband Vorstellungen von Pythagoras, Empedokles und Demokrit mit christlicher Frömmigkeit. Er war Arzt, Philosoph und Mathematiker, schrieb ›Über die Feinheit der Dinge‹, ›Über die Verschiedenheit der Dinge‹ und eine Autobiographie. Neben der »Cardanischen Formel« (Lösung der reduzierten kubischen Gleichung), die aber wohl von N. Tartaglia stammt, befaßte er sich, im Anschluß an Philon von Byzanz, mit der in drei Richtungen freien Aufhängung, z.B. von Kreiseln, der »Cardanischen Aufhängung«. Er nahm eine Urmaterie, aber kein Vakuum an, eine Weltseele als Prinzip der Bewegung und des Lebens, der Wärme und des Lichts. Von den vier Elementen der Vorsokratiker ließ er nur Wasser, Luft und Erde gelten. Cardano wandte sich gegen den christlichen Glauben, Natur und Welt seien um des Menschen willen und zu seinem Nutzen erschaffen. Der Mensch kann Gott meditativ erfassen, aber auch im mathematischen Erkennen, denn das gesamte Weltgeschehen untersteht dem Gesetz der Zahl. Im Gegensatz zu Machiavelli betont Cardano die Wichtigkeit der Religion für das Leben im Staat. Geistliche und weltliche Macht sind nicht zu trennen. Der Mensch schuldet den Gesetzen Gehorsam.

Bernardino Telesio (1508–1588) studierte Philosophie, Mathematik und Naturwissenschaften, wurde zu einem Gegner des Aristoteles, verfaßte das Werk ›Über die Natur der Dinge‹ (1586) und gründete eine nach ihm benannte Gesellschaft zur Erforschung der Natur. Er neigte zur empirischen Naturforschung, schloß sich an vorsokratische Denker an, aber auch an die Stoiker und den Empiriker Galenos (129–199), der Leibarzt des Kaisers Marc Aurel gewesen war. Als Erkenntnistheoretiker, Psychologe und Ethiker beeinflußte er Bacon, Hobbes und Spinoza. Nach Telesio wurzeln die höheren Erkenntnisvermögen auf nach mechanischer Art verknüpften Empfindungen. Erinnerung beruht auf dem Vermögen der Seele, Eindrücke zu speichern, und das Denken nimmt Erinnertes vorweg. Das Denken vollzieht sich in Analogien und steht an Verläßlichkeit hinter der Wahrnehmung zurück. Im Gegensatz zur theologischen Lehre vom Seelenheil betont Telesio das Prinzip der Selbsterhaltung, das das Verhalten aller Lebewesen bestimmt. Was die Selbsterhaltung fördert, erzeugt Lust und Liebe, was sie behindert dagegen Haß. Tugenden sind nach Telesio Tapferkeit, Geschicklichkeit, Güte und Weisheit. Tapferkeit und Weisheit stimmen mit dem antiken Kanon überein, Güte weist ins christliche, Geschicklichkeit ins bürgerliche Denken. Die Verbindung zum Übersinnlichen, zu Theologie und Metaphysik, läßt Telesio nicht ganz abreißen, wenn er einen Geist postuliert, der sich über den Bereich der Selbsterhaltung erhebt und zum Göttlichen aufschwingt.

In seiner ›Neuen Philosophie von allem‹ (1591) verbindet Francesco Patrizi (1529–1597) Gedanken von Telesio mit neuplatonischer, christlicher und orientalischer Philosophie. Sein Hauptproblem ist die Beziehung des Materiellen zum Immateriellen. Dabei spielen Licht und Raum eine besondere Rolle. Patritius entdeckte die Bedeutung des Raumes als eines mathematisch konstruierbaren Kontinuums von Punkten, auf welches das Naturgeschehen bezogen werden kann. Das reine, von Gott ausgehende Licht ist unkörperlich, das sichtbare Licht dagegen, das z.B. von der Sonne ausgeht, ist bereits materialisiert. Die teilweise sehr spekulativen Gedanken des Patritius weisen auf Theorien von Gassendi, Descartes und Newton voraus.

Das Schicksal des Dominikaners Tommaso Campanella (1568–1639) ist nicht weniger lehrreich als dessen Werke. Als Opfer spanischer Inquisition verbrachte er 27 Jahre in Haft, wurde als Ketzer und Verräter verurteilt, gefoltert und eingekerkert, um am Ende, in seinem Buch ›Über die spanische Monarchie‹ (1625), ein spanisches Universalreich mit päpstlicher Spitze zu fordern. In den Deutschen sah er eine ebenso große Gefahr wie in den Türken. Campanellas Erkenntnistheorie erinnert an Telesio. Wahrnehmungen sind frei von Irrtum, Wahrnehmen heißt Wissen *(sentire est scire)*. Schwer damit zu vereinbaren ist seine Lehre von der Gewißheit der Selbsterkenntnis, die auf Augustin zurück- und auf Descartes vorausweist. Sensualismus und Idealismus lassen sich nur in einer Metaphysik nach Art von Cusanus oder Leibniz vermitteln, durch Zusammenfall der Gegensätze im Absoluten oder mit Hilfe einer von Gott bewirkten prästabilierten Harmonie. Gott besitzt Macht, Weisheit und Liebe *(posse, nosse, velle)*, Kräfte, die in die Welt und die Menschen eingehen und durch die der Mensch wieder zu Gott zurückfindet. Neuplatonische und christliche Mystik verbinden sich mit neuzeitlicher Durchdringung der Natur und ergeben ein dynamisches Konzept der Verschmelzung von Bewußtsein und Kraft, Information und Energie. Erkenntnis führt zum Glauben, Philosophie zur Theologie bzw. Mystik zurück. Der *codex scriptus* der Offenbarung und der *codex vivus* der Natur widersprechen sich letztlich nicht.

Widersprechen sich Campanellas ›Sonnenstaat‹ (1623) und seine spanische Universalmonarchie ebensowenig? Im ›Sonnenstaat« entwirft er im bewußten Gegensatz zu Platons Staatsentwürfen eine Utopie, in der ein Priesterkönig Sol mit drei Fürsten Pon *(potestas)*, Sin *(sapientia)* und Mor *(amor)* regiert, wobei Pon für das Heer zuständig ist, Sin für die Wissenschaft und Mor für die Erziehung. Das Leben ist bis ins letzte Detail, ja bis zur Zeugung geregelt: vier Stunden Arbeit am Tag, kein Privateigentum, Gemeinsamkeit von Frauen und Kindern und gemeinsame Mahlzeiten. Im Mittelpunkt der mathematisch genau konstruierten Sonnen-Stadt erhebt sich ein gewaltiger Tempel.

Giordano Bruno (1548–1600), ein Ordensbruder Campanellas, kam nicht mit Kerkerhaft davon. Nach einem langen Wanderleben, das ihn nach Genf und Paris, nach Oxford, nach Marburg, Wittenberg, Prag, Helmstedt und Frankfurt und schließlich auch nach Venedig führte, starb er in Rom, als Märtyrer für Freiheit und Wahrheit, auf dem Scheiterhaufen. Seine Asche wurde in alle Winde verstreut, sein Name geächtet. Der Orthodoxie der Reformierten konnte er sowenig abgewinnen wie der lutherischen in Deutschland. Zum Verhängnis wurden ihm schließlich seine Lehren von der Unendlichkeit des Universums und der Vielzahl der Welten.

Giordano Bruno war ein Dichterphilosoph, universal begabt und interessiert. Er verfaßte in italienischer Sprache Dialoge, später Gedichte mit Erläuterungen in lateinischer Sprache. Er bekannte sich zu Kopernikus, war aber zugleich Mystiker, der Neuplatonisches und Christliches verband: Der Leib ist in der Seele, die Seele im Geist, der Geist in Gott. Gott ist Natur, die Natur ewiger Wandel, der Tod Ausdruck von Auflösung und Zusammensetzung. Die Individuen oder Monaden erscheinen als »Kontraktionen der Gottheit« (vgl. Leibniz!). Die gesamte Welt ist lebendig und wird von der Weltseele gestaltet, die dem Prinzip aller Dinge, der universellen Vernunft, gehorcht. Die göttliche Substanz ist jedoch menschlicher Vernunft unzugänglich. Die Materie ist reine Möglichkeit, ohne Energie, das Böse ist ein Nichtsein. Die gleiche Stufenleiter führt von der Natur zu den Dingen herab und für die Erkenntnis von den Dingen zur Natur hinauf. Die Stärke der Philosophie Brunos liegt weniger in logischer Konsistenz und Systematik als in schönheitstrunkener Hingabe an die wiederentdeckte Natur, in einer faustischen Stimmung: »In tristitia hilaris, in hilaritate tristis« (Heiter in der Trauer und traurig in der Heiterkeit). Wahre Philosophie ist Giordano Bruno zufolge eher Poesie, Malerei oder Musik als Architektonik.

Während im 16. Jahrhundert die Naturwissenschaften ihre eigenen Wege zu gehen begannen, breitete sich der Humanismus über Europa aus. Der Phase des Aufbruchs folgte die Expansionsphase.

7.2.1.7 Lefèvre d'Etaples, Bouillé, de la Ramée

In Frankreich »reinigte« Jacques Lefèvre d'Etaples (Faber Stapulensis, um 1455–1536) die Philosophie des Aristoteles von scholastischen Bestandteilen, übersetzte die Bibel sowie Schriften von Nicolaus Cusanus und Raymundus Lullus, geriet aber wegen seiner kirchlichen Reformbestrebungen in Schwierigkeiten (1525). Erfolgreicher waren die Reformversuche des der Mathematik zuneigenden Gelehrten auf dem Gebiet der Logik, die er vom scholastischen Formalismus zu befreien suchte (Schule der Fabristen).

Charles Bouillé (Carolus Bovillus, 1472–1553) verband die Vorliebe für den Cusaner mit Lefèvre. Von seinen vielen Schriften ist das Buch ›Über den Weisen‹ am bekanntesten. Beim Erkenntnisprozeß ist das aufnehmende Vermögen *(vis susceptiva)* an den Körper gebunden, das urteilende *(vis judicativa)* an die Seele. Modern mutet der Gedanke an, daß der Mikrokosmos als Gedächtnis die Spezies des Makrokosmos speichert. In reflexiver Selbsterkenntnis erreicht der Mensch die höchste Stufe des Bewußtseins. Die Hauptaufgabe der Logik ist die Herausarbeitung der Gegensätze *(ars oppositorum).* Makrokosmos und Mikrokosmos, äußere Natur und Gedächtnis bewahren als solche ihre Identität, während in der Betrachtung (speculatio) ihre Gegensätzlichkeit offenbar wird.

Pierre de la Ramée (Petrus Ramus, 1515–1572) stammte, wie Lefèvre, aus der Picardie. Er wurde als Calvinist in der Bartholomäusnacht ermordet. Seine ›Dialectique‹ (1555) ist das erste philosophische Werk in französischer Sprache. Im Gegensatz zum scholastischen Formalismus betonte er, wie später Leibniz, die erfinderischen *(inventio)* und urteilsbildenden *(iudicium)* Momente der Logik und näherte sie der Rhetorik an. In Heidelberg hielt er Vorlesungen über Cicero. Mit Lefèvre verband ihn die Neigung zur Mathematik, deren befreiende Kraft er schätzte, mit Bouillé die an Cusanus erinnernde Metaphysik, wonach der Mensch als winziger Punkt im All doch das Universum im Geist zu umspannen vermag. Von den französischen Humanisten wirkte Ramée am stärksten, nicht zuletzt in Deutschland, wo es neben Ramisten und Antiramisten auch Semiramisten gab. Die Breitenwirkung des Ramismus in der Methodik und in den praktischen Disziplinen verbindet Humanismus und Aufklärung.

7.2.1.8 Agricola, Erasmus von Rotterdam, Luther, Melanchthon, Zwingli, Calvin

Rudolf Agricola (1443–1485) aus Baflo bei Groningen studierte in Löwen und darauf in Italien, seinen Lebensabend verbrachte er in Heidelberg und Worms. Agricola vermittelte Ideen der Platonischen Akademie nach den Niederlanden und nach Deutschland. Seine drei Bücher ›Über die Kunst der Dialektik‹ (1480) sind an Aristoteles, Cicero und Seneca orientiert. Er will Beredsamkeit *(eloquentia)* mit Klugheit *(prudentia)* verbinden, Autoritäten durch das eigene Urteil ersetzen und den biblischen Glauben mit dem humanistischen Bildungsideal vereinigen.

Erasmus von Rotterdam (1467–1536) begründete mit seinen Ausgaben der lateinischen und griechischen Kirchenväter die Patrologie, förderte die Textkritik des Neuen Testaments und stellte ein Bildungsprogramm für das Gymnasium auf: ›De ratione studii‹ (1512). Ihm ging es um eine Verbindung von Altertum und Christentum, Humanismus und Reformation, weshalb er sich auch mit theologischen Fragen befaßte und in einen Streit mit Luther geriet: ›Diatribe de libero arbitrio‹ (Abhandlung über den freien Willen, 1524), worauf Luther mit einer auch die Philosophie berührenden Schrift ›De servo arbitrio‹ (Über den unfreien Willen) antwortete. Erasmus konzedierte in der Frage der Willensfreiheit den Primat der Gnade, behielt dem Menschen aber die Freiheit vor, sich Gott zu – oder sich von ihm abzuwenden. Selbst zu wollen statt sich Gott anzuvertrauen, das war Luther nicht genug, ja erschien ihm als böse. Da Luther die Prämisse »Gott« sowenig wie Erasmus anzweifelte, sah er die Gefahren eines Glaubens nicht, wenn diese Prämisse entfällt. In einem atheistischen Zeitalter verliert der »nur Gläubige« seinen einzigen Halt und verfällt dem Bösen, erleidet also oder tut gerade das, was Luther vermeiden wollte. Darin liegt die bis heute nicht behobene Tragik seines Ansatzes. Luther hat dagegen völlig recht, wenn er jedes philosophische Ansinnen, die Welt in einem einheitlichen System zu erfassen, auf eine

Formel zu bringen, verurteilt. Mit Luthers wie mit der Einstellung des Erasmus lassen sich die gleichen Ergebnisse erzielen oder verfehlen. Es ist daher nicht einzusehen, warum eine Auffassung den absoluten Vorrang haben soll, es sei denn, es verbirgt sich dahinter ein Machtanspruch, der alte mittelalterliche Anspruch von der Herrschaft der Theologie über die Philosophie. Diesen Anspruch hat die Philosophie der Neuzeit mit Recht zurückgewiesen, nicht zuletzt Kant, und darin besteht die Emanzipation der Philosophie von der Theologie. Luther hat aber noch in einer anderen philosophisch relevanten Frage tiefer gesehen als irgendein anderer Reformator: in der Verurteilung des Machtstrebens, vielleicht der größten Gefahr für den neuzeitlichen Menschen überhaupt. Die Herrenschicht, die nach Luther seine Warnungen mißachtete, vergötterte in Theorie und Praxis die Macht.

Eine versöhnlichere Richtung gegenüber Erasmus, dem Humanismus und der Philosophie schlug Philipp Melanchthon (1497–1565) ein, der Begründer des »protestantisch-scholastischen Aristotelismus«. 1525 gab er Ciceros Schrift ›Über die Pflichten‹ neu heraus, 1526 die beiden ersten Bücher der ›Nikomachischen Ethik‹ des Aristoteles. Darauf wandte sich der *praeceptor Germaniae* der Ausarbeitung eines eigenen Systems in drei Teilen zu: Dialektik, Physik und Ethik. An Metaphysik war er nicht interessiert, und das kopernikanische Weltsystem hielt er für eine geistreiche Spielerei.

Bei dem Schweizer Ulrich Zwingli (1484–1531) tritt das praktische Interesse noch mehr hervor. Ihm war der Geist der Florentiner Akademie nicht weniger vertraut als der Platons oder Senecas. In seiner Schrift ›Über wahre und falsche Religion‹ (1525) gestand er der Vernunft gegenüber der Offenbarung eine gewisse Selbständigkeit zu, schloß sich in der Willensfrage dagegen Calvin und Luther an. Wie Erasmus zweifelte er nicht daran, daß Sokrates und andere ethisch hochstehende Denker des Altertums die Seligkeit erlangen. Gegen die Ausschließlichkeit der Bibel stellte er die umfassende Offenbarung. Sakramente sind nur Symbole, auf die Bewährung des Christentums in der Praxis kommt alles an. Zwingli stand zu seinen Worten: er fiel in der Schlacht bei Kappel.

Die Ausrichtung auf die religiöse Praxis wird bei Johann Calvin (1509–1564) noch deutlicher. Hinzu kommt seine Begabung für die Jurisprudenz, für Technik und Organisation, die es ihm erlaubte, Distanz zum Staat mit großer Aktivität im öffentlichen Leben zu verbinden. Calvin stammte aus der Picardie, studierte in Paris auch Jura und kommentierte Senecas Schrift ›Über die Milde‹ (De clementia, 1532). Bis zu einem gewissen Grad gelang ihm die Verbindung von Renaissance-Platonismus mit reformatorischer Theologie. Seine ›Institutio religionis Christianae‹ (1535) verrät den Juristen, sie ist die letzte umfassende Dogmatik der Reformation. Calvin übernahm die lutherische Prädestinationslehre und vollzog eine Wendung zum Alten Testament, das nicht mehr als Gesetz im Gegensatz zu christlicher Freiheit erscheint, wie bei Luther, vielmehr in der Sache mit dem Evangelium übereinstimmt. Stoische Elemente zeigen sich in der Annahme eines natürlichen Rechts *(lex naturalis)* in der Seele, im natürlichen Instinkt *(instinctus naturalis)* und in der allgemeinen Annahme *(communis praesumptio)* der Existenz Gottes. In seiner politischen Philosophie lassen sich Ansätze zu einer individualistisch-demokratischen Betrachtungsweise erkennen. Wie in seiner Rechtfertigungslehre neuzeitliche Fortschrittsgläubigkeit mitschwingt, läßt sich bei ihm der ideale Staat nicht ohne die bürgerlichen Tugenden verwirklichen.

7.2.1.9 Montaigne, Charron, Vives, Suarez, Sanchez

Neigung zur Stoa, insbesondere zu Seneca, sowie ein juristisches Studium verbinden Michel de Montaigne (1533–1592) aus Bordeaux mit Calvin, ebenso die Neigung zur Praxis, in der sich Montaigne bereits mit 21 Jahren als Parlamentsrat und später als wiedergewählter Bürgermeister seiner Heimatstadt bewähren konnte. Mut und Offenheit retteten ihn im Bürgerkrieg aus gefährlichen Situationen. Montaigne war aller hochgestochene und meist verlogene Idealismus zuwider. Den Satz des Sokrates: »Ich weiß, daß ich nichts weiß« modifizierte Montaigne in charakteristischer Weise: »Que sais-je?« Sokrates ist für Montaigne das Vorbild eines Weisen. Autoritätsgläubigkeit, Dogmatismus und Orthodoxie widerstrebten seinem gesunden Zweifel. Dem Beifall der Ja-Sager zog er die Widerrede vor, aus der er lernen konnte. In seinen ›Essais‹ vertritt Montaigne eine besonnene Skepsis nach Art Pyrrhons, wenn auch der christliche Akzent »demütiger Glaube« nicht fehlt. Wie Luther verurteilt er den Wahn, ein wahres Wissen von der Welt besitzen zu können: die Vernunft geht oft in die Irre, die Sinne trügen, und die Umstände ändern sich fortwährend. Wie Luther beurteilt auch er das Vermögen der Vernunft skeptisch, wendet aber gegen Luther ein, daß er der Zügellosigkeit Tür und Tor öffne. Heraklitische Einsicht in die Veränderlichkeit der Welt, in den ständigen Fluß der Dinge, das prozessuale Weltverständnis der Ioner transponiert Montaigne auf die Ebene neuzeitlicher Selbsterfahrung: das Subjekt ändert sich ebenso, wie die Objekte sich ändern. Dem Relativismus sucht er durch Unterwerfung unter die Offenbarung zu entgehen, aber auch unter die Gesetze der Natur und der Gesellschaft, die mehr als gottgewollte Spielregeln erscheinen. Montaigne hat mit seinen ›Essais‹ nicht nur ein neues literarisches Genus geschaffen, sondern auch einen kaum zu überschätzenden Einfluß auf die geistige Entwicklung der Neuzeit bis zur Gegenwart ausgeübt.

Pierre Charron (1541–1603), ein Freund Montaignes, verfaßte ein dreibändiges Werk ›De la sagesse‹ (1601), die erste von der Theologie unabhängige Moralphilosophie der Neuzeit, auch wenn er bisweilen zwischen Orthodoxie und Skepsis schwankte. An Sokrates und Seneca orientiert, gewann er in Natur, Vernunft und Selbsterkenntnis hinreichende Stützen für eine autonome Moral, die im Wertbegriff der *prud'homie* gipfelt, einem Ideal gelassener und selbstkritischer Menschlichkeit oder menschlicher Ehrenhaftigkeit, das an keine bestimmten religiösen, theologischen oder nationalen Voraussetzungen gebunden ist. Nur die illusionslose Einsicht in die zerstörerischen Kräfte der menschlichen Natur, in *corruption et contagion* kann den Menschen von eingefleischten Vorurteilen und hartnäckigen Irrtümern befreien, ihm helfen, schlimme Leidenschaften wie Habsucht, Ehrgeiz, Neid, Eifersucht, Furcht und Rachsucht zu überwinden.

Ludovicus Vives (1492–1540) aus Valencia lehnte, wie Montaigne, Spekulationen und Systeme ab. Er studierte in Paris, hielt sich auch in Löwen auf, wo er Erasmus kennenlernte, und reiste nach England, wo ihn, durch Vermittlung von Thomas Morus, Heinrich VIII. zum Erzieher seiner Tochter Maria berief. Vives kommentierte auf Anregung des Erasmus Augustins ›Gottesstaat‹ (1522), schrieb gegen die scholastischen Dialektiker, verfaßte eine der ersten Philosophiegeschichten der Neuzeit (1518) und den Dialog ›Sapiens‹ (1512) sowie das enzyklopädische Werk ›De disciplinis‹ (1531). Vives macht sich zum Anwalt von Praxis, Erfahrung, Beobachtung und Experiment, erachtet wie Melanchthon und Montaigne den Wert der Metaphysik für gering, schließt sich in der Ethik an die Platoniker und Stoiker an und erkennt bereits, daß die Menschen sich oft mit wahrscheinlichen Erkenntnissen begnügen müssen. In seiner Lehre vom Gedächtnis und von den Affekten weist er auf die Psychologie des 17. Jahrhunderts (Assoziationsgesetz) voraus. Interessant ist sein Gedanke, daß Affekte nur durch Affekte zu überwinden sind. Vives war ein Gegner des Kriegs und neigte zu (stoischem) Kosmopolitismus.

Francisco Suarez (1548–1617), ein Landsmann von Vives, aus Granada, verfaßte ›Disputationes metaphysicae‹ (1597), die erste systematische Darstellung der Metaphysik, in der er in einigen nicht unwesentlichen Punkten (Individuum, Materie) von Aristoteles und Thomas abweicht. In seiner Auffassung vom Raum nähert er sich Descartes, in seiner Freiheitslehre verteidigt er die Freiheit gegen jede Art von Prädestination, in der Staatslehre betont er die Freiheit des Einzelnen und akzeptiert, wie später Hobbes, die Idee des Staatsvertrages. Suarez betrachtete die Demokratie als naturgemäße Staatsform, wobei die Souveränität auf den Staat übergeht, der im Völkerrecht die Rolle des Vertragspartners übernimmt. Suarez war ein Gegner des Kolonialismus. Bis zum Beginn des 17. Jahrhunderts setzte er an einigen deutschen Universitäten die Scholastik Melanchthons fort.

Francisco Sanchez (1552–1632) aus Portugal vertrat in seinem Buch ›Quod nihil scitur‹ (1580) einen gemäßigten Skeptizismus, der nicht nur die Sinneswahrnehmungen, sondern auch das Denken anzweifelt. Auch die Syllogistik liefert keine brauchbaren Ergebnisse. Kritik am Erkenntnisideal des Aristoteles spricht aus Sätzen wie: »scientia est rei perfecta cognitio«. Nur Gott besitzt vollkommenes Wissen und also auch die wahre Wissenschaft. Der Mensch kann als Mikrokosmos auch nicht in und aus sich selbst den Makrokosmos erkennen, eher umgekehrt. Die individuellen Gegenstände sind für menschliches Erkennen teils zu groß, teils zu klein, das Allgemeine ist nur eine Fiktion. Der Mensch, der sich auf Beobachtung, Experiment und Urteil verlassen muß, erreicht das ideale Wissen nicht. Der Gedanke, daß er nur das weiß, was er kann, weist auf Vico voraus.

7.2.1.10 Cherbury, Morus, Bodin, Knox, Althusius, Grotius

Lord Edward Herbert of Cherbury (1581–1648) schuf eine Art Religionsphilosophie und begründete die sittlich religiöse Vernunftautonomie sowohl gegenüber der Offenbarung als auch gegenüber skeptischen Einwänden. In seinem Werk ›De veritate‹ entwickelt er seine sieben elementaren Vernunftwahrheiten *(notitiae communes)*, wonach die Wahrheiten in vier Klassen erscheinen: Wahrheiten der Sache, der Erscheinung, des Begriffs und des Intellekts. In der Schrift ›De religione gentilium‹ stellt Cherbury fünf Grundartikel der Vernunftreligion auf sowie einen Kanon zum Verständnis der Entwicklung der Menschheitsreligionen.

Britannien ist das Land, in dem 100 Jahre vor Campanellas ›Sonnenstaat‹ eine Utopie entstand (1516), deren Verfasser der Lordkanzler Heinrichs VIII. war: Thomas Morus (1478–1535), ein echter Humanist, der seine moralische Integrität mit dem Tod durch Hinrichtung »büßte«. Der genaue Titel seines Werkes lautet: ›De optimo statu rei publicae deque nova insula Utopia‹ (Über die beste Verfassung des Gemeinwesens und über die neue Insel Utopia). Thomas Morus setzte die Reihe der an Platons »Idealstaat« und an Augustins »Gottesstaat« anknüpfenden Denker fort. Typisch neuzeitlich und für Morus spezifisch ist nun, daß die Idee Platons zur »Utopie«, einem neuen literarischen Genus wird. Neu ist auch die Gesellschaftskritik: Das Grundübel liegt in der Anhäufung des Reichtums in den Händen einer parasitären Oberschicht, während die unteren Volksklassen Not leiden. Morus fordert daher Abschaffung des Privateigentums und des Geldes, den Sechs-Stunden-Tag und Religionsfreiheit, läßt aber Sklaverei (Verbrecher) und Verteidigungskriege zu. Die *philosophia civilis* – im Gegensatz zur *philosophia scholastica* – will möglichst viel Freizeit zur geistigen Ausbildung, zur Pflege der Künste und Wissenschaften und zur Kreativität überhaupt gewinnen.

Jean Bodin wurde zu Angers geboren, studierte Jura, untersuchte Staatsverfassungen und definierte den Begriff der Souveränität. Mit Cherbury verbindet ihn der weite religionsgeschichtliche Horizont. In seinen ›Sechs Büchern über die Republik‹ (1577) entscheidet er sich für die absolute Monarchie, die aber ihre Grenzen am persönlichen Eigentum und im Steuerbewilligungsrecht der Stände findet. Zur Souveränität gehören Gesetzgebung, Entscheidung über Krieg und Frieden, Begnadigungsrecht und Ernennung der höchsten Beamten. Als Geschichtsphilosoph schlägt Bodin neue Wege ein, indem er geographische, ethnische und wirtschaftliche Faktoren bei der Analyse geschichtlicher Phänomene berücksichtigt. In seinem religionsphilosophischen Werk ›Siebenteiliges Gespräch über die verborgenen Geheimnisse der erhabenen Gegenstände‹ (posthum) treffen sich im toleranten Venedig Vertreter verschiedener Bekenntnisse: je ein Jude, Katholik, Moslem, Calvinist, Lutheraner, Synkretist und Anhänger der Naturreligion (Bodin). Das Gespräch endet mit einem Plädoyer für religiöse Freiheit, Toleranz und Schutz der Religionen durch den Staat, für die Ablehnung des Atheismus und die Bestrafung von Magie. Ein Kriterium für die Absolutheit einer Religion ist nicht zu finden, der Streit über »die wahre Religion« ist daher widersinnig.

Der schottische Reformator John Knox konnte sich auf den schottischen Humanisten George Buchanan (1506–1582), einen Lehrer Montaignes, berufen, wenn er zum Widerstand gegen den Absolutismus aufforderte. Buchanan, ein Mitglied des Gerichts über Maria Stuart, zählt zu den sogenannten Monarchomachen. Er vertrat das Prinzip der Volkssouveränität, befürwortete das Widerstandsrecht und den Tyrannenmord. Soweit konnten also die Meinungen ausgewiesener Humanisten voneinander abweichen. Die Grenzen zwischen Republikanern bzw. Demokraten und Monarchisten fielen nicht etwa mit denen der Konfessionen zusammen.

Während sich Vertreter des Protestantismus wie Johann Oldendorp (1480–1567), der im Anschluß an Melanchthon das Naturrecht begründete, auf den Begriff der »Obrigkeit« (Landesherrn) beschränkten und nationalen oder Reichsinteressen eher kühl gegenüberstanden, vertrat der Calvinist Johannes Althusius (1557–1638), seit 1604 Syndikus der Stadt Emden, energisch die Volkssouveränität gegenüber dem Adel und den Fürsten und erkannte ein Widerstandsrecht gegen Herrscher an, welche die Interessen des Volks verletzen. Er rückte anstelle des Herrschaftsvertrages den Gesellschaftsvertrag in den Mittelpunkt der Betrachtung und setzte sich für die Interessen der Bauern und Bürger ein. Das Volk als politisch wie religiös autonome Instanz besitzt das Majestätsrecht. Alle Gewalten sind dem Volk verantwortlich, das aus freien und gleichberechtigten Bürgern besteht. Ein verantwortungsloser Fürst kann seines Amtes enthoben und sogar zum Tod verurteilt werden, wenn er gegen das Prinzip des öffentlichen Wohls schwer verstößt. Kardinal Robert Bellarmin (1542–1621) stand den Fürsten ähnlich kritisch gegenüber. Der Papst solle das Recht haben, bei Verletzung christlicher Belange seitens der Herrscher, die Beherrschten von ihrem Untertanen-Eid zu entbinden.

Hugo Grotius (1583–1645) aus Delft war Humanist, Dichter, Philosoph, Jurist und Theologe. Er übersetzte Euripides, schrieb historische Werke nach dem Muster von Tacitus und betrieb Bibelexegese nach kritisch-historischen Gesichtspunkten. Als Staatsmann wurde er nach einem politischen Machtwechsel zu lebenslanger Haft verurteilt, aber durch seine kluge Frau gerettet; er trat in schwedische Dienste und wurde Botschafter. Dieser vielseitige, theoretisch wie praktisch geschulte Humanist, dessen Lehrmeister Aristoteles und die Stoiker waren, ließ konfessionelle Gesichtspunkte fast völlig außer acht, konzipierte die Grundzüge des Seerechts, um seinem Land den Ostindien-Handel zu erleichtern, fundierte das Naturrecht und begründete das Völkerrecht. Zusammen mit dem Naturrecht erörtert er in seinem Werk ›Über das Recht des Krieges und des Friedens‹ (1625) auch das Kriegsrecht.

Weder das Recht Einzelner noch das von Staaten ist auf dem Nutzen allein zu gründen, sondern auch auf dem Willen zur Gemeinschaft (Aristoteles). Neben dieser natürlichen ist Gottes Wille die zweite Quelle des Rechts. Auch wenn es keinen Gott gäbe, reicht die natürliche Quelle zur Rechtsbegründung aus. Kriege lassen sich einteilen in private, öffentliche und gemischte. Es gibt danach vier Arten von Kriegen: zwischen Privatpersonen (1), Privatpersonen gegen Staat (2), Staat gegen Privatpersonen (3) und Staat gegen Staat (4). Fall 1 ist nur in Notwehr erlaubt, Fall 2 (Aufruhr) nicht; Fall 3 betrifft die Strafverfolgung, die bei gesitteten Völkern dem Staat zusteht und nicht der Vergeltung dient, sondern der Besserung und Abschreckung; Fall 4 ist gerecht, wenn Kriege auf beiden Seiten von denen ausgehen, die die höchste Gewalt im Staat haben, wenn sie eine gerechte Ursache (erlittenes Unrecht) haben – Verteidigung gegen Angriffe, Wiedererlangung von Weggenommenem und Bestrafung –, und wenn beide Parteien im Krieg nicht die Bedingungen verletzen, von denen ein künftiger Friede abhängt. Kriege zur Bestrafung von Staaten sind nur dann erlaubt, wenn seitens dieser eine evidente Verletzung göttlichen und menschlichen Rechts vorliegt. Präventivkriege sind nicht gerecht. Ebensowenig kann ein Krieg für beide Seiten gerecht sein, auch wenn jede Seite im guten Glauben an ihre Sache Krieg führt. Offensichtlich wollte Grotius einen Damm der Vernunft (Natur) gegen die zu seiner Zeit ausufernde Kriegspraxis errichten. Seine Denkweise steht in diametralem Gegensatz zu der Machiavellis.

Schon zu Beginn der Neuzeit, in Renaissance und Humanismus, besteht also eine außerordentlich große Spannweite der Meinungen, die kaum auf ein Prinzip reduzierbar sind. Die für die Folgezeit unermeßlich segens- und einflußreichen Unterscheidungen von Grotius haben die Entwicklung des Völkerrechts maßgebend mitbestimmt. In philosophischer Hinsicht unterscheidet Grotius zwischen natürlichem *(ius naturale)* und positivem *(ius voluntarium)* Recht. Auch Gott vermag das Naturrecht, das ein Recht der Vernunft ist ($2 \times 2 = 4$) nicht zu ändern. Das positive Recht wird durch Übereinkunft begründet. Grundsätzlich gilt, daß Verträge und Versprechungen einzuhalten sind *(pacta sunt servanda).* Dieser Satz erhält seine Verbindlichkeit durch das Naturrecht. Menschen bilden bürgerliche Gemeinschaften, weil der einzelne im allgemeinen zu schwach ist, sich gegen Gewalt und Terror zu schützen. Selbsterhaltungstrieb und Geselligkeitstrieb wirken bei der Bildung der menschlichen Gesellschaft zusammen.

7.2.1.11 Paracelsus, Agrippa von Nettesheim, Johann Baptista van Helmont, Franz Mercurius van Helmont, Franck, Böhme

Ein bizarres Gemisch von Altem und Neuem, mittelalterlicher Weltanschauung und renaissancehafter Vertiefung in die Natur kennzeichnet das Denken des zu Einsiedeln in der Schweiz geborenen Arztes Theophrastus Bombastus von Hohenheim, der sich Paracelsus nannte (1493–1541). Er studierte in Deutschland, Italien und Frankreich, war 1526 Chirurg in Straßburg, ging noch im gleichen Jahr nach Basel, wo er als Stadtarzt und Professor tätig war, geriet jedoch in Konflikt mit seinen Kollegen und begann darauf ein unstetes Wanderleben, das ihn schließlich nach Salzburg führte, wo er starb.

Die Bedeutung des Paracelsus liegt mehr auf den Gebieten der Medizin und Chemie – einigen galt er als Reformer der Medizin, anderen als Scharlatan – als auf dem der Philosophie. Sein Wirken ist aber auch für die Entwicklung der Naturphilosophie aufschlußreich, insofern es die Kluft zwischen magisch-mystisch-vorwissenschaftlichem Denken und seriöser Naturphilosophie verdeutlicht. Die erste Gesamtausgabe seiner Werke (1589–1591) umfaßte 10 Bände, darin das ›Paragranum‹ (1530), das ›Opus paramirum‹ (1531), die ›Philosophia magna‹ (1532/33), die ›Astronomia magna oder die ganze Philosophia sagax‹ (1537/38) sowie ›Labyrinthus medicorum‹ (1538). Paracelsus zufolge ist die Medizin die höchste Wissenschaft, da sie ganz unmittelbar auf das Wohl des Menschen abzielt, heilt und dabei das gesamte Wissen von Welt und Überwelt einbezieht. Die heilende Kraft der Medizin liegt in der Liebe. Nicht aus Büchern, sondern aus Natur und Praxis, Erfahrung und Experimenten soll man die medizinische Wissenschaft lernen. Zur Experienz muß aber die Szienz kommen, damit der Aufstieg vom Sichtbaren zum Unsichtbaren gelingt. Die wahre Wissenschaft kann alles, während bloße Theorie nur zu Spekulationen führt.

Äußerst spekulativ und mystisch zugleich klingt, was Paracelsus über den Weltzusammenhang sagt: Ursprung allen Seins ist Gott. Anfangs waren alle Dinge in der *prima materia,* im *mysterium magnum* oder im göttlichen Abgrund verborgen. Da sprach Gott »Es werde!«, und es bildete sich die Urmaterie der sichtbaren Welt, der große Limbus oder Samenbehälter, aus dem Makrokosmos und Mikrokosmos hervorgingen. Die Urmaterie *(hyle)* ist ohne Form und Eigenschaft. Aus ihr brütete der Geist die Welt aus, wobei die Geschöpfe mit einer Produktionskraft versehen wurden. Zuletzt entstand der Mensch, der – ganz mittelalterlich – als Zweck der Schöpfung und Mittelpunkt der Welt erscheint, um den sich alles dreht. Trinitätsspekulation steht hinter dem Gesetz der Dreiheit, das auch den Urstoff differenziert in Sulphur (Schwefel), Mercurius (Quecksilber) und Sal (Salz), die als Kräfte oder Geister anzusehen sind. In allen Dingen bedingen sie einander und bilden eine Art Gleichgewichtszustand. Dieser Zustand kann durch Auflösung oder Verbrennung verlorengehen. Beim Verbrennen eines Holzscheits verbrennt z. B. der Schwefel, das Quecksilber wird zu Rauch, Salz bleibt als Asche zurück. Aus der Dreiheit *(yliadus)* dieser Ursubstanzen entstehen die klassischen vier Elemente Erde, Wasser, Luft und Feuer in gewissen Zusammensetzungen. Sie sind die »Mutter« der Dinge, die sich gemäß der Dominanz der einen über die anderen bilden. Da die Materie aller Metalle eine ist, können die Metalle in andere umgewandelt werden. Durch Trennung von Luft und (himmlischem) Feuer hier, Erde und Wasser dort, entstanden Himmel und Erde, wobei die Welt einem Ei gleicht, dessen Dotter der Erde und dessen Schale dem Himmelsgewölbe entspricht. Aus den Samen (Elementen) wachsen die Früchte (Dinge) gemäß ihrer schöpferischen Kraft, dem *archeus* oder Lebensgeist. Alles in der Natur lebt, und es gibt nur eine innere Entwicklung. Wenn der Arzt heilt, regt er den *archeus* an, macht sich die Heilkräfte der Natur zunutze. Allem, was auf Erden ist, entspricht etwas im Himmel und umgekehrt. Das gilt auch für das Verhältnis zwischen Mensch und Welt, Mikrokosmos und Makrokosmos. Der Mensch ist nur aus der Welt und die Welt nur aus dem Menschen zu begreifen. Alle Erkenntnis ist Selbsterkenntnis.

Die wirkungsvollste Idee des Paracelsus war aber wohl die Einbeziehung der Chemie in die medizinische Wissenschaft, woraufhin man die Ärzte fast 100 Jahre lang in Paracelsisten und Herbalisten einteilte. Letztere gaben pflanzlichen Heilmitteln den Vorzug.

In die Reihe naturphilosophischer Mystiker, die von Meister Eckhart über Paracelsus zu Jakob Böhme (1575–1624) führt, sind auch Agrippa von Nettesheim (1486–1535), Johann Baptista van Helmont und sein Sohn Franz Mercurius van Helmont (1614–1699) sowie Sebastian Franck (1499–1542) einzuordnen. Agrippa von Nettesheim nahm zur Erklärung des Weltgeschehens nach antikem Vorbild eine Weltseele an, den *spiritus mundi;* die Natur betrachtete er als einen Organismus, in dem alles nach einem umfassenden Gesetz abläuft. Die Helmonts haben Lehren des Paracelsus weitergebildet, aber auch eigene Ideen zur Entwicklung der Naturphilosophie beigetragen. Baptista van Helmont verbesserte die Methoden der chemischen Analyse und legte seine Erkenntnistheorie (Beobachtung, Mathematik, Intuition) einem Reformprogramm der Erziehung zugrunde: anstelle von Dialektik sollen die jungen Leute Mathematik lernen und mit geographischen, ethnographischen, biologischen und astronomischen Erkenntnissen vertraut gemacht werden. Mercurius van Helmont prägte den Begriff der Monade, einen Baustein der Metaphysik Leibnizens. Sebastian Franck aus Donauwörth, erst katholischer, dann evangelischer Geistlicher, darauf freier Schriftsteller, aber auch als Übersetzer und Seifensieder tätig, führte, wie Paracelsus, ein unstetes Wanderleben und starb, von Not heimgesucht und von den Mächtigen gehaßt, einsam und verlassen. Franck kämpfte gegen die starre

Orthodoxie, wo immer er ihr begegnete und verschaffte sich auf diese Weise immer mehr und immer mächtigere Feinde. Seine Begabung lag weniger auf systematischem als auf historischem Gebiet. In dem Titel eines seiner Werke, den ›Paradoxa‹, spiegelt sich die Widersprüchlichkeit des Autors und der Gesellschaft, in der er verdammt war zu leben. Die Geschichte enthüllt den Weltplan Gottes, die Machenschaften der Mächtigen und die menschliche Torheit. Als Gesellschaftskritiker sieht Franck die Wurzel aller Übel in der Tyrannei der Geistlichen und Fürsten, im Zwang der Kirchen und Staaten. Wahrhaft freies Christentum ist unparteiisch, die wahre Kirche ist der unsichtbare Leib aller Gläubigen. Sie umfaßt auch Sokrates und Seneca.

Böhmes Denken vollzieht sich mehr wie ein Drama, in einer Kette von Visionen, als in dialektischen Prozessen, wobei er mehr als Prophet denn als Denker, mehr als Theosoph denn als Philosoph erscheint. Seine Mystik trägt stark voluntaristische Züge, sein Stil ist kraftvoll, urwüchsig, bilderreich, tiefsinnig und entspringt echtem Empfinden: ein Dokument des geistigen Lebens der Reformationszeit. Vieles an seiner Kosmogonie oder Theogonie erinnert an griechische, aber auch an germanische Mythen, anderes an die Naturphilosophie des Paracelsus. Dahinter steht, wie bei den Vorsokratikern, ein prozessuales Weltverständnis, keine Ontologie. Gott erscheint bei ihm als Leben, Kraft und Wille, ein Wille, der sich aus dem Urgrund des Nichts selbst gebiert. In Gott entsteht die ewige Natur, aus Gott die geistige Welt, danach die irdische, in der sich das Menschheitsgeschehen abspielt: Sündenfall, Erlösung und Wiedergeburt. Der Mensch kann in sich selbst das göttliche Drama entdecken: »Durchbruch bis in die innerste Geburt der Gottheit.« Die irdische Natur bringt sich ständig aufs neue selbst hervor und kann so als Symbol der göttlichen Natur verstanden werden, wenn auch der Unterschied zwischen innerseelischer Gotteserfahrung und außerweltlichem Schöpfergott nicht deutlich wird, aber Theosophie ist Erleuchtung, Ergriffenheit und stammelnde Offenbarung, keine Welterklärung. Der Kampf zwischen Bösem und Gutem erinnert an persischen Dualismus und orientalische Mystik. Der Gedanke, daß das Böse Triebfeder des Guten ist, kehrt bei Goethe wieder. Gut sein heißt nicht wollen, nicht werden, nicht wirken. Gut und Böse gehören zusammen wie Ja und Nein, bilden ein dialektisches Ganzes. Gott als das Eine und die Wahrheit wäre unerkennbar ohne die

Gegenkraft. Die Wahrheit selbst ist antinomisch. Im Menschenbild Böhmes hat die Freiheit einen sehr hohen Stellenwert. Über den freien Willen des Menschen kann auch Gott nicht gebieten. Als freier Mensch ist jeder Mensch gleichsam selbst Gott. Die Betonung der Freiheit hat wohl zu der großen Wirkung beigetragen, die Böhme in England beschieden war (König Karl I. 1625–1649, Henry More 1614–1687). In Frankreich beeinflußte er Pierre Poiret (1646–1719) und Louis Claude de Saint-Martin (1743–1803), in Deutschland vorwiegend die nachkantische spekulative Philosophie.

7.2.2 Naturwissenschaften

7.2.2.1 Leonardo da Vinci

Von der Gruppe der mystischen Naturphilosophen hebt sich klar eine andere Gruppe von Forschern ab, der nach der Phase des Aufbruchs und der Phase der Ausbreitung der eigentliche Durchbruch in die Neuzeit mit Hilfe von Erfahrung, Experiment, Mathematik und technischen Hilfsmitteln gelang. Zu dieser Gruppe zählen in erster Linie Leonardo da Vinci (1452 bis 1519), Nikolaus Kopernikus (1473–1543), Galileo Galilei (1564–1642), Johannes Kepler (1571–1630), Pierre Gassendi (1592–1655) und Isaac Newton (1643–1727).

»Man sagt, daß die Erkenntnis, die von der Erfahrung erzeugt wird, rein handwerksmäßig sei, und nur diejenige wissenschaftlich, die im Geist entsteht und endet, und auf halbem Weg zwischen Wissenschaft und Handwerk diejenige, die aus der Wissenschaft entsteht und im Werk der Hände endet. Doch scheint mir, daß jene Wissenschaften eitel und voller Irrtümer sind, die nicht geboren wurden aus der Erfahrung, der Mutter jeder Gewißheit, oder nicht in einer bekannten Erfahrung enden, d.h. solche, bei denen weder Ursprung noch Mittelweg noch Ende durch irgendeinen der fünf Sinne hindurchgehen. Und wenn wir an der Gewißheit aller Dinge, die durch die Sinne gehen, zweifeln, um wieviel mehr müssen wir an den Dingen zweifeln, die diesen Sinnen aufsässig sind, wie etwa die Wesenheit Gottes und der Seele und ähnliches, worüber man streitet und kämpft; denn wahrlich, es geschieht, daß immer, wo die Vernunft ausbleibt, das Gezänk einspringt, was bei den Dingen, die gewiß sind, nicht geschieht.«[2]

Mit dieser Rehabilitierung der Wahrnehmung als Erkenntnisquelle hat Leonardo ein altes Vorurteil beseitigt, das sich aus einer antik-aristokratischen und einer christlichen Komponente zusammensetzte. Die erste führt auf Platon und Parmenides zurück, letztere auf alte, festverwurzelte asketische Ideale des Christentums. Beide zusammen ergeben eine ideologisch bedingte Abwertung der »sinnlichen Wahrnehmung« zugunsten von »reinem« Denken, von Erleuchtung oder Offenbarung. Leonardo hat gleichzeitig das Handwerk rehabilitiert. Handwerker galten seit der Zeit der Sophisten als »Banausen«, Sokrates pflegte sich dagegen in seinen Gesprächen auf Beispiele aus dem Bereich des Handwerks zu berufen. Handwerk bedeutet Arbeit, eine ebenfalls unaristokratische, bürgerliche Kategorie, die mit der Neuzeit wieder Geltung erlangt hat. Die Rehabilitierung der Sinne als Erkenntnisquelle mußte die hierarchische Gesellschaftsordnung ähnlich bedrohen wie die zur Zeit Leonardos aufkommende Buchdruckerkunst, die das Bildungsprivileg des Klerus beseitigte, indem sie weiteren Schichten Zugang zum geistigen Leben und zur Bildung verschaffte. Hinzu kommt die befreiende Bewegung der Reformation mit ihrem Demokratisierungseffekt.

Die von Leonardo an anderer Stelle erhobene Forderung, daß die Vernunft zur Erfahrung hinzutreten und sie begründen müsse, ist für die wissenschaftliche Erkenntnis der gesamten Neuzeit richtungweisend. Kopernikus paßte seine Theorie den Beobachtungen *(observationes)* an, nicht umgekehrt, und das bewirkte die Kopernikanische Wende. Newton ging von der einfachen Beobachtung eines Apfels aus, der vom Baum fiel. Die Analyse von Wahrnehmungen bei der Beobachtung des Vogelflugs führte mit Hilfe der Technik – *techne* bedeutet (griechisch) Handwerk, Kunst – zur Entwicklung flugfähiger Modelle und schließlich zur Entdeckung der aerodynamischen Gesetze, die mit Hilfe von Dialektik und Logik schwerlich je gefunden worden wären. Der Durchbruch westlicher Philosophie und Wissenschaft, die Befreiung aus den Fesseln der mittelalterlichen dogmatischen Theologie und Scholastik war nur aufgrund des von Leonardo aufgestellten Programms möglich.

[2] Leonardo da Vinci, Philosophische Tagebücher. Hrsg. v. G. Zamboni. Reinbek 1958, S. 27ff.

Hier liegt der entscheidende Unterschied zur indischen und chinesischen Philosophie, der dieser Durchbruch nicht gelang. Sinneswahrnehmung wurde zum Sinnesdatum und damit zum Baustein der Theorie. Leonardo, dann Galilei und seine Nachfolger haben die Theoriebildung Demokrits rehabilitiert, die auf die gleiche Weise erfolgte und nur von der platonisch-aristotelischen Formenlehre verdrängt wurde. Der Triumphzug Demokrits in der Neuzeit beginnt bei Leonardo. Aus der Anknüpfung an Demokrit – und Pythagoras –, nicht an Aristoteles, Platon oder Thomas von Aquin, konnte sich die klassische Mechanik entwickeln: »Die mechanische Wissenschaft ist überaus edel und vor allen anderen Wissenschaften äußerst nützlich, weil durch sie alle lebenden Körper, die Bewegung besitzen, ihre Tätigkeiten ausüben.«[3]

Leonardo spricht von der Erfahrung als »Mutter jeder Gewißheit«. Das bedeutet eine Revolution nicht nur gegen Offenbarungsglauben, dogmatische Theologie und Scholastik des Mittelalters, sondern darüber hinaus gegenüber allen Systematisierungsversuchen der Natur seitens des »reinen« Denkens, das der Natur die Gesetze vorschreibt, wie Kant noch meinte. Wenn Leonardo bemerkt, daß die Gewißheit des »Geistes« viel fragwürdiger ist als die der Sinne, so ist das nicht weniger revolutionär als seine Erkenntnis, daß Theologeme, Philosopheme und Ideologeme für Zank und Streit verantwortlich sind. (Er hätte auch »Kriege« hinzufügen können.) »Hüte dich vor den Lehren jener Spekulanten, deren Überlegungen nicht von der Erfahrung bestätigt sind.«

Leonardo da Vinci gehört nicht zu den Persönlichkeiten, die sich in eine Epoche einordnen lassen, eher zu denen, die eine Epoche bestimmen. Die Vielseitigkeit seiner Kreativität, verbunden mit Perfektion, als Architekt, Bildhauer, Maler, Musiker, Astronom, Anatom, Festungsbauer, Ingenieur, Erfinder und Philosoph ist nicht nur für die frühe Neuzeit einmalig. Einige wenige Beispiele mögen den ungewöhnlich kreativen Stil seines Philosophierens verdeutlichen.

Leonardo beweist, daß es auch in der Beobachtung so etwas wie Genialität gibt: »Schreibe vom Schwimmen unter Wasser, und du hast das Fliegen des Vogels in der Luft.«

Aus der Perspektive des genialen Erfinders sieht das Verhält-

[3] Codex über den Vogelflug, Folio 3r. A. M. Brizio, in: Leonardo. Hrsg. v. L. Reti, Frankfurt 1974, S. 296.

nis von Erfahrung und Vernunft etwas anders aus als aus der des Theoretikers: »Meine Absicht ist es, erst die Erfahrung anzuführen und sodann mit Vernunft zu beweisen, warum diese Erfahrung auf solche Weise wirken muß.«

Danach verfuhren Galilei, Newton und alle neuzeitlichen Wissenschaftler, die fruchtbare Arbeit leisteten. Ein Logiker würde kaum glauben, was der Maler Leonardo sah: »Die zwischen Licht und Schatten gesehenen Dinge werden sich besser abheben als die, die im Licht oder im Schatten stehen.«

Einem Philosophen, der eine Ethik schreibt, kann man nur wünschen, daß er die Beobachtungsgabe eines Leonardo besitzt: »Beachte auf den Straßen, wenn es Abend wird und das Wetter schlecht ist, die Gesichter von Männern und Frauen, wieviel Anmut und Sanftheit man auf ihnen sieht.«

Zum Schluß ein Wort besonders für die, welche es angeht: »Den Ehrgeizigen, die sich weder mit der Wohltat des Lebens noch mit der Schönheit der Welt begnügen, ist die Buße aufgegeben, daß sie selber ihr Leben verderben und nicht den Nutzen und die Schönheit der Welt besitzen.«[4]

7.2.2.2 Kopernikus

An den Namen Nikolaus Kopernikus (1473–1543) aus Thorn hat sich die Rede von der »Kopernikanischen Wende« gehängt, die, wie gesagt, eigentlich schon im späten Mittelalter begonnen hat und, geht man noch weiter zurück, vielleicht eher die Rehabilitierung einer verdrängten Denkweise als eine Wende war.

Kopernikus studierte in Krakau Mathematik und Astronomie, in Bologna und Padua Jura und promovierte 1503 in Ferrara zum Doktor im kanonischen Recht. Während eines zweiten Aufenthalts in Padua studierte er auch Medizin. Er kannte Schriften des Cusanus und des Ficinus. 1497 wurde er in das Domkapitel zu Frauenburg in Ostpreußen aufgenommen und bekleidete in den folgenden Jahren verschiedene geistliche Ämter im Bistum Ermland; der Reformation schloß er sich nicht an, weil er eine Revolution befürchtete.

Das Papst Paul III. gewidmete Hauptwerk des Kopernikus ›De revolutionibus orbium coelestium libri VI‹, bald nach seiner Rückkehr aus Italien verfaßt, erschien erst in seinem Todes-

[4] Ebd., S. 293ff.

jahr 1543. In der Widmungsvorrede bemerkt Kopernikus, daß er Anregungen für seine Arbeit von antiken Autoren, u. a. aus dem Bericht Plutarchs empfangen habe, der auf Theorien der Erdbewegung bei den späten Pythagoreern hinweist. Die dem Papst gewidmete Schrift wurde von Luther abgelehnt, und sie stand von 1616 bis ins 19. Jahrhundert auf dem römischen Index der verbotenen Bücher. In der von dem protestantischen Theologen Osiander (ohne Namensnennung) verfaßten Vorrede zum Werk des Kopernikus wird die Lehre als Hypothese eingeführt. Kopernikus selbst hatte nur Wahrscheinlichkeitsgründe für die Richtigkeit seiner Lehre angegeben, die jedoch den Vorzug rechnerischer Kürze vor anderen Erklärungen besaß sowie von dem Prinzip der Relativität der Bewegung ausging. Erst als Galilei die Richtigkeit der Annahme des Kopernikus durch Erfahrungstatsachen bewies, begannen die Angriffe der Kirche, die offenbar nicht imstande war, dem Werk wissenschaftlich gerecht zu werden und es daher, aus ideologischen Gründen, bekämpfte, und das, obwohl Kopernikus an der Kugelgestalt der Welt und der anthropozentrischen Sicht festgehalten hatte. Die Kirche erreichte dadurch den genau entgegengesetzten Effekt, wie alle Systeme, welche die Wahrheit monopolisieren und Andersdenkende mit Gewalt unterdrücken.

7.2.2.3 Brahe, Kepler

Der dänische Astronom Tycho Brahe (1546–1601), ein »Genie der Beobachtung« wie Leonardo, überprüfte die Tabellen des Kopernikus und nahm an einigen Details Anstoß, lehnte aber dessen heliozentrisches Weltsystem ab, das er durch ein anderes, vermittelndes System zu ersetzen suchte. Folgenschwerer für die mittelalterlichen Theologen war die Entdeckung eines neuen Sterns in der Cassiopeia durch Brahe, womit dem von Kopernikus, ungeachtet einiger Zweifel, noch nicht aufgegebenen Glauben an kristalline Gestirnsphären der Boden entzogen wurde. Brahe, ein Empiriker reinsten Wassers, richtete mit Unterstützung von König Friedrich II. von Dänemark in Uranienborg eine Sternwarte mit Laboratorium ein, die zu einem Zentrum astronomischer Studien in Europa wurde. Von Kaiser Rudolf II. nach Prag berufen, richtete er auch dort eine Sternwarte ein. Unter seinen Mitarbeitern befand sich Kepler, der nach Brahes frühem Tod das Beobachtungsmaterial übernahm, das die Voraussetzungen für seine Berechnungen der Planetenbahnen lieferte.[5]

Johannes Kepler (1571–1630) aus Weil bei Stuttgart studierte in Tübingen, lehrte in Graz Mathematik und Moral, arbeitete dann zwölf Jahre lang mit Brahe zusammen, wobei ihm die Aufgabe zufiel, die Marsbahn zu berechnen, war nach Brahes Tod kaiserlicher Hofmathematicus in Linz (1612–1627) und starb, auf der Suche nach einem neuen Aufenthaltsort, in Regensburg. In Graz verfaßte er sein bekanntes Jugendwerk, das ›Mysterium cosmographicum‹ (1596), worin er in ziemlich schwärmerischen Tönen die Schönheit, Vollkommenheit und Göttlichkeit der Welt feiert und eine neuplatonisch-mystisch gefärbte Weltanschauung vertritt. Während der Zusammenarbeit mit Brahe reifte er zu einem ausgezeichneten Astronomen heran, der aber auch auf Gebieten der Doliometrie, Optik und Akustik Hervorragendes leistete. Auf der Grundlage von Brahes jahrelangen Beobachtungen der Marsbewegung errechnete er auf induktivem Weg mit Hilfe ebenso schwieriger wie präziser Rechenverfahren die tatsächlichen Bahnen und Geschwindigkeiten der Planeten. Die drei Keplerschen Gesetze waren gefunden, von denen er die beiden ersten in der ›Neuen Astronomie‹ 1609, das dritte in der ›Weltharmonie‹ 1619 veröffentlichte:

1. Die Planeten bewegen sich in Ellipsen, in deren einem Brennpunkt die Sonne steht.
2. Der Radiusvektor (Verbindungslinie zwischen Sonne und Planet) überstreicht in gleichen Zeiten gleiche Flächen.
3. Die Quadrate der Umlaufzeiten der Planeten verhalten sich wie die Kuben ihrer mittleren Entfernung von der Sonne.

Diese Gesetze lassen sich aus Newtons Gravitationsgesetz ableiten und gelten allgemein für Massen, die sich um einen gemeinsamen Schwerpunkt bewegen. Die Erfahrung im Bund mit der Mathematik hatte einen glänzenden Sieg errungen. An der Kugelförmigkeit der Welt, an dem Glauben, daß es nur fünf Planeten geben könne, an der Beseelung des Kosmos (»Erdseele«) und an der anthropozentrisch-theologischen Auffassung »Alles ist um des Menschen willen da« hielt Kepler allerdings fest.

[5] In England untersuchte damals William Gilbert (1540–1603) elektrische und magnetische Erscheinungen (De magnete, 1600). Seine Idee, daß kein Punkt des Alls den Vorzug vor einem anderen habe, weist auf Einsteins Relativitätsprinzip voraus.

7.2.2.4 Galilei, Cavalieri

Den nächsten Schritt auf dem Weg zu einer in sich geschlossenen »Himmelsmechanik« tat Galileo Galilei (1564–1642) aus Pisa. Ausgehend von Euklid und Archimedes, befaßte er sich in seiner ersten Untersuchung ›La Bilancetta‹ mit der hydrostatischen Waage zur Ermittlung der Körperdichte. Zur Mathematik und Empirie traten die bereits von Leonardo mitrehabilitierte Technik und ein ausgeprägtes philosophisches Methodenbewußtsein. Galilei rehabilitierte seinerseits die Atomlehre Demokrits, die er, mit Hilfe der Mathematik und neuer physikalischer Erkenntnisse, zur klassischen Mechanik fortbildete. 1589 wurde Galilei Professor für Mathematik in Pisa, 1592 erhielt er die Professur für Mathematik in Padua. Dort lehrte er 18 Jahre, die glücklichste und fruchtbarste Zeit seines Lebens: Entdekkung der Parabelform der Wurfbewegung mit folgender Entdeckung der Fallgesetze; Isochronismus der Pendelschwingungen und Grundlegung der Dynamik; wenn nicht Entdeckung, so doch Verbesserung des Fernrohrs; Entdeckung der Jupitermonde mit Hilfe des von ihm konstruierten Fernrohrs; Entdekkung der erdhaften Natur des Mondes; Erklärung der Milchstraße als eine Anhäufung zahlloser Sterne. Neben einer Abhandlung über den Proportionalzirkel (1606) verfaßte er 1610 den ›Nuncius Sidereus‹, die ›Botschaft von den Sternen‹, worin er seine mit Hilfe des Fernrohrs gemachten Entdeckungen zusammenfaßte. Das Buch erregte gewaltiges Aufsehen. Der Großherzog von Toscana berief ihn als Mathematicus Primarius an die Universität Florenz, ohne Vorlesungsverpflichtungen. Galilei setzte seine Entdeckungen fort: Einzelheiten des Saturn, Venusphasen, Sonnenflecken. Er bemerkte gelegentlich, daß er in seinem Leben mehr Jahre mit dem Studium der Philosophie als Monate mit dem der Mathematik verbracht habe.

Jesuiten und die Inquisition wurden auf Galilei aufmerksam. In seinem nächsten Werk ›Il saggiatore‹, dem ›Goldwäger‹ (1623), nahm er noch nicht ausdrücklich zu der inzwischen (1616) indizierten Lehre des Kopernikus Stellung, es war eine Antwort auf die Angriffe des Jesuitenpaters Grassi. 1632 konnte das Hauptwerk erscheinen: ›Dialogo sopra i due massimi sistemi del mondo‹, eine Erörterung des ptolemäischen und des kopernikanischen Weltmodells. Während die Fachwelt dem Werk höchste Anerkennung zollte, eröffneten die Machthaber den Inquisitionsprozeß gegen Galilei, der, wie einst Sokrates, mit 70 Jahren vor Gericht gestellt wurde. Von den Torturen des Verfahrens zermürbt, mußte er vor dem Heiligen Officium in Rom seine Lehre widerrufen und sich auf sein Landhaus bei Florenz in eine Art Isolationshaft begeben, die erst nach und nach gemildert wurde, so daß er Besuch empfangen konnte. Fast erblindet, faßte er die Ergebnisse seiner Forschungen zur Bewegungslehre in seinen ›Discorsi‹ (1638) zusammen. Bis zu seinem Tod, auch darin Sokrates ähnlich, erörterte er mit seinen Schülern wissenschaftliche Probleme.

Galilei endete nicht mehr wie Giordano Bruno (1600) auf dem Scheiterhaufen. Auch der äußerliche Sieg der Kirche war kein absoluter mehr. Geistig hatte sie den Kampf verloren, wenn sie auch machtpolitisch an Einfluß wieder gewann. Die von Kopernikus eingeleitete und von Galilei vollendete Wende war jedoch nicht mehr rückgängig zu machen. Galilei hatte Aristotelismus wie Scholastizismus überwunden. Zur Anwendung von Beobachtung und Erfahrung traten bei ihm Messungen und technische Mittel in großem Umfang. Mit seinem Fernrohr hatte er den Bereich der Sinnesdaten künstlich erweitert. Durch die Kombination von Synthese *(metodo compositivo)* und Analyse *(metodo risolutivo)* führte er die Induktion über das Niveau der Empiristen hinaus. Durch seine Lehre von der Subjektivität der Empfindungen förderte er die mechanistische Erklärung der Natur (Objekte). Aus der mathematischen Naturerklärung Keplers wurde eine auf Erfahrungstatsachen fundierte universale Erklärung des Weltgeschehens.

Bonaventura Cavalieri (1598–1647), ein Schüler Galileis, vollzog den nächsten Schritt, indem er Bewegungsvorgänge von Körpern weiter analysierte und schlug so die Brücke von entsprechenden Ansätzen Keplers zu Leibniz bzw. von Galilei zu Newton (Infinitesimalrechnung). Der Weg führte in der Mathematik zur Ableitung der Eigenschaften von Gebilden unter der Voraussetzung ihrer stetig veränderten Bewegung. Die aristotelischen Formen ließen sich somit auch als Bewegungsfunktionen von Körpern verstehen. Der Weg führte von der Form zur Funktion oder von Platon zu Pythagoras und Demokrit.

7.2.2.5 Newton

Den letzten großen Schritt, Abschluß und Krönung der klassischen Mechanik zugleich, tat Isaac Newton (1642–1727). Der

Titel seines Hauptwerks beginnt mit dem Wort Philosophie: ›Philosophiae naturalis principia mathematica‹ (Mathematische Prinzipien der Naturphilosophie). Er zog gleichsam die Summe naturwissenschaftlicher Forschung seit Kopernikus. Sein Beitrag war die Gravitationstheorie. »Irdische« und »himmlische« Mechanik erscheinen in einem System zusammengefaßt und zu einem Modell neuzeitlicher Naturerkenntnis verdichtet. Berühmt wurde die Absage Newtons an Spekulationen, im Sinne Leonardos: »Ich bilde keine Hypothesen.« Im Kampf gegen Scholastiker und Metaphysiker einerseits, aber auch gegen Hypothesenbildner der Neuzeit blieb Newton Sieger. Seine Experimentalphysik wurde auch zum Modell einer experimentalen Philosophie, die sich in die strenge Zucht von Erfahrung, Beobachtung und Rechnung begab: In der Naturphilosophie ist so viel Wahrheit, wie Mathematik in ihr ist. Der Rest ist persönlicher Glaube, Frömmigkeit oder Weltanschauung. Eine anscheinend unüberbrückbare Kluft zwischen Glauben und Wissen tat sich auf: ein Problem für das folgende Jahrhundert. Newton gestattete sich in seiner an Henry More (1614–1687) anschließenden Lehre vom absoluten Raum (Sensorium Gottes) und von der absoluten Zeit eine Art Privat-Metaphysik.

7.3 Die Emanzipation der Philosophie von der Theologie

7.3.1 Aufbruch, Ausdehnung, Durchbruch, Konsolidierung

Auf die Phasen des Aufbruchs, der Ausdehnung und des Durchbruchs folgte die Phase der Konsolidierung, für die Philosophie die Epoche der »konstruktiven Systeme«. Diese Phasen sind jedoch nicht streng chronologisch abgrenzbar, und mit der Ausbildung der Nationalitäten wuchsen auch die Abstände der Entwicklungen in den einzelnen Ländern.

In Italien, wo Leonardo da Vinci und Galilei maßgeblich zum Durchbruch der Naturwissenschaften beigetragen hatten, setzte nach Galilei mit dem Eindringen der Jesuiten und dem erneuten

Machtzuwachs der Kirche die lange Periode des Niedergangs freier Geistesentwicklung ein. Italien, das Europa unendlich Vieles und Großes gegeben hatte, wurde um die Früchte der Freiheit gebracht, ebenfalls um die nationale Einheit. Die Scholastik gelangte wieder zu Ansehen und Vorherrschaft. Nur die Jurisprudenz, deren die Kirche zur Konsolidierung ihrer Machtansprüche bedurfte, konnte im Heimatland abendländischen Rechts eine gewisse Selbständigkeit behaupten.

Spanien erging es nicht viel anders. In der Heimat des Jesuitenordens konnte sich die Scholastik nicht nur behaupten, sondern sogar erneuern; es entstand die sogenannte »spanische Neuscholastik«.

Deutschland verspielte im Dreißigjährigen Krieg, der anfangs ein Glaubenskrieg war, dann mehr und mehr zu einem politischen Machtkampf wurde und schließlich in Barbarei endete, viel von dem, was die Reformation erreicht hatte. Wie so oft in der deutschen Geschichte blieb am Ende alles in der Schwebe, unentschieden: eine gewaltige Kraftentfaltung ohne durchschlagenden Erfolg. Auch hier blieb, wie in Italien, die nationale Einheit aus. Das Land war völlig erschöpft, politisch ohnmächtig, die Bevölkerung dezimiert, die Wirtschaft weitgehend zerstört, und das kulturelle Leben lag danieder. Auf dem Gebiet der Philosophie suchte Leibniz den Nachholbedarf mit einer gewaltigen geistigen Anstrengung zu bewältigen. Es gelang ihm Erstaunliches, aber die beabsichtigte große Synthese glückte nicht. Sein Werk blieb Stückwerk, wie der Ansatz Francis Bacons und die Systeme der übrigen großen Denker der frühen Neuzeit. Offensichtlich war eine systematische Einheit auf dem Niveau Thomas von Aquins nicht mehr zu erreichen.

Zu den großen konstruktiven Denkern der frühen Neuzeit werden Descartes, Hobbes, Spinoza, Locke und Leibniz gezählt. Ob Francis Bacon noch zum Zeitalter der Renaissance zu zählen ist oder zur frühen Neuzeit, ist umstritten. Ein Denker, dem man kaum gerecht wird, wenn man ihn lediglich als »Zeitgenossen der Großen« einordnet, ist Blaise Pascal, der nicht nur ein glänzender Erfinder, Mathematiker, Philosoph und Repräsentant der Neuzeit war, sondern auch einer ihrer tiefblickenden Kritiker. Zwar hat er kein System konstruiert, aber das haben Bacon, Spinoza und Leibniz auch nicht. Es besteht kein Grund, ihn aus der Gruppe von Denkern auszusondern, die man als das leuchtende Siebengestirn am Himmel der frühen Neuzeit bezeichnen kann, darunter drei Angelsachsen und vier

Kontinentaleuropäer: Bacon, Descartes, Pascal, Hobbes, Spinoza, Locke und Leibniz. Von einigen wird Locke zum Zeitalter der Aufklärung gezählt, was von der Wirkung her eine gewisse Berechtigung hat, insofern man den weiteren Begriff der Aufklärung zugrundelegt. Von den Problemen und der Auseinandersetzung mit den Denkern, die ihn prägten, also vom Ursprung her gesehen, gehört er zur Konsolidierungsphase der großen philosophischen Emanzipationsbewegung von der Theologie, die im Zeitalter der Aufklärung das scholastische Verhältnis von Theologie und Philosophie umgekehrt hat. Locke kann daher als Vorläufer der Aufklärung gesehen werden, nicht aber als ihr eigentlicher Vertreter. Die Länder, in denen sich die Philosophie der frühen Neuzeit am besten entwickeln konnte, waren England und Frankreich, die ihre nationale Einheit gefunden und ein hohes Maß an geistiger Freiheit behauptet hatten.

7.3.1.1 Bacon

Francis Bacon (1561–1626) stammte aus London, war der jüngste Sohn des Großsiegelbewahrers von England, studierte in Cambridge, begleitete den englischen Gesandten für zwei Jahre nach Paris, wurde danach Jurist, Mitglied des Parlaments, 1604 Rechtsberater der Krone, 1613 Oberstaatsanwalt, 1617 Großsiegelbewahrer, 1618 Lordkanzler, verlor aber 1621, wegen passiver Bestechung verurteilt, seine Ämter und seinen Sitz im Parlament, wurde jedoch, weil er sich auf Wunsch des Königs nicht verteidigte, bereits nach wenigen Tagen aus der Haft entlassen und am Ende seines Lebens sogar ins Oberhaus berufen. In der Zwischenzeit lebte er zurückgezogen und seiner großen Liebe hingegeben – den Wissenschaften. 1605 erschien sein Buch ›Über den Fortschritt und die Beförderung der Wissenschaft‹, später umgearbeitet als ›Über die Würde und die Mehrung der Wissenschaften‹ (1623, das einzige vollendete philosophische Werk Bacons), 1620 das ›Novum Organum‹ und 1623 die ›Naturgeschichte‹. Das systematische Hauptwerk ›Instauratio magna imperii humani in naturam‹ blieb im Zustand der Planung. Das ›Neue Werkzeug‹ sollte das (alte) Organon des Aristoteles ersetzen. Bacons Werdegang und die Titel seiner Werke zeigen, wo seine Hauptinteressen lagen. Er war Politiker, Wissenschaftsorganisator, Programmatiker, Logiker, Methodiker, Philosoph, aber kein Physiker, noch weniger Mathematiker. Bacon besaß zwar nicht die Fähigkeiten eines Leonardo oder Galilei, aber er war mit der wissenschaftlichen Entwicklung vertraut. Von ihm stammt das Wort: »Wissen ist Macht«: *tantum possumus quantum scimus.* Er wußte, was man mit der Wissenschaft machen kann, seine Werke sollten Entdeckungsfahrten ins Reich der Wahrheit sein. Bacon schrieb für die Menschheit, die er von Unmündigkeit befreien wollte, aber er verstand sich nicht nur auf allgemeine Parolen und Zielsetzungen. So arbeitete er ein induktives System der Logik auf der Grundlage von Erfahrung aus, verband damit eine Methodenlehre, die für lange Zeit richtungweisend blieb, und glaubte auch, daß es nicht ganz ohne Metaphysik gehe. Er hielt daher an dem Begriff der Form fest, was der Klarheit seiner Naturphilosophie nicht zuträglich war und ihm den Ruf eintrug, in scholastischem Denken befangen zu sein. Charakteristisch für seinen Ansatz ist der Gedanke der Unabhängigkeit von Moral und Politik von der Theologie, und hier wird die durchgehende Tendenz zur Emanzipation deutlich, deutlicher als bei vielen Naturphilosophen, die über die traditionellen theologischen und metaphysischen Denkformen nicht hinausgelangten. Nach Bacon untersteht auch die Moral dem Naturgesetz, das äußerlich als Konsens und innerlich als Instinkt erscheint.

Den Gegenstand der Philosophie bestimmt Bacon umfassender als die mehr spezialisierten Naturphilosophen. In seinem *globus intellectualis* fallen der Philosophie drei Gegenstandsbereiche zu: Gott, Mensch und Natur. Hier tritt das christliche Grundkonzept wieder hervor, das vollständiger ist als das antike oder das neuzeitliche. Bei der Theologie unterscheidet er eine *theologia naturalis,* die zur Philosophie gehört, von der *theologia inspirata,* die Sache des Glaubens ist. Diese auf einem soliden Fundament beruhende Unterscheidung erwies sich als nützlich für die Zukunft. Bacon war kein Gegner der Religion. Bekannt ist sein Ausspruch, daß oberflächliches Philosophieren zum Atheismus führe, tieferes Eindringen dagegen zur Religion zurück: »Wer das Dasein Gottes leugnet, zerstört den Adel der Menschheit.«

Von fundamentaler Bedeutung ist Bacons erste »Ideologiekritik«, der er nicht zuletzt seinen Ruhm verdankt. Sowohl die einseitigen Empiriker als auch die einseitigen Rationalisten irren sich. Es gibt vier Quellen ihrer Irrtümer, die *idola tribus* oder naturbedingten Täuschungen der Sinne und des Verstandes, die allen Menschen gemeinsam sind, die *idola specus*, Besonderheiten des einzelnen, individuelle Anlagen, Gewohnheiten usw., die *idola fori*, die sprachbedingten Trugbilder des Marktes und die *idola theatri*, die Trugbilder der Schulphilosophie, denen auch Naturphilosophen zum Opfer fallen. Bacons Programm zur Erkennung und Auflösung der Trugbilder weist über die Grenzen der frühen Neuzeit hinaus, zurück ins Altertum zur Doxakritik von Platon und Aristoteles, voraus in die Gegenwart zu Psychoanalyse und Ideologiekritik. Die Bekämpfung von Vorurteilen ist eine der Grundaufgaben der Philosophie zu allen Zeiten und in allen Lebensbereichen. Bacon hat als Philosoph das Verdienst, diese Aufgabe in einer der Neuzeit gemäßen Weise formuliert zu haben. Spezifisch neuzeitlich bei ihm ist die Betonung der Macht. Im Kampf zwischen Royalisten und Parlamentariern stand Bacon auf seiten des Königs, war aber kein Vertreter des Absolutismus; an einer Verschärfung des Gegensatzes zwischen König und Parlament war ihm nicht gelegen. Er wollte England zur Vormacht in Westeuropa machen, welche die protestantischen Interessen mit Nachdruck vertreten konnte.

Bacons ›Nova Atlantis‹, ein Gegenstück zu Platons Atlantis-Erzählung im ›Kritias‹, läßt charakteristische Unterschiede der antiken und der neuzeitlichen Version des Atlantis-Motivs erkennen. Bei Platon spielt die Geschichte in grauer Vorzeit und trägt patriotisch-moralische Akzente – die armen, aber tugendhaften athenischen Vorfahren besiegen den technisch überlegenen Feind aus dem fernen Westen –, Bacons Utopie weist in die Zukunft: Wissenschaft als Quelle von Wohlstand und Glück der Menschheit. Beide Werke sind unvollendet, und in beiden spielt die Technik eine große Rolle. In Bacons zukunftsträchtigen Visionen verbinden sich christliche Paradiesvorstellungen mit Alchemie und neuzeitlichem Machtstreben: Gewinnung von Gold aus Blei, Pflanzen-, Tier- und Menschenzüchtung, chemische Ernährung, Telephone, Luftschiffe, modernste Waffen, Lösung aller sozialen Probleme und grenzenloses Glück für alle.

7.3.1.2 Hobbes

In der Betonung des Machtgedankens führt eine klare Linie von Bacon zu Thomas Hobbes (1588–1679), der in der Emanzipation der Macht (von kirchlicher Autorität) sogar noch etwas weiter ging als Machiavelli. Hobbes war der Sohn eines Landgeistlichen aus Malmesbury, wurde in puritanischem Geist erzogen und lernte in Oxford die scholastische Philosophie kennen. Mit 20 Jahren Baccalaureus, aber ziemlich mittellos, trat er als Reisebegleiter in den Dienst des Barons Cavendish, des späteren Earl of Devonshire. Da er politischer Schriftsteller werden wollte, begann er seine Laufbahn mit einer Übersetzung des Thukydides (1628) und half Bacon beim Übersetzen seiner Essays. Im Mittelpunkt seines Interesses stand der Mensch, und insofern interessierten ihn auch die aufstrebenden Naturwissenschaften, insbesondere das Problem der Sinneswahrnehmung. Er studierte die Werke Galileis und Descartes' und faßte den Plan zu einem philosophischen System auf der Grundlage einer nominalistischen Logik, einer naturalistischen Anthropologie und einer materialistischen Körperlehre. Vor der Revolution flüchtete er, ein Befürworter absoluter Souveränität, nach Paris (1640–1651). Als die Amnestie wirksam wurde, kehrte er nach London zurück und schloß sein System ab: ›De corpore‹ (1655), ›De homine‹ (1658); ›De cive‹ war schon 1642 erschienen. Außerdem verfaßte er den ›Leviathan‹ (1651), genannt nach dem von Jahwe überwundenen Drachen im Alten Testament, worin er seine Staatslehre darlegte, ferner den ›Behemoth‹, eine Geschichte des »Langen Parlaments« sowie in hohem Alter eine Übersetzung Homers in Jamben. Die Philosophie soll aus Wirkungen auf ihre Ursachen schließen und Voraussagen ermöglichen. Die Logik befaßt sich mit Namen als Zeichen für Begriffe. Ein Satz ist die Verbindung zweier Namen, von deren Verbindung seine Wahrheit abhängt. Die Namengebung erfolgt nach der Konvention. Denken ist ein Rechnen mit Begriffen, die Mathematik operiert mit einem eigenen Zeichensystem. Von geometrischen Gebilden ist apriorische Erkenntnis möglich.

Die »Erste Philosophie« soll die wissenschaftlichen Grundbegriffe systematisieren. Ideen stammen aus der Erfahrung. In der Bewegungslehre spielen die Begriffe Conatus (Anfangsbewegung) und Impetus (Antriebskraft) eine Rolle. Was die Natur dem Menschen zeigt *(ostensa)*, ist eine Erscheinung oder ein

Phänomen, das im Lebewesen durch Bewegung von Teilchen vermittelt wird. Wahrnehmung ist mit Gedächtnis verbunden: *sentire se sensisse, meminisse est.* Empfindungen und Wahrnehmungen existieren nur im Subjekt und sind den Gegenständen außerhalb nicht ähnlich. Auch die Assoziation von Ideen erfolgt auf mechanische Weise. Regen Eindrücke unseren Blutkreislauf an, empfinden wir Lust, hemmen sie ihn, Unlust. Willensfreiheit gibt es nicht. Jeder Akt folgt notwendig aus vorhergehenden Bewegungen. Die Welt besteht aus Himmelskörpern, zwischen denen sich unsichtbare Atome (Äther) bewegen. Schwere ist eine Folge der Erdanziehung.

Seiner Gesellschaftslehre legt Hobbes zwei Prinzipien zugrunde, das Streben nach Besitz und Macht *(cupiditas naturalis)* und das natürliche Verlangen nach Überleben *(ratio naturalis)*, der Vernichtung zu entgehen. Der Mensch strebt nach Vorteil und Ruhm. Naturzustand der Menschen ist der Krieg aller gegen alle *(bellum omnium contra omnes).* Jeder Mensch ist seinen Mitmenschen ein Wolf *(homo homini lupus).* Wille zur Selbsterhaltung und der Drang nach Genuß beherrschen den Menschen. Der Zustand gegenseitiger natürlicher Feindschaft ist jedoch für den einzelnen nicht vorteilhaft, Vergesellschaftung ist nützlicher. Furcht vor dem Tod und der Wunsch, sich das Leben angenehmer zu machen, sowie die Hoffnung, sich die Mittel dazu durch Arbeit zu verschaffen, bewegen den Menschen zum Frieden, nicht die Liebe zum Nächsten oder der Gedanke an das Gemeinwohl. Um zu kooperieren, muß der Mensch tun, was er nicht mag, und zwar aus Furcht vor den sonst eintretenden Konsequenzen, die er noch weniger mag. Der Mensch entschließt sich zum Gewaltverzicht aus Furcht vor mehr Gewalt und überträgt sein Recht aufgrund eines Vertrages dem Staat *(translatio iuris).* Der Staat erscheint als eine Person *(persona civilis)*, die den Willen aller repräsentiert und alle beherrscht. Nur als Träger unumschränkter Gewalt *(summum imperium)* kann der Staat Sicherheit und Frieden gewährleisten. Die Gesetze der menschlichen Gesellschaft erweisen sich eigentlich als Naturgesetze, weil sie Selbsterhaltung und Selbstentfaltung ermöglichen. Legitimität ohne Macht gibt es bei Hobbes nicht, was ihn sowohl bei den Royalisten als auch bei den Revolutionären verdächtig machte. Nicht das Naturrecht, sondern die Macht der Untertanen schränkt die Herrschaft ein. Regierung deckt sich bei Hobbes weitgehend mit Macht. Er entschied sich für den Macht-, nicht für den Rechtsstaat. Außerhalb des Staates herrschen Krieg, Angst, Armut, Dummheit, Barbarei und Schmutz, innerhalb des Staates dagegen Frieden, Sicherheit, Reichtum, Wissenschaft, Geselligkeit und Ordnung. Eine an sich beste Staatsform gibt es nicht, wenn auch Hobbes zur absoluten Monarchie tendiert. Was die Macht im Staat festigt, ist gut, was ihr abträglich ist, schlecht. Strafen sollen nicht Geschehenes vergelten, sondern künftige Vergehen abwenden. Religion ist vom Staat anerkannte Furcht vor überirdischen Mächten, alles andere ist Aberglaube. Die Bibel will Hobbes nicht antasten, die Philosophie aber muß frei sein, damit sie gedeiht. Als Merkmale der Philosophie von Hobbes werden allgemein angeführt: Atheismus, Materialismus, Naturalismus, Individualismus, Utilitarismus, Egoismus, Determinismus, Nominalismus und Konventionalismus. Hobbes' Menschenbild ist nicht aus der Erfahrung, aus psychologischer Beobachtung erwachsen, sondern eine Konstruktion, die allerdings auf dem Hintergrund der Bürgerkriege in England verständlich wird. Sein Weltbild setzt die mechanistische Physik nach Art von Galilei und Descartes voraus. Hobbes war der erste, der seine politische Philosophie in ein Konzept mechanistischer Naturauffassung einbezog. Er hat die Herausforderung der Neuzeit erkannt und konsequent darauf reagiert. Seine Konzeption von Regierung, Herrschaft und Staat war durch und durch neuzeitlich, individualistisch, utilitaristisch und machtorientiert.

7.3.1.3 Locke

John Locke (1632–1704) war der Sohn eines Rechtsgelehrten aus der Gegend von Bristol, besuchte die Westminster-Schule in London und studierte in Oxford, vor allem Naturwissenschaften und Medizin, wobei ihn besonders die Schriften Descartes' beeindruckten. Scholastische Disputierübungen lehnte er ab, weil sie ihm steril erschienen und Zank und Streit förderten. Von 1667 bis 1675 lebte er im Haus des späteren Earl of Shaftesbury. Er bereiste auch Deutschland und Frankreich, wo er sich von 1675 bis 1679 aufhielt, flüchtete aus politischen Gründen 1683, wie zuvor sein Gönner, nach Holland, konnte aber nach der »Glorreichen Revolution« 1689 nach England zurückkehren und erhielt das Amt eines Commissioner of trade and plantages. 1689 erschien Lockes Brief über Toleranz anonym, 1689–1690 sein bedeutendstes Werk ›Versuch über den menschlichen Verstand‹, 1693 eine Schrift über Erziehungsfragen, die Rousseau beeinflußte, und 1695 ›Über die Vernunftmäßigkeit des Christentums, wie es in der Schrift überliefert ist‹. Diese Schrift beeinflußte Voltaire. Locke war der erste neuzeitliche Denker, der das Erkenntnisproblem in seiner Tragweite erkannte, aufgriff und in umfassender Weise erörterte. Wie bei Bacon steht am Anfang die Suche nach der geeigneten Methode, und Locke wäre kein Engländer gewesen, hätte er sich nicht für Empirie und Induktion entschieden, allerdings mit cartesianischem Einschlag, insofern er vom Bewußtsein ausgeht. Die »angeborenen Ideen« des Descartes lehnte er indessen ab.

Wollte Bacon mit seiner Idolen-Lehre die Vernunft u.a. von scholastischen Formeln befreien, setzte Locke diese Arbeit fort, indem er durch eine Grenzbestimmung der Vernunft unnützes Denken auszugrenzen suchte. Die Seele gleicht einer unbeschriebenen Tafel *(tabula rasa).* Alle Erkenntnis beruht auf äußerer *(sensation)* oder innerer *(reflection)* Erfahrung. Locke hat zwar die Formel nicht geprägt, aber sie gibt seine Lehre wieder: »Nihil est in intellectu, quod non fuerit in sensu« (Nichts ist im Verstand, was nicht in den Sinnen war). Bei den Vorstellungen lassen sich einfache und zusammengesetzte unterscheiden. An der Raumvorstellung sind Gesichts- und Tastsinn beteiligt. Einige sinnlich wahrnehmbare Eigenschaften, die primären Qualitäten, kommen den äußeren Gegenständen zu: Ausdehnung, Bewegung, andere, die sekundären Qualitäten, nur dem wahrnehmenden Subjekt: Farben, Töne. Außerdem gibt es noch eine dritte Klasse von Qualitäten: die Kräfte *(powers),* z.B. die Kraft des Feuers, Eisen zu schmelzen. Im einzelnen unterscheidet Locke: Vorstellungskraft *(perception),* Behaltevermögen *(retention),* Unterscheidungsvermögen *(discerning),* Vergleichen *(comparing),* Zusammensetzung *(composition),* Benennung *(naming)* und Abstraktion *(abstraction).* Bei den komplexen Ideen sind zu unterscheiden: Modi, Substanzen und Relationen. Wille und Verstand sind geistige Kräfte. Freiheit ist die Kraft, vermöge der wir entscheiden, nicht Willens-, sondern Wahlfreiheit. Substanzen sind z.B. Körper, Geist, Gott. Beim Wissen sind wiederum drei Arten zu unterscheiden: intuitives, demonstratives und sensitives Wissen. Wahrscheinlichkeitsurteile müssen an der Erfahrung geprüft werden. In der Einteilung der Wissenschaften folgt Locke dem alten stoischen Prinzip, das er geringfügig abwandelt: Physik, Praktik (Ethik) und Semiotik (Logik).

Gut und schlecht decken sich mit Lust und Unlust oder dem, was sie bewirken. Recht und Unrecht ist nach drei Gesetzen zu unterscheiden, dem göttlichen: Sünde und Pflicht, dem bürgerlichen: Verbrechen und Unschuld und der öffentlichen Meinung: Tugend und Laster. Jede religiöse Gemeinschaft und Meinung ist zu tolerieren, ausgenommen Katholiken und Atheisten, weil diese Gott und die Offenbarung leugnen, jene das römische Oberhaupt anerkennen.

In der zweiten ›Abhandlung über die Regierung‹ legt Locke, teilweise im Gegensatz zu Hobbes, seine politischen Auffassungen dar. Sie enthalten Gedanken von Richard Hooker (1553 bis 1600) aus seinem für die Verfassung der anglikanischen Kirche grundlegenden Werk ›Of the laws of ecclesiastical polity‹ und Thomas von Aquin. Locke stützt sich also sowohl auf mittelalterliche als auch auf reformatorische Traditionen. Das führt zu einer gewissen Unklarheit seiner politischen Ansichten, deren Grundtendenzen jedoch, ungeachtet des Common-sense-Stiles seiner Philosophie, erkennbar sind. Die Macht der Regierenden wird einmal durch moralische Gesetze begrenzt, sodann durch das Herkommen. Regierungen sind dem Volk verantwortlich. Das Individuum und seine Rechte sind verpflichtende Prinzipien. Locke versteht unter diesen Grundrechten der Persönlichkeit Leben, Freiheit, Eigentum. Auf letzteres legt er besonderes Gewicht, was die gesamte nachfolgende Entwicklung beeinflußte. Dadurch daß der Schutz des Eigentums einen so hohen Stellenwert erhält, nähert sich Locke wieder Hobbes an, in dessen Lehre der individuelle Nutzen ein treibendes Motiv ist. Der Individualismus in allen Gesellschaftslehren von Locke bis John Stuart Mill ist denn auch weniger ein Produkt logischer Analyse als psychologisch durch die Interessen der herrschenden bürgerlichen Schicht bedingt[6].

Locke verteidigte das Recht der Revolution und des Widerstandes gegen Tyrannei im Rückblick auf die Englische Revolution, aber er war ein gemäßigter, kein radikaler Revolutionär. In der Unterordnung von Herrschaft, Macht und Regierung unter Recht und Moral stimmt Locke mit Cicero, Seneca und den meisten mittelalterlichen Denkern überein, aber gerade der synthetische Charakter seiner Darlegungen beeinträchtigt ihre Klarheit.

[6] Vgl. George H. Sabine, A history of political theory. Hinsdale, Ill. 1973, S. 490.

7.3.1.4 Boyle, Hartley, Priestley

Von englischen Denkern im Einflußbereich Lockes sind noch Robert Boyle (1627–1691), David Hartley (1705–1757) und Josef Priestley (1733–1804) zu nennen. Boyle begründete die Chemie als empirische Wissenschaft. Er bekannte sich zur metaphysikfreien, tatsachenorientierten Forschung: ›De ipsa natura‹ heißt sein Hauptwerk (1682). Die Chemie bestätigt die Atomtheorie, Demokrit erscheint auch hier rehabilitiert. Aus den drei primären Qualitäten Größe, Gestalt und Bewegung sind auch die sekundären Eigenschaften ableitbar. Der Arzt Hartley systematisierte die Ansätze Lockes zur Assoziationspsychologie und begann mit der Aufstellung des später von George Boole und Stanley Jevons ausgearbeiteten Logikkalküls. Priestley entdeckte den Sauerstoff und führte Assoziationen und Entscheidungen auf Gehirnprozesse zurück. Psychologie soll ein Teil der Physiologie werden, Physik des Nervensystems, was ihn nicht hinderte, an die Unsterblichkeit der Seele zu glauben und den Materialismus als Metaphysik zu bekämpfen. In dieser Frage entbrannte eine heftige Kontroverse, der sogenannte »Materialismusstreit«.

Überblickt man die Geschichte der englischen Philosophie von Bacon bis Locke, so siegte nach einer durch Religionskriege und Revolutionen bedingten Zeit der Machtorientierung in ihr doch am Ende das Recht über die Macht. Das System von Hobbes blieb isoliert und ohne weiteren Einfluß. Es war eine logisch konsistente Konstruktion, die von falschen Prämissen ausging. Locke ging von richtigeren Prämissen aus auf Kosten der Konsistenz seines Systems. Indem Locke siegte, siegte die englische Grundorientierung an der Erfahrung. Hobbes näherte sich in seiner konstruktiven Tendenz am meisten kontinentalem Systemdenken. Hand in Hand mit dem Sieg des Rechts kam, nach den bitteren Erfahrungen der Religionskriege, der Sieg der Toleranz. Aber auch hier gibt es eine für englisches Denken charakteristische Ausnahme: keine Toleranz gegenüber der Intoleranz! Die Entschlossenheit der Engländer gegenüber totalitären, expansiven Systemen ist bis ins 20. Jahrhundert ein Merkmal englischer Politik geblieben. Wenn das Abendland den christlichen Grundwert der Freiheit retten und in hohem Maß verwirklichen konnte, verdankt es dies nicht zuletzt den Engländern. Im Streit Augustins gegen Pelagius war die neuzeitlich-europäische Entwicklung gleichsam vorprogrammiert: Ordnung hier – Freiheit dort. England hat sich im Zweifelsfall immer für die Freiheit entschieden, ohne deswegen in das gefürchtete Chaos abzugleiten. Locke ist ein klassisches Beispiel dafür. England hat damit auch der Toleranz zum Sieg verholfen, und es ist kein Zufall, daß Locke gerade diese Frage ausführlich behandelt hat. Im weltlich-liberalen, toleranten, am Common sense und am Recht orientierten Denken Lockes vollendete sich die neuzeitliche Emanzipation der Philosophie von der Theologie. Natürlich hat die Position Lockes auch ihre Schwächen. Neben ihrer logischen Inkonsistenz ist vor allem der bürgerlich-ideologische Einschlag nicht zu verkennen, der zu einer unverhältnismäßig starken Betonung des Rechts auf Eigentum führte. In der kapitalistischen Grundorientierung waren Bacon, Hobbes und Locke einig. Mit diesen Nachteilen mußte die englische Philosophie und Politik ebenfalls leben – bis zur Gegenwart.

7.3.1.5 Descartes

René Descartes (1596–1650) stammte aus einer alten, angesehenen und begüterten Familie in La Haye (Touraine). Sein Vater war Parlamentsrat in Rennes, seine Mutter starb wenige Tage nach Renés Geburt an Tuberkulose. Das Kind war kränklich und schwach, überlebte aber dank der rührenden Pflege seiner Amme. Von 1604 bis 1612 besuchte er die von Heinrich IV. kurz zuvor gegründete Jesuitenschule in La Flèche[7], lernte dort die alten Sprachen, aber auch Logik, Moral, Physik und Metaphysik, und erhielt einen verhältnismäßig guten Unterricht in Mathematik. Rückblickend beurteilte er diese Zeit zwiespältig. Einmal fühlte er sich »in ein Dickicht von Zweifeln und Irrtümern geführt«, dann hielt er die empfangene philosophische Propädeutik für ausgezeichnet. Zeitlebens übte Descartes in religiösen, theologischen und kirchlichen Fragen vorsichtige, diplomatische Zurückhaltung. Mit 17 Jahren ging er nach Paris und kostete vom großen Leben, spielte im Casino, hatte aber

[7] Einer der ersten Schüler von La Flèche war Marin Mersenne (1588–1648), ein Freund Descartes' und ein Mittelpunkt des derzeitigen geistigen Lebens in Frankreich. Mersenne pflegte eine »weltweite« Korrespondenz. Seine Grundorientierung blieb jedoch jesuitisch-antineuzeitlich. In seinem Hauptwerk, der ›Harmonie universelle‹ (1636/37) lehrt Mersenne die Subjektivität der Sinnesqualitäten.

nicht den gewünschten Erfolg. Er promovierte an der Universität Poitiers in Zivil- und Kirchenrecht. Gewiß nicht frei von Abenteuerlust, suchte er wieder den Kontakt zur großen, freien Welt, diesmal als Kriegsmann unter verschiedenen Fahnen. Er befand sich in dem Heer, das den König von Böhmen bei Prag besiegte, dessen Tochter Elisabeth er später in Holland unterrichtete. Im Winterquartier von Neuburg bei Ulm ging ihm am 10. November 1619 »das Licht einer wunderbaren Entdekkung« auf: die analytische Geometrie. Descartes bereiste außer Deutschland in diesen Jahren noch Ungarn, Holland, die Schweiz und Italien, ohne jedoch Galilei zu treffen. Zum Dank für seine Erfindung wallfahrte er nach Loretto, wie er es gelobt hatte. Im lärmenden Paris hielt er es nur drei Jahre aus (1625 bis 1628) und siedelte nach Holland über, wo er fast seine gesamte weitere Lebenszeit verbrachte. In 20 Jahren wechselte er dort 24mal den Wohnsitz, vielleicht aus Vorsicht, vielleicht nur, um Ruhe zu haben: »Bene qui latuit bene vixit« (Im Verborgenen läßt sich gut leben). Es gelang ihm jedoch nicht ganz, vor seinem zunehmenden Ruhm zu flüchten, und er wurde in alle möglichen Streitigkeiten mit der Geistlichkeit verwickelt. In Amsterdam lebte er mit einer Frau zusammen, von der nicht viel mehr als ihr Name (Helene) bekannt ist. 1649 folgte er einem Ruf der Königin Christine von Schweden, die sich sehr für seine Philosophie interessierte, starb aber schon nach wenigen Monaten, vielleicht infolge des rauhen Klimas, an einer Lungenentzündung.

Descartes war nicht nur Mathematiker und Philosoph, er befaßte sich darüber hinaus mit Problemen der Physik, Astronomie, Anatomie, Physiologie und Biologie, mit Psychologie, aber auch mit Erkenntnistheorie, Metaphysik, Ethik und Theologie. Mathematik und die klassische Mechanik haben sein Weltbild, wie das von Galilei, entscheidend mitbestimmt. In der Folge seiner Schriften läßt sich die Konstruktion seines Systems mitverfolgen, das allerdings nicht nach dem üblichen Schema: Logik, Physik, Ethik gegliedert ist, sondern nach Art der Mathematik Euklids, aus einer Folge von Sätzen, Schlüssen und Beweisen besteht. Am Anfang stehen, wie bei Bacon, mathematische Erwägungen. Das Problem der Methode, des Zugangs zur Welt, beherrschte die geistigen Pioniere der frühen Neuzeit, für die das Universum eine ähnliche Herausforderung zum Erkennen wurde, wie einst der Kosmos für die Vorsokratiker. Die ›Regulae ad directionem ingenii‹ (ca. 1630) sollten drei Teile mit je zwölf Regeln umfassen, wovon nur die erste Hälfte zur Ausführung kam. Locke kannte die Schrift und Leibniz stellte eine Abschrift davon her. Alle Wissenschaften hängen zusammen und bilden die Einheit des Wissens unter der Leitung der menschlichen Vernunft. Von ihr hängt alle Erkenntnis ab. Will man nicht über Dinge streiten, ohne sie wirklich zu kennen, muß man Leistungsfähigkeit und Reichweite des Erkenntnisvermögens untersuchen. Der Ansatz ist also erkenntnistheoretisch. Zur sicheren Wahrheit gelangen wir durch Intuition und Deduktion. Erstere ist unmittelbar, klar und deutlich, letztere erreicht Evidenz nur vermittelt, schrittweise. Die Verbindung von Begriffen ist notwendig, wenn man in der Trennung keinen von beiden distinkt erfassen kann, zum Beispiel keine Gestalt ohne Ausdehnung. Die intuitiven Erkenntnisse bestehen aus notwendigen Verknüpfungen. Der Wissenschaftler hat die Aufgabe festzustellen, wie aus den einfachen Grundsätzen das übrige zusammengesetzt wird. Die Analyse der Erfahrungsgegenstände führt zu einfachsten Begriffen wie Punkt, Linie, Fläche, Raum, Ding, Denken, Sein und Nichts. Bei der Untersuchung der Objekte kooperieren Sinneswahrnehmung, Phantasie und Gedächtnis. Entsprechend stellt sich die Wirklichkeit grundsätzlich, geteilt in körperliche und geistige Bestandteile, dar. Alle qualitativen Unterschiede lassen sich, im Hinblick auf ihre Ausdehnung, auf quantitative zurückführen. Induktion setzt Deduktion voraus. Die Wissenschaft konstruiert im Geist die Natur, deren Kenntnis uns die Sinne vermitteln. Alles ist letztlich Zahl (Pythagoras), der Mathematiker konstruiert die Welt.

Der ›Discours de la méthode‹ (1637) enthält in sechs Abschnitten Überlegungen zu den Wissenschaften, grundsätzliche Regeln der Methode, daraus abgeleitete Regeln der Moral, Gründe für die Existenz Gottes und der menschlichen Seele, physikalische Probleme in ihrem Zusammenhang und Erfordernisse zur weiteren Untersuchung der Natur. Die Methode ist am Muster der Mathematik orientiert und umfaßt vier Grundsätze: 1. Nur das hat als wahr zu gelten, was sich dem Geist als klar und bestimmt, damit als evident darstellt. 2. Jedes komplizierte Problem ist in Teilprobleme zu zerlegen. 3. Das Denken muß vom Leichten zum Schwierigen fortschreiten. 4. Die Aufzählungen müssen vollständig sein.

Moralische Regeln sind solange als provisorisch anzusehen, bis die Moralphilosophie zu exaktem Wissen gelangt. Daher soll man einstweilen die vorhandenen Gesetze und Gewohnheiten beachten, der Religion folgen, Extremismus und Radikalismus vermeiden, nichts versprechen, was die Freiheit mindert, konsequent handeln, eher sich selbst beherrschen als gegen das Schicksal kämpfen und sich damit abfinden, daß man nur seiner Gedanken völlig Herr ist.

In den sechs ›Meditationes de prima philosophia‹ erörtert Descartes das, was angezweifelt werden kann, die Natur des Geistes, der uns bekannter ist als der Körper, die Existenz Gottes, Wahrheit und Irrtum, das Wesen der körperhaften Gegenstände und noch einmal die Existenz Gottes und die Existenz der körperhaften Dinge sowie den wirklichen Unterschied zwischen Geist und Körper. Weder die Sinne noch das Denken geben absolute Gewißheit über die Existenz einer Außenwelt. Wenn ich auch an allem zweifeln kann, so doch nicht daran, daß ich zweifle: Ich zweifle (denke), also bin ich. Der »realistische« Einschlag im Denken des Descartes wird in der Formel *Sum res cogitans* (Ich bin ein denkendes Ding) deutlich. Als allgemeine Wahrheitsregel kann ich gelten lassen: Alles das ist wahr, was ich klar und deutlich wahrnehme. Ein Gott, der mich betrügen wollte und absolute Macht über mich hätte, könnte auch diese Regel außer Kraft setzen, indem er mich täuschte, nicht aber die Grunderfahrung meines Zweifels. Nun glaube ich aber nicht an einen Gott, der mich betrügt, sondern habe eine angeborene Idee in mir, der zufolge ich mir Gott als unendlich, weise, gut und vollkommen denke. Als endliches Wesen kann ich eine solche Idee nicht selbst gebildet haben, sondern es muß eine Ursache dieser Idee unabhängig von mir existieren, die selbst die Merkmale meiner Idee von ihm aufweist: Gott. Außerdem kann ich als endliches, unvollkommenes Wesen nicht selbst die Ursache meines Daseins sein, vielmehr bedarf ich zu meiner Entstehung und Erhaltung einer Ursache, die keiner Ursache für ihre Existenz bedarf. Aus beiden Gründen kann ich schließen, daß Gott kein Betrüger ist, denn Betrug und Bosheit sind Zeichen einer mangelhaften, nicht einer unendlich vollkommenen Natur. Der erste Beweis deckt sich weitgehend mit dem ontologischen Gottesbeweis, den Anselm von Canterbury ungefähr 500 Jahre zuvor benutzte. Damit war die Wahrheitsregel vorerst gerettet. In den ›Principia philosophiae‹ (I, 45) definierte Descartes einige Jahre später seine Begriffe »klar« und »deutlich« etwas genauer:

»*Klar (clara)* nenne ich die Erkenntnis, welche dem aufmerkenden Geiste gegenwärtig und offenkundig ist, wie man das klar gesehen nennt, das dem schauenden Auge gegenwärtig ist und dasselbe hinreichend kräftig und offenkundig erregt.

Deutlich (distincta) nenne ich aber die Erkenntnis, welche, bei Voraussetzung der Stufe der Klarheit, von allen übrigen so getrennt und unterschieden *(sejuncta et praecisa)* ist, daß sie gar keine andren als klare Merkmale in sich enthält.«[8]

Wenn Gott den Menschen nicht täuscht und er seinen Vorstellungen vertrauen kann, woher kommt dann der Irrtum? Descartes begründet ihn mit dem Vermögen, das den Menschen mit Gott gemeinsam ist, dem freien Willen, der zu den richtigen Unterscheidungen der Vorstellung urteilend Stellung nimmt und falsch entscheiden kann. Die Quelle des Irrtums liegt also nicht in unserer Vernunft oder in Gott, sondern im freien Willen, der uns gottähnlich macht. Es gilt daher die Regel, sich überall eines Urteils zu enthalten, wo keine deutliche und klare Erkenntnis vorliegt.

Was nun die Erkenntnis der Natur betrifft, so kann ich von der Existenz der mathematischen Gegenstände ausgehen, deren Dasein so gewiß ist wie das Dasein Gottes. Die Existenz der Dinge und Körper außer mir lassen sich dagegen sehr wohl bezweifeln, wenn auch nicht alles Täuschung sein kann, was die Natur, das Produkt Gottes, mir mitteilt. Hier kommt der realistische Grundzug cartesianischen Denkens zum Vorschein, der sich durchaus mit seinem Rationalismus verträgt, so daß man versucht sein könnte, von einem rationalen Realismus zu sprechen. Ich habe Ideen von Sinnesgegenständen, die nicht von mir stammen und die ohne mein Zutun entstehen. Sie müssen von Substanzen verursacht sein, die den Gehalt meiner Ideen real enthalten. Wenn Gott, der mich ja nicht täuschen will, in mir die Idee von Körpern außer mir entstehen läßt, müssen solche Körper auch wirklich existieren. Wenn ich zur Prüfung meiner Vorstellung Sinne und Verstand einsetze und kein Widerspruch festzustellen ist, kann ich den Wahrnehmungen vertrauen. Die gesamte Argumentation ist insofern zirkulär, als von der Idee auf die Existenz Gottes und von diesem wieder auf »Realität« der Idee geschlossen wird. Descartes beweist letztlich die Existenz Gottes sowenig wie die der Außenwelt, er nimmt beide als gegeben hin, und darin zeigt sich, wie sehr auch seine emanzipatorische und freiheitsliebende Intelligenz noch in der

[8] Arthur Buchenau, Descartes. Die Prinzipien der Philosophie. Hamburg, 1955, S. 15.

christlichen Vorstellungswelt des Mittelalters befangen war. Letzteres gilt auch für Pascal, Spinoza und Leibniz. Die Mängel der »Beweise« zeigen aber auch die Fragwürdigkeit der strengen mathematischen Methode auf philosophischem Gebiet. Descartes entschied sich als typischer Vertreter neuzeitlich-moderner Arbeitsweise für die Perfektion auf einem Gebiet anstelle von Halbheiten auf allen Gebieten.

Descartes arbeitete zwar in vielen anderen wissenschaftlichen Bereichen, der Philosophie im weitesten Sinn, aber er kannte seine Grenzen und hörte dort auf, wo die Bewältigung des Empirischen, z.B. in der Medizin, seine Zeit und seine Energie überstieg.

Das systematische Hauptwerk Descartes', die ›Principia philosophiae‹ (1644), handelt von den Prinzipien menschlicher Erkenntnis, der materiellen Dinge, von der sichtbaren Welt und von der Erde. Die höchste Form menschlichen Erkennens ist die kausale Erkenntnis. Gottes Existenz ist notwendig, die der Dinge zufällig. Zu den ewigen Wahrheiten zählen: Aus Nichts entsteht Nichts. Unmöglich ist das Gleiche zugleich und ist nicht. Geschehenes kann nicht ungeschehen sein. Wer denkt, kann nicht nicht existieren, solange er denkt. Die Wirklichkeit zerfällt in denkende und ausgedehnte Substanz *(res)*. Empfindungen, Gefühle und Begehren gehen von der mit dem Körper verbundenen Substanz aus. Substanz ist eine Sache, die zu ihrer Existenz keiner anderen bedarf. In diesem Sinn ist eigentlich nur Gott Substanz. Die anderen Substanzen können wir nur durch Mitwirkung Gottes erkennen. Gestalt und Bewegung sind Modi der Ausdehnung, Empfindung, Vorstellung und Wille Modi des Denkens. Modi können in der Substanz wechseln, wobei die Zustandsänderung die Qualität ausmacht. Was an den Substanzen gleich bleibt, sind die Attribute. Körperliches Sein fällt mit Ausdehnung zusammen. Einen leeren Raum gibt es nicht und keine Atome im Sinne Demokrits und nicht mehrere Welten. Die allgemeine Ursache der Bewegung ist Gott, die besondere Ursache folgt aus den Naturgesetzen. Die Menge *(quantitas)* der Bewegung im Universum ist konstant. Jedes Ding verharrt in seinem Bewegungszustand, solange es nicht durch äußere Ursachen daran gehindert wird (Trägheitssatz). Jedes Teilchen bewegt sich geradlinig, solange es nicht mit einem anderen zusammenstößt. Aus Richtungsänderungen der Körper ergeben sich in der Materie Kreisläufe. Die Richtungsänderung eines Körpers hängt von der Stoßkraft des begegnenden Körpers ab. Ist die eigene Stoßkraft größer, überträgt er so viel Bewegung, wie er einbüßt, auf den anderen Körper.

In der Kosmologie bestreitet Descartes die Erdbewegung und stellt eine Wirbeltheorie auf, wonach sich die Himmelsmaterie, welche die Planeten umgibt, nach Art eines Wirbels bewegt, in dessen Mittelpunkt die Sonne steht. Die Hypothese des Descartes setzte sich nicht durch und bedeutet gegenüber Brahe, Kopernikus und Kepler keinen Fortschritt.

Seine biologischen Theorien hatte Descartes in einem aus Vorsicht nicht veröffentlichten Werk »Le monde‹ entwickelt. Später entstand daraus der ›Traité de l'homme‹. Darin vergleicht Descartes den menschlichen Körper mit einer Maschine. Tiere haben keine Seele und können nicht empfinden. Da die menschliche Seele unausgedehnt ist, kann es zwischen ihr und dem Körper, wenn überhaupt, nur einen Berührungspunkt geben, den Descartes ins Gehirn verlegt, und zwar in die Zirbeldrüse. Allerdings setzt die Einwirkung der Seele auf den Körper die Mitwirkung Gottes voraus. Der französische Arzt Julien Lamettrie (1709–1751) verwertete die These Descartes' vom Körper als Maschine in seinem Buch ›L'homme machine‹ (1748). Das wohl nicht zuletzt infolge der Vorherrschaft der mathematischen Methode unbefriedigend gelöste Körper-Seele-Problem wurde zu einem Kernproblem der auf Descartes folgenden Denker, besonders bei Leibniz.

In seiner Schrift ›Traité des passions de l'âme‹ (1649) sucht Descartes auch die psychischen Phänomene aus seiner mechanistisch-physiologischen Konstruktion abzuleiten. Revolutionierend in der Philosophie wurde sein Begriff des Bewußtseins, den er dem Materialismus als Hort des geistig-seelischen Seins und der Innerlichkeit entgegensetzte. Nach Descartes sind die seelischen Funktionen Bewußtseinsweisen *(pensées)*, die in *actions* (Wille) und *passions* (Perzeptionen) aufzuteilen sind. Willensvorgänge *(volontés)* enden entweder in der Seele (Entscheidungen) oder im Körper (Handlungen). Vorstellungen werden entweder vom Körper oder von der Seele verursacht. Leidenschaften sind danach Perzeptionen, Gefühle oder Emotionen, die von den Lebensgeistern gespeist werden.

Die Leidenschaften stimmen die Seele auf das ein, wozu sie den Körper bewegen. Daher ist es unbedingt erforderlich, die Leidenschaften zu beherrschen, wozu sich die Pflege der Tugend besonders eignet. Descartes unterscheidet sechs ursprüngliche Leidenschaften: Liebe, Haß, Freude, Traurigkeit, Begehren und Bewunderung. Von Natur sind die Leidenschaften gut, nur schlechter Gebrauch und Übermaß schaden. Beherrscht die Weisheit die Leidenschaften geschickt, können sie zu Quellen der Freude werden. Selbstbeherrschung, Freiheit und Großmut *(générosité)* sind Grundwerte in Descartes' Ethik. Das höchste Ziel, die Glückseligkeit, resultiert aus diesen Tugenden. Die vergleichsweise geringe Beachtung, die Descartes der Ethik schenkte, ist, mit Ausnahme Spinozas, ein durchgehendes Merkmal der frühneuzeitlichen Denker, die zunächst einmal von den Erfolgen und Methoden der Naturwissenschaften und der Mathematik fasziniert waren. Als spezifische Merkmale der Cartesianischen Philosophie werden allgemein angeführt: Intellektualismus, Rationalismus, Dualismus. Jedenfalls war er kein Idealist. Als Realisten kann man ihn schon eher bezeichnen, wenn man nur nicht den mittelalterlichen Begriff zugrundelegt. Schließlich erscheint bei ihm nicht nur die körperliche Wirklichkeit als *res*, sondern auch der Geist, das Denken, die Vernunft, und das ist weder ein Zufall noch nebensächlich.

Als Mersenne Descartes darauf aufmerksam machte, daß seine große Entdeckung, das »Cogito, ergo sum«, bereits bei Augustin vorkomme, ging er der Sache nach und versuchte seine Position gegenüber der Augustins abzugrenzen: »Ich finde wirklich, daß sich Augustin der von mir gewählten Worte bedient, um die Gewißheit unseres Seins zu beweisen. Aber er zeigt alsdann, daß es in uns ein der Trinität Analoges gibt, und zwar in der Weise, daß wir ›sind‹, daß wir um dieses unser Sein ›wissen‹, und daß wir dieses Sein und dieses Wissen in uns ›lieben‹ – während ich mich des Seins der Cogitatio bediene, um deutlich zu machen, daß dieses denkende Ich eine immaterielle Substanz ist, die nichts Körperliches hat.«[9]

Der Unterschied von christlich-existentiell-gefühlsmäßiger und neuzeitlich-intellektuell-erkenntnistheoretischer Einstellung ist evident, und doch ist der christliche Anteil an der Anthropozentrik Descartes' nicht zu verkennen. Gerade im Gegensatz zu Augustin tritt ein Mangel an mathematisch-mechanistischer Weltbetrachtung in Erscheinung: der fehlende Sinn für die Geschichte. Im Vergleich zu den Engländern erscheint dagegen die politische Komponente des Denkens verkümmert, wie später auch bei Leibniz. Angesichts des Prozesses gegen Galilei befleißigte sich Descartes äußerster Vorsicht: »larvatus

[9] An Mersenne, November 1640.

prodeo« (ich erscheine maskiert). Gemeinsam mit Locke ist Descartes dagegen die hohe Schätzung der Freiheit. Die zentrale Bedeutung des Individuums verbindet das Denken der Renaissance und der frühen Neuzeit. Spezifisch für Descartes und seinem theoretischen Dualismus verwandt ist die Gespaltenheit in der Praxis zwischen Weltabkehr und Weltzuwendung, Epikureertum und Abenteuerlust, Verachtung des Ruhms und Eitelkeit, Bescheidenheit und Stolz, Sanftmut und Zorn, Gefühlskälte und starker Emotion, radikaler Skepsis und Vertrauen auf Gott *(veracitas Dei).* Mit Bacon verbindet Descartes der Kampf gegen Vorurteile. Er wollte wie Bacon ein ›Novum Organum‹ schaffen.

Descartes beeinflußte das Denken der Neuzeit in ähnlichem Maße wie später Kant: Hobbes, Pascal, Spinoza, Malebranche, Geulincx, Leibniz, um nur die wichtigsten Namen zu nennen. Daneben entstand in Holland im Anschluß an Descartes der theologische Rationalismus von Bekker und Clauberg, in Frankreich setzten Mersenne, Rohault und De la Forge sowie bei den Jansenisten Arnauld das Werk Descartes' fort. Der Cartesianismus wurde zeitweilig zur Modephilosophie. Auf der anderen Seite erreichten die Jesuiten, daß die Schriften Descartes' 1662 auf den Index gesetzt wurden. Ludwig XIV. verbot den Unterricht in cartesianischer Philosophie an den Universitäten Paris und Angers.

Descartes erfuhr nicht nur Kritik von seiten der Orthodoxie. Gewisse Einseitigkeiten seines Systems selbst, vor allem der schroffe Dualismus, Rationalismus und Intellektualismus, aber auch sein Individualismus und Anthropozentrismus, sein Konformismus und sein Mangel an Sinn für die Geschichte forderten zu Umbildungen, Ergänzungen, Korrekturen und Gegenpositionen heraus.

7.3.1.6 Geulincx, Malebranche

Arnold Geulincx (1624–1669), aus Antwerpen, suchte den Dualismus durch seine Theorie von den gelegentlichen Ursachen *(causae occasionales)* zu entschärfen. Der körperliche Reiz und der Willensimpuls in der Seele sind nur Gelegenheiten, die Gott, die wahre Ursache *(causa vera),* dazu benutzt, um in der Seele die Empfindung und im Körper die Bewegung anzuregen. Geulincx verwandte auch das Beispiel der beiden von Gott aufeinander abgestimmten Uhren, die ohne kausale Abhängigkeit voneinander in gleicher Weise die Zeit messen, das Leibniz aufgriff und mit dem er seine spezielle Theorie von der prästabilierten Harmonie illustrierte. Geulincx war auch ein Vorläufer Kants, insofern er lehrte, daß wir nicht die Dinge an sich erfassen, sondern nur mit den Kategorien unseres Denkens, die wir irrtümlicherweise in die Objekte verlegen. Geulincx unterscheidet vier Erkenntnisstufen: subjektive Sinneswahrnehmung, sichere, aber nicht evidente Erkenntnis, Evidenz und Weisheit. Nur Gott besitzt vollkommene Weisheit.

In seiner ›Recherche de la vérité‹ untersuchte Nicole Malebranche (1638–1715) die Quellen des Irrtums und die Herkunft unserer Ideen von den Dingen der Außenwelt. Er gelangt zu dem Ergebnis, daß Irrtum auf einer freien Zustimmung der Seele beruht, die jedoch von falschen Voraussetzungen ausgeht. Weder der Körper noch die Seele noch Gott sind der Ursprung jener Ideen. Wir schauen die Idee durch Teilhabe in Gott: »Nous voyons toutes choses en Dieu« (III, 2, 6). Wie die materielle Welt der Ort der Körper, so ist Gott der Ort der Geister: *lieu des esprits.* Da unser Geist aber sowohl mit Gott als auch mit dem Körper verbunden ist, entstehen Leidenschaften, die unsere Fehlentscheidungen mitbedingen, aber wir sind für sie verantwortlich. Es gilt, Unachtsamkeit und Beschränktheit zu vermeiden, ein System praktischer Wahrheit zu schaffen und den Schwerpunkt weniger auf das Ich als auf Gott zu legen, denn von den äußeren Dingen haben wir nur Vermutungen und von unserem Ich nur eine vage Vorstellung. Die Ähnlichkeiten mit Spinoza sind unverkennbar, und Malebranche sah den Unterschied zwischen der Position Spinozas und seinem Denken vor allem im Verhältnis von Gott und Welt: Spinoza lokalisiere Gott in der Welt, er die Welt in Gott.

7.3.1.7 Spinoza

Die theozentrisch-antiindividualistische und die mystische Tendenz teilte Malebranche mit Baruch (Benediktus) de Spinoza (1632–1677) aus Amsterdam. Seine Familie hatte wie viele andere jüdische Familien wegen der religiösen Verfolgung Portugal verlassen und in den relativ freien Niederlanden eine Zuflucht gefunden. Spinoza erhielt in einer von portugiesischen Emigranten neugegründeten Schule seinen ersten Unterricht, u.a. von dem berühmten Talmudisten Levi Morteira, lernte Schriften von Maimonides, Gersonides und Ebreo kennen, kam so mit Averroismus und Platonismus in Berührung, erlernte bei dem freiheitlich-humanistisch gesinnten Franz van den Ende die griechische und die lateinische Sprache, studierte darauf Theologie und Philosophie sowie die Naturwissenschaften, wobei er auf Descartes stieß, der ihn wesentlich beeinflußte. 1656 schloß man ihn wegen »schrecklicher Irrlehren« aus der jüdischen Gemeinde aus und sprach den Bannfluch über ihn aus. Spinoza schloß sich keiner anderen Glaubensgemeinschaft an. Von 1656–1660/61 lebte er in der Nähe von Amsterdam, darauf in Voorburg und schließlich im Haag. Seinen Lebensunterhalt verdiente er, wenigstens teilweise, mit dem Schleifen von Gläsern, was wahrscheinlich seine Erkrankung an Schwindsucht beschleunigte und damit seinen frühen Tod bewirkte. Eine Philosophie-Professur in Heidelberg, die ihm Karl Ludwig von der Pfalz anbot, schlug er aus, weil er um seine Freiheit fürchtete. Erst spät lernte man seine Philosophie schätzen, erkannte seine Größe als Mensch und Denker und errichtete ihm im Haag ein Standbild (1880).

Spinoza hat vergleichsweise wenig geschrieben, zunächst (ca. 1660) den ›Tractatus de Deo et homine eiusque felicitate‹, dann den ›Tractatus de intellectus emendatione‹ (1662) und den ›Tractatus theologico-politicus‹ (1665) sowie schließlich sein Hauptwerk, die ›Ethik‹ (1662–1665). Spinoza erweist sich in dem politischen Traktat als ein ebenso beredter wie überzeugender Anwalt der Glaubens-, Denk-, Rede- und Schreibfreiheit. Die Emanzipation der Philosophie von der Theologie wird bis in die Formulierung hinein deutlich: positive Religion und Philosophie haben getrennte Aufgaben. Keine von beiden dient *(ancillatur)* der anderen. Das bedeutet eine bewußte und definitive Absage an die mittelalterliche Formel *philosophia ancilla theologiae.* Weit davon entfernt, eine Tatsache zu beschreiben, stellt Spinoza vielmehr ein Programm auf, das in Europa noch lange nicht überall erfüllt ist. Wenn die europäischen Völker zu Beginn der Neuzeit wieder ein originäres Verhältnis zur Philosophie und damit zur geistigen Freiheit fanden, verdanken sie das nicht zuletzt dem Mut und der Entschlossenheit Spinozas, der Beleidigungen, Beschimpfungen, Vereinsamung, Ächtung und Verfolgung ertrug, um seinem Ideal der geistigen Freiheit wieder Geltung zu verschaffen. Das Zeitalter der Aufklärung konnte auf den Fundamenten Spinozas und Lockes weiterbauen. Spinoza war es auch, der in seinem Traktat der absolutistischen Theorie von Hobbes entgegentrat, der also bereits die Gefahren des neuzeitlichen Nationalstaates für die menschliche Gemeinschaft erkannte, und er war es, der, obwohl er sich keinen Illusionen über das Verhalten der Masse hingab, die demokratische Regierungsform schon damals für die beste hielt. Der Schluß des Traktats nimmt wertvolle Gedanken der Menschenrechtserklärungen voraus:

»Hiermit habe ich gezeigt: 1. Es ist unmöglich, den Menschen die Freiheit zu nehmen zu sagen, was sie denken. 2. Diese Freiheit kann ohne Schaden für das Recht und die Autorität der höchsten Gewalten jedem zugestanden werden, und jeder kann diese Freiheit erhalten, ohne daß jenem Rechte Eintrag geschieht, sofern er sich daraus nicht die Erlaubnis nimmt, etwas im Staate als Recht einzuführen oder den anerkannten Gesetzen entgegenzuhandeln. 3. Jeder kann diese Freiheit besitzen, unbeschadet des Friedens im Staate, und es wird kein Mißstand sich daraus ergeben, der sich nicht leicht verhüten ließe. 4. Auch unbeschadet der Frömmigkeit kann jeder diese Freiheit besitzen. 5. Gesetze über spekulative Dinge sind völlig nutzlos. 6. habe ich gezeigt, daß diese Freiheit nicht nur ohne Schaden für den Frieden des Staates, die Frömmigkeit und das Recht der höchsten Gewalten zugestanden werden könne, sondern daß sie vielmehr zugestanden werden müsse, um all dies zu erhalten. Denn wo man dem entgegen sich bemüht, den Menschen diese Freiheit zu nehmen, und wo man die Meinungen Andersdenkender vor Gericht zieht anstatt ihres Geistes, der doch allein sich verfehlen kann, da wird an rechtschaffenen Leuten ein Exempel statuiert, das eher nach einem Martyrium aussieht und das die anderen mehr erbittert und zum Mitleid, ja zur Rache bewegt als daß es sie abschreckt. Treu und Glaube und die guten Sitten werden vernichtet, Heuchler und Verräter großgezogen, und die Gegner triumphieren, weil man ihrem Haß nachgegeben hat, und weil es ihnen gelungen ist, die Inhaber der Regierungsgewalt zu Parteigängern der Lehre zu machen, als deren Ausleger sie gelten. So kommt es denn, daß sie sich deren Autorität und Recht anzumaßen wagen und sich ohne Scheu rühmen, sie seien von Gott auserwählt und ihre Beschlüsse seien göttlich, die der höchsten Gewalten aber nur menschlich und müßten daher den göttlichen, d.h. ihren eigenen Beschlüssen weichen. Niemand kann verkennen, daß dies alles mit dem Staatswohl in völligem Widerstreit steht. Darum ziehe ich ... den Schluß, daß nichts die Sicherheit des Staates besser gewährleistet als wenn Frömmigkeit und Religion bloß in der Übung der Nächstenliebe und der Billigkeit bestehen und wenn das Recht der höchsten Gewalten in geistlichen und weltlichen Dingen sich nur auf Handlungen bezieht, im übrigen aber jedem das Recht zugestanden wird, zu denken, was er will, und zu sagen, was er denkt.«[10]

In seiner »Ethik« folgte Spinoza dem Zug der Zeit und errichtete nach dem Muster Euklids eine Konstruktion *more geometrico* mit Definitionen, Axiomen, Lehrsätzen, Korrolarien und Scholien. Aristoteles hatte bereits erkannt, daß im Bereich der praktischen Wissenschaften nicht der gleiche Genauigkeitsgrad zu erzielen ist wie in der Mathematik und daher solches Beginnen für ein Zeichen von Unbildung erklärt. Spinoza hätte in dieser Beziehung tatsächlich von Aristoteles lernen können, aber er kannte ihn wohl zu wenig und verachtete seine Philosophie, dem Trend der Zeit entsprechend. Befreit man die Ethik von ihrem mathematischen Korsett, bleibt genug Substanz übrig, um sie in eine Reihe mit der ›Nikomachischen Ethik‹ des Aristoteles oder der ›Ethik‹ Nicolai Hartmanns zu stellen. Am Anfang steht der ontologische Fehlschluß nach Art Anselms von der Essenz Gottes auf seine Existenz. Hätte Spinoza auf den Beweis verzichtet und Gottes Existenz mit Hilfe der Intuition begründet, hätte er vielleicht eher überzeugt. Auch hier erscheint ein fruchtbarer Gedanke mit Fehlern früherer Philosophen belastet. Spinoza zufolge ist Gott Ursache seiner selbst *(causa sui)*. Der metaphysische Dualismus verschwindet, indem Spinoza nur eine Substanz annimmt, deren unendliche Attributreihen als denkende und ausgedehnte Substanzen erscheinen. Gott ist somit die einzige, unendliche, unbedingte Substanz. Endlich heißt ein Gegenstand, sofern er durch einen anderen begrenzt werden kann. Eine Substanz ist, was in sich ist und durch sich vorgestellt wird. Attribute sind Wesensmerkmale der Substanz. Gott ist danach ausgedehnt. Modi (oder Akzidenzen) sind Zustände der Substanz in einem anderen, durch das es vorgestellt wird. In-sich-Sein und In-anderem-Sein begründen den Unterschied zwischen Substanz und Modus. Die Attribute ergeben in ihrer Gesamtheit die Substanz. Attribute sind Unterscheidungen der Vernunft mit Begründung in der

[10] Baruch de Spinoza, Theologisch-politischer Traktat. Übers. v. C. Gebhardt. Leipzig o.J., S. 360ff.

Sache. Gott ist außerdem absolut frei und ewig. Gottes Wesen ist mit seiner Existenz identisch. Im Anschluß an die Scholastiker unterscheidet Spinoza eine *natura naturans* (Gott) und eine *natura naturata* (Modi, Gegenstände). Wille und Intellekt verhalten sich zum Denken wie Bewegung und Ruhe zur Ausdehnung. Platonische Ideenlehre, aristotelische Nous-Lehre, philonische Logoslehre, plotinische Verbindung von Nous und Ideen, christliche Trinitätsvorstellungen sowie die averroistische Interpretation des tätigen Geistes liefen in der Konzeption des göttlichen Intellekts bei Spinoza zusammen. In seiner Lehre vom unendlichen Geist *(mens)* bildet der Geist als denkendes Ding *(res cogitans)* Ideen oder Begriffe *(conceptus)*. Die adäquate Idee verbürgt höchste Gewißheit. Die Wahrheit erscheint als Maß ihrer selbst *(norma sui et falsi)*. Wie die einzelnen Gedanken Gott als Denken zur Ursache haben, haben alle einzelnen Körper Gott als Ausdehnung zur Ursache. Die Ordnung und Verbindung der Ideen ist dieselbe wie die Ordnung und Verbindung der Dinge. Ein Modus der Anschauung und seine Idee sind nur zwei Ausdrücke für ein- und dieselbe Sache. Indem der menschliche Geist die Natur vieler Körper zugleich mit der seines Körpers erfaßt, gelangt er zur Vorstellung der Außenwelt. Mit dem Geist ist eine Idee des Geistes oder Idee der Idee oder Form der Idee verbunden, das Selbstbewußtsein. Spinoza unterscheidet drei Arten von Erkenntnis: Vorstellung *(opinio* oder *imaginatio)*, Verstand *(ratio)* und Intellekt *(scientia intuitiva)*. Die Ratio erfaßt die Dinge unter einer gewissen Form der Ewigkeit, der Intellekt ganz unter dem Gesichtspunkt der Ewigkeit. Der menschliche Wille ist sowenig absolut frei wie das menschliche Denken unendlich. Aus den primären Affekten Begehren, Freude und Traurigkeit leitet Spinoza alle übrigen ab. Die Gesetze der Affekte gleichen denen der Mechanik. Der Wert der Affekte hängt von dem Maß ihrer Förderlichkeit für unser Denken und Sein ab. Leidenschaften verwirren unseren Verstand und lähmen unseren Willen, sie knechten uns. Der Mensch muß sich aus diesem Zustand, so gut er kann, befreien. Kaum irgendwo wird der Sinn der Philosophie als Prozeß der Selbstbefreiung deutlicher als in Spinozas Lehre von den Leidenschaften. Indem wir die Dinge oder uns selbst erkennen, begreifen wir Gott als ihre Ursache. Vorstellung der Ursache erzeugt Freude und Liebe. Gotteserkenntnis ist Gottesliebe. Die intellektuelle Liebe Gottes *(amor Dei intellectualis)* ist ewig. In der Gottesliebe partizipiert der Mensch an der Ewigkeit. Der mystische Einschlag dieser Philosophie ist unverkennbar, aber wie man ein so extrem theozentrisches Denken mit Atheismus, Pantheismus, Naturalismus oder gar Materialismus bezeichnen konnte, bleibt ein Rätsel für Religionspsychologen. Mendelssohn und Lessing leiteten im Zeitalter der Aufklärung die Rehabilitation Spinozas ein, dessen »Pantheismus« in Goethe eine innere Revolution hervorrief.

7.3.1.8 Pascal

Kämpfte Spinoza gegen die jüdische Orthodoxie, so nahm der Jansenist Blaise Pascal (1623–1662) den Kampf gegen die Jesuiten auf. Seine Schrift ›Lettres provinciales‹ (1656), in der er die Moral der Jesuiten angriff, erregte in Frankreich die Gemüter und trug dort zur späteren Aufhebung des Ordens bei. Cornelius Jansen, Bischof von Ypern (1585–1638), hatte durch sein Buch ›Augustinus‹ moralische Kräfte geweckt und Anhänger gefunden, die sich im Kloster Port-Royal zusammenfanden. Zu ihnen gehörten Antoine Arnauld und Pierre Nicole.

Pascal war ein genialer Mathematiker, der mit zwölf Jahren von sich aus eine Anzahl Sätze Euklids herausfand, mit siebzehn Jahren den ›Versuch über die Kegelschnitte‹ verfaßte, der den »Pascalschen Satz« enthält, mit 20 Jahren eine Rechenmaschine konstruierte und in Weiterführung von Versuchen Torricellis das Prinzip des hydrostatischen Gleichgewichts ableitete und zur Konstruktion hydraulischer Pressen benutzte. In seinem 24. Jahr geriet er in eine schwere gesundheitliche Krise, von der er sich nie mehr ganz erholte. Er siedelte mit seiner Schwester – seine Mutter hatte er verloren, als er drei Jahre alt war – nach Paris über, wo er im Herzog von Roannez und dessen Schwester echte Freunde und adäquate Gesprächspartner fand. Chevalier de Méré, der Verkünder des »honnête homme«, machte ihn mit den Schriften Montaignes bekannt. Als seine Schwester nach Port-Royal ging, folgte Pascal ihr, arbeitete auch dort an mathematischen Problemen weiter: Zahlentheorie, Infinitesimal- und Wahrscheinlichkeitsrechnung. Mehr noch als die Wissenschaften gaben ihm dort die menschlichen Kontakte in einem Medium strenger, asketischer Frömmigkeit. Wie einst Pythagoras verband Pascal tiefe Religiosität mit mathematischer Intelligenz, nur daß die Religion im Fall Pascals das Christentum war. Sein Plan einer ›Apologie der christlichen

Religion‹ zeigt, wie sehr sich das Blatt seit dem Ende des Mittelalters gewendet hatte. Zu einer Lösung der anstehenden religiösen Probleme reichte es jedoch nicht mehr. Überfordert, von den religiösen Kämpfen zermürbt und von übertriebener Askese geschwächt, starb Pascal schon 1662 und erfüllte ein Denkerschicksal, das dem Spinozas nicht unähnlich ist. Seine verstreuten Notizen zur Religionsphilosophie erschienen nach seinem Tod unter dem Titel ›Pensées sur la religion‹ (1669).

Ihre besondere Bedeutung erhält die Philosophie Pascals durch eine doppelte Frontstellung: einmal gegen Scholastik und Orthodoxie, sodann aber auch gegen den Cartesianismus und damit implizit gegen den Wissenschaftsoptimismus der frühen Neuzeit. Dem Rationalismus Descartes' setzte Pascal die »Logik des Herzens« entgegen, seinem Intellektualismus die Skepsis. Bei ihm kann weder von einem Dualismus die Rede sein noch von einem Monismus, eher von einem Agnostizismus, der durch eine ekstatische Gläubigkeit aufgefangen wurde. Pascal war der einzige Denker der frühen Neuzeit, der nicht nur die Extreme der Tradition kritisierte, sondern auch ein grundsätzliches Fragezeichen hinter die Errungenschaften der Neuzeit setzte, obwohl er ihre Richtigkeit und Wirksamkeit nicht bezweifelte. Er arbeitete an der berühmten Logik von Port-Royal mit und stand sowohl zu den Theorien Galileis als auch zur Modellfunktion der mathematischen Methode des Descartes. Aber Pascal erkannte auch, daß die Mathematik ihre Grenzen hat, nämlich dort, wo die Ordnung der Liebe beginnt: Das Herz hat seine Gründe, welche die Vernunft nicht kennt. Die Vernunft erkennt zwar die Natur bis zu einem gewissen Grad – aber was ist das im Vergleich zur Natur überhaupt, zur Unendlichkeit im Großen wie im Kleinen?

»Der Mensch betrachte also die ganze Natur in ihrer Größe und vollen Majestät; er wende seinen Blick ab von den niedrigen Gegenständen, die ihn umgeben. Er betrachte jenes strahlende Licht, das aufgehängt ist wie eine ewige Lampe, das Weltall zu erleuchten; die Erde soll ihm wie ein Punkt erscheinen, verglichen mit der weiten Bahn, die dieser Stern zurücklegt, und er soll darüber staunen, daß selbst diese weite Bahn nur eine sehr feine Spitze ist, verglichen mit der Bahn [anderer] Sterne, die das Firmament durchziehen.

Wenn aber unser Blick da stehenbleibt, soll unsere Vorstellung noch weiter vordringen; ihre Fassungskraft wird ermüden, längst ehe die Natur ihre Gaben erschöpft hat. Diese ganze sichtbare Welt ist nur ein kaum wahrnehmbarer Strich im weiten Schoße der Natur. Keine Vorstellung kommt ihr nahe. Wir mögen unsere Fassungskraft noch so sehr über die Grenzen dieser vorstellbaren Räume hinaus aufblasen, wir werden nur Atome hervorbringen im Vergleich zur Wirklichkeit. Diese ist eine Kugel, deren Mittelpunkt überall, deren Umfang nirgends liegt. Schließlich ist dies das größte fühlbare Zeichen der Allmacht Gottes: daß unsere Vorstellung sich in diesem Gedanken verliert.

Wenn dann der Mensch zu sich selbst zurückgekehrt ist, soll er bedenken, was er selbst ist, verglichen mit dem, was sonst noch ist; er soll sich betrachten, als wäre er verirrt in diesem entlegenen Winkel der Natur; und von diesem kleinen Kerker aus, in den er sich gestellt findet – ich meine das Universum –, lerne er die Erde, die Königreiche, die Städte und sich selbst richtig bewerten. Was ist ein Mensch im Unendlichen?

Aber ich will ihm noch ein anderes, ebenso erstaunliches Wunder vor Augen stellen: er dehne seine Forschungen auf die kleinsten Dinge aus, die er kennt. Eine Milbe zeige ihm in der Kleinheit ihres Körpers noch unvergleichlich viel kleinere Teile: Beine mit Gelenken, Adern in diesen Beinen, Blut in diesen Adern, Säfte in diesem Blut, Tropfen in diesen Säften, Dämpfe in diesen Tropfen; und er soll diese letzteren Dinge noch einmal teilen und seine Kraft in diesen Vorstellungen erschöpfen, und das letzte Objekt, das er zu erreichen vermag, soll jetzt der Gegenstand unserer Abhandlung sein: er wird vielleicht denken, er habe die äußerste Kleinheit der Natur erreicht. Ich will ihm darin einen neuen Abgrund zeigen. Ich will ihm im Inneren dieses Bruchstückes von einem Atom nicht nur das sichtbare Weltall ausmalen, sondern die Unermeßlichkeit der Natur, soweit man sie überhaupt fassen kann. Er soll darin eine Unendlichkeit von Weltallen sehen, deren jedes sein Firmament hat, seine Planeten, seine Erde, seine Tiere und endlich Milben, in denen er abermals finden wird, was jene ersten Milben ihm gezeigt haben; und wenn er in den [Milben, die er zuletzt gefunden hat] immer wieder ohne Ende und ohne Ruhe das gleiche findet, soll er sich in diesen Wundern verlieren, die in ihrer Kleinheit ebenso erstaunlich sind wie jene anderen durch ihre Ausdehnung; denn wer wird nicht darüber staunen, daß unser Leib, der noch eben im Weltall nicht wahrzunehmen war, der unsichtbar war im Schoße des Alls, jetzt selbst ein Koloß ist, eine Welt, oder vielmehr ein All, verglichen mit dem Nichts, zu dem wir nicht vordringen können?

Wer sich so betrachtet, wird vor sich selbst erschrecken, und wenn er bedenkt, wie er in der Stoffmasse, welche die Natur ihm gegeben hat, zwischen diesen beiden Abgründen des Unendlichen und des Nichts existiert, wird er beim Anblick solcher Wunder erzittern; denn wenn seine Neugierde sich in Verwunderung verwandelt, wird er, glaube ich, geneigter sein, diese Wunder schweigend zu betrachten, als ihnen mit Anmaßung nachzuspüren.

Was ist denn schließlich der Mensch in der Natur? Ein Nichts im Hinblick auf das Unendliche, ein All im Hinblick auf das Nichts, eine Mitte zwischen dem Nichts und dem All, unendlich weit davon entfernt, die Extreme zu begreifen. Das Ende der Dinge und ihr Anfang sind in einem undurchdringlichen Geheimnis unüberwindlich für ihn verborgen. Er ist ebenso unfähig, das Nichts zu sehen, aus dem er gezogen ist, wie die Unendlichkeit, von der er verschlungen ist.

Was bleibt ihm also anderes übrig, als daß er einen Schein von der Mitte der Dinge wahrnimmt, in ewiger Verzweiflung, weder ihren Anfang noch ihr Ende zu erkennen? Alle Dinge sind aus dem Nichts hervorgegangen und setzen sich bis ins Unendliche fort. Wer kann diesen erstaunlichen Schritten folgen? Der Urheber dieser Wunder begreift sie. Kein anderer vermag es. Weil die Menschen nicht an diese Unendlichkeiten gedacht haben, ließen sie sich in ihrer Vermessenheit zur Erforschung der Natur hinreißen, als ob sie in irgendeinem Verhältnis zu ihr stünden. Es ist seltsam, daß sie in ihrer Anmaßung, die ebenso unendlich ist wie ihr Objekt, die Prinzipien der Dinge begreifen und von da zur Erkenntnis von allem haben gelangen wollen. Denn es besteht kein Zweifel, daß eine solche Absicht nur der haben kann, dessen Anmaßung oder Fassungskraft so unendlich ist wie die Natur.

Wer unterrichtet ist, begreift, daß fast alle Dinge an der doppelten Unendlichkeit der Natur teilhaben, da sie ihr Bild und das ihres Urhebers auf sie geprägt hat. So sehen wir, daß alle Wissenschaften dem Umfang ihrer Forschungen nach unendlich sind; denn wer zweifelt daran, daß z. B. die Geometrie eine Unendlichkeit von Unendlichkeiten an Lehrsätzen zu entwikkeln hat? Sowohl in ihrer Anzahl wie in der Feinheit ihrer Prinzipien sind [diese Lehrsätze] unendlich; denn wer sieht nicht, daß die, welche man als die letzten vorlegt, nicht auf sich selbst stehen, daß sie auf andere gestützt sind, die wiederum aus anderen abgeleitet werden, so daß wir niemals zu einem letzten Prinzip kommen? Aber wir stellen letzte [Prinzipien] auf, die der Vernunft [in demselben Sinne] als solche erscheinen, wie es bei den stofflichen Dingen der Fall ist, wo wir etwas einen unteilbaren Punkt nennen, jenseits dessen unsere Sinne nichts mehr wahrnehmen, wie sehr auch [dieser unteilbare Punkt] durch seine Natur ins Unendliche weiter teilbar ist.«[11]

Pascal war in Wirklichkeit weder Dogmatiker noch Skeptiker. Für den Dogmatismus wissen wir zu wenig, für den Skeptizismus zuviel. Einen Versuch, dieses Dilemma zu überwinden, unternahm Kant mit seinem Kritizismus.

7.3.1.9 Bayle, Vico

Von Skeptizismus kann man eher bei Pierre Bayle (1647–1706) sprechen, der, ähnlich wie Mersenne, eine umfassende literarisch-philosophische Vermittlerrolle spielte, sich unter anderen mit Leibniz auseinandersetzte und das ›Dictionnaire historique et critique‹ verfaßte, eine Enzyklopädie, die das Geistesleben der Aufklärung stark beeinflußte. Bayle zweifelte sowohl an absoluten Glaubenssätzen als auch an absoluter Erkenntnis, hielt Dogmen zwar für widervernünftig, aber gerade deshalb für glaubenswert, betrachtete die Lehre vom freien Willen als ein Mysterium und gewann durch die scharfe Trennung von Glauben und Vernunft Spielraum für eine autonome Moral. Damit war der Boden für Voltaire und Kant vorbereitet.

Von einer ganz anderen Seite setzte Giambattista Vico (1668 bis 1744), Professor der Rhetorik zu Neapel, mit seiner Kritik am Cartesianismus ein. Vico schätzte besonders Platon, Tacitus und Bacon, entwarf das Programm einer Geschichtsphilosophie und Völkerpsychologie (›Scienza nova‹) und kritisierte an Descartes die einseitig naturwissenschaftlich orientierte Denkweise. Er forderte, mehr die Kräfte in der Geschichte, das Leben in seiner Vielfalt, die Entwicklung von Sprache, Kunst, Religion und Gesetzgebung zu erforschen. Bekannt wurde Vico durch sein Axiom *verum idem factum*: der Mensch erkennt nur das, was er selbst schafft.

[11] Blaise Pascal, Gedanken. Übertr. v. W. Rüttenauer. Bremen 6. Aufl. 1964, S. 146ff.

In Leibniz war inzwischen ein Denker herangereift, der beides: naturwissenschaftliche Methodik und historisch-kritisches Denken miteinander verbinden konnte.

7.3.1.10 Leibniz

7.3.1.10.1 Leben, Entwicklung

Gottfried Wilhelm Leibniz (1646–1716) steht am Ende einer Entwicklung. Philosophisch gesehen, ist er der große Synthetiker frühneuzeitlichen Denkens, der darüber hinaus auch Mittelalter und Antike in seine Gedankenwelt einbezieht. Zum Glück hat er nie versucht, ein System daraus zu machen. Künstlerisch betrachtet, ist er der Philosoph des Barock, dessen oft erdrückende Vielfalt der Ideen, Aspekte, Begabungen und Interessen an Leonardo erinnert. Sowenig es fruchtet, aus den philosophischen Aphorismen von Leibniz ein System zu konstruieren, so aussichtslos ist es, nach einer einheitlichen Linie in seinem Leben zu suchen. Auch hier herrscht die Fülle: zahllose Begegnungen, nicht nur mit Philosophen, ein fast unübersehbarer, meistens philosophisch gehaltvoller Briefwechsel, Reisen und wieder Reisen, Initiativen, Denkschriften, Anregungen, Audienzen und Gespräche mit den verschiedensten Persönlichkeiten über unterschiedlichste Projekte. Bis nach dem Fernen Osten streckte Leibniz, von unersättlichem Erkenntnisstreben bewegt, seine geistigen Fühler aus. Daß es bis heute keine befriedigende Gesamtausgabe seiner Werke gibt, beruht nicht zuletzt auf Leibnizens Arbeitsweise, dessen Entwürfe, Notizen und Fragmente, in alle Richtungen verstreut, bald hier, bald dort auftauchen und die Herstellung einer Ausgabe fast unmöglich machen. Angesichts dieser Überlieferungssituation erscheint es zweckmäßig, die Phasen seiner philosophischen Entwicklung, so gut es geht, abzugrenzen und die zugehörigen Schwerpunkte und Schriften von Fall zu Fall zu erörtern.

Leibniz hatte auf juristisch-politischem Gebiet schon Beträchtliches geleistet, bevor er auf die sogenannten exakten Wissenschaften stieß, so daß die beiden ersten Phasen relativ sicher zu bestimmen sind: von den Geisteswissenschaften zu den Naturwissenschaften. Das historische Interesse dominiert naturgemäß gegen Ende seines Lebens, wenn er auch schon früh für geschichtliche Fragen aufgeschlossen war. Die philosophische

Suche nach der ganzen Wahrheit beherrscht sein Leben von Anfang bis zum Ende, wenn auch im Lauf seines Lebens eine Schwerpunktverlagerung festzustellen ist: weg aus dem Labyrinth der Machtpolitik, hin zum Reich der Wahrheit, Vernunft, Gerechtigkeit und Liebe, vom Werden zum Sein, vom Zeitlichen zum Zeitlosen. Entsprechend lassen sich im Leben und Schaffen des Philosophen sechs Schwerpunkte aufzeigen, die nicht in chronologischer Folge auftreten, wohl aber in ihren mannigfachen Wechselwirkungen einen Problemkontext erkennen lassen: Rechtsgelehrsamkeit, Naturwissenschaft, Politik und Philosophie, Geschichte und Theologie.

Leibniz wurde am 21. Juni 1646 in Leipzig geboren. Sein Vater war dort Notar und Professor der Moral. Seine Frau stammte ebenfalls aus einer Juristenfamilie. Leibniz war sechs Jahre alt, als sein Vater starb. Seine Mutter, eine fromme, stille Frau, erzog die Kinder sorgfältig. Die umfangreiche Bibliothek seines Vaters war für Leibnizens Entwicklung von entscheidender Bedeutung. Frühreif, von grenzenlosem Erkenntnisstreben und dem Hang zu selbständigem Forschen beseelt, erlernte er von sich aus die lateinische Sprache und las mit acht Jahren den Livius. Außerdem interessierten ihn Cicero, Quintilian, Seneca, Plinius, Herodot, Xenophon, Platon und die Kirchenväter. So war sein Weg der universalen, in klassischem Altertum fundierten Bildung von Kindheit an vorgezeichnet. Für seine Entwicklung zum Logiker war die Bekanntschaft mit Aristoteles wichtig. So stellte er bereits mit vierzehn Jahren die Frage, ob es nicht, wie es Klassen einfacher Begriffe gibt, auch Klassenordnungen von Sätzen geben müsse. Neben den antiken Autoren studierte er die wichtigsten scholastischen Philosophen, sogar spanische Scholastiker wie Fonseca, Fuertes und Suarez. Aus dem Studium der Kontroversienliteratur entwickelte er ein für sein ferneres Denken wichtiges Methodenprinzip, die systematische Prüfung von Lehrmeinungen, das Abwägen und gerechte Beurteilen aller möglichen Standpunkte. Im Gegensatz zur Praxis vieler moderner Autoren ist Leibnizens äußerst penible und präzise Berücksichtigung allen verfügbaren Schrifttums zu einem Problem besonders hervorzuheben. Er vertrat die Meinung, auch in dem geringsten Buch stecke immer noch manches Körnchen der Wahrheit. Mit Hilfe seiner autodidaktisch-konstruktiven Methode gelang es ihm, sich in kürzester Zeit in fremde Wissensgebiete einzuarbeiten und schnell das Wesentliche vom Unwesentlichen zu trennen. Leibniz beherrschte mit dreizehn Jahren das Lateinische so gut, daß er für einen kranken älteren Mitschüler an einem Vormittag ein Pfingstgedicht von 300 Hexametern verfaßte und auswendig vortrug. Mit fünfzehn Jahren begann er das Studium an der Universität Leipzig. In Philosophiegeschichte unterrichtete ihn der bekannte Aristoteliker Jakob Thomasius. Von der Theologie fühlte sich Leibniz wegen der ewigen konfessionellen Streitereien abgestoßen. Nach zwei Semestern erwarb er sich den Baccalaureus mit einem sowohl für neuzeitliches Denken als auch für seine Entwicklung bezeichnenden Thema: ›De principio individui‹. Von hier führt eine klare Linie zu seiner Monaden-Metaphysik. Wie bei allen guten Theoretikern war auch bei Leibniz der Hang zur Praxis stark. Der Titel seiner Magisterarbeit läßt erkennen, wie er die Philosophie aus dem Fachstudium heraus ableitete: ›Specimen quaestionum philosophicarum ex iure collectarum‹ (1664). Als Reaktion auf einen allzu frühen Promotionsversuch in Altdorf entschloß sich Leibniz kurzerhand, das Studienfach zu wechseln, was ohnehin in seiner Absicht lag. Schon mit fünfzehn Jahren hatte er der Scholastik Lebewohl gesagt und sich für Physik und Mathematik entschieden. Später promovierte er dann doch noch in Altdorf zum Doktor der Rechte und bekam sogar – mit 20 Jahren – eine Professur angeboten, die er ausschlug: »Mein Geist bewegte sich in einer ganz anderen Richtung.« Eine Zeitlang setzte Leibniz, in Diensten des Kurfürsten von Mainz, seine juristische Tätigkeit fort (1668 bis 1672) und arbeitete an der Verbesserung des ›Corpus iuris civilis‹ mit. Die reformerischen Tendenzen seiner Beiträge zur Rechtslogik werden erkennbar. Anstelle der scholastischen Autoritäten tritt die Gesetzmäßigkeit der Vernunft. Wenn sich positive Rechtssätze widersprechen, muß man auf die überzeitlichen Prinzipien des Naturrechts zurückgreifen. Leibniz war in die gleiche Schule gegangen wie sein Landsmann, der bekannte Rechtsgelehrte Samuel Pufendorf (1632–1694), nämlich bei dem Mathematiker Erhard Weigel in Jena. Nach einem Ausflug in die Werkstätten der Alchimisten (Rosenkreuzer) in Nürnberg brachte Leibniz seine ›Neue Methode‹ (1667) für die Rechtswissenschaft heraus. Mit 24 Jahren (1670) avancierte er zum Rat am Kurmainzischen Revisionsgericht, das zu den höchsten Gerichtshöfen des Reiches zählte. Mit seiner mathematischen Methode knüpfte er an Reformversuche des Rechtswesens von Althusius (1687) an, der den Stoff des römischen Rechts nach der Logik des Petrus Ramus zu ordnen vorschlug.

Die Arbeit wuchs Leibniz jedoch über den Kopf und blieb – wie so vieles in seinem Leben – unvollendet.

Zu einem Wendepunkt in seinem Leben und Schaffen wurde sein Aufenthalt in Paris (1672–1676), wohin er in diplomatischer Mission reiste. Nach dem Tode des Kurfürsten und Boineburgs, der Leibnizens großer Gönner war, erhielt der viel zu viel auf Reisen befindliche Rat seinen Abschied (1674).

In Paris lernte Leibniz die höhere Mathematik bei einem der damals bedeutendsten Mathematiker und Physiker: »Ich war noch ganz und gar Fremdling in der höheren Geometrie, als ich in Paris 1672 die Bekanntschaft Christian Huygens machte. Ich bekenne, daß ... ich ganz persönlich vor allem diesem Mann nach Galilei und Descartes das meiste verdanke.« Im Lauf des Sommers befaßte sich Leibniz auch mit den mathematischen Schriften Pascals. Es folgte für ihn eine Zeit atemberaubender Forschungen und Entdeckungen auf dem Gebiet der Mathematik. Seine Hoffnung, mit einem gegenüber Pascal verbesserten Modell der Rechenmaschine, das er am 9. Januar 1675 in der Académie des sciences vorführte, in Paris eine Lebensstellung zu erlangen, schlug fehl. Dafür erhielt er kurz darauf ein Angebot Herzog Johann Friedrichs aus Hannover, das er schließlich annahm.

In der physikalischen Theoriebildung Leibnizens in dieser Zeit lassen sich zwei Phasen unterscheiden: 1. Die Kritik an Mechanismus, Monismus und Materialismus führte ihn zu einer dynamisch-energetischen Naturauffassung. 2. Vom Kraftbegriff gelangte er zum Begriff der Monade. Die philosophische Durchdringung der dynamischen Physik führte ihn dann weiter zum metaphysischen Begriff der Monade als letzter spiritueller Einheit des Weltgeschehens. Zur Zeit seines Aufenthaltes in Paris erreichte Leibniz den Höhepunkt seiner mathematisch-naturphilosophischen Studien. In Hannover erwartete ihn ein anderer Aufgabenkreis.

Leibniz war auf dem Gebiet des Bergbaus sozusagen erblich belastet. Das erklärt vielleicht sein großes Interesse am Bau von Maschinen zu Förderzwecken im Bergbau. Der Herzog von Hannover war im Hinblick auf die Harzbergwerke an solchen Vorhaben interessiert, und es kam zu einem Vertragsabschluß. Zwischen 1680 und 1686 reiste Leibniz nicht weniger als 31 mal in den Harz und hielt sich dort insgesamt 165 Wochen auf, aber aus seiner »Windkunst«, mit deren Hilfe das Grubenwasser in den Harzer Bergwerken bewältigt werden sollte, wurde nichts.

Das Projekt erwies sich in der von Leibniz vorgesehenen Form als undurchführbar, so daß der Herzog den Abbruch der Versuche anordnete. Ansonsten hatte Leibniz die Bibliothek zu verwalten, die er für seine Zwecke bestens nutzen konnte. Er war als Hofrat der Justizkanzlei zugeteilt und wurde 1696 zum Geheimen Justizrat befördert. Er hatte Gutachten zu erstellen, Flugschriften zu verfassen und hin und wieder eine diplomatische Mission auszuführen. Nach dem Tode Johann Friedrichs verschlechterte sich das Verhältnis zu seinen Dienstherren (Herzog Ernst August 1679–1698, seit 1692 Kurfürst und Kurfürst Georg Ludwig 1698–1727, seit 1714 Georg I. König von England) allmählich. Als Ersatz für die gescheiterte Windkunst hatte sich Leibniz (1685) erboten, eine Geschichte des Welfenhauses zu schreiben, die seinem Herrn jedoch viel zu langsam vorankam, was bei Leibnizens Vielseitigkeit, der Verzettelung seiner Interessen und seiner Reiselust kein Wunder war. Berufung und Beruf gerieten miteinander in Konflikt. Leibniz rechtfertigte zwar die Politik seiner Landesherren, nahm an den Wiedervereinigungsbestrebungen der christlichen Kirchen maßgebend teil und verfaßte eine hochwertige philosophische Schrift nach der anderen, aber seine Welfengeschichte kam nur langsam voran. Bei dieser Gelegenheit entdeckte er in Italien wichtige Urkunden, die den Herrschaftsanspruch seiner Dienstherren fundierten, aber den hohen Herren war mehr an panegyrischer als an historisch-kritischer Geschichtsschreibung gelegen. In seinen letzten Jahren (1700–1716) dominierten wissenschaftsorganisatorische Probleme. Er wurde 1700 der erste Präsident der Sozietät der Wissenschaften in Berlin. Als man ihn jedoch in Hannover wegen seiner häufigen Aufenthalte in Berlin der Spionage verdächtigte, als die Royal Society gegen Leibniz den Plagiatsvorwurf hinsichtlich der Infinitesimalrechnung erhob (1712), als die Anfeindungen und Intrigen gegen ihn am Hof zunahmen, als er ein Reiseverbot und in Gestalt Eckharts einen Kontrolleur erhielt – alles das, während er Weltruhm erlangte, zum Reichshofrat ernannt wurde (1713) und mit Peter dem Großen zusammentraf, aber keine Aussicht hatte, seinen Wohnsitz nach Wien oder Paris zu verlegen –, da ließ sein Lebenswille nach. Seinen Ehrgeiz und seine Ergebenheit den Herren dieser Welt gegenüber lohnten diese ihm schlecht, und er starb nicht viel anders als der von ihm mißbilligte Spinoza, einsam. Die Behandlung, die man dem Toten angedeihen ließ, entsprach der, die Leibniz in Hannover, besonders in den letzten Jahren seines Lebens, erfahren hatte: »Des seel. Geh. Raths von Leibniz Cörper wurde am 14. Decemb. in der Neustädter Kirche zu Erden bestattet, wozu alle Hof-Bediente geladen waren, aber niemand erschien.«

Leibnizens politische Aktivität konzentrierte sich in der Zeit, die er im Dienst des Welfenhauses verbrachte, abgesehen vom innenpolitisch-administrativen Komplex, im wesentlichen auf drei große außenpolitische Ziele: die Herstellung einer handlungsfähigen, führenden politischen Einheit im deutschen Bereich, die Herstellung einer europäischen Einheit und einer Einheit des christlichen Glaubens.

Bei dem Versuch, diese Ziele vorwiegend auf dem Weg politischer Publizistik durchzusetzen, geriet Leibniz, nicht zuletzt infolge der Abhängigkeit von seinen jeweiligen Dienstherren, in ein Labyrinth von Interessengegensätzen. Weit davon entfernt, das politische Kräftespiel zu durchschauen, richtig einzuschätzen oder gar zu beherrschen, wurde er zu einer Art Spielball der Mächtigen. Entsprechend gering ist auch sein Beitrag zur Emanzipationsbewegung der Philosophie von der Theologie und von weltlicher Herrschaft, für die er ja eintrat und arbeitete.

Unvergleichlich mehr als alle übrigen frühneuzeitlichen Denker leistete er dagegen auf philosophischem Gebiet im engeren Sinn, in der Logik, Erkenntnistheorie, Psychologie, Ästhetik, Sprachtheorie und Metaphysik, aber auch in der Theologie. Das Spezifische an Leibnizens Theorien ist der extreme, radikale Idealismus. Man hat den Eindruck, daß, je weiter er sich von den politischen Realitäten entfernte, seine idealistische Konstruktion desto mehr ins Überdimensionale wuchs, stellenweise ins Phantastische. Mit seiner Entscheidung für den Idealismus stellte er jedenfalls die Weichen für die weitere Entwicklung der deutschen Philosophie, die im 19. Jahrhundert ihren Höhepunkt erreichen, sich zugleich aber als Sackgasse erweisen sollte. Die größeren philosophischen Arbeiten Leibnizens sind durchweg später verfaßt als die politischen, die ›Confessio philosophi‹ (1673) folgt dem ›Consilium Aegyptiacum‹ (1671/72), seinem ersten großen Plan im politischen Bereich, womit er den französischen König von Europa, speziell dem Reich, auf Ägypten ablenken wollte. Der ›Discours de métaphysique‹ folgt dem sogenannten ›Caesarinus Fuerstenerius‹, der einen Interessenausgleich zwischen Kaiser und Territorialfürsten ermöglichen sollte. Leibniz brachte zwar Interessantes zum Souveränitätsbegriff vor, ein großer politischer Erfolg war damit aber nicht verbunden. Im ›Mars christianissimus‹ (1683) »entlarvte« Leibniz den längst bekannten Charakter der Politik Ludwig XIV. Die ›Nouveaux essais sur l'entendement humain‹ (1703–1704) folgten auf ›Erwägungen zum Recht des Hauses Braunschweig-Lüneburg hinsichtlich der Thronfolge in England‹ (1701). Dies alles macht eine Entwicklung, mindestens eine Schwerpunktverlagerung vom Politischen aufs Philosophische verständlich, ähnlich wie die Entwicklung bei Platon verlief. Von der Philosophie führt dann eine spätere Entwicklung zur Geschichte und Theologie, auch hier ähnlich wie bei Platon. (Die mathematischen Schriften sowie der Briefwechsel bleiben hier außer Betracht.)

7.3.1.10.2 Theoretische Philosophie

Den Rahmen traditioneller Logik verließ Leibniz erstmals in seiner Schrift ›De arte combinatoria‹, worin er der Syllogistik, im Einklang mit spätmittelalterlichen Autoren, speziell Lullus, eine Erfindungskunst *(ars combinatoria)* entgegenzustellen suchte. Leibniz wandte hier die kombinatorische Mathematik auf Schlußfiguren des Aristoteles an. Auf dem Satz von Hobbes »Denken ist rechnen« weiterbauend, entwickelte er die mathematische Zeichensprache zu einer Art Kalkül weiter. Insofern sich das logische Zeichensystem verallgemeinern läßt, erhalten wir eine symbolische Begriffssprache, eine Kunstsprache der Vernunft, die zugleich die Wirklichkeit abbildet, eine *characteristica realis.* Die Bildung einer solchen *characteristica universalis* gehörte zu den Lieblingsideen des Barockzeitalters.

Auf dem Gebiet der Erkenntnistheorie reichen die Forschungen Leibnizens bis in die Pariser Zeit zurück, als er sich mit Descartes und Malebranche auseinandersetzte. Leibniz läßt das Cartesianische »Cogito, ergo sum« nicht als ewige Wahrheit gelten, faßt es vielmehr als eine Grunderfahrung auf. Besonders aus der Position von Malebranche, daß man die Ideen in Gott schauen kann, folgt, daß Gott das einzig unmittelbare Objekt unseres Erkennens ist, die Ideen sind gleichsam Objekte zweiten Grades, die »Außendinge« Objekte dritten Grades. Wer diese radikale Umkehr der natürlichen Perspektive, wie sie beispielsweise der Naturauffassung Galileis zugrundeliegt, nachvollziehen kann, hat auch Leibnizens idealistisch-revolutionäre Erkenntnistheorie im Prinzip verstanden. Der empirischen Erkenntnistheorie in der Locke zugeschriebenen Formel: »Nichts ist im Intellekt, was nicht zuvor in den Sinnen war«, stellt Leibniz gegenüber: *nisi intellectus ipse* (wenn nicht der Intellekt selbst). Diese idealistische erkenntnistheoretische Position ist indessen nur eine Folge der grundsätzlicheren metaphysischen Theorie, die sich in ihren Anfängen bereits in Leibnizens schon erwähnter Erstlingsschrift abzeichnet. Problemgeschichtlich knüpft die Schrift an den »Universalienstreit« des Mittelalters an. In Leibnizens Erstlingsschrift findet sich eine höchst charakteristische Wendung: »Jedes Einzelwesen wird zu einem solchen durch die Gesamtheit seiner Wesenheit.« Im Leibnizschen Begriff des Individuums erfährt das Universalienproblem des Mittelalters eine extreme Zuspitzung: Insofern das Individuum die eigentliche und einzige Substanz wird, erreicht der Nominalismus, der ja die Existenz der Universalien leugnete, seinen Höhepunkt. Insofern jedoch das Leibnizsche Individuum nicht materiell, sondern als Geistmonade zu verstehen ist, gipfelt in der Annahme seiner Existenz die Grundauffassung des Realismus, nach der Geistiges existiert. Tatsächlich bleibt Leibnizens monadologisches System das einzig streng durchgeführte »System« auf individueller Grundlage in der Neuzeit. Berücksichtigt man ferner den Einfluß Spinozas auf Leibnizens Metaphysik, so erscheint dessen Monadenwelt in gewissem Sinn als die ins Substantielle transponierte Attributen-Ordnung Spinozas. Was besagt die Leibnizsche Formel des Individuums?[12]

Sie besagt, daß eigentlich nur Individuen existieren, wobei die Individuen als selbständige Einheiten zu verstehen sind, nicht als Konkretionen eines Allgemeinen. Im Einzelnen und nur in ihm ist das Allgemeine, wie auch das Individuum nur als geistige Wesenheit ist, nicht als raumzeitliches Atom irgendwo und irgendwann im Weltgeschehen. Nach der Auffassung von Leibniz existiert überhaupt nur das, was aus sich und in sich selbst Einheit ist. Der Abstand zu jeder atomistischen Interpretation des Individuums, die von äußeren, raumzeitlichen Daten ausgeht, wird deutlich. Der Grund für die Einheit des Individuums ist nicht sein Stellenwert im Bereich der materiellen Welt, sondern seine innere Unverwechselbarkeit, Unzerstörbarkeit, Einmaligkeit. Zweifellos tritt hier eine Tendenz zur organologisch-teleologischen Interpretation menschlichen Daseins der mechanistisch-materialistischen Sicht entgegen. Mit der Existenz des

[12] Einige der folgenden Ausführungen sind aus der Leibniz-Darstellung (1976) des Verfassers übernommen.

Individuums wird, wie Leibniz später ausführt, durch einen Schöpfungsakt Gottes Dasein gesetzt, sein Eigenwert begründet, und wie es nur durch ein Wunder entstand, kann es auch nur durch ein Wunder vernichtet werden. Die materielle Auflösung im Sinne des Todes ist nicht möglich. Das Individuum ist als solches unsterblich. Damit rettete Leibniz nicht nur die Lehre von der Unsterblichkeit der Seele, sondern auch den Glauben an Gott und die Schöpfungslehre. Er verband christlich-mittelalterliche Theologie mit neuzeitlichem Individualismus. Ist die Welt Schöpfung des vollkommensten Wesens, kann sie nicht unvollkommen sein. Nach Leibniz ist sie nicht nur vollkommen, sondern die beste aller möglichen Welten.

7.3.1.10.3 Metaphysik

Bei der Entwicklung des Monadenbegriffs sind eine kritische, eine energetische und eine spiritualistische Phase zu unterscheiden. In der kritischen Phase grenzt Leibniz seinen Begriff des Individuums gegenüber dem Atom, also gegenüber Atomismus und Materialismus ab. In der naturphilosophischen Phase konzipiert er das Individuum als Energiezentrum, in der letzten Phase als spirituelle Wesenheit. Die Monaden, die als »substantielle Einheiten« oder »einfache Substanzen« umschrieben werden, befinden sich nicht in einer raumzeitlichen Wirklichkeit, wie die naive Auffassung meint und den Monaden demzufolge eine Art Körperdasein zuschreibt, sondern sie begründen diese Wirklichkeit erst, sind selbst raum- und zeitlos, wenn man so sagen will, Realität vor aller raumzeitlichen Realität. Das Verhältnis von Monade und Erscheinung bestimmt sich danach als Beziehung zwischen der Einheitsfunktion des Bewußtseins und der Mannigfaltigkeit seiner Inhalte, wobei die Einheit nicht im Sinne von *unitas* räumlich-visuell zu verstehen ist, sondern als Akt der Vereinigung, *successio, unio, operatio.* Mit der Deutung der Monade als Substanz, der Substanz als Operation, die gesetzmäßig zur Einheit der Mannigfaltigkeit fortschreitet, schließt sich der Kreis von der naturphilosophischen zur metaphysischen Interpretation der Monade, denn die Operation ist eine geistige Arbeits- und damit Kraftleistung. Wenn es sinnlos ist, nach etwas zu fragen, das über den Bereich der Phänomene hinausreicht, wenn man Leibniz den Begriff der Monade als eines einheitstiftenden Bezugssystems in Form einer Hypothese konzedieren will, bleibt allerdings die Frage, warum er den Begriff der prästabilierten Harmonie im weiteren Sinn einführte und was er damit meinte. Dieser weitere Begriff der prästabilierten Harmonie ist nicht mit dem engeren zu verwechseln. Letzterer bezieht sich auf die von Gott gestiftete Harmonie der Operationen, die die beiden Substanzen Seele und Körper ausführen. Descartes hatte die Parallelität seelischer und körperlicher Vorgänge durch die Theorie der Wechselwirkung erklärt, die Okkasionalisten, vor allem Geulincx, durch die Theorie der Gelegenheitsursache. Leibniz schlug als dritte Lösung seine spezielle Theorie der prästabilierten Harmonie vor. Ein Beispiel von Geulincx umbildend, verglich er Seele und Körper mit zwei Uhren, die Gott nicht, wie ein schlechter Handwerker, gelegentlich aufeinander abstimmt, wohl aber von vornherein so genau aufeinander eingestellt hat, daß sie stets die gleiche Zeit zeigen.

Versteht man die monadologische Struktur der Wirklichkeit streng, dann ist jede einzelne Monade das Maß aller Dinge. Sie perzipiert ihre Realität, bildet ein Bezugssystem, spricht mit Gott, als ob es außer Gott und ihr nichts gäbe und spiegelt, selbst fensterlos, das Universum auf ihre und nur auf ihre Weise. Eine Kommunikation der Monaden erscheint auf dieser Grundlage ausgeschlossen. Jedes Individuum, jede Seele, jede Monade ist ein Kosmos für sich, nur Gott und sich selbst verbunden, aber ohne Kontakt zu anderen Monaden. Dieser Gedanke, konsequent zu Ende gedacht, würde das Ende mitmenschlichen Daseins, zwischenmenschlicher Bezogenheit, die totale Einsamkeit der individuellen Substanz bedeuten. Wollte Leibniz diese, für sein gesamtes Denken geradezu vernichtenden Konsequenzen vermeiden, mußte er nach einem Weg suchen, die Monaden aus ihrer Isolation zu befreien, sie zu kommunikationsfähigen Substanzen machen, deren Interdependenz durch übergeordnete, allgemeine Gesichtspunkte gesichert war. Dieses Ziel suchte er nun durch eine Verallgemeinerung des Prinzips der prästabilierten Harmonie zu erreichen. Danach besteht nicht nur zwischen Seele und Körper der einzelnen Monaden eine vollkommene Übereinstimmung, sondern auch zwischen den individuellen Substanzen untereinander. Indem so jede Monade prinzipiell das gleiche Universum, nur von ihrem Standpunkt aus, perzipiert, kommt die Grundlage einer Verständigung über das von allen Geschaute zustande. Neben der so gestifteten Möglichkeit der Kommunikation durch das Wort mußte gleichzeitig durch die prästabilierte Harmonie im weiteren Sinn eine Abstimmung der Systeme der bewirkenden Ursachen und der Endzwecke aufeinander angenommen werden, damit die Monaden auch als handelnde, aktive Wesenheiten in einem kommunikativen Zusammenhang operierten, nicht sozusagen aneinander vorbei entschieden bzw. aneinander vorbei handelten. In diesem Sinn verstand Leibniz die prästabilierte Harmonie als Harmonie zwischen dem physischen Reich der Natur und dem moralischen Reich der Gnade, also als Grundprinzip der Versöhnung zwischen den Menschen als Naturwesen und den Menschen als Vernunftwesen. In den Lehren von der Monade und der prästabilierten Harmonie konvergieren fast alle Linien Leibnizschen Denkens: Logik, Erkenntnistheorie, Metaphysik, Naturphilosophie und Theologie. Wie steht es indessen mit der praktischen Philosophie bei Leibniz?

7.3.1.10.4 Praktische Philosophie

Leibniz hat nie eine Ethik verfaßt, die nach Umfang und Bedeutung mit den Arbeiten in den übrigen philosophischen Teildisziplinen Schritt halten könnte. Der Grund für diese Unterentwicklung der Ethik bei Leibniz, wenn man so sagen soll, dürfte vor allem darin zu suchen sein, daß der Trend der Philosophie seinerzeit eher in Richtung naturphilosophischer, erkenntnistheoretischer und religiöser Erörterungen verlief als in ethischmoralischer, was sich bei Kant radikal änderte. Spinoza bildet die große Ausnahme. Vielleicht neigte Leibniz auch eher zu einer metaphysisch-ästhetischen Betrachtungsweise der Dinge, die ja die spezifisch ethische Problematik eingrenzt und in gewisser Weise zu absorbieren sucht. Leibniz war auch aufgrund seiner Studienentwicklung, die von der Rechtswissenschaft zur Philosophie führte, eher zu einer juristischen Auffassung zwischenmenschlicher Probleme prädisponiert als zur ethischen. Seine kritischen Bemerkungen zu den ersten drei Teilen der Ethik von Spinoza (1678) beschränken sich, wie schon aus dem Titel ›Ad Ethicam B. d. Sp.‹ hervorgeht, vor allem auf die Kritik der Lehren Spinozas. Bei Leibniz finden sich ethische Erörterungen durch sein gesamtes literarisches Werk hindurch verstreut, ganz abgesehen von den juristischen Arbeiten, von denen ethische Fragen naturgemäß nicht zu trennen sind. In der Ethik von Leibniz sind antike und christliche Momente enthalten, wobei letztere den Ausschlag geben. Gottesliebe und Menschenliebe sind die Leitkategorien. Man kann seine Ethik daher als Liebesethik verstehen, einerseits im Gegensatz zur eudämonistischen Ethik des Aristoteles, andererseits zur stoisch-kantischen Pflichtethik.

7.3.1.10.5 Psychologie, Ästhetik

Auf den Gebieten der Psychologie, Ästhetik und Sprachtheorie war Leibniz nicht weniger bahnbrechend als in Fragen der Organisation der Wissenschaften. Ein beliebter Gegenstand damaliger Psychologie war die Affektenlehre. 1679 verfaßte Leibniz eine Arbeit ›De affectibus. Ubi de potentia, actione, determinatione‹. Er wandte sich darin gegen den cartesianischen Dualismus. Die metaphysische Konzeption der prästabilierten Harmonie im engeren Sinn erlaubte ihm einen organologischen Ansatz. Das organologische Denken wurde, nicht zuletzt durch Leibniz, zu einem Merkmal deutscher Naturauffassung. Charakteristisch für Leibniz ist nun die Verbindung von funktionaler und personaler Betrachtungsweise der Seele. Die Seele des Tieres ist unaufhörlich, die Seele des Menschen unsterblich. Die menschliche Seele ist Prinzip von Zurechnung, Verantwortung, Sünde und Strafe, also eine moralische, nicht nur eine biologische Größe. Christliche Vorstellungen von Schuld, Erlösung und Weltgericht bilden den Hintergrund der moralisch-personalistischen Konzeption der Psyche. Leibniz hat bereits eine Art Psychologie des Unbewußten geschaffen, womit er den rationalistischen Konzepten zeitgenössischer Psychologie weit voraus war. *Petites perceptions* sind Perzeptionen, die zu schwach sind, um vom Ich bewußt apperzipiert zu werden. Auch der Begriff der Disposition spielt in Leibnizens Psychologie eine Rolle. Eine Disposition ist eine erschlossene, unbewußte Bedingung von Bewußtsein. Der Übergang von bewußten zu unbewußten Perzeptionen vollzieht sich so kontinuierlich wie der Aufstieg von nackten Monaden über Pflanzen- und Tierseelen zu intelligenten Lebewesen, den Geistmonaden.

Seltsamerweise hat die Forschung Leibniz als Künstler und Kunsttheoretiker fast völlig vernachlässigt, und das, obwohl er, wie Platon, Dialoge schrieb, in Hexametern dichtete und stilistisch nicht nur in der deutschen Sprache Außergewöhnliches hervorbrachte. Mit den Klassikern teilte Leibniz die Ansicht, daß Kunst der sittlichen Erziehung zu dienen hat. In der Sprachphilosophie, die zur Zeit von der Forschung endlich gebührend berücksichtigt wird, ist auf seine Schrift vom August 1677 zu verweisen ›Dialogus de connexione inter res et verba‹ sowie auf das 3. Buch seiner ›Nouveaux essais‹, das ›Von den Worten‹ handelt. Was die Entstehung der Sprache betrifft, konkurrierten zur Zeit von Leibniz wie zu der von Platon zwei Theorien, die naturalistische und die konventionalistische.

Letztere vertrat z.B. Locke. Leibniz läßt diese Theorie nur für das Chinesische gelten, eine Sprache, für die er großes Interesse zeigte. Für die indogermanischen Sprachen hielt er an der naturalistischen Sprachtheorie fest. Bei ihm hängen logische und sprachliche Erwägungen eng zusammen. Der Grammatik wies er die Aufgabe zu, eine Kombinatorik der aussprechbaren Begriffszeichen ohne viel grammatische Regeln zu entwickeln. In späteren Jahren überwogen historische Sprachanalysen die logischen.

Während in England (1660) und Frankreich (1666) Akademien entstanden, regte sich in Deutschland nichts dergleichen. Leibniz machte Eingaben an Kurfürsten und Kaiser, ohne Erfolg. Schließlich siegte das Prestigedenken in Berlin, wo Leibniz in der Kurfürstin Sophie Charlotte eine einflußreiche Befürworterin seiner Pläne fand. Am 19. März 1700 genehmigte der Kurfürst Friedrich III. die Gründung einer Sternwarte und einer Sozietät der Wissenschaften in Berlin. Leibniz wurde zum lebenslänglichen Präsidenten der Sozietät ernannt. Als er starb, nahm die Preußische Akademie der Wissenschaften so wenig Notiz vom Tod ihres Gründers wie der Hof in Hannover.

7.3.1.10.6 Geschichte

Geschichtliche Forschung war für Leibniz nie Selbstzweck, eher eine Art Suche nach der Wahrheit, also ein mit echter Philosophie und wahrer Kunst verwandtes Erkenntnisstreben, das sich zeitlich vorwiegend auf die Dimension der Vergangenheit erstreckt. Geschichtswissenschaft bedeutete also für ihn nicht Historismus, sondern die Kunst, das Gewesene mit dem Gegenwärtigen und Zukünftigen, mithin das Zeitliche angesichts des Ewigen mit dem Überzeitlichen zu verbinden und damit in kritischer Analyse und Synthese ein Sinnganzes zu stiften, in dem und aus dem heraus menschliche Existenz erst geschichtlich verstanden werden kann. Leibniz hat die historische Dimension offensichtlich schon früh entdeckt, wenn auch seine historische Forschertätigkeit in die späteren Abschnitte seines Denkens und Schaffens fällt, sich jedenfalls nach seinen grundlegenden Erkenntnissen auf naturwissenschaftlichem Gebiet entfaltete. Während ihm die Welfengeschichte zum großen Hindernis seiner philosophischen und wissenschaftlichen Pläne wurde, konzipierte er im Anschluß an eine Audienz beim Kaiser 1688 die Grundzüge moderner historisch-kritischer Geschichtsschreibung *(ars critica)* und eilte damit wieder einmal seiner Zeit voraus. Leibnizens Leistung als Historiker steht in einem Mißverhältnis zu seiner Wirkung auf die Geschichtswissenschaft, die ihm zufolge vor allem drei Ziele hat: Erzeugung von Lust an der Erkenntnis des Individuellen, Gewinnung nützlicher Lehren für das Leben und Erschließung vergangener Gründe für gegenwärtiges Geschehen.

7.3.1.10.7 Theologie

Hatte Leibniz als Rechtsgelehrter über die Grenzen des positiven Rechts hinausgefragt, als Naturwissenschaftler auf den Begriff des Unendlichen hingewiesen, als politischer Publizist die Ohnmacht der Vernunft erfahren müssen, als Philosoph in den Begriffen der »Monade« und der »prästabilierten Harmonie« das Wesen der Welt zu ergründen und als Historiker die vérités de fait mit den vérités de raison zu versöhnen versucht, so konvergieren alle diese geistigen Bemühungen in seiner Theologie. Das Recht bekommt seinen letzten Halt in der göttlichen Gerechtigkeit; die Natur ist der Ausdruck einer göttlichen Ordnung; die Politik sollte dem Willen Gottes und dem Heil der Menschheit dienen, nicht der Selbstverherrlichung, dem Machtgewinn und der Zerstörung; die Philosophie schöpft ihre letzte Gewißheit aus der einen göttlichen Wahrheit und Vernunft; und die Geschichte offenbart den Heilsplan Gottes im Wechsel der Zeiten. In dieses systemlose »System« fügt sich der Themenkreis seiner Theologie im engeren Sinn ein, schließt es sachlich wie chronologisch ab, krönt und vollendet es. Die ›Theodizee‹ ist das größte vollendete Werk von Leibniz. In ihm kehren ziemlich alle theologischen Fragen wieder, die ihn zeitlebens beschäftigten: die Güte, Weisheit, Gerechtigkeit und Allmacht Gottes, Freiheit und Unsterblichkeit des Menschen, der Ursprung des Bösen, die wahre Frömmigkeit, Eucharistie, Gnade und Prädestination, Wunder, Glaube und Vernunft. War seine Theologie nur der Versuch einer Versöhnung zwischen dem Christentum und den Naturwissenschaften? Dann sagt es sich leicht, Leibniz sei gescheitert. Gelang ihm die Versöhnung von Glauben und Vernunft? Dann hätte sich Kants Grenzziehung zwischen beiden wohl erübrigt. Überzeugt seine Theorie von der besten aller Welten? Sicher beruht sie nicht auf unbegründetem Optimismus.

Ein beachtlicher Teil der ›Theodizee‹ ist der Auseinandersetzung mit Bayle gewidmet. In der »Einleitenden Abhandlung« untersucht Leibniz das Verhältnis von Glauben und Vernunft.

Dies ist bekanntlich auch das Grundanliegen der kritischen Philosophie Kants. Nach Leibniz »können die einfachen Vorstellungen, die notwendigen Wahrheiten und die Schlußfolgerungen der Philosophie der Offenbarung nicht entgegen sein«. Umgekehrt bedeutet das, daß alle der Offenbarung widersprechenden Lehren nicht wahre Philosophie sein können. Über den göttlichen Glauben sagt Leibniz: »Doch ist der göttliche Glaube, wenn er einmal die Seele entzündet hat, mehr als eine bloße Meinung und hängt nicht mehr von den Meinungen und Motiven ab, die ihn erwecken; er geht über den Verstand hinaus, bemächtigt sich des Willens und Herzens und wir tun mit Wärme und Freude, was uns das göttliche Gesetz befiehlt, ohne an besondere Gründe zu denken oder uns mit logischen Schwierigkeiten, die der Geist sich vor Augen stellen kann, aufzuhalten.«

Im ersten Teil der ›Versuche über die göttliche Gerechtigkeit, die Freiheit des Menschen und den Ursprung des Übels‹ unterscheidet Leibniz zwei Klassen von Schwierigkeiten, die sich um folgende Probleme gruppieren: 1. Lassen sich göttliche Allmacht und menschliche Freiheit vereinbaren? 2. Läßt sich die Existenz des Bösen mit der Güte und Gerechtigkeit Gottes vereinbaren?

Leibniz unterscheidet zwischen metaphysischen, physischen und moralischen Übeln. Das metaphysische Übel besteht in der Unvollkommenheit aller endlichen Wesen, das physische im Leiden, also Schmerz, das moralische in der Sünde. Dabei ist das physische in der Regel eine Folge des moralischen Übels. Man erduldet Schlechtes, weil man schlecht gehandelt hat. Wenn jemand unter schlechten Handlungen eines anderen leidet, ohne einen Anteil am Verbrechen zu haben, ist sein Leiden als Vorbereitung für ein größeres Glück anzusehen. Man darf sicher sein, daß Gott, der größte Architekt und beste Monarch, das Weltgeschehen so geordnet hat, daß das größtmögliche Gut verwirklicht wird, vorausgesetzt, man rechnet metaphysische, physische und moralische Güter zusammen.

Leibniz findet den Ursprung des Übels in der Freiheit der Geschöpfe angelegt. Menschliche Erkenntnis ist klar oder verworren, klar bei wahrem Vernunftgebrauch, verworren, wenn wir von Leidenschaften beherrscht werden. Mit Augustin gesteht Leibniz den Menschen die Freiheit eines Sklaven zu. Was bei ihm Fessel und Zwang bewirken, bewirken beim Menschen die Leidenschaften. Wir wollen, was uns gefällt, aber das ist oft nur scheinbar ein Gut, in Wirklichkeit ein Übel, und unser übler Zustand hindert uns daran, das der Vernunft Gemäße zu tun.

Nach Leibniz schuf Gott die beste aller möglichen Welten, und man kann das Verhältnis von göttlicher Vorsehung und menschlicher Freiheit in dieser Welt vielleicht dadurch veranschaulichen, daß man sagt, die Möglichkeiten menschlicher Freiheit sind in den göttlichen Weltplan gleichsam einprogrammiert.

Über das Verhältnis von göttlicher Güte zu seiner Weisheit und Allmacht legt Leibniz dar, die Güte habe Gott im voraus genötigt, jedes mögliche Gut zu erschaffen, seine Weisheit ihn veranlaßt, daraus eine Auswahl zu treffen und so nachfolgend das Beste zu erwählen und seine Allmacht ihm die Mittel gegeben, das Beste auszuführen.

Am Ende der Leibnizschen »Theologie« stehen weder die Angst noch das Nichts, sondern die Zuversicht, die Unverzagtheit im Hinblick auf den einen, ewigen, gütigen, weisen und allmächtigen Gott. Antike Philosophie, christlicher Glaube, mittelalterliches Denken und neuzeitliche Wissenschaftlichkeit sind ein ideales Bündnis eingegangen, eine universale Synthese, die im »System der prästabilierten Harmonie« und der Idee der »besten aller möglichen Welten« ihren hoffnungsvollen, überzeitlichen Ausdruck fand. Leibniz verstand den Menschen als Geschöpf Gottes, nicht Gott als Produkt menschlicher Einbildung; damit reiht er sich in die Tradition der großen Denker des Abendlandes ein: Platon, Augustin, Thomas von Aquin.

7.3.1.11 Rückblick

Blickt man auf die Positionen der frühneuzeitlichen Denker zurück, so läßt sich sagen, daß keines ihrer »Systeme« aus einem anderen ableitbar oder darauf reduzierbar ist. Es handelt sich um grundverschiedene, zum Teil sogar widersprüchliche Entwürfe, die eine pluralistische Gedankenwelt der Neuzeit erkennen lassen. Eine absolute Philosophie als System aller Systeme gibt es hier sowenig wie im Mittelalter, in der Antike oder in irgendeiner anderen Kultur zu irgendeiner Zeit. Zum anderen ist zu sehen, daß die drei Grundkonzeptionen der klassisch griechischen Philosophie (Atome, Zahlen, Ideen) in der Neuzeit wiederkehren und gewisse Kombinationen eingehen. Bei Hobbes verbinden sich Atomismus und mathematisches Denken zu einem mechanistisch orientierten Materialismus, bei Leibniz Ideenphilosophie und mathematisches Denken zu einem theologisch orientierten Idealismus, bei Descartes und Pascal überwiegt die Mathematik. Bei anderen Denkern gibt es Mischformen. Kein einziger der frühneuzeitlichen Denker löste sich vollständig vom Mittelalter und der christlichen Tradition. Der geistige Emanzipationsprozeß der Neuzeit wurde in Gang gesetzt, aber nicht abgeschlossen.

Literaturhinweise

Aaron, R. I.: John Locke. 3. Aufl., Oxford 1971.
Abbagnano, N.: B. Telesio. Mailand 1947.
Aconcio, G.: De methodo. Repr. Düsseldorf 1971.
Alberti, L. B.: Opere volgari. Bari 1960ff.
Allen, J. W.: A History of Political Thought in the 16th Century. London 1957.
Allison, H. E.: Baruch de Spinoza. Boston 1975.
Apel, K. O.: Die Idee der Sprache in der Tradition des Humanismus von Dante bis Vico. 3. Aufl., Bonn 1980.
Aster, E. v.: Geschichte der neueren Erkenntnistheorie. Berlin, Leipzig 1921.
Bacon, Fr.: The Works. Hrsg. v. J. Spedding. 14 Bde, Repr. Stuttgart-Bad Cannstatt 1961ff.
Baird, A. W. S.: Studies in Pascal's Ethics. Den Haag 1975.
Baron, H.: The Crisis of Early Italian Renaissance. Princeton 1955.
Ders.: From Petrarca to Leonardo Bruni. In: Studies in Humanistic and Political Literature. Chicago, London 1968.
Bec, C.: Cultura e società a Firenze nell età della Rinascenza. Rom 1981.
Belaval, Y.: Leibniz critique de Descartes. Paris 1978.
Bietkowski, H. u. W. Zorn: The World of Copernicus. Warschau, New York 1973.
Blumenberg, H.: Die kopernikanische Wende. Frankfurt 1965.
Ders.: Die Legitimität der Neuzeit. Frankfurt 1973.
Boas, M.: The Scientific Renaissance, 1450–1630. London 1962.
Bodin, J.: Œuvres philosophiques. Hrsg. v. P. Mesnard. Paris 1952ff.
Boehle, R.: Der Begriff des Individuums bei Leibniz. Meisenheim 1978.
Bonansea, B. M.: T. Campanella. Renaissance Pioneer in Modern Thought. Washington 1969.

Borkenau, F.: Der Übergang vom feudalen zum bürgerlichen Weltbild. Repr. Darmstadt 1976.
Bosco, U.: Petrarca. 3. Aufl., Bari 1968.
Branca, V. (Hrsg.): Giorgio Valla, tra scienza e sapienza. Florenz 1981.
Brandt, R.: Eigentumstheorien von Grotius bis Kant. Stuttgart-Bad Cannstatt 1974.
Bréhier, E.: Moyen age et renaissance. 7. Aufl., Paris 1967.
Bruni, L.: Werke. Repr. Wiesbaden 1969.
Brunschvicg, L.: Blaise Pascal. Paris 1953.
Buck, A.: Die humanistische Tradition in der Romania. Bad Homburg 1968.
Ders.: Zu Begriff und Problem der Renaissance. Darmstadt 1969.
Burckhardt, J.: Kultur der Renaissance in Italien. 13. Aufl., Stuttgart 1922.
Burdach, K.: Reformation, Renaissance, Humanismus. 2. Aufl., Berlin, Leipzig 1926.
Ders.: Vom Mittelalter zur Reformation. Berlin 1962.
Caracassone, E.: Montesquieu et le problème de la constitution française au 18e siècle. Repr. Paris 1970.
Cassirer, E.: Individuum und Kosmos in der Philosophie der Renaissance. Repr. Darmstadt 1969.
Ders.: Das Erkenntnisproblem in der Philosophie und Wissenschaft der neueren Zeit. 4 Bde, Repr. Darmstadt 1973/74.
Cohn, J.: Geschichte des Unendlichkeitsproblems im abendländischen Denken bis Kant. Darmstadt 1960.
Collins, J. D.: Descartes' Philosophy of Nature. Oxford 1971.
Craven, W. G.: G.P. della Mirandola. Symbol of His Age. Genf 1981.
Denissoff, E.: Descartes, premier théoricien de physique mathématique. Paris 1970.
Deregibus, A.: Bruno e Spinoza. 2 Bde, Turin 1980.
Descartes, R.: Œuvres. Hrsg. v. C. Adam u. P. Tannery. 12 Bde, Repr. Paris 1974 ff.
Descartes-Bibliographie v. G. Sebba. Den Haag 1964.
Dilthey, W.: Weltanschauung und Analyse des Menschen seit Renaissance und Reformation. 9. Aufl., Göttingen 1970.
Dunn, J.: The Political Thought of John Locke. Cambridge 1969.
Eckert, W. P.: Erasmus von Rotterdam. 2 Bde, Köln 1967.
Erasmus, D.: Werke. Hrsg. v. W. Welzig. 8 Bde, Darmstadt 1967 ff.
Erdmann, J. E.: Von Cartesius bis Kant. 4 Bde, Stuttgart 1932.
Farrington, B.: The Philosophy of Francis Bacon. Liverpool 1964.
Fedi, R. F.: Petrarca. Florenz 1975.
Ferguson, W. K.: The Renaissance in Historical Thought. Cambridge, Mass. 1948.
Ficinus, M.: Opera omnia. 2 Bde, Repr. Turin 1959–1960.
Fiebig, H.: Erkenntnis und Erzeugung. Hobbes' operationale Philosophie der Wissenschaft. Meisenheim 1973.

Fischer, K.: Geschichte der neueren Philosophie. 10 Bde, Heidelberg 1897–1911.
Fleckenstein, J. O.: Naturwissenschaft und Politik. Von Galilei bis Einstein. München 1965.
Fracastoro, G.: Opera omnia. Repr. Padua 1739.
Franklin, J. H.: John Locke and the Theory of Sovereignty. Cambridge 1981.
Freiesleben, H. C.: Kepler als Forscher. Darmstadt 1970.
Friedmann, G.: Leibniz et Spinoza. Neuausg. Paris 1975.
Friedrich, H.: Montaigne. 2. Aufl., Bern 1969.
Frischeisen-Koehler, M.: Die Philosophie der Neuzeit (bis Kant). 13. Aufl., Tübingen 1953.
Galilei, G.: Le Opere. Hrsg. v. A. Favaro. 20 Bde, 2. Aufl., Florenz 1929; hrsg. v. G. Abetti u. a. Florenz 1968.
Gandillac, M. de: La philosophie de la renaissance. Paris 1973.
Garin, E. (Hrsg.): L'opera e il pensiero di Giovanni Pico della Mirandola nella storia dell' umanesimo. 2 Bde, Florenz 1965.
Ders.: Il ritorno dei filosofi antichi. Neapel 1983.
Geulincx, A.: Opera philosophica. Hrsg. v. J. P. N. Land. Den Haag 1891–1893.
Ders.: Ethik. Übers. v. G. Schmitz. Hamburg 1948.
Geymonat, L.: G. Galilei. 5. Aufl., Turin 1969.
Gilmore, M. P. (Hrsg.): Studies on Machiavelli. Florenz 1972.
Dies.: Montesquieu adversaire de Hobbes. Paris 1981.
Gough, J. W.: J. Locke's Political Philosophy. 2. Aufl., Oxford 1973.
Goyard-Fabre, S.: La philosophie du droit de Montesquieu. Paris 1973.
Grimaldi, N.: L'expérience de la pensée dans la philosophie de Descartes. Paris 1978.
Gueroult, M.: Spinoza. 2 Bde, Hildesheim 1969–1974.
Ders.: Etudes sur Descartes, Spinoza, Malebranche et Leibniz. Hildesheim 1970.
Gurwitsch, A.: Leibniz. Philosophie des Panlogismus. Berlin, New York 1974.
Hall, A. R.: Von Galileo zu Newton, 1630–1720. Darmstadt, Gütersloh 1965.
Ders.: Eighty Years of Locke's Scholarship. Edinburgh 1983.
Hall, E. W.: Modern Science and Human Values. Princeton, N.J. 1956.
Hampshire, S.: The Age of Reason. The 17th Century Philosophers. New York 1956.
Hay, D.: Europe in the Fourteenth and Fifteenth Centuries. London 1966.
Heinekamp, A.: Das Problem des Guten bei Leibniz. Bonn 1969.
Hessing, S.: Speculum Spinozanum. London 1978.
Hobbes, Th.: Works. Hrsg. v. W. Molesworth. 11 Bde, Repr. Aalen 1966.
Hoffmann, J. E.: Leibniz in Paris. Cambridge 1974.

Hofmann, H.H. (Hrsg.): Die Entstehung des modernen souveränen Staates. Köln 1967.
Holton, G. J.: Thematic Origins of Scientific Thought. Kepler to Einstein. Cambridge, Mass. 1973.
Huber, K.: Leibniz. München 1951.
Huizinga, J.: Erasmus. 4. Aufl., Basel 1951.
Jaspers, K.: Descartes und die Philosophie. 4. Aufl., Berlin 1966.
Ders.: Leonardo da Vinci als Philosoph. Bern 1953.
Ders.: Spinoza. München 1978.
Jolley, N.: Leibniz et Locke. Oxford 1984.
Jones, H.: Pierre Gassendi. Nieuwkoop 1981.
Kaegi, W.: Erasmus and the Age of Reformation. New York 1947.
Kayser, R.: Spinoza. Bildnis eines geistigen Helden. Mit einer Einleitung von A. Einstein (engl.). New York 1946.
Kemp, M.: Leonardo da Vinci. London 1981.
Kepler, J.: Gesammelte Werke. Hrsg. v. W. Dyck u. M. Caspar. München 1937ff.
King, P.: The Ideology of Order. London 1974.
Klein, J.: Denkstrukturen der Renaissance. Essen 1984.
Klemmt, A.: Descartes und die Moral. Meisenheim 1971.
Kopernikus, N.: Werke. 10 Bde. Hrsg. v. H. M. Nobis. Hildesheim 1974ff.
Koselleck, R. u. R. Schnur (Hrsg.): Hobbes-Forschungen. Berlin 1969.
Kristeller, P.O.: Eight Philosophers of the Italian Renaissance. Stanford, Ca. 1966.
Ders.: Die Philosophie des Marsilio Ficino. Frankfurt 1972.
Ders.: Humanismus und Renaissance. 2 Bde, München 1974–1976.
Kruck, G.: René Descartes. Zürich 1983.
Krüger, L.: Der Begriff des Empirismus. Berlin 1973.
Kuhn, T. S.: Die Kopernikanische Revolution. Frankfurt 1966.
Kurz, H. (Hrsg.): Volkssouveränität und Staatssouveränität. Darmstadt 1970.
Landino, C.: De vera nobilitate. Hrsg. v. M. Lentzen. Genf 1970.
Lapeyere, H. (Hrsg.): De Machiavel à B. Croce. Genf 1970.
Lechler, G.: Geschichte des englischen Deismus. Repr. Hildesheim 1965.
Le Guern, M.: Pascal et Descartes. Paris 1971.
Studia Leibnitiana 1, 1969ff.
Leibniz, G.W.: Sämtliche Schriften und Briefe. Akademie-Ausgabe, Leipzig 1924ff.
Ders.: Confessio philosophi. Hrsg. v. O. Saame. Frankfurt 1967.
Ders.: Die philosophischen Schriften. 7 Bde. Hrsg. v. C.J. Gerhardt. Repr. Hildesheim 1960/61.
Lemos, R.M.: Hobbes and Locke. Power and Consent. Athens, Ga. 1978.
Lezius, F.: Der Toleranzbegriff Lockes und Pufendorfs. Repr. Aalen 1971.

Link, Chr.: Subjektivität und Wahrheit. Stuttgart 1978.
Livret, G.: Les guerres de la religion. 2. Aufl., Paris 1966.
Locke, J.: Works. 10 Bde, Repr. Aalen 1963.
Ders.: Ein Brief über Toleranz. Hamburg 1966.
Ders.: Versuch über den menschlichen Verstand. 2 Bde, Hamburg 1981.
Löffler, H.: Macht und Konsens in den klassischen Staatsutopien. Köln, Berlin 1972.
Lopez, R. S.: The Three Ages of the Italian Renaissance. Boston 1970.
Machiavelli, N.: Gesammelte Schriften. Hrsg. v. H. Floerke. München 1925.
Mackie, J. L.: Problems from Locke. Oxford 1976.
Macpherson, C.B.: Die politische Theorie des Besitzindividualismus. Von Hobbes bis Locke. 2. Aufl., Frankfurt 1973.
Malebranche, N.: Œuvres complètes. Hrsg. v. A. Robinet. Paris 1984.
Mandrou, R.: La France aux 17e et 18e siècles. Paris 1970.
Margolin, J.C.: L'humanisme en Europe au temps de la renaissance. Paris 1981.
Mark, T.C.: Spinoza's Theory of Truth. New York 1972.
Martin, A. v.: Soziologie der Renaissance. 3. Aufl., München 1974.
Masai, F.: Plethon et le platonisme de Mistra. Paris 1965.
Mason, Sh. M.: Montesquieu's Idea of Justice. Den Haag 1975.
Mayer-Tasch, P. C.: Thomas Hobbes und das Widerstandsrecht. Tübingen 1965.
Meuthen, E.: Das 15. Jahrhundert. München, Wien 1980.
Mittelstraß, J.: Neuzeit und Aufklärung. Berlin, New York 1970.
Monsegu, B.S.: Filosofia del humanismo en J. L. Vives. Madrid 1961.
Morot-Sir, E.: La métaphysique de Pascal. Paris 1973.
Morus, Th.: The Complete Works. New Haven, London 1963 ff.
Müller, K.: Leben und Werk von G. W. Leibniz. Frankfurt 1969.
Nagel, F.: Nicolaus Cusanus und die Entwicklung der exakten Wissenschaften. Münster 1984.
Napoli, G. di: Lorenzo Valla. Filosofia e religione nell' umanesimo italiano. Rom 1971.
Nelson, R. J.: Pascal. Cambridge, Mass. 1981.
Nizolio, M.: De veris principiis et vera ratione philosophandi contra pseudophilosophos libri 4. Hrsg. v. Q. Breen. 2 Bde, Rom 1956.
O'Bourke Boyle, M.: Rhetoric and Reform. Erasmus' Civil Dispute with Luther. Cambridge, Mass. 1983.
Ong, W. G.: Ramus. Method and the Decay of Dialogue. 3. Aufl., New York 1974.
Oppermann, H. (Hrsg.): Humanismus. Darmstadt 1970.
Ortega y Gasset, J.: Vives – Goethe. Madrid 1973.
Owen, J.: The Sceptics of the Italian Renaissance. Repr. New York 1970.
Paqué, R.: Das Pariser Nominalistenstatut. Zur Entstehung des Realitätsbegriffs der neuzeitlichen Naturwissenschaft. Berlin 1970.

Pascal, Bl.: Œuvres. Hrsg. v. L. Brunschvicg. 14 Bde, Paris 1904–1914, Repr. New York 1966.
Patrizi, F.: Nova de universis philosophia. Ferrara 1591.
Paul, L. A.: Sir Th. Moore. Freeport, New York 1970.
Petrarca, F.: Opera. 4 Bde, Repr. Ridgewood 1965.
Pico de Mirandola, G.: Opera omnia. Basel 1572, Repr. Turin 1971.
Pluta, O.: Kritiker der Unsterblichkeitsdoktrin in Mittelalter und Renaissance. Amsterdam 1986.
Pomponazzi, O.: Opera. Repr. Hildesheim 1970.
Poppi, A.: La dottrina delle scienze in G. Zarabella. Padua 1972.
Préposiet, J.: Bibliographie spinoziste. Besançon 1973.
Randall, J. H., jr.: The School of Padua and the Emergence of Modern Science. Padua 1961.
Risse, W.: Die Logik der Neuzeit. 2 Bde, Stuttgart-Bad Cannstatt 1964–1970.
Ritter, G.: Weltwirkung der Reformation. 3. Aufl., München 1969.
Ders.: Die Dämonie der Macht. 6. Aufl., München 1948.
Robinet, A.: Malebranche et Leibniz. Paris 1955.
Ders.: Leibniz und wir. Göttingen 1967.
Röhrich, W.: Sozialvertrag und bürgerliche Emanzipation. Von Hobbes bis Hegel. Darmstadt 1972.
Rose, P. L.: The Italian Renaissance of Mathematics. Genf 1975.
Ross, R. (Hrsg.): Thomas Hobbes in His Time. Minneapolis 1975.
Rostock, M.: Die Lehre von der Gewaltenteilung in der politischen Theorie von John Locke. Meisenheim 1974.
Rotta, S.: Il pensiero politico francese da Bayle a Montesquieu. Pisa 1974.
Ruggiero, R. u. A. Tenenti: Die Grundlagen der modernen Welt: Spätmittelalter – Renaissance – Reformation. Frankfurt 1967.
Russell, B.: The Philosophy of Leibniz. London 1900.
Salutati, C.: De tyranno. Hrsg. v. F. Ercole. Bologna 1942.
Ders.: De nobilitate legum et medicinae. Hrsg. v. E. Garin. Florenz 1947.
Ders.: De laboribus Herculis. Hrsg. v. B. L. Ullmann. Zürich 1951.
Ders.: De seculo et religione. Hrsg. v. B. L. Ullmann. Florenz 1957.
Sandvoss, E.: G. W. Leibniz. Göttingen 1976.
Sasso, G. N.: Machiavelli. Stuttgart 1965.
Schiedermair, H.: Das Phänomen der Macht und die Idee des Rechts bei G. W. Leibniz. Wiesbaden 1970.
Schmitt, Ch. B.: Aristotle and the Renaissance. Cambridge, Mass. 1983.
Shapere, D.: Galileo. A Philosophical Study. Chicago 1974.
Siegel, I. J.: Rhetoric and Philosophy in Renaissance Humanism. Princeton 1968.
Sperl, A.: Melanchthon zwischen Humanismus und Reformation. München 1959.
Spinoza, B.: Werke. Hrsg. v. C. Gebhardt. 7 Bde, Hamburg 1965–1978.

Talmor, E.: Descartes et Hume. Oxford 1980.
Telesio, B.: Varii de naturalibus rebus libelli. Repr. Hildesheim, New York 1971.
Totok, W. (Hrsg.): Leibniz. Sein Leben, sein Wirken, seine Welt. Hannover 1966.
Tracy, J. D.: Erasmus. The Growth of a Mind. Genf 1972.
Ullmann, B. L.: The Humanism of C. Salutati. Padua 1953.
Valla, L.: Opera omnia. 2 Bde, Turin 1962.
Varga von Kibed, A.: Die Philosophie der Neuzeit (G. Bruno – Kant). München 1980.
Vedrine, H.: Les philosophies de la renaissance. Paris 1970.
Vives, L.: Opera omnia. Repr. London 1964.
Vorländer, K.: Von Machiavelli bis Lenin. Leipzig 1926.
Walton, C.: De la recherche du bien. A Study of Malebranche's Science of Ethics. Den Haag 1972.
Watkins, J. W. N.: Hobbes' System of Ideas. 2. Aufl., London 1973.
Webster, C. (Hrsg.): The Intellectual Revolution of the 17th Century. London 1974.
Ders.: The Great Instauration (F. Bacon). London 1975.
Wesseler, M.: Die Einheit von Wort und Sache. Der Entwurf einer rhetorischen Philosophie bei M. Nizolio. München 1974.
Westfall, R. S.: Science and Religion in 17th Century England. New Haven 1958.
Wilbur, J. B. (Hrsg.): Spinoza's Metaphysics. Assen 1976.
Williams, B.: Descartes. Das Vorhaben der reinen philosophischen Untersuchung. Königstein/Ts. 1981.
Willms, B.: Die politischen Ideen von Hobbes bis Ho Tschi Minh. 2. Aufl., Berlin 1972.
Wohlfahrt, G.: Denken der Sprache (Vico, Hamann, Humboldt, Hegel). Freiburg i. Br. 1984.
Wolfson, A.: Spinoza. A Life of Reason. 2. Aufl., New York 1969.
Woolhouse, R. S.: Locke's Philosophy of Science and Knowledge. Oxford 1971.
Zammatico, C. u. A. Marinoni (Hrsg.): Leonardo, der Forscher. Stuttgart, Zürich 1981.
Zweig, A.: Spinoza. Portrait eines freien Geistes 1632–1677. Darmstadt 1968.

8 Das Zeitalter der Aufklärung

8.1 Der aufgeklärte Monarch

8.1.1 Zwischen Reaktion und Revolution

Wenn es angeht, die abendländische Geschichte, speziell die Geschichte der westlichen Philosophie, als einen Prozeß der Selbstbefreiung zu verstehen, dann widersprach die christliche Freiheitsbotschaft im Grunde den entsprechenden Tendenzen der Antike nicht, sondern aktivierte sie, brachte eine zuvor nicht gekannte Dynamik in den Prozeß der Selbstbefreiung und radikalisierte ihn. Christianisierung der Welt erwies sich aber nur in der Wechselwirkung als möglich, als gleichzeitige Verweltlichung des Christentums. Der Versuch des Christentums, gleichsam im ersten Anlauf das Gesellschaftssystem, das sich teils auf spätantik-römische, teils auf germanische Strukturen der Herrschaft stützte, umzustürzen, scheiterte. Das Christentum ging notgedrungen – wollte es überhaupt die Welt verändern, mußte es kooperieren – ein Bündnis mit den Herren dieser Welt ein, und es wurde auf diese Weise so tief ins Weltliche verstrickt, verweltlicht, daß es Gefahr lief, seine Identität zu verlieren.

Renaissance, Humanismus und Reformation reaktivierten die Kräfte der Selbstbefreiung, doch um den Preis der Spaltung. Sie erkannten im traditionellen Christentum, in der römischen Kirche, ihren Gegner, statt ihn dort zu suchen, wo er wirklich war. Hatte man der römischen Kirche Verweltlichung vorgeworfen, so verweltlichte man selbst um so mehr, als man sich mit dem gemeinsamen Gegner, den Herren dieser Welt, verbündete: man paßte sich an. Die neue Verweltlichung hatte vor allem drei Folgen. Im Christentum förderte sie einen Prozeß der Identitätssuche auf beiden Seiten, gegenüber der Außenwelt leitete sie einen Prozeß der Entdeckung, Erschließung und Christianisierung ein, in gesellschaftlicher Hinsicht erreichte sie wenig. Die

Nutznießer dieser Entwicklung, insbesondere des Konflikts der Kirchen, waren die weltlichen Herren, die Fürsten, die Könige. Es folgt das Zeitalter der Könige als absolute Herren der entstandenen Nationalstaaten, wobei allerdings in Europa charakteristische Unterschiede festzustellen sind. In England erwiesen sich die Kräfte der Freiheit am stärksten, dort gab es nur eine kurze Periode absolutistischer Herrschaft, die der Tudorkönige. Thomas Hobbes lieferte die zugehörige Philosophie, die aber ein Fremdkörper in der englischen Geistesgeschichte blieb. Die Puritaner entmachteten die Könige, und John Locke als Vertreter der neuen bürgerlichen Gesellschaftsschicht konnte sich mit seiner auf Erfahrung, auf *common sense,* Vernunft und Toleranz gegründeten Philosophie, ungeachtet einiger Inkonsistenzen seines Denkens, durchsetzen. Ihm war in der alten wie in der neuen Welt eine ungeahnte Wirkung beschieden.

Die Aufklärung, die vordergründig als Kampf der Vernunft gegen den Glauben, der Philosophie gegen das Christentum verstanden wird, setzte im Grunde das christliche Werk der Selbstbefreiung fort, jedoch auf säkularer Ebene. Ihr gelang es, negative Erscheinungen in beiden Konfessionen zurückzudrängen und auch, unter Berufung auf die Menschenrechte, den Absolutismus zu stürzen, der sich in dem Machtvakuum nach dem Sturz des Feudalismus und nach dem Zusammenbruch des mittelalterlichen hierarchischen Weltbildes in Europa etabliert hatte. Auch hier verlief die Entwicklung in den europäischen Nationen unterschiedlich. Den Engländern, in denen die freiheitlichen Kräfte des Christentums am wirksamsten waren, gelang der Übergang zum modernen Verfassungs- und Rechtsstaat ohne größere Schwierigkeiten. England wurde, politisch, zum Vorbild in Europa. In Frankreich, wo der Feudalismus infolge von Nationalstaatlichkeit und Zentralismus am kräftigsten war, gelang die Befreiung nur mit Hilfe der Revolution.

In »Deutschland« konnten sich nicht nur Fürsten und Könige behaupten, sondern es kam sogar wieder zur Ausbildung eines Kaisertums. Das Kaisertum in Frankreich blieb nur eine Episode, 1871 hatte sich die Republik dort endgültig durchgesetzt.

Den Österreichern gelang der Weg in die Freiheit ebensowenig wie den Deutschen. Am schlimmsten wütete, nach hoffnungsvollen Ansätzen, die Reaktion in Rußland, wo Katharina II. als Zarin nach außen expansive Machtpolitik betrieb, im Innern die freiheitlichen Kräfte unterdrückte.

Deutschland, Österreich und Rußland wurden, wenn nicht zu Zentren der Unfreiheit, so doch zu Ländern mit scheinbarer Freiheit. Hier sammelten sich die stärksten gegen Freiheit und Menschenrechte gerichteten Kräfte in Europa. In Amerika gelang der Durchbruch auf Anhieb.

Die Vereinigten Staaten waren mit dem Erbe von Klerus und Adel, Orthodoxie und Monarchie nicht belastet. Sie begannen in Freiheit, so daß noch im 18. Jahrhundert sogar die erste Rückwirkung auf Europa einsetzen konnte. Der Marquis de Lafayette, der in Amerika für die Befreiung von England mitgekämpft hatte, hängte in seinem Arbeitszimmer zwei Tafeln auf, deren eine die Rechte der Amerikaner aufzeigte, die andere mit der Überschrift »Die Rechte der Franzosen« war leer.

Die Polen, eine freiheitsliebende Nation – Tadeusz Kościuszko hatte, wie Lafayette, für die amerikanische Unabhängigkeit gekämpft –, blieben, nicht anders als im 20. Jahrhundert, zwischen reaktionären Mächten eingeschlossen und wurden, sobald sich der Wille zur Einheit in Freiheit regte, von den »aufgeklärten Monarchen« brutal unterdrückt, ihr Land wurde immer wieder aufgeteilt.

8.1.2 Absolutismus

Im Absolutismus, einer spezifisch neuzeitlichen Erscheinung, verbinden sich caesaropapistische Vorstellungen mit dem germanischen Glauben an das königliche Charisma. Jacques Bossuet (1627–1704), ein Hofpriester Ludwig XIV., gab die Parole aus: »Un roi, une foi, une loi« (»Ein König, ein Glaube, ein Gesetz«). Der Herrscher von Gottes Gnaden schuldet weder der Kirche noch dem Volke Rechenschaft. Der damit erhobene Anspruch geht einerseits über die alten Ansprüche von Papst und Kaiser hinaus, die eine Teilung der Gewalten vorsahen und die geistliche Gewalt in der Hierarchie über die weltliche stellten, andererseits übersteigt er das germanische Königtum, denn der germanische König war nur *princeps inter pares,* bedurfte also der Zustimmung des Adels und des Volkes. Die neuzeitliche Entwicklung setzt ein verändertes Verhältnis zur Macht voraus, das in seiner Dämonie bei Machiavelli in Erscheinung tritt und später bei Francis Bacon.

Die Entmachtung des Klerus und des Adels war eines der Hauptziele der absoluten Herrscher. Was das Volk angeht, wollte der Herrscher alles für, aber nichts durch das Volk leisten. Die Kehrseite zu: »Ich bin der erste Diener meines Staates« war stets: »L'état c'est moi«. Ludwig XIV. und sein Hof waren für kleine und große Fürsten in Deutschland das Vorbild. Neue Freiheiten und Reformen werden verordnet, von oben eingeführt, nicht der Initiative und der Entscheidung des Volkes überlassen. Innenpolitischer Druck wird nach außen kanalisiert. Der absolutistische Herrscher braucht den Krieg zum Überleben. Die Massen werden mit Idolen von Einheit, Stärke, Größe und Macht geködert.

Friedrich II. von Preußen war zweifellos ein aufgeklärter Monarch im besten Sinne. Von Natur aus ein Freund der Musen, dem Machtstreben wie dem Militarismus abhold, wurde er innerlich durch die grausamen Erziehungsmethoden seines Vaters gebrochen, worauf sich das natürliche Verhältnis von Moral und Macht bei ihm umkehrte und er zum Vertreter des Systems wurde, das er einst gehaßt hatte. Um so glaubwürdiger erschien er den Künstlern und Philosophen am Hof, die nur eine glanzvolle Seite des preußischen Stils kennenlernten, der in mancher Beziehung beispielhaft war: »Jeder soll nach seiner façon selig werden«; Aufnahme von religiös Verfolgten; Pflichtethos und alle übrigen oft genannten preußischen Tugenden, die unter der Herrschaft dieses Monarchen herrlich aufblühten, wenn diese Blüte auch an die Person des »alten Fritz« gebunden war. Der begeisterten Intelligenz, die sich um ihn scharte, blieb allerdings die andere Seite verborgen: unmenschlicher Drill und Zuchtstock in den Kasernen, wo ein »rohes, so ungebildetes wie arrogantes adliges Offizierskorps unumschränkte Gewalt« ausübte. Der aufgeklärte Monarch trieb seine Soldaten in Kriege, die er selbst vom Zaun gebrochen hatte. Bei der Unterdrückung des polnischen Volkes verbündete er sich mit der Zarin, Polen wurde, wie eine Beute unter Räubern, aufgeteilt (1772, 1793, 1795).

Innenpolitisch waren die Methoden in Preußen nicht viel anders. Friedrich Wilhelm I. (1640–1688), der Große Kurfürst, zerschlug die Ständeordnung, die, kontinuierlich eine mittelalterliche Entwicklung fortsetzend, nach dem Maßstab des common sense am ehesten dazu berufen war, zwischen der feudalen und der modernen Verfassungsordnung zu vermitteln. Er entmachtete die Stände nicht nur, sondern ließ ihre Führer hinrichten oder zu Festungshaft verurteilen. Friedrich III. krönte sich 1701 in Königsberg selbst zum König von Preußen.

Ein Erfolg Friedrichs des Großen war, daß Voltaire, der unermüdliche Vorkämpfer für Freiheit und Toleranz, seiner Einladung nach Potsdam folgte (1750), wo es allerdings nach drei Jahren zum Bruch kam. Männer wie d'Alembert und Lessing vermochte der große König nicht an seinen Hof zu ziehen. Nicht zu übersehen ist, daß in dem System, das er, wenn nicht schuf, so doch perfektionierte, echte Freiheit nicht möglich war. Verordnete Freiheiten sind keine echten Freiheiten, aus politischen Gründen gewährte Menschenrechte sind keine wirklichen Menschenrechte. Diese Unechtheit trug dazu bei, daß das System, als sein Herr gestorben war, bei der ersten ernsthaften Belastung zusammenbrach. Bei allen nicht zu leugnenden Leistungen und Tugenden blieb das preußische System, zumal in der auf Napoleon folgenden restaurativen Epoche, ein System der scheinbaren Vernunft und der scheinbaren Freiheit, und an diesem Schein ist es schließlich gescheitert: weil das Vertrauen zum Menschen fehlte. Die Unterordnung von Gewissen und Vernunft unter Politik und Staatsräson kann auf die Dauer nicht funktionieren. Sie erzeugt Untertanen und ebnet charakterlich Minderwertigen den Weg, sie ist menschen- und menschheitsfeindlich.

Der grundsätzliche Unterschied zwischen der Entwicklung in England und auf dem Kontinent liegt im Primat des Rechts, worin Locke mit Platon und Thomas von Aquin übereinstimmt. Die Engländer entschieden sich für das Recht und wurden mächtig, was diejenigen Kontinentaleuropäer nie verstehen lernen, die von den Prämissen und vom Primat des Machtdenkens ausgehen. Sie sehen den Aufstieg Englands nur als Folge besonders brutaler Machtpolitik, verbunden mit Falschheit und Heuchelei. Diese Auffassung widerlegt sich jedoch selbst, sobald man erkennt, daß die Engländer dort, wo sie das Recht zeitweise der Macht unterordneten, schwere Niederlagen hinnehmen mußten. Ihre amerikanischen Kolonien sagten sich vom Mutterland los, und sie verloren ihr Empire, als Egoismus und Machtdenken ihre zivilisatorische Mission einholten. Friedrich der Große widerstand zwar in der Theorie und unter Anleitung Voltaires der Faszination Machiavellis, in der Praxis erlag er ihr aber um so mehr, und in dieser Verbindung von Streben nach Größe auf der »Grundlage« verkehrter Wertprämissen liegt einer der tiefsten Gründe für Deutschlands späteres politisches Versagen. Der Kult der Macht, im Zeitalter des aufgeklärten Absolutismus in Preußen begonnen, von Denkern wie Hegel und Nietzsche ideologisch fundiert, trug zu den Katastrophen auch unseres Jahrhunderts bei.

8.1.3 Verwirklichte und geträumte Freiheit

Aufklärung ist von Kant im Rückblick zutreffend als »Ausgang des Menschen aus seiner selbstverschuldeten Unmündigkeit« definiert, nur daß Kant für Deutschland nicht einen Zustand beschrieb, sondern ein Programm aufstellte. Neben Friedrich dem Großen war Kaiser Josef II., der Nachfolger Maria Theresias, ein aufgeklärter Monarch im besten Sinn des Wortes, wenn er auch stets »den zweiten Schritt vor dem ersten« zu tun pflegte (Friedrich der Große). Er war zutiefst von den Menschheitsidealen der Aufklärung beseelt und reformierte mit Feuereifer. Er beseitigte die Leibeigenschaft der Bauern (1781/82), schaffte die Folter ab, gewährte religiöse Toleranz, vereinheitlichte Rechtswesen und Verwaltung, führte Methoden des Merkantilismus in die Wirtschaft ein, förderte das Schulwesen, betrieb Kirchenpolitik im Sinn der Aufklärung, reduzierte das Klosterwesen, ließ Armenhäuser und Spitäler errichten und erwog sogar die Trennung einer österreichischen Staatskirche von Rom. Viele Pläne mußte er aufgeben, einige widerrufen und andere unvollendet lassen, als er, vom Dienst für das Volk verbraucht, 1790 starb. Sein Bruder Leopold II. ging vorsichtiger zu Werk, rettete so manche angefangene Reform in Österreich und setzte auch in italienischen Stadtrepubliken, die zu Österreich gehörten, Reformen durch. In Mailand erschien 1764 ein Buch von Cesare Beccaria (›Über Verbrechen und Strafen‹), in dem, neben der Abschaffung der Folter, auch die der Todesstrafe gefordert wurde. In Spanien setzte die Aufklärung unter Karl III. (1759–1788) ein. Sein Minister Campomanes beschnitt die Rechte der Kirche, die ein Viertel des Bodens und große steuerfreie Einnahmen besaß. Sein portugiesischer Kollege, der Marquis von Pombal, setzte das Verbot des Jesuitenordens durch und verfolgte einen entschieden gegen Kirche und Kurie gerichteten Kurs. Dem Verbot der Jesuiten folgten Frankreich, Spanien, Neapel, Parma und schließlich der Papst selbst, der den Orden 1773 aufhob. In Preußen wurde er geduldet. Es war ein Verdienst der Aufklärung, daß der Papst die Gegenreformation aufgab. In Deutschland regierten einige tüchtige aufgeklärte Fürsten: so etwa Karl Friedrich von Baden, Karl August von Sachsen-Weimar, Karl Theodor von Bayern. Allerdings gab es auch weniger landesväterliche Fürsten in Deutschland, die ihre Soldaten nach Amerika verkauften, um ihre Schulden zu tilgen oder ihrem Luxus zu frönen: so in Ansbach, Hessen-Kassel, Waldeck. In Dänemark setzte der Minister Graf Bernstorff die Bauernbefreiung (1788) und die Pressefreiheit (1790) durch. Sophie Friederike von Anhalt-Zerbst regierte nach Peters III. Tod als Zarin Katharina II. (1762–1796) in Rußland. Sie hatte Beccaria, Bayle, Montesquieu und Voltaire gelesen und trat ihre Herrschaft mit hochfliegenden Reformplänen an, gab diese jedoch nach kurzer Zeit wieder auf – ein Flirt mit der Aufklärung. Rußland wurde daraufhin von schweren Aufständen der Bauern gegen ihre Unterdrücker, die Gutsbesitzer, heimgesucht. Die Zarin ließ den Aufruhr in Blut ertränken, gehorchte dem Adel und steuerte fortan einen erzreaktionären Kurs. In Deutschland blieben Einheit und Freiheit ein Wunschtraum der Dichter. Wie Leibniz das freie, reale Individuum zur unendlich aktiven, unsterblichen Geistmonade sublimierte, so träumten Goethe, Schiller und Beethoven von Freiheit, Gleichheit und Brüderlichkeit, und meistens waren die Träume schöner als die Wirklichkeit. In England und Frankreich, wo man sich mehr an der Realität orientierte, ging alles sehr langsam und weniger schön voran, dafür blieb man mit den Füßen auf dem Boden.

»Auch in der Mitte Europas lösten die englischen Ideen eine ungeheure Bewegung aus, so wie in Wörlitz seit 1765 der erste englische Park auf dem Kontinent entstand, und in ihm das ›gotische Haus‹ (1772). Das Herz, entdeckt und freigesetzt, machte dort die Revolution ... In Deutschland wurde die Umwälzung zur geistigen Revolution weltgeschichtlichen Ausmaßes, unpolitisch, weil die Zersplitterung in Kleinstaaten Aktionen verhinderte, das Nationalgefühl erst erwachte, die aufgeklärten Landesväter Mißstände beseitigt hatten, und eben weil diese ›deutsche Bewegung‹ des Denkens, Dichtens und Musizierens die Kräfte auf das Feld des Geistes rief. Goethes Lebensspanne (1749–1832) übergriff etwa den Zeitraum dieser Bewegung, die Arbeit an seinem »Hauptgeschäft«, dem ›Faust‹, begleitete über 60 Jahre tätig diese Zeit, folgte schöpferisch den philosophischen, poetischen, künstlerischen, naturwissenschaftlichen ›Metamorphosen‹. Friedrich II., Klopstock, Basedow, Napoleon, Beethoven, Stein persönlich begegnend, Freund Schillers und Byrons, faßte er in sich wie kein anderer die Epoche zusammen.«[1]

Schiller mußte sich, nach einem literarischen Versuch mit den neuen Ideen, durchhungern. Vor dem Verhungern rettete ihn ein Ehrengehalt des Herzogs Friedrich Christian von Augustenburg und des dänischen Finanzministers E. H. Graf von Schimmelmann. Drei Jahre vor seinem Tod wurde er in den Adelsstand erhoben. Goethe blickte als Olympier auf die Ideale der Revolution herab und lebte am Musenhof in Weimar ein sorgenfreies Leben, von Josef II. in den Adelsstand erhoben (1782). Einer der wenigen Großen der »Goethezeit«, der vor den Mächtigen dieser Welt nicht den Hut zog, war Ludwig van Beethoven. In Deutschland bedurfte es der Kraft eines Titanen, um die Würde des Menschen gegenüber Göttern und Halbgöttern zu behaupten.

8.2 Herrschaft und Vernunft

8.2.1 Aufklärung

Das 18. Jahrhundert gilt allgemein als das Zeitalter der Vernunft, der Philosophie, der Aufklärung, die eine europäische Bewegung ist, wenn auch mit Unterschieden in den einzelnen Ländern. Aufklären, französisch *éclairer* (Leibniz), englisch *to enlighten* (Milton), hat eine rationale und eine theologische Bedeutungskomponente: Klarheit und Erleuchtung. Beide hängen naturgemäß zusammen. »Aufklärung« hat auch eine religionskritische Nebenbedeutung: Herausführung aus der Finsternis

[1] Albrecht Weber, Weltgeschichte. Stuttgart 1966, 887f. – J. J. Winckelmann (1717–1768) schlug die Brücke zur Antike und wurde mit seiner noch lange nicht veralteten Formel für griechisches Wesen »Edle Einfalt und stille Größe« zum geistigen Anreger in der Goethezeit, darüber hinaus zum Begründer der neueren Archäologie und der vergleichenden Kunstgeschichte.

des Aberglaubens, des Mittelalters. So wird das Wort zu einem Epochenbegriff mit den charakteristischen Merkmalen: von seiner Vernunft Gebrauch machen, Vorurteile bekämpfen, erziehen, unterweisen, informieren (Aufklärung im Unterricht), an die Macht der Vernunft glauben, nichts ungeprüft hinnehmen, Kritik und Toleranz üben, Menschenwürde und Menschenrechte anerkennen, frei denken und urteilen (Freidenker), sich auf seine Sinne und sein gesundes Urteil verlassen, kompromißbereit sein, jedenfalls nicht orthodox oder absolutistisch eingestellt sein, menschlich fühlen, alles verstehen, sich öffnen für fremdes Wesen und für fremde Kulturen. Schon aus dem Sprachgebrauch läßt sich erkennen, daß Aufklärung Weltoffenheit, Weltkenntnis, Welterfahrung voraussetzt.

8.2.2 Wirtschaft und Gesellschaft

Um 1800 waren den Europäern bereits 83 Prozent der Erde, 60 Prozent ihrer Landfläche bekannt. Diese ungeheure Erweiterung des geographischen Horizonts mußte sich auf geistigem Gebiet auswirken und eine Neigung zur Relativierung von Maßstäben erzeugen, die mit hergebrachtem Denken und traditionellen Herrschaftsstrukturen, die als solche beschränkt sind, kollidieren. Wirtschaftliche, gesellschaftliche, wissenschaftliche und technische Veränderungen begleiteten den religiösen Wandel.

In der Betonung des wirtschaftlichen Faktors stimmten England und Frankreich überein. Frankreich war im 17. Jahrhundert unter Richelieu, Mazarin und Colbert vorangegangen und hatte sich auch außerhalb Europas große Vorteile durch Handel und Koloniegründungen verschafft, fiel dann aber, infolge des Kampfes mit den Habsburgern um die Vorherrschaft auf dem europäischen Kontinent, in den letzten Jahrzehnten der Regierung Ludwigs XIV. zurück. England war der große Gewinner. Dort bahnte sich, mit dem Aufbau eines Weltreichs von bisher nicht gekannter Größe, die industrielle Revolution an. England band durch seine geschickte Gleichgewichts- und Subsidienpolitik Frankreich an das Schlachtfeld Europa, während es in Nordamerika und Indien die Franzosen verdrängte. Im gleichen Jahr, als Preußen im Frieden von Hubertusburg (1763) seinen Platz als fünfte Großmacht in Europa gegen Österreich erkämpft hatte, gewann England im Frieden von Paris Kanada und Louisiana von Frankreich, Florida von Spanien. Damit wurde Nordamerika angelsächsisch. In der Mitte Europas rivalisierten Preußen und Österreich. England setzte mit Locke auf die Vernunft, vermied möglichst kriegerische Konflikte und wurde auf wirtschaftlichem Weg zur Weltmacht, Preußen ging den Weg der militärischen Expansion. Während in England Königtum und Geburtsadel entmachtet waren und eine neue bürgerliche Führungsschicht *(gentry)* aufstieg, erhielt sich in Preußen die Herrschaft von Monarchie und Adel, dessen ureigentliches Geschäft das Kriegführen war.

Frankreich stimmte mit England auch in der Ausbildung einer bürgerlichen Gesellschaft überein. Der Konflikt zwischen dem »Dritten Stand« und dem »Ancien régime« spitzte sich zu, wobei sich das Bürgertum als Inbegriff der Nation fühlte: »Der Dritte Stand ist eine vollständige Nation«. Die eigentlich Unterdrückten und Leidtragenden, die Bauern – bis zu 70 Prozent des bäuerlichen Einkommens wurden weggesteuert – waren nicht einmal die Kräfte, die zur Revolution trieben. Der Adel verteidigte seine Privilegien mit Erfolg, und der Klerus leistete nur freiwillige Abgaben. Hinzu kam die Unfähigkeit Ludwigs XV. (1715–1774), kamen Mißwirtschaft, Verschuldung, Korruption. Ludwig XVI. (1774–1792) begann mit Reformen, als es zu spät war. Die verspielt idyllische Hofkultur des Rokoko täuschte über den wahren Zustand der Gesellschaft und den Staatsbankrott hinweg, aber die Entwicklung war nicht aufzuhalten. Die seit 1614 nicht mehr einberufenen Generalstände traten zusammen, und die Französische Revolution (1789 bis 1791), *das* Ereignis des 18. Jahrhunderts, vielleicht sogar der Neuzeit, begann. Die Nationalversammlung beschloß die Befreiung der Bauern und die Abschaffung der Feudalordnung. Was die Religion nicht vermochte, gelang der Philosophie.

»Mit dem Dekret, dessen erste Worte ›Die Nationalversammlung hebt das Feudalregime gänzlich auf‹ lauteten, endete auch formal-juristisch das Zeitalter des Feudalismus, ein Jahrtausend adlig-priesterlicher Herrschaft nach germanischen Grundzügen, endete endgültig das Mittelalter, die große Umwälzung seit 1300 war mit dem Sieg der Volkssouveränität theoretisch abgeschlossen und in Europa erstmalig verwirklicht. Die Prinzipien der Revolution – Freiheit der Person, Rechtsgleichheit, Gewissens- und Glaubensfreiheit, Recht der freien Meinungsäußerung – sie verkündete die Erklärung der Menschenrechte vom 26. August 1789, die Jefferson formulieren half. Dann ging man an die Ausarbeitung der Constitution, der ersten geschriebenen Verfassung Europas (1791), die ein Einkammersystem mit zweijähriger Periodizität, Zensurwahlrecht, Kontrolle der Regierung durch das Parlament, aufschiebendes Veto des Königs festlegte. Sie war bürgerlich-konstitutionell. Nicht ein absoluter König hatte, von aufklärerischen Ideen geleitet, dem Volk Rechte zugestanden, sondern das Volk setzte in einem revolutionären Akt die Rechte seiner Regierung.«[2]

8.2.3 Die Macht der Idee

Hatte die Vernunft die Herrschaft besiegt? Die Macht der Idee war jedenfalls bewiesen. Die erste Begeisterung, die alle freiheitsliebenden Menschen in Europa erfaßt hatte, erlosch bald, als der Konvent (1792/93) den König zum Tode verurteilte und ihn hinrichten ließ, als die »Schreckensherrschaft« (1793/94) hereinbrach, das Christentum durch den »Kult der Vernunft« ersetzt (1794), eine neue Zeitrechnung eingeführt und die Hauptstadt vom Terror heimgesucht wurde. Indessen hatte sich, von solchen Auswüchsen abgesehen, in Frankreich die Volkssouveränität durchgesetzt. Napoleon, der »Vollender« der Revolution, wollte ihre Errungenschaften, soweit sie den privaten Sektor betrafen, nicht antasten: »Die Revolution ist auf die Grundsätze gebracht, von denen sie ausgegangen ist; sie ist beendet.« Auch die auf Napoleon folgende restaurative Epoche konnte den einmal eingeschlagenen Weg nicht mehr zurückgehen. Im ›Code civil‹ wurden die Prinzipien der neuen Gesellschaftsordnung juristisch verankert. Im rechtlichen und wirtschaftlichen Bereich realisierte Napoleon die liberalen Tendenzen der frühen Revolutionszeit und wurde dadurch in Europa zum Bahnbrecher einer modernen Gestaltung von Wirtschaft, Recht und Gesellschaft. Unter seiner Regie kehrten Ordnung und Sicherheit wieder ein, die Verwaltung wurde gestrafft, die Steuern gingen ein, der neue Landbesitz der Bauern blieb erhalten, das Bürgertum blieb die herrschende Gesellschaftsschicht,

[2] Weber, Weltgeschichte, S. 925f.

und die Wirtschaft erholte sich. Nach der Beseitigung aller Privilegien, der Zünfte und aller Handelsbeschränkungen präsentierte sich das neue Frankreich als einheitliches nationales Wirtschaftsgebiet mit Zollgrenzen nur nach außen. Gegen die Vormachtstellung Englands konnte auch Napoleon nichts ausrichten, seine Kontinentalsperre (1806–1813) erreichte ihr Ziel nicht, und bei Waterloo siegten verbündete englische und preußische Truppen über den großen Feldherrn.

1776 veröffentlichte Adam Smith sein epochales Werk ›Inquiry into the Nature and Causes of the Wealth of Nations‹, die »Bibel des Kapitalismus«. Smith sah die Ursache des Wohlstands in der Arbeit. Produktion und Konsum regeln sich nach dem »Naturgesetz« von Angebot und Nachfrage und bestimmen so den Marktpreis. Freihandel und freie Konkurrenz verbürgen soziale Harmonie. Die klassische Nationalökonomie war entstanden. In Cromford entstand fast gleichzeitig die erste moderne Fabrik, eine mechanische Baumwollspinnerei.

Preußen folgte dem englischen Beispiel, bedeutete aber keine Konkurrenz für England. Der Vater Friedrichs des Großen richtete Lehrstühle für Kameralwissenschaft ein. Die Kameralisten dehnten mit ihren rationalen Methoden den Geist der Aufklärung auf das Gebiet der Wirtschaft aus. 1772 wurde in Preußen eine privilegierte Seehandlung für überseeischen Handel gegründet. Friedrich der Große schuf Finanzmonopole für Kaffee, Tabak und Salz. Im letzten Viertel des 18. Jahrhunderts nahm die Weltwirtschaft ihren Anfang, eine globale Wirtschaft, deren Teile die Nationalwirtschaften bildeten. Eine Reihe bedeutender wissenschaftlicher Entdeckungen und technischer Erfindungen begleiteten den ökonomischen Expansionsprozeß: kinetische Gastheorie (Bernoulli, 1738), Berührungselektrizität (Galvani, 1790), natürliches System der Lebewesen (Linné, 1735), Wasserstoff (Cavendish, 1766), Sauerstoff (Scheele, 1771), Stickstoff (Rutherford, 1772), Verbrennungstheorie (Lavoisier, 1780), Thermometer (Fahrenheit 1718, Celsius 1742), Gußstahl (Huntsman, 1735), Spinnmaschine (Wyatt, 1738), Hinterlader (Chaumette, 1751), Blitzableiter (Franklin, 1752), Taucherglocke (Smeaton, 1778), Heißluftballon (Montgolfier, 1783), mechanischer Webstuhl (Cartwright, 1785), hydraulische Presse (Bramah, 1795), Drehbank (Maudsley, 1800), Dampfschiff (Fulton, 1807). Wissenschaft und Technik, zwei Erscheinungsformen neuzeitlicher Vernunft, beginnen im 18. Jahrhundert ihren Siegeszug und bestimmen das Geschehen in zunehmendem Maße mehr als irgendein absolutistischer Herrscher.

Außer der Französischen Revolution und der Emanzipation der USA verdienen zwei revolutionäre Ereignisse in der zweiten Hälfte des Jahrhunderts besondere Erwähnung: die Revolutionierung des Handels durch die Einführung des Freihandels (Eden-Vertrag zwischen England und Frankreich, 1787) und die Einleitung der industriellen Revolution durch die Erfindung der Dampfmaschine (James Watt, 1765).

In Europa verbreiterte sich die Kluft zwischen den demokratischen Staaten des Westens und den Monarchien im Osten auch in wirtschaftlicher Hinsicht. Die Trennungslinie verlief mitten durch Deutschland: England, Frankreich und einige Territorien Südwestdeutschlands auf der einen Seite, Österreich, Preußen und Rußland auf der anderen. Hier Agrarwirtschaft und Landadel, dort Bürgertum und Industrie. Die Unterschiede auf wirtschaftlichem, gesellschaftlichem, politischem und kulturellem Gebiet wirken bis in die Gegenwart fort.

Hatte die Aufklärung die Macht der Idee eindrucksvoll und ermutigend demonstriert, so war es ihr doch nicht gelungen, das Reich der Vernunft zu etablieren. Das Christentum wurde nicht abgeschafft, die neue Zeitrechnung blieb ein Wunschtraum. Was folgt daraus? Offensichtlich kann die Ordnung der Vernunft weder die Ordnung der Liebe noch die Ordnung der Macht ersetzen. Herrschaft setzt Unvernunft voraus wie Vernunft Freiheit von Herrschaft impliziert. Bei dem Versuch, die Welt durch Vernunft zu erhellen, war es den Philosophen ähnlich ergangen wie den Vertretern des Christentums bei dem Versuch, die Welt zu christianisieren. Wie die Kirche unversehens in einen Prozeß der Verweltlichung geriet, so gerieten die Philosophen popularisierend in den Bereich der Ungewißheit. Die Philosophie wurde abhängig: von Herrschern, aber auch vom Publikum.

Die Bemerkung Voltaires über seine Ankunft in Potsdam ist aufschlußreich: »Er nahm meine Hand, um sie zu küssen«, und »Ich küßte seine Hand und machte mich zu seinem Sklaven.« Das Bündnis von Herrschaft und Vernunft ging in die Brüche, wie einst das Verhältnis zwischen Platon und Dionysios (I. u. II.), nur daß es bei Platon schneller ging. Die Begegnung zeigt aber noch mehr. Die Gegnerschaft zwischen Philosophen und Priestern kommt dem Machtmenschen gelegen. Er spielt die einen gegen die anderen aus und herrscht über beide. Der Fehler Voltaires war weniger, daß er um seine Freiheit bangte, als daß er nicht merkte, wozu er gebraucht wurde. Aber davon ganz abgesehen wird die Kluft zwischen Freiheit und Herrschaft deutlich; sie ist ähnlich groß wie die zwischen Vernunft und Herrschaft.

Der Kampf der Philosophie gegen die Religion war nicht vergeblich gewesen, er war für beide Seiten eine Herausforderung. Die Religion sah sich gezwungen, Glauben von Aberglauben zu scheiden und damit ihre Identität zu sichern, die Philosophie mußte erkennen, daß am Glauben nicht alles Aberglauben ist, und erfuhr so ihre Grenzen. Die in der Aufklärung besonders deutlich zu Tage getretene Spannung zwischen Glauben und Wissen hat der abendländischen Menschheit eine Dynamik verliehen, wie sie sonst nicht vorkommt. Die Philosophie befindet sich dabei eher in der Schuld der Religion als umgekehrt, denn Vernunft ist mehr von Liebe abhängig als Liebe von Vernunft. Ein Hauptvorwurf, nicht nur von Gegnern, sondern auch von Vertretern der Aufklärung selbst, gegen diese, ist die Vernachlässigung der Gefühlssphäre. Die Aufklärung hat in ihrem Kampf gegen das Christentum immer wieder Dogmen und Wundergeschichten kritisiert, gegenüber dem Kern, der Liebesbotschaft, blieb sie weitgehend blind. Der Aufklärung ist zwar der Sturz des Feudalismus gelungen, nicht aber die Zähmung der Macht, denn ihr entging die Entstehung neuer Machtzentren, die in ihrer spezifisch neuzeitlichen Emanzipation vielleicht noch gefährlicher sind als die überwundenen. Der Glaube der Aufklärung, die Weltprobleme im wesentlichen gelöst zu haben, erwies sich schon bald als Irrtum. Die Vertreter der Aufklärung erlagen dabei einer ähnlichen Selbsttäuschung wie die Schöpfer des hierarchischen Weltbildes im Mittelalter: beide sahen das Naturgeschehen verkürzt. Auch war das neue Weltbild nicht so rational, wie man glaubte. Die Aufklärung gleicht mehr einem Rausch der Vernunft als der Vernunft selbst, bei genauerem Hinsehen erweist sie sich als irrational, als Glaube, als »christlich«. Viele Aufklärer legten zwar Bekenntnisse zur Vernunft ab, aber ihr Denken war oft ziemlich flach. Was die meisten Philosophen der Aufklärung unterschätzten, war die Macht des Herkommens, der Tradition, der gewachsenen Strukturen – auch sie sind ja eine Art Natur. Man braucht nur die Philanthropen des 18. Jahrhunderts mit der *philanthropia* des Sokrates zu vergleichen, und man kann sich eines Lächelns nicht erwehren. Kann man sich vorstellen, daß Sokrates, wenn er derart über die Religion gesprochen hätte wie Voltaire, um Absolution nachgesucht hätte? Zwischen Platons Sokratesdarstellung und dem Sokratesbild bzw. -kult des 18. Jahrhunderts besteht ein gewaltiger Unterschied. Die Aufklärung wurde von ihren eigenen Tendenzen eingeholt. Gegenüber den tiefschürfenden Denkansätzen des 17. Jahrhunderts erscheint sie oft abgestanden, steril, unglaubwürdig, in ihrer Überbelichtung eher unscharf als klar und deutlich. Im Vergleich mit antiker Strenge des Denkens haftet der Aufklärung bisweilen etwas Theatralisches, Zirkushaftes an: eine Art Clownerie der Vernunft. Schließlich emanzipierten sich die ernsthaft forschenden Wissenschaften von der Philosophie wie diese einst von der Theologie.

Hatte die Aufklärung recht? Um diese Frage kommt niemand herum, der sich im Sinn einer *philosophia perennis* um Einsicht in die Entwicklung des Denkens bemüht. Die Aufklärung hatte recht, wenn sie die Politik der Moral unterordnete, sie hatte unrecht, wenn sie die Herrschaft der Vernunft versprach. Reine Vernunft eignet sich nicht zum Herrschen, aber Herrschaft bedarf der Vernunft zur Legitimation. Die Ismen, gleichsam Sekten der Philosophie, strafen diese Lügen, wenn sie an eine wahre, absolute Philosophie glauben machen will, ähnlich wie die Konfessionen den Absolutheitsanspruch christlicher Glaubenswahrheit. Die Aufklärung sollte, wie die Reformation, nicht als geistesgeschichtliches oder religionsgeschichtliches Phänomen in den Annalen als »erledigt« verbucht, vielmehr als Programm verstanden werden und als andauernder Prozeß. Dann lautet die Parole nicht mehr: »Ecrasez l'infâme!«, sondern aufgeklärtes Christentum oder christliche Aufklärung.

8.3 Philosophie als universale Bildung

8.3.1 Großbritannien

8.3.1.1 Toland, Collins, Bolingbroke, Cumberland, Clarke, Wolleston, Ferguson, Paley, Home, Burke

Deisten unterscheiden sich von Theisten dadurch, daß sie keine Eingriffe Gottes in die von ihm geschaffene Welt annehmen. Gott überläßt danach den Weltlauf den Naturgesetzen. Theisten nehmen dagegen an, daß Gott in das Weltgeschehen eingreift und als Person zu den Menschen Beziehungen aufnimmt. Pantheisten glauben, daß Gott in allem, Panentheisten, daß alles in Gott ist. Die Bezeichnung »Pantheist« stammt von dem Iren John Toland (1670–1722), der als »Freidenker« angesehen wurde und das für den englischen Deismus grundlegende Buch ›Christianity not mysterious‹ verfaßte. John Lockes Freund Anthony Collins (1676–1729) vertrat die Ansicht, daß freies Denken weder beschränkt werden kann noch darf und daß es gepflegt werden muß. Hier tritt bereits der erzieherische Aspekt der Aufklärung in Erscheinung. Ein überzeugter Deist war auch der britische Staatsmann Henry Saint-John Viscount Lord Bolingbroke (»John Bull«), der 1713 den Frieden von Utrecht schloß und sich gegen die Thronbesteigung des Hauses Hannover wandte. Er war, wie Locke, Empiriker und bezeichnete die spekulativen Philosophen von Platon bis Malebranche als *genus ratione furens,* eine Art Raserei der Vernunft. Einer von Bolingbrokes Verehrern war Voltaire. Schon vor Locke hatte Richard Cumberland (1632–1718) Hobbes' Lehre vom natürlichen Egoismus die Lehre vom natürlichen Wohlwollen gegenübergestellt.

Samuel Clarke (1675–1729) vertrat in brieflichen Auseinandersetzungen mit Leibniz (1715/16), die sich vom physikalischen bis in theologische Bereiche ausdehnten, die Lehre Newtons. Hobbes' Nominalismus und Subjektivismus trat Clarke mit Argumenten aus dem Umfeld der Newtonschen Physik entgegen: Wie die Naturgesetze das Weltgeschehen bestimmen, regulieren die Sittengesetze das Verhalten des Menschen. Der Mensch ist ein vernünftig-sittliches Wesen und darf nicht ohne seine ausdrückliche Zustimmung als Mittel zur Erreichung von irgendwelchen Zwecken benutzt werden. Die Ähnlichkeit mit entsprechenden Auffassungen Kants liegt auf der Hand.

William Wolleston (1659–1724) lehrte, jede Handlung sei gut, die einen wahren Gedanken ausdrückt. Adam Ferguson (1723 bis 1816) suchte nach einer Synthese von Selbsterhaltung (Selbstliebe), Geselligkeit (Wohlwollen) und Vollkommenheit (Selbstachtung). William Paley (1743–1805) definierte die Moralphilosophie in seiner Schrift ›Principles of moral and political philosophy‹ (1785) als Wissenschaft von den Pflichten und ihrer Begründung. Eine Handlung ist gut, wenn sie die allgemeine Glückseligkeit vermehrt. Henry Home (1696–1782) analysierte in seinem 1762/65 erschienenen dreibändigen Werk ›Elements of criticism‹ die ästhetischen Eindrücke, untersuchte u.a. das Schöne und Erhabene und stellte eine Theorie der Gemütsbewegungen auf[3]. Sein Einfluß auf Kant und Schiller war nicht gering. Edmund Burke (1729–1797) verfaßte eine ›Philosophische Untersuchung über den Ursprung unserer Ideen vom Erhabenen und Schönen‹ (1756), die Kant, Lessing, Mendelssohn und Schiller beinflußte. Burke unterscheidet zwischen den mit Schmerzen und Gefahr verbundenen Leidenschaften der Selbsterhaltung und den mit Lust verbundenen der Geselligkeit; er erkannte, daß übermäßig Großes oder Unendliches Schaudern erregt. Burke verdanken wir eine Stellungnahme zur Französischen Revolution (›Reflections on the Revolution in France‹, 1790), die wesentliche Unterschiede von englischem und französischem Denken erkennen läßt: »Die bloße Idee einer neuen Staatsverfassung ist hinreichend, um einen wahren Briten mit Ekel und Abscheu zu erfüllen. Zur Zeit der Revolution wünschten wir, was wir jetzt wünschen, alles, was wir besitzen, als eine Erbschaft von unseren Vätern ansehen zu können. Wir haben uns wohl vorgesehen, auf diesen Erbstamm kein fremdartiges Pfropfreis zu impfen, das sich mit dem ursprünglichen Gewächs nicht verwebt haben würde. Alle Reformen, die wir bisher vorgenommen haben, sind von dem Grundsatz der Achtung für das Alte ausgegangen, und ich hoffe, ja ich bin fest überzeugt, alle, die noch jemals stattfinden mögen, wer-

[3] Hierher gehören auch die Arbeiten des Dichters Alexander Pope (1688 bis 1744), ›An Essay on Criticism‹ (1711–1713) und ›An Essay on Man‹ (1732–1734). Sie geben ein detailliertes Bild von der Weltanschauung im Zeitalter der Aufklärung.

den sorgfältig auf Analogien der Vergangenheit, auf Autorität und Beispiel begründet werden.«[4]

8.3.1.2 Shaftesbury, Hutcheson, Mandeville

Anthony Ashley Cooper, Earl of Shaftesbury (1671–1713), der Enkel des mit Locke befreundeten Lord Shaftesbury, wurde im Geist Lockes erzogen. Er bereiste Holland, Frankreich, Italien und Deutschland und war seit 1695 ein politisch aktives Mitglied des Parlaments. Shaftesbury liebte das Altertum, kannte Platon, Aristoteles, die Stoiker und Plotin ebenso genau wie den Cambridger Platoniker Henry More. Er erörterte philosophische Probleme nach Art platonischer Dialoge und vertrat das antike Bildungsideal des »schönen und guten Mannes«. In seinen ›Characteristics of Men, Manners, Opinions, Times‹ (3 Bände, 1711) behandelt er Themen wie Tugend, Enthusiasmus, Moral, Gemeinsinn, Kunst und Künstler.

Die Welt ist ein vom Geist geordnetes, harmonisches Ganzes, in dem das Individuum als Mikrokosmos den Makrokosmos abbildet. Aus dem Streben des Einzelnen zum Ganzen ergeben sich für ihn ästhetische und ethische Forderungen. Ein Übermaß an Selbstsucht oder Mitleid ist schädlich. Bosheit und Grausamkeit sind unnatürliche, böse, zerstörerische Neigungen. Der Charakter ist gut, wenn alle Neigungen des Einzelnen dem Wohl der Gattung dienen. Ein allgemeiner Sinn für das Erhabene und Schöne in den Dingen dient dem Menschen als Maßstab. Die Tugend hängt vom Gebrauch der Vernunft ab, welche die Neigungen steuert. Weder Mode noch Gesetz, weder Gewohnheit noch Religion können die ewigen Maßstäbe in unserer Natur verändern, wozu das Gefühl für Recht und Unrecht gehört. Das Moralische ist vom Religiösen prinzipiell unabhängig. Tugend ist Voraussetzung für echte Frömmigkeit und vollendet sich im Glauben an Gott. Ein Mensch ist tugend- oder lasterhaft entsprechend der Konstellation seiner Grundaffekte, der zum allgemeinen Wohl führenden natürlichen Affekte, der zum individuellen Wohl führenden Selbstaffekte und der unnatürlichen, auf keines von beiden gerichteten Affekte. Die Regeln der Moral sind ebenso evident wie die der Mathematik.

[4] Edmund Burke, Betrachtungen über die Französische Revolution. Übers. v. Friedrich Gentz. Frankfurt 1967, S. 66.

Bedeutsam erscheint der Gedanke, daß Tugend und Laster, Verdienst und Glück, Schönheit und Vollkommenheit von erkenntnistheoretischen und metaphysischen Voraussetzungen unabhängig gelten, z. B. ob wir die Welt als Traum oder Wirklichkeit auffassen. Tugend und Schönheit fallen im geistigen Leben und Schaffen zusammen. Es gibt drei Klassen von Schönheit: tote Formen oder leblose wohlproportionierte Gegenstände, formende Formen, die Intelligenz, Kraft und Bewegung besitzen, und Formen, die formende Formen schaffen, die zeugen und weiterwirken. Indem der Mensch in sich Harmonie herstellt, hilft er das Universum vollenden. Dazu gehört Geselligkeit; solange der Mensch einsam und ohne Freunde lebt, ist er kein vollwertiger Mensch.

Francis Hutcheson (1694–1746), Professor für Moralphilosophie in Glasgow, ordnete die unsystematischen Darlegungen Shaftesburys und trug zu ihrer Verbreitung bei. Tugend gründet nach Hutcheson in einem moralischen Gefühl *(moral sense)*, das nur urteilt, während das nicht interessierte Wohlgefallen zum Handeln antreibt. Hutcheson vergleicht die Liebe zwischen Menschen mit der Gravitationskraft. Einem interesselosen Gefühl verdankt der Mensch auch sein Vermögen, Schönheit zu empfinden. Objektiv beruht Schönheit auf einem Verhältnis von Einheit und Vielheit, subjektiv auf dem Empfindungsvermögen.

Bernard de Mandeville (1670–1733) wandte sich gegen Shaftesburys Annahme von Altruismus und Wohlwollen beim Menschen. In seiner zunächst anonym veröffentlichten Fabel ›Der summende Bienenkorb oder der ehrlich gewordene Schurke‹ (1705), später mit dem Titel ›Die Bienenfabel oder: Private Laster – Wohltaten für das Ganze‹ (1714), verteidigt er Egoismus, Laster und Leidenschaft als Antriebskräfte für das wirtschaftliche, politische und gesellschaftliche Leben. Eitelkeit, Ehrgeiz, Heuchelei, Betrug und Schwelgerei fördern das Gemeinwesen. Größe und Gerechtigkeit, Tugend und Macht sind unvereinbar. Die Tugenden sind nur von ehrgeizigen Politikern erfunden, um die Massen zu beherrschen. Ähnliche Theorien finden sich bei den griechischen Sophisten und bei Nietzsche.

8.3.1.3 Berkeley

George Berkeley (1685–1753) kehrte wieder zu erkenntnistheoretischen Problemen zurück und bildete Lockes empirische Theorie in eigenartiger Weise zu einer Art Konzeptualismus weiter. Berkeley stammte aus dem Südosten Irlands, besuchte das Trinity College in Dublin, wo er auch als Lehrer und Diakon tätig war. Er lehrte Griechisch und Hebräisch und befaßte sich daneben mit mathematischen, naturwissenschaftlichen und philosophischen Studien, mit Descartes, Malebranche, Newton, Locke. Seine geistige Entwicklung läßt sich an Hand seines philosophischen Tagebuchs (1706–1708) verfolgen. In drei Werken legte er seine Philosophie dar: ›Eine neue Theorie des Sehens‹ (1709), ›Abhandlung über die Prinzipien der menschlichen Erkenntnis‹ (1710), ›Drei Dialoge zwischen Hylas und Philonous‹. In den Jahren 1713–1720 lernte er, als Reisebegleiter, Frankreich und Italien kennen. 1728–1731 reiste er nach Nordamerika und wirkte in Newport (Rhode Island) als Missionar, wo er nach fehlgeschlagenen Plänen für die Gründung einer Missionsschule auf den Bermuda-Inseln eine philosophische Gesellschaft gründete. Zurückgekehrt, verfaßte der »freidenkende Antifreidenker« seinen ›Alciphron‹, eine Streitschrift gegen das Freidenkertum, wodurch er die Gunst der Königin gewann, die ihm 1734 ein Amt als Bischof von Cloyne (Südirland) verschaffte. Berkeley hatte zwar schon früh sozialreformerische Ideen vertreten und die Korruption gegeißelt, aber er scheute, wie bereits seine Schrift ›Passiver Gehorsam‹ (1712) zeigt, jeden gewaltsamen Umsturz und trat für die jeweils regierende Obrigkeit ein. So konnte er sich dann in Cloyne der Erziehung seiner Kinder, der Bekämpfung von Armut, Arbeitslosigkeit, Bettelei und Trunksucht, der Sozialfürsorge und vielen anderen praktischen Vorhaben zur Weltverbesserung widmen.

In seiner Theorie des Sehens radikalisierte Berkeley die Unterscheidung Lockes von sekundären und primären Qualitäten, indem er auch diese subjektivierte. Die Raumwahrnehmung entsteht aus Gesichts- und Tastempfindungen, die nach Erinnerung und Assoziation verbunden werden. In seiner Schrift über die Erkenntnisprinzipien hebt Berkeley die Beziehungen der Sinneswahrnehmungen zur Außenwelt völlig auf. Es gibt auch keine abstrakten Ideen, sondern nur Einzelvorstellungen, die das Abstrakte repräsentieren: Wir denken in Beispielen. Die

Existenz der äußeren Dinge besteht in ihrem Wahrgenommenwerden: *esse est percipi.* Existiert dann überhaupt nichts außer den Wahrnehmungen? Indem Berkeley Geister und deren Funktionen (Ideen und Willensakte) zugrunde legt, verbindet er seinen erkenntnistheoretischen Sensualismus bzw. Konzeptualismus mit einem metaphysischen Spiritualismus. Es gibt eine einfache, tätige, ideenbildende Substanz: das Ich, die Seele, der Geist. Indem der Geist Ideen perzipiert, erscheint er als Verstand, indem er sie produziert, als Wille. Geist ist Bewußtsein. Er kann nur in seinen Funktionen und Wirkungen erkannt werden. Sein Wesen besteht nicht im Erfaßtwerden, sondern im Erfassen: *esse est percipere.* Der Geist als solcher ist unerkennbar. Der Unterschied von Wahrnehmungs- und Phantasievorstellungen besteht in der Stärke der Wahrnehmung. Gott hat es so eingerichtet, daß die Tageswahrnehmung, die Sonne, die wir nicht im Traum, sondern bei Tag erblicken, stärker ist. Nur diese starken oder Realvorstellungen sind Ideen. Bei Berkeley deckt sich also der Bereich der Ideen mit dem der Sinneswahrnehmungen; er ist daher kein Idealist. Naturgesetze sind nur Zeichen. Kategorien wie Materie, Kausalität, Bewegung und Substanz sind entbehrlich. Auch die Axiome, Theoreme und Zahlen der Mathematik sind für Berkeley nur Zeichen, denen keinerlei Objekte entsprechen. Arithmetik und Geometrie sind nur als angewandte, praktische Disziplinen nützlich. Die Infinitesimalrechnung ist rein spekulativ und deshalb überflüssig. In den Dialogen hebt Berkeley seinen Standpunkt gegenüber dem von Malebranche ab, dem zufolge wir die Dinge in Gott schauen. Malebranche negiere dagegen sowohl die Dinge als auch die Allgemeinbegriffe. In der Voraussetzung Gottes stimmen beide Denker überein und zeigen damit den theologischen Grundzug ihrer Konstruktionen. Berkeley meint, seine Lehre vereine die Auffassung des einfachen Mannes, der die Dinge, die er sieht, für wirklich hält, mit der Auffassung des Philosophen, nach der die wahrgenommenen Dinge nur als Vorstellungen im Geist bestehen. Daraus folgt, daß in der Welt nichts anderes existiert als die perzipierenden Subjekte und die Objekte, deren Sein im Wahrgenommenwerden besteht.

Im ›Alciphron‹ bekämpft Berkeley Mandevilles Rehabilitierung der Laster und Shaftesburys Begriff der moralischen Schönheit, erörtert den Gottesbegriff und die Offenbarung, beansprucht die Religion für die Grundlegung der Ethik und den höchsten Rang für das Christentum, tritt für die Glaubwürdigkeit der Bibel ein, untersucht die Vereinbarkeit von Glauben und Wissen und lehnt Freidenkertum wie Skeptizismus und Atheismus ab. Kants oft wiederholte Behauptung, Berkeley habe die Welt der Sinnenerfahrung für bloßen Schein erklärt, trifft nicht zu. Von seiner Wirkung auf Hume gesehen, erscheint Berkeley als »kritischer Positivist«.

In seinem letzten Werk ›Siris‹ (Band) geht Berkeley von einer medizinischen These, der Heilwirkung des Teerwassers, aus und knüpft daran eine Reihe von Themen, die ihn von der Physiologie und Physik bis hin zur Metaphysik und Theologie führt. Platonisches, Neuplatonisches, Aristotelisches und Christliches erscheinen darin verbunden oder verschmolzen: die Lehre von den Ideen, dem Geist, dem Einen und Gott, dessen Wesen Geist ist. Manche seiner Ausführungen, zumal seines Versuchs, das Böse zu interpretieren, erinnern an Leibnizens ›Theodizee‹.

8.3.1.4 Hume

8.3.1.4.1 Leben

David Hume (1711–1776), zweiter Sohn eines schottischen Landadligen, wurde in Edinburgh geboren. Adelstitel und Grundbesitz erbte sein Bruder. Mit seiner Schwester teilte er eine kleine Rente, die nicht zum Lebensunterhalt reichte. Mit zwei Jahren verlor er seinen Vater. In seiner Entwicklung gestört, schwächlich und labil, wuchs er in Schottland auf, erhielt die damals übliche Ausbildung und entdeckte bereits früh seine Neigung zur Literatur, die zur beherrschenden Leidenschaft seines Lebens wurde. Zwischen seinem Brotstudium (Jura) und seiner Neigung entstand ein ähnlicher Konflikt wie bei Leibniz. Hume gab das Jurastudium auf und studierte Literatur, aber auch Philosophie. Zu seinen Autoren gehörten Vergil und Cicero. Ein Versuch, sich den Lebensunterhalt als Kaufmann zu verdienen, scheiterte. 1734 ging er nach Frankreich, wo man billiger leben konnte. Dort verfaßte er auch sein Erstlingswerk ›Ein Traktat über die menschliche Natur‹. Das dreiteilige Werk, das vom Verstand, von den Affekten und von der Moral handelt, erschien 1739/40 in England, wohin Hume 1737 zurückgekehrt war. Seine Hoffnungen auf schnellen Ruhm und Gewinn zerschlugen sich, und das Werk wurde ein Mißerfolg. Hume ging wieder an die Arbeit, nahm mehr Rücksicht auf das Publikum und schrieb nach Art von Bacon und Locke. Schon bald hatte er 27 teils literarische, teils moralisch-politische Themen behandelt, die 1741/42 in zwei Bänden erschienen. Sie kamen beim Publikum gut an, und Hume vergaß seinen anfänglichen Mißerfolg. Aber weder konnte er an der Universität Edinburgh eine Professur für Ethik bekommen noch in Glasgow eine für Logik. Mehr Erfolg hatte er als Gesellschafter, Sekretär und Reisebegleiter, wobei er sich ein kleines Vermögen erwarb, auf das er stolz war. Daneben arbeitete er eifrig in der Philosophie weiter, so daß 1748 seine ›Untersuchung über den menschlichen Verstand‹, eine Neufassung des ersten Teils des Traktats, erscheinen konnte, aber auch diesmal hatte das Werk wenig Erfolg. Darauf bearbeitete er den dritten Teil seines Jugendwerks neu, woraus die ›Untersuchungen über die Prinzipien der Moral‹ entstanden, seine literarische Bestleistung, ferner die ›Politischen Exkurse‹. Die beiden Werke brachten ihm den langersehnten großen Erfolg. 1752 wählte die Juristische Fakultät der Universität ihn zum Bibliothekar. Hume nutzte den Zugang zu einer großen Bibliothek und schrieb eine Geschichte Englands von der Landung Caesars bis zur Revolution von 1688. Das Werk, an dem er zehn Jahre gearbeitet hatte, umfaßte acht Bände und erschien 1763. 1757 veröffentlichte Hume in London seine ›Naturgeschichte der Religion‹. Die ›Dialoge über natürliche Religion‹ erschienen erst 1779, drei Jahre nach seinem Tod. 1763 begleitete er als Gesandtschaftssekretär den Earl von Hertford nach Paris, das für ihn, wie für Leibniz und später für Alexander von Humboldt, eine Art Wahlheimat wurde: »In Paris zu leben bedeutet eine echte innere Befriedigung infolge der großen Anzahl feinfühlender, gebildeter und höflicher Menschen, mit denen man dort zusammenkommt, eine Gesellschaft, mit der Paris alle anderen Städte dieser Welt übertrifft. Ich dachte einmal daran, dort mein ganzes weiteres Leben zu verbringen.«

Hume gewann in d'Alembert, Diderot, Helvetius, Buffon, Marmontel und Holbach wertvolle Freunde und Bekannte. Er korrespondierte mit Voltaire und fand in der Gräfin Bouffler eine Frau – die einzige in seinem Leben –, die er gleichermaßen als Freundin und Gesprächspartnerin schätzte. Durch sie lernte er auch Rousseau kennen, dem er 1766 in London ein Asyl verschaffte. Die letzten Jahre seines Lebens verbrachte Hume, wohlhabend, im eigenen Haus und von Freunden umgeben, wieder in Edinburgh. Zu seinen Freunden gehörte Adam Smith.

Beim Ausbruch des Unabhängigkeitskrieges (1775–1783) bemerkte er: »Ich bin Amerikaner von Prinzip.« Adam Smith und der Geschichtsschreiber Edward Gibbon verehrten Hume als ihren Lehrer. Er starb am 25. 8. 1776 an einem Leberleiden, das er standhaft wie ein Stoiker ertragen hatte.

8.3.1.4.2 Werke

Schwerpunkte seines Denkens bilden die Erkenntnistheorie, in der manches an Locke und Berkeley erinnert, die Moral- und die Religionsphilosophie. Hume wollte, wie viele andere Denker seiner Zeit, eine solide Grundlage für die Wissenschaften erarbeiten, die er noch als Teildisziplinen der Philosophie ansah. Als Methode kam für ihn nur eine Verbindung von Erfahrung und Beobachtung *(experience and observation)* in Frage. Die Einleitung des Traktats enthält eine Art Programm seiner empirisch-skeptischen Philosophie. Hume unterteilt die Bewußtseinsinhalte *(perceptions)* in Eindrücke *(impressions)* und Ideen *(ideas)*. Das Denken ist an die Wahrnehmung gebunden und kombiniert die Sinnesdaten. Die Ideen sind Abbilder der Eindrücke, auch die Gottesidee. Die Verknüpfung der Vorstellungen erfolgt nach den Prinzipien der Assoziation: Ähnlichkeit *(resemblance)*, Berührung *(contiguity in time or place)*, Ursache und Wirkung *(cause and effect)*. Von den Substanzen, Modi und Relationen Lockes bleiben bei ihm nur letztere übrig, die er in sieben Klassen einteilt: Ähnlichkeit, Identität, Raum und Zeit, Quantität und Zahl, Grade derselben Eigenschaft, Widerstreit, Kausalität. In der Kritik abstrakter Ideen schließt sich Hume an Berkeley an, ferner in der Lehre von Raum und Zeit. Bei den Vorstellungen sind einfache und zusammengesetzte zu unterscheiden, die sich in einfache auflösen lassen, diese wiederum in einfache Eindrücke. In der ›Untersuchung‹ teilt Hume die Gegenstände des Denkens in Beziehungen von Ideen *(relations of ideas)* und Tatsachen *(matters of fact)* ein. Zur einen Gruppe gehören alle auf Intuition und Deduktion beruhenden Sätze, zur anderen Sätze, die sich auf nach Ursache und Wirkung zusammenhängende Geschehnisse beziehen. Damit werden zwei Probleme aktuell: das Kausalitätsproblem und die verknüpfende Instanz. Berkeley hatte noch eine Seele angenommen. Hume löst auch diese in ein Bündel von Perzeptionen auf. Entsprechend radikalisiert er auch die Analyse des Kausalbegriffs gegenüber Berkeley und Malebranche. Humes Frage ist, mit welchem Recht wir aus gewohnten Folgen auf künftige

Folgen schließen. Der Schluß ist logisch nicht zu begründen. Induktion ist kein logisches Beweisverfahren. Wir können es aber psychologisch analysieren. Dabei ergibt sich, daß wir den Zwang der Gewohnheit als Notwendigkeit in die Welt der Tatsachen zurückprojizieren, also im Zirkel schließen. Hume, und das ist charakteristisch für seine Art der Skepsis, will nicht den Glauben gegen die Wissenschaft ausspielen, vielmehr die Wissenschaft sicher auf der Basis von Instinkt und Gewohnheit operieren lassen, wenn sie nur um ihre Bedingtheit weiß. Die Stoßrichtung der Argumentation Humes richtet sich gegen Logik und Metaphysik. Die Logik kann sowenig zur Grundlegung der Erfahrungswissenschaften beitragen wie die Metaphysik. Daher soll man nicht versuchen, die Wissenschaften mit apriorischen Erkenntnissen zu gängeln. Von diesem Standpunkt aus erscheinen die Konstruktionen eines Staatsvertrags hinfällig. Die Herrschaftsverhältnisse sind nicht durch Konvention zustandegekommen, sondern haben sich in Zeiten der Not ergeben und werden nachträglich als Rechte beansprucht. Zwischen Motiven und Handlungen bestehen ähnliche Zusammenhänge wie zwischen den Naturvorgängen. Der Wille ist daher nicht völlig frei, wir sind uns aber unserer Freiheit bewußt. Max Planck hat in seinem berühmten Aufsatz über die Willensfreiheit diese Beziehung weiter analysiert. Naturwissenschaftliche und moralische Gesetzmäßigkeit hängen bei Hume – wie bei Kant – unauflöslich zusammen. An Kant erinnert auch die Tendenz, Gutes um seiner selbst willen zu tun. Der Versuch, den Empirismus zum alleinigen Maßstab unseres Handelns zu machen, wird durch die Tatsachen widerlegt.

In der Religionsphilosophie erweist sich Hume bereits als Überwinder der Aufklärung, insofern er die Gefahren einer überzogenen Religionskritik ohne Reflexion auf das Vermögen der Vernunft klar erkennt. Was Hume am etablierten Christentum kritisiert, ist weniger das Festhalten am Glauben als gezielte Vernunftfeindlichkeit. Hume stellt diese Einstellung der Lockes gegenüber, des wahrscheinlich ersten Christen, der erkannte, »daß man sich bei der Entdeckung sämtlicher Grundsätze der ... Theologie stets einer Argumentationsweise bedient hat, die dem Prozeß der Wahrheitsfindung in der Moral, in der Politik oder in der Physik durchaus ähnlich ist«. Kant schließt sich dieser Position Lockes und Humes an, wenn er feststellt, daß die Grundsätze philosophischer Moral mit den Geboten der Religion übereinstimmen: zwei Formeln für eine und ein-

und dieselbe Wahrheit. Hume wiederum stimmt mit Bacon darin überein, daß Atheismus den Adel der Menschheit zerstört und wenig Philosophie von der Religion fort-, viel Philosophie zu ihr zurückführt. Hume hat indessen treffend zwischen echten und korrupten Vertretern des Klerus unterschieden: »So sind sie also heute Skeptiker, morgen Dogmatiker; welches System auch immer diesen ehrwürdigen Herren Macht über die Menschen verschafft und insoweit ihren Zwecken dient, das machen sie mit Sicherheit zu ihrem Leitprinzip und zur herrschenden Lehre.« Streben nach Macht und Herrschaft korrumpiert sowohl die Ordnung der Liebe als auch die der Vernunft. Adam Smith setzte Humes relativierende Betrachtungsweise und seine Analyse der gesellschaftlichen Phänomene fort, verfeinerte und ergänzte sie. Die von Thomas Reid (1710–1796) begründete Schule, James Beattie (1735–1803), Dugald Stewart (1753–1828) und andere kehrten wieder zur Common sense-Philosophie Lockes zurück, weil ihnen der »Spiritualismus« Berkeleys und der »Skeptizismus« Humes zu lebensfremd erschienen.

8.3.2 Frankreich

8.3.2.1 La Rochefoucauld, La Bruyère, Vauvenargues, Fontenelle

Pierre Bayles berühmtes ›Dictionnaire‹ war 1702 erschienen. Es führte in Lützenburg (Charlottenburg) zu lebhaften Gesprächen zwischen der preußischen Königin Sophie Charlotte und Leibniz über die Vereinbarkeit von Vernunft und Offenbarung. Bayle verneinte sie, Leibniz versuchte in seiner Rechtfertigungsschrift Gottes, der ›Theodizee‹ (1710), Gründe für diese Vereinbarkeit beizubringen, ohne sich zu fragen, inwieweit damit eine Rechtfertigung des Herrschaftssystems verbunden war, dem er anhing. Der Unterschied zwischen deutscher Fügsamkeit und französischem Widerspruchsgeist wird hier schon erkennbar. Friedrich des Großen Devise: »Räsonniert so viel ihr wollt, aber gehorcht!« war für Voltaire schon nicht mehr akzeptabel und trug zum Bruch zwischen den beiden bei. Voltaire merkte jedoch nicht, wer der lachende Dritte bei dem

Kampf war, den er gegen die Kirche austrug. Friedrich der Große schrieb 1767 an Voltaire: »Bayle hat den Kampf begonnen. Eine Anzahl Engländer folgte ihm. Ihr seid berufen, den Kampf zu vollenden!« Bayle war der erste Philosoph des christlichen Abendlandes, der auch gegenüber den Atheisten Toleranz forderte und einen Atheisten-Staat für möglich hielt. Der englische Einfluß auf die französische Aufklärung ist kaum zu überschätzen. Es besteht indessen ein wesentlicher Unterschied zwischen den englischen und den französischen Denkern. Jene zogen in der Aufklärung philosophische Schlüsse aus relativ unblutigen gelungenen Reformen ihrer Gesellschaft, wobei alle Beteiligten auf ihre Kosten gekommen waren, diese standen noch vor der Bewährungsprobe, vor ungelösten Problemen, unterdrückt von einem korrupten Herrschaftssystem, umgeben von sozialem Zündstoff.

Der auf psychologischem Gebiet geniale französische Gesellschaftskritiker François de la Rochefoucauld (1613–1680) hatte bereits vor der eigentlichen Aufklärungsbewegung in seinen ›Maximen‹ (Aphorismen) die Verkommenheit des Ancien régime durchschaut und entlarvt. Als scharfsinniger Analytiker von Verhaltensweisen trat Jean de la Bruyère (1645–1696) hervor. Seine ›Charaktere‹ setzen die Tradition Theophrasts fort. Den Spuren La Rochefoucaulds folgend, rang Luc Clapier de Vauvenargues (1715–1747) um ein neues, weniger pessimistisches Verständnis der menschlichen Natur. Voltaire verehrte ihn. Nicolas Chamfort (1741–1794), Anhänger und Opfer der Französischen Revolution, setzte die psychologische Entlarvung der »Herrscher« fort, an deren moralischem Verfall er verzweifelte. Weniger durch Gesellschaftskritik als durch sein rational-naturwissenschaftliches Denken wurde Bernhard de Fontenelle (1657–1757) zu einem Wegbereiter der Aufklärung.

8.3.2.2 Voltaire

Pierre L. M. de Maupertuis (1698–1759), Charles de Montesquieu (1689–1755) und Jean Marie Arouet, genannt Voltaire (1694–1778), kamen um 1729 von ihren Englandreisen zurück und waren so fasziniert, daß man schon fast von Anglomanie sprechen kann. Voltaires bewundernde Briefe ›Sur les Anglais‹ (1728) fielen in Frankreich zunächst der Zensur zum Opfer und wurden verbrannt. Erst 1741 erhielt er für seine ›Eléments de la philosophie de Newton‹ die Druckerlaubnis. Locke neigte er am meisten zu: ›Le philosophe ignorant‹ (1767). In diese Reihe gehören auch Voltaires ›Lettres philosophiques‹ (1731) und sein ›Dictionnaire philosophique‹ (1764). Die Schriften zeigen die breite Palette seiner literarischen Möglichkeiten. Neben Wörterbuch, Abhandlungen, Aufsätzen und Monographien stehen Dialoge, Dramen, Disputationen, Essais, Predigten, Romane, Geschichtswerke und eine über ganz Europa ausgedehnte Korrespondenz. Voltaire gebrauchte als erster den Ausdruck »Philosophie der Geschichte« (1765). Gastfreundlich als Schloßherr von Ferney, liebenswert als Gesprächspartner und menschlich als Verteidiger unschuldig Verfolgter, verkörpert er den Geist der Aufklärung in Frankreich wie kein zweiter. Voltaire war Deist, kein Atheist: »Wir verdammen den Atheismus, verabscheuen den Aberglauben, lieben Gott und die Menschheit.« Bekannt ist auch sein Ausspruch: »Gäbe es keinen Gott, so müßte man ihn erfinden.« Über Leibnizens Optimismus, seine »beste aller Welten«, machte er sich jedoch im ›Candide‹ lustig. Er war allen metaphysischen Spekulationen abgeneigt und hielt daher auch die Fragen nach der Unsterblichkeit der Seele und der Willensfreiheit kaum für entscheidbar. Auf ethischem Gebiet hielt er dagegen an Lockes Ideen fest, wenn er auch, sowenig wie im politischen Bereich, großen Einfallsreichtum erkennen ließ. Voltaire predigte mehr Moral, als daß er sie begründete. In mancher Hinsicht blieb er mehr Christ, als ihm bewußt war. Was die soziale Frage betrifft, teilte er noch weitgehend die Auffassungen des Ancien régime, mit dessen führenden Vertretern im Ausland er – dauernd oder zeitweise – auf gutem Fuße stand: in Dänemark, Schweden, Rußland und Preußen. Manchmal verleiteten ihn auch Ehrgeiz, Eitelkeit, Geschwätzigkeit, Geiz und Gewinnsucht zu wenig vorbildlichem Verhalten, so daß er am Streit mit dem Preußenkönig nicht ganz unschuldig war. Insgesamt überwiegen jedoch eindeutig die gewinnenden Züge in seinem Leben und Schaffen. Man spricht im Hinblick auf das 18. Jahrhundert vom Zeitalter Voltaires, was für die Aufklärung in Frankreich zutreffen dürfte. In gewisser Hinsicht leitete er die Aufklärung in Europa in Wort und Tat. Aufgrund oft bewiesener Hilfsbereitschaft und Menschlichkeit genoß der »Weise von Ferney« zu Recht den Ruf, »einer der größten Wohltäter der Menschheit« zu sein. Als er nach seinem Aufenthalt in der Schweiz, 84jährig, nach Frankreich zurückkehrte, um die Aufführung seiner letzten Tragödie ›Irène‹ mitzuerleben, wurde daraus ein Triumphzug, und in Paris empfing man ihn »wie einen König.«

8.3.2.3 Montesquieu

Wesentlich kühler als Voltaire, aber von einer nicht weniger großen Leidenschaft für die Freiheit beseelt, erscheint Charles de Secondat Montesquieu. Als Mitglied der Akademie von Bordeaux hatte er sich durch naturwissenschaftliche, ethische und historische Arbeiten ausgezeichnet, bevor er berühmt wurde. In den zunächst anonym erschienenen ›Lettres Persanes‹ kritisieren zwei Perser auf der Reise durch Frankreich schonungslos die bestehenden Verhältnisse, besonders die politische und religiöse Unfreiheit. Nach seinem Aufenthalt in England schrieb Montesquieu die ›Betrachtungen über die Ursachen der Größe der Römer und ihres Verfalls‹ (1734), worin er als Grund republikanisch-römischer Größe zutreffend die Freiheit anführt. Nach 17jähriger Vorarbeit erschien 1748 ›L'esprit des lois‹, das in 18 Monaten nicht weniger als 20 Auflagen erlebte. Der Geist der Gesetze hängt vom Geist des Volkes ab, das sie schuf, wobei Montesquieu, wie Bodin, natürliche Faktoren wie Landschaft und Klima neben den ethnischen, sozialen und historischen berücksichtigt. Die englische Verfassung erscheint ihm als die beste. Bezeichnend für sie sind Konstitutionalismus und Gewaltenteilung, wobei Montesquieu zur Exekutive und Legislative als dritte die Rechtsprechung hinzufügt. Psychologisch betrachtet wurzeln die Despotie in der Furcht, die Monarchie im Ehrgefühl und die Demokratie in der Bürgertugend. Das Werk Montesquieus hat das politische Denken weit über Frankreichs Grenzen hinaus wesentlich beeinflußt.

8.3.2.4 Maupertuis

Pierre de Maupertuis hatte sich in England eingehend mit Newtons Theorien befaßt. Friedrich der Große berief ihn 1746 zum Präsidenten der Preußischen Akademie nach Berlin. Maupertuis hatte eine Expedition nach Lappland zwecks Erforschung der Erdgestalt geleitet. Die Ergebnisse seiner Gradmessung (1736) bestätigten Newtons Annahme einer Abplattung des Erdkörpers an den Polen. In seinem ›Essai de cosmologie‹

(1750) und in dem ›Examen philosophique de la preuve de l'existence de Dieu‹ (1756) begründete Maupertuis im Anschluß an Newton den Deismus, wobei er die empirische Methode Humes auch auf die Mathematik anwandte. Die Begriffe »Kraft« und »Ursache« wollte er aus der strengen Wissenschaft entfernen, die es mit Beobachtungen, Experimenten und Messungen zu tun hat. Ebensowenig bedeutete ihm die Lehre von den primären Qualitäten, gegen die Berkeley schon Einwände erhoben hatte. Nach Maupertuis ist die Wissenschaft, wie die Sprache, ein System von Zeichen, das Zusammenhänge von Bewußtseinsinhalten darstellt. Die Erfahrungen mit der Natur insgesamt deuten auf eine durchgehende Gesetzmäßigkeit, die Maupertuis als »Loi de la moindre quantité d'action« einführt, als »Gesetz der geringsten Tätigkeitsmenge«. Die Natur erreicht danach ihre Ziele mit einem möglichst geringen Aufwand an Bewegung.

Die französische Philosophie der Aufklärung umfaßt ziemlich das gesamte Spektrum der bekannten Standpunkte (Ismen), mit einigen charakteristischen Varianten. So erscheint neben dem englischen Deismus bei Bayle erstmals der Atheismus als hoffähig. Naturalismus und Materialismus gibt es sowohl in England als auch in Frankreich, ebenso Sensualismus. Für Frankreich ist dagegen das Gegensatzpaar Rationalismus (Voltaire) – Irrationalismus (Rousseau) charakteristisch, weniger der Gegensatz von Moralismus und Immoralismus, dafür aber der Positivismus.

8.3.2.5 D'Alembert

Positivistische Züge zeigten sich bei Maupertuis. Sie verstärkten sich bei Jean L. d'Alembert (1717–1783), der mit Denis Diderot (1713–1784) die ›Encyclopédie ou dictionnaire raisonné des sciences, des arts et des métiers‹ (1750–1780) in 35 Bänden herausgab. Sie wurde zum »Reallexikon der Aufklärung in Europa«. D'Alembert lebte als Privatgelehrter und Akademiemitglied bescheiden in Paris, lehnte verlockende Angebote der Kaiserin Katharina und Friedrichs des Großen ab und schrieb mathematische, mechanische und astronomische Arbeiten, die ihm bald Weltruf eintrugen. Auf Anregung Friedrichs des Großen verfaßte er 1759 den ›Essai sur les éléments de philosophie‹, worin er die naturalistisch-materialistische Naturbetrachtung zur positivistischen weiterentwickelte. Er befolgte, wie verschiedene andere französische Gelehrte, streng die Regel Newtons, keine Hypothesen aufzustellen, eine Regel, die d'Alembert auch auf die Philosophie übertrug. Bei ihm kündigt sich die Verselbständigung der Wissenschaften gegenüber der Philosophie bereits an. Philosophie ist zusammenfassende Erfahrungs- und Tatsachenwissenschaft. Die Außenwelt ist uns so unbekannt wie unsere Innenwelt. In dieser Beziehung ist d'Alembert Skeptiker wie Hume. Nur die Phänomene sind uns gegeben. Der Begriff der Materie ist weitgehend undurchsichtig. Raum und Zeit existieren nicht als solche. Vor dem Erfahrungswissen endet jedoch die Skepsis, ermöglichen uns doch die Erfahrungswissenschaften das Handeln. Alles Erkennen basiert auf Erfahrung. Das Denken setzt Sinnesdaten in Beziehung zueinander und vergleicht Ideen. Ziel der Wissenschaften ist die Ermittlung von Abhängigkeitsverhältnissen, deren Ursachen im Dunklen bleiben. Bilden die Phänomene einen Tatsachenzusammenhang, bilden die Wissenschaften einen Problemkontext. Beide bestimmen die Entwicklungsgeschichte der Wissenschaften. Hier wird Bacons großes Programm erfüllt.

8.3.2.6 Turgot, Condorcet, Condillac

Anne Robert Turgot (1727–1787), zunächst Theologe, dann Verwaltungsfachmann, dann Ökonom, führte das Wissenschaftskonzept d'Alemberts weiter und entwickelte Gedanken, die bis ins 20. Jahrhundert vorausweisen. Turgot war Marine-, dann Finanzminister. Sein großangelegtes Reformwerk scheiterte am Widerstand der privilegierten Stände und seiner Gegner am Hof. Turgot war ein bedeutender Wirtschaftstheoretiker und beachtenswerter Philosoph. Seine ›Betrachtungen über die Bildung und Verteilung des Reichtums‹ (1766) zeigen physiokratische Einflüsse. Turgot analysierte die Wirkungen des Kapitals, der Wirtschaft, des Verkehrs und machte sich Gedanken über die Einkommensverteilung. Unter dem Stichwort »Existence« legte er in der ›Enzyklopädie‹ die Grundsätze seiner positivistischen Erkenntnistheorie dar. Ausgangspunkt ist eine Menge von Empfindungen in ständig sich verändernden Relationen, wobei einige Komplexe eine gewisse Konstanz aufweisen und so die Welt der Objekte konstituieren. Das Ich ist nur ein bevorzugter Empfindungskomplex, eine Art Bezugssystem. Von Existenz sprechen wir, wenn wir etwas in ein System von Beziehungen einordnen. Existenz als solche ist unerkennbar. Turgot stellte auch ein Programm zur Universalgeschichte der Menschheit auf, deren stufenweise Entwicklung im Rahmen natürlicher Bedingungen aufzuzeigen wäre. Die bei dieser Entwicklung auftretende Gesetzmäßigkeit kehrt in allen Kulturen wieder. Ganz allgemein lassen sich bei der Ausbildung menschlicher Intelligenz drei Phasen unterscheiden, die religiöse, die philosophische und die wissenschaftliche. Der Sieg der mathematischen Naturwissenschaften über jede Art von Metaphysik führt zu einem universalen Wissenschaftskonzept und zu einer völlig neuen Lebensgrundlage.

Einen positivistischen Zug weist die Geschichtsphilosophie des Mathematikers, Politikers und Philosophen Antoine Condorcet (1743–1794) auf, der Turgot nahestand. Condorcet, bekannt durch seine Arbeiten zur Integralrechnung, zur Kometentheorie und zur Wahrscheinlichkeitslehre, war Mitglied der Akademie und gehörte dem Kreis der Enzyklopädisten an. 1792 erwählte ihn die Nationalversammlung zum Präsidenten. Er brachte umfassende Reformvorschläge zur Erziehung ein: Beseitigung aller Klassenunterschiede im Bildungswesen, das von Staat und Kirche unabhängig sein sollte, Erwachsenenbildung, Emanzipation der Frau, Rechte der Neger. 1794 wurde er als Girondist verhaftet und starb am Tage nach seiner Verhaftung. Condorcet war ein engagierter Vertreter des sozialen Fortschritts. Im Gegensatz zu Montesquieu vertrat er das Ideal des demokratischen Einheitsstaates, eine liberale Wirtschaftspolitik und eine »mathématique sociale«. Aus seiner Schrift ›Esquisse d'un tableau historique des progrès de l'esprit humain‹ (1794) spricht ein tiefer Glaube an den guten Kern im Menschen und an seine unendliche Entwicklungsfähigkeit *(perfectibilité indéfinie)*.

Etienne B. de Condillac (1715–1780) verband mit Lockeschen Gedankengängen ein positivistisch-sensualistisches Konzept (›Traité des sensations‹, 1754), worin er nur noch äußere Wahrnehmungen als Quelle unserer Vorstellungen anerkennt. Er entwickelt seine Theorie am Modell einer fiktiven beseelten Marmorstatue, in der nach und nach Empfindungen, Reproduktion, Assoziation und Abstraktion entstehen. Das Ich besteht aus der Gesamtheit der Sensationen. Erinnert sich die Seele an Lustempfindungen, entsteht Begehren. Die Seele ist immateriell, da Materie nicht empfinden kann. Condillac ist also kein Materialist.

8.3.2.7 La Mettrie, Holbach

Materialisten waren dagegen Julien Offray de la Mettrie (1709 bis 1751) und Baron Dietrich von Holbach (1723–1789). La Mettrie wechselte von der Theologie zur Medizin und studierte bei Boerhaave in Leiden, einem Anhänger Spinozas. In seiner ›Histoire naturelle de l'âme‹ (1745) erklärte er psychische Funktionen aus der Organisation des Körpers, was ihn seine Stelle als Militärarzt kostete. Seine Schrift wurde öffentlich verbrannt, er flüchtete nach Holland. Einen Gedanken des Kirchenvaters Arnobius aufnehmend, glaubte La Mettrie, daß der Geist eines Kindes, das ohne Kontakt zu Mitmenschen aufwächst, völlig leer bleibt. Mit seiner Schrift ›L'homme machine‹ (1747), die den Menschen aus cartesianisch-mechanistischer Sicht als Maschine betrachtet, machte sich La Mettrie noch unbeliebter. Diesmal flüchtete er nach Preußen, wo Friedrich der Große das »Opfer der Pfaffen und Narren« aufnahm und ihn in die Akademie berief. In Potsdam verfaßte er die Abhandlung ›L'homme plante‹, worin er den Gedanken einer vergleichenden Biologie entwickelt, das Empfinden auch den Pflanzen zuschreibt und das Denken als Gehirnfunktion ansieht. Interessant ist der Gedanke, daß der Mensch unter den Lebewesen den höchsten Rang einnimmt und Geist besitzt, weil er die meisten Bedürfnisse hat. Die Leistungsfähigkeit des Geistes beruht indessen nicht auf seiner angeblichen Körperlosigkeit, sondern auf der Feinheit der Gehirnwindungen. Das Dasein Gottes und die Unsterblichkeit der Seele werden nicht grundsätzlich bestritten, aber als Atheist lebt man ohne Illusionen glücklicher. Ein Staat von Atheisten wäre der glücklichste. Glück bedeutet in La Mettries sensualistischer Ethik soviel wie Lust. Reue ist ein negativer Affekt, sofern er die Summe der Unlust in der Welt vermehrt. Wer seine Kräfte in den Dienst der Gemeinschaft stellt, genießt ein höheres Glück als der Egozentriker. Interessant ist auch La Mettries Ansicht, die Cesare Lombrosos Theorie vorwegnimmt, wonach Verbrecher eher krank als böse sind. An die Stelle von Theologen und Juristen sollen Ärzte treten. In seinem moralphilosophischen ›Discours sur le bonheur‹ und seinem ›Système d'Epicure‹ hält er einen epikureischen Lebensstil für erstrebenswert. Friedrich der Große verfaßte eine Lobrede auf den früh Verstorbenen.

Dietrich von Holbach entwarf ein ›Système de la nature‹, das dem jungen Goethe »grau«, »kimmerisch« und »totenhaft« vorkam. Das Werk trägt eklektische Züge: Materialismus von La Mettrie, Sensualismus von Condillac, Determinismus und Atheismus von ihm selbst. Was in der Physik die Bewegung bewirkt, Trägheit, Anziehung und Abstoßung, bewirken im Wechsel der zwischenmenschlichen Beziehungen Selbstliebe, Liebe und Haß. Die Vorstellung Gottes ist nicht nur unnütz, sondern sogar schädlich, denn sie erklärt nichts und tröstet niemanden und ängstigt nur. In der Moral sucht Holbach das Prinzip der Selbstliebe mit dem des Wohlwollens zu versöhnen.

8.3.2.8 Buffon, Robinet

Die organische Weltbetrachtung als Gegengewicht zur mechanistischen fehlt im Spektrum der französischen Aufklärung nicht. Ihre Vertreter sind Georges de Buffon (1707–1788) und Jean Robinet (1735–1820). Buffon schrieb eine ›Allgemeine und spezielle Naturgeschichte‹, die in 44 Bänden von 1749 bis 1804 erschien und bald den deistisch-mechanistischen Theorien Voltaires ernsthafte Konkurrenz machte. Buffon betrachtete die Natur als einen großen Organismus. Indem er die Lebewesen aus organischen Molekülen entstanden dachte, nahm er in gewisser Weise die neuere Zellentheorie vorweg. Bekannt wurde sein oft mißverstandener Satz »Le style, c'est l'homme même«. »Der Stil ist Ausdruck der schöpferisch-ordnenden Intelligenz des Menschen.«

In seinem Hauptwerk ›De la nature‹ (1761–1766) nimmt Robinet, an Leibnizens Monadenlehre anknüpfend, eine kontinuierlich fortschreitende Entwicklung der Lebewesen an, die auf den Menschen zielt. Sein Gesamtbild der Natur ist teleologisch, organisch, vitalistisch orientiert. Die Gesamtsumme der Kräfte im Universum ist konstant. Den moralischen Sinn, den er mit Hutcheson und anderen voraussetzt, leitet er aus besonderen Gehirnfibern ab. Gott ist unerkennbar.

8.3.2.9 Helvétius, Diderot

Claude Helvétius (1715–1771) geht von der Selbstliebe als einzigem Motiv unseres Handelns aus, Erziehung und Gesetzgebung müssen sie mit dem Gemeinwohl in Einklang bringen. Unterdrückung der Leidenschaften erzeugt Dummheit, denn sie haben eine stimulierende Funktion. Deshalb kommt alles auf ihre Regelung und Steuerung an. Gut ist ein Mensch, wenn er sein Interesse derart wahrnimmt, daß er auch die Interessen anderer fördert. Das allgemeine Wohl ist der höchste Maßstab. Man soll nicht das Eigentum abschaffen, sondern jedem Gelegenheit zum Erwerb von Eigentum geben, Ausbeutung der Arbeitskraft verhindern, die Arbeitszeit auf sieben bis acht Stunden begrenzen und die Allgemeinbildung fördern. Bei Helvétius verbinden sich Anliegen der Aufklärung mit Problemen der modernen Arbeitswelt.

Die Technik verbindet den zweiten Hauptherausgeber der ›Enzyklopädie‹, Denis Diderot, mit der modernen Welt. Seine Vielseitigkeit erinnert an Voltaire. Von der Theologie wechselte er zur Rechtswissenschaft über, interessierte sich aber gleichzeitig für Mathematik und Musik und wurde zum Schluß freier Schriftsteller. Zunächst übersetzte er Shaftesburys Abhandlung über Verdienst und Tugend (1745). Der englische Einfluß wird auch in seinem anfänglichen Deismus und Skeptizismus erkennbar. Unter dem Einfluß von La Mettrie, d'Alembert, Robinet und Leibniz näherte er sich einer organisch-pantheistischen Form der Weltbetrachtung. An die Stelle der Monaden setzte er jedoch Atome, deren Empfindungen im animalischen Bereich bewußt werden und schließlich im Denken des Menschen gipfeln. Das All ist ein großes Individuum, das selbst erhalten bleibt, während sich in ihm alles ständig wandelt. Schön ist das Naturgemäße. Diderot, eine freiheitsliebende Natur, wehrt sich gegen den Zwang von Kunstregeln. Mit Shaftesbury teilte er das antike Ideal des schönen und guten Menschen. Er war nicht nur ein glänzender Stilist, sondern auch ein berühmter Epiker und Dramatiker. Goethe hat seinen Dialog ›Rameaus Neffe‹ ins Deutsche übertragen. 1745 begann er mit seiner Arbeit an der ›Enzyklopädie‹, die er über 20 Jahre gegen alle Widerstände unermüdlich zum erfolgreichen Abschluß führte[5]. 1754 erschienen seine ›Pensées sur l'interprétation de la nature‹. Einige nicht für die Öffentlichkeit bestimmten Werke erschienen nach seinem Tod: ›Entretiens entre D'Alembert et Diderot‹ und ›Le rêve de D'Alembert‹ (1769). In etwa 1000 Artikeln der ›Enzyklopädie‹ machte er seine Leser mit den wichtigsten technischen Verfahren seiner Zeit bekannt.

[5] Zu den Enzyklopädisten gehörte auch François Quesney (1694–1774), der mit seinem ›Tableau économique‹ zu den Gründern der Physiokraten-Schule zählt.

8.3.2.10 Rousseau

Mit Jean-Jacques Rousseau (1712–1778) steigert sich die französische Aufklärung zu revolutionärer Radikalität und hebt sich dabei gleichsam selbst auf. Wie Pascal gegen den Rationalismus des Descartes das Gefühl aufgeboten hatte, erhebt sich die Glut der Leidenschaft in Rousseau gegen den Intellektualismus der zeitgenössischen Kultur, die Rousseau als unerbittlicher Kritiker in die Schranken fordert. Rousseau war der Sohn eines Uhrmachers in Genf, genoß keine sorgfältige Erziehung, entlief aus der Lehre, verließ seine Heimatstadt, vagabundierte eine Zeitlang umher, bis ihn ein katholischer Geistlicher fand, der ihn Madame de Warens aus Vevey zur Obhut empfahl. Sie wurde Rousseaus Pflegemutter und Geliebte, bekehrte ihn zwar (vorübergehend) zum katholischen Glauben, scheiterte aber bei dem Versuch, ihn für die Geistlichkeit zu gewinnen. Nach ein paar glücklichen Jahren mit Madame de Warens auf einem Hof bei Chambéry trieb es ihn weiter, diesmal nach Paris, wo er mit Schriftstellern verkehrte und selbst zu schreiben versuchte. Da überwältigte den jungen Mann, der schon früh an schweren Nervenstörungen litt, eine Art Offenbarung, die sein Leben von Grund auf verändern sollte: er entdeckte eines Tages, als er Diderot besuchen wollte, rein zufällig im ›Mercure de France‹ die Preisfrage der Akademie von Dijon: »Hat die neuzeitliche Ausbreitung von Naturwissenschaft, Kunst und Technik zur Veredlung der Sitten beigetragen?« (1750) Offensichtlich traf diese Frage auf alles, was sich in seinem Herzen an Unmut, Ängsten, Hemmungen, Zweifeln und Fragen angestaut hatte. Er fühlte sich von tausend Lichtern geblendet, von Herzklopfen und Schwindel erfaßt und brach in Tränen aus. Diderot schlug ihm vor, die Preisfrage in paradoxer Form zu beantworten. Rousseau schrieb, entdeckte seine stilistische Begabung, die Zauberkraft des Wortes und – erhielt den Preis. Über Nacht war er ein berühmter Mann. Seine Antwort auf diese Frage war ein niederschmetterndes Nein. Die Kultur der Neuzeit hat das Glück des Menschen zerstört, ihm die geistige Unschuld geraubt, die Tugend verdrängt, hat sein Herz mit Mißtrauen, Kälte und Haß erfüllt, Charakter und Sitten verdorben und seine Natur korrumpiert. Die Wissenschaften sind unnütz in dem, was sie erstreben, und gefährlich durch das, was sie schaffen. Soviel zum ›Discours sur les sciences et les arts‹!

1755 stellte die Akademie eine zweite Preisfrage: »Welches ist der Ursprung der Ungleichheit unter den Menschen? Beruht sie auf Naturnotwendigkeit?« Wieder war Rousseau der Gewinner. In seinem ›Discours sur l'origine et les fondements de l'inégalité parmi les hommes‹ gibt er eine von Diderot beeinflußte brillante Schilderung der geschichtlichen Entwicklung des Menschen vom Naturzustand zur bürgerlichen Gesellschaft. Ursprünglich lebte der Mensch gesund, glücklich und zufrieden mit dem, was ihm die Natur bot. Alle waren gleich, und niemand beneidete den anderen. Mit der Einführung des Ackerbaus und des Eigentums schwand dieser glückliche Zustand. Als einer hinging, ein Stück Land einzäunte und verkündete: »Dies ist mein Land!«, die anderen es glaubten und hinnahmen, da begann der Wettlauf um Besitz und Macht, der Unterschied von Reich und Arm, die Umkehrung von Recht und Unrecht. Ein Staatsvertrag wurde unentbehrlich, der die Ungleichheit des Besitzes und den Verlust der Freiheit verewigte. Zwischen den Staaten folgte das gleiche Spiel: Kampf um Besitz, Vorteile und Macht, Willkür, Gewalt und Krieg, bis hin zur Verkehrung der Naturgesetze.

Die naturrechtlichen Ideen, die für die Französische Revolution größte Bedeutung erlangten, legte Rousseau in dem Enzyklopädie-Artikel ›De l'économie politique‹ (1755) dar. Es folgte der ›Contrat social‹ (1762). Rousseau setzt sich darin unter anderem mit Hobbes' Staatslehre auseinander. Durch Verjährung kann Gewalt nicht zu Recht werden. Gemeinschaft kann nur auf gemeinsamem, freiem Willen beruhen. Im Gesamtwillen *(volonté générale)* ist der Einzelwille aufgehoben. Er ist nicht mit dem Willen aller *(volonté de tous)* zu verwechseln. Der einzelne ist als Teilhaber der Souveränität ganz souverän, nicht nur Bürger, sondern Staatsbürger *(citoyen)*. Privateigentum soll eingeschränkt, aber nicht aufgehoben werden. Zwischen Volk und Regierung besteht kein Vertrag, sondern das Volk erteilt der Regierung einen Auftrag, ein Mandat. Staat und Kirche sind zu trennen, aber ganz ohne Religion geht es auch nicht.

In dem ›Glaubensbekenntnis des Savoyischen Vikars‹, einem Teil der Schrift über Erziehung ›Emile ou sur l'éducation‹ (1762), stellt Rousseau seine Gefühlsreligion einerseits der materialistisch-mechanistischen Weltanschauung des Zeitalters gegenüber, andererseits der Offenbarungsreligion. Die Naturreligion reicht für den Gottesglauben aus, ebenso für den Glauben an die Unsterblichkeit der Seele und an die Freiheit des Willens. Im Bereich der Erziehung ist ebenfalls die Natur die beste Erzieherin, wenn auch nicht völlig auf Unterweisung verzichtet werden kann. Die richtige Erziehung geht davon aus, daß alles gut ist, was Gott schuf, daß es jedoch der Pflege und Veredlung bedarf. Die richtige Erziehung entwickelt unsere inneren Fähigkeiten, verwertet die Erfahrungen, die der junge Mensch in und mit der Natur macht, und lehrt ihn die Anwendung seiner Erfahrungen und Fähigkeiten im praktischen Leben.

Von Rousseaus sonstigen Werken sind sein Briefroman ›Julie ou la nouvelle Héloïse‹ (1761), eine großartige Schilderung der Schweizer Alpen- und Seelandschaften – und seine ›Confessions‹ (›Bekenntnisse‹ 1781, posthum) zu nennen. Wie der Schluß des ›Contrat social‹ zeigt, wo die Annahme der vier Artikel zur Staatsreligion, zu denen die Toleranz gehört, bei Strafe der Verbannung gefordert wird, sind die Lehren Rousseaus in sich widersprüchlich, nicht anders als das Leben und die Psyche ihres Urhebers selbst.

8.3.3 Deutschland

In der deutschen Philosophie der Aufklärung herrschen folgende Tendenzen vor: Verbindung von englischem Empirismus und französischem Rationalismus, Anknüpfung an Leibniz und Aufstellung von Systemen. Wie in der englischen und in der französischen Aufklärungsphilosophie heben sich originelle Denker von Popularphilosophen ab[6]. Zu ersteren gehören die Schweizer Leonard Euler (1707–1783) und Johann Heinrich Lambert (1728–1777) sowie Johann Nikolaus Tetens (1736 bis 1805), zu letzteren die meisten Schüler Christian Wolffs, die fast sämtliche Lehrstühle innehatten – vor 1750 gab es schon über 100 Wolffianer –, einige Gegner Wolffs sowie Samuel Rei-

[6] Christian August Crusius (1715–1775), vielfach unterschätzt, wandte sich gegen den Wolffianismus und beeinflußte auch Kant. Der Mathematiker Abraham Gotthelf Kästner (1719–1800), seit 1756 in Göttingen, dichtete Epigramme im Stil Gottscheds, Georg Christoph Lichtenberg (1742–1799) schrieb u.a. Aphorismen und Satiren. Bekannt sind seine ›Briefe aus England‹. Wie dieser wandte sich auch der Berliner Schriftsteller und Verlagsbuchhändler Friedrich Nicolai (1733–1811) gegen den zeitgenössischen Geniekult und die kirchliche Orthodoxie. Naturforscher und Kirchenreformer in einer Person war Emanuel Swedenborg (1688–1772), mit dem sich Kant auseinandersetzte.

marus (1694–1768), Moses Mendelssohn (1729–1786) und Gotthold Ephraim Lessing (1729–1781). Die dominierende Figur zwischen Leibniz und Kant ist Christian Wolff (1679 bis 1754), mehr Systematiker als eigenständiger Denker. Aus der Zeit vor Wolff verdienen Samuel Pufendorf (1632–1694), Walter Graf von Tschirnhaus (1651–1708) und Christian Thomasius (1655–1728) besondere Erwähnung. Pufendorfs Kritik am Zustand der Jurisprudenz im Reich (1661) wurde bereits erwähnt. In seinen Schriften ›Naturrecht und Völkerrecht‹ (1672) und ›Über die Pflicht des Menschen und des Bürgers‹ (1673) versucht er einen Mittelweg zwischen naturalistischem Individualismus (Hobbes) und Gemeinschaftssinn (Grotius) einzuschlagen, wozu er sich der geometrischen Methode bedient (Spinoza). Als erster deutscher Wissenschaftler trennte er die Philosophie bewußt von der Theologie und behauptete gegen mancherlei Anfeindungen die Eigenständigkeit der Philosophie. Tschirnhaus verband Methodenelemente von Spinoza, Huygens und Hobbes mit Gedanken von Leibniz und teilte alle Erkenntnisgegenstände in wahrnehmbare, rationale und reale ein.

8.3.3.1 Thomasius, Wolff, Baumgarten

Christian Thomasius gab die erste wissenschaftliche Zeitschrift in deutscher Sprache heraus (1688), sagte sich von der Theologie los und schloß sich den französischen Denkern an, die er besonders schätzte. Von den Scholastikern aus Leipzig vertrieben, fand er in Halle unter Friedrich III. von Brandenburg eine Zufluchts- und Arbeitsstätte, aus der die Universität entstand (1694). Nach der Lektüre Lockes nahm er den Kampf für Toleranz und Menschenrechte auf, wandte sich gegen Folter und Hexenwahn und neigte insgesamt zu einer Art Common sense-Philosophie.

Christian Wolff, Sohn eines Gerbers aus Breslau, sollte Theologie studieren, wandte sich aber der Philosophie zu, studierte die Werke von Descartes, Spinoza, Tschirnhaus und Leibniz und erhielt auf dessen Empfehlung 1706 eine Professur in Halle. Die Orthodoxen setzten 1723 bei König Friedrich Wilhelm I. die Absetzung Wolffs durch. Er mußte innerhalb 48 Stunden unter Androhung der Todesstrafe das Land verlassen. Auf der Verbreitung seiner Schriften stand lebenslängliche Kerkerstrafe.

Friedrich II. berief ihn später – von Marburg – nach Halle zurück, wo er feierlich empfangen wurde. Wolff schrieb viel – teils in lateinischer, teils in deutscher Sprache –, breit und weitschweifig, aber verständlich. Die tiefsinnigsten Gedanken Leibnizens gab er auf oder paßte sie seinem und seiner Schüler Verständnis an. Die Wissenschaften teilte er ein in Vernunft- und Erfahrungswissenschaften, in Ontologie, Kosmologie, Psychologie und natürliche Theologie; Moral, Politik und Ökonomik stehen auf der einen, empirische Psychologie, Experimentalphysik und Technologie auf der anderen Seite. An die Stelle der frühneuzeitlichen Verankerung des Wissens im Selbstbewußtsein trat bei Wolff die Ontologie als eigentliches Fundament, was einem Rückfall ins scholastische Denken gleichkam. In der praktischen Philosophie stellte er dem Glücksprinzip das Prinzip der Vervollkommnung gegenüber, wenn auch nicht unter Ausschluß der »Glückseligkeit«. Grund der Sünde ist die Unwissenheit, woraus die Pflicht des Philosophen zur Aufklärung folgt. Fortschritt ist das Ziel für den Einzelnen wie für die Gesellschaft. Das Völkerrecht versteht Wolff als erweitertes Naturrecht. Für die Ästhetik fand Wolff keinen Platz in seinem System. Alexander Baumgarten (1714 bis 1762), ein fähiger und selbständiger Schüler Wolffs, füllte diese Lücke aus. Er erwarb sich große Verdienste in der Sache und in der Terminologie der »Ästhetik«. Kant rühmte an Wolff, daß er Deutschland den »Geist der Gründlichkeit« gebracht habe.

8.3.3.2 Euler, Lambert, Tetens

Leonard Euler war nicht nur ein hervorragender Mathematiker, sondern auch ein scharf denkender, kritischer Philosoph. In der Physik vertrat er am konsequentesten in Deutschland die Position Newtons, also der klassischen Mechanik. In seinen Schriften ›Mechanik‹ (1736), ›Réflexions sur l'espace et le temps‹ (1748) und seiner ›Theorie der Bewegung‹ (1765) forderte er, die Naturphilosophie solle sich nach den Erkenntnissen der Wissenschaften richten und nicht diese nach den Spekulationen jener. Die Anmaßung der Philosophen, die Grundbegriffe der empirischen Physik kritisieren, weil sie nicht in ihr System passen, bezeichnet er als »elende Schikane«. Hier kündigt sich unüberhörbar die Emanzipation der Wissenschaften von der Philosophie an.

Johann Heinrich Lambert, seit 1765 Mitglied der Berliner Akademie, folgt den Spuren Bacons, wenn er sein Hauptwerk ›Neues Organon‹ (1764) nennt. Auch er war Philosoph, Mathematiker und Naturwissenschaftler in einer Person. Das ›Neue Organon‹ ist in vier Teile gegliedert: Lehre vom Denken, von der Wahrheit, von den Zeichen und von den Phänomenen. Während die Wahrnehmungen die Inhalte des Denkens liefern, bestimmen Logik und Mathematik seine Form. In den ›Kosmologischen Briefen‹ (1761) versucht er, aus der Form der Milchstraße und Newtons Gravitationstheorie Schlüsse auf den Bau des Universums zu ziehen.

Johann Nikolaus Tetens, einer der bedeutendsten Psychologen seiner Zeit, daneben auch Physiker und Philosoph, begann schon früh mit einer Kritik an der Metaphysik. Sein Ziel war, die analytische Psychologie der Engländer und Franzosen mit Leibnizens Theorie von der Aktivität der Seele zu verbinden. Gegen Wolffs Theorie der Zweiteilung der seelischen Vermögen in Vorstellen und Wollen setzt Tetens eine Einteilung in Erkenntnis-, Beziehungs- und Gefühlsvermögen. Kant hat der Dreiteilung dann endgültig zum Sieg verholfen. Die Zergliederung des Vorstellungsvermögens in ein perzeptives, produktives und reproduktives stammt auch von Tetens. Ausgangspunkt der wissenschaftlichen Psychologie ist die Selbstbeobachtung. In späteren Schriften (1783) hat sich Tetens mit der Erkenntnistheorie Kants auseinandergesetzt.

8.3.3.3 Reimarus, Mendelssohn, Lessing

Samuel Reimarus, ein Vertreter des kritischen Deismus, befaßte sich vorwiegend mit religionsphilosophischen Fragen. Für ihn war die Schöpfung das einzige Wunder Gottes. In seinen ›Abhandlungen von den vornehmsten Wahrheiten der natürlichen Religion‹ (1754) distanziert er sich einerseits vom Christentum, andererseits von Naturalismus und Materialismus. Sein Hauptwerk, an dem er bis kurz vor seinem Tod schrieb, die ›Apologie oder Schutzschrift für die vernünftigen Verehrer Gottes‹, wagte er nicht mehr zu veröffentlichen. Lessing gab die ›Wolfenbüttler Fragmente‹ ohne Namensnennung in den Jahren 1774–1778 heraus. Reimarus erkennt Gesetzmäßigkeit und Zweckmäßigkeit in der Natur an, ohne aber dem Anthropozentrismus zu huldigen. Offenbarungs- und Vernunftreligion sind nach seiner Auffassung unvereinbar.

Moses Mendelssohn verfaßte auf breiter und solider philosophischer Grundlage – Maimonides, Locke, Leibniz, Spinoza, Wolff, Baumgarten – eine Reihe von Schriften, in denen er die Position der Aufklärung zu Fragen der Theologie und Metaphysik in ausgewogener und fairer Weise vortrug. Der Staat soll keine Übereinstimmung der Gedanken und Gesinnungen erzwingen, sondern solche pflegen, die zu guten Handlungen führen. Glaubensfreiheit, nicht Glaubenseinheit ist erstrebenswert. Eines der höchsten Vernunftgebote ist die Toleranz, jedoch nicht gegenüber der Intoleranz (Locke!). Aufgabe der Philosophie ist es, was der gesunde Menschenverstand ungenau erkennt, klar und deutlich ins Bewußtsein zu heben. Mendelssohn suchte als Deist die Existenz Gottes und die Unsterblichkeit der Seele zu beweisen, wobei er sich auf Argumente von Reimarus stützte. Mit seiner Arbeit ›Abhandlung über die Evidenz in dem metaphysischen Wissenschaften‹ erhielt Mendelssohn einen Preis der Berliner Akademie (1763); Kant wurde »Zweiter«, seine Arbeit wurde als »beinahe gleich« beurteilt. Als die Akademie Mendelssohn zu ihrem Mitglied gewählt hatte, strich der sonst so tolerante König den Juden aus der Liste.

Der Dichterphilosoph Gotthold Ephraim Lessing hat in seinem Drama ›Nathan der Weise‹ (1779) dem Prinzip der Toleranz auf dem europäischen Kontinent den reinsten Ausdruck gegeben und es zum Ideal erhoben. Sowohl seine Dichtungen als auch seine philosophischen Schriften erfrischen durch den Geist der Freiheit, den sie vermitteln. In seiner vielleicht reifsten theoretischen Schrift, ›Die Erziehung des Menschengeschlechts‹ (1780), setzt Lessing die Altersstufen des Menschen in Beziehung zur Menschheitsgeschichte. Das Alte Testament entspricht nach dem göttlichen Erziehungsplan der Kindheitsphase, das Neue Testament der Phase des Jünglings, das Neue Evangelium, das der Mannesphase entspricht, steht noch aus. Hinter Dichtung und Philosophie des »freiesten Geistes der deutschen Aufklärung« verbirgt sich ein pädagogisches Anliegen bisher unbekannten Ausmaßes, das dazu berechtigt, Lessing als »Lehrer der Menschheit« zu bezeichnen.

8.3.3.4 Kant

8.3.3.4.1 Leben

Immanuel Kant (1724–1804), Sohn eines Riemermeisters, wuchs in Königsberg auf, einer damals blühenden Stadt von etwa 50000 Einwohnern, die im Schnittpunkt zweier Kulturen lag und eine Art Brücke zwischen Nordwesteuropa und Rußland bildete. Über Kants Kindheit ist wenig bekannt. Feststeht, daß er eine starke Bindung zu seiner Mutter hatte. Als er schon über 60 Jahre alt war, erinnerte er sich noch mit Achtung und Liebe an sie: »Ich werde meine Mutter nie vergessen, denn sie pflegte und nährte den ersten Keim des *Guten* in mir, sie öffnete mein Herz den Eindrücken der *Natur;* sie weckte und erweiterte meine *Begriffe,* und ihre *Lehren* haben einen immerwährenden Einfluß auf mein Leben gehabt.«

Seine Mutter, die bereits 1738 starb, war es also, die schon in den Kinderjahren die Richtung für Kants Grunderfahrung der Natur und des Moralischen bestimmte: »der gestirnte Himmel über mir und das moralische Gesetz in mir«. Von 1732 bis 1740 besuchte er das Gymnasium Fridericianum, einem Herzenswunsch seiner Mutter entsprechend. Die protestantischen Gelehrtenschulen waren damals noch nicht vom Geist der Aufklärung ergriffen und entsprachen mit ihrer engen Verbindung von christlicher Lehre und Studien des klassischen Altertums eher den Vorstellungen Melanchthons, wobei sich das Studium der Antike wesentlich auf die Erlernung der lateinischen Sprache beschränkte. Kant hat die griechische Sprache nicht erlernt und kannte daher Texte von Platon oder Aristoteles nur mittelbar. Weder in Kants Werken noch in seinen Briefen begegnet uns ein griechischer Satz im Original. Die alten Sprachen standen wiederum im Dienst des Religionsunterrichts, der Bibelkunde und Theologie. Für Primaner gab es am Fridericianum seit 1730 eine »logische« Klasse, die 1734 zur »philosophischen« wurde. Neben der Logik gab es Unterricht in Geschichte der »Weltweisheit«, und man erwarb Grundkenntnisse der Vernunft- und Naturlehre, worin der Philosophiebegriff Kants und die Einteilung seiner Philosophie in ihren Grundzügen zu erkennen sind. Über den Philosophieunterricht bemerkte Kant später zu einem Mitschüler: »Diese Herren konnten wohl keinen Funken, der in uns zum Studium der Philosophie ... lag, zur Flamme bringen.« Naturkunde lernte man im Rahmen der Philosophie, ein Physikkurs wurde erst nach Kants Schulzeit eingeführt. Die Pietisten waren mehr an Realfächern interessiert, wie Geschichte und Erdkunde. Man teilte die Geschichte in eine alte und eine neue ein und unterschied fünf Gebiete: biblische Herrscher und römische Kaiser, Geschichte der Reiche und ihrer Herrscher, Kirchengeschichte, Gelehrtengeschichte und – Wiederholung.

Die Gymnasialbildung machte aus Kant einen fleißigen, gewissenhaften, bibelfesten, belesenen und wissensreichen Gelehrten, weckte aber kaum seine Begabung für Philosophie. Er war und blieb in der Hauptsache Autodidakt. Seine karge Schulbildung war mehr für das verantwortlich, was er nicht erreichte, als für seine Erfolge, sie behinderte ihn mehr, als daß sie ihn befreite. Vor allem waren es theologisch-religiöse Zwänge, die ihn, zusätzlich zu dem kleinbürgerlichen Milieu, aus dem er stammte, geistig einschnürten. Kants ungeheure Freiheitsliebe wird mehr als Sehnsucht denn als erlebnisbedingte Erfahrung verständlich.

Die Studienzeit gehört zu den am wenigsten bekannten Abschnitten in Kants Leben. Er begann sein Studium 1740, schlug sich als Student recht und schlecht durch, wurde von seinem Oheim und seinen Kommilitonen finanziell unterstützt und verdiente sich als Vorlesungs-Repetitor Geld dazu, gelegentlich auch mit Billard-Spiel. Besonders gefördert fühlte er sich durch Martin Knutzen (1713–1751), einen außerordentlichen Professor für Logik und Metaphysik, der mehr Wert auf »Selbstdenker« als auf »Nachbeter« legte. Knutzen machte Kant auf Newton aufmerksam. Etwa Mitte 1747 verließ Kant die Universität ohne Abschluß. Der Schwerpunkt seiner Interessen hatte sich, wie einst bei Leibniz, von der pietistisch-theologischen Bildung auf Philosophie, Mathematik und Naturwissenschaften verlegt, aber Kant blieb auch den antiken Autoren, die er sehr schätzte, zeitlebens verbunden. Er studierte vorzüglich die Humaniora, was sein Interesse für den Menschen, für Menschheit und Menschlichkeit antrieb. Die einzige Schrift, die er während seines siebenjährigen Studiums verfaßte, trug den Titel ›Gedanken von der wahren Schätzung der lebendigen Kräfte‹, worauf Lessing mit einem spöttischen Epigramm antwortete. Mit dem Tod seiner Mutter (1738) hatte Kant einen wichtigen religiös-moralischen Halt verloren, mit dem Tod seines Vaters (1746) verlor er den Rückhalt in der Familie. Danach brach er das Studium ab und war nach landläufiger Vorstellung »gescheitert«, aber er gab nicht auf: »Ich habe mir die Bahn schon vorgezeichnet, die ich halten will. Ich werde meinen Lauf antreten, und nichts soll mich hindern, ihn fortzusetzen.«

In den folgenden Jahren seiner Hauslehrerzeit (1747–1755) muß Kant so etwas wie eine Identitätskrise durchgemacht haben, aus der er gestärkt hervorging. Seine Entwicklung in dieser Zeit geht in der eingeschlagenen Richtung zur Naturwissenschaft weiter, ihn interessierten die Achsendrehung der Erde, die Erdzeitalter, die Theorie des Himmels. Den Plan, seine Erstlingsschrift fortzusetzen, gab er auf. Als Hauslehrer bei der Familie von Hülsen lernte er aristokratische Umgangsformen kennen, deren Annahme ihm mehr Sicherheit im Auftreten und ein stärkeres Selbstbewußtsein gab. So verfügte er über genügend geistige und persönliche Kraft, um in einem Jahr sowohl zu promovieren als auch sich zu habilitieren und damit sein akademisches »Comeback« (1755/56) zu sichern. Aus dem Hauslehrer wurde ein Magister, aus dem Studenten ein Doktor und Privatdozent.

In der Zeit seiner Magister-Tätigkeit (1755–1771) bestimmten vor allem drei Denker Kants weitere Entwicklung: Newton, Hume und Rousseau. Sie bezeichnen zugleich die nachfolgende Schwerpunktverlagerung seines Denkens von der Naturphilosophie zur theoretischen und von der theoretischen zur praktischen Philosophie. Die Karriere blieb hinter der inneren Entwicklung zurück. Kant bewarb sich zweimal vergeblich um eine Professur, verzichtete dann auf ein sachfremdes Angebot, nahm eine untergeordnete Bibliothekarsstelle an, lehnte einige Berufungen nach auswärts ab und erhielt endlich, 46 Jahre alt, das längst verdiente Ordinariat für Logik und Metaphysik in Königsberg. Wenn Kant bemerkte: »Ich strebe mir die Dinge, nicht mich den Dingen unterzuordnen«, so gilt das wohl nur für seine geistige Entwicklung. Tatsache war, daß kaum ein Denker so abhängig von äußeren »Dingen« war und blieb wie Kant. Er wünschte sich Unabhängigkeit, Freiheit, Autonomie, Autarkie und Emanzipation, aber er war nicht frei. Ängstlichkeit und Schwäche hinderten ihn daran, die Welt, die er in seinen Geographie-Vorlesungen so genau beschrieb, wirklich kennenzulernen, zu reisen, wie z.B. Leibniz, Hume, Voltaire und Rousseau. Kant war im Geiste Kosmopolit, in der Realität ein Gefangener, der sich selbst, schon geographisch, immer fester an einen engen Lebensraum band. Das Berufsleben absorbierte sein Privatleben mehr und mehr. Er identifizierte sich mit seinem Amt in einem Maße, daß nur wenig Raum zur Entfaltung persönlichen Lebens übrigblieb: Ehelosigkeit, Vereinsamung, Hilflosigkeit gegenüber den täglichen Dingen, das war die Wirklichkeit. Kant verdrängte diese Wirklichkeit zugunsten eines übersteigerten Idealismus. Hinter der Formel: »Die Vernunft schreibt der Natur Gesetze vor« verbergen sich Angst vor der Welt mit folgender innerlicher Überkompensation. Das Ich beherrscht die Welt. Kants Verhältnis zu Um- und Mitwelt ist nicht frei von Eskapismus, weg von der realen, raumzeitlichen Welt hin zu einer idealen Über-Welt, dem Reich der Vernunft, von tatsächlicher Selbstversklavung zu einer Sphäre abstrakter, grenzenloser Freiheit. Er wurde auf diese Weise das Opfer seines eigenen asketischen Idealismus, dessen Wirkungsweise er nicht durchschaute. Daher bekommt seine Philosophie, soweit sie sich von der skeptisch-kritischen Grundtendenz der ›Kritik der reinen Vernunft‹ entfernt, immer mehr ideologische Züge: Selbstbefreiung hier, Selbstversklavung dort. Kant verfolgte seinen Weg mit fast kompromißloser Konsequenz. Er glaubte nicht nur an die Vernunft, sondern identifizierte sich mit ihr. Einer seiner Biographen stellt fest, daß Kant in seinem Leben eigentlich nie krank, aber auch nie ganz gesund war. Ein extrem vernünftiges Leben, Regelmäßigkeit, Planung und Pünktlichkeit erhielten, wie er selbst glaubte, seine Gesundheit und sein Leben. Das war wohl auch der Fall, aber die Nemesis, die jeder Überspannung eines Prinzips folgt, traf auch ihn: er merkte nicht, daß das Prinzip seiner geistigen Gesundheit auch das Prinzip seiner vitalen Selbstzerstörung war. Körperlicher Verfall, psychische Verödung und schließlich auch auf geistigem Gebiet der Schwachsinn waren nicht zuletzt Folgen seiner einseitigen Lebensführung. Noch der Leichnam Kants verriet Spuren davon: »Sein Gesicht war nicht merklich entstellt, aber übrigens ein über alle Vorstellung ausgedörrter, abgemergelter Körper.« Leichenbegängnis und Totenfeier übertrafen alles, was Königsberg in der Hinsicht zuvor gesehen hatte. Viele Tage wallfahrten die Königsberger zu dem aufgebahrten Leichnam ihres toten Mitbürgers, den sie wohl mehr liebten und verehrten als verstanden.

8.3.3.4.2 Vorkritische Schriften

Von den vorkritischen Schriften verdienen seine ›Beobachtungen über das Gefühl des Schönen und Erhabenen‹ (1763/64) besondere Erwähnung. Kant hatte dieses Werk im Forsthaus Moditten als Gast seines Freundes, des Oberförsters Wobster, verfaßt. In der Waldeinsamkeit hielt es Kant bisweilen sogar länger als eine Woche aus. Dort entstand seine populärste, stilistisch anmutigste Schrift. Allerdings stören moralische Betrachtungen den ästhetischen Genuß, und Schiller bemerkte dazu später zu Goethe: »Über die letzten Gründe des Schönen lernt man darin nichts.« Diese kritische Bemerkung läßt sich ohne Schaden für Kants Größe auf ziemlich alle seine vorkritischen Schriften anwenden. Sie sind wissenschaftlich ohne Bedeutung, genügten zwar der Profilierung zum Magister und Privatdozenten, sind aber für die Geschichte der Philosophie kaum relevant. Hätte Kant nichts anderes geschrieben, wäre er längst vergessen. Die Wendung von der dogmatischen Metaphysik zur Vernunftkritik kündigt sich in seiner Inaugural-Dissertation ›De mundi sensibilis atque intelligibilis forma et principiis‹ (Die Form und die Prinzipien der Sinnen- und Verstandeswelt, 1770) an. Im Gegensatz zu den früheren Schriften, in denen er zwischen Naturphilosophie und Theologie, Ästhetik und Metaphysik, Logik und Popularwissenschaft schwankte, betrat er hier zum ersten Mal festen Boden, auf dem ihm der Erfolg treu bleiben sollte: Erkenntnistheorie, Selbstkritik der Vernunft. Aber auch diese Schrift ist noch weitgehend eine Absichtserklärung, ein Versprechen, das Kant erst vierzehn Jahre danach in seiner ›Kritik der reinen Vernunft‹ einlösen sollte, dann aber in großartiger Weise.

8.3.3.4.3 ›Kritik der reinen Vernunft‹

Was versteht Kant unter den Begriffen »Kritik«, »rein« und »Vernunft«? Er lehnt sich eng an die griechische Grundbedeutung der Worte an: Kritik ist die Fähigkeit oder sogar die Kunst zu unterscheiden *(krinein,* lat.: *discernere),* letztlich also eine analytische Tätigkeit, zunächst der Wahrnehmung, dann der Vorstellung, des Denkens und schließlich der Vernunft. Jede Entscheidung setzt Unterscheidung voraus, soll sie nicht ziellos, irrational, willkürlich sein und ins Leere gehen. In Kants Problemsituation hieß das in erster Linie, richtige von falschen, echte von unechten Problemen zu unterscheiden. Hume hatte mit seiner Skepsis Kant aus seinem »dogmatischen Schlummer« geweckt, d.h. von der naiven Dogmatik der Wolffschen Metaphysik befreit. Vieles war aber auch in der langen Auseinandersetzung neuzeitlichen Denkens mit Theologie und Metaphysik in der Schwebe geblieben, vieles war kontrovers und manches unklar. Kant spürte daher das Verlangen, die Grenzen deutlicher zu ziehen, aus dem Dogmatismus herauszukommen, ohne in Skepsis zu verfallen. Das ist in erster Linie das Anliegen seiner »Kritik«.

Kritik heißt auch Reinigung. Darin fließen antike, mittelalterliche und neuzeitliche Vorstellungen von Reinheit zusammen. Platons Ideen oder der Geist Gottes erscheinen als absolut rein. Da der Mensch versuchen soll, Gott ähnlich zu werden, muß auch seine Vernunft so rein wie möglich werden. Die Ideen kann sie nur erfassen, wenn sie möglichst wenig weltliche, raumzeitliche, sinnliche Elemente enthält. Reine Vernunft bekommt die Bedeutung »unabhängig, frei von Erfahrung«. Die Erkenntnis einer solchen Vernunft ist, im Gegensatz zur erfahrungsgebundenen, aposteriorischen Erkenntnis, apriorisch. Apriorisch heißt für Kant soviel wie rein begrifflich, vor der Erfahrung, unabhängig von der Erfahrung, notwendig, allgemeingültig. Die Begründung einer von aller Erfahrung unabhängig urteilenden, aber Erfahrungsgegenstände einbeziehenden apriorischen Erkenntnis, der synthetischen Urteile a priori wird zum fundamentalen Problem von Kants »Kritik der reinen spekulativen Vernunft«. In der Einteilung der Vernunft in theoretische und praktische Vernunft schließt er sich der Sache nach Aristoteles an. Verstand ist bei Kant das Vermögen der Begriffe, Vernunft das Vermögen der Ideen. Eine Erkenntnis, »die sich nicht sowohl mit Gegenständen, sondern mit unserer Erkenntnis von Gegenständen, sofern diese a priori möglich sein soll, überhaupt beschäftigt«, nennt Kant transzendental. Die Definition einer solchen Philosophie lautet: »Die Transzendental-Philosophie ist die Idee einer Wissenschaft, wozu die Kritik der reinen Vernunft den ganzen Plan *architektonisch,* d.i. aus Prinzipien, entwerfen soll, mit völliger Gewährleistung der Vollständigkeit und Sicherheit aller Stücke, die dieses Gebäude ausmachen. Sie ist das System aller Prinzipien der reinen Vernunft. Daß diese Kritik nicht schon selbst Transzendental-Philosophie heißt, beruht lediglich darauf, daß sie, um ein vollständiges System zu sein, auch eine ausführliche Analysis der ganzen menschlichen Erkenntnis a priori enthalten müßte.«

Dieser Konzeption entsprechend, zerfällt die transzendentale Elementarlehre in eine Ästhetik, worin Kant die Probleme des Raumes und der Zeit erörtert, in eine Logik, wozu die Analytik gehört, worin vielleicht das berühmteste Stück der ›Kritik der reinen Vernunft‹ enthalten ist, die Deduktion der reinen Verstandesbegriffe oder die Kategorientafel: I. Quantität (Einheit,

Vielheit, Allheit); II. Qualität (Realität, Negation, Limitation); III. Relation (Inhärenz, Kausalität, Gemeinschaft); IV. Modalität (Möglichkeit, Dasein, Notwendigkeit); ferner die transzendentale Dialektik, zu der die sogenannte Antinomienlehre gehört. In der transzendentalen Methodenlehre handelt Kant von der Disziplin der reinen Vernunft.

Ästhetik ist nach Kant, der den Begriff von Baumgarten übernahm, die Wissenschaft von den Grundsätzen der sinnlichen Wahrnehmung. Die Wissenschaft vom Schönen ist Ästhetik in einem anderen Sinn. Die transzendentale Ästhetik hat es nicht mit Daten der äußeren Wahrnehmung, sondern mit innerer Anschauung zu tun. Innerlichkeit und Subjektivität sind Merkmale der Kantischen Theorie von Raum und Zeit, die er Newtons Begriffen vom absoluten Raum und von der absoluten Zeit entgegenstellt. Kants »transzendentale« Erörterung von Raum und Zeit kann als eine Art Modell synthetischer Erkenntnis a priori angesehen werden. Raum- und Zeitvorstellung vermitteln uns nicht Erkenntnis der Dinge, wie sie an sich sind, sondern wie sie erscheinen, oder: Erscheinungen heißen alle Gegenstände empirischer Anschauung, sofern sie noch nicht durch Begriffe erfaßt sind. Damit ist der Weg von den reinen Anschauungsformen zur begrifflichen Erkenntnis vorgezeichnet. Raum und Zeit besitzen also in Kants Konzeption keine empirische Realität, sondern transzendentale Idealität. Die Erscheinung ist indessen kein Schein, weil ihr das Ding an sich zugrunde liegt. Raum und Zeit sind zwar a priori und ideal, aber nicht angeboren. Kant legt auf die Unterscheidung empirisch-psychologischer und transzendentaler Betrachtung großen Wert.

Die Ergebnisse seiner Analytik faßt er wie folgt zusammen: »Die transzendentale Analytik hat demnach dieses wichtige Resultat: daß der Verstand a priori niemals mehr leisten könne als die Form einer möglichen Erfahrung überhaupt zu antizipieren, und da dasjenige, was nicht Erscheinung ist, kein Gegenstand der Erfahrung sein kann, daß er die Schranken der Sinnlichkeit, innerhalb denen uns allein Gegenstände gegeben werden, niemals überschreiten könne. Seine Grundsätze sind bloß Prinzipien der Exposition der Erscheinungen, und der stolze Name einer Ontologie, welche sich anmaßt, von Dingen überhaupt synthetische Erkenntnisse a priori in einer systematischen Doktrin zu geben (z.B. den Grundsatz der Kausalität), muß dem bescheidenen einer bloßen Analytik des reinen Verstandes Platz machen ... Also beziehen sich alle Begriffe und mit ihnen alle

Grundsätze, so sehr sie auch a priori möglich sein mögen, dennoch auf empirische Anschauungen, d.i. auf data zur möglichen Erfahrung. Ohne dieses haben sie gar keine objektive Gültigkeit, sondern sind ein bloßes Spiel, es sei der Einbildungskraft und des Verstandes, respektive mit ihren Vorstellungen.«

Damit grenzt Kant seine Vernunftkritik gegen die traditionelle Ontologie klar und deutlich ab: eine Vernunftkritik, die Wissenschaft als Wissenschaft möglich machen soll, Exposition der Erscheinungen, Ermöglichung von Erfahrung. Vernunftkritik erscheint also im Prinzip nicht als erfahrungsfeindlich. Nur als Transzendentalismus und Idealismus gerät sie in ein Spannungsverhältnis zur Welt der Tatsachen. Hier liegt auch die Grenze, bis zu der Kants Art der Vernunftkritik sinnvoll ist. Der große Erfolg, den Kant mit seiner ›Kritik der reinen Vernunft‹ hatte, beruht nicht zuletzt auf seiner Präzisierung des Erfahrungsbegriffs, der auf die Erfahrungswissenschaften befruchtend zurückwirken konnte. Leider war Kants Einstellung gegenüber der Erfahrung nicht immer so eindeutig. Dort, wo er religiöse Absolutheitsansprüche auf das Gebiet der Moral übertrug, ging dies zu Lasten der »pöbelhaften« Erfahrung.

In der transzendentalen Dialektik richtet sich seine Kritik vor allem gegen drei Bestandteile traditioneller Metaphysik, gegen rationale Kosmologie, rationale Psychologie und rationale Theologie. Kant versuchte, das Verhältnis zwischen den drei Bezugssystemen allen Philosophierens neu zu bestimmen: zwischen Welt, Mensch und Gott. Die Welt verblaßte in seiner Konzeption zum Ding an sich, Gott blieb nur ein Postulat menschlicher Vernunft, der Mensch, genauer die menschliche Vernunft, wurde zum allbeherrschenden Mittelpunkt – eher eine ptolemäische als eine kopernikanische Wende des Denkens. Kant folgte damit der Grundlinie neuzeitlich-modernen Denkens, welches das Individuum in den Mittelpunkt allen Seins stellt. Anstelle der biblischen Version von Gott, dem Schöpfer des Vernunftwesens Mensch, setzte Kant die Version vom Vernunftwesen Mensch, das Gott postuliert. Der Menschenschöpfer Gott ist durch den Gottschöpfer Mensch ersetzt: eine andere Art von kopernikanischer Wende. Kant hat die Botschaft von der Ablösung Gottes durch den Menschen in chiffrierter Form vermittelt. Wesentliche Gedanken des theistischen Weltbildes kehren jedoch in seiner Weltanschauung in modifizierter Form wieder: anstelle des biblischen Gottes das moralische Gesetz, anstelle göttlicher Vorsehung ein Reich der Zwecke, anstelle der

Gottesliebe und Menschlichkeit die Übereinstimmung der natürlichen mit der moralischen Dimension des Weltgeschehens.

Nach dem Vorbild logischer Lehrbücher folgt bei Kant auf die Elementarlehre die Methodenlehre. Sie bekommt aber bei ihm – neben der Auswertung der Ergebnisse der ›Kritik der reinen Vernunft‹ für deren Anwendung – die Aufgabe, den Eindruck der Destruktivität des Hauptteils ein wenig zu mildern. Kritisch gereinigte Metaphysik wird wieder hoffähig, und Kants erste Schritte in diese Richtung beginnen sich abzuzeichnen: ›Prolegomena zu einer jeden künftigen Metaphysik, die als Wissenschaft wird auftreten können‹ (1783), Moralphilosophie, ›Grundlegung zur Metaphysik der Sitten‹ (1785) und ›Metaphysik der Sitten‹ (1797). Kant kam nicht mehr zur Systematisierung seiner kritischen Metaphysik, aber sein »Opus posthumum«, sein Nachlaß, läßt erkennen, daß die Frage nach Gott wieder an den Anfang rücken, der Mensch zum verbindenden Glied zwischen Gott und Welt werden sollte. Kant hat das von ihm selbst gestörte Gleichgewicht zwischen diesen drei Größen nicht wieder herstellen können, da ihm der Tod nicht mehr Zeit dazu ließ. Bis heute ist das Gleichgewicht noch nicht wiedergefunden.

Von zwei voneinander unabhängigen Kritikern sind gegen Kants »Kopernikanische Wende« sowohl im Hinblick auf die theoretische als auch auf die praktische Philosophie schwerwiegende Einwände erhoben worden. In seinem erkenntnistheoretischen Hauptwerk ›Human Knowledge. Its Scope and Limits‹ sprach Russell Kant das Recht ab, angesichts seiner subjektiv-anthropozentrischen Interpretation der Welt von einer kopernikanischen Wende zu reden. Kants Wende sei viel eher eine ptolemäische Gegen-Wende (»Ptolemaic counter-revolution«) gewesen, und er habe den Menschen wieder dort inthronisiert, wo Kopernikus ihn entthront habe, was sich natürlich nicht auf das Verhältnis Sonne – Erde bezieht, sondern auf die Metaphorik Kants. Seine Transzendentalphilosophie ist bis heute kontrovers. Was man Kant zubilligen muß, ist, daß er in die Richtung des Kopernikus gehen wollte. Wenn es ihm nicht gelang, lag das wohl in erster Linie an seinem synthetischen Vorhaben und der subjektivistisch-idealistischen Grundposition, die von Leibniz vorgegeben war. Jedes synthetische Verfahren der Art wie das Kantische läuft Gefahr, es beiden Seiten nicht recht zu machen, und hier liegt tatsächlich ein schwacher Punkt in Kants Denken: er konnte sich nicht völlig zu der neuzeitlichen Linie durchringen, die von Leonardo da Vinci zu Hume, d'Alembert und Euler führt.

Nietzsches Kritik bezieht sich zwar auf die praktische Philosophie Kants, weist aber grundsätzlich in die gleiche Richtung. Auch sie hält Kant eine Inkonsistenz im Ansatz vor. »Ich gedenke ... des alten Kant, der, zur Strafe dafür, daß er ›das Ding an sich‹ – auch eine sehr lächerliche Sache! – sich *erschlichen* hatte, vom ›kategorischen Imperativ‹ *beschlichen* wurde und mit ihm im Herzen sich wieder zu ›Gott‹, ›Seele‹, ›Freiheit‹ und ›Unsterblichkeit‹ *zurückverirrte*, einem Fuchs gleich, der sich in seinen Käfig zurückverirrt.«[7]

Für Nietzsche ist weder der transzendentale Idealismus Kants akzeptabel noch seine Moralphilosophie, wenn auch der Schwerpunkt seiner Kritik auf letzterer liegt. Tatsächlich stammt die Moralphilosophie Kants wesentlich aus der Erfahrung (Stoiker, Shaftesbury, Hutcheson, Rousseau), nicht aus der Vernunft. Da sie nicht wenige Elemente enthält, die für die bürgerliche Gesellschaft spezifisch sind, gerät sie hart an die Grenze der Ideologie, was Kant verborgen blieb.

8.3.3.4.4 ›Kritik der praktischen Vernunft‹

Mit der ›Kritik der reinen Vernunft‹ hatte Kant seine Antwort auf die erste Grundfrage der Philosophie zu geben versucht: »Was kann ich wissen?« Die zweite Grundfrage lautet: »Was soll ich tun?« Seitdem Aristoteles die Ethik als gesonderte Disziplin der Philosophie erstmals konzipiert und dargestellt hatte, war sie zu einem unentbehrlichen Bestandteil jedes philosophischen »Systems« geworden, das den Anspruch auf eine umfassende Behandlung der Probleme erheben wollte. Kann man die aristotelische Ethik als eudämonistische Ethik einordnen, die christliche als Liebesethik, so gehört Kant, darin den Stoikern und Römern ähnlich, zu den Pflichtethikern. Von den Denkern der Aufklärung war für Kant besonders Rousseau von Bedeutung: »Rousseau hat mich zurecht gebracht.« Kant ist zwar Rousseau verpflichtet, aber ihm gegenüber, wie gegenüber allen Vorgängern, durchaus selbständig. Besonders zeigt sich das in der Begründung der Ethik. Rousseau begründete sie im Gefühl, Kant in der Vernunft, im Sittengesetz.

Begriff und Einteilung der praktischen Vernunft schließen

[7] Friedrich Nietzsche, Werke. Hrsg. v. K. Schlechta. Band 2, München 1955, S. 195f.

sich, wie bei der reinen Vernunft, an die Handbücher der Leibniz-Wolffschen Schule sowie Baumgartens an. Die ›Kritik der praktischen Vernunft‹ ist, wie die ›Kritik der reinen Vernunft‹, in eine Elementarlehre (Analytik, Dialektik) und eine Methodenlehre gegliedert. Die Prinzipienlehre seiner Moralphilosophie behandelte Kant in der ›Grundlegung zur Metaphysik der Sitten‹ und in der ›Kritik der praktischen Vernunft‹, den speziellen Teil, Tugendlehre und Rechtslehre, in der ›Metaphysik der Sitten‹. Zur praktischen Philosophie gehören Moral und Recht, Pflichten gegen Gott, sich selbst und andere sowie Rechte und Pflichten nach der Eigentumsordnung *(dominium)* und Herrschaftsordnung *(imperium)*. Diese wiederum trennt private und öffentliche Pflichten innerhalb des Staates sowie völkerrechtliche Verpflichtungen der Staaten untereinander. Den Pflichten gegenüber Gott widmete Kant eine eigene Studie, ›Die Religion innerhalb der Grenzen der bloßen Vernunft‹ (1794). Die Schrift ›Zum ewigen Frieden‹ (1795) hängt mit dem Völkerrecht zusammen und erörtert politische wie geschichtsphilosophische Fragen. Der ›Streit der Fakultäten‹ (1798) enthält Kants Ideen zur Kulturpolitik. In Fragen des Naturrechts lehnte er sich an Christian Wolffs, in den ethischen Fragen an Alexander Baumgartens, in der Rechtsphilosophie an Achenwalls Ideen an, in theologischen Fragen an verschiedene Handbücher der Dogmatik. Von theologischer Seite beeinflußte die reformatorische Rechtfertigungslehre, von philosophischer Seite das stoische Naturrecht in Form der Lehre Baumgartens die Moralphilosophie Kants. Hatte die Ontologie die Naturgesetze *(normae physicae)* zu formulieren versucht, eröffnete das Naturrecht den Zugang zu den Gesetzen der Moral *(normae morales)*. Wie Kant die traditionelle Ontologie durch eine Gnoseologie zu ersetzen suchte, so stellte er der theologisch-metaphysischen Naturrechtslehre seine Moralphilosophie gegenüber.

Die kopernikanische Wende besteht in beiden Fällen in einer Wendung vom Göttlichen zum Menschlichen, von der Christianitas zur Humanitas, von der Theologie zur Anthropologie. Der stoische Begriff des *kathekon,* die *obligatio* (Pflicht) kam Kants Bestreben entgegen. Der Begriff der Pflicht hat einen juristischen und einen moralischen Aspekt. Kant betont in seiner praktischen Philosophie den moralischen. Beide Pflichtbegriffe setzen einen Menschen voraus, der frei entscheiden kann. Die Pflicht übt auf den Menschen einen äußeren und einen inneren Zwang *(coactio)* aus. Einmal kommt die Forderung der

Pflicht von außen, die Gesellschaft fordert etwas vom Individuum und kann es (rechtlich) erzwingen, zum andern erlegt der Mensch sich selbst Zwang auf, fühlt oder weiß sich moralisch verpflichtet.

Am Anfang der Kantischen Pflicht- oder Gesinnungsethik steht das Bekenntnis zum guten Willen: »Es ist überall nichts in der Welt, ja überhaupt auch außerhalb derselben zu denken möglich, was ohne Einschränkung für gut könnte gehalten werden, als allein ein *guter Wille.* Verstand, Witz, Urteilskraft und wie die *Talente* des Geistes sonst heißen mögen, oder Mut, Entschlossenheit, Beharrlichkeit im Vorsatze als Eigenschaften des *Temperaments* sind ohne Zweifel in mancher Absicht gut und wünschenswert; aber sie können auch äußerst böse und schädlich werden, wenn der Wille, der von diesen Naturgaben Gebrauch machen soll und dessen eigentümliche Beschaffenheit darum *Charakter* heißt, nicht gut ist. Mit den *Glücksgaben* ist es ebenso bewandt. Macht, Reichtum, Ehre, selbst Gesundheit und das ganze Wohlbefinden und Zufriedenheit mit seinem Zustande unter dem Namen der *Glückseligkeit* machen Mut und hierdurch auch öfters Übermut, wo nicht ein guter Wille da ist, der den Einfluß derselben aufs Gemüt und hiermit auch das ganze Prinzip zu handeln berichtige und allgemein-zweckmäßig mache; ohne zu erwähnen, daß ein vernünftiger unparteiischer Zuschauer sogar am Anblick eines ununterbrochenen Wohlergehens eines Wesens, das kein Zug eines reinen und guten Willens ziert, nimmermehr ein Wohlgefallen haben kann, und so der gute Wille die unerläßliche Bedingung selbst der Würdigkeit glücklich zu sein auszumachen scheint.«

Gegen Kants Kritik an der eudämonistischen, letztlich also aristotelischen Position der Ethik, lassen sich schwerwiegende Bedenken erheben. Kant verläßt den Bereich des Verifizierbaren. Wenn die Glückseligkeit ein fragwürdiges Gut ist, ist es die Glückswürdigkeit noch mehr, zumal, wenn jede Kontrollmöglichkeit der Motive fehlt. Während Aristoteles dem Menschen Erreichbares zeigt, fordert Kant von ihm Unmögliches, indem er das Gesetz zum Selbstzweck erhebt. Hier zeigt sich etwas von der Unglaubwürdigkeit des deutschen Idealismus, des moralischen Rigorismus, gegen den sich unter anderen Goethe und Schiller wandten. Aus Kants Biographie wird manches verständlich: Wer in bürgerlicher Enge lebt und sich selbst versklavt, der sieht nicht ein, daß andere es besser haben sollen. Kant ist anscheinend nicht auf die Idee gekommen, daß die

Prinzipien seiner Moral, die er verabsolutierte, subjektiv und empirisch bedingt sein könnten. Ihm fehlte jeder ideologiekritische Selbstbezug. Ob die auf Natürliches und Erreichbares gerichtete, jedenfalls realistische Ethik minderwertiger ist als der auf Selbsttäuschung beruhende widernatürliche Idealismus Kants, ist durchaus nicht sicher. Eine Philosophie, die den Menschen zum Heiligen machen will und ihn dann zum Verbrecher machen kann, die ihm Freiheit, Autonomie und Menschenwürde verspricht und ihn in Wirklichkeit zum Befehlsempfänger und Untertanen degradiert, ist fragwürdig. Hat man die theoretische Verkehrtheit des Ansatzes begriffen, kann man die zahlreichen einnehmenden Züge von Kants Moralphilosophie gebührend herausstellen, vor allem die Botschaft des guten Willens, der Pflichterfüllung und der Achtung vor dem Gesetz. »Die Vorstellung eines objektiven Prinzips, sofern es für einen Willen nötigend ist, heißt ein Gebot (der Vernunft), und die Formel des Gebots heißt Imperativ.«

Kants Freiheitslehre führt tief in die Transzendentalphilosophie hinein. Er unterscheidet zwischen einem empirischen und einem intelligiblen Charakter. Das moralische Gebot wäre sinnlos, wenn wir ihm nicht entsprechen könnten: »Du kannst, denn du sollst!« Aber die Willensentscheidung und die folgenden Handlungen sind Vorgänge in der Zeit und gehören damit zur Erscheinungswelt, sie sind notwendig. Kant bemüht sich, mit Hilfe seines Grenzbegriffs »Ding an sich«, Freiheit und Notwendigkeit zu versöhnen. Als Erscheinungswesen untersteht der Mensch dem Gesetz der Kausalität, aber er ist nicht nur Erscheinungs- oder Naturwesen, sondern auch Noumenon oder Vernunftwesen. Er besitzt einen intelligiblen Charakter, ist Ding an sich und damit frei. Der intelligible Charakter des Menschen wirkt als Kausalität aus Freiheit.

Daß das Problem damit gelöst ist, wird niemand behaupten wollen, und Kant hat wohl selbst nicht allen Ernstes daran geglaubt. Die metaphysische Freiheit ist die *ratio essendi* des moralischen Gesetzes, und die moralische Freiheit ist die *ratio cognoscendi* der Freiheit – ein Zirkel, der über das Ergebnis nicht hinwegtäuscht: die Realität des moralischen Gesetzes ist weder *a priori* noch *a posteriori* zu beweisen. Am Ende nimmt Kant doch wieder Zuflucht zu Theologie und Bibel, zur »himmlischen Stimme«, dem »Wort Gottes« oder dem Gewissen. Während der hypothetische Imperativ (der Klugheit) analytisch ist – »Wer den Zweck will, will auch das Mittel« –, ist der kategorische Imperativ ein synthetisches Urteil *a priori.* Kant hat seinen kategorischen Imperativ in verschiedene Formeln gekleidet, von denen die bekannteste lautet: »Handle nur nach derjenigen Maxime, durch die du zugleich wollen kannst, daß sie ein allgemeines Gesetz werde.«

Die Begriffe »gesetzgebend« und »frei« korrespondieren miteinander. Sowohl an der theonomen als auch an der eudämonistischen Moral hat Kant auszusetzen, daß ihr Gesetz von außen kommt, daß der Mensch fremdbestimmt, heteronom ist. Autonom wird der Mensch als moralischer Selbstgesetzgeber. Aber der Mensch ist sowenig allein in der Welt, wie er der Natur Gesetze vorschreibt. Wie soll er sich z.B. in einer Welt verhalten, in der durchweg Heteronomie herrscht? Kant läßt, streng genommen, in einem solchen Fall dem Menschen keine andere Wahl, als ein Heiliger zu werden, der sich aus der Welt zurückzieht, wie er selbst es tat, oder die Welt gegen ihren Willen gewaltsam zu verändern. Hier zeigt sich die Brüchigkeit eines ebenso weltfremden wie überspannten Idealismus.

Im Konflikt zwischen Pflicht und Neigung hat der Mensch nicht nur unbedingt gegen die Neigung zu entscheiden, sondern eine Handlung soll auch nur dann moralisch sein, wenn sie überhaupt gegen die Neigung erfolgt. Schiller hat dazu schon das Nötige gesagt. Es bleibt nur der Hinweis übrig, daß eine solche Einstellung langfristig mehr zerstören muß als sie kurzfristig aus dem Menschen an sittlichem Heroismus herauspreßt. Eine solche Einstellung ist aber extrem unmoralisch.

»Pflicht! du erhabener, großer Name, der du nichts Beliebtes, was Einschmeichelung bei sich führt, in dir fassest, sondern Unterwerfung verlangst, doch auch nichts drohest, was natürliche Abneigung im Gemüte erregte und schreckte, um den Willen zu bewegen, sondern bloß ein Gesetz aufstellst, welches von selbst im Gemüte Eingang findet und doch sich selbst wider Willen Verehrung (wenn gleich nicht immer Befolgung) erwirbt, vor dem alle Neigungen verstummen, wenn sie gleich insgeheim ihm entgegenwirken: Welches ist der deiner würdige Ursprung, und wo findet man die Wurzel deiner edlen Abkunft, welche alle Verwandtschaft mit Neigungen stolz ausschlägt, und von welcher Wurzel abzustammen, die unnachlaßliche Bedingung desjenigen Werts ist, den sich Menschen allein selbst geben können?«

Das klingt wunderschön, zu schön, um wahr zu sein. Hier scheint die Wurzel nach oben gekehrt. Bei allen Versuchen, die

Verwurzelung des Menschen im Tierreich zu verleugnen, ist nicht viel herausgekommen. Wer den Übermenschen will, erzeugt den Untermenschen. Selbst wenn man den Standpunkt Kants in der Moralphilosophie akzeptiert, läuft ein dadurch verarmtes Gefühlsleben Gefahr, den Menschen zum willenlosen Werkzeug von politischen Verbrechern zu degradieren, wenn diese nur Größe haben und Achtung gebieten, womit genau das Gegenteil von dem erreicht wäre (und erreicht wurde), was Kant, der Philosoph des guten Willens, sicher gut meinte und gut wollte.

8.3.3.4.5 ›Kritik der Urteilskraft‹

Mit der ›Kritik der Urteilskraft‹ (1790) versuchte Kant, sein System zu vollenden. Aristoteles hatte neben der theoretischen und praktischen noch eine poietische, eine herstellende oder schaffende Vernunft unterschieden. Ob Kant an Aristoteles anknüpfte oder, wie so oft, von der Dreizahl (Trinität) fasziniert war, oder ob ihn noch andere Gründe zur Abfassung seiner dritten und letzten Kritik bestimmten, läßt sich nur schwer entscheiden. Während sich der Begriff »Ästhetik« in der transzendentalen Ästhetik der ›Kritik der reinen Vernunft‹ auf die Anschauungsformen Raum und Zeit bezieht, erscheint er hier im Zusammenhang mit der Analytik des Schönen und Erhabenen sowie einer Kritik der teleologischen Urteilskraft. Der Gang der Erörterung wird von vielen Anmerkungen unterbrochen, ist holprig, zeigt Symptome des Altersstils und wirkt eher verwirrend als klärend. Die Einleitung verfaßte ein Schüler Kants, Jakob Sigismund Beck (1761–1840). In der Disposition: Analytik, Dialektik, Methodenlehre folgt die ›Kritik der Urteilskraft‹ den beiden anderen Kritiken.

In der praktischen Philosophie ist von einem intelligiblen Reich der Zwecke die Rede. Die damit verbundene Frage nach der Bestimmung des Menschen führt auf die Frage nach den Naturzwecken, nach der Teleologie zurück, ist doch der Mensch nach Kant sowohl ein Natur- als auch ein Vernunftwesen. Physik, klassische Mechanik und Kausalität sind Denkmodelle für die ›Kritik der reinen Vernunft‹. In der ›Kritik der Urteilskraft‹ fungiert die Biologie als Modell und damit die Zweckmäßigkeit. Damit rehabilitierte Kant die Finalursache, die er weder in der ›Kritik der reinen Vernunft‹ als Erkenntnisprinzip noch in der ›Kritik der praktischen Vernunft‹ als Prinzip moralischer Urteilsbildung verwenden konnte. So verband das ästhetische Moment das Zweckprinzip mit der theoretischen Philosophie, das Moment der Freiheit im »harmonischen Spiel der Kräfte« (Baumgarten) mit der praktischen. Der Begriff Naturzweck verbindet die ästhetische und die teleologische Urteilskraft, die sich im Endeffekt immer mehr als theologische erweist.

Sowenig es Kant gelang, seiner auf die Gefühle von Lust und Unlust bezogenen subjektiven Ästhetik ein objektives Fundament zu geben, sowenig gelang ihm die Begründung einer objektiven Teleologie ohne subjektiv-theologischen Einschlag. Die Urteilskraft verdankt ihre Ernennung zu einem besonderen Vermögen der systembedingten Notwendigkeit des Zweckmäßigkeits-Prinzips, nicht aber wird dieses aus der Urteilskraft abgeleitet. Ebensowenig überzeugt Kants Versuch, die neue, reflektierende Urteilskraft mit der alten, bestimmenden zu verknüpfen. Der Begriff des Naturzwecks ist kein Prinzip der reflektierenden Urteilskraft, wie Kant wollte, sondern bleibt ein biologisches, am Begriff des Organischen orientiert. Wenn Kant, seinem transzendentalen Ansatz gemäß, der Logik den Verstand, der Ethik den Willen und der Ästhetik den Geschmack zuordnete, durfte er sich nicht wundern, wenn diese von ihm nicht so gemeinte Subjektivierung als echt aufgenommen wurde, was in Wissenschaft und Ästhetik zum Subjektivismus, in der Ethik zum Relativismus führte. »*Geschmack* ist das Beurteilungsvermögen eines Gegenstandes oder einer Vorstellungsart durch ein Wohlgefallen oder Mißfallen *ohne alles Interesse.* Der Gegenstand eines solchen Wohlgefallens heißt *schön.* ... *Schön* ist das, was ohne Begriff allgemein gefällt ... *Schönheit* ist Form der *Zweckmäßigkeit* eines Gegenstandes, sofern sie *ohne Vorstellung eines Zwecks* an ihm wahrgenommen wird. *Schön* ist, was ohne Begriff als Gegenstand eines *notwendigen* Wohlgefallens erkannt wird.« In der Bestimmung »interesseloses Wohlgefallen« folgt Kant der Ästhetik von Hutcheson, wie er sich in der Forderung der Reinheit der Farben und Töne, die er an anderer Stelle erhebt, auf Euler beruft.

In der »Analytik des Erhabenen« unterscheidet Kant zwischen dem Mathematisch-Erhabenen und dem Dynamisch-Erhabenen. Mit dieser Unterscheidung schließt er an entsprechende der beiden anderen Kritiken an, an die 1. und die 2. Antinomie der ›Kritik der reinen Vernunft‹, wo das Mathematisch-Erhabene mit dem Problem des Weltganzen *(totalitas mundi)* zusammenhängt, an das 2. und 3. Postulat der praktischen Vernunft in der ›Kritik der praktischen Vernunft‹, wo das Dynamisch-Erhabene auf die Probleme der Freiheit und des Intelligiblen führt. Die Welt des Ästhetischen realisiert in gewisser Weise das theoretisch Unfaßbare und das praktisch nur Geforderte. Wie kommt es, daß wir beim Anblick des Erhabenen Achtung empfinden? Kants Lehre vom Erhabenen sollte die Antinomienlehre der ›Kritik der reinen Vernunft‹ und die Lehre von den Postulaten in der ›Kritik der praktischen Vernunft‹ vervollständigen. Das Gefühl des Natur-Erhabenen erinnert den Menschen an seine Bestimmung und erfüllt ihn daher mit Achtung. Beim Dynamisch-Erhabenen tritt auch der drohende Aspekt in Erscheinung. Die Natur ist groß, aber auch gefährlich, rettend, aber auch zerstörend. Dabei entdeckt Kant die Kräfte, welche eine große Herausforderung der Natur in der menschlichen Seele weckt: »Kühne, überhangende, gleichsam drohende Felsen, am Himmel sich auftürmende Donnerwolken, mit Blitzen und Krachen einherziehend, Vulkane in ihrer ganzen zerstörenden Gewalt, Orkane mit ihrer zurückgelassenen Verwüstung, der grenzenlose Ozean, in Empörung gesetzt, ein hoher Wasserfall eines mächtigen Flusses und dgl. machen unser Vermögen zu widerstehen in Vergleichung mit ihrer Macht zur unbedeutenden Kleinigkeit. Aber ihr Anblick wird nur um desto anziehender, je furchtbarer er ist, wenn wir uns nur in Sicherheit befinden; und wir nennen diese Gegenstände gern erhaben, weil sie die Seelenstärke über ihr gewöhnliches Mittelmaß erhöhen und ein Vermögen zu widerstehen von ganz anderer Art in uns entdecken lassen, welches uns Mut macht, uns mit der scheinbaren Allgewalt der Natur messen zu können.«

8.3.3.4.6 Spätwerk

Auf Kants späte Naturphilosophie einzugehen, lohnt sich nicht. Sie ist vielleicht der schwächste Teil seines ganzen »Systems«. Um so wertvoller sind seine Ausführungen zur Religionsphilosophie, Geschichtsphilosophie, politischen Philosophie und zur Anthropologie. Hier nur das Allerwichtigste.

Die dritte große Frage der Philosophie lautet: »Was darf ich hoffen?« In seiner gegen Leibniz gerichteten Abhandlung ›Über das Mißlingen aller philosophischen Versuche in der Theodizee‹ (1791) legt Kant dar, daß die Theodizee es »nicht sowohl mit einer Aufgabe zum Vorteil der Wissenschaft als vielmehr mit einer Glaubenssache zu tun« hat. In der Polemik gegen Leibniz wird die antitheologisch-wissenschaftliche Grundtendenz

Kants deutlich: Keine Vermengung von Wissen und Glauben! Mit der Schrift ›Religion innerhalb der Grenzen der bloßen Vernunft‹ (1793) schwenkte Kant in die allgemeine Tendenz der Aufklärung ein, die Religion als ein Naturphänomen zu verstehen suchte. Im »ersten Stück« vertrat Kant die Lehre vom radikal Bösen in der menschlichen Natur (Erbsünde), der sich die deutschen Klassiker nicht anschließen mochten. Radikal böse ist, Kant zufolge, der Mensch, der die Moral von der Selbstliebe abhängig macht und damit die sittliche Ordnung der Motive umkehrt. Es gibt drei Grade im Hang zum Bösen: Schwäche, Unaufrichtigkeit und Heuchelei. Im »vierten Stück« rebelliert Kant gegen Klerus, Pfaffentum und Obskurantismus, beugte sich aber im Endeffekt doch den Mächten der Reaktion. Am 1. 10. 1794 erging eine Kabinettsorder des Königs an Kant, die ihm das Mißfallen des Monarchen kundtat und ihm im Falle weiterer Schriften dieser Art ernste Konsequenzen androhte. Kant gehorchte, der Devise Friedrichs des Großen gemäß.

In der Geschichtsphilosophie hatte Kant eine Konzeption, die sich mit der Hegels durchaus messen kann. An der Geschichte interessierte ihn vor allem die Entwicklung der Menschheit, nicht als Abfolge von Kriegen, Eroberungen und Herrscherhäusern, sondern als Kulturgeschichte. Seine Schrift ›Mutmaßlicher Anfang des Menschengeschlechts‹ (1786) entstand unter dem Einfluß von Rousseau. 1784 erschien der Aufsatz ›Beantwortung der Frage: Was ist Aufklärung?‹ mit der berühmten Definition von der Befreiung aus selbstverschuldeter Unmündigkeit. Kant trifft damit den Kern nicht nur dessen, was Aufklärung, sondern auch was Philosophie ist: ein Prozeß der Selbstbefreiung, der Emanzipation schlechthin.

Die Schrift ›Zum ewigen Frieden‹ (1795), Kants politisches Testament, weist ihn als einen Denker von hohem politischen Rang aus. Der erste Abschnitt der Schrift enthält Präliminarartikel zum ewigen Frieden, der zweite die Definitivartikel. Die Präliminarartikel verbieten bei Friedensschlüssen geheime Vorbehalte, in der Absicht, den Krieg bei Gelegenheit fortzusetzen, die Einverleibung anderer Staaten, die Unterhaltung von stehenden Heeren, die Anhäufung von Staatsschulden in Beziehung auf äußere Konflikte, die Einmischung von Staaten in Verfassung und Regierung anderer Staaten sowie Feindseligkeiten, die das Vertrauen in einen künftigen Frieden unmöglich machen. In der Frage der Revolution gelangte Kant nicht zu einem abschließenden, widerspruchsfreien Urteil.

Die vierte und letzte große Frage der Philosophie, die in gewisser Weise die anderen umgreift, lautet: »Was ist der Mensch?« Kants anthropologische Schriften werden meistens unterschätzt. Sie beruhen auf Beobachtungen und Erfahrungen und zeugen von einem Gespür für psychologische Zusammenhänge. Ein Satz seiner ›Anthropologie‹ veraltet sicher niemals: »Das Talent hat einen Marktpreis, das Temperament einen Affektionspreis, der Charakter ist über jeden Preis erhaben.«

Kant angemessen zu würdigen oder seine Wirkung zu beschreiben, ist bisher noch nicht gelungen. In gewisser Weise endet mit ihm nicht nur das Zeitalter der Aufklärung, sondern auch das Zeitalter der Philosophen. Mit ihm verglichen sind alle, die folgten, Epigonen, Kantianer oder Antikantianer, aber keine Ebenbürtigen. Kant hatte das Glück, am Ende einer Epoche zu stehen, ähnlich wie zuvor Leibniz. So konnte er die doppelte Ernte einbringen, die Synthese der Synthese vollziehen, frühe Neuzeit und Aufklärung zusammenfassen zu einem Ganzen, das sich in vieler Hinsicht mit Werken der Größten aus Altertum und Mittelalter messen kann.

Literaturhinweise

Aldrige, A. O.: Voltaire and the Century of Light. Princeton 1975.

Alphéus, K.: Kant und Scheler. Repr. Bonn 1981.

Althusser, L.: Montesquieu. La politique et l'histoire. 4. Aufl., Paris 1974.

Ardley, G.: Berkeley's Renovation of Philosophy. Den Haag 1968.

Aune, B.: Kant's Theory of Morals. Princeton, N. J. 1979.

Ayer, A. J. u. R. Winch: British Empirical Philosophers. New York 1968.

Ders.: Hume. Oxford 1980.

Bahr, E. (Hrsg.): Kant u. a: Was ist Aufklärung? Thesen und Definitionen. Stuttgart 1974.

Baker, K. M.: Condorcet. From Natural Philosophy to Social Mathematics. Chicago 1975.

Baruzzi, A.: Aufklärung und Materialismus im Frankreich des 18. Jahrhunderts. München 1968.

Baumgardt, D.: Bentham and the Ethics of Today. Princeton 1952.

Bayle, P.: Œuvres diverses. 4 Bde, Repr. Hildesheim 1964f.

Beck, L. W.: The Philosophy of Immanuel Kant. New York 1976.

Ders.: The Philosophy of David Hume. New York 1984.

Bennett, J.: Locke, Berkeley, Hume. Central Themes. Oxford 1971.
Bentham, J.: Works. 11 Bde, 1838ff.; Repr. New York 1962.
Bergner, I.: Voltaire. 2. Aufl., Berlin (Ost) 1978.
Berkeley, G.: Works. Hrsg. v. A. A. Luce u. T. E. Jessop. 9 Bde, Edinburgh 1949ff.
Berman, M.: The Politics of Authenticity. Radical Individualism and the Emergence of Modern Society. New York 1970.
Beyer, Ch. J.: Nature et valeur dans la philosophie de Montesquieu. Paris 1982.
Blackstone, W. T.: Francis Hutcheson and Contemporary Ethical Theory. Athens, Ga. 1965.
Blake, R. M. u.a.: Theories of Scientific Method (15.–19. Jh.). Seattle 1960.
Bohatec, J.: Die Religionsphilosophie Kants. Repr. Hildesheim 1966.
Bolingbroke, H.: Works. Hrsg. v. D. Mallet. 5 Bde, Repr. Hildesheim 1968.
Bracken, H. M.: Berkeley. London 1974.
Brockdorff, C. v.: Die englische Aufklärungsphilosophie. München 1924.
Broiles, R. D.: The Moral Philosophy of David Hume. 2. Aufl., Den Haag 1969.
Brooks, R. A.: Voltaire and Leibniz. Genf 1964.
Brush, C. B.: Montaigne et Bayle. Den Haag 1966.
Burke, E.: Works. 12 Bde, Repr. Hildesheim 1975.
Busch, W.: Die Entstehung der kritischen Rechtsphilosophie Kants 1762–80. Berlin 1979.
Campbell, T. D.: Adam Smith's Science of Morals. London 1971.
Cassirer, E.: Die Philosophie der Aufklärung. 3. Aufl., Tübingen 1973.
Ders.: Kants Leben und Lehre. Darmstadt 1977.
Cohen, H.: Kants Theorie der Erfahrung. 2. Aufl., Berlin 1885.
Condillac, E. B.: Œuvres. 3 Bde, Paris 1947ff.
Condorcet, J. A. N. C.: Œuvres. 12 Bde, 1947; Repr. Stuttgart-Bad Cannstatt 1968.
Dédéyan, C.: Voltaire et la pensée anglaise. Paris 1956.
Delekat, F.: Immanuel Kant. 2. Aufl., Heidelberg 1966.
Ders.: J. H. Pestalozzi. Der Mensch, der Philosoph und der Erzieher. 3. Aufl., Leipzig 1968.
Dieckmann, H. (Hrsg.): Diderot und die Aufklärung. München 1980.
Dietze, G.: Kant und der Rechtsstaat. Tübingen 1982.
Dirschel, K.: Der Roman der Philosophen: Diderot, Rousseau, Voltaire. Tübingen 1985.
Durkheim, E.: Montesquieu et Rousseau. Paris 1953.
Eisler, R.: Kant-Lexikon. Repr. Hildesheim 1972.
Essar, D. F.: The Language Theory, Epistemology, and Aesthetics of J. L. d'Alembert. Oxford 1976.
Farr, W. (Hrsg.): Hume und Kant. Interpretation und Diskussion. Freiburg i. Br. 1982.

Fassmann, K. (Hrsg.): Die Konstituierung der neuzeitlichen Welt. Frankfurt 1984.
Fetscher, I.: Rousseaus politische Philosophie. Frankfurt 1981.
Fromm, S.: Wittgensteins Erkenntnisspiele contra Kants Erkenntnislehre. Freiburg 1979.
Gaskin, J. C. A.: Hume's Philosophie der Religion. Frankfurt 1979.
Gay, P.: The Enlightment. 2 Bde, 3. Aufl., London 1979.
Göpfert, H. G. (Hrsg.): Das Bild Lessings in der Geschichte. Heidelberg 1981.
Grimsley, R.: The Philosophy of Rousseau. Oxford 1973.
Hall, R.: Fifty Years of Hume Scholarship. Edinburgh 1978.
Hamann, J. G.: Sämtliche Werke. Hist.-krit. Ausgabe. Hrsg. v. J. Nadler. 6 Bde, Wien 1949–1957.
Hankins, Th. L.: J. d'Alembert. Oxford 1970.
Harrison, J.: Hume's Theory of Justice. Oxford 1981.
Hazard, P.: La crise de la conscience européenne 1680–1715. 3 Bde, 1935, dt. Hamburg 5. Aufl. 1939.
Heintel, P.: Zur Kantforschung der Gegenwart. Darmstadt 1981.
Helvétius, C. A.: Œuvres complètes. Repr. Hildesheim 1967.
Herder, J. G.: Sämtliche Werke. Hrsg. v. B. Suphan. 33 Bde, Repr. Hildesheim 1967/68.
Heydenreich, T. (Hrsg.): Denis Diderot: 1713–1784. Zeit, Werk, Wirkung. Erlangen-Nürnberg 1984.
Hicks, G. D.: Berkeley. 2. Aufl., New York 1968.
Hoppe, H.: Synthesis bei Kant. Berlin 1983.
Horowitz, J. L.: Claude Helvétius: Philosopher of Democracy and Enlightment. New York 1954.
Hume, D.: Works. Hrsg. v. T. H. Green u. T. H. Grose. 4 Bde, Repr. Aalen 1964.
Ders.: Eine Untersuchung über den menschlichen Verstand. Übers. v. H. Herring. Stuttgart 1967.
Ders.: Dialoge über natürliche Religion. Hrsg. v. G. Gawlick. 5. Aufl., Hamburg 1980.
Hutcheson, F.: Works. Hrsg. v. B. Fabian. 7 Bde, Repr. Hildesheim 1969 ff.
Imboden, H.: Montesquieu und die Lehre von der Gewaltenteilung. Berlin 1959.
Jaspers, K.: Kant. Leben, Werk, Wirkung. München 1975.
Kant, I.: Werke. Hrsg. v. d. Preußischen bzw. Deutschen Akademie der Wissenschaften. Berlin 1910 ff.
Ders.: Studienausgabe. Hrsg. v. W. Weischedel. Darmstadt 1956 ff.
Kaulbach, F.: Immanuel Kant. Berlin 1969.
Ders.: Das Prinzip Handlung in der Philosophie Kants. Berlin 1978.
Ders.: Studien zur späten Rechtsphilosophie Kants. Würzburg 1982.
Ders.: Ästhetische Welterkenntnis bei Kant. Würzburg 1984.
Keynes, G.: A Bibliography of George Berkeley. Oxford 1976.
Knott, B.: Aufklärung. Konstanz 1975.

Köhler, H.: G. C. Lichtenberg. München 1973.
Kopper, J.: Einführung in die Philosophie der Aufklärung. Darmstadt 1979.
Ders.: Die Stellung der ›Kritik der reinen Vernunft‹ in der neueren Philosophie. Darmstadt 1984.
Kramnick, J.: Bolingbroke and His Circle. Cambridge, Mass. 1968.
Krauss, W.: Studien zur deutschen und französischen Aufklärung. Berlin 1963.
Krausser, P.: Kants Theorie der Erfahrung. Frankfurt 1981.
Labrousse, E.: Pierre Bayle. 2 Bde, Den Haag 1963 f.
Laing, B. M.: David Hume. 2. Aufl., New York 1968.
Lauener, H.: Hume and Kant. Bern 1969.
Lefèvre, R.: Condillac, ou la joie de vivre. Paris 1966.
Leidhold, W.: Ethik und Politik bei Francis Hutcheson. Freiburg i. Br. 1985.
Lessing, G. E.: Werke. Hrsg. v. H. G. Göpfert. 8 Bde, München 1970 bis 1979.
Lichtenberg, G. Chr.: Schriften und Briefe. Hrsg. v. W. Promies. 2. Aufl., München 1973 ff.
Lindgren, J. R.: The Social Philosophy of Adam Smith. Den Haag 1973.
Lyons, D.: The Interest of the Governed. A Study in Bentham's Philosophy of Utility and Law. Oxford 1973.
Mackie, J. L.: Hume's Moral Theory. London 1980.
Mall, R. A.: Hume's Concept of Man. New York 1968.
Mandeville, B. de: The Fable of the Bees, or, Private Vices, Public Benefits. Hrsg. v. F. B. Kaye. 2 Bde, Oxford 1924; dt. Frankfurt 1968.
Mandrou, R.: Staatsräson und Vernunft, 1649–1975. Frankfurt 1976.
Mason, H. T.: P. Bayle and Voltaire. London 1963.
Mason, S. M.: Montesquieu's Idea of Justice. Den Haag 1975.
Mercer, Ph.: Sympathy and Ethics. Oxford 1972.
Meyer, E.: Humes und Berkeleys Philosophie der Mathematik. Repr. Hildesheim 1980.
Mittelstraß, J.: Neuzeit und Aufklärung. Berlin 1970.
Monro, H. D.: Empiricism and Ethics. Cambridge 1967.
Ders.: The Ambivalence of B. Mandeville. New York 1975.
Montesquieu, Ch. de: Œuvres complètes. Hrsg. v. A. Masson. Paris 1950–1955.
Ders.: Vom Geist der Gesetze. Übers. v. E. Forsthoff. 2 Bde, Tübingen 1951.
Morris, Chr. R.: Locke, Berkeley, Hume. Westport, Co. 1980.
Morrow, G. R.: The Ethical and Economic Theories of Adam Smith. Repr. New York 1973.
Murphy, R. T.: Hume and Husserl. Den Haag 1980.
Noxon, J.: Hume's Philosophical Development. Oxford 1973.
Obergfell, F.: Begriff und Gegenstand bei Kant. Würzburg 1985.

Olscamp, P. J.: The Moral Philosophy of George Berkeley. Den Haag 1970.

Parekh, B. (Hrsg.): Jeremy Bentham. Ten Critical Essays. London 1974.

Parkin, Ch.: The Moral Basis of Burke's Political Thought. Cambridge 1956.

Passmore, J. A.: Hume's Intentions. 3. Aufl., London 1980.

Paton, H. J.: Der kategorische Imperativ. Berlin 1962.

Pestalozzi, J. H.: Sämtliche Werke. Hrsg. v. A. Buchenau. Leipzig, Zürich 1927ff.

Pitcher, G.: Berkeley. London 1977.

Plamenatz, J.: The English Utilitarians. Oxford 1966.

Popkin, R. H.: The History of Scepticism from Erasmus to Descartes. 3. Aufl., New York 1968.

Primer, J. (Hrsg.): Mandeville Studies. Den Haag 1975.

Prauss, G. (Hrsg.): Kant. Zur Deutung seiner Theorie vom Denken und Handeln. Köln 1973.

Quinton, A.: Utilitarian Ethics. London 1973.

Rade, Cl.-D.: Klassische Staatsphilosophen der Neuzeit. Bonn 1983.

Rang, M.: Rousseaus Lehre vom Menschen. Göttingen 1958.

Raphael, D. D.: British Moralists, 1650–1800. 2 Bde, Oxford 1969.

Recktenwald, H. C.: Adam Smith. München 1976.

Ders.: Ethik, Wirtschaft und Staat. Adam Smith's politische Ökonomie heute. Darmstadt 1985.

Reichardt, R.: Reform und Revolution bei Condorcet. Bonn 1973.

Reichmann, E.: Die Herrschaft der Zahl. Stuttgart 1968.

Requadt, P.: Lichtenberg. 2. Aufl., Stuttgart 1964.

Richter, M. (Hrsg.): The Political Theory of Montesquieu. London 1977.

Roberts, T. A.: The Concept of Benevolence. London 1973.

Robinson, Ph. E.: Jean-Jacques Rousseau's Doctrine of the Arts. Bern 1984.

Rosenfield, L. D. C.: From Beast-Machine to Man-Machine. 2. Aufl., New York 1968.

Rousseau, J. J.: Œuvres complètes. Hrsg. v. B. Gagnebin u. M. Raymond. 4 Bde, Paris 1959ff.

Salmon, Chr. V.: The Central Problem of David Hume's Philosophy. New York 1983.

Sandvoss, E.: Immanuel Kant. Stuttgart 1983.

Santeler, J.: Die Grundlegung der Menschenwürde bei I. Kant. Stuttgart 1973.

Schabert, Th. (Hrsg.): Aufbruch zur Moderne. München 1974.

Schacht, R.: Classical Modern Philosophers: Descartes to Kant. London 1984.

Schneiders, W.: Naturrecht und Liebesethik. Hildesheim 1971.

Schober, J.: Die deutsche Spätaufklärung. Frankfurt 1975.

Schöffler, H.: Deutsches Geistesleben zwischen Reformation und Aufklärung. 3. Aufl., Frankfurt 1974.
Schoeps, J. H.: Moses Mendelssohn. Königstein/Ts. 1979.
Schrader, W. H.: Ethik und Anthropologie in der englischen Aufklärung. Hamburg 1984.
Schulthess, D.: Philosophie et sens commun chez Thomas Reid. Bern 1983.
Schumann, H.-G.: Edmund Burkes Anschauungen vom Gleichgewicht in Staat und Staatensystem. Meisenheim 1964.
Schwartz, J.: Diderot et Montaigne. Genf 1966.
Segreff, K.-W.: Moses Mendelssohn und die Aufklärungsästhetik im 18. Jahrhundert. Bonn 1984.
Seillière, E.: Diderot. Paris 1944.
Sicard, E.: Kant und das Problem der Evidenz. Basel 1981.
Smith, A.: Works. Hrsg. v. D. Stewart. 5 Bde, Repr. Aalen 1963.
Ders.: Theorie der ethischen Gefühle. Übers. v. W. Eckstein. Repr. Hamburg 1977.
Smith, D. W.: Helvétius. A Study in Persecution. Oxford 1965.
Spink, J. S.: French Free Thought from Gassendi to Voltaire. London 1960.
Stegmüller, W.: Der Begriff des synthetischen Urteils a priori und die moderne Logik. In: Zschr. f. philos. Forschung 8 (1954).
Ders.: Das Problem der Induktion. Repr. Darmstadt 1975.
Steinberg, J.: Locke, Rousseau and the Idea of Consent. Westport, Co. 1978.
Stephen, L.: History of the English Thought in the 18th Century. 2 Bde, Repr. New York 1963.
Stroud, B.: Hume. London 1977.
Topitsch, E. u. G. Streminger: Hume. Darmstadt 1981.
Tuschling, B. (Hrsg.): Probleme der ›Kritik der reinen Vernunft‹. Berlin 1984.
Vaihinger, H.: Kommentar zu Kants ›Kritik der reinen Vernunft‹. Stuttgart 1922.
Varga v. Kibed, A.: Die Philosophie der Neuzeit (Bruno – Kant). München 1980.
Voltaire: Œuvres complètes. Hrsg. v. L. Moland. 52 Bde, Paris 1877 ff.
Ders.: Œuvres philosophiques. Hrsg. v. R. Petit. Paris 1955.
Vorländer, K.: Immanuel Kant. 2. Aufl., Hamburg 1977.
Vossler, O.: Rousseaus Freiheitslehre. Göttingen 1963.
Wade, I. O.: The Intellectual Development of Voltaire. Princeton 1969.
Ders.: The Structure and Form of the French Enlightment. 2 Bde, Princeton 1977.
Warnock, G. J.: Berkeley. Harmondsworth 1969.
Weinberg, J. R.: Ockham, Descartes and Hume. Madison, Wisc. 1977.
Wettstein, R. H.: Kants Prinzip der Urteilskraft. Königstein 1981.
Wilkins, B. T.: The Problem of Burke's Political Philosophy. Oxford 1967.

Williams, H.: Kant's Political Philosophy. Oxford 1983.
Wolff, Chr.: Gesammelte Werke. Neuausg. Hrsg. v. J. Ecole u.a. Hildesheim 1962ff.
Wolff, H. M.: Die Weltanschauung der deutschen Aufklärung. 2. Aufl., Bern 1963.
Wolff, M.: Der Begriff des Widerspruchs. Königstein 1981.
Wright, J. P.: The Sceptical Realism of David Hume. Manchester 1983.
Yovel, Y.: Kant and the Philosophy of History. Princeton 1980.
Zabeeh, F.: Hume. Precursor of Modern Empiricism. 2. Aufl., Den Haag 1973.

9 Von der Metaphysik zur Mathematik

9.1 Die Emanzipation der Wissenschaften von der Philosophie

9.1.1 Allgemeine Charakteristik

In seiner Einleitung zur großen ›Enzyklopädie‹ bemerkte d'Alembert, daß auf das Zeitalter der Religion und der Philosophie nun das Zeitalter der Wissenschaft folge. Er beschrieb damit die tatsächliche geschichtliche Entwicklung, die von der Emanzipation der Philosophie von der Theologie in der frühen Neuzeit zur Emanzipation der Wissenschaften von der Philosophie im Zeitalter der Aufklärung geführt hat. Newton (1643 bis 1727) hatte seine wissenschaftlichen Untersuchungen noch als ›Philosophiae naturalis principia mathematica‹ bezeichnet. Euler (1707–1783), ein überzeugter Newtonianer, protestierte energisch gegen die »elende Schikane« der Philosophen, die aufgrund von Spekulationen die Naturerkenntnis der Wissenschaften zu diskreditieren versuchten. D'Alembert (1717–1783) zog nur die Konsequenz aus diesem Mißverhältnis von Anspruch und Erkenntnis, um der Philosophie – und Theologie – Lebewohl zu sagen.

Das Schicksal der Philosophie wird seitdem wesentlich von ihrer Einstellung zu den Wissenschaften mitbestimmt. Dieses Verhältnis wurde mehr und mehr zum Indikator für die Glaubwürdigkeit der Philosophie, wie zuvor die Einstellung der Theologen zur Philosophie zum Indikator ihrer Glaubwürdigkeit geworden war.

Die Entwicklung der Philosophie im 19. Jahrhundert verlief in den einzelnen Ländern unterschiedlich. Vom 16. bis zum 18. Jahrhundert war die Philosophie, nach dem Ausscheiden Italiens infolge der Gegenreformation, fast ganz auf England, Frankreich und Deutschland beschränkt. Im 19. Jahrhundert traten die USA hinzu. In Polen entwickelte sich schon zu Beginn des Jahrhunderts eine eigene Philosophie, in Schweden um die Jahrhundertmitte und in Rußland in den letzten Jahrzehnten des 19. Jahrhunderts. Der Däne Sören Kierkegaard (1813–1855) hat wesentlich zur Begründung christlich orientierter Existenzphilosophie beigetragen. In Holland tendierten die Philosophen seit der Mitte des Jahrhunderts zur Empirie der Angelsachsen (Opzoomer 1821–1892), in Norwegen ebenfalls, wenn auch etwas später (Ibsen 1828–1906). Gegen Ende des Jahrhunderts dominierte in Dänemark und Norwegen, wie vorher schon in Italien und Ungarn, der Positivismus. In Rußland und einigen anderen Ländern Osteuropas überwogen, im Unterschied zum westlich-rationalen Denken, Mystik und Irrationalismus (Solowjew); gleichwohl gewann gegen Ende des Jahrhunderts auch dort der Positivismus an Boden. In Südamerika setzte sich zu dieser Zeit der Positivismus Herbert Spencers durch.

Überblickt man das philosophische Szenarium des 19. Jahrhunderts insgesamt, so kann man eine einheitliche oder durchweg dominierende Denkweise nicht entdecken. Anfangs übte der Deutsche Idealismus über die Grenzen Europas hinaus einen großen Einfluß aus. Gegen Ende des Jahrhunderts befand sich der französische Positivismus auf dem Vormarsch. Das herausragende Ereignis war indessen der Durchbruch der Evolutionstheorie Charles Darwins (1809–1882) in der Jahrhundertmitte.

9.1.2 Großbritannien

9.1.2.1 James Mill, John Stuart Mill, Bain, Hamilton, Bentham, Sidgwick

Die englische Philosophie nach Hume konnte sich ohne Bruch, ja ohne größere Störung durch Revolution oder Restauration, frei entfalten. Zwar gab es auch hier konservativ, liberal oder sozial orientierte Denker, im wesentlichen aber war sie autonom und hielt sich an die seit Bacon bewährten Methoden der Analyse, Beobachtung und Erfahrung. Die Kontinuität der Entwicklung, also der Anschluß an Hume und Berkeley, wird besonders in der Assoziationsphilosophie von James Mill

(1773–1836), John Stuart Mill (1806–1873) und Alexander Bain (1818–1903) deutlich.

Nach ihr entstehen aus elementaren Empfindungen, dank einer nicht weiter erklärbaren Kraft der Assoziation, zusammengesetzte psychische Gebilde. Der psychische Prozeß wird mit chemischen Vorgängen *(mental chemistry)* verglichen. Er führt zur Herstellung einer Beziehung auf äußere Objekte. Hatte die psychische Bedingtheit menschlicher Erkenntnis Hume zur Skepsis geführt, machten John Stuart Mill und Bain gleichsam aus der Not eine Tugend und sahen gerade in den psychischen Zwängen einen Grund für die Gültigkeit empirischer Erkenntnis. Mathematik und die allgemeinen Kategorien unterstehen ebenfalls dem Gesetz der Assoziation.

Im Anschluß an den Begründer der Common-sense-Philosophie, Thomas Reid (1710–1796), vertrat William Hamilton (1788–1856) eine Art naiven Realismus, wonach wir die äußeren Objekte unmittelbar erkennen, wie sie sind. Der Standpunkt mag zwar praktisch brauchbar sein, taugt aber nicht zu einer theoretischen Vertiefung des Problems.

John Stuart Mill hat sich in der ›Examination of Sir W. Hamilton's philosophy‹ (1865) mit dessen Anschauungen auseinandergesetzt. In seiner Schrift ›A System of Logic, Ratiocinative and Inductive‹ (1843) bildete er die Assoziationslehre zu einer im psychologischen Individualismus fundierten umfassenden Logik und Methodenlehre weiter, auf ethischem Gebiet die Lehren Benthams zu einem differenzierenden »Utilitarismus« (1863). Jeremy Bentham (1748–1832), Rechtsanwalt und Privatgelehrter, wurde durch sein Prinzip des »größtmöglichen Glücks der größtmöglichen Zahl« bekannt, ferner durch seine Maxime: »Jeder hat für einen, niemand für mehr als einen zu gelten.« Außerdem hat Bentham wertvolle Klassifikationsarbeit zum Thema Lust und Unlust im Hinblick auf Recht, Gesetzgebung und Moral geleistet. Im Anschluß an Mills Utilitarismus versuchte Henry Sidgwick (1838–1900) in seiner Schrift ›Methods of Ethics‹ (1875) das Verhältnis vom Glück des Einzelnen zum Glück aller, eines der Grundprobleme des Utilitarismus, dadurch zu beheben, daß er das Begehrenswerte als das definierte, was begehrt werden *soll.* Zweck menschlichen Handelns soll danach sein, in einer möglichst großen Menge von Lebewesen in Gegenwart und Zukunft einen begehrenswerten Gefühlszustand zu erzeugen.

9.1.2.2 Darwin, Spencer

Mit den Entdeckungen des Naturforschers Darwin beginnt in der Philosophie eine neue Epoche[1]. Darwin gehört zu den Denkern, die Herausforderungen annehmen, die mit einer empirischen Erweiterung unserer Erkenntnis der Welt verbunden sind. Er gewann seine Theorie nicht nur in der Studierstube, sondern nahm auch an einer fünfjährigen Expedition teil, die Australien, Südamerika und die pazifischen Inseln erforschte. Da für Biologen im Budget kein Geld vorgesehen war, fuhr er auf eigene Kosten auf der ›Beagle‹ mit. Darwin brachte eine große Menge Material mit nach Hause, das er in jahrzehntelanger, mühevoller Arbeit sichtete und auswertete. Der Erfolg seines Werkes ›Die Entstehung der Arten durch natürliche Auslese‹ (1859) war durchschlagend. Er konnte nachweisen, daß die verschiedenen Tier- und Pflanzenarten nicht unabhängig voneinander entstanden waren, sondern sich auseinander durch natürliche Selektion entwickelt hatten. Pflanzen und Tiere vermehren sich in geometrischer Progression, nicht aber die Lebensmöglichkeiten. Darwin wandte hier eine Lehre eines Landsmannes, des Geistlichen und Nationalökonomen Thomas R. Malthus, übrigens eines frühen Mahners zur Geburtenbeschränkung, auf die Pflanzen- und die Tierwelt an. In der Natur herrscht der Kampf ums Dasein *(struggle for life)*, in dem sich nur die besten Einzelwesen und Arten an veränderte Lebensbedingungen anpassen *(survival of the fittest)*. Eine besondere Form der Auslese ist die natürliche Zuchtwahl, wobei schwächere Einzelwesen der gleichen Art nicht zur Fortpflanzung gelangen.

Während die Evolutionstheorie Darwins, abgesehen von einigen orthodoxen kirchlichen Kreisen, allgemein angenommen wurde, wurde die Theorie vom Kampf ums Dasein zu einer Art Ideologie weitergebildet, also zu einer Rechtfertigungslehre kapitalistischer Ausbeutung (Vulgärdarwinismus).

Herbert Spencer (1820–1903), sowenig wie Darwin Fachphilosoph, vielmehr zunächst Ingenieur, dann freier Schriftsteller, hatte schon vor Darwin das Entwicklungsprinzip als oberstes Gesetz des Naturgeschehens entdeckt und eingeführt. 1896 lagen Spencers Werke in zehn Bänden vor.

[1] Ein Vorläufer Darwins war Jean Lamarck (1744–1829), dessen Abstammungslehre (Lamarckismus) sich jedoch gegenüber der experimentellen Genetik nicht behaupten konnte.

In den ›First Principles‹ geht Spencer vom gesunden Menschenverstand aus, der die Existenz einer Wirklichkeit ohne weitere Fragen voraussetzt. Die objektivierende Wissenschaft führt zu dem Ergebnis, daß diese Wirklichkeit sich nicht mit dem deckt, was wir denken; die subjektivierende Wissenschaft sucht zu erklären, warum wir die Wirklichkeit nicht so denken, wie sie ist, und die Religion entdeckt in der unbekannten Realität ihr ureigenstes Feld. Wir haben nicht zwischen dem Glauben an Gott als Person oder an etwas Geringeres zu wählen, sondern möglicherweise an etwas Höheres.

Das Weltgeschehen vollzieht sich in den Prozessen der Entwicklung *(evolution)* und der Auflösung *(dissolution)*. Eine Erscheinung entsteht als Folge des Übergangs von einem aufgelösten, nicht wahrnehmbaren in einen konkreten, wahrnehmbaren Zustand et vice versa. Auf Integration und Dissipation folgen Absorbtion und Desintegration. An elementaren Tatsachen unterscheidet Spencer die uns unbekannten Ursachen der Erscheinungen, das vergleichende Bewußtsein sowie lebhafte und schwächere Vorstellungen. Im Kleinen wie im Großen werden die Prozesse von Anziehung und Abstoßung beherrscht. Da Materie und Bewegung ihrer Menge nach unverändert bleiben, während die Bewegung den Stoff verteilt, erhalten wir nach einem festen Rhythmus entgegengesetzt gerichtete Stoffverteilungen im Kosmos. Die moderne Astronomie bietet in ihrer Theorie vom pulsierenden Weltall ein ähnliches Modell an.

In den ›Principles of Biology‹ untersucht Spencer die Welt des Lebendigen auf der Basis der Evolutionstheorie. Organische Gebilde sind das Ergebnis von organischen Funktionen in einer endlosen Reihe von Wechselwirkungen. Mit der Veränderung der Lebensbedingungen ändern sich die Arten der Organismen.

Die ›Principles of psychology‹ enthalten auch die Annahme einer geistigen Substanz, die wir ebensowenig erkennen können wie die »Substanz« des Weltgeschehens. Empfindungen, gleichsam seelische Atome *(units of feeling)*, lassen sich, wie in der Mechanik, als Stöße *(shocks)* oder Eindrücke verstehen. Die »objektive Psychologie« befaßt sich mit den Entwicklungsstufen des Geistes: Reflexe, Instinkt, Auflösung der Automatismen, Hemmungen, Bewegungsimpulse, Gedächtnis, Vernunft und Wille. Die »subjektive Psychologie« geht analytisch von den höchsten psychischen Erscheinungen zu den elementaren voran. Der einfachste Bewußtseinsprozeß ist der Vergleich. Die

Kategorien sind individuell angeboren, im Hinblick auf die Gattung durch Erfahrung entstanden. Das menschliche Gehirn ist ein Verzeichnis der Erfahrungen. Geistige Tätigkeit besteht im Differenzieren und Integrieren von Bewußtseinszuständen. Kriterium der Wahrheit ist die Unfaßbarkeit des Entgegengesetzten. Mit der Evolutionstheorie ist, Spencer zufolge, kein idealistisches, sondern nur ein realistisches Weltkonzept vereinbar.

Die ›Principles of Sociology‹ präsentieren die Gesellschaft als eine Art Organismus, als Produkt »überorganischer Evolution«. Diese Perspektive hat gegenüber der von Marx den Vorzug, daß sie sich nicht auf soziale und ökonomische Faktoren beschränkt, sondern diesen Mittelbau auf dem soliden Unterbau der Evolutionstheorie gründet, also auf eine Analyse des Naturgeschehens. Gemäß dem Denkansatz der Neuzeit ist das Individuum das soziale »Atom«. Der »soziale Organismus« unterscheidet sich vom tierischen durch die allgemeine Verbreitung des Bewußtseins in ihm.

In den ›Principles of Morality‹ führt Spencer intuitive Erkenntnisse auf den Erfahrungsschatz der Art zurück. Für den Einzelnen sind moralische Prinzipien apriorisch – gegenüber Kant also eine Relativierung, verstanden als Entflechtung von Verabsolutierungen. Spencer erreicht auf diese Weise eine erfahrungs- und wissenschaftsfreundliche Theorie der Moral. Gut oder schlecht werden Handlungen nach ihren Zwecken genannt. Selbsterhaltung und Arterhaltung sind Endzwecke menschlichen Wollens. Die Entwicklung der Art vollzieht sich optimal, wenn die Handlungen der Menschen für sich, ihre Nachkommen und die Gemeinschaft ein Höchstmaß an Lebensentfaltung ermöglichen. Der Mensch handelt richtig, wenn er zu einer positiven Bilanz von Freuden und Schmerzen gelangt. Pflichtgefühl ist nach Spencer ein »repräsentatives« Gefühl, das sich auf entfernteres Wohlergehen bezieht. Zwang rührt von religiöser oder staatlicher Strafdrohung her; Ziel ist es, das »Müssen« oder »Sollen« zum Verschwinden zu bringen: eine im Vergleich zu Kant sowohl realistischere als auch menschlichere Moralauffassung. Selbstaufopferung ist nicht weniger natürlich als Selbsterhaltung, Egoismus und Altruismus haben sich parallel entwickelt. Altruistische Freude ist nicht bewußt egoistisch.

Spencer, Mitherausgeber der Zeitschrift ›Economist‹, arbeitete auch über soziologische Themen (›Soziale Statik‹, 1850, ›Studium der Soziologie‹, 1873). Er begründete die Soziologie in England, unabhängig von Auguste Comte. In England gab es, gemäß der politischen Meinungsvielfalt, Denker verschiedenster Grundorientierung, wenn auch naturgemäß weniger Konformisten als in monarchisch gesinnten Ländern. Spencer war liberal gesinnt, ein leidenschaftlicher Nonkonformist.

9.1.2.3 Malthus, Ricardo, Owen

Angesichts der großen und neuen sozialen Probleme infolge der industriellen Revolution beherrschten in England nicht nur Denker das Feld, die, wie Thomas Robert Malthus (1766–1834) und David Ricardo (1772–1823) an der gott- oder naturgegebenen Ordnung des Reichtums und der Armut festhielten, sondern auch Männer mit Sinn für soziale Gerechtigkeit, wie der Industrielle Robert Owen (1771–1858), der durch Schrift und Tat in seinem Bereich zu reformieren suchte durch die Verkürzung der Arbeitszeit bei gleichbleibendem Lohn, die Abschaffung unsozialen Wettbewerbs und die Einrichtung von Schulen und Kindergärten. England, das früher als andere europäische Länder den Feudalismus bezwungen hatte, bekämpfte auch als erstes Land Auswüchse der Industrialisierung im bürgerlichen Zeitalter ohne Zuhilfenahme von Ideologien und Revolutionen.

9.1.2.4 Carlyle, Coleridge, John und Edward Caird, Wallace, McTaggert, Green, Bradley

Zu erwähnen bleibt schließlich die ausführliche Auseinandersetzung mit kontinentaler, speziell mit deutscher Philosophie. Thomas Carlyle (1795–1881) betrachtete zwar metaphysische Systeme als geistige Abgeschmacktheiten, arbeitete aber unermüdlich, um seinen Landsleuten die Quellen deutscher Philosophie zu erschließen. Dabei legte er vor allem Wert auf die praktischen Bereiche. Besondere Aufmerksamkeit schenkte er der Phantasie, die er, im Gegensatz zur Reflexion, als Kennzeichen gesunder geistiger Entwicklung verstand: Der Verstand ist nur das Fenster, die Phantasie aber das hindurchblickende Auge.

Von dem nuancenreichen Angebot englischer Philosophie im 19. Jahrhundert seien wenigstens noch drei Richtungen erwähnt, die das weitverbreitete Empirismus-Klischee Lügen strafen: der kritische Idealismus, der kritische Realismus und der Pragmatismus. Denker des kritischen Idealismus setzten sich umfassend und gründlich mit ziemlich allen namhaften Vertretern der philosophischen Tradition Deutschlands auseinander. Der Dichter Samuel T. Coleridge (1772–1834) machte die Engländer mit der Gedankenwelt Schellings bekannt und suchte nach einer Synthese von Kant, Spinoza und dem Christentum. Die Brüder John (1820–1898) und Edward (1835 bis 1908) Caird befaßten sich in Darstellung und Kritik mit Hegels Religionsphilosophie und mit Kant. William Wallace (1843 bis 1897) bemühte sich um Hegels Philosophie. Einflüsse von Leibniz, Fichte und Herbart finden sich bei H. W. Carr, J. S. Makkenzie und G. F. Stout. J. M. Ellis McTaggert (1866–1925) verband Gedanken von Leibniz und Hegel mit eigenen Denkansätzen, und James Ward (1843–1925) setzte sich mit Leibnizens und Kants Metaphysik auseinander. Ungeachtet ihrer zahlreichen Beziehungen zum Deutschen Idealismus haben englische Denker ihn nicht übernommen. Wie Thomas H. Greens (1836 bis 1882) ›Introduction to Hume‹ (1874) zeigt, handelt es sich eher um die Herausarbeitung von Problemen, die in der traditionellen empirisch-skeptisch oder evolutionistisch orientierten englischen Philosophie unklar geblieben waren, wie etwa das Verhältnis von der Empfindung zu ihrem Objekt. Francis H. Bradleys (1846–1924) Kritik an der Assoziationspsychologie läuft darauf hinaus, daß diese nicht scharf genug zwischen Vorstellungsinhalten und psychischen Prozessen trennt. Eine besondere Note bringt der für die Entwicklung der Psychologie bedeutsame Forscher James Ward in die Diskussion, indem er gegenüber den intellektualistischen Varianten des Idealismus die voluntaristische stärker betont. Nicht das Wissen, sondern das Wollen bestimmt primär unsere Erfahrung und unser Handeln. Nicht der metaphysische Dualismus von Geist und Materie ist von Interesse, vielmehr der Dualismus von Subjekt und Objekt im Gesamtbereich der Erfahrung.

Wenn Urteile nur Wiederverbindungen von Gegenstandsaspekten sind, die durch das Denken erst getrennt werden, dann bleibt dem Menschen auf diesem Wege, Bradley zufolge, die Einsicht in die wahre Verfassung der Welt verschlossen, ebenso die Erkenntnis, warum die wahre Welt sich nur als Erscheinungswelt zu erkennen gibt. Die Leitbegriffe der Erscheinungswelt sind in sich widersprüchlich. Bradley beseitigt diese Widersprüche jedoch nicht mit Hilfe eines plausiblen Metaphysikkonzepts. Gegen Kants Annahme eines »Dings an sich« wendet Green ein, daß dadurch der eine Kosmos in zwei Welten gespalten wird, zwischen denen keine rationale Beziehung herzustellen ist. Weder eine dualistische noch eine monistische Metaphysik hilft weiter. Was übrigbleibt, ist lediglich ein System von Beziehungen als unmittelbares Zeugnis von Erkenntnisprozessen. In der praktischen Philosophie billigt Green sozialen Institutionen insoweit moralischen Wert zu, als sie dem Menschen gestatten, seine Willenskräfte in vernünftiger Weise einzusetzen.

9.1.2.5 Hodgson, Adamson, Schiller

Als Vertreter einer realistisch orientierten Philosophie sind Shadworth H. Hodgson (1832–1912) und Robert Adamson (1852–1902) zu nennen. Mit den »Idealisten« ist ihnen eine kritische Intention gemeinsam, nach der die Metaphysik, die in Kants oder Hegels Prämissen steckt, als solche nicht akzeptiert werden kann, sondern allenfalls als Endergebnis einer langen Reihe von Einzeluntersuchungen auf solider empirischer (nicht empiristischer) Grundlage. Hodgson kritisiert an Kant die scharfe Trennung zwischen Subjekt und Objekt, Denken und Wahrnehmung sowie die Interpretation der Vernunft als Kraft. In der Reflexion des Bewußtseins wird die Objektbeziehung vor allem Denken hergestellt. Auf dem Weg einer subjektiven Analyse der Erfahrung gelangt man zu letzten Einheiten und einfachsten Kombinationsformen, aus denen sich die komplexe Vorstellung einer Außenwelt zusammensetzt. Das Bewußtsein läßt sich als Prozeß wie auch als Existierendes auffassen, wobei die reflexive *ordo cognoscendi* von der Gegenwart in die Vergangenheit führt, die *ordo existendi* in die Zukunft. Anstelle von Ursachen will Hodgson nur die wirklichen Bedingungen *(real conditions)* gelten lassen. Materie ist sowohl bedingend als bedingt, Bewußtsein nur bedingt.

Adamson bestreitet Kants Annahme einer objektiven Einheit des Bewußtseins, ebenso die Ableitung des Selbstbewußtseins aus begrifflichem Denken. Nicht der Verstand macht die Erfahrung möglich, sondern die Erfahrung den Verstand. Die Erscheinungen existieren nicht selbständig zwischen Subjekt an sich und Wirklichkeit an sich. Der Fehler der Idealisten ist, daß sie Bewußtseinszustände und Bewußtseinsinhalte gleichsetzen und darum auch Wahrheit und Existenz. Vorstellungsinhalte existieren nicht, sondern sind nur Organisationsformen subjektiver Erfahrung. Interessant ist Adamsons Hinweis, daß einige metaphysische Leitkategorien des Materialismus und des Idealismus übereinstimmen, z.B. die Unveränderlichkeit von Atomen und Denkinhalten. Zukunftweisend ist auch Adamsons Bemerkung, daß aus dem Begriff eines höchsten Gutes keine konkreten Handlungsanweisungen abzuleiten sind. Nur durch Analyse und Reflexion unserer Erfahrungen auf moralischem Gebiet können wir herausfinden, was sein soll. Idealisierung ist nicht auf den Bereich der praktischen Philosophie beschränkt, sie ist eine allgemeine Erscheinung menschlichen Seelenlebens.

Die Pragmatiker fordern, das Erkenntnisproblem nicht aus dem Lebenszusammenhang herauszulösen. Die strikte Trennung von Theorie und Praxis ist nicht gerechtfertigt, »reines« Denken gibt es nicht. Bedürfnisse und Interessen bestimmen das Verhalten. Der Mensch bestimmt als Wollender und Entscheidender die Wirklichkeit mit. Auf dem Grund der Tatsachen erscheinen die Werte. Zweckmäßigkeit ist ein Kriterium der Wahrheit. Wahrheit – alles andere als eine Eigenschaft von Vorstellungen und Begriffen – ist das Produkt eines Prozesses, der Verifizierung, der Zweckerfüllung. Ferdinand Canning Scott Schiller (1864–1937) bestimmt den Pragmatismus als epistemologische Methode, nicht als Metaphysik. Es steht frei, daran eine Metaphysik anzuknüpfen. Gegen die Methode des Absolutismus, menschliche Erfahrungen von einem angeblich unbedingten Standpunkt aus zu beurteilen, setzt er die »humanistische« Forderung der Beurteilung vom persönlichen Standpunkt. Schiller verallgemeinert den Kantischen Begriff des Postulats und wendet ihn auch im theoretischen Bereich an. Auf diese Weise gelangt er zu einer Art Umbildung von Mechanismus und Teleologie: Die mechanistische Interpretation der Natur entspricht unseren Absichten, sie ist nicht weniger anthropomorph als die teleologische, aber sie nützt mehr, ist im Grunde teleologisch. Die Suche der Philosophen nach einer von menschlichen Bedürfnissen und Wünschen unabhängigen Realität ist vergeblich. Real ist die vom Willen des Menschen nach seinen Wünschen geformte und formbare Welt. Hier berührt sich englisches mit amerikanischem Denken.

9.1.3 Frankreich

Die französische Philosophie des 19. Jahrhunderts nimmt in mancher Hinsicht eine Zwischenstellung zwischen dem freiheitlich-pluralistischen Denken der Engländer und den spekulativen Systemen der deutschen Metaphysik ein. Daneben gibt es starke spezifisch französische Denkrichtungen, die im Positivismus Auguste Comtes gipfeln. Schon in der ersten Hälfte des Jahrhunderts lassen sich zwei charakteristische Tendenzen in der französischen Philosophie beobachten, die bis in die Gegenwart weiterwirken: Evolution der Ideologien und Emanzipation der Wissenschaften. In politischer Hinsicht finden sich neben liberalen reaktionäre, konformistische und fortschrittlich-soziale Denkansätze. Die Kontinuität des Denkens im Zeitalter der Aufklärung ist nicht so ausgeprägt wie in England, ja es kommt stellenweise zum Bruch mit der Vergangenheit.

9.1.3.1 Destutt de Tracy, Cabanis, Laplace, Maine de Biran

Es ist wohl kaum ein Zufall, daß Antoine L. C. Destutt de Tracy (1754–1836), Mitglied der Constituante von 1789 und des Senats nach dem 18. Brumaire, den Terminus »Ideologie« prägte. Der Einfluß politischer Ereignisse auf den Werdegang der Philosophie ist wieder unverkennbar. Sein Hauptwerk ›Eléments d'idéologie‹ erschien in vier Bänden (1801–1819). Es umfaßt neben der eigentlichen Lehre von den Ideen eine Grammatik, eine Logik, eine Willenslehre und eine Lehre vom Geist der Gesetze. Von dem mittelalterlichen Curriculum der Freien Künste führt die Entwicklungslinie zur neuzeitlichen Verfassungstheorie, zu philosophischer Bildung und zu politischer Instruktion. Bei Destutt de Tracy überwiegt indessen die Bildungsintention, nicht die Indoktrination zugunsten einer Gesellschaftsschicht. Er förderte auch das Studium der Kantischen Philosophie in Frankreich.

Ein anderer bedeutender Denker dieser Generation war der Mediziner Pierre J. E. Cabanis (1757–1808). Er untersuchte die psychologischen Zusammenhänge zwischen Natur und Moral in umfassenden Analysen der einschlägigen Faktoren: Klima, Lebensverhältnisse, Geschlecht, Alter, Temperament, Empfindung, Instinkt, Schlaf und Krankheit.

Der Astronom Pierre S. Marquis de Laplace (1749–1827) erklärte das Universum im Geist der Enzyklopädisten mechanisch, verfaßte eine Kosmogonie und wandte die Wahrscheinlichkeitsrechnung auf den sozialen Bereich an.

Die Einordnung François P. Maine de Birans (1766–1824) als Metaphysiker oder Psychologe ist umstritten, wohl nicht zuletzt aufgrund der Entwicklung seines Denkens, die ihn vom Sensualismus Condillacs zunächst zur Theorie der Wahrnehmung und Bewußtseinsphilosophie führte und schließlich zur Anthropologie, in der sich die Entwicklungsstufen seines Denkens spiegeln: Der Sinnesempfindung entspricht das animalische Leben, dem Willen das menschliche und der Liebe das göttliche. Manche Gedankengänge der mittleren Periode (Ich, Wille, Widerstand, Nicht-Ich) erinnern an Fichte.

Neben den wissenschaftlich und philosophisch weiterführenden Denkern gab es ein breites Feld von Konformisten und Reaktionären aller Schattierungen, vom romantisch-religiösen Ästheten bis hin zum radikalen Ultramontanen.

9.1.3.2 Ampère, Jouffroy, Cousin

Für die Entwicklung der Philosophie und der Wissenschaften gleichermaßen bedeutsam sind dagegen Forscher und Denker wie André-Marie Ampère (1775–1836) und Théodore Jouffroy (1796–1842). Ampère, einer der größten Physiker seiner Zeit, war auch ein scharfer Denker und bedeutender Psychologe. Sein ›Essai sur la philosophie des sciences‹ (2. Aufl. 1857) ist der beste Kommentar zum Emanzipationsprozeß der Wissenschaften seit der Aufklärung. Seine Einteilung der Wissenschaften nach der Art ihrer Gegenstände in zwei Hauptklassen, in kosmologische und noologische, ist wohldurchdacht, sein operatives Verständnis des Geistes – vergleichen, erklären, fühlen, handeln – mutet modern an. Seine Theorie von den »Konkretionen«, die sich aus der Verschmelzung von Empfindungen und Erinnerungen bilden, dürfte noch heute für die Wahrnehmungspsychologie interessant sein. Im Gegensatz zu Kant hält Ampère die »Noumena« für nicht unerkennbar.

Jouffroy behauptet die Eigenständigkeit der Psychologie gegenüber der Physiologie einerseits und der Metaphysik andererseits. Er unterscheidet sechs ursprüngliche seelische Prozesse: Empfindung, Intelligenz, Neigung, Wille, Ausdruck und

Bewegung. Die Wissenschaft der Ästhetik erforscht das Sichtbare als Zeichen des unsichtbaren Schönen, und im Bereich der Moral herrscht die Zweckmäßigkeit. Jedes Wesen hat im Universum ein Ziel. Der Mensch verfolgt sein Ziel bewußt und frei, von seinem Gewissen geleitet.

Victor Cousin (1792–1867) bereiste wiederholt Deutschland und lernte Goethe, Schelling und Hegel kennen. Bei seinem letzten Besuch (1824/25) wurde er verdächtigt, einer italienischen Geheimorganisation anzugehören, und verbrachte ein halbes Jahr in einem Berliner Gefängnis. Als Professor der Philosophie machte Cousin 1828/29 in Vorlesungen seine Landsleute mit Hegels Philosophie bekannt. Als Liberaler avancierte er nach der Revolution von 1830 zum Minister des Öffentlichen Unterrichts und versuchte danach, Philosophieunterricht gegen reaktionäre Bestrebungen zu verteidigen, zog sich aber nach 1848 aus der Politik zurück.

9.1.3.3 Saint-Simon, Proudhon

Den reaktionär gesinnten Denkern standen solche mit reformerischer oder revolutionärer Gesinnung gegenüber, zum Beispiel Claude Henri Comte de Saint-Simon (1760–1825) und Pierre J. Proudhon (1809–1865). Saint-Simon war ein Schüler d'Alemberts und Comtes Lehrer. Er verallgemeinerte den wissenschaftlichen Fortschrittsglauben Condorcets und hoffte auf eine umfassende religiöse, geistige und gesellschaftliche Neuordnung. Er erkannte die wichtige Rolle der Industrie für gesellschaftliche Veränderungen. Daher wollte er den Industriekapitänen und den Wissenschaftlern die Führung des Staates überlassen. Vor allem lag ihm eine Verbesserung der Lage der Arbeiter am Herzen. Simon hatte viele Schüler, die mit ihm an die Verbrüderung der Menschen glaubten, an den Fortschritt von Technik und Wissenschaft, die Gleichstellung der Geschlechter und an die Aufwertung des körperlichen Daseins.

Proudhon, Individualist und Sozialist in einer Person, außerdem Autodidakt und Gesellschaftskritiker, verurteilte das Eigentum: »La propriété, c'est le vol« (Eigentum ist Diebstahl). Er begründete die Philosophie der Arbeit und glaubte, daß das Proletariat das Bürgertum ersetzen werde. An die Stelle des politischen Rechts werde das ökonomische treten, Krieg entspreche nicht der erreichten Bewußtseinsstufe der Menschheit, und eine Vereinigung demokratisch regierter Staaten werde für Frieden sorgen (Völkerbund).

9.1.3.4 Comte

Der bedeutendste französische Denker dieser Epoche war ohne Zweifel Auguste Comte (1798–1857), der Schöpfer des Positivismus in Frankreich und der Begründer der Soziologie. Comte machte sich die Evolutionstheorie so sehr zu eigen, wie er die Metaphysik ablehnte. Die Evolution der Gesellschaft vollzieht sich in drei Phasen oder Stadien: von der Theologie zur Metaphysik und von ihr zur positiven Wissenschaft. Seine Einteilung der Wissenschaften begründete er nach ihrem Fortschritt und ihren Wechselbeziehungen: Mathematik, Astronomie, Physik, Chemie, Biologie, Soziologie. Diese Wissenschaften, zuletzt die Soziologie Comtes, haben sich von den Fesseln der Metaphysik befreit und werden, im Bund mit weiteren künftigen Wissenschaften, die positive Gesellschaft schaffen. Dazu gehören eine positive Politik und eine positive Religion. Anstelle der Verehrung Gottes soll ein »Kultus der Menschheit« treten. Comte war selbst mathematisch und naturwissenschaftlich ausgebildet, lehrte eine Zeitlang an der École Polytechnique in Paris und wurde von zahlreichen Anhängern wie ein Heiliger verehrt. Humboldt zählte zu seinen Hörern. In der Kosmologie war Comte Newtonianer. Das Dreistadiengesetz läßt sich auf die Entwicklung des Individuums, auf die der Menschheit wie auch auf die Entwicklung der Wissenschaften anwenden. Auf religiösem Gebiet führte der Weg vom Fetischismus zum Polytheismus und schließlich zum Monotheismus. In den einzelnen Wissenschaften verfährt die elementare Methode deskriptiv, die höhere stellt die Gesetzmäßigkeiten fest. Im wissenschaftlichen Zeitalter fällt der Philosophie einmal die Aufgabe zu, die Prinzipien der aufeinanderfolgenden Wissenschaften zu erforschen, sodann, die neuen Erfindungen in den vorhandenen Wissenskosmos einzuordnen. Den Hauptfortschritt gesellschaftlicher Entwicklung sieht Comte im Übergang vom kriegerischen zum industriellen Dasein. Am Katholizismus sei die Unterordnung der Intelligenz unter das Gefühl negativ, die Trennung von geistlicher und weltlicher Macht dagegen positiv. Ziel der »positiven Philosophie« ist eine umfassende Änderung der Lebensverhältnisse, wobei der ökonomische Wandel auch einen Wandel des Individuums fordert, das den Egoismus überwinden und den Altruismus pflegen muß. Erst dann entsteht das soziale Gefühl, das eine Veränderung der Gesellschaft zum Positiven bewirkt. Comtes positivistische Formel lautet: »L'amour comme principe, l'ordre comme base, le progrès comme but« (Liebe als Prinzip, Ordnung als Fundament, Fortschritt als Ziel). Eine ideale Synthese von Mittelalter und Neuzeit oder nur ein Wunschtraum?

9.1.3.5 Ribot, Bertholet, Cournot, Poincaré

Knüpft sich die Emanzipation der Soziologie in Frankreich an den Namen Comtes, so beginnt die moderne Psychologie mit Théodule Ribot (1839–1916), dessen ›Psychologie anglaise contemporaine‹ 1870 erschien, im gleichen Jahr wie Hippolyte Taines (1828–1893) ›De l'intelligence‹. Ribot verkündete die Ablösung der Psychologie als einer experimentellen Wissenschaft von der Philosophie. Die neue Psychologie arbeitet mit zwei Methoden, einer subjektiven, der Selbstbeobachtung, und einer objektiven, der vergleichenden. Ribot machte englische und deutsche psychologische Theorien in Frankreich bekannt: von James und John Stuart Mill, Spencer, Herbart, Lotze und Wundt.

Die Anfänge der modernen Chemie reichen ins 18. Jahrhundert zurück. Marcelin Bertholet (1827–1907) war einer der letzten Vertreter dieses Fachs, der noch zu den Philosophen zählt, weil er ein umfassendes Allgemeinwissen besaß und eine Reihe bedeutender philosophischer Schriften verfaßte: ›Science et philosophie‹ (1886).

Der Mathematiker Antoine A. Cournot (1801–1877) untersuchte die Methoden vieler Wissenschaften und bestimmte ihr Verhältnis zur Philosophie in seinem ›Essai sur les fondements de nos connaissances‹ (1851). Die Philosophie faßt die Prinzipien der Wissenschaften zusammen, ohne deren Wahrscheinlichkeitscharakter anzutasten. Bahnbrechend waren auch die Untersuchungen des Mathematikers Henri Poincaré (1853 bis 1912), der mit seiner konventionalistischen Theorie den Absolutheitsglauben an Prinzipien erschütterte.

Um die Reihe der von Comte aufgezählten Wissenschaften des neuen Zeitalters zu vervollständigen, darf die Astronomie nicht unerwähnt bleiben. Am 1.-1. 1801 entdeckte Giuseppe

Piazzi (1746–1826) den ersten Asteroiden Ceres zwischen der Mars- und der Jupiterbahn. Damit war ein weiterer Schritt auf dem Wege der Loslösung von Metaphysik, Apriorismus und Absolutismus getan.

Seit d'Alembert hatte die französische Philosophie das besondere Verdienst, den Emanzipationsprozeß der Wissenschaften von der Philosophie erkannt und methodisch unterbaut zu haben. In der zweiten Hälfte des 19. Jahrhunderts, unter dem Eindruck der fehlgeschlagenen Februarrevolution von 1848 und der Reaktion im 2. Kaiserreich, setzte jedoch eine Art innerer Emigration ein, in deren Verlauf sich skeptische und spiritualistische Tendenzen die Waage hielten. In den letzten Jahrzehnten des Jahrhunderts, als Frankreich endgültig Republik wurde (1870), setzten sich den anglo-amerikanischen verwandte Kräfte in der Philosophie durch. In diesen Zeitraum fällt auch die Auseinandersetzung mit der deutschen Philosophie, speziell der Kants.

9.1.3.6 Renouvier, Lachelier, Boutroux, Bergson

Charles Renouvier (1815–1903) geht zwar von Kant aus, gestaltet aber dessen Ansatz in charakteristischer Weise um. Von den Kantischen Antinomien akzeptierte Renouvier nur die Thesen, also Anfang und Endlichkeit der Welt. Im Gegensatz zu Kant legte er mehr Gewicht auf Vorstellungen und Erfahrungen sowie auf die Kategorien des Werdens. In der Anzahl der Kategorien nähert er sich wieder Aristoteles an: Relation, Zahl, Lage, Reihenfolge, Qualität, Werden, Kausalität, Zweckmäßigkeit und Persönlichkeit. Diesen neun Kategorien entsprechen Tätigkeiten, die man in drei Gruppen einteilen und auf die Gemütskräfte Verstand, Wille und Leidenschaft beziehen kann. Entsprechend lassen sich auch die Wissenschaften anordnen. Renouvier verzichtet sowohl auf das Ding an sich als auch auf die Noumena, ebenso auf den Dualismus von Erscheinungswelt und Reich der Freiheit, während er den Anteil des Glaubens auch an der Vernunfterkenntnis hervorhebt. Freiheit ist eine Realität der Erscheinungswelt. Pflichten gelten nicht absolut, sondern relativ zum sozialen Umfeld und zu den geschichtlichen Umständen; das ist eine weniger idealistisch-weltfremde Perspektive als bei Kant. Das positive Recht hat nur im Zusammenhang mit den historischen Bedingungen moralischen Wert.

Renouvier verwirft auch die Unsterblichkeit des transzendenten Ich. In der Geschichtsphilosophie will er nicht, wie Hegel, eine Konstruktion geben, sondern von einer Analyse der Tatsachen im Bereich des Geistigen ausgehen. Bedeutsam ist die Betonung von Tätigkeit und Freiheit, des Willens, des Glaubens sowie der Einheit der Welterfahrung.

Für die französische Philosophie des 19. wie des 20. Jahrhunderts hat die Freiheit einen sehr hohen Stellenwert. Auch hier hat das politische Geschehen eingewirkt. Wie die englische Philosophie des 19. Jahrhunderts eine Art Selbstkorrektur des empirischen Standpunktes vornimmt, so finden sich auch in der französischen Philosophie Kräfte, die ein Gegengewicht gegen den Positivismus zu bilden suchen. Hierher gehören Jules Lachelier (1832–1918), Emil Boutroux (1845–1921) und Henri Bergson (1859–1941), die aber schon in das 20. Jahrhundert hineinreichen.

Lachelier knüpfte an Maine de Biran, Renouvier und nicht zuletzt an Kant an, bildete aber deren Lehren zu einem spiritualistischen Realismus weiter. Neben der kausalen Betrachtungsweise gesteht er der teleologischen eine Berechtigung zu, insofern sie gegenüber der mechanistisch-kausalen Welt eine durch Geist und Bewußtsein bestimmte Sphäre der Freiheit und Zweckmäßigkeit erschließt. Lachelier will die Metaphysik auf die Psychologie gründen, ein Weg, der Kant völlig fern liegt. Auf dem Weg der reflexiven Analyse des Bewußtseins gelangt man zu elementaren Einheiten, aus denen auf dem Weg der Synthese der Aufbau des Organismus und der realen Welt erfolgen kann. Der Übergang von der Analyse zur Synthese deckt sich mit dem Übergang von der Psychologie zur Metaphysik. Dem Bewußtsein und damit auch der Empfindung geht der Wille voraus; das Ich wird so als Inbegriff der Individualität, der Spontaneität und Freiheit verstanden.

Boutroux wendet sich in seiner Schrift ›De la contingence des lois de la nature‹ (1874) gegen den Determinismus, dessen Herrschaft er durch ein freies, schöpferisches Prinzip einschränkt. Auf diese Weise lassen sich die positiven oder exakten Wissenschaften dem Reich der Notwendigkeit zuordnen, während Metaphysik, Moral, Kunst und Religion dem geistigen Reich der Freiheit näherstehen.

Bergson hat seine Philosophie selbst als »neuen Spiritualismus« bezeichnet und damit sowohl gegenüber älteren Ansätzen dieser Art (Maine de Biran, Jouffroy, Cousin) abgegrenzt als auch gegenüber dem Rationalismus, Intellektualismus und Positivismus. Die Erscheinungen des Bewußtseins haben drei Merkmale: Intensität, Dauer und Freiheit. Das Gehirn speichert nur die Bewegungsmechanismen *(mécanismes moteurs)*, das heißt Bilder und Gedanken. Die »reine« Erinnerung, das »reine« Denken und der »reine« Geist arbeiten ohne Gehirnzentren. Neben der Sphäre motorischer Intelligenz öffnet sich das Reich der Intuition, des freien Denkens und Schaffens, der Metaphysik. In seinem Hauptwerk ›L'Evolution créatrice‹ (Schöpferische Entwicklung) legt Bergson seine Auffassung vom schöpferischen Leben des Geistes dar, das sich weder vorausbestimmen noch determinieren läßt. Am Anfang steht der »schöpferische Schwung« *(élan vital)*, der sich in Instinkt und Intelligenz spaltet. Instinktives Leben gelangt nicht zu Intelligenzleistungen, und das intelligente Lebewesen kann nicht auf das Instinktsystem zurückschalten. Die positiven Wissenschaften sind legitim, aber sie erfassen nur die äußeren Erscheinungen des Lebens. Das Leben kann nur in einem Akt innerer Anschauung *(intuition)* seiner selbst gewahr werden.

9.1.4 Deutschland

9.1.4.1 Schulze, Hamann, Herder, Jacobi

Für die Entwicklung der deutschen Philosophie im 19. Jahrhundert ist die Wiederbesetzung von Fichtes Lehrstuhl in Berlin symptomatisch. Nicht Jakob Friedrich Fries (1773–1843), die wissenschaftlichere Intelligenz und der freiheitlichere Charakter, erhielt ihn, sondern Hegel, der der preußischen Restauration huldigte, den Freiheitswillen dem Machtstreben unterwarf und, von den Machthabern belohnt, »eine Art philosophischer Diktator Deutschlands«[2] wurde. Nach seinem »Sieg« attackierte er seinen ehemaligen Mitbewerber, der als liberal gesinnter Patriot am Wartburgfest teilgenommen und sich in seiner Schrift ›Vom Deutschen Bund und Deutscher Staatsverfassung‹ (1817) für Freiheit und Volkssouveränität eingesetzt hatte. He-

[2] Karl Vorländer, Geschichte der Philosophie. Bd. 2, Leipzig 8. Aufl. 1911, S. 307.

gel nannte ihn einen »Heerführer der Seichtigkeit«, der die Wissenschaft der Herrschaft des Begriffs entziehe und mit seiner liberalen Denkweise den Staat, ein System der Vernunft, gefährde. Fries verlor 1819 auf Drängen Preußens seinen Jenaer Lehrstuhl, durfte aber seit 1824 als Mathematiker und Physiker, seit 1837 auch wieder als Philosoph Vorlesungen halten. Hegels ›Grundlinien der Rechtsphilosophie‹ erschienen 1821. Seine Taktik ist ebenso einfach wie raffiniert und wirksam. Dem Gegner wird die Eignung zum Beruf (Wissenschaftlichkeit) abgesprochen und das Etikett der Staatsgefährdung umgehängt. Hegel wußte auch, daß der Angriff, in einem entsprechenden Regime, die beste Art der Verteidigung ist, denn in Wirklichkeit war *er* der »Heerführer der Seichtigkeit«, mangelte es *ihm* an wissenschaftlichem Denken und war *seine* Auffassung vom Staat antiquiert. Hegels »Sieg« war ein Präzedenzfall nicht nur für die deutsche Philosophie; er legitimierte auch auf politischem Gebiet ein Denken, das für Preußen wie für Deutschland unheilvolle Folgen hatte.

Mit Fries begann in der deutschen Philosophiegeschichte des 19. Jahrhunderts der fruchtbare Prozeß der Emanzipation der Wissenschaften von der Philosophie, wobei die Philosophie in ein originäres, operatives Verhältnis zu den Wissenschaften trat. Mit den spekulativen Systembildnern begann der Verfall des Idealismus, aus dem sich zwei gefährliche Zerfallsprodukte ablösten. Aus Hegels scheinrationalem Idealismus ging durch die Umkehrung von Karl Marx ein rationalistischer oder historischer Materialismus hervor und durch Nietzsches Umkehrung ein irrationaler Naturalismus. Zwischen den Ideologien auf der einen und der wissenschaftlichen Philosophie auf der anderen Seite entstand eine Anzahl Misch- und Spielformen, so zum Beispiel ein naturwissenschaftlich orientierter Materialismus und ein naturwissenschaftlich orientierter Idealismus. Eine mittlere Linie verfolgten und behaupteten Positivisten und Realisten. Charakteristisch war auch die Reihe der Erneuerungen – Neukantianer, Neufichteaner, Neuschellingianer, Neuhegelianer und Neuthomisten – und gegenstandsorientierten Disziplinen der Philosophie, die im 20. Jahrhundert als sogenannte Bindestrich-Philosophien an Gewicht zunahmen: psychologisch orientierte Philosophie, Anthropologie, Philosophie der Kunst, Sprachphilosophie, Sozialphilosophie, Rechtsphilosophie, Moralphilosophie, Religionsphilosophie, Natur- und Geschichtsphilosophie.

Zur nachkantischen Periode der deutschen Philosophie im engeren Sinn, dem »Zeitalter der spekulativen Systeme« (bis 1831) zählen in jedem Fall Fichte, Schelling und Hegel. Zur Übergangsphase von Kant zum »Deutschen Idealismus« gehören Gottlob Ernst Schulze, Hamann, Herder und Jacobi.

Schulze (1761–1833), Professor in Helmstedt und Göttingen (seit 1810), wandte sich in seiner anonym erschienenen Schrift ›Änesidemus‹ (1792) indirekt gegen Kant. Er wollte Humes skeptische Philosophie gegen die »Anmaßungen der Vernunftkritik« verteidigen. Die Schrift wurde später ergänzt (›Kritik der theoretischen Philosophie‹ 1801) und beeindruckte Fichte, aber die dringende Kurskorrektur, verbunden mit Kontakten zur englischen Philosophie, unterblieb.

Johann Georg Hamann (1730–1788), der »Magus des Nordens«, hatte 1758 in London eine »Erweckung« erlebt und neigte zu einer christlichen Philosophie des Glaubens und des Gefühls. Hamanns Kritik an Kants Vernunftgläubigkeit blieb ohne nachhaltige Wirkung.

Johann Gottfried Herder (1744–1803), erst Anhänger, dann Gegner Kants, war von Shakespeare, Shaftesbury und Spinoza beeinflußt. In seinen ›Ideen zur Philosophie der Geschichte der Menschheit‹ (1784–1791), zu denen Kant in zwei Besprechungen kritisch Stellung nahm, wollte Herder die Entwicklung der Menschheit in ihrer ganzen »lebendigen Wirklichkeit« und Erfahrungsfülle aufzeigen. Sein Humanitätsbegriff zielte auf die harmonische Ausbildung und Entfaltung aller menschlichen Kräfte und Fähigkeiten. Sein Bildungsideal entsprach mehr dem freiheitlichen Weimar Karl Augusts als dem Geist des Preußenkönigs. Auch Herder unterlag.

Friedrich Heinrich Jacobi (1743–1819), ein Geschäftsmann aus Düsseldorf, wollte kein Schulphilosoph sein. Er wurde 1804 zum Präsidenten der Akademie der Wissenschaften in München ernannt und präzisierte seine Lehren in der Schrift ›David Hume über den Glauben oder Idealismus und Realismus‹ (1787). Jacobi setzte dem Verstand Vernunft und Gefühl entgegen und warnte vor den Gefahren eines überspitzten Rationalismus, der leicht in sein Gegenteil umschlage. Die Entwicklung des Deutschen Idealismus lieferte Beispiele dafür.

Leibniz und Kant hatten zwar idealistische Konzeptionen von Philosophie, aber solche, mit denen fruchtbares wissenschaftliches Arbeiten möglich war. Kants Kampf gegen die dogmatische Metaphysik, sein riesiges Werk der Vernunftkritik, so sollte man meinen, habe metaphysische Spekulationen vom weiteren Gang der Philosophie ausgeschlossen. Genau das Gegenteil war der Fall. Die Denker, die dem großen Philosophen aus Königsberg unmittelbar folgten, besaßen offensichtlich nicht seine Zucht des strengen Denkens, und so entstanden Systeme, die als solche kaum mehr überzeugen, wenn sie auch im einzelnen, wo sie ihre eigenen Prinzipien durchbrechen, manches Brauchbare und bisweilen sogar Gute enthalten.

9.1.4.2 Fichte

Johann Gottlieb Fichte (1762–1814), aus Rammenau in der sächsischen Oberlausitz, war der Nachfahre eines schwedischen Feldwebels aus dem Heer Gustav Adolfs. Sein Vater war Bandwirker und lebte in einfachsten Verhältnissen. Fichte zeigte früh Talent zum Predigen. Ein Edelmann aus der Gegend entdeckte seine Begabung und vermittelte dem Knaben einen Platz auf der Fürstenschule in Pforta (1774–1780). Danach studierte er in Jena und Leipzig Theologie, fühlte sich aber mehr zur Philosophie hingezogen, wo ihn besonders das Freiheitsproblem interessierte. Als Geldsorgen ihn fast zum Selbstmord trieben, erhielt er 1788 in Zürich eine Hauslehrerstelle. Dort verlobte er sich mit einer Nichte des Dichters Klopstock und lernte Pestalozzi kennen sowie den Physiognomen Lavater. Wieder in Leipzig, entdeckte er Kant und war so begeistert von dessen Philosophie, daß er in sechs Tagen seinen ›Versuch einer Kritik aller Offenbarung‹ niederschrieb und Kant selbst in Königsberg vorlegte (1791). Die Schrift war im Geist Kants geschrieben, und dieser vermittelte Fichte einen Verleger; die Schrift erschien anonym. Man glaubte, sie sei von Kant, und Fichte war »über Nacht ein berühmter Mann«. In Zürich, wo er inzwischen geheiratet hatte, erlebte er die Französische Revolution, die seine begeisterte Zustimmung fand. Er verfaßte in »Heliopolis, im letzten Jahre der alten Finsternis« 1793 eine Rede: ›Zurückforderung der Denkfreiheit von den Fürsten Europas‹ und ›Beiträge zur Berichtigung der Urteile des Publikums über die Französische Revolution‹, beide anonym. 1794 bekam Fichte eine Professur in Jena, wo ihm Theologen das Leben schwer machten. Wegen angeblichem Atheismus bei der Obrigkeit denunziert – er hatte es gewagt, Gott und moralische Weltordnung gleichzusetzen –, wurde er von der kursächsischen Regierung des Atheismus angeklagt und schließlich, da er sich nicht einschüchtern ließ und selbstbewußt reagierte, seines Amtes enthoben. In Berlin, wo Fichte reichlich Anhänger und Freunde fand, hielt er während der französischen Besetzung 1807–1808 seine ›Reden an die deutsche Nation‹, worin er eine Erneuerung der Moral und Erziehung des deutschen Volkes forderte. Fichte wurde 1810 Professor, 1811 Rektor der neugegründeten Berliner Universität, starb aber schon 1814 an einer fiebrigen Erkrankung, die sich seine Frau bei der Pflege Verwundeter zugezogen und auf ihn übertragen hatte. Zehn Jahre danach wurde der Wiederdruck seiner ›Reden an die deutsche Nation‹ verboten.

Fichte war zweifellos ein freiheitsliebender Mann mit Zivilcourage, aber auch ein Egozentriker und Rhetoriker. Unter seiner Regie wurde die idealistische Philosophie Kants zu einer deutschen Angelegenheit, in der das »Ich« eine führende Rolle spielt, wurde zum »Deutschen Idealismus«. Ein weiterer Schritt auf dem Weg der Philosophie zur Ideologie war getan. Fichte radikalisierte Kants transzendentalen Denkansatz. Philosophieren ist Nicht-leben und Leben ist Nicht-philosophieren. Fichtes Denken beginnt mit einer Setzung, einer Tathandlung, der Etablierung des Absoluten, und dieses Absolute ist das Ich. Auf die Arbeiten aus der Zeit in Jena: ›Grundlage der gesamten Wissenschaftslehre‹ (1794), ›Grundlage des Naturrechts nach Prinzipien der Wissenschaftslehre‹ (1796) und ›Das System der Sittenlehre nach Prinzipien der Wissenschaftslehre‹ (1798) folgen ›Die Bestimmung des Menschen‹ und ›Der geschlossene Handelsstaat‹ (1800), ›Über das Wesen des Gelehrten‹ (1805), ›Grundzüge des gegenwärtigen Zeitalters‹, ›Anweisung zum seligen Leben‹ (1806) und ›Die Tatsachen des Bewußtseins‹ (1810).

Die ›Wissenschaftslehre‹ expliziert im 1. Teil die Grundsätze der Identität, des Widerspruchs und der wechselseitigen Einschränkung. Daraus deduziert Fichte im 2. Teil die Grundlagen des Wissens: Das Ich setzt sich als Ich und etabliert sich durch diese freie Tathandlung selbst als letzte Instanz der Unterscheidung und der Entscheidung. Mit dem Ich setzt das Ich zugleich die Gegeninstanz, die in Unfreiheit verharrt: dem Ich tritt ein Nicht-Ich entgegen. Da sich beide innerhalb des Ich befinden, schränken sie einander ein. Es gilt also: Ich setzt im Ich dem teilbaren Ich ein teilbares Nicht-Ich entgegen. Daraus folgen zwei weitere Sätze, die die Wissenschaft als theoretische und als praktische fundieren: Indem sich das Ich durch das Nicht-Ich beschränkt, verhält es sich erkennend, indem es das Nicht-Ich als bestimmt durch das Ich setzt, verhält es sich handelnd.

Man kann nach Fichte philosophierend vom Objekt zum Verständnis des Subjekts gelangen oder umgekehrt. Welche Philosophie einer wählt, hängt davon ab, was für ein Mensch er ist. Fichte betrachtet in einem säkularisiert christlichen Sinn die Welt als Widerstand für die Aktivitäten des Ich. Der Anthropozentrismus ist in gewissem Sinn christlich, die Interpretation neuzeitlich. Die Natur als solche erscheint als das Unvernünftige und hat keinen Zweck. Naturverachtung und Verabsolutierung des Ich ergänzen einander. Für einen theistischen Gottesbegriff ist in Fichtes Konzeption kein Platz. Später neigte er zum Mystizismus und zu einer Art Pantheismus. In seiner antieudämonistisch-rationalen Willensethik fordert Fichte die Überwindung des Machtstrebens durch den Vernunftwillen. In der Achtung vor der freien Persönlichkeit des anderen findet die eigene freie Persönlichkeit Erfüllung. Fichtes Staatstheorie ist eher sozialistisch als liberal. Der Staat soll dem Einzelnen Schutz des Lebens und des Eigentums garantieren, aber auch das Recht auf Arbeit; Müßiggang und Not sind zu beseitigen. Der Staat beaufsichtigt die Berufswahl und den Bodenbesitz. Der »geschlossene Handelsstaat« kennt weder Freihandel noch Freizügigkeit, weder fremde Währungen noch Gewerbefreiheit. Gegenüber Kant ist eine Verengung des Horizonts festzustellen: vom Kosmopolitismus zum Nationalismus. Wenn auch die Welt am deutschen Wesen noch nicht genesen soll, so hängt doch, Fichte zufolge, das Schicksal der Menschheit vom Schicksal des deutschen Volkes ab.

9.1.4.3 Schelling

Läßt der Deutsche Idealismus bei Fichte einen überzogenen Hang zum Rationalismus erkennen, zeigt er in Friedrich Wilhelm Schelling (1775–1854) einen ebenso starken Hang zum Irrationalismus, zu Romantik und Mythos, Transzendenz und Mystik. Konzentrierte sich Fichte auf die Philosophie des Subjekts, sein Denken und Tun, und gelangte zu einer spekulativen Logik und Ethik, so konzentrierte sich Schelling auf die Naturphilosophie und schuf eine spekulative Physik.

Schellings ehrgeiziger Vater, ein Theologe aus Leonberg, erreichte es, daß sein Sohn bereits mit 15 Jahren ins theologische Seminar (in das berühmte Tübinger Stift) aufgenommen wurde. Er studierte dort zusammen mit Hölderlin und dem fünf Jahre älteren Hegel, mit dem er zunächst befreundet, dann auf Lebenszeit verfeindet war. In Tübingen verfaßte er die Schriften ›Über die Möglichkeit einer Form der Philosophie‹ und ›Vom Ich als Prinzip der Philosophie‹. Sein Standpunkt deckte sich weitgehend mit dem der ›Wissenschaftslehre‹ Fichtes. Nach der Abschlußprüfung hielt es Schelling nicht länger in seiner Heimat aus: »Es wird mir alles zu eng hier in unserem Pfaffen- und Schreiberland.«

Als Reisebegleiter der jungen Barone von Riedesel kam er auch nach Weimar, Jena und Leipzig. In Jena hörte er Fichte, gab 1797 seine Hofmeisterstelle auf und erhielt auf Empfehlung Goethes eine Stelle als außerordentlicher Professor in Jena (1798). Dort lernte er Caroline, die Frau August Wilhelm Schlegels, kennen, die einen Kreis von Romantikern um sich versammelt hatte und später seine Frau wurde. Von 1803 bis 1806 war er Philosophieprofessor in Würzburg, später in Erlangen (1820–1826) und München (1827–1841), schließlich in Berlin, wohin ihn Friedrich Wilhelm IV., der »Romantiker auf dem Thron«, berufen hatte (1841), »um der Drachensaat des Hegelschen Pantheismus, der flachen Vielwisserei und der gesetzlichen Auflösung häuslicher Zucht« entgegenzuwirken. Schelling wurde jedoch bald in Fehden und Prozesse verwickelt, zog sich verbittert von der Vorlesungstätigkeit zurück und starb vereinsamt im Kurort Ragaz in der Schweiz.

Die philosophische Entwicklung Schellings läßt sich zwanglos in vier Phasen gliedern. Am Anfang steht die Übereinstimmung mit Fichte (1794–1796). So wie Fichte sein Kant-Erlebnis hatte, hatte Schelling sein Fichte-Erlebnis. Darauf folgen Versuche auf dem Gebiet der Naturphilosophie (1797–1799): ›Ideen zu einer Philosophie der Natur‹ (1. Teil, 1797), ›Erster Entwurf eines Systems der Naturphilosophie‹ (1797), nebst einer Einleitungsschrift ›Über den Begriff der spekulativen Physik und die innere Organisation eines Systems dieser Wissenschaft‹ (1799) sowie ›Von der Weltseele‹ (1798). Es blieb beim 1. Teil der ›Ideen‹ und beim ›Entwurf‹ eines Systems, und über zwei Bände kam Schellings ›Zeitschrift für spekulative Physik‹ (1800–1801) nicht hinaus. Es versteht sich, daß ein genialer Denker vom Rang Schellings empirische Forschung im Stil Boyles und Newtons geringschätzte, wollte er doch ins »innerste Wesen« der

Natur vordringen. Die Ergebnisse sind dann auch mehr Erleuchtungen als Erkenntnisse: das System der Natur ist zugleich das System des Geistes. Die Materie ist schlummernder Geist. Die Schrift ›Von der Weltseele‹ hat den Untertitel ›Eine Hypothese der höheren Physik zur Erklärung des allgemeinen Organismus‹. Im Gegensatz zu Galilei, Newton und Kant faßt Schelling den Kosmos als Organismus auf, dessen universales Prinzip die Polarität ist. Sie äußert sich in der Elektrizität als Positivität und Negativität, im chemischen Bereich als Säuren und Alkalien, im biologischen als Erregbarkeit und Erregung sowie im geistigen als Subjektivität und Objektivität. »Was unserer Erde angehört, hat alles eine gemeinschaftliche Eigenschaft: diese, daß es dem positiven Prinzip, das von der Sonne uns zuströmt, entgegengesetzt ist. In dieser ursprünglichen Antithese liegt der Keim einer allgemeinen Weltorganisation.« Schelling war nicht der erste und nicht der letzte, der der Faszination einer »Weltformel« erlag.

Was beim ›System der Natur‹ nicht so recht glücken wollte, versuchte der 25jährige in seinem ›System des transzendentalen Idealismus‹ (1800), das »alle Teile der Philosophie in *einer* Kontinuität und die gesamte Philosophie als fortgehende Geschichte des Selbstbewußtseins« darstellen sollte. Schelling geht dabei, wie Fichte, vom Subjekt aus. Dieses ist mit einer höheren Erkenntnisquelle, der »intellektuellen Anschauung«, ausgestattet, vermag daher sein eigenes Wesen zu erhellen und steigt dabei von der Empfindung über Anschauung, Reflexion und Urteil bis zum Wollen empor, das die objektive Welt bewußt produziert. Die Potenzen der Natur kehren in der Entwicklung des Bewußtseins wieder. Geschichte ist Offenbarung des Absoluten als Übereinstimmung von Bewußtem und Unbewußtem, wenn sich auch die wahre Harmonie erst in der Kunst vollzieht. Die Philosophie der Kunst ist daher der Gipfel allen Philosophierens, das »Allerheiligste, wo in einiger und ursprünglicher Vereinigung gleichsam in *einer* Flamme brennt, was in der Natur und Geschichte gesondert ist, und was im Leben und Handeln, ebenso wie im Denken, ewig sich fliehen muß.«

Im Reiche der Hypothesen und Visionen verwischen sich die Grenzen zwischen rationaler Welterklärung und Illusionen. Mit dem ›System der Identität‹ oder der ›Philosophie des Absoluten‹ (1800–1803) will Schelling endgültig über Fichte hinauskommen und zur letzten Einheit des Absoluten vordringen, das als »totale Indifferenz von Subjekt-Objekt« oder »Identität des

Idealen und Realen« bestimmt wird. Gegen Fichtes subjektiven Idealismus setzt Schelling seinen, wie er glaubt, objektiven Idealismus: aller Dualismus ist »auf immer vernichtet« und alles soll »absolut Eines werden«.

Ob subjektiver oder objektiver Idealismus, eine Philosophie, die dem Absoluten huldigte und keine nennenswerten Ansprüche an die naturwissenschaftliche Intelligenz stellte, paßte besser zum Weltverständnis des Preußenkönigs und anderer Fürsten als die Lehren Newtons, Eulers, Lockes, Montesquieus oder Rousseaus. Je phantastischer, scheinrationaler und weltfremder ein solcher Idealismus war, desto mehr lenkte er Herrscher wie Beherrschte von den anstehenden gesellschaftlichen Aufgaben ab. Mit Kultur hatte sich das Ancien régime getarnt, Kultur diente den Herrschern der Restauration zur Tarnung ihrer Machtpolitik und ihrer Rückständigkeit auf fast allen Gebieten des öffentlichen Lebens. In einem degenerierten System degenerierte auch der ehrwürdige Idealismus Kants zu einem willfährigen Konformismus, der sich zusehends in der Hofnarrenrolle gefiel. Dieser Konformismus war für die Herrschenden eher ein willkommener Zeitvertreib als eine ernste Gefahr, für die Philosophie bedeutete er den Anfang vom Ende. Hinzu kamen wirtschaftlich bedingte (Produktionsweise), Veränderungen der Gesellschaft. War die Architektonik der Vernunft bei Kant noch Ausdruck der Suche nach ewigen Wahrheiten, paßten sich die Systembildungen des Deutschen Idealismus den Bedingungen von Angebot und Nachfrage, des Marktes und der Mode an. Auch hier begann der Konkurrenzkampf: Hatte Hegel Schelling verdrängt, so sollte Schelling Hegels Erbschaft beseitigen. Daß daraus nichts wurde, hatte andere Gründe. In dem von den deutschen Idealisten gar nicht bemerkten Prozeß der Ökonomisierung auch der geistigen Produktion verwandelten sich die ewigen Wahrheiten von einst zu zugkräftigen Leitbegriffen und Werbeparolen, zu reaktionären, liberalen oder sozialistischen Ideologien.

Schellings »Freiheitslehre« kommt dem reaktionären Zeitgeist insofern entgegen, als sie den Kern der Freiheitsproblematik ins Theologische verschiebt: Freiheit an sich bedeutet in Gott sein. Menschliche Freiheit besteht in der Entfernung des Ichs von Gott oder des Eigenwillens vom göttlichen Willen. Eine solche Lehre auf der Grenze zur Theosophie stört keinen Herrscher, wenn es um die Gewährung von konkreten Freiheiten und Menschenrechten geht. Die letzte Phase von Schellings philosophischer Entwicklung mündet ein in Theosophie, Mythologie und Mystik. Der absolute Weltgrund erscheint ebenso irreal wie irrational: »Eine wortreiche, verworrene, abstruse Scholastik, ein unerquickliches Gemenge aus spekulativen, ihren Hauptbestandteilen nach seiner früheren Philosophie entnommenen Ideen, trüber Theosophie, willkürlich gedeuteten Bibelstellen und kirchlicher Dogmatik.«[3]

Von einer rationalen geistigen Weltbewältigung im Sinne Galileis, Newtons oder Darwins kann weder bei Fichte noch bei Schelling die Rede sein. Wie steht es damit bei Hegel?

9.1.4.4 Hegel

Georg Wilhelm Friedrich Hegel (1770–1831), Sohn eines Rechnungsbeamten aus Stuttgart, studierte, nach dem Besuch eines humanistischen Gymnasiums, im Tübinger Stift Philosophie (1788–1790) und Theologie (1790–1793). Dort lernte er Hölderlin und Schelling kennen. Gemeinsam war den drei jungen Männern die Begeisterung für die griechische Antike. Daneben studierten sie auch eifrig Kant und Schiller. Nach der theologischen Abschlußprüfung verbrachte Hegel, wie Kant, Fichte und Schelling, einige Zeit als Hauslehrer, zunächst in Bern (1794–1797), dann in Frankfurt am Main (1797–1800). In Bern verfaßte Hegel, von Kant beeinflußt, ›Das Leben Jesu‹ (1795) und eine Abhandlung über das Verhältnis von Vernunftreligion zu positiver Religion (1795/96), im Sommer 1798 die Schrift ›Über die neuesten inneren Verhältnisse Württembergs, besonders über die Gebrechen der Magistratsverfassung‹. Hegel interessierte sich also zunächst für theologische und politische Fragen. In einer anonymen Schrift kritisierte er damals auch die politischen Zustände in Bern. Es folgte eine Schrift über die deutsche Reichsverfassung (1801/02). Nach dem Tod seines Vaters (1799), der ihm ein kleines Kapital hinterließ, faßte er den Entschluß, ein philosophisches System aufzustellen, und wurde in Jena Privatdozent (1801). Dort schloß er sich zunächst Schelling an. Spekulationen, die er in seiner Dissertation ›De orbitis planetarum‹ über das Planetensystem angestellt hatte, erwiesen sich infolge der (bereits erwähnten) Entdeckung des ersten

[3] Eduard Zeller, Geschichte der deutschen Philosophie seit Leibniz. 2. Aufl. 1875, S. 561.

Asteroiden als unhaltbar. In der Schrift ›Differenz des Fichteschen und Schellingschen Systems der Philosophie‹ (1801) bekennt sich Hegel zu Schelling. In einem Entwurf aus jener Zeit zum ›System der Sittlichkeit‹ hob er die heilsame Wirkung des Krieges im Gegensatz zu Kants Friedensideal hervor. Während er 1807 die ›Phänomenologie des Geistes‹ vollendete, bewunderte er Napoleon, den ›Weltgeist zu Pferde‹. Im Frühjahr 1807 zog es Hegel nach Bayern, wo ihm sein Freund Niethammer, zuständig für die höheren Schulen des Landes, eine Stellung als Rektor des Nürnberger Gymnasiums verschaffte (1808–1816). In dieser Zeit entstand Hegels ›Wissenschaft der Logik‹. 1816 erhielt er einen Ruf als Professor der Philosophie nach Heidelberg. Dort erschien 1817 die einzige vollständige Darstellung seines Systems, die ›Enzyklopädie der philosophischen Wissenschaften im Grundriß‹. Daran schloß sich die Berufung nach Berlin (1818–1831) an.

Hegels philosophisches Grundkonzept erweist sich genetisch als eine Synthese aus Ideen Fichtes und Schellings und damit als legitimes System des spekulativen Idealismus, insofern Fichte und Schelling wieder in Kant wurzeln. Von Fichte übernahm Hegel einmal den Gedanken der Bewegung der Vernunft, sodann den dialektischen Dreischritt These - Antithese - Synthese, von Schelling die Vorstellung eines Absoluten und die Gleichsetzung desselben mit der Vernunft, dem Geist. Hegel radikalisierte die Prämissen seiner Vorgänger, insofern er den dialektischen Prozeß zum universalen Vehikel des Wirklichkeitsverständnisses machte und die Wirklichkeit als universale Manifestation der Vernunft ansah. Spezifisch für Hegel ist der Glaube, daß in seinem System der Prozeß der Philosophie, die Offenbarung der Vernunft, zur Vollendung gekommen sei. Nach Hegel ist die Natur entäußerter Geist oder die Idee in ihrem Anderssein. Kehrt der Geist in sein Ansichsein zurück, stellt sich die absolute Vernunft wieder her. Entsprechend gliedert sich die Philosophie in Logik, in Natur- und in Geistesphilosophie. Logik ist die Wissenschaft von der Idee als solcher, Naturphilosophie von der Idee in ihrem Anderssein, Geistesphilosophie von der zu sich selbst zurückkehrenden Idee. Diese Dreiheiten sind wiederum in Dreiergruppen aufgeteilt. Im Gegensatz zu Schelling, der sich auf die »intellektuale Anschauung« und sein Genie verläßt, erhebt Hegel den Anspruch auf strenge Wissenschaftlichkeit seines Verfahrens. Der individuelle Geist entwickelt sich, Hegel zufolge, analog zum Weltgeist in folgenden Stufen: Bewußtsein, Selbstbewußtsein, Vernunft, Geist, Religion, absolutes Wissen (Philosophie).

Die Logik, die eine Lehre von der Idee, also Metaphysik sein soll, zerfällt in die Lehren vom Sein, vom Werden und vom Begriff. Das Sein zerfällt in Werden, Dasein und Fürsichsein (Qualität), in reine, bestimmte und unendliche Quantität sowie in das Maß (lose), worin Quantität und Qualität sich verbinden oder aufheben. Das Wesen zeigt sich, reflektiert, als Gesetz von der Identität, vom Widerspruch und vom zureichenden Grund, erscheinend als Gegensatz von Inhalt und Form, Ganzem und Teil, Ding und Eigenschaften und in Wirklichkeit als Vernunft. Es gilt daher: was vernünftig ist, ist wirklich und umgekehrt. Die drei Modi der Wirklichkeit im weiteren Sinn sind Möglichkeit, Wirklichkeit im engeren Sinn und Notwendigkeit, die drei Verhältnisse sind Substantialität, Kausalität, Wechselwirkung.

Der Begriff umfaßt als subjektiver Begriff die Elemente der traditionellen Logik: Begriff im engeren Sinn, Urteil und Schluß, als objektiver Begriff die mechanischen, chemischen und teleologischen Komponenten, als Idee das Leben, Erkennen und Idee im anfänglichen Sinn. Das Einzelne ist nur Erscheinung des Allgemeinen.

Soviel zur Logik. Die Naturphilosophie, Hegels schwächste Seite, ist in Mechanik, Physik und Organik gegliedert oder in Auseinander, Kohäsion und Gestalt. Zur Philosophie des Geistes gehören Psychologie, Ethik, Rechts-, Staats- und Geschichtsphilosophie sowie Ästhetik und Religionsphilosophie. Zum subjektiven Geist gehören: Anthropologie, Phänomenologie und Psychologie im engeren Sinn, zum objektiven: Recht, Moralität und Sittlichkeit (Familie, bürgerliche Gesellschaft, Staat) sowie Geschichte, zum absoluten Geist: Kunst, Religion und Philosophie.

Die Geschichtsphilosophie gilt als stärkste Seite der Hegelschen Philosophie, was weder im Hinblick auf Leibnizens Handhabung der kritischen Methode noch auf Kants Geschichtskonzept zu halten sein dürfte. Einige Beispiele aus seiner Geschichtstheorie: In der Weltgeschichte geht es, wie überall, vernünftig zu. Die »Volksgeister« und großen Persönlichkeiten sind nur Werkzeuge des Weltgeistes. Die Weltgeschichte ist zugleich das Weltgericht. Die »List der Vernunft« besteht darin, daß sie die Leidenschaften der Menschen für ihre Zwecke einspannt. In jedem Zeitalter übernimmt ein Volk in der Weltgeschichte die Führung. Hat es seine Mission erfüllt, folgt ein anderes. Die Geschichte zerfällt in vier große Perioden, die orientalische, griechische, römische und germanische. Sie entsprechen dem Knaben-, Jünglings-, Mannes- und Greisenalter. Als die Menschheit des Schießpulvers bedurfte, war es da. (Das gilt dann wohl auch für alle weiteren Waffen bis hin zur Atombombe!) In der Theorie soll die Weltgeschichte die Entwicklung des Begriffs der Freiheit aufzeigen, in der Praxis wurde Hegels System »zur wissenschaftlichen Behausung des Geistes der preußischen Reaktion«[4]. Seine letzte Schrift war eine in diesem »Geist« gehaltene Kritik freiheitlicher englischer Reformen.

Die Analogie von Lebensaltern und Geschichtsperioden ist höchst irreführend. Nach Hegel endet mit dem Zeitalter Hegels die Geschichte, was nicht nur von den Tatsachen widerlegt ist, sondern auch die extreme Vergangenheitsorientierung dieser Perspektive zeigt, von grotesken Simplifizierungen nicht zu reden, die schon zu Hegels Zeiten Anachronismen waren. Was das Greisenalter betrifft, kann man Hegel zustimmen: seine Art der Geschichtsbetrachtung ist greisenhaft. Die Rede von Mission und Weltgericht verrät die Verstrickung dieser scheinbar so rationalen Philosophie in theologische Dogmen und Vorurteile. Ein Vorurteil ist auch, daß in jedem Zeitalter ein Volk die Führung übernehme. Das paßt zu Preußens Führungsansprüchen im 19. Jahrhundert und zum folgenden imperialistischen Zeitalter der deutschen Geschichte. Die berühmte Hypothese von der List der Vernunft gilt nur unter der Voraussetzung eines Theologems, der Annahme eines persönlichen Gottes, der die Welt nach den Prinzipien Hegelschen Vernunftglaubens lenkt. Daß nicht nur einzelne Menschen, sondern ganze Völker zu Werkzeugen degradiert werden, widerspricht nicht nur der Kantischen Auffassung von Menschenwürde zutiefst, sondern auch dem Grundkonsens christlich-neuzeitlicher Lebensauffassung. Daß es in der Weltgeschichte wie überhaupt in der Wirklichkeit vernünftig zugehe, kann doch nur jemand behaupten, der entweder völlig weltfremd ist, was Hegel nicht war, oder die Augen vor der Realität verschließt, aber es gibt plausible Erklärungen für Hegels »Panlogismus«, der im Grunde ein Scheinrationalismus, ein Illusionismus war. Hegel brauchte seinen »Panlogismus« vor allem aus zwei Gründen: Wollte er dem Irrationalismus entgehen, in den Schelling aufgrund ähnlicher

[4] Vorländer, ebd., S. 307.

Spekulationen schließlich verfallen war, mußte er seinen Spekulationen, einem Gemisch von Theologemen und Philosophemen, ein streng wissenschaftliches Gewand umlegen. Hegel tat dies, indem er Logik und Metaphysik ineinander verschwimmen ließ und seine dialektische Methode virtuos handhabte. Hegel wußte, daß sich Wissenschaften wegen der »elenden Schikane« der Philosophen, die spekulierten statt zu denken, von der Philosophie emanzipierten, aber er wollte diesen Prozeß nicht wahrhaben und wenn möglich verhindern. So monopolisierte er die Vernunft für sein System und Wissenschaftlichkeit für seine Methode, obwohl weder sein System etwas mit Vernunft noch seine Methode etwas mit Wissenschaft gemeinsam hat.

Was die Interpretation Hegels nicht nur äußerst schwierig, sondern im Grunde unmöglich macht, ist, daß sich die Dialektik der Rechenschaftsablegung entzieht; damit ist jede Form einer rationalen Auseinandersetzung ausgeschlossen. Die Mäeutik des Sokrates und Platons Kunst der Gesprächsführung dienten der Wahrheitssuche, der ständigen Rechenschaftsabgabe und der Herstellung von Konsens, verbunden mit der Bereitschaft, sich widerlegen zu lassen. Indem Hegel Logik und Metaphysik kontaminierte, entzog er rationaler Wahrheitssuche den Boden. Seine Dialektik ist eher eine Technik der Verschleierung von Tatsachen als eine Kunst der Wahrheitssuche, eher eine Strategie mit dem Ziel totaler Unterwerfung oder Bekehrung des anderen als die Ermöglichung kreativen Denkens. Hegels Systematik und Dialektik ist dort zu Hause, wo es mehr um Macht als um Wahrheit geht, wo Monarchen, Diktatoren oder Parteifunktionäre über wahr und falsch entscheiden, wo philosophische Lehrstühle nach Loyalität oder Parteizugehörigkeit vergeben werden und wo die Freiheit des Denkens der Allmacht des Systems zum Opfer fällt. Es gab eine Zeit, da auch Hegel die Freiheit und die revolutionären Ideen liebte, aber diese Zeit war spätestens mit dem Beginn seiner Tätigkeit in Berlin vorbei. Der Greis Hegel verleugnete die Ideale seiner Jugend – aus Angst vor der Freiheit.

Hegels scheinrationales System gleicht einem titanischen Versuch, die Vernunft auf vernünftige Weise zu liquidieren, um das Ancien régime, das uralte Bündnis von Magie und Macht zu erneuern, oder, mit Hegel zu sprechen, die Vernunft sich selbst aufheben zu lassen.

9.1.4.5 Idealismus, Materialismus, Positivismus

In der Philosophie des 19. Jahrhunderts bedeutet Hegels System einmal den Abschluß des spekulativen Idealismus, sodann einen wichtigen Schritt im allgemeinen Verfallsprozeß des Deutschen Idealismus, der in Marx und Nietzsche seinen Abschluß fand.

Man kann die deutsche Philosophie des 19. Jahrhunderts nach verschiedenen Gesichtspunkten einteilen. Gewöhnlich unterscheidet man drei Abschnitte oder Epochen, wobei nur über die erste Epoche, bis zu Hegels Tod (1831), weitgehender Konsens besteht. Es ist das Zeitalter der spekulativen Systeme oder des an Kant anschließenden Deutschen Idealismus im engeren Sinn. In jedem Fall gehören Fichte, Schelling und Hegel dazu. Einige namhafte Historiker der Philosophie unterteilen mit guten Gründen die restlichen Dekaden in zwei Abschnitte, mit dem Jahr 1870 als Zäsur. Der erste ist das klassische Zeitalter des Materialismus um die Jahrhundertmitte, der zweite ist gegenüber der Philosophie des 20. Jahrhunderts, der Gegenwart, der Moderne nur äußerst schwierig abzugrenzen. Eine solche Anordnung hätte, chronologisch gesehen, Vorteile. Legt man indessen größeres Gewicht auf Dynamik und Entwicklung, wird man nach Grundlinien suchen, die die Kontinuität der wirksamen Kräfte stärker zum Ausdruck bringen. In beiden Fällen ergibt sich ein pluralistisches Konzept, wobei das dynamische besser zur Gesamtdisposition paßt und den Vorzug verdient.

Die griechische Philosophie hat drei Grundmodelle der Wirklichkeits-Interpretation hervorgebracht: Pythagoras das Zahlenmodell, Demokrit das Atommodell und Platon das Ideenmodell. Diese drei Modelle haben die Grundzüge westlichen Philosophierens bis in die Gegenwart entscheidend bestimmt. Auch im 19. Jahrhundert treten die Modelle wieder in Erscheinung. Bis 1831 herrscht der Idealismus eindeutig vor. Infolge der spezifischen Denkkonstellation bei Hegel schlägt der Idealismus um die Jahrhundertmitte in sein Gegenteil um, in den Materialismus. Damit sind die äußeren Positionen bezeichnet, aber die Extreme konnten sich nicht durchsetzen. Gegen Ende des Jahrhunderts ist auch in Deutschland ein starker Trend zum Positivismus festzustellen, der sich zunächst mit der Evolutionstheorie verbindet und dann im 20. Jahrhundert, mit Empirie und Analyse vereinigt, zur treibenden Kraft wissenschaftlich-rationalen Philosophierens wird. Wenn man so will, hat der Mathematiker Pythagoras einstweilen gesiegt.

Grundlegend für das 19. Jahrhundert ist nun, daß sich alle möglichen Kombinationen von Idealismus und Positivismus sowie Materialismus und Positivismus finden, aber nicht solche von Idealismus und Materialismus. Die beiden Richtungen stehen sich so unversöhnlich gegenüber wie einst Platon und Demokrit. Marx wollte Comte mit Hegel verbinden und entschied sich letztlich für Hegel, für den »historischen« Materialismus – das war sein Fehler, der hier nicht weiter zu erörtern ist. Hier stellt sich dagegen die Aufgabe, zunächst das Schicksal des verfallenden Idealismus bis zu seinem vorläufigen Ende zu verfolgen, sodann Aufblühen und Verblühen des Materialismus darzustellen und schließlich das Spiel der Kräfte zu Beginn dieses Jahrhunderts zu analysieren. Ungefähr decken sich diese Bewegungen mit den traditionellen chronologischen Einteilungen.

9.1.4.6 Alexander und Wilhelm von Humboldt, Schleiermacher, Fries, Herbart, Beneke, Bolzano

Im Einklang mit Kants Idealismus im weiteren Sinn, aber im Gegensatz zum spekulativen Idealismus Hegels steht eine in der Regel viel zu wenig beachtete Gruppe von Denkern: Alexander (1769–1859) und Wilhelm (1767–1835) von Humboldt, Friedrich Ernst Daniel Schleiermacher (1768–1834), Jakob Friedrich Fries (1773–1843), Johann Friedrich Herbart (1776–1841), Friedrich Eduard Beneke (1798–1854) und Bernhard Bolzano (1781–1848).

Die Publizität der »großen« Denker im 19. Jahrhundert steht zunehmend in einem Mißverhältnis zu ihrer tatsächlichen philosophischen Bedeutung, wenn auch andererseits ein hoher Publizitätsgrad nicht eo ipso ein Zeichen für mindere philosophische Qualität ist. Marx ging es nicht in erster Linie um Erkenntnis und Wahrheit, sondern um Änderung von Bewußtsein und von gesellschaftlichen Verhältnissen. Er ist weniger Denker als Revolutionär, weniger Philosoph als Ideologe. Seine Wirkung steht außer Zweifel. Nietzsche war publizitätssüchtig, setzte auf Legendenbildung, Skandale und ließ sich ein ›Dokument‹ beschaffen, das seine adlige Abstammung bezeugen sollte: sein Erfolg war beträchtlich. Hegel opferte die schwäbische Besinnlichkeit der Berliner Hektik, huldigte einem reaktionären Regime und avancierte zum Philosophenpapst von Königs Gnaden.

Während Hegel das idealistische System der Systeme zu Papier brachte, praktizierten die Brüder Humboldt einen anderen, nicht weniger deutschen Idealismus. Der Kosmopolit Alexander von Humboldt hat wesentlich zur Emanzipation einer ganzen Reihe von Wissenschaften beigetragen. Manche seiner Erfahrungen und Methoden mögen überholt sein, sein wissenschaftliches Ethos ist unüberholbar. Wo gab und wo gibt es Männer, die ihr eigenes Vermögen und Lebensglück so in den Dienst der Forschung stellen wie Humboldt es tat, der fast sein gesamtes Vermögen für Forschungszwecke ausgab, der auf lukrative Ämter verzichtete, um seine Selbständigkeit als Wissenschaftler zu erhalten, der als geborener Diplomat acht diplomatische Missionen für seinen König gewissenhaft ausführte, doch nie dem Machtrausch verfiel? Statt auf seinem Familiengut ein Leben in hohen politischen Stellungen und Ehren zu führen, abwechselnd mit Aufenthalten an exklusiven Ferien- und Badeorten, zog Humboldt es vor, in dem von Schlangen und Krokodilen wimmelnden Dschungel Venezuelas zu forschen. Am 23. Juni 1802 versuchte er in Ecuador, den 6300 Meter hohen Chimborazo zu ersteigen. Er blieb nur 400 Meter unter dem Gipfel, und stieg mehr als 1000 Meter über den höchsten Punkt, der vorher erstiegen war. Die Ausbeute seiner fünfjährigen Forschungsreise durch Südamerika waren nicht weniger als 60000 Pflanzen, darunter 3500 neue Arten. Für die Archäologie wurden seine Sammlungen indianischer Handschriften und Kunstgegenstände bedeutsam sowie seine Theorie über die asiatische Herkunft der Indianer, ihrer Inka-, Maya- und Azteken-Kulturen.

In der Astronomie trug seine Messung des Meteorfalles von 1799 zur gesetzmäßigen Erkenntnis meteorischer Periodizität bei. Auf dem Gebiet der Geographie legte er mit seinem Begriff der Isotherme einen Grundstein für die Klimakunde, wie die Geographie erst durch ihn recht eigentlich zu einer anerkannten Wissenschaft wurde. In der Geologie stammen die ersten geologischen Querprofile von ihm, und er erkannte als erster die Beziehungen zwischen Vulkanismus und gebirgsbildenden Kräften sowie die geologische Verwandtschaft gewisser Gebirgsketten in Amerika, Europa und Asien. In der Geophysik führten Humboldts Messungen zum Gesetz der Abnahme magnetischer Stärke zwischen den Polen und zur Kenntnis magnetischer »Gewitter« durch Polarlichter. In der Meteorologie entwickelte er mit Gay-Lussac die erste Theorie über die chemischphysische Zusammensetzung der Lufthülle. Die Ozeanographie verdankt Humboldt wichtige Beobachtungen über Meeresströmungen, nach ihm wird die kalte Strömung vor der Westküste Südamerikas als Humboldtstrom benannt. Humboldt bereicherte die Physiologie um wertvolle Erkenntnisse über den Einfluß großer Höhen auf den menschlichen Körper. Unschätzbaren Gewinn zog schließlich die Zoologie aus den Tierbeobachtungen des universalen Gelehrten und Forschers. Auf seine Initiative geht schließlich die Verwendung von Guano als Dünger in Europa und Amerika zurück.

Die Schaffenskraft seines Geistes hat Goethe mit folgenden Worten charakterisiert: »Was ist das für ein Mann! Ich kenne ihn so lange, und doch bin ich von neuem über ihn in Erstaunen. Man kann sagen, er hat an Kenntnissen und lebendigem Wissen nicht seinesgleichen. Und eine Vielseitigkeit, wie sie mir gleichfalls noch nicht vorgekommen ist! Wohin man rührt, er ist überall zu Hause und überschüttet uns mit geistigen Schätzen.«

Von 1805 bis 1834 arbeitete Humboldt vor allem in Paris an seinem großen Reisewerk. ›Voyage aux régions équinoxiales du nouveau continent‹, das 36 Bände umfaßt. Von 1843 bis gegen Ende seines Lebens widmete er sich seinem Hauptwerk, dem ›Kosmos‹, dem Entwurf einer physischen Weltbeschreibung, die 1845–1862 bei Cotta in Stuttgart erschien. Daneben schrieb Humboldt eine Reihe anderer bedeutsamer Werke, so ein Buch über Mexiko, die ›Ansichten der Natur‹, sowie drei Bände über Zentralasien, in denen er die Forschungsergebnisse seiner Rußlandreise von April bis Dezember 1829 veröffentlichte.

Humboldt hatte wenig Verständnis für die politischen Kämpfe, Kriege und Revolutionen, die Europa während seines langen Lebens erschütterten. Er war weder ein Fachidiot noch ein politisierender Wissenschaftler, er war in erster Linie und vor allem ein Mensch von großer Autorität, und diese Menschlichkeit verliert selbst dann als Vorbild ihre Wirkung nicht, wenn einige seiner Theorien eines Tages überholt und einige Ergebnisse seiner Forschungen veraltet sein sollten. Humboldt war Empiriker, wenn auch kein Empirist.

Wilhelm von Humboldt schenkte der Welt kein philosophisches System, verkörperte aber in Wort, Leben und Tat das Ideal der Menschlichkeit, das von Sokrates bis Kant die europäische Wirklichkeit mitgestaltet hatte, nicht im Sinn von Macht und Vorherrschaft, wohl aber mit dem Ziel kreativer

Weltgestaltung und freier persönlicher Entwicklung. In dieser und im freien Schaffen der Nationen findet der Staat nach Wilhelm von Humboldt seine absolute Grenze. Ziele der Geschichte sind nicht Expansion, Eroberung und Größe, sondern Verwirklichung von Menschlichkeit. Wilhelm von Humboldt schrieb weder eine Logik noch eine Metaphysik, aber er begründete die Sprachphilosophie und reorganisierte als Leiter des preußischen Unterrichtswesens (1808–1810) den gesamten höheren Schulunterricht im Sinn seines Humanitätsideals. Er bekam sein Amt nicht, weil er der Reaktion huldigte, sondern er legte nach den Karlsbader Beschlüssen sein Amt nieder, weil er die Reaktion für unvereinbar mit dem reformatorisch-Kantischen Ideal der Menschenwürde hielt.

Schleiermacher war ein freisinniger Denker, der, wie Fries, von Hegel in der Zeit der Reaktion angefeindet wurde. Alles andere als ein Konformist, bereitete er mit den mutigen Männern der preußischen Hauptstadt die Erhebung vor. Und er war der »größte Theologe, den der Protestantismus seit der Reformationszeit und vielleicht bisher überhaupt gehabt hat.«[5]

Schleiermacher verfaßte ›Grundlinien einer Kritik der bisherigen Sittenlehre‹ (1803), einen ›Grundriß der philosophischen Ethik‹ (1841) und erwarb sich außerdem bleibende Verdienste durch seine große, originalgetreue Platon-Übersetzung.

Gegenüber der verengten Moralkonzeption Kants greift Schleiermacher auf Platon, Spinoza und Leibniz zurück und gewinnt dadurch eine für die freiheitliche Lebensgestaltung viel reichere und brauchbarere Palette ethischer Disziplinen: Verkehr, Eigentum, Wissen und Gefühl. Neben der Pflichten- und Tugendlehre behandelt er auch die Güterlehre. Das ethische Handeln soll Einheit von Vernunft und Natur stiften. Neben den vier antiken erscheinen die drei christlichen Kardinaltugenden. Schleiermacher erkannte die Wichtigkeit des Gefühls für Religion und Moral und korrigierte damit eine Einseitigkeit Kants. Religiosität ist ein Gefühl völliger Abhängigkeit vom Unendlichen. Religion kann dem Menschen zur Herstellung innerer Harmonie verhelfen. Hier werden Gedanken Goethes und Schillers wieder lebendig.

Fries war nicht weniger als Hegel ein Kantianer, vielleicht sogar mehr, da er der Mathematik und den empirischen Wissenschaften einen größeren Einfluß auf die Philosophie zugestand

[5] Ebd., S. 322.

als Hegel und da er den spekulativen Idealismus ablehnte. 1807 erschien seine ›Neue Kritik der reinen Vernunft‹, 1821 eine ›Psychische Anthropologie‹. Fries erkannte auch, daß der Kantische Apriorismus ohne solide Grundlage in der Psychologie wenig taugt. Das Apriori ist nur auf dem Weg psychologischer Analyse und innerer Beobachtung erreichbar. In der Ethik sprengt er, wie Schleiermacher, die Enge der Kantischen Konzeption und erkennt, darin schon modern, die Wichtigkeit von Werten und Gefühlen für Ethik und Moral. Ethik versteht Fries auch schon als eine Art Praxeologie oder »handelnde Vernunft«. Das Grundprinzip der Ethik ist der Glaube an die Wirklichkeit des Guten und Wertvollen, an die Fähigkeit der Wertschätzung und an die Aufgabe, die Menschheit zu veredeln.

Der Mensch weiß von den Erscheinungen kraft des Verstandes, er glaubt an das wahre Wesen der Dinge kraft seiner Vernunft und er ahnt das eine im anderen kraft seines Gefühls. Fries beeinflußte eine Reihe namhafter Gelehrter, vor allem Ernst F. Apelt (1812–1859), den Verfasser einer ›Theorie der Induktion‹ (1854) und der ›Epochen der Geschichte der Menschheit‹ (1845/46).

Herbart war Kantianer und Realist zugleich, indem er, wie Nicolai Hartmann im 20. Jahrhundert, an die realistischen Elemente der Kantischen Philosophie anknüpfte. Mit den philosophischen verband er psychologische und pädagogische Interessen. Als Hauslehrer in Bern hatte er den Pädagogen Johann Heinrich Pestalozzi (1746–1827) kennengelernt. In Göttingen habilitierte sich Herbart in Philosophie und als erster in Pädagogik (1802). Philosophie hat nach ihm die Aufgabe, Begriffe zu klären. Er erweitert Kants engen Erfahrungsbegriff und definiert Metaphysik als Wissenschaft vom Realen. Wie der Rauch auf das Feuer, so weist der Schein auf das Sein zurück. Erklären heißt Widersprüche beseitigen. Die Seele als solche ist für den Menschen nicht erkennbar. Die Psychologie befaßt sich mit der Selbsterhaltung der Vorstellungen im seelischen Bereich. Sie operiert mit mathematischen Methoden. Vorstellungen sind Kräfte, die sich hemmen, fördern oder im Gleichgewicht halten. Vorstellungen werden nicht vernichtet, sondern verdrängt, unter die Bewußtseinsschwelle gedrückt. Eine Vorstellung herrscht im Bewußtsein, wenn sie von keiner anderen gehemmt wird. Meistens finden jedoch Hemmungen statt. Die Summe dessen, was aus dem Bewußtsein verdrängt ist (Hemmungssumme) ist gleich der Summe der einzelnen Vorstellungen, vermindert um die stärkste. Neben dieser statischen hat die Psychologie eine mechanische Aufgabe, indem sie die Wechselwirkungen der Vorstellungen verfolgt und mathematisiert. Verstand, Wille und Gefühl erscheinen als Verhältnisse von Vorstellungen. Der Wille wird von Motiven bestimmt und hängt von Vorstellungen ab. Antik und auch modern erscheint Herbarts Verbindung von Ethik mit der Ästhetik. Ethik ist danach keine Tugendlehre, sondern eine Lehre vom sittlichen Geschmack, der sich im moralischen Urteil ausdrückt. Herbart unterscheidet fünf praktische Ideen (individuell): innere Freiheit, Vollkommenheit, Wohlwollen, Recht und Billigkeit; und deren Ableitungen (sozial): Folgsamkeit, Kultur, Verwaltung, Rechtsgemeinschaft, Lohnsystem. Die Pädagogik ist in der Ethik und in der Psychologie fundiert. Zweck der Pädagogik ist Erziehung zur Tugend, das heißt zur Wirksamkeit innerer Freiheit, die auf einem Gleichgewicht von Kräften der Einsicht und des Willens beruht. Der Staat hat die Aufgabe, Spielraum für die sittliche Verwirklichung der ethischen Ideale in der Gesellschaft zu schaffen.

Nach dem Zerfall der Hegelschen Schule breitete sich die realistisch-psychologisch-wissenschaftliche Philosophie Herbarts in Deutschland und Österreich aus. Sie erwies sich als äußerst fruchtbar im Emanzipationsprozeß der Wissenschaften. Es entstand daraus die ›Anthropologie der Naturvölker‹ von Theodor Waitz (1859), der die Psychologie außerdem mit Physiologie verband, ferner die Völkerpsychologie von M. Lazarus und H. Steinthal.

Beneke habilitierte sich 1822 in Berlin. Hegel war dagegen, und schon entzog der Minister von Altenstein dem jungen, erfolgreichen Konkurrenten Hegels unerhörterweise die Lehrbefugnis (1824), wahrscheinlich auf Betreiben Hegels, der, im Bunde mit der Reaktion, offensichtlich keine andere Auffassung neben der seinen ertrug: Fries, Schleiermacher, Schopenhauer, Beneke. Beneke war Berliner, nahm 1815 am Feldzug teil und neigte mehr Fries als Hegel zu, ferner Schleiermacher, Herbart und der englischen Philosophie. Von Altenstein war es, der Beneke über die preußischen Grenzen hinaus auf seine Weise verfolgte und die sächsische Regierung nötigte, die Beneke ein Ordinariat für Philosophie zugedacht hatte, den jungen Gelehrten nicht anzustellen. Beneke fand in Göttingen ein Asyl, lehrte dort (1824–1827) und erhielt nach Hegels Tod in seiner Heimatstadt eine außerordentliche Professur, zog dann aber den andauernden akademischen Anfeindungen den Freitod vor. Beneke wollte, wie Herbart, die Philosophie auf der sicheren psychologischen Erfahrungsgrundlage aufbauen. Er wählte aber, im Gegensatz zu Herbart, nicht die Mathematik, sondern die innere Erfahrung als Erkenntnisquelle. Er schrieb ein ›Lehrbuch der Psychologie als Naturwissenschaft‹ (1833). Die antimetaphysische und antispekulative Tendenz ist durchweg zu erkennen. Beneke lehnte angeborene Begriffe und Seelenvermögen ab und erkannte nur das Selbstbewußtsein als elementare psychologische Tatsache an. Kants größter Fehler war, Beneke zufolge, daß er unabhängig von der Erfahrung Anschauungsformen und Kategorien einführte. Beneke bestimmt als Methoden der philosophischen Grundwissenschaft dagegen die sorgsame Beobachtung und die vorsichtige Induktion. Anstelle der Moral setzt Beneke das ›Natürliche System der praktischen Philosophie‹ (1837–1840). Sittliche Begriffe und Urteile entstehen aus sittlichen Gefühlen, am Ende steht das abstrakte Sittengesetz. Benthams eudämonistisch-utilitaristische Anschauungen vertiefte Beneke zu einer Wertlehre. Zu den zahlreichen Anhängern oder den von Beneke Angeregten gehört der Philosophiehistoriker Friedrich Ueberweg (1829–1871).

Bolzano, ein Denker, der viel zu wenig studiert wird, ging nicht zu Kant, sondern zu Leibniz zurück, mit dem er auch die mathematische Grundorientierung teilt. Der katholische Priester und Professor für philosophische Religionslehre an der Universität Prag mußte 1819 wegen angeblicher Irrlehren seine Lehrtätigkeit einstellen; der Druck seiner Schriften wurde verboten. Als Mathematiker mit einem Werk über ›Paradoxien des Unendlichen‹ (1851) gehört Bolzano schon ins 20. Jahrhundert, zu den Modernen. Seine philosophischen Ansätze stehen seinen mathematischen Ideen nicht nach. Er verband höchste Abstraktionsfähigkeit mit großem Scharfsinn. Schon lange vor Husserl, der ihn wiederentdeckte, trennte Bolzano konsequent den psychologischen Denkvorgang vom Denkinhalt. Hegels Methode erschien ihm als »heillose Faselei«. Zum Deutschen Idealismus insgesamt bemerkt Bolzano, »daß man nichts deutlich denkt, mit bloßen Bildern spielt und jede auch noch so oberflächliche Ähnlichkeit zweier Dinge für eine Identität derselben ausgibt«. Bolzano unterzog auch ziemlich alle wichtigen Lehren Kants einer scharfen und im Endeffekt ablehnenden Kritik. Mit Leibniz stimmt er dagegen häufig überein. Kants Unterscheidung von analytischen und apriorischen Urteilen ist nach Bolzano nicht haltbar, ebensowenig Kants Lehre vom synthetischen Urteil. Kants These von der Unmöglichkeit aller Metaphysik hält er entgegen, daß dies bereits ein (nach Kant) unzulässiges Urteil über das Ding an sich impliziert. Seine ›Wissenschaftslehre‹ (4 Bände, 1837) geht von drei elementaren Einheiten aus, der Vorstellung an sich, dem Satz an sich und der Wahrheit an sich. Vorstellung an sich ist »alles dasjenige, was als Bestandteil in einem Satz vorkommen kann, für sich allein aber noch keinen Satz ausmacht.« Vorstellungen als solche sind weder wahr noch falsch, wohl aber Sätze. Vorstellungen, die ein einzelnes Objekt zum Gegenstand haben, heißen Einzelvorstellungen oder Anschauungen. Bolzano verwendet auch den Begriff »Gültigkeit« und bezeichnet damit »den Begriff des Verhältnisses, in welchem die Menge der wahren Sätze, die sich aus einem Gegebenen dadurch erzeugen lassen, daß man gewisse, in ihm als veränderlich zu betrachtende Vorstellungen nach einer gewissen Regel mit anderen vertauscht, zur Menge aller steht, die so zum Vorschein kommen« (Wissenschaftslehre II, 81). Bolzano kritisiert sowohl die Schlußlehre der traditionellen Logik als auch die traditionelle Wahrscheinlichkeitslehre (Verhältnis der günstigen Fälle zu allen übrigen). Nach ihm ist Wahrscheinlichkeit ein Verhältnis zwischen Sätzen und beinhaltet die vergleichsweise Gültigkeit eines Satzes im Hinblick auf andere Sätze. Wie Bolzano in der Urteilslehre Theorien Brentanos vorwegnahm, so ging er in der Philosophie der Mathematik den Modernen voran: nichteuklidische Geometrie, begrifflicher Charakter der mathematischen Wahrheit, Kritik der Größen- und Mengentheorie, Anwendung der Mathematik auf beliebige Gegenstände. Bolzano trennt scharf zwischen Vorstellungen und Urteilen, das für ihn ein Meinen, Fürwahrhalten und Behaupten ist, im Gegensatz zum bloßen Denken. Bei den Urteilen sind Wahrnehmungsurteile von vermittelten oder Erfahrungsurteilen zu unterscheiden, eine Unterscheidung, die Russell später ähnlich trifft. Mit Hilfe einer Art Faktorenanalyse bestimmt Bolzano das Verhältnis von Wille und Urteil, wobei herauskommt, daß das Urteil vom Willen weitgehend unabhängig ist und aus der Beschaffenheit sämtlicher in der Seele anwesenden Vorstellungen resultiert.

In der praktischen Philosophie argumentiert Bolzano gegen Kant zugunsten einer eudämonistischen Theorie wie später Fechner. Erst nach seiner Entdeckung durch Husserl, also mehr durch einen Zufall, rückte Bolzano in den Mittelpunkt modernen philosophischen Interesses.

9.1.4.7 Schopenhauer

Gegenüber den scharfsinnigen Analysen Bolzanos wirken Schopenhauers Theorien geradezu einfach, soweit er nicht Kantische Lehren übernimmt. Arthur Schopenhauer, Sohn eines Bankiers und einer Schriftstellerin, war eine gespaltene Natur, die mit ihren Konflikten und Problemen nicht fertig wurde und daher in einer Traumwelt Zuflucht suchte. Er bereiste England und Frankreich, studierte nach dem Tod seines Vaters (1809) in Göttingen Naturwissenschaft, Geschichte und Philosophie, befaßte sich mit Platon und Kant, hörte 1811 in Berlin Fichte, dessen Lehren ihm jedoch nicht zusagten. 1813 promovierte er in Jena mit der Arbeit ›Über die vierfache Wurzel des Satzes vom zureichenden Grunde‹, verbrachte den folgenden Winter in Weimar, wo er Goethe kennenlernte. Dort befaßte er sich auch mit der indischen Philosophie. Von 1814 bis 1818 lebte er in Dresden, mit der Abfassung seines Hauptwerks ›Die Welt als Wille und Vorstellung‹ beschäftigt. 1820 habilitierte er sich in Berlin, wo er bis 1832 als ziemlich unbeachteter Privatdozent tätig war. 1822–1825 hielt er sich in Italien auf und verbrachte die letzten Dekaden seines Lebens in Frankfurt am Main. Von den Universitätsphilosophen, die ihn ignorierten, hielt er nicht viel, verfügte aber über genügend Selbstbewußtsein, um nicht dem Beispiel Benekes zu folgen. Immerhin hatte er den Mut, den Kampf mit dem allmächtigen Hegel aufzunehmen, gegen den er aber wenig auszurichten vermochte, da dieser über die besseren Beziehungen verfügte und wohl auch über die eindrucksvollere Rhetorik und Dialektik. Im Ausland hatte Schopenhauer mehr Erfolg als in Preußen. Seine Arbeit ›Über die Freiheit des menschlichen Willens‹ (1837) wurde von der Königlich Norwegischen Sozietät der Wissenschaften preisgekrönt. 1856 stellte die Universität Leipzig eine Preisaufgabe über seine Philosophie; Schopenhauer starb 1860, als sein großer Ruhm als »Klassiker der Philosophie« sich zu verbreiten begonnen hatte.

Schopenhauers Philosophie hat ihre Stärken in der Form, in ihrer echten, das heißt unverlogenen Subjektivität, in der Fülle der Visionen, Stimmungen und Nuancen, in einem erlesenen

Geschmack, nicht nur in der Freisinnigkeit und Großzügigkeit des Denkens, sondern auch in einer gewissen Seelenstärke und Geistesgröße. Wissenschaftliche Verdienste erwarb sich Schopenhauer im Hinblick auf die Indologie, die von ihm starke Impulse erhielt (Paul Deussen 1845–1919). In der Erkenntnistheorie unterscheidet Schopenhauer vier Klassen von Vorstellungen: empirische, begriffliche, apriorische (Raum, Zeit, Kausalität) und reflexive, die sich auf das Subjekt des Wollens beziehen. In der praktischen Philosophie erscheint der Satz vom zureichenden Grund als Gesetz der Motivation.

In seinem Hauptwerk befaßt sich Schopenhauer mit den Objekten der Erfahrung und der Wissenschaften, mit der Objektivation des Willens, mit den Platonischen Ideen und mit dem Lebenswillen aufgrund der Selbsterkenntnis. Die Welt ist meine Vorstellung: das ist der Ausgangspunkt allen Philosophierens, zugleich der Grund für die Subjekt-Objekt-Spaltung. Der Satz: »Kein Objekt ohne Subjekt« widerlegt jeden Materialismus im Ansatz. Die Subjekte sind Objektivationen des Willens, der dem »Ding an sich« Kants entspricht. In dem Maß, in dem es gelingt, die niederen Objektivationsstufen des Willens zu überwinden, nähert sich das Individuum der Idee, die, bei Schopenhauer wie im griechischen Denken, mit der Schönheit verbunden wird. Schopenhauers Philosophie der Kunst gipfelt in seiner Theorie der Musik, die er als Abbild des Willens selbst bezeichnet.

In der Ethik modifiziert bzw. vereinfacht Schopenhauer Kants Lehre vom intelligiblen Charakter des Menschen und paßt sie seinem System an. In der Erscheinungswelt, in ihrem empirischen Charakter ist das Handeln des Menschen determiniert, in der intelligiblen Sphäre dagegen ist der Mensch frei und damit indirekt für seine Handlungen verantwortlich: *operari sequitur esse.* Schopenhauers Moralphilosophie hat einen starken religiösen Einschlag und zwar in Form einer Verbindung christlicher und indischer Vorstellungen. Danach ist das Mitleid das Fundament jeder Moral. In Schopenhauers pessimistischer Sicht der Welt werden Religion und Moral zum Quietiv des Willens mit dem Ziel der Erlösung von Welt und Wollen (Nirvana). Schopenhauers Denken enthält viele mystische Elemente. Im Gegensatz zu Descartes, Locke, Kant und Hegel kann man seine Philosophie als Voluntarismus bezeichnen. Ihr Irrationalismus verbindet sie retrospektiv mit Schelling, prospektiv mit Nietzsche.

9.1.4.8 Die Hegelsche Schule

Im Denken von Marx und Nietzsche, im Materialismus und im Naturalismus, erreicht der Verfall des Deutschen Idealismus (im weiteren Sinn) seinen Höhepunkt und Abschluß zugleich. Der Umschlag vom extremen Idealismus zum extremen Materialismus um die Jahrhundertmitte hatte mehrere Gründe. Gesamteuropäisch war die neuzeitliche Rehabilitierung des mit dem Namen Demokrits verbundenen Materialismus von Galilei und Hobbes bis La Mettrie und Holbach so weit vorangeschritten, daß sie Deutschland, wenn auch mit Verspätung, erreichen mußte. Die Materialisten waren von zwei Seiten geächtet, von den an Platon orientierten Idealisten und von den christlichen Denkern. Die Aufklärung hatte die christlichen Bedenken zerstreut, und der Idealismus hatte sich in Deutschland durch seine unglaubwürdigen Spekulationen selbst den Boden entzogen. Für den Positivismus war die Zeit noch nicht reif, denn Positivismus und Evolutionismus setzen ein hohes Maß von Wissenschaftlichkeit, Empirie und skeptischer Schulung des Urteils voraus, Bedingungen, die in Europa derzeit eigentlich nur in England, vielleicht aber auch in Frankreich erfüllt waren. Der deutsche Materialismus um die Jahrhundertmitte war kein Blitz aus heiterem Himmel, sondern eine ebenso logische wie natürliche Erscheinung. Die Hegelsche Schule zerbrach in einen rechten und in einen linken Flügel. In beiden Lagern hatte man längst erkannt, daß mit den Lehren des großen Meisters alles und nichts zu beweisen ist, und man sehnte sich danach, aus dem Dickicht blutleerer Spekulationen herauszukommen. Der einzige, der Hegel bis zum bitteren Ende die Treue hielt, war Karl Ludwig Michelet (1801–1893), von 1829 bis 1893 außerordentlicher Professor in Berlin und ebenso unbedeutend wie die »Rechten«. Die Leute der Mitte, die etwas auf sich hielten, suchten sich in den aufblühenden Fachdisziplinen zu profilieren: Johann Eduard Erdmann (1805–1892), Eduard Zeller (1814–1908), Albert Schwegler (1819–1857), Kuno Fischer (1824–1907), Friedrich Theodor Vischer (1807–1887), Eduard Gans (1798–1839), Karl Rosenkranz (1805–1879), oft als Historiker der Philosophie.

Von den »Linken« – die Bezeichnung hatte David Friedrich Strauß (1808–1874) eingeführt – war philosophisch eigentlich nur Ludwig Feuerbach von Bedeutung. Strauß war Theologe, Karl Marx (1818–1883), Friedrich Engels (1820–1895) und Ferdinand Lassalle (1825–1864) waren Politiker, Revolutionäre oder Ideologen.

Das ›Leben Jesu‹ (1835/36) wirkte in der deutschen Öffentlichkeit wie Sprengstoff und spaltete die Hegelsche Schule.

Strauß hatte in diesem Buch eine ganze Reihe von Tabus der orthodoxen Theologie beseitigt und den Kirchenglauben stark erschüttert. In dem so entstandenen Vakuum breitete sich der Anti-Idealismus, der vom Christentum geächtete Materialismus aus.

9.1.4.9 Feuerbach

Ludwig Feuerbach (1804–1872), Sohn des berühmten Kriminalisten Anselm Feuerbach und Onkel des gleichnamigen Malers, opferte seine akademische Laufbahn seiner Überzeugung. Seinen Werdegang stellte er selbst kurz und bündig dar: »Mein erster Gedanke war Gott, mein zweiter die Vernunft, mein dritter und letzter der Mensch.« Feuerbach starb arm und vereinsamt in Rechenberg bei Nürnberg. Er löste sich ausdrücklich von Hegel, dessen Philosophie er treffend »rationale Mystik« nannte. Hatte Strauß das Christentum historisch analysiert, so tat Feuerbach dies in seinem Werk ›Das Wesen des Christentums‹ (1841) vom psychologischen Standpunkt aus. Engels bemerkte dazu: »Man muß die befreiende Wirkung dieses Buches selbst erlebt haben ... Die Begeisterung war allgemein; wir waren alle momentan Feuerbachianer.«

Feuerbach sah die Religion als ein Produkt des menschlichen Egoismus an. Hegels »höhere Wahrheit« hat wesentlich dazu beigetragen, sie unglaubwürdig zu machen. Gott ist ein Phantasieprodukt, geboren aus menschlichen Nöten. Religion entspringt dem Wunschdenken. Die einzig solide Grundlage der Moral ist daher der Materialismus. In der Rezension einer Schrift Moleschotts erscheint dann Feuerbachs oft mißverstandene berühmte Formel: »Der Mensch ist, was er ißt.« Feuerbach meinte: Wer das Volk bessern will, soll ihm, statt Predigten gegen Sünde und statt höheren Wahrheiten lieber hinreichend zu essen geben. Sittlichkeit ohne Glückseligkeit ist nach Feuerbach ein Wort ohne Sinn. Soweit liegt er auf der Linie der Kritik an Kants Rigorismus seit der deutschen Klassik. Dann aber treten einige neue Momente hinzu: der kategorische Imperativ ist die Stimme des Gefühls. Sie bezieht sich nicht nur auf das Ich, sondern auf das Ich und das Du und schließt Genuß nicht aus: »Folge unverzagt deinen Neigungen und Trieben, aber *allen:* dann wirst du keinem einzigen zum Opfer fallen.« In Feuerbach hatte sich der spekulativ-extreme Deutsche Idealismus selbst korrigiert: er war in sein Gegenteil umgeschlagen.

9.1.4.10 Naturwissenschaft und Materialismus

Weitere Anhänger des naturwissenschaftlich fundierten Materialismus waren: Karl Vogt (1817–1895), Jakob Moleschott (1822–1893), Ludwig Büchner (1824–1899; ›Kraft und Stoff‹ 1855, 21. Aufl. 1904), Heinrich Czolbe (1818–1873) und Ernst Haeckel (1834–1919), ein Schüler Darwins.

Die Naturwissenschaften hatten in der Mitte des Jahrhunderts in Deutschland einen starken Aufschwung genommen, verbunden mit Fortschritten der Technik und der materiellen Daseinsbewältigung überhaupt. Mitverursacht wurde diese Entwicklung zweifellos durch den Schwund des Kirchenglaubens, Enttäuschungen auf politischem Gebiet (1848/49) und Ernüchterung nach dem Zusammenbruch des spekulativen Idealismus. Auf dem Gebiet der Physik hatten Julius Robert Mayer (1814–1878), James P. Joule (1818–1889) und Hermann Helmholtz (1821–1894) das Prinzip der Erhaltung der Energie entdeckt bzw. formuliert; in der organischen Chemie hatte Justus Liebig (1803–1873) große Erfolge auf dem Gebiet der Agrikulturchemie und der physiologischen Chemie; Theodor Schwann (1810–1882) entdeckte die Zelle als Elementarbaustein organischer Gebilde (1839); Emil Du Bois-Reymond (1818–1896) untersuchte tierische Elektrizität, und der Mediziner Rudolf Virchow (1821–1902) erklärte: »Leben ist nur eine besondere Art der Mechanik, und zwar die allerkomplizierteste Form derselben.«

9.1.4.11 Marx

Als Marx und Engels ihr Werk begannen, war der Materialismus kein Novum mehr in der deutschen Geisteskultur. Karl Marx, Sohn eines jüdischen Rechtsanwalts aus Trier, studierte Jurisprudenz, Philosophie, Geschichte und andere Fächer in Bonn und Berlin, bevor er 1841 in Jena mit der Arbeit: ›Differenz der demokritischen und epikureischen Naturphilosophie‹ promovierte. Der Anschluß an den antiken »Materialismus« ist also ideengeschichtlich zu belegen, ebenso an den deutschen »Idealismus«, den Marx an Hegels Wirkungsstätte kennenlernte. Anfangs war er begeisterter Hegelianer und verleugnete seine Vorliebe für diesen Denker auch später nicht, aber er empfand auch den Gegensatz der von Hegel behaupteten Versöhnung von Idee und Wirklichkeit im Staat und der Realität von Staat und Gesellschaft seiner Zeit. Als die preußische Kultusverwaltung seinem Freund Bruno Bauer die Lehrberechtigung entzog, sah auch er keine Chance mehr für eine akademische Laufbahn und wurde Mitarbeiter, später Redakteur der linksliberalen ›Rheinischen Zeitung‹, ein erster Anlaß, sich mit ökonomischen Fragen zu befassen. Aus Preußen ausgewiesen, gründete er 1844 mit Arnold Ruge in Paris die ›Deutsch-Französischen Jahrbücher‹, nachdem er 1843 Jenny von Westphalen, die Tochter eines hohen preußischen Beamten, geheiratet hatte. Sie blieb ihm in Not und Armut zeitlebens eine treue Gefährtin (gest. 1881). In Paris traf er auf die verschiedenen Formen des Sozialismus und vollzog den Schritt zum revolutionären Sozialismus. Dort lernte er auch Friedrich Engels, einen Fabrikantensohn aus Barmen, kennen, der ein Buch über ›Die Lage der arbeitenden Klasse in England‹ geschrieben hatte und Marx über die Situation der Industriearbeiterschaft und die Mißstände in den Fabriken informierte. Marx und Engels wurden Freunde und arbeiteten 40 Jahre lang eng zusammen. In Paris arbeitete Marx am ›Vorwärts‹ mit, lernte dort auch Proudhon, Louis Blanc, Heinrich Heine und Michail Bakunin kennen und vertiefte seine ökonomischen Studien. 1845 wurde er auf Betreiben der preußischen Regierung aus Paris ausgewiesen, ging zunächst nach Brüssel, wo er mit Engels die Streitschriften ›Die Heilige Familie‹ und ›Die deutsche Ideologie‹ verfaßte. Er setzte sich darin mit Linkshegelianern wie Bauer, Feuerbach und Stirner auseinander. 1847 verfaßten Marx und Engels im Auftrag des Londoner Bundes der Kommunisten das ›Kommunistische Manifest‹, das Anfang 1848 erschien. Es enthält eine radikale Kritik der bürgerlichen Wirtschafts- und Gesellschaftsordnung und einen Aufruf an die Proletarier aller Länder zum Klassenkampf. Marx wurde auch aus Belgien ausgewiesen, redigierte während der Revolutionsjahre (1848/49) die ›Neue Rheinische Zeitung‹ in Köln, worin er sich unter anderem für einen Krieg der deutschen Demokraten gegen das reaktionäre Rußland einsetzte. Nach dem Scheitern der Revolution wurde Marx erneut ausgewiesen und lebte fortan bis zu seinem Tod als Emigrant in London, wo er als Journalist für amerikanische, englische, österreichische und deutsche Zeitungen schrieb. Von seinem Hauptwerk, dem ›Kapital‹, erschien zu seinen Lebzeiten nur der erste Band (1867), der zweite und der dritte Band wurden später von Friedrich Engels herausgegeben. Marx verband die Utopien französischer Sozialisten mit Hegelscher Dialektik, Feuerbachschen Atheismus mit säkularisierter Theologie zu einem radikalen Umkehrprodukt des Idealismus, zur Ideologie eines kämpferischen Materialismus. Marx und Engels stellten dem theoretisch-akademischen, mechanistischen, bürgerlichen Materialismus eine neue Variante zur Seite, den historischen und dialektischen Materialismus, in den ökonomische, soziologische, politische und ideologische Komponenten eingingen[6].

War Marx ein Philosoph? Einfluß und Wirkung können nicht über die Wahrheit einer Theorie entscheiden. Fest steht, daß Marx die Wahrheit nicht um ihrer selbst willen suchte. Am sokratischen Maßstab gemessen ist der, der die Wahrheit zu besitzen glaubt, kein Philosoph. Der Marxismus weist diesen Einwand zurück, indem er jede Art von Philosophie als Ideologie abqualifiziert. Dann entscheidet das wahre Bewußtsein, aber damit ist das Problem nicht aus der Welt geschafft. Es kehrt innerhalb des »wahren Bewußtseins« wieder, wie es innerhalb des Christentums wiederkehrte, als es einen Absolutheitsanspruch erhob, um darauf in erbitterte Kämpfe um die »Orthodoxie« zu verfallen.

Marx bezeichnete den Deutschen Idealismus nicht ganz zu Unrecht als deutsche Ideologie. Genauer betrachtet war Hegels Philosophie eine scheinrationale Erklärung. Durch Umkehrung von Scheinrationalität läßt sich aber kein wahres Bewußtsein gewinnen, wie Marx glaubte, sondern immer nur Scheinrationalität, die auch dem »Dialektischen Materialismus« anhaftet. Bei den Ideologien sind Rechtfertigungsideologien und Revolutionsideologien zu unterscheiden, je nachdem, ob es um Erhaltung oder Änderung des Status quo geht. Der Marxismus ist aus einer revolutionären zu einer Status-quo-Ideologie geworden,

[6] Vgl. Friedrich Albert Langes ›Geschichte des Materialismus‹ (1866), ein äußerst informatives, oft wiederaufgelegtes Standardwerk, das auch heute seine Bedeutung für das Verständnis eines geistes- und weltgeschichtlichen Phänomens noch nicht verloren hat.

die in den Ländern, wo sie verkündet wird, von den Machthabern schon lange nicht mehr ernstgenommen wird und nur mehr der Erhaltung ihrer Herrschaft dient.

Die von Marx prognostizierte Verelendung fand nicht statt, und die klassenlose Gesellschaft erwies sich als Fehlkonstruktion. Die marxistische Ideologie ist ökonomisch, politisch und soziologisch widerlegt. Was den dialektischen Geschichtsprozeß betrifft, so bleibt den heutigen Machthabern kommunistisch regierter Länder nichts anderes übrig, als diese Theorie dem tatsächlichen Weltprozeß nachträglich anzupassen und sich damit laufend selbst zu widerlegen: bisher stets das Schicksal verabsolutierter theoretischer Positionen.

Was an Positivem vom Marxismus übrigbleibt, ist in erster Linie das humane Grundanliegen, wie es auch schon im Denken Feuerbachs zum Ausdruck kommt, die berechtigte und notwendige Kritik an Mißständen der bürgerlichen Gesellschaft, des Staates und der Kirche: der Protest gegen eine Kirche, die die Armen den Mächtigen und Reichen preisgibt und sich selbst zum Komplizen der Reaktion macht, der Widerstand gegen einen Staat, der die Menschenrechte unterdrückt, gegen eine Gesellschaft, die die Eigentums- und Besitzrechte verabsolutiert.

9.1.4.12 Nietzsche

Friedrich Nietzsche (1844–1900) bezeichnete seine Philosophie als umgedrehten Platonismus und zählte Hegel zu den »unbewußten Falschmünzern«. Der Voluntarismus Schopenhauers sagte ihm mehr zu. Vor diesem Hintergrund erscheint Nietzsches Ideologie der Macht als zweites Umkehr- oder Zerfallsprodukt des Deutschen Idealismus. Während Marx einen rationalistischen Materialismus kreierte, wurde Nietzsche zum Archegeten eines irrationalistischen Naturalismus auf individualistischer Grundlage. Marx und Nietzsche ähneln sich als Schöpfer von Ideologien, im Mißverhältnis von philosophisch-wissenschaftlichem Erkenntnisgewinn und Wirkung sowie im posthumen Aufblühen ihres Ruhmes. Ansonsten waren sie im Leben und Denken so gegensätzlich wie kaum zwei andere Naturen.

Während Marx mit dem zur Menschenmasse degradierten Volk empfand und dessen Not lindern wollte, verachtete Nietzsche den »Pöbel« und wollte sogar die Not der Leidenden künstlich vergrößern, um das Machtgefühl der höheren Menschen zu steigern. Nietzsches Philosophie der Macht, radikaler Ausdruck des imperialistischen Zeitalters, war ein Kompensat persönlicher Ohnmacht und tiefster Frustration wie ziemlich alle seine übrigen Philosopheme oder Ideologeme: ewige Wiederkehr, Unschuld des Werdens, *amor fati* usw. Während Hegel Verbrechen als Begleiterscheinungen historischer Größe rehabilitierte, verherrlichte Nietzsche sie als Abzeichen des starken Menschen. Hegel, Marx und Nietzsche gemeinsam ist die Angst vor der Freiheit, die im Endeffekt – reaktionäre oder sozialistische – totalitäre Systeme erzeugt, welche die Freiheit ausschließen, die ihre Bildung ermöglichte. Die komplementäre Komponente zur Selbstaufhebung der Vernunft ist die Selbstaufhebung der Freiheit. Nietzsches spezifischer Beitrag zu dieser Entwicklung besteht, wie der Schopenhauers, im Subjektivismus und Voluntarismus, darüber hinaus im Naturalismus (Darwinismus), Irrationalismus (Schelling), Individualismus (Stirner) und Radikalismus. Nietzsches Schriften und Gedanken sind in hohem Maß subjektiv und werden eigentlich nur unter ständiger Reflexion auf die Lebensdaten verständlich, was hier zu weit führen würde. Nietzsches oft erwähntes Erstlingswerk ›Die Geburt der Tragödie aus dem Geist der Musik‹ (1872) besteht aus einem kritischen, scheinbar gegen Sokrates, in Wirklichkeit gegen die rational-wissenschaftliche Kultur seiner Zeit gerichteten Teil und einem mythisch-visionären Teil, worin Nietzsche unter dem Deckmantel einer Ästhetik des Apollinischen und Dionysischen höchst brisante politische Vorstellungen einfließen läßt: die Deutschen haben sich durch ihre Reichsgründung viel weiterreichende Machtziele verscherzt.

Die vier ›Unzeitgemäßen Betrachtungen‹ (1873–1876) und ›Menschliches Allzumenschliches‹ (1878–1880) aus der Basler Zeit, vielleicht auch noch die ›Morgenröte‹ (1881) und ›Die Fröhliche Wissenschaft‹ (1882) lassen sich als philosophische Schriften verstehen. ›Also sprach Zarathustra‹ gehört zur prophetischen Phase, die folgenden Schriften zur ideologischen: ›Jenseits von Gut und Böse‹ (1886), ›Zur Genealogie der Moral‹ (1887), ›Der Fall Wagner‹ (1888), ›Götzendämmerung oder Wie man mit dem Hammer philosophiert‹ (1888). Das Hauptwerk ›Der Wille zur Macht. Versuch einer Umwertung aller Werte‹ blieb in den Anfängen stecken. Das 1. Buch trägt den Titel ›Der

Antichrist‹. Nietzsche gab sich, wie manche Revolutionäre vor und nach ihm, der Hoffnung hin, daß die Zeitrechnung auf ihn bzw. sein Werk umgestellt würde. In seiner bereits vom Wahnsinn gezeichneten Selbstbiographie ›Ecce homo‹ ernannte sich Nietzsche selbst zum Weltenherrscher und Gott (Selbstapotheose).

Nietzsches Grundlehren, von Karl Jaspers als »Absurditäten« bezeichnet, lassen sich in wenigen Sätzen zusammenfassen:

1. Gott ist tot – es lebe der *Übermensch!*
2. Alles war schon einmal da und kehrt ewig wieder: *Ewige Wiederkehr.*
3. Wille zum Leben heißt *Wille zur Macht.*
4. Sünde ist eine jüdische Erfindung. Dafür: *Unschuld des Werdens.*
5. Anstelle von Freiheit: Liebe zum Schicksal oder *amor fati.*

Nietzsches Lehren wurzeln samt und sonders in subjektivem Erleben und deuten auf Frustration infolge übermächtiger Schuldgefühle, Verabsolutierung der Macht infolge extremer persönlicher Ohnmacht, Mystifizierung eines Déjà-vu-Erlebnisses, unbewältigten Verlust des christlichen Glaubens. Gemeinsam ist seinen Lehren ein tiefer Irrationalismus mit stark theologischem Einschlag.

9.1.4.13 Stirner

Egozentrismus und Egoismus verbinden Nietzsches Standpunkt mit dem Johann Caspar Schmidts, der sich Max Stirner nannte (1806–1856). Ob und wieweit Nietzsche von Stirner abhängt, ist infolge Nietzsches spärlicher Angaben über seine Quellen noch eine ungeklärte Frage. Stirner war als Pädagoge und Zeitungskorrespondent tätig. Sein Hauptwerk ›Der Einzige und sein Eigentum‹ erschien 1845, war anfangs eine Sensation und wurde bald wieder vergessen wie sein Autor, der früh, arm und vereinsamt starb. Gott, Kaiser, Papst und Vaterland sind für Stirner nur Gespenster, die verscheucht werden müssen. Ideale sind »Sparren«. Das einzige, was zählt, bin *Ich.* Der *Eigene* ist der geborene Freie, der Freiheitssüchtige nur ein Träumer. Stirners Motto lautet: »Ich hab' mein Sach' auf nichts gestellt.« Staat und Gesellschaft sind Feinde des Ich, das sie nur benutzen sollte. Stirners ethischem Solipsismus entspricht ein erkenntnistheoretischer, der auf Fichte zurückweist. Aus Stirners Theorien spricht eine große Sehnsucht nach Freiheit, die Verzweiflung des Individuums im Zeitalter der Restauration, das im Grunde für das Auftreten von Extremisten und Radikalisten wie Marx, Engels, Nietzsche und Stirner verantwortlich ist.

9.1.4.14 Positivisten: Laas, Jodl, Avenarius, Mach, Dühring, von Gizycki, Ostwald, Tönnies

In den letzten Jahrzehnten des 19. Jahrhunderts, nach dem Niedergang des spekulativen Idealismus und der Hochblüte des Materialismus um die Jahrhundertmitte, nach den Systemen und Ideologien, gewinnt der Positivismus auch in Deutschland an Boden, stark orientiert an englischen Denkern, am englischen Positivismus, Evolutionismus und Empirismus. Hierher gehört eine Gruppe von Denkern, deren Grundmerkmal die Ablehnung jeder Art von Metaphysik ist: Ernst Laas (1837–1885), Friedrich Jodl (1848–1914), Richard Avenarius (1843–1896) und Ernst Mach (1838–1916). Ihnen nahe stehen Eugen Dühring (1833–1921), Georg von Gizycki (1851–1895), Wilhelm Ostwald (1853–1932) und Ferdinand Tönnies (1855 bis 1936).

In seinem Hauptwerk ›Idealismus und Positivismus‹ (1879 bis 1884) grenzt Ernst Laas, an Hume und John Stuart Mill anknüpfend, den Standpunkt des Positivismus vom Idealismus, vor allem Platons und Kants, ab. Nach ihm ist Positivismus »diejenige Philosophie, welche keine andere Grundlage anerkennt als positive Tatsachen, d.h. äußere und innere Wahrnehmungen«. Der Positivismus geht von folgenden Prämissen aus: Korrelation von Objekt und Subjekt. Das Ich hat keinen Vorrang und erscheint als Bezugssystem. Die Wahrnehmungsobjekte sind variabel. Es gibt keine notwendige Erkenntnis. Die gesetzmäßigen Beziehungen sind Projektionen des Subjekts auf die Objekte. Alle Erkenntnisse sind nach bestimmten Regeln transformierte Wahrnehmungen. Die Welt ist die Summe möglicher Wahrnehmungsinhalte. Der Positivismus wendet sich gegen Scholastik, das Absolute, apriorische Vernunftgesetze, die Annahme einer spontanen Aktivität eines Geistes und gegen eine übersinnliche Welt.

Friedrich Jodl, Verfasser einer ›Geschichte der Ethik‹ (2 Bände, 1882–1889) und eines ›Lehrbuchs der Psychologie‹ (1897), schloß sich, wie Laas, an Mill an, außerdem an Feuerbach und Comte. In der Erkenntnistheorie vertrat er einen kritisch-realistischen Standpunkt. Seine Religionsphilosophie und seine Ethik sind anthropozentrisch orientiert. Ideen sind keine Wesenheiten, sondern Aufgaben, Zielvorstellungen. In der Ethik sucht Jodl nach einer Synthese von Gesinnungsethik und Wohlfahrtsprinzip auf der Grundlage des Eudämonismus. Zwischen Feuerbach, Comte und Mill, Vertretern der führenden Kulturnationen Europas, stellt Jodl einen positivistischen ethischen Konsens fest: »Das Ideal in uns und der Glaube an die Verwirklichung des Ideals durch uns. Das ist die Formel der neuen Religion, für die der Begriff des Glaubens nicht die Bindung an übernatürliche Mächte bedeutet, sondern die lebendige Gewißheit der Gottwerdung des Menschen im Lauf der Geschichte.«

Georg von Gizycki gründete 1892 mit dem Astronomen W. Foerster in Berlin eine Gesellschaft für ethische Kultur nach dem Vorbild ähnlicher Bewegungen in England und in den USA, mit dem Ziel, Gerechtigkeit, Wahrhaftigkeit und Menschlichkeit zu praktizieren. Der Gesellschaft gehörten auch der Sozialphilosoph Ferdinand Tönnies, bekannt durch seine Arbeiten über Hobbes, an sowie Franz Staudinger, der nach einer Synthese zwischen Kant, Locke und Marx suchte.

Richard Avenarius, Begründer des Empiriokritizismus, bemühte sich in seiner ›Kritik der reinen Erfahrung‹ (2 Bände, 1888–1890) und der Schrift ›Der menschliche Weltbegriff‹ (1891) um die Ausscheidung aller metaphysischen Bestandteile aus der Erkenntnis sowie um die Überwindung des Subjekt-Objekt-Gegensatzes: »Ich und die Umgebung stehen hinsichtlich des Gegebenseins vollständig auf gleicher Stufe.« Avenarius legte Wert auf mathematische Präzisierung seiner Gedanken und benutzte häufig die Formelsprache.

Eugen Dühring vertrat einen dem Materialismus nahestehenden positivistischen Standpunkt, griff das deutsche Universitätswesen an, was die Entziehung seiner Lehrbefugnis zur Folge hatte, und war einer der erfolgreichsten philosophischen Autoren der zweiten Hälfte des 19. Jahrhunderts. Bei ihm wird die Hinwendung zur Mathematik ebenso deutlich wie die Emanzipation von der Philosophie: »Alles ist abzählbar«; »Meine Geschichte der Philosophie soll von der Philosophie emanzipieren.«

Der bedeutendste Denker der Gruppe war der Mathematiker, Physiker und Philosoph Ernst Mach. Von Mach führt eine direkte ideengeschichtliche Verbindung zu Albert Einstein, dem Schöpfer des modernen physikalischen Weltbildes. In diesem Zusammenhang sind Machs Schriften ›Erkenntnis und Irrtum‹ (1905), ›Die Analyse der Empfindungen und das Verhältnis des Physischen zum Psychischen‹ (2. Aufl. 1900) und ›Die Mechanik in ihrer Entwicklung‹ (1883) von besonderer Bedeutung. Mach ist reiner Empiriker und auch Gegner des Kantischen Apriorismus. Im Kausalbegriff sah Mach einen Fetisch und ersetzte ihn durch den mathematischen Funktionsbegriff. Ebensowenig hielt er an der Identität im Wechsel der Erscheinungen fest. Dies ist eine Täuschung. »Nicht das Ich ist das Primäre, sondern die Elemente.« Der Unterschied zwischen Physik und Psychologie beruht auf einer unterschiedlichen Betrachtungsweise. Bahnbrechend ist Mach weiterhin in der Betonung des ökonomischen Charakters wissenschaftlicher Forschung, der sich in jedem »Naturgesetz« zeigt. Die Naturwissenschaften stellen das Instrumentarium für das Denken und Handeln bereit zum Zweck der Weltbewältigung. Bacons Programm erscheint erfüllt. In seinem Nachruf auf Ernst Mach hat Albert Einstein dessen philosophisch-begriffskritische Leistung besonders gewürdigt: »Begriffe, welche sich bei der Ordnung der Dinge als nützlich erwiesen haben, erlangen über uns leicht eine solche Autorität, daß wir ihren irdischen Ursprung vergessen und sie als unabänderliche Gegebenheiten hinnehmen. Sie werden dann zu ›Denknotwendigkeiten‹, ›Gegebenen a priori‹ usw. gestempelt. Der Weg des wissenschaftlichen Fortschritts wird durch solche Irrtümer oft für lange Zeit ungangbar gemacht. Es ist deshalb durchaus keine müßige Spielerei, wenn wir darin geübt werden, die längst geläufigen Begriffe zu analysieren und zu zeigen, von welchen Umständen ihre Berechtigung und Brauchbarkeit abhängt, wie sie im einzelnen aus den Gegebenheiten der Erfahrung herausgewachsen sind. Dadurch wird ihre allzugroße Autorität gebrochen. Sie werden entfernt, wenn sie sich nicht legitimieren können, korrigiert, wenn ihre Zuordnung zu den gegebenen Dingen allzu nachlässig war, durch andere ersetzt, wenn sich ein neues System aufstellen läßt, das wir aus irgendwelchen Gründen vorziehen.«[7]

Eine andere ideengeschichtliche Verbindungslinie zum 20. Jahrhundert führt über den Nobelpreisträger für Chemie, Wilhelm Ostwald, den Begründer der physikalischen Chemie

[7] Physikalische Zeitschrift 17, 1916, S. 101.

in Deutschland. Ostwald bekämpfte den Materialismus und stellte ihm ein energetisches Konzept gegenüber, wonach alles Wirkliche letztlich aus Energie besteht. Logik und Mathematik sind »Ordnungswissenschaften«. In der ökonomischen Fassung des Wissenschaftsbegriffes zeigt sich die Verwandtschaft des Denkens zu Mach. Wissenschaft ist, Ostwald zufolge, eine mit möglichst geringem Aufwand an Kraft erreichte Prognose künftiger Prozesse. Sie ist nur auf induktivem Weg zu erreichen. Ostwald war Pazifist, bemühte sich um eine internationale Hilfssprache und die Reform des Schulwesens. Besondere Aufmerksamkeit schenkte er der Farbenlehre, die er umfassend neu behandelte mit dem Ziel, ihre psychologischen, physikalischen und technischen Aspekte zu berücksichtigen, um damit sowohl der Kunst als auch der Industrie zu dienen.

Ferdinand Tönnies befaßte sich mit Problemen der öffentlichen Meinung und mit dem Geist der Neuzeit. Sein besonderes Interesse galt der Unterscheidung von Gemeinschaft (Familie, Volk) und Gesellschaft (Großstadt, Staat).

9.1.4.15 Fechner, Lotze, von Hartmann, Wundt, Vaihinger, Sigwart, Brentano, Lipps, Dilthey und andere

In diesen Zusammenhang gehört Gustav Theodor Fechner (1801–1887), einer der Hauptbegründer der experimentellen mathematischen Psychologie und psychologischen Ästhetik. Er setzte der spekulativen »Ästhetik von oben« eine »Ästhetik von unten« entgegen.

Rudolf Hermann Lotze (1817–1881) suchte in seinem ›Mikrokosmos‹ (1856–1864) dem Makrokosmos Alexander von Humboldts ein Analogon für die Welt des Geistes zu schaffen. In seiner Konzeption ist die moderne Trias Information – Energie – Materie vorgebildet, denn er gliedert die Wirklichkeit in Naturgesetze, Kräfte und Stoffe und entwirft einen Gesamtplan für die ursprüngliche Anordnung der Materie.

Es würde zu weit führen, all die Kombinationen und Synthesen philosophischer Richtungen in der zweiten Hälfte des 19. Jahrhunderts im einzelnen anzuführen. Nur die wichtigsten seien kurz erwähnt.

Eduard von Hartmann (1842–1906) versuchte eine Synthese von Naturwissenschaft und Metaphysik. In seiner späteren Entwicklung neigte er zu einem »transzendentalen Realismus«, begründete die »induktive Metaphysik« und die »Philosophie des Unbewußten«.

Wilhelm Wundt (1832–1920) gehört, wie Fechner, zu den Begründern der experimentellen – oder physiologischen – Psychologie sowie der Völkerpsychologie, in deren Rahmen er ethnologische, sprachliche und religiöse Probleme untersuchte. Wundt forderte die rückhaltlose Anerkennung der empirischen Wissenschaften als Basis für jede weitere Theoriebildung. Zum Positivismus konnte er sich jedoch nicht durchringen. Einen neuen Akzent setzte Wundt in seiner Weltanschauungslehre. Aufgabe der Philosophie ist danach die »Zusammenfassung unserer Einzelerkenntnisse zu einer die Forderungen des Verstandes und die Bedürfnisse des Gemüts befriedigenden Welt- und Lebensanschauung«, was ihm den Beinamen »Leibniz unserer Tage« eintrug.

Als eine pragmatistische Variante des Positivismus kann man Hans Vaihingers (1852–1933) Fiktionalismus ansehen, in dem er zwar am Sensualismus festhält, aber der Wissenschaft die Möglichkeit bestreitet, zu objektiven Erkenntnissen zu gelangen, denn diese besteht nur aus biologisch nützlichen Fiktionen. Der Einfluß des Darwinismus ist offensichtlich. In der Forderung eines bewußten Subjektivismus steht Vaihinger Nietzsche nahe.

Christoph Sigwart (1830–1904) konzipierte Logik als eine Normen- und Methodenlehre des Denkens und verschaffte ihr dadurch Einfluß auf die »positiven« Wissenschaften. Die Logik hat eine analytisch-psychologische Aufgabe: Untersuchung der Urteile, eine normative: Ermittlung der Bedingungen und Gesetze ihres normalen Verlaufs sowie eine technische: Aufstellung von Regeln, durch die man vom natürlich-unvollkommenen zum wissenschaftlichen Denken gelangt.

Franz Brentano (1838–1917) baute in seiner ›Psychologie vom empirischen Standpunkt‹ (1874) auf den seelischen Grundfunktionen Vorstellen, Urteilen und Wollen die Disziplinen Ästhetik, Logik und Ethik auf. Er erkannte die Bedeutung der psychischen Akte für die Urteilslehre und erstrebte eine Reform der Logik, die dann sein Schüler Edmund Husserl vollzog.

Theodor Lipps (1851–1914), Gründer des Psychologischen Instituts in München, bemühte sich um die äußerst schwierige Abgrenzung der Philosophie zur Psychologie und kam zu dem Ergebnis: »Die Psychologie ist *die* philosophische Wissenschaft, und umgekehrt, die philosophische Wissenschaft oder die Philosophie als Wissenschaft, das ist die Psychologie.«

Wilhelm Dilthey (1833–1911) schuf eine Erkenntnistheorie der Geisteswissenschaften, grenzte sie gegenüber den Naturwissenschaften ab und unterschied drei Weltanschauungstypen: Materialismus (Demokrit), objektiven Idealismus (Leibniz) und Idealismus der Freiheit (Platon). Um nicht im Skeptizismus zu enden, verwandelt sich die Philosophie in Weltanschauungslehre.

Charakteristisch, vor allem für die zweite Hälfte des 19. Jahrhunderts, sind die Erneuerungen (Neo-) oder Renaissancen älterer Denkrichtungen, auf die hier nicht näher einzugehen ist[8]. Adolf Trendelenburg (1802–1872) erneuerte den Aristotelismus, der Vatikan erhob den vor allem von Joseph Kleutgen (1811–1883) aktivierten Neuthomismus in den 70er Jahren zur offiziellen Kirchenphilosophie, Josef Hillebrand (1788–1871) und Immanuel Hermann Fichte (1796–1879), Bolzano, Lotze und Brentano griffen unter anderem auf Leibniz zurück, Neukantianismus und Neokritizismus erschienen in zahlreichen Variationen: physiologische (Helmholtz 1821–1894), metaphysische (Liebmann 1840–1912, Volkelt 1848–1930), realistische (Riehl 1844–1924), logizistische (Cohen 1842–1918, Natorp 1854–1924, Cassirer 1874–1945), werttheoretische (Windelband 1848–1915, Rickert 1863–1936, Münsterberg 1863–1916), relativistische (Simmel 1848–1918). Leonard Nelson (1882–1927) begründete die Neufriesische Schule, Adolf Lasson (1832–1917) und andere verschrieben sich dem Neoidealismus, Oswald Külpe (1862–1915) und andere dem Neorealismus, Hans Driesch (1867–1941) erneuerte die Metaphysik im »Neovitalismus«, Ernst Troeltsch (1865–1923) die Metaphysik der Religion und Paul Häberlin (1878–1960) die metaphysische Psychologie.

[8] Neben den bekannten Neuaristotelikern und Neukantianern gab es auch Neuspinozisten und Neuhegelianer.

9.1.5 Italien: Romagnosi, Cattaneo, Loria, Ardigò, Labriola, Croce, Tarozzi

Nach zweihundertjähriger Pause (Ausnahme: Vico) infolge der Jesuitenherrschaft regte sich in Italien gegen Ende des 18. Jahrhunderts das freie Denken wieder. Giovanni D. Romagnosi (1761–1835) übertrug den Sensualismus Condillacs auf die Jurisprudenz, Pasquale Galluppi (1770–1846) begründete demgegenüber die empirische Philosophie. Carlo Cattaneo (1801 bis 1869), ein Schüler Romagnosis, war ein föderalistischer Republikaner, verweigerte der Monarchie den Treueid und lebte deswegen in Lugano. Er gründete, wie einst Leonardo da Vinci, die Philosophie auf Erfahrung und schloß sich in der Ausrichtung aufs Praktische an Bacon, Locke und Comte an. Es entstand die »Neue Schule« oder »scuola positiva«.

Achille Loria begründete eine positivistische Nationalökonomie und Soziologie. Roberto Ardigò (1828–1920), Kanonikus in Mantua, legte sein Priestergewand ab und schuf ein positivistisches System, verinnerlichte die Evolutionslehre Spencers, faßte physische und physiologische Tatsachen als zwei Aspekte der gleichen Realität auf und ließ dem freien Willen einen gewissen Spielraum. Seine Moral ist soziologisch orientiert.

Antonio Labriola (1843–1904) kehrte dem Hegelianismus den Rücken und wurde Sozialist. Er wollte anstelle der Philosophie der Ideen eine Philosophie der Dinge setzen und die Geschichte der Ideen durch die Geschichte der Dinge erklären.

Benedetto Croce (1866–1952) hörte Labriola in Rom, schwankte zwischen Hegelianismus und Marxismus, blieb im Endeffekt jedoch Positivist, der die Philosophie auf eine Methodologie der Geschichte reduzierte. Marx, Hume und die englischen Empiristen übten einen dauernden Einfluß auf sein Denken aus.

Giuseppe Tarozzi (1866–1958), ein Schüler Ardigòs, bekämpfte Determinismus wie Materialismus und gab dadurch dem italienischen Positivismus eine neue Richtung. Er unterschied strikt zwischen Philosophie als System und Philosophie als Forschung, der er den Vorzug gab. Der Jesuit Cornoldi, ein Neuthomist, fällte ein hartes Urteil über die moderne Philosophie: »Die Geschichte der modernen Philosophie ist nichts anderes als die Geschichte der intellektuellen Irrungen des dem Schwindel seines Stolzes überlassenen Menschen, so daß diese

Geschichte die Pathologie der menschlichen Vernunft heißen könnte.«

9.1.6 Holland: Opzoomer, Heymans

In Holland befreite Cornelis Willem Opzoomer (1821–1892), wegen seiner freisinnigen Denkweise in religiösen Fragen von den Orthodoxen heftig angegriffen, die Philosophie aus den Fesseln der Theologie und spekulativen Metaphysik. Opzoomer war Pazifist und Empirist.

Der Autodidakt Gerardus J. P. J. Bolland verfaßte im Anschluß an Hegel scharfsinnige und selbständige Arbeiten zur Logik ›Collegium logicum‹ (1904/05), setzte sich mit Eduard von Hartmann auseinander (›Alte Vernunft und neuer Verstand‹ 1902), zeigte die Entwicklung des Christentums aus alexandrinischer Theosophie auf (›Het Evangelie‹ 1909) und bekämpfte Katholizismus, Sozialismus, Theosophie und Freimaurerei.

Gérard Heymans (1857–1930) entwickelte sich vom Kritizisten zum Empiriker und betrachtete die empirische Methode als die einzig sinnvolle für die Philosophie, wenn er sich auch der Grenzen dieser Methode bewußt war: ›Gesetze und Elemente des wissenschaftlichen Denkens‹ (1890), ›Einführung in die Metaphysik auf der Grundlage der Erfahrung‹ (1905) und ›Einführung in die Ethik‹ (1914). Auf dem Gebiet der theoretischen und der empirischen Psychologie wurde Heymans für Holland wegweisend.

9.1.7 Dänemark: Kierkegaard

In Dänemark herrschte von jeher die empirische Betrachtungsweise vor. Sören Kierkegaard (1813–1855) führte einen erbitterten Kampf gegen die kirchliche Orthodoxie. Er studierte zunächst, wie Nietzsche, Theologie und Klassische Philologie, lebte dann als freier Schriftsteller und wird gern als ein Vorläufer der Existenzphilosophie angesehen. Kierkegaard entdeckte die Macht der Presse und des Publikums, aber auch das verhängnisvolle Bündnis der Kirche mit den Mächtigen. Er empfing zwar Einflüsse von Hegel (Dialektik), lehnte jedoch Systeme ab, da sie den prozessualen Charakter der Existenz verkennen. Das Leben will rückwärts verstanden, aber vorwärts gelebt werden. Erinnerung und Reflexion schaden dem Leben. Wahrheit ist Leben, Existenz, Subjektivität. Es gibt drei Arten zu existieren: ästhetisch, moralisch und religiös oder eigentlich nur zwei: das Leben des Genusses (Don Giovanni) oder die christliche Existenz, zu der der Mensch, von Angst gequält, durch einen »Sprung« gelangt. Paradoxien haben bei Kierkegaard eine wichtige Funktion. Ziel ist es, die Seele heil aus einer hoffnungslos verkommenen Welt zu retten.

9.1.8 Schweden: Hägerström

Axel Hägerström (1868–1939), Rechts-, Sozial- und Moralphilosoph, gelangte von Kant und Hegel zu einer empirisch-positivistischen Einstellung mit atheistisch-antiklerikalem Einschlag. Er befürwortete Begriffsanalysen, lehnte jedoch die Metaphysik ab, kritisierte den Subjektivismus oder erkenntnistheoretischen Idealismus und sprach Werturteilen den Wahrheitswert ab, ebenso normativen Sätzen. Begriffe wie Recht (*right*) oder Pflicht (*obligation*) lehnte er als metaphysikträchtig ab. Hägerström war der Gründer sowohl einer philosophischen als auch einer juristischen Schule.

9.1.9 Norwegen: Bjerknes, Löchen, Aall

In den letzten Jahrzehnten des 19. Jahrhunderts setzte sich während des Kampfes um politische Selbständigkeit in Norwegen die empirisch-naturwissenschaftliche Denkweise endgültig gegen den Hegelianismus der reaktionären Universitätsphilosophie durch. Hier erlangten die Arbeiten des Mathematikers C. A. Bjerknes (gest. 1903) über Newton, zur Fernwirkung und allgemein zur Naturphilosophie, große Bedeutung, ferner die

Arbeiten Arne Löchens (geb. 1850) zum Bewußtseinsproblem auf der Grundlage gehirnphysiologischer Analysen sowie Anathon Aalls (1867–1943) Studien zur Rechtsphilosophie und Experimentalpsychologie. Aall vertrat einen pluralistisch-realistischen Standpunkt und hielt eine Philosophie nur dann für wertvoll, wenn sie ihr Material aus den historisch oder naturwissenschaftlich gegebenen Erlebnissen nimmt und sich an den Tatsachen der psychologischen Erfahrung orientiert.

9.1.10 Polen: Sniadecki, Tarnowski, Twardowski, Bieganski, Lukasiewicz, Abramowski

Im Gegensatz zu der lange allein herrschenden katholischen Philosophie begründete der polnische Astronom Jan Sniadecki (1756–1830) den »polnischen Positivismus«, den Juljan Ochorowicz (1850–1917) in der zweiten Hälfte des Jahrhunderts fortsetzte. Neben dem radikalen Positivismus in Warschau gab es einen gemäßigten in Krakau unter Stanislaw Tarnowski (1837–1917). Beide Schulen waren sich einig in der Opposition gegen die Unterdrückung der Unabhängigkeit durch die Russen. Man war sich auch einig in der Ablehnung aller metaphysischen Spekulationen und in der Pflege naturwissenschaftlichen Denkens. Der »polnische Messianismus« ist ein Kapitel für sich. Philosophisch bedeutsam ist die Ausbildung der Einzeldisziplinen, wozu, neben den traditionellen Disziplinen, Rechtsphilosophie, Philosophie der Medizin, Psychologie, Sprachphilosophie und Ästhetik gehören. Kazimierz Twardowski, ein Mitbegründer der »Lemberger Schule«, analysierte Denkvorgänge und kam zu ähnlichen Ergebnissen wie Edmund Husserl. Er führte die formale Wahrheit auf die materielle zurück, bemühte sich um strenge Beweisführung sowie präzise Methodik und bildete Lehrkräfte auch für die Wissenschaften aus. Der Arzt Wladyslaw Bieganski (1857–1917) gelangte von ethischen Problemen zu erkenntnistheoretischen und logischen Fragen, näherte sich in seinen Auffassungen Ernst Mach und legte, wie dieser, Wert auf Prognostik. Jan Lukasiewicz (1878 bis 1956) stellte der traditionellen zweiwertigen Logik ein Modell der mehrwertigen Logik entgegen und schuf eine besondere Symbolsprache. Edward Abramowski (1868–1918), Soziologe und Leiter des Psychologischen Instituts in Warschau, wandte sich, wie Freud, Problemen des Unbewußten zu.

9.1.11 Ungarn: Böhm, von Pauler

In Ungarn hatte zunächst Descartes das philosophische Denken bestimmt. Im 19. Jahrhundert verlief die Entwicklung von Kant und Hegel zu Comte und Spencer. Ähnlich wie in Italien und Norwegen wirkte sich die nationale Bewegung auch auf die Philosophie aus. Um die Jahrhundertwende vertraten Karl Böhm (1846–1911), danach Akos von Pauler (1876–1933) eine eigenständige Denkrichtung. Böhm trennt sorgfältig zwischen Ontologie und Axiologie, spricht der Gesellschaft keinen Selbstwert zu, wohl aber dem Wahren, Schönen und Guten. Pauler sucht dagegen in seinem umfassenden System die Werte des Schönen und Guten auf den Wahrheitswert zu reduzieren. Er stellt neben die traditionellen philosophischen Disziplinen die Ideologie sowie neben die Methoden der Induktion und Deduktion die Reduktion, die zu den Prinzipien führen soll. Paulers Standpunkt läßt sich als »dynamischer Dualismus« beschreiben.

9.1.12 Rußland: Czernyschewskij, Lawrow, Solowjew

In Rußland verlief die Entwicklung ähnlich wie in Deutschland und einigen anderen europäischen Ländern, vom Hegelianismus am Beginn des Jahrhunderts zum Materialismus in der Jahrhundertmitte und schließlich in den letzten Jahrzehnten zum Positivismus. Durch die Revolution wurde die Entwicklung unterbrochen. Der bekannteste Vertreter des Materialismus, der Nationalökonom N. G. Czernyschewskij (1812 bis 1889), wurde 1864 von Zar Alexander II. nach Sibirien verbannt. Er untersuchte das Verhältnis von Kunst und Wirklichkeit, befaßte sich mit anthropologischen Fragen und setzte sich mit darwinistischen Theorien auseinander. Der Positivismus erwies sich als stärker und einflußreicher als der Materialismus.

P. Lawrow (1823–1900), zunächst Artillerieoffizier, dann Revolutionär, forderte den Verzicht auf metaphysische Wesenserkenntnis der Welt zugunsten eines zusammenfassenden Verstehens der Erscheinungen, wobei die Wechselwirkungen zwischen Individuum und Gesellschaft von besonderer Bedeutung sind.

Eine stark mystische Komponente weist dagegen das Denken des Dichterphilosophen Wladimir Solowjew (1853–1900) auf. Da er sich für die Begnadigung der Mörder Alexanders II. einsetzte, wurde er 1881 zum Rücktritt von seinem akademischen Lehramt genötigt und von der Kirche preisgegeben. Er wird als der erste bedeutende russische Philosoph angesehen. In seiner frühen Phase glaubte er an eine ähnliche messianische Aufgabe Rußlands wie einige polnische Denker für ihr Land. Wie Nietzsche befaßte sich Solowjew gegen Ende seines Lebens mit dem Problem des Antichristen (›Kurze Erzählung vom Antichrist‹), allerdings mit dem Unterschied, daß er sich nicht zum Antichristen bekannte oder gar sich selbst dafür hielt, sondern ihn in der Form einer apokalyptischen Vision erlebte. Solowjew hoffte auf eine Vereinigung der christlichen Kirchen mit dem jüdischen Glauben und neigte selbst zum Katholizismus.

9.1.13 Vereinigte Staaten von Amerika: Franklin, Emerson, Peirce, James

In den Vereinigten Staaten von Amerika trafen in der Philosophie anfangs platonische, christlich-puritanische, empirisch-realistische, personalistisch-mystische und positivistisch-wissenschaftliche Momente zusammen. Benjamin Franklin (1706 bis 1790) und die führende Intelligenz der Revolutionszeit wandten sich vom neuenglischen Pietismus ab und dem *radical empiricism* und der pragmatischen Weltbetrachtung zu nach dem Motto: Unser Zeitalter ist das der Vernunft und der freien Forschung. Vor ihr hat sich jede Meinung auszuweisen: »Summon before the tribunal of reason every fact, every opinion.«

Die Ideale der Revolution, Demokratie, Republikanertum, Freiheit, Menschenrechte und Menschenwürde, waren bereits tief im amerikanischen Wesen verwurzelt, als Ralph Waldo Emerson (1803–1882), einer der wenigen von Nietzsche geachteten und geschätzten Denker, das philosophische Szenarium der Neuen Welt betrat. Wenn eines diesen Denker auszeichnet, dann die Offenheit für jeden und alles, wie sie nur auf dem Grund jener Weite des Herzens und Wärme der Empfindung begegnet, die die großen Philosophen auszeichnen. Emerson besuchte die Lateinschule in Boston, studierte am Harvard-College, dann an der dortigen Theologen-Anstalt, wurde 1829 Pastor, trat 1832 von seinem Pfarramt zurück, bereiste dreimal Europa, führte in Concord (Mass.) ein einfaches, stilles Leben, schrieb Reden, Gedichte und Essays, erhielt 1867 den Grad eines LL.D. (Dr. jur.) von Harvard, wurde zum Universitätskurator gewählt und verbrachte die letzten Jahre seines Lebens in »Gesellschaft und Einsamkeit.« Emerson war alles andere als ein Systematiker. Seine eindrucksvollen Tagebücher zeugen von der unendlichen Fülle seiner Gedanken, der Schärfe seines Intellekts und der Größe seiner Seele: »Mag es mit der Herrlichkeit der Welt sein, wie es will, der Geist hat seine eigene Herrlichkeit. Was er tut, das hat Dauer. Kein Mensch kann zweien Herren dienen. Und oft habt ihr keine Wahl zwischen der Größe in der Welt und der Größe der Seele, doch beider Vorteil ist nicht miteinander vereinbar. Die Nacht ist schön, die Sterne strahlen ihren ernsten Einfluß auf mich herab, und ich empfinde in meiner Einsamkeit eine Freude, wie sie mir die Heiterkeit alltäglicher Gesellschaft niemals vermitteln kann. Es liegt Glücksgefühl in dem Gedanken, daß die besondere Richtung meines Geistes in diesem Augenblick vielleicht ganz neu im Universum ist, daß die Gefühle dieser Stunde vielleicht einzigartig und beispiellos in der ganzen Ewigkeit der sittlichen Welt sein mögen. Ich führe ein neues Leben. Ich erobere in der Welt des Geistes neuen, bisher noch unbewohnten Grund. Ich betrete einen Weg des Denkens und Handelns, der sich vor mir dehnt in weiter, verwirrender Grenzenlosigkeit. Fremde Gedanken erscheinen auf meinem Pfad gleich Engeln und winken mir vorwärts. Ich zweifle nicht daran, ich schreite auf dem Höhenweg, der zur Gottheit führt.«[9]

Charles Sanders Peirce (1839–1914) war der Sohn des berühmten Mathematikers Benjamin Peirce (1809–1880, Harvard), lehrte bis 1884 an der Johns-Hopkins-Universität in Baltimore, lebte seit 1887 in Milford (Pennsylvania) zurückgezogen und seinen Studien hingegeben, arbeitete dort seine ›Meta-

[9] Ralph Waldo Emerson, Die Tagebücher. Übers. v. Franz Riederer. Stuttgart 1954, S. 34.

physik der Evolution‹ aus, wurde 1898 infolge der »California Address« von William James als Begründer des Pragmatismus bekannt und entwickelte später diesen Pragmatismus zu einem Konzept des pragmatischen Realismus weiter. Die Lehren von Peirce lassen sich in wenigen Sätzen zusammenfassen: Die Frage nach der Gültigkeit der Erkenntnis ist eine naturwissenschaftliche Frage und kann auf induktivem Weg erörtert und gelöst werden. Jede experimentelle Verifizierung setzt den Glauben sowohl an die Möglichkeit einer Übereinstimmung zwischen den Forschern voraus als auch an die wahrheitskonstituierende Funktion der Allgemeinbegriffe. Die Naturwissenschaft muß durch eine Erneuerung des Realismus seitens der mathematischen Logik von nominalistischen, individualistischen und materialistischen Bestandteilen befreit werden. Philosophie und Mathematik müssen eine praktische Form finden, die Realität aufzuzeigen.

Aus der Diskussion dieser und anderer Thesen im »Metaphysischen Club« ergab sich dann das Pragmatismus-Konzept, mit dem William James (1842–1910) um die Jahrhundertwende weltweites Aufsehen erregte.

James erkannte zum Erkenntnisgewinn nur Tatsachen und Schlüsse aus Tatsachen an. Seine Philosophie ist ein *radical empiricism,* insofern sie Erfahrung zum alleinigen Erkenntnisprinzip erhebt und alle Begriffe als Erfahrungsbegriffe auffaßt, insofern sie den Menschen in den Mittelpunkt stellt, ist sie humanistisch und personalistisch zugleich, insofern sie die Weltordnung als Resultat langen Experimentierens begreift, ist sie evolutionistisch, pluralistisch und zufallsorientiert. Auch das bei Emerson auftretende pantheistische Moment gehört zum Konzept, das in seiner Endfassung ein natürlicher Realismus (*natural realism*) ist. Dieser Realismus ist gleichermaßen antimetaphysisch wie antirealistisch ausgerichtet, eher voluntaristisch als intellektualistisch, eine Verbindung von biologischer Naturerklärung, voluntaristischer Psychologie und pragmatischer Metaphysik. Man sieht, wie verfehlt es ist, diese hochgradig synthetische Denkweise und Methode in irgendein Pragmatismus-Klischee zu zwängen.

Spezifisch amerikanisch ist sie, weil sie der Weltbewältigung den Vorrang vor der Weltanschauung gibt, der Erfahrung vor der Spekulation und der Person vor den Umständen, dem System oder der Materie. Pragmatismus erweist sich vielmehr als eine Art von modernem Idealismus.

Literaturhinweise

Aiken, H. D.: The Age of Ideology. New York, Scarborough 1956.
Althaus, H.: Friedrich Nietzsche: eine bürgerliche Tragödie. München 1985.
Anschutz, R. P.: The Philosophy of J. St. Mill. Oxford 1953.
Apel, K. O.: Der Denkweg von Charles Sanders Peirce. Frankfurt 1975.
Arnaud, P.: La pensée d'Auguste Comte. Paris 1969.
August, E.: Mill. A Mind at Large. New York 1975.
Avenarius, R.: Kritik der reinen Erfahrung. 2 Bde, Leipzig 1888ff.
Baker, G. P.: Frege: Logical Excavations. New York 1984.
Bell, D.: Frege's Theory of Judgement. Oxford 1979.
Berger, F. R.: Happiness, Justice, and Freedom. The Moral and Political Philosophy of John Stuart Mill. Berkeley 1984.
Bergson, H.: Œuvres. Edition du Centenaire, Paris 1959.
Berlin, J.: Karl Marx. München 1959.
Bibliotheca Kierkegaardiana. Hrsg. v. N. Thulstrup. Hauniae 1978ff.
Blackmore, J. T.: Ernst Mach. His Work, Life and Influence. Berkeley 1972.
Bollnow, O. W.: Dilthey. 3. Aufl., Stuttgart 1967.
Bolzano, B.: Gesamtausgabe. Hrsg. v. Z. Kalista. Stuttgart-Bad Cannstatt 1970ff.
Boole, G.: Collected Logical Works. 2 Bde, Repr. La Salle, Ill. 1952.
Britton, K.: John Stuart Mill. 2. Aufl., New York 1969.
Caplan, A. L. (Hrsg.): Darwin, Marx, and Freud. New York 1984.
Charlton, D. G.: Positivist Thought in France during the Second Empire. London 1959.
Chisholm, R. M.: Brentano and Meinong Studies. Amsterdam 1982.
Cohen, R. S. (Hrsg.): Hegel and the Sciences. Dordrecht 1984.
Comte, A.: Œuvres. 12 Bde, Paris 1968ff.
Cöster, O.: Hegel und Marx. Bonn 1983.
Cube, F. v.: Die Auffassungen J. Fr. Fries' über die philosophischen Grundlagen der Mathematik. Stuttgart 1957.
Currie, G.: Frege. An Introduction to His Philosophy. Brighton 1982.
Darwin, Ch.: Werke. Hrsg. v. J. V. Carus. 14 Bde, Stuttgart 1874ff.
Dilthey, W.: Werke. 12 Bde, Neuaufl. Stuttgart 1958–1961.
Ducassé, P.: Méthode et intuition chez Auguste Comte. Paris 1939.
Dummett, M.: The Interpretation of Frege's Philosophy. London 1981.
Dunning, St. N.: Kierkegaard's Dialectic of Inwardness. Princeton 1985.
Ebbinghaus, J.: Relativer und absoluter Idealismus. Leipzig 1910.
Emerson, W.: The Complete Works. 12 Bde, Boston 1903ff.
Fetscher, I.: Hegel in der Sicht der neueren Forschung. Darmstadt 1973.

Ders.: Marx und der Marxismus. München 1967.
Feuerbach, L.: Werke. 13 Bde, Stuttgart 1959ff.
Fichte, J. G.: Gesamtausgabe. Hrsg. v. R. Lauth u. H. Jacob. Stuttgart 1964ff.
Fleischer, H.: Marx und Engels. 2. Aufl., Freiburg, München 1974.
Frege, G.: Begriffsschrift. Halle 1879.
Ders.: Schriften zur Logik und Sprachphilosophie. Hrsg. v. G. Gabriel. Hamburg 1971.
Fries, J. F.: Sämtliche Schriften. Repr. Aalen 1967ff.
Gardiner, P.: Schopenhauer. Harmondsworth 1963.
Geldsetzer, L.: Die Philosophie der Philosophiegeschichte im 19. Jahrhundert. Meisenheim 1968.
Grimault, M.: Kierkegaard. Paris 1978.
Haeckel, E.: Gemeinverständliche Werke. Hrsg. v. H. Schmidt. 6 Bde, Leipzig 1924.
Harms, J. (Hrsg.): Über Freiheit: John Stuart Mill und die politische Ökonomie des Liberalismus. Frankfurt 1984.
Hartmann, N.: Die Philosophie des deutschen Idealismus. 2 Bde, Berlin 1923–1929, 2. Aufl. 1960.
Haym, R.: Wilhelm von Humboldt. Berlin 1856.
Heeschen, V.: Die Sprachphilosophie Wilhelm von Humboldts. Bochum 1972.
Hegel, G.W.F.: Werke. Hrsg. v. E. Moldenhauer u. K. M. Michel. 20 Bde, Frankfurt 1969ff.
Heinemann, F.: W. v. Humboldts philosophische Anthropologie und Theorie der Menschenkenntnis. Halle 1929.
Hennemann, G.: Naturphilosophie im 19. Jahrhundert. Freiburg i. Br. 1959.
Herbart, J. F.: Sämtliche Werke. 19 Bde, Repr. Aalen 1964.
Hoffmann, P.: The Anatomy of Idealism. Den Haag 1982.
Hook, S.: From Hegel to Marx. London 1936.
Hookway, Chr.: Peirce. London 1985.
Horstmann, R.-P.: Ontologie und Relationen (Hegel, Bradley, Russell). Königstein 1984.
Howald, W.: Wilhelm von Humboldt. Zürich 1944.
Hübscher, A.: Denken gegen den Strom. Schopenhauer gestern, heute, morgen. Bonn 1973.
Humboldt, A. v.: Werke. 12 Bde, Stuttgart o. J.
Humboldt, W. v.: Werke. 17 Bde, Repr. Berlin 1967f.
Jacobs, H.: Rechtsphilosophie und politische Philosophie bei John Stuart Mill. Bonn 1965.
Janke, W.: Fichte – Sein und Reflexion. Grundlagen der kritischen Vernunft. Berlin 1970.
Janz, K. P.: Friedrich Nietzsche. Biographie. 3 Bde, München 1978f.
Jäschke, W.: Die Religionsphilosophie Hegels. Darmstadt 1983.
Jaspers, K.: Nietzsche. 3. Aufl., Berlin 1950.
Ders.: Schelling. Größe und Verhängnis. München 1955.

Jergius, H.: Philosophische Sprache und analytische Sprachkritik. Freiburg i. Br. 1975.
Kasper, W.: Das Absolute in der Geschichte. Mainz 1965.
Kennedy, J. G.: Herbert Spencer. Boston 1978.
Kessel, E.: W. v. Humboldt. Idee und Wirklichkeit. Stuttgart 1967.
Kierkegaard, S.: Gesammelte Werke. Übers. v. E. Hirsch. 26 Bde, Düsseldorf, Köln 1950ff.
King, G. H.: Existenz, Denken, Stil. Perspektiven einer Grundbeziehung, dargestellt am Werk Sören Kierkegaards. Berlin 1986.
Klawitter, J.: Ch. S. Peirce. Realität, Wahrheit, Gott. Würzburg 1984.
Klein, J.: Die Grundlegung der Ethik in der Philosophie H. Cohens und P. Natorps. Göttingen 1976.
Kolakowski, L.: Die Hauptströmungen des Marxismus. 3 Bde, München 1979.
Kondylis, P.: Die Entstehung der Dialektik. Stuttgart 1979.
Kremer-Marietti, A.: L'anthropologie positiviste d'Auguste Comte. Paris 1980.
Kroner, R.: Von Kant bis Hegel. 3. Aufl., Tübingen 1978.
Lange, F. A.: Geschichte des Materialismus und Kritik seiner Bedeutung in der Gegenwart. 2 Bde, 10. Aufl., Leipzig 1921.
Lévy-Bruhl, L.: La philosophie d'Auguste Comte. Paris 1900.
Loewith, K.: Von Hegel zu Nietzsche. 7. Aufl., Hamburg 1978.
Löw, K. (Hrsg.): Karl Marx. Bilanz nach hundert Jahren. Köln 1984.
Lowrie, W.: Das Leben Sören Kierkegaards. Düsseldorf, Köln 1955.
Lukács, G.: Von Nietzsche bis Hitler oder Der Irrationalismus in der deutschen Politik. Frankfurt 1966.
MacCloskey, H. J.: John Stuart Mill. A Critical Study. London 1971.
Madinier, G.: Conscience et mouvement. Etude sur la philosophie française de Condillac à Bergson. 2. Aufl., Löwen 1967.
Magee, B.: The Philosophy of Schopenhauer. Oxford 1983.
Makkreel, R. A.: Dilthey. Philosopher of the Human Studies. Princeton, N. J. 1975.
Mann, Th.: Schopenhauer. Stockholm 1938.
Martin, A. v.: Macht als Problem. Hegel und seine politische Wirkung. Mainz 1976.
Marx, K. u. F. Engels: Werke. 39 Bde, 2 Erg.Bde, Berlin (Ost) 1956 bis 1968.
Marx, W.: Schelling: Geschichte, System, Freiheit. Freiburg i. Br. 1977.
Mehring, F.: Karl Marx. Geschichte seines Lebens. 4. Aufl., Leipzig 1923.
Mehring, F. u. G. Lukács: Friedrich Nietzsche. Berlin 1957.
Mill, J. St.: Werke. Leipzig 1869ff., Repr. Aalen 1968.
Ders.: Auguste Comte and Positivism. London 1865.
Miller, R. W.: Analyzing Marx. Princeton 1984.
Misch, G.: Lebensphilosophie und Phänomenologie. Repr. Stuttgart 1967.
Mohanty, J. N.: Husserl and Frege. Bloomington, Ind. 1982.

Mourany, A.-H.: Logik und Wahrheit an sich bei Bolzano. Frankfurt 1978.
Nietzsche, F.: Werke. Hrsg. v. G. Colli u. M. Montinari. Berlin 1975 ff.
Paetzold, H.: Ästhetik des deutschen Idealismus. Wiesbaden 1983.
Plenge, J.: Marx und Hegel. Repr. Aalen 1974.
Podach, E.: Nietzsches Zusammenbruch. Heidelberg 1930.
Ders.: Ein Blick in Notizbücher Nietzsches. Heidelberg 1963.
Post, W.: Kritik der Religion bei Karl Marx. München 1969.
Radermacher, H.: Fichtes Begriff des Absoluten. Frankfurt 1970.
Ravaisson, F.: La philosophie en France au XIXe siècle. Paris 1889.
Redeker, M.: F. Schleiermachers Leben und Werk. Berlin 1968.
Riedel, M.: Studien zu Hegels Rechtsphilosophie. Frankfurt 1969.
Schelling, F. W. J.: Hist.-krit. Ausgabe. Hrsg. v. H. M. Baumgartner. Stuttgart 1976 ff.
Schlegel, F.: Werke. Hrsg. v. E. Behler. 35 Bde, Darmstadt 1958 ff.
Schleiermacher, F.: Werke. 30 Bde, Berlin 1834 ff.
Schmidt, A.-F.: Une philosophie de savant. Henri Poincaré et La Logique mathématique. Paris 1978.
Schnädelbach, H.: Die Geschichtsphilosophie nach Hegel. Freiburg, München 1974.
Scholtz, G.: Die Philosophie Schleiermachers. Darmstadt 1984.
Schopenhauer, A.: Werke. Hrsg. v. A. Hübscher. 7 Bde, 3. Aufl., Wiesbaden 1972.
Schulte, G.: Wissenschaftslehre des späten Fichte. Frankfurt 1971.
Semmel, B.: J. St. Mill and the Pursuit of Virtue. New Haven 1984.
Simmel, G.: Schopenhauer und Nietzsche. Leipzig 1907.
Singer, P.: Marx. Oxford, Toronto 1980.
Skagestad, P.: The Road of Mind. Charles Peirce's Pragmatic Realism. New York 1981.
Solomon, R. C.: In the Spirit of Hegel. Oxford 1983.
Spencer, H.: Works. 21 Bde, London 1884 ff.; deutsche Ausg. Osnabrück 1966 f.
Spranger, E.: Werke. 11 Bde, Heidelberg 1969 ff.
Ders.: W. v. Humboldt und die Humanitätsidee. Berlin 1909.
Steinthal, H.: Der Ursprung der Sprache. 4. Aufl., Berlin 1888.
Steinvorth, U.: Stationen der politischen Theorie. 2. Aufl., Stuttgart 1983.
Stendahl, B. K.: Kierkegaard. Boston 1976.
Stolzenberg, J.: Fichtes Begriff der intellektuellen Anschauung. Stuttgart 1986.
Taine, H. A.: Les philosophes classiques du XIXe siècle en France. 10. Aufl., Paris 1910.
Taylor, Ch.: Hegel. Frankfurt 1978.
Terra, H. de: Alexander von Humboldt und seine Zeit. Wiesbaden 1956.
Theunissen, M. u. W. Greve (Hrsg.): Materialien zur Philosophie Sören Kierkegaards. Frankfurt 1979.

Thiel, Chr. (Hrsg.): Frege und die moderne Grundlagenforschung. Meisenheim 1975.
Thier, E.: Das Menschenbild des jungen Marx. Göttingen 1957.
Thies, E. (Hrsg.): Ludwig Feuerbach. Darmstadt 1976.
Tönnies, F.: Marx. Leben und Lehre. Jena 1921.
Topitsch, E.: Die Sozialphilosophie Hegels als Heilslehre und Herrschaftsideologie. 2. Aufl., München 1981.
Turley, P. T.: Peirce's Cosmology. New York 1977.
Valone, J. J.: The Ethics and Existentialism of Kierkegaard. Lanham 1983.
Verrechia, A.: Zarathustras Ende. Böhlau 1986.
Vorländer, K.: Karl Marx. Sein Leben und sein Werk. Leipzig 1929.
Vossler, O.: Alexis de Tocqueville. Freiheit und Gleichheit. Frankfurt 1973.
Weger, K.-H. (Hrsg.): Religionskritik von der Aufklärung bis zur Gegenwart. Freiburg 1979.
Weiner, R.: Das Amerikabild von Karl Marx. Bonn 1982.
Werner, K.: Die italienische Philosophie des neunzehnten Jahrhunderts. 5 Bde, Wien 1884 ff.
Wetter, G. A.: Dialektischer und historischer Materialismus. Frankfurt 1962.
Willms, B.: Die totale Freiheit. Fichtes politische Philosophie. Köln 1967.

10.1 Von der Industrie- zur Informationsgesellschaft

1914 gab es in Europa 17 Monarchien und drei Republiken (Schweiz, Frankreich, Portugal), 1919 dagegen 13 Republiken und 13 Monarchien. Der Siegeszug von Demokratie und Republik war auch durch die Zeit der Diktaturen zwischen den beiden Weltkriegen nicht aufzuhalten. 1939 gab es zwölf Demokratien, fünf Republiken und sechs Monarchien in Europa. Die im 19. Jahrhundert zu beobachtende Entwicklung der Wirtschaft von der Nationalökonomie zur Weltwirtschaft setzte sich im 20. Jahrhundert gegen alle Störungen durch Kriege und Krisen fort. 1936 hatte die Industrieproduktion den Stand von 1913 wieder erreicht, brauchte also 18 Jahre, um sich zu erholen; nach dem Zweiten Weltkrieg benötigte sie dazu nur ein Sechstel der Zeit, bereits 1948 war sie wieder auf dem Vorkriegsstand.

Die von der Industriegesellschaft induzierten Probleme traten schubweise auf. Bevölkerungsanstieg, Proletarisierung und die vielfältigen sozialen Probleme prägten das 19. Jahrhundert, Inflation und Arbeitslosigkeit erreichten zwischen den beiden Weltkriegen ihren Höhepunkt. In dieser Zeit entstand auch der Konflikt zwischen der kommunistischen und der faschistischen Ideologie. Umweltgefährdung, Währungs-, Arbeits- und Ideologiekrisen traten erst nach dem Zweiten Weltkrieg voll ins Bewußtsein der Menschen. Seit der ersten Wirtschaftskrise im Jahr 1857 infolge überhitzter Konjunktur im Bergbau und bei der Eisenbahn waren nicht einmal 100 Jahre vergangen, und das Tempo der Entwicklung hat sich seither nicht verlangsamt, wenn auch der Wirtschaftsliberalismus alten Stils spätestens seit 1925 der Vergangenheit angehört. Die rapide Zunahme der Erfindungen in Wissenschaft und Technik beschleunigten die Entwicklung.

Seit der Mitte des 17. Jahrhunderts verdoppelte sich das Wissen des Menschen von der Welt etwa alle 100 Jahre, in den letzten Jahrzehnten überstieg das neue technische Wissen alles in der Geschichte der Menschheit überhaupt gewonnene Wissen. Der Zeitabstand zwischen Theorie und Erfindung verringerte sich seit Leonardo da Vinci unaufhörlich. Damals betrug er etwa 75 Jahre, heute beträgt er oft weniger als ein Jahrzehnt. Seit dem Zweiten Weltkrieg gelangten Forschungs-, Entwicklungs- und Produktionsvorhaben zu Größenordnungen, die zur Kooperation zwischen Staat und Privatwirtschaft einerseits und Staaten mit unterschiedlichen Gesellschaftssystemen andererseits nötigen.

Gelegentlich spricht man von einer Zweiten Industriellen Revolution und meint damit die Automation. Es lassen sich aber auch drei Phasen unterscheiden, die mit innerer Logik aufeinander folgten. In der ersten, mechanischen Phase entlasteten die Maschinen den Menschen von mehr oder weniger schwerer Handarbeit. Zwischen der mechanischen Theorie Newtons und der technischen Realisierung durch Watt lag etwa ein Jahrhundert. Auf die Dampfkraft folgten elektrische Energie (1832 Faraday) und Kernenergie (1903 Rutherford), der mechanistischen Phase folgte die energetische. Ihr folgte die elektronische oder informatische Phase. Mit ihrer Hilfe gelang es, dem Menschen nicht mehr nur mechanische Handarbeit abzunehmen, sondern nun auch mechanische Denkprozesse. Diese Phase der Industriellen Revolution beruht vor allem auf drei Erfindungen: dem Computer, dem Transistor und dem Mikroprozessor.

Der elektronische Mehrzweckrechner wurde 1944 am Elektrotechnischen Institut der Universität Pennsylvania unter der Leitung des Physikers J. W. Mauchly und des Ingenieurs J. P. Eckert entwickelt: ein Riesenapparat mit über 17000 Elektronenröhren und 30 t Gewicht. Der Transistor, eine Festkörper-Verstärkerschaltung auf der Grundlage von Halbleitern, wurde kurz nach dem Zweiten Weltkrieg in den Bell-Laboratorien von den Physikern J. Bardeen, W. H. Brattain und W. Shokley hergestellt. 1971 stellte die amerikanische Firma Intel den ersten Mikroprozessor vor, womit ein neuer Abschnitt in der Geschichte der Informationsgesellschaft begann.

Von einer Informationsgesellschaft im Unterschied zur Industriegesellschaft kann man seit 1956/57 sprechen. Daniel Bell, ein Soziologe der Harvard-Universität, prägte den Begriff »postindustrielle Gesellschaft«. Er wollte damit ausdrücken, daß das eigentlich industrielle Zeitalter zu Ende und ein neuer

Abschnitt der Industriellen Revolution angebrochen sei. John Naisbitt hat in seinem Buch ›Megatrends. Zehn Perspektiven, die unser Leben verändern werden‹ (dt. Bayreuth 1984) die Grundzüge der Informationsgesellschaft aufzuzeigen versucht. Hier die Hauptthesen des informativen Buchs:

1. Die Informationsgesellschaft ist eine ökonomische Wirklichkeit, keine Utopie.
2. Die Informationsgesellschaft ist die erste Gesellschaft der Geschichte, die auf einem Haupthilfsmittel beruht, das sich gleichsam selbst beständig erneuert und vervollkommnet.
3. Die neue Technologie hebt die Entfremdung auf und fördert menschliche Kontakte: maßgeschneidertes Arbeitsverhältnis für jeden.
4. Eine Werttheorie des Wissens ersetzt die veraltete marxistische Theorie vom Wert der Arbeit.
5. Gegen das alte Prinzip der Macht »Geld in der Hand von wenigen« setzt die neue Technologie »Information in den Händen von vielen«.
6. Der Weg führt weiter von der Nationalökonomie zur Weltwirtschaft, von kurzfristiger zu langfristiger Planung, von der Zentralisation zur Dezentralisation, von institutionalisierter Amtshilfe zur Selbsthilfe, von der repräsentativen zur partizipatorischen Demokratie, von der Hierarchie zu Verbundenheit, Verflechtung und gegenseitiger Abhängigkeit, von elitären Altherrenverbindungen zu egalitärem »Netzwerk«, von der alternativen zur multinativen Logik. Die Entweder/Oder-Wahl geht in eine Vielzahl von individuellen Arrangements und Lebensstilen über.
7. Die Globalisierung der Weltwirtschaft führt zu einer Renaissance in Sprachen und kulturellem Wissen.
8. Die Biologie wird die Physik in ihrer dominierenden Stellung in Wissenschaft und Gesellschaft ablösen.
9. Menschen haben ein Mitbestimmungsrecht bei öffentlichen Entscheidungsprozessen, die sie betreffen.
10. Anstelle von Konkurrenz, Übervorteilung, Karrieremacherei und Ellbogengesellschaft tritt eine Gesellschaft, die hilfreiche Tätigkeiten und Stärkung anderer belohnt.
11. Anstelle der Führerpersönlichkeit tritt in der partizipatorischen Demokratie der »Möglichmacher«, Entscheidungshelfer, nicht der Befehlsgeber.
12. Politisch Rechte und Linke sind tot; die Politik geht immer mehr von der radikalen Mitte aus.

Naisbitts Konzept der Wirklichkeit bedeutet für den Philosophierenden eine umfassende Herausforderung. Sie reicht von der Logik und der Wissenschaftstheorie bis hin zur praktischen Philosophie und zur Politik, von der Metaphysik bis zur Wirtschaftsphilosophie und von der Gesellschaftstheorie bis zur Kulturphilosophie. Am Anfang steht das prozessuale Weltverständnis im Gegensatz zu jeder Art von Ontologie: »Veränderungen erfolgen, wenn ein Zusammentreffen von sowohl sich wandelnden Wertvorstellungen als auch von wirtschaftlichen Notwendigkeiten stattfindet, niemals davor.« Charakteristisch sind: der Sinn für Innovation; die Akzentverschiebung von den Werten Besitz und Macht hin zu Lernen, Wissen, Erfahrung, Information, Kooperation und Kreativität; die Ersetzung der negativen Technikaspekte durch positive, elitärer, hierarchischer Strukturen durch egalitäre Verbindungen; die hohe Bewertung der Teamarbeit; die ethisch und gesellschaftspolitisch revolutionäre Einsicht in das Mitspracherecht des Einzelnen bei öffentlichen Entscheidungsprozessen, die ihn mitbetreffen; die »Wegbereiter« anstelle von Vordenkern, Autoritäten und Führern; die Befreiung von scheinlogischen Zwängen (Alternativen); die Überwindung von Gigantismus, Zentralismus und Absolutismus; schließlich die universale globale Perspektive, die die vergangenheitsorientierten Denkmodelle von Hegel und Marx, den historisch-dialektischen Materialismus, durch eine wirklich zukunftsorientierte Sicht ersetzt.

Für den Philosophierenden ergeben sich aus dieser Diagnose bzw. Prognose der Menschheitsentwicklung einige Folgerungen, sofern er die Herausforderung annimmt: stärkere Berücksichtigung von Wirtschaft und Technik im Denken der Wirklichkeit; Übergang vom statischen zum dynamischen Weltkonzept; Umwertung von Freiheits- und Ordnungsfaktoren; Befreiung von hierarchischen Denkgewohnheiten; verstärkte Ideologiekritik; Absage an ineffiziente Systembildungen; Abweisung von Absolutheitsansprüchen zugunsten eines differenzierteren Methodenbewußtseins und eines »ökonomischen« Pluralismus in Theorie und Praxis sowie Erarbeitung von Kriterien und Maßstäben zur Beurteilung legitimer Philosophien wie etwa: kommunikativ, informativ, kreativ und kooperativ. Anstelle Hegelscher Dialektik muß Platonische Dialogik treten, anstelle von ideologischer Dogmatik weltoffene Sokratik.

10.2 Pluralistisches Gesamtkonzept: Metamorphosen, Experimente, neue Ideen

10.2.1 Allgemeine Darstellung

Sowenig im 19. Jahrhundert eine Philosophie die Alleinherrschaft zu erringen vermochte, sowenig ist das auch im 20. Jahrhundert der Fall. Daher muß jede Gesamtcharakteristik der modernen Philosophie unvollständig und in gewissem Sinn einseitig bleiben. Bezeichnet man die Philosophien, die sich den Herausforderungen des Zeitalters gegenüber nicht verweigern, sondern sich ihnen stellen, als positiv, hat man so etwas wie ein Kriterium zur Beurteilung der Philosophie im allgemeinen wie im besonderen. Dann lassen sich auch gewisse Grundzüge modernen Philosophierens feststellen, die sich weitgehend aus den Trends in den letzten Jahrzehnten des 19. Jahrhunderts ergeben und diese fortsetzen. Man kann solche dominierenden Trends nach dem Vorbild Naisbitts als Megatrends bezeichnen. Als solche erscheinen im philosophischen Spektrum des 20. Jahrhunderts Rationalismus, Realismus und Relativismus. Sie hängen aufs engste mit dem Ablösungsprozeß traditioneller Metaphysik durch das logisch-mathematische Denken zusammen, aber auch mit der rasanten Zunahme an neuem Erfahrungswissen im Gefolge alter und neuer Wissenschaften, die sich immer mehr von der traditionellen Philosophie emanzipieren. Die Erweiterung der Erfahrung, die Verfeinerung der Denkmethoden, verbunden mit dem Großeinsatz technischer und finanzieller Mittel, bestimmen aber rückwirkend das Problembewußtsein modernen Philosophierens und schließen eine neue, moderne Metaphysik nicht aus. Ansätze dazu zeigen sich in allen Teilbereichen der Philosophie, vor allem in der Frage nach der Wirklichkeit. Die Suche nach der Wirklichkeit, das Wirklichkeitsproblem erscheint als ein zentrales, vielleicht als das Hauptproblem moderner Metaphysik, nicht ohne Grund, denn die Mathematisierung der Wissenschaften, der Philosophie und des gesamten Daseins erzwingt diese Frage geradezu. Wie in vielen anderen Fällen hat auch hier Einstein das Kernproblem zutreffend erfaßt und formuliert: »Insofern sich die Sätze der Mathematik auf die Wirklichkeit beziehen, sind sie nicht sicher, und insofern sie sicher sind, beziehen sie sich nicht auf die Wirklichkeit.«[1] Nichts liegt dem modernen Menschen in einer unsicheren Welt mehr am Herzen als Sicherheit. Man vergleiche hierzu Hilberts Feststellung: »Es geht nicht um Wahrheit, sondern nur um Sicherheit.«[2]

Für die Philosophie des 20. Jahrhunderts sind einige Züge charakteristisch, die teilweise Tendenzen des 19. Jahrhunderts fortsetzen. Man könnte sagen, daß es nichts gibt, das es nicht gibt. Für die »Elitären« ist das ein schlechtes Zeichen, das den Verfall der Philosophie andeutet. Insgesamt ist eine deutliche Tendenz zur Anpassung an die Marktmechanismen, bis hin zur bewußten Vermarktung der »Wahrheit« zu beobachten.

Ein Trend des 19. Jahrhunderts, der sich im 20. Jahrhundert fortsetzt, ist die Spezialisierung. Philosophische Forschung auf der einen, Populärphilosophie auf der anderen Seite bezeichnen die Extreme. Dazwischen liegt das weite Feld der Eklektiker, Synthetiker und Pseudopropheten. Spezifisch für das 20. Jahrhundert ist der Machtzuwachs der Ideologien, die den Philosophen an Einfluß und Wirkung weit überlegen sind. Die Folgen davon sind bei den Philosophen nicht selten Konformismus, Mitläufertum und alles das, was Georg Lukács, eine der rühmlichen Ausnahmen, »parasitäre Intelligenz« nennt. Charakteristisch für das 20. Jahrhundert ist auch das Absterben freien Philosophierens im Machtbereich des Dialektischen Materialismus sowie die Schwerpunktverlagerung philosophischer Forschung in die USA. Die mit Beginn des Jahrhunderts einsetzenden regelmäßigen Philosophiekongresse haben wesentlich zur Internationalisierung der kulturbildenden Prozesse beigetragen. Die Erforschung und Darstellung der Geschichte der Philosophie nahm einen ungeahnten Aufschwung, während Systembildungen und spekulativer Idealismus kaum noch gefragt sind.

Im ideologischen Szenarium trat zu den vorhandenen großen Ideologien von Marx und Nietzsche eine neue hinzu, die dann vor allem in der Neuen Welt Fuß faßte: die Psychoanalyse. Weiterhin ist für das 20. Jahrhundert charakteristisch, daß namhafte Fachwissenschaftler, wie etwa Max Planck und Albert Einstein, wichtigere Beiträge zur Philosophie lieferten als die

[1] Albert Einstein, Mein Weltbild. Berlin 1955, S. 119f.

[2] In dem Vortrag: Über das Unendliche (München 1925). In: Grundlagen der Geometrie. Stuttgart 1930, Anhang 8.

meisten Fachphilosophen. Das bedeutet jedoch nicht, daß Naturwissenschaftler eo ipso Philosophen oder gar gute Philosophen sind.

Die gegen Ende des 19. Jahrhunderts zu beobachtende Tendenz zu einem breiten Mittelfeld der Standpunkte verstärkt sich im 20. Jahrhundert. So verschiedene Denker wie Bertrand Russell, Fritz Joachim von Rintelen, Nicolai Hartmann, Charles S. Peirce, Frederick J. E. Woodbridge, John Dewey und George H. Mead vertreten Varianten des kritischen Realismus, der neben dem gemäßigten Positivismus und der mathematisch orientierten Philosophie zu einer zentralen Kraft im Denken des 20. Jahrhunderts wurde.

Unverkennbar ist schließlich die Zunahme der an der Technik orientierten oder auf die Technik reflektierenden Philosophie in diesem Jahrhundert, das außer der Wirtschaftsphilosophie auch eine Philosophie der Technik dem Spektrum philosophischer Disziplinen hinzufügte. Neuerdings gibt es eine Philosophie des Sports, und eine Philosophie der Verwaltung zeichnet sich ab – ein Zeichen für die Abkehr von den Ismen und die Hinwendung zu Gegenständen und Lebensbereichen, ein Zeichen, das, wie viele andere, Naisbitts These von der »radikalen Mitte« bestätigt. In der Philosophie heißt das: kritischer Realismus.

10.2.1.1 Philosophie der Mathematik

Der Siegeszug der Mathematik, der im 19. Jahrhundert begann, setzte sich im 20. Jahrhundert weltweit fort. Während sich die englische Logik unter Russell an Augustus de Morgan (1806–1878), George Boole (1815–1864) und Giuseppe Peano (1858–1932) anschloß und sich zur mathematischen Logik entwickelte – Russell hatte den genialen deutschen Mathematiker und Logiker Gottlob Frege (1858–1925) erst eigentlich entdeckt, wie das Genie Wittgenstein –, entfaltete sie sich im Einflußbereich Edmund Husserls, der, wie Russell, von der Mathematik herkam, zur phänomenologischen Logik weiter, so bei Alexander Pfänder (1870–1941). In Frankreich gab Henri Poincaré als Mathematiker und Philosoph sowohl der mathematischen Grundlagenforschung als auch der Philosophie der Mathematik wichtige Impulse.

In die Übergangszeit vom 19. zum 20. Jahrhundert gehört auch der mathematische Grundlagenforscher David Hilbert

(1862–1943), der unter anderem die Euklidische Geometrie axiomatisierte[3]. Aber auch in der Mathematik ging es nicht ohne Grundlagenkrisen ab. Hier standen sich Formalismus (Hilbert) und Konventionalismus (Poincaré) auf der einen, Intuitionismus (Luitzen Brouwer, 1881–1966) auf der anderen Seite gegenüber. Als Ergebnisse der Auseinandersetzungen lassen sich verbuchen: Eliminierung metaphysischer Elemente bei der Begründung der Mathematik; Letztbegründungen nach Art einer Ontologie der geometrischen Grundbegriffe erwiesen sich als unmöglich; die kritische Revision des Evidenzbegriffes; der Nachweis Kurt Gödels (1906–1978), daß inhaltliches Denken nicht formalisierbar ist, da die Widerspruchsfreiheit des formalen Systems nicht mit den Mitteln dieses Systems zu erbringen ist[4]. Einen Versuch, den Gegensatz von Intuitionismus und Formalismus zu überwinden, unternahm Paul Lorenzen (1915–1994) mit seinem Konzept einer »operativen Mathematik«. Es handelt sich dabei um eine Erweiterung der klassischen Kalkültheorie im Sinne der Herstellung von Figuren aus gegebenen Elementen, wobei aus den Gesetzmäßigkeiten der Kalküle auf allgemeine Prinzipien geschlossen wird. Ziel ist es, die gesamte Logik und Mathematik operativ zu deuten. Als Philosoph stellte Lorenzen auch Beziehungen der operativen Methode zu Ethik und Wissenschaftstheorie her.

Ihr historisches Bündnis mit der Physik setzte die moderne Mathematik im 20. Jahrhundert fort. Hermann Minkowski (1864–1909) trug wesentlich zur mathematischen Formulierung der Relativitätstheorie bei. Mit der von dem englischen Mathematiker Arthur Cayley (1821–1895) entworfenen Matrizenrechnung erzielten in den zwanziger Jahren des 20. Jahrhunderts Paul Dirac (1902–1984) und Werner Heisenberg (1901–1976) große Erfolge bei ihrer Anwendung auf die Quantenmechanik. Louis de Broglie (1892–1987) und Erwin Schrödinger (1887 bis 1961) konnten mit Hilfe der modernen Mathematik ihre Wellenmechanik formulieren. Es gibt kaum ein Gebiet der modernen »Wissenschaftsgesellschaft«[5], in das die Mathematik, besonders als Statistik, nicht einzog: Biologie, Psychologie, Ky-

[3] Vgl. hierzu Egmont Colerus, Von Pythagoras bis Hilbert. Die Epochen der Mathematik und ihre Baumeister. Wien 1942.

[4] Vgl. Herbert Meschkowski, Wandlungen des mathematischen Denkens. München 1985.

[5] Rolf Kreibich, Die Wissenschaftsgesellschaft. Von Galilei zur High-Tech-Revolution. Frankfurt 1986.

bernetik, Soziologie, Politologie, Ästhetik, Sprachphilosophie, getreu dem Motto Galileis: »Miß, was meßbar ist, und was nicht meßbar ist, suche meßbar zu machen.«

Ein besonderes Problem bildet die Abgrenzung der mathematischen Grundlagenforschung von der Philosophie der Mathematik. Die Grenzen sind hier fließend. Über das Verhältnis von reiner und angewandter Mathematik wird der mathematische Grundlagenforscher nachzudenken haben, über den Nutzen der Mathematik der Ökonom, wenn auch der Nutzen wieder kalkulierbar erscheint. Niemand kann den Philosophierenden indes daran hindern, sich Gedanken darüber zu machen, ob die Mathematisierung des Daseins für die Menschheit ein Glück bedeutet, und niemand kann dem religiösen Menschen verwehren, die Frage zu stellen, ob die Mathematik der Menschheit wirklich nur zum Segen gereicht oder schließlich zum Fluch wird. Wenn führende Vertreter der mathematischen Grundlagenforschung statt von der Wahrheit von Sicherheit reden, nähern sie sich der religiösen, politischen oder existentiellen Sicht der Dinge. Einer der großen Mathematiker und Logiker des 20. Jahrhunderts, Bertrand Russell, sagte nach jahrzehntelanger Erforschung mathematischer Grundlagenprobleme: »Ich kam zu dem Schluß, die ewige Welt sei trivial und die Mathematik lediglich die Kunst, dasselbe mit anderen Worten auszudrükken.«[6] Russells Ehrlichkeit in dieser Frage sollte dazu beitragen, den verbreiteten Aberglauben an die Allmacht der Mathematik zu beseitigen, und zu der Erkenntnis führen, daß weder die Mathematik noch irgendeine andere Wissenschaft die Kunst, die Philosophie oder die Religion ersetzen kann.

10.2.1.2 Naturphilosophie

10.2.1.2.1 Physik

Revolutionär, auch für die Naturphilosophie, waren die Entdeckungen Max Plancks (1858–1947, Nobelpreis für Physik 1918) und Albert Einsteins (1897–1955, Nobelpreis für Physik 1921) zu Beginn des Jahrhunderts. Beide Naturwissenschaftler haben auch auf philosophischem Gebiet Hervorragendes ge-

[6] Bertrand Russell, Autobiographie III. Übers. v. Rudolf Weys. Frankfurt 1974, S. 346.

leistet[7]. Planck entdeckte eine neue Naturkonstante, das nach ihm benannte Wirkungsquantum ($h = 6{,}625 \times 10^{-27}$ ergsec), und stellte nach der Erforschung der schwarzen Wärmestrahlung 1900 die nach ihm benannte Strahlungsformel auf.

Einstein ging einen Schritt weiter in die Kopernikanische Richtung. Unter Annahme konstanter Lichtgeschwindigkeit (c) stellte er in einer einfachen Formel, die man am ehesten eine Weltformel nennen kann, zwischen Lichtgeschwindigkeit, Masse und Energie die Beziehung her: $E = m \times c^2$, die Energie ist gleich der Masse, multipliziert mit dem Quadrat der Lichtgeschwindigkeit. Einstein beantwortete die philosophische These von der Unendlichkeit des Universums negativ, wies die Ablenkung von Lichtstrahlen durch Gravitationsfelder der Himmelskörper (Massen) nach und nahm auch der Sonne ihre bevorzugte Stellung im »heliozentrischen« Weltbild. Die Welt besteht aus einer Menge bisher nur abschätzbarer Galaxien. Die ungefähre Ausdehnung des Universums läßt sich nur schwer veranschaulichen, aber vielleicht durch folgendes Gedankenexperiment der Vorstellung annähern: Verkleinert man den Durchmesser unseres Sonnensystems auf 1 m – immerhin braucht das Licht zwei Stunden, um es zu durchmessen –, dann ist das nächste Sonnensystem etwa 100 km entfernt. Verkleinert man diese Entfernung wieder auf 1 m und verlegt den Meterstab in die City von London, dann wären die von der Erde mit größten Fernrohren gerade noch feststellbaren Himmelskörper in Moskau zu lokalisieren.

Eine der wesentlichen Aufgaben künftiger Philosophie ist nicht die Integration des »Einsteinschen Universums« in unser Welt- und Menschenbild, vielmehr die Einfügung dieses Welt- und Menschenbildes in das »Universum Einsteins«.

Das zweite revolutionäre Ereignis auf dem Gebiet der Physik, das auch für die Philosophie folgenreich werden sollte, war die Entwicklung der Quantenmechanik durch Max Born (1882 bis 1970) und seine Schüler. Born erhielt 1956 für seine statistische Interpretation der Quantenmechanik und seine Gittertheorie der Kristalle, zusammen mit Walter Bothe (1891–1957), den Nobelpreis für Physik. In der Quantentheorie suchte man zunächst vorwiegend nach Antworten auf die Fragen nach dem Aufbau der Materie und dem Wesen der Strahlung, die sich mit

[7] Vgl. Hermann Kretzschmar, Max Planck als Philosoph. München, Basel 1967, und Albert Einstein, Mein Weltbild. Berlin 1955.

der Elementarteilchenphysik und den zwischen den Elementarteilchen wirksamen Kräften, den Wechselwirkungen oder Kopplungen, allerdings als höchst kompliziert erwiesen. Man erweiterte die Quantenmechanik zur Quantenelektrodynamik und diese wieder zur Quantenfeldtheorie, ohne jedoch zu einer umfassenden Lösung (»Weltgleichung«) zu gelangen. Während sich die Kopplungen in starke, schwache, elektromagnetische und Gravitation ordnen ließen, gelang das für die Elementarteilchen nicht. Anfangs (bis 1932) glaubte man, daß es nur Protonen und Elektronen gäbe; dann erhöhte sich jedoch die Zahl der Elementarteilchen ins Uferlose. Neuerdings versuchte der israelische Physiker Haim Harrari zu zwei »Urteilchen«, dem T-Rishon mit einer drittelzahligen elektrischen Ladung und dem V-Rishon mit einer elektrischen 0-Ladung, zurückzukehren, aber auch diese Theorie hielt der Kritik nicht stand[8].

In den ›Philosophischen Betrachtungen zur modernen Physik‹[9] zog Max Born bereits den richtigen Schluß aus dieser Situation: »Das alte Streben nach Beschreibung der ganzen Welt in einer einheitlichen philosophischen Sprache ist unerfüllbar.«

Auch sonst finden sich bei Born Sätze, die für jede naturphilosophische Theoriebildung von Bedeutung sind: »Jeder Abschnitt naturwissenschaftlicher Erkenntnis steht mit den philosophischen Systemen der gleichen Zeit in enger Wechselbeziehung: die Naturwissenschaft liefert Beobachtungstatsachen und die Philosophie Denkweisen.« (Ebd., S. 39) »Meine Auffassung ist, daß naturwissenschaftliche Erkenntnisse auf eine Weise dargestellt werden sollten, die jedem denkenden Menschen verständlich ist. Und dies gerade ist die Aufgabe der Naturphilosophie.« (Ebd., S. 51) Auch in der Ethik kann der Philosophierende von Born lernen: »Ist doch der Glaube an eine einzige Wahrheit und deren Besitzer zu sein, die tiefste Wurzel allen Übels auf der Welt.«[10]

10.2.1.2.2 Kosmologie

Die Entwicklung der Kosmologie im 20. Jahrhundert ist für den Philosophierenden nicht weniger bedeutsam als die der Physik. Die Bezeichnung »Kosmologie« deutet zwar – wie »Ontologie« – auf griechischen Ursprung, stammt aber erst aus der

[8] Vgl. hierzu John D. Barrow und Joseph Silk, Die asymmetrische Schöpfung. München 1986, S. 224f.

[9] Physik im Wandel meiner Zeit. Braunschweig 1958, S. 56.

[10] Die Verantwortung des Naturwissenschaftlers. München 1965, S. 183.

Neuzeit. Als Titel einer Disziplin der Philosophie erscheint die Kosmologie seit Christian Wolff (1679–1754). Er verstand darunter einen Teil der Metaphysik, die er in eine *metaphysica generalis* oder *ontologia* und eine *metaphysica specialis* einteilte, diese wiederum in rationale Theologie, rationale Psychologie und rationale Kosmologie. Während sich dieser Einteilung zufolge die rationale Theologie mit Gott als Ursache der Welt befaßt, die rationale Psychologie mit der Seele als einer einfachen Substanz, befaßt sich die rationale Kosmologie mit dem Aufbau der Welt als Inbegriff physischer Substanzen. Von der rationalen oder wissenschaftlichen Kosmologie unterschied Wolff die empirisch-experimentelle, die sich auf Beobachtung stützt. Die Einteilungen Wolffs wurzeln in der Weltanschauung des christlichen Mittelalters (Gott – Mensch – Welt) und weisen darüber hinaus auf das aristotelische Wissenschaftsverständnis (Vorrang der Theorie vor der Empirie). Begriffsgeschichtlich führen die Elemente des Kosmologiebegriffs, *kosmos* und *logos*, noch weiter zurück: in die Zeit der griechischen Naturphilosophen, Kosmologen oder Vorsokratiker, bewußtseinsgeschichtlich in die Zeit der Emanzipation der Philosophie von der Religion, kulturgeschichtlich in die Zeit der Loslösung des Individuums aus den Fesseln der feudalen Gesellschaft, in das Zeitalter der Großen griechischen Kolonisation (800–500 v.Chr.). Die für die Entwicklung der abendländischen Kosmologie so bedeutsame Zweiteilung: Makrokosmos – Mikrokosmos geht letztlich auf Demokrit zurück. Wie die stoische Einteilung der Philosophie in Logik, Physik und Ethik erkennen läßt, subsumierte man in späterer Zeit die Bereiche der Naturphilosophie, die heute zur Kosmologie gehören, unter dem Leitbegriff Physik, d.h. Wissenschaft von der Natur, eine Tendenz, die sich in Neuzeit und Gegenwart eher verstärkt als abgeschwächt hat. Auf dem Hintergrund dieser hier nur skizzierbaren Bedeutungsgeschichte erscheint der moderne Kosmologiebegriff mehr als ein Sammelbegriff für alle möglichen Theorien der Weltentstehung (Kosmogonie), der Weltstruktur und des Weltgeschehens, denn als eine Bezeichnung für eine festumrissene Wissenschaft oder eine klar abgrenzbare philosophische Disziplin.

Was Einstein in theoretischer Hinsicht für die Astronomie des 20. Jahrhunderts leistete, erreichte der amerikanische Astronom Edwin Hubble (1889–1953) auf praktisch-empirischem Gebiet. Indem Hubble den Doppler-Effekt zur Deutung der

Rotverschiebung der Spektrallinien für Sternsysteme außerhalb der Milchstraße heranzog, wurde er zum Begründer der modernen extragalaktischen Astronomie (1929). Die Expansionsgeschwindigkeit extragalaktischer Systeme nimmt nach der Formel H_0 = 50 km/s/Mpc zu, wobei H_0 die Hubble-Konstante ist und Mpc die Abkürzung für Megaparsec (1 Parsec = 3,262 Lichtjahre, 1 Megaparsec = 10^6 pc). Hubbles Entdeckung revolutionierte die Kosmologie, insofern der Kosmos eine geschichtliche Dimension bekam.

Der Anschluß der Naturphilosophie des 20. Jahrhunderts an die des 19. Jahrhunderts wird in der Erweiterung des Darwinschen Evolutionsprinzips – von der Kosmologie bis zur Biologie, Psychologie und Theorie des Geistes – besonders deutlich. Bei aller gebotenen Skepsis gegenüber dem Fortschrittsglauben scheint hier echter wissenschaftlicher und philosophischer Fortschritt vorzuliegen. Die Verknüpfung verschiedener moderner wissenschaftlicher Disziplinen wie die der Quantenchemie (seit 1927) – eine Variante der physikalischen Chemie – mit der Astrophysik wird in den Bemühungen um eine systematische wie genetische Interpretation des periodischen Systems der Elemente erkennbar. Die moderne Naturphilosophie schlägt eine Brücke zu Thales von Milet, dem ältesten westlichen Kosmologen. Hatte dieser behauptet: im Anfang war das Wasser, kann man heute aufgrund neuer Erkenntnisse behaupten: »Im Anfang war der Wasserstoff«[11].

Wie neue Erkenntnisse, manchmal rein zufällig gewonnen, Theorien bestätigen und das Weltbild mitverändern können, zeigt die Entdeckung der kosmischen Hintergrundstrahlung (1965) durch Arno Penzias (geb. 1933) und Robert Wilson (geb. 1936, Nobelpreis 1978). Wenn diese Strahlung zutreffend als Nachwirkung des »Urknalls« interpretiert wird, bestätigt sie Hubbles Theorie vom expandierenden Kosmos. Zu der rasanten Entwicklung der Kosmologie im 20. Jahrhundert trugen eine ganze Reihe von Wissenschaften bei, neben der Mathematik, Astronomie, Astrophysik und Radioastronomie die Infrarot- und Röntgenastronomie, Gravo-Astronomie, Neutrino-Teleskopie, Geographie, Planetologie, Paläontologie, Astrobiologie, Raumfahrtmedizin und nicht zuletzt der Großeinsatz von Technik. In Einsteins Sterbejahr (1955) begann die Berechnung der zeitlichen Entwicklung von Sternen mit Hilfe von Compu-

[11] Titel eines Buches von Hoimar von Ditfurth, Hamburg 1972.

tern, fünf Jahre nach Einsteins Tod wurden die Quasare (Quasi Stellar Radio Sources) entdeckt, zehn Jahre nach seinem Tod die Hintergrundstrahlung, 1967 die Pulsare (schnell rotierende Neutronensterne, die außer Radioimpulsen auch Gamma-, Licht- und Röntgenstrahlen emittieren); 1969 betrat Neil Armstrong als erster Mensch den Mond, 20 Jahre nach Einsteins Tod landeten die Sonden Viking I und II auf dem Mars. Gestützt auf bewährte Theorien und reiches Erfahrungsmaterial konnte Steven Weinberg (geb. 1933, Nobelpreis für Physik 1979) eine Kosmogonie verfassen, die in glänzender Weise das derzeitige kosmologische Wissen des 20. Jahrhunderts zusammenfaßt[12]. Aber es bleiben auch hier für künftige Generationen noch genügend Probleme übrig, wenn nicht sogar die neuen die alten an Anzahl und Gewicht überwiegen.

Einstweilen scheinen der Lösung vieler Probleme absolute Grenzen entgegenzustehen: Lichtgeschwindigkeit, Ereignishorizont, Plancksche Elementarzeit. »Die Plancksche Elementarzeit bezeichnet auch den Punkt, an dem unsere gegenwärtigen Theorien zusammenbrechen: $tp = \sqrt{\frac{Gh}{c^5}} = 1{,}33 \times 10^{-43}$ s. Das Durchschnittsleben eines Menschen dauert, in Planckscher Elementarzeit ausgedrückt: $1{,}66 \times 10^{52}$, eine astronomische Zeitspanne, bei der Vorstellung und Sprache versagen.«[13] Philosophisch gesehen stellt sich hier das Problem der Sprachbarrieren, das vielleicht mit dem Problem der Naturbarrieren konvergiert. Beim Begriff des Ereignishorizontes treten zu den sprachlichen und naturwissenschaftlichen Problemen erkenntnistheoretische: Wie kann man zum Beispiel zuverlässige Erkenntnisse über Objekte (zum Beispiel Schwarze Löcher) gewinnen, die den Informationstransfer blockieren? Ein ähnliches Problem stellt sich in der Horizontstruktur des Universums. Gegenwärtig beträgt die Horizontgröße des der Beobachtung zugänglichen Universums 10^{23} km. Nur aus diesem Ausschnitt des Weltalls können die Beobachter Lichtsignale empfangen. Alles was darüber hinausliegt, hüllt sich noch in Dunkel. Andere Probleme der modernen Kosmologie sind die Frage nach dem Anfang und dem Ende des Universums (Urknall oder pulsierendes Weltall?), die Raum-Zeit-Struktur, die Definition von Energie, das Verhältnis von makrokosmischen und mikrokos-

[12] Die ersten drei Minuten. Der Ursprung des Universums. München 1977.
[13] Barrow, Silk, Die asymmetrische Schöpfung, S. 71.

mischen Größenordnungen. Ist das Universum harmonisch und symmetrisch oder asymmetrisch und chaotisch? Ist es singulär oder gibt es mehrere Universen? Wie ist das Verhältnis von Materie und Antimaterie (genetisch) zu verstehen? Gibt es zu den Galaxien Antigalaxien? Rotiert das Universum?

10.2.1.2.3 Chemie, Biologie, Medizin

Die erweiterte Anwendung des Evolutionsprinzips ist für die Naturphilosophie des 20. Jahrhunderts charakteristisch. Der Gedanke der Evolution verbindet die Chemie einerseits mit der Kosmologie und Physik, andererseits mit der Biologie und der Medizin. Charakteristisch für die Entwicklung der Chemie ist ferner die fortschreitende Relativierung der Grenzen zwischen Anorganischem und Organischem, ebenso zwischen Physik (Zustandsänderung) und Chemie (Stoffänderung). An die Stelle der statisch-hierarchischen Betrachtungsweise tritt eine genetisch-dynamische. Diesem Wandel entspricht auf philosophischem Gebiet eine Wandlung des Systembegriffs: vom geschlossenen zum offenen System, vom starren, stationären Baukastensystem zu operativ-funktionaler Systemanalyse. In der zweiten Hälfte dieses Jahrhunderts entwickelte sich die Biochemie (Molekularbiologie) am schnellsten von allen Wissenschaften und innerhalb dieser die Strukturanalyse komplexer Moleküle.

Die von Jöns Jakob von Berzelius (1779–1848) aufgestellte Hypothese von der Lebenskraft *(vis vitalis)*, der zufolge organische Stoffe nur von lebenden Organismen hergestellt werden können, wurde von Friedrich Wöhler (1800–1882) experimentell widerlegt, indem er Harnstoff synthetisch herstellte (1828). Der russische Chemiker Alexander Iwanowitsch Oparin (1894 bis 1980) entwickelte auf biophysikalischer und biochemischer Grundlage erstmals eine konsistente Theorie von der Entfaltung des Lebens auf der Erde. Er setzte in Koazervaten (Unterwasserbläschen) Biopolymere in Membranen voraus. Experimente bestätigten seine Annahme. Während sich in Deutschland alte Vorurteile hartnäckig hielten und im Neovitalismus ihre Wiederauferstehung feierten, wobei Hans Driesch (1867 bis 1941) einen Begriff der aristotelischen Psychologie, die Entelechie, zum »Faktor E« umfunktionierte, eher mystifizierte[14],

[14] Der aristotelische Entelechiebegriff steht als begrenzter, zielgerichteter Prozeß dem modernen Denken näher als der mystischen Vorstellung einer Lebenskraft.

gelang einem amerikanischen Studenten ein folgenreiches Experiment (1953). Stanley L. Miller (geb. 1930) bildete die für die chemische Evolution vorauszusetzende »Ursuppe« nach, ließ eine Mischung von Wasser, Methan, Stickstoff und etwas Ammoniak verdampfen, leitete Funken durch das Gemisch, wie sie in der frühen Erdatmosphäre infolge von Blitzen oder vulkanischen Eruptionen vorauszusetzen waren, und fand als Ergebnis schon beim ersten Versuch Aminosäuren, Basen und Zucker. Damit war vielleicht die wichtigste Phase der Evolution überhaupt, der Übergang von der chemischen zur biologischen Evolution, von anorganischen zu organischen Molekülen, experimentell nachvollzogen. Die Aufklärung der DNA (Desoxyribonucleinsäure)-Struktur (Doppelhelix) gelang den Nobelpreisträgern (1962) Francis H. C. Crick (geb. 1916, USA), James D. Watson (geb. 1928, USA) und Maurice H. F. Wilkins (geb. 1916, England). Das Wechselspiel von Experiment (Miller) und Theorie zeigt sich hier besonders deutlich.

Der nächste bedeutende Schritt in der Erforschung der Entstehung des Lebens gelang dem deutschen Physikochemiker Manfred Eigen (geb. 1927, Nobelpreis für Chemie 1967). In seinem Göttinger Modell von 1971 stellt er den »selbstreproduzierenden katalytischen Hyperzyklus« vor. Aufgrund eingehender Untersuchungen der Wechselwirkungen zwischen komplexen Molekülen (Nukleinsäure, Protein) und ihrer Verbindung zu »kombinierten Kreisen« gelangt Eigen zu der Konzeption der Selbstorganisation von Großmolekülen. Die Fruchtbarkeit dieser Konzeption zeigte sich, als der Astrophysiker Erich Jantsch (1929–1980) sie auf alle Formen der Evolution anwandte[15]. Aus dem Zusammenwirken von Theorie und Praxis, von Modell und Experiment, kann auch der Philosoph lernen.

Die Entstehung des Lebens läßt sich, auch wenn noch nicht alle Fragen restlos geklärt sind, zwanglos aus natürlichen Zusammenhängen verstehen. Der Widerspruch organischer Prozesse zum zweiten Satz der Thermodynamik, der die Zunahme von Entropie[16] fordert, während das Leben von der Negation der Entropie, der »Negentropie«, lebt, hat sich erledigt, inso-

[15] Die Selbstorganisation des Universums. Vom Urknall zum menschlichen Geist. München 1979.

[16] Zustandsgröße und Maß für irreversible Prozesse in thermodynamischen (energieausgleichenden) Systemen.

fern man geschlossene von offenen Systemen, reversible (physikalische) von irreversiblen (Leben) Prozessen unterscheidet. Aus der zum Beispiel von Jacques Monod (1910–1976, Nobelpreis 1965) vorausgesetzten extremen Unwahrscheinlichkeit der Entstehung von Leben ist fast eine Notwendigkeit geworden, wenn man die günstigen terrestrischen Rahmenbedingungen (Temperatur, Atmosphäre, Sonne, Mond), die lange Zeit der chemischen Evolution (fast 2 Milliarden Jahre), die Mustervielfalt der molekularen Gebilde sowie die Winzigkeit und Geschwindigkeit der Mikroprozesse mitberücksichtigt. Die moderne Forschung hat mit Hilfe des Evolutionsprinzips einen imponierenden Zusammenhang des Weltgeschehens mit den Erscheinungen des Lebens und des Geistes herstellen können[17].

In der ersten Phase der Evolution entstanden die Elementarteilchen und aus ihnen die Atome, aus diesen in weiteren Phasen immer komplexere Gebilde: Moleküle, Großmoleküle, Polymere (Kettenmoleküle), Protobionten (Beginn der biologischen Evolution: Stoffwechsel, Reproduktion, Mutation), Eobionten (beginnende Kopplung der Gene), Prokaryonten (Bakterien), Eukaryonten (Einzeller), Vielzeller, Tiere, Menschen[18]. Dabei dauerte die Entwicklung vom Molekül bis zur Zelle auf dieser Erde etwa doppelt so lange wie von dieser zum Menschen. Die wichtigsten »Erfindungen« in dieser letzten Phase waren: Photosynthese, Atmung, Warmblütigkeit. Die biologische Entwicklung wurde gefördert durch Arbeitsteilung (Information, Funktion, Operation), Rückkopplung, Mutation und Selbstorganisation. Jede Zelle läßt sich mit einer gewaltigen Fabrik vergleichen, die so viel leistet wie alle irdischen Fabriken zusammengenommen, und der Mensch besteht aus 10^{13} bis 10^{14} Zellen. Ein moderner Denker, der dies zur Kenntnis nimmt, wird kaum mehr der stoischen Auffassung vom Selbstmord zustimmen können, wenn er bedenkt, welchen Aufwand an Ideen, Energien, Experimenten und Zeit die Natur in die Ermöglichung eines Menschenlebens investiert hat.

Das Verhältnis von Philosophie und Medizin ist in der Philosophiegeschichte, nicht zuletzt aufgrund des Dünkels idealistischer Philosophen, vernachlässigt. In der Antike war das nicht

[17] Vgl. hierzu Wolfgang Stegmüller, Hauptströmungen der Gegenwartsphilosophie. Bd. 3, Stuttgart 1986.

[18] Vgl. hierzu Reinhard W. Kaplan, Der Ursprung des Lebens. Stuttgart 1972, S. 174ff. und Carsten Bresch, Zwischenstufe Leben. München 1977, S. 47, 56, 93, 109, 124, 139, 190, 228.

so. Empedokles war Arzt und Philosoph, Platon orientierte sich oft an medizinischen Paradigmata, und Aristoteles, selbst Sohn eines Arztes, verhalf einer biologisch-medizinischen Sicht des Menschen zum Durchbruch. Besondere Berührungspunkte zwischen Philosophie und Medizin gibt es in der Ethik, der Erkenntnistheorie, der Wissenschaftstheorie und der Methodik. Weist die Medizin als vorwiegend angewandte Wissenschaft einerseits in die Richtung der Elementarbereiche menschlicher Existenz, verknüpft sie andererseits die naturwissenschaftlichen Disziplinen mit den komplexen Bereichen menschlicher Existenz und den zugehörigen Wissenschaften, mit Psychologie, Psychiatrie und Neurologie, Soziologie, Anthropologie, Humangenetik und – Philosophie[19].

10.2.1.2.4 Psychologie, Kybernetik

Es dürfte kaum ein Zufall sein, daß zwei der angesehensten Psychologen des 20. Jahrhunderts, Sigmund Freud (1856–1939) und Karl Jaspers (1883–1969), auch Mediziner und Philosophen waren. Es dürfte ebensowenig ein Zufall sein, daß beide vom kranken Seelenleben ausgingen[20]. Während aber Freud mehr in die Tiefe ging und die Methode der Analyse bevorzugte (Tiefenpsychologie, Psychoanalyse), liegt die Stärke von Jaspers in breitangelegter Systematik und Synthetik. Einige fundamentale Erkenntnisse Freuds sind ins allgemeine Bewußtsein eingegangen und haben in vergröberter Form als Ideologie (Freudianismus) besonders in den USA eine ungeheure Wirkung gehabt. Freud erkannte, im Gegensatz zur zeitgenössischen Bewußtseinspsychologie, die große Bedeutung des Unbewußten für das Seelenleben. Einige Grundbegriffe wie Verdrängung, Sublimierung und Tabuisierung haben sich bewährt und konnten sich behaupten. Seine Sexualtheorie hat sich nicht völlig durchsetzen können. Schon seine berühmten Schüler Carl Gustav Jung (1875–1961) und Alfred Adler (1870–1937) haben statt dessen im Kollektiven Unbewußten bzw. im Macht- oder Geltungstrieb die seelischen Grundkräfte erblickt. Jedoch: »Was Einstein für die theoretische Physik von heute bedeutet, das ist

[19] Eine ›Biophilosophie auf erkenntnistheoretischer Grundlage‹ versuchte bereits Bernhard Rensch (Stuttgart 1968). Zur Medizin vgl. Dietrich Engelhardt und Heinrich Schippgers, Die inneren Verbindungen zwischen Philosophie und Medizin im 20. Jahrhundert. Darmstadt 1980.

[20] Sigmund Freud, Psychopathologie des Alltagslebens. 1901; Karl Jaspers, Allgemeine Psychopathologie. Berlin 1913.

Freud für die Psychologie und Psychopathologie unserer Zeit.«[21]

Allerdings waren Jaspers, Freud und seine Schüler nicht die einzigen bedeutenden Psychologen ihrer Zeit. Zu Beginn des 20. Jahrhunderts gab es in den USA und in Rußland namhafte Psychologen, die Konzeptionen entwickelten, die sich teilweise bis in die Gegenwart behaupten konnten. Der russische Physiologe Iwan Petrowitsch Pawlow (1849–1936, Nobelpreis für Medizin 1904) begründete mit seiner Unterscheidung von unbedingten und bedingten Reflexen die mechanistisch orientierte Reflexpsychologie, die ihrerseits auf den frühen Behaviorismus einwirkte, den John Watson (1878–1958) 1913 begründete. Mit der Psychologie des Pragmatikers William James verband ihn die Beschränkung der Psychologie auf das Meßbare und Tatsächliche, also die naturwissenschaftliche Grundorientierung[22]. Einen mächtigen Aufschwung nahm der Behaviorismus unter Burrhus F. Skinner (geb. 1904), der von Lernexperimenten mit Tieren ausging und zu einer, allerdings nicht unumstrittenen Lehre von der operanten Konditionierung (Verstärkung durch Anerkennung oder Mißbilligung) gelangte. Fragwürdig wird der »Skinnerismus« als Ideologie der Anpassung oder des wissenschaftlich begründeten »Humanismus« im Gegensatz zu den Idealen der liberalen Aufklärung[23]. Der Neobehaviorismus ließ in den fünfziger Jahren in Deutschland einen alten Methodenstreit wieder aufflammen, der in der Grundlagenkrise der Psychologie zu Beginn des Jahrhunderts eine Rolle spielte: den Gegensatz von naturwissenschaftlicher und geisteswissenschaftlicher Psychologie. Wilhelm Wundt (1835–1920) und Oswald Külpe (1862–1915) hatten damals auf der einen, Wilhelm Dilthey (1833–1911) und Eduard Spranger (1882–1963) auf der anderen Seite gestanden. Daneben und danach entstanden noch manche anderen Übergangsformen, so die phänomenologische Psychologie, die Ganzheits- und die Gestaltpsychologie. Die naturwissenschaftlich orientierten Psychologen wollten analysieren und experimentieren, messen und erklären, die Geisteswissenschaftler wollten schauen und verstehen. Dieser Metho-

[21] Reiner Wiehl, in: Geschichte der Philosophie in Text und Darstellung, Bd. 8 (20. Jahrhundert). Stuttgart 1984, S. 74.

[22] Vgl. hierzu Klaus R. Scherer, Adelheid Stahnke und Paul Winkler (Hrsg.), Psychobiologie. Wegweisende Texte der Verhaltensforschung von Darwin bis zur Gegenwart. München 1987.

[23] Jenseits von Freiheit und Würde. New York 1971, dt. Reinbek 1973.

dendualismus ist uralt. Er findet sich bereits bei Aristoteles, dem Verfasser der ersten abendländischen Psychologie. In der Problemvorschau seiner Schrift ›Über die Seele‹ wirft er unter anderem die Frage auf, ob der Naturkundler *(physiólogos)* oder der Dialektiker *(dialektikós)* für die neue Disziplin zuständig sei. Aristoteles hat sich dieses Problem nicht ausgedacht, sondern es liegt in der Sache begründet. Platon und Aristoteles hatten, im Gegensatz zu dem Naturphilosophen Anaxagoras, jedoch die im griechischen Denken auch vorher schon vorhandene Spannung zwischen Körper und Geist verschärft, so daß die Seele, ein Mittleres zwischen Natur und Geist, grundsätzlich in zwei Perspektiven erschien. Die moderne Evolutionstheorie versucht dagegen das Psychische aus dem Physischen und das Physische aus dem Kosmischen zu verstehen. Hinzu kommt der allerdings schon bei Platon (Gesetze 961 e 4. 963 a 11) vorhandene kybernetische Aspekt des Geistes, der in der modernen Kybernetik eine Metamorphose erlebte und nun, anstelle der traditionellen Geistmetaphysik, auch die Psychologie in ein anderes Licht rückt (Psychokybernetik). Man erkennt leicht die auch für die Philosophie revolutionierende Kraft des Evolutionsgedankens. Die traditionelle Geistmetaphysik muß der kybernetischen Interpretation des Noetischen (Geistigen) weichen. Anders ausgedrückt: Es zeichnet sich eine Linie ab vom Urknall bis zum subtilsten Orientierungssystem in der Krone der Schöpfung, dem menschlichen Geist.

Die Übereinstimmungen der modernen Psychologie mit dem aristotelischen Ansatz beschränken sich indessen nicht auf das Methodische, sondern betreffen auch den Gegenstand und die Struktur der Psychologie. Wenn die moderne Psychologie Erfahrung, Erleben und Verhalten als ihre Hauptgegenstände definiert[24], denen die kognitiven, phänomenologischen und behavioristischen Disziplinen der Psychologie entsprechen, so findet diese Einteilung in der aristotelischen Psychologie ihr Analogon in der Dreiteilung von (Erkenntnis-) Vermögen *(dynámeis)*, Affekten *(pathē)* und Verhaltensweisen *(ēthē)*.

In der Erforschung des Geistigen lassen sich ähnliche Konvergenzen zwischen antikem und modernem Denken feststellen wie im Bereich des Psychischen. Griechische Philosophen haben wesentliche geistige Funktionen erkannt: Speicherung,

[24] Vgl. Helmuth Benesch, dtv-Atlas zur Psychologie. Bd. 1, München 1987, S. 31.

Ideation, Intuition, Inspiration, Analyse, Diskursion, Abstraktion, Reflexion, Kombination und Koordination, neben vielen anderen. Im 19. Jahrhundert verglich man den menschlichen Geist mit einer Schaltzentrale, heute ist von Vernetzungsstrukturen, Mustererkennung, Informationsverarbeitung und Steuerungsimpulsen die Rede[25]. Gemäß der zunehmenden Differenzierung und Komplexheit der Phänomene wird es schwieriger als etwa in der Physik und Biologie sein, zu griffigen Modellen und angemessenen Formen zu gelangen, aber vielleicht kommt man im 21. Jahrhundert, wenigstens in der Psychologie, zu ähnlichen Ergebnissen wie in der Erforschung des Lebens im 20. Jahrhundert: von der Lebensseele zum Seelenleben, vom Seelisch-Geistigen zur Geistseele. Die oft mißverstandene Zurückhaltung des Aristoteles in Fragen des Geistes zeugt von der Weisheit des Philosophen, denn er wußte genau, daß Spekulationen, Hypothesen und Konstruktionen dem wissenschaftlichen Fortschritt eher schaden als nützen. Daher ist das Wenige, was er über die Seele und den Geist schrieb, auch heute noch nicht veraltet.

In moderner philosophischer Sicht erscheint der Geist als »Selbstorganisations-Dynamik«, als »kybernetisches System« oder als »Selbsttranszendenz«: »Naturgeschichte, unter Einschluß der Menschengeschichte, kann als Geschichte der Organisation von Materie und Energie verstanden werden. Sie kann aber auch als Organisation von Information und Komplexität aufgefaßt werden. Vor allem aber kann sie als Evolution von Bewußtsein – das heißt von Autonomie und Emanzipation – und von Geist aufgefaßt werden. Geist erscheint nun als Selbstorganisations-Dynamik auf vielen Ebenen, als eine Dynamik, die selbst evolviert. In dieser Hinsicht ist Naturgeschichte immer auch Geistesgeschichte. Selbsttranszendenz, die Evolution evolutionärer Prozesse, ist geistige Evolution. Sie spielt sich nicht im Vakuum ab, sondern manifestiert sich in der Selbstorganisation materieller, energetischer und informationeller Prozesse. Damit wird jener Dualismus zwischen Geist und Materie aufgehoben, der das westliche Denken in seinen Hauptströmungen mehr als zwei Jahrtausende lang geprägt hat.«[26]

Diese moderne Metaphysik findet ihre Fortsetzung oder ihren Kommentar in einer modernen Theologie, in ihrem ersten

[25] Vgl. hierzu Helmuth Benesch, Der Ursprung des Geistes. Stuttgart 1977.
[26] Jantsch, Selbstorganisation des Universums, S. 411.

und ernsthaftesten Versuch, Evolutionstheorie und christlichen Glauben in einer Konzeption zu integrieren: bei Pierre Teilhard de Chardin. Weiterführende Religionsphilosophie kann man daran messen, ob sie auf die größte Herausforderung des Jahrhunderts, den Evolutionsgedanken, angemessen reagiert.

10.2.1.3 Religionsphilosophie

Wenn man Hegels oder Feuerbachs Religionsphilosophie mit den religionswissenschaftlichen Arbeiten Gustav Menschings (1901–1978) vergleicht oder mit Rudolf Ottos (1869–1937) berühmtem Werk ›Das Heilige‹ (1917), erkennt man, daß auch hier eine Evolution stattgefunden hat.

Der erste Kongreß für Religionswissenschaft fand 1900 in Paris statt, der achte 1955 in Rom. Auch diese Wissenschaft, die sich von der Religionsphilosophie des 18. und 19. Jahrhunderts nach und nach emanzipierte, ist also eine Schöpfung des 20. Jahrhunderts. Rudolf Otto begründete die Religionsphänomenologie, Gerardus van der Leeuw (1890–1950) entwickelte sie methodisch weiter. Max Weber (1864–1920) gehörte zu den Begründern der Religionssoziologie. Johann Gottfried Herder (1744–1803) war der Archeget der Religionsgeschichte, Friedrich Schleiermacher (1768–1834) der Anreger der Religionspsychologie. Lucien Lévy-Bruhl (1877–1939), ein Schüler des französischen Soziologen Émile Durkheim (1858–1917), erforschte das Seelenleben der Primitiven. Albert Schweitzer (1875–1965) verglich das Christentum mit den Weltreligionen, und Helmuth von Glasenapp (1891–1963) untersuchte die Religionen der Menschheit. Pionierarbeit für die Erforschung der Religionen Asiens leistete Friedrich Max Müller (1823–1900).

Im protestantischen Bereich entstand nach dem Ersten Weltkrieg die dialektische Theologie Karl Barths, Rudolf Bultmanns und Friedrich Gogartens, im Gegensatz zur vorwiegend historisch orientierten Theologie von Wilhelm Herrmann, Martin Kähler und Ernst Troeltsch. Im katholischen Bereich führte der von Papst Leo XIII. (Enzyklika ›Aeterni Patris‹, 1879) empfohlene Thomismus zur Gründung der neuthomistischen Schule, die die geistige Führung beanspruchte. Zum (Neu)-Thomismus gehören Joseph Gredt, Gontran Garrigou-Lagrange, Jacques Maritain, Antonin-Gilbert Sertillanges, Étienne Gilson, Christopher Dawson, Joseph Kleutgen, Clemens Bäumker, Josef Geyser, Martin Grabmann, Karl Rahner, Joseph M. Bochenski. Neben dem Neuthomismus gibt es noch weitere mehr oder weniger konformistische Richtungen, zum Beispiel den Augustinismus: Johannes Hessen, Peter Wust und die neuscholastischen Richtungen des Skotismus und Suarezianismus.

In einem Zeitalter zunehmender Information mußte auch die Religionskritik, seit Xenophanes Bestandteil der Religionsphilosophie und seit der Aufklärung ein zentrales Thema philosophischer Reflexion, an Bedeutung gewinnen. Die analytische Religionsphilosophie fordert mit Recht eine kritische Religionskritik, also eine Art selbstreflexiver Metakritik in dieser Frage.

Als herausragendes Ereignis in der Religionsphilosophie des Jahrhunderts erscheint der Entwurf Pierre Teilhard de Chardins (1881–1955). In Zusammenarbeit mit Edouard Le Roy (1870–1954) verband dieser Theologe, Philosoph und Paläontologe christliche Vorstellungen mit der Evolutionstheorie. Teilhard zufolge schuf Gott die Welt nicht aus dem Nichts, sondern aus dem potentiellen Sein, war also nicht völlig frei. Die nach der Schöpfung einsetzende Evolution vollzog sich als Evolution ins Makrokosmische und als Involution zu immer höheren Komplexheitsstufen bis hin zum Menschen, dem der Übergang von der Lebens- in die Geistsphäre gelang. Im menschlichen Geist findet das Sein zu sich selbst (Personalisation). Selbstverwirklichung besteht für Teilhard nicht mehr in einer Höherentwicklung des Individuums, sondern in der Erfüllung in und durch die Gemeinschaft. Die richtige Organisation der Gesellschaft wird zum Kernproblem menschlicher Existenz. Gelingt sie, vollendet der Mensch die Evolution, mißlingt sie, vernichtet er sie. Auf dieser Grundlage entwirft Teilhard eine Lebensethik mit der Zielvorstellung: Punkt Omega oder Integration allen Selbstbewußtseins zur Selbstbewußtheit der Menschheit im Über-Ich. Bewußtsein ist an Freiheit gebunden. Die ihrer selbst bewußte, freie Menschheit kann nun die Evolution selbst in die Hand nehmen und sie als Werk der Selbstbefreiung vollenden.

Teilhards Hymne an die Materie steht für ein Umdenken gegenüber der traditionellen Geistmetaphysik. Man kann bei ihm fast von einer Rehabilitierung der Materie sprechen. Ein zweitausendjähriges theologisch-philosophisches Vorurteil wird von einem modernen, wissenschaftlich kompetenten

Theologen in poetischer Form durch eine neue Sicht der Dinge ersetzt[27].

Hans Küng[28] bemerkt dazu: »Teilhard de Chardin hat das nicht genügend zu lobende Verdienst, als *erster* Theologie und Naturwissenschaft genial zusammengedacht und *Naturwissenschaftler wie Theologen provokativ zur Besinnung auf die gemeinsame Problematik zusammengebracht* zu haben.« In Teilhard wird ein philosophie- und wissenschaftsgeschichtlicher Wandel erkennbar, den Arnold J. Toynbee zutreffend charakterisiert: »Die Theologen früherer Zeiten maßen wissenschaftliche Hypothesen an der Heiligen Schrift. Heute jedoch liegt das Problem sozusagen umgekehrt. Die wissenschaftliche Verfahrensweise hat jetzt so vollständig triumphiert, daß sie von den beiden Einstellungen die moderne schlechthin ist. Heute finden es modern eingestellte Menschen in zunehmendem Maße schwierig, die wissenschaftliche Denkweise ihres Alltagslebens aufzugeben, wenn sie mit den großen Fragen der Religion konfrontiert werden. Natürlich gibt es Ausnahmen; es gibt viele religiöse Menschen in der Welt der Wissenschaft, während manche Männer der Kirche, wie der verstorbene jesuitische Paläontologe Teilhard de Chardin, in wissenschaftlichen Kreisen Anerkennung gefunden haben. Offensichtlich können die beiden Denkweisen tatsächlich in demselben Menschen verbunden sein. Jedoch bleibt für die meisten Menschen ein zwar gemilderter, aber trotzdem wirklicher Konflikt zwischen dem Geist der Wissenschaft und dem der Religion bestehen.«[29]

10.2.1.4 Moralphilosophie

Von der Ethik und Moralphilosophie führen zahlreiche Verbindungslinien zur Religionsphilosophie und Naturphilosophie einerseits, zur Rechts- und Staatsphilosophie andererseits, darüber hinaus zu allen Bereichen des modernen Lebens.

Der Gesinnungsethik steht die Erfolgsethik gegenüber, der Sozialethik die Individualethik, der Normethik die Situationsethik, der Verantwortungsethik die Ethik der Selbstverwirklichung, der Berufsethik die Standesethik. Man unterscheidet fer-

[27] Vgl. den ›Lobgesang des Alls‹ (Hymne de l'univers). Olten, Freiburg i. Br. 1964, vor allem S. 87ff.

[28] Existiert Gott? München 1978, S. 205.

[29] Religion ohne Zukunft? Gütersloh 1968, S. 121.

ner zwischen eudämonistischer und utilitaristischer Ethik, zwischen Liebes- und Pflichtethik, zwischen phänomenologischer und sprachanalytischer Ethik, hermeneutischer und Wertethik, anthropologischer und Sexualethik sowie Ethik überhaupt und Metaethik, die moralische Urteile sprachkritisch analysiert. Bei dieser Vielfalt weichen naturgemäß die Definitionen der Ethik weit voneinander ab. Allgemeine Tendenzen der Ethik dieses Zeitalters sind: Loslösung von traditioneller Theologie und Metaphysik, zunehmende Differenzierung, Hinwendung zum Konkreten (materiale Wertethik), Einbeziehung der Tiere und der Umwelt in ethische Überlegungen, Moralkritik, vergleichbar der Religionskritik, bis hin zum Skeptizismus, Einbeziehung von Informations- und Entscheidungstheorie in die Moralphilosophie, Entwicklung der modernen Axiologie (Wertlehre) und Praxeologie (Handlungslehre). Am Anfang des Jahrhunderts gab es, wie in der Mathematik, eine Grundlagenkrisis. Die »Prinzipien« der Moral waren fragwürdig geworden. So verschiedene Denker wie Georg Simmel (1858–1918) und George E. Moore (1873–1958) unterzogen die ethischen Grundbegriffe einer eingehenden Kritik. Ähnlich wie bei der Entwicklung von der klassischen zur modernen Physik erwies sich die Wirklichkeit viel komplizierter und vielschichtiger, als man angenommen hatte. Der zunehmenden Komplexheit der ethischen Phänomene suchten Max Scheler (1874–1928) und Nicolai Hartmann (1882–1950) in ihren großen Synthesen gerecht zu werden. In den angelsächsischen Ländern überwogen dagegen die Analyse und der Einfluß der Evolutionstheorie. Hier seien William James (1842–1910) und Julian S. Huxley (1887–1975) genannt. Der Evolutionsgedanke hat auch auf dem Gebiet der Ethik zu einer Revolutionierung des Denkens beigetragen. Anstelle der ewigen Wahrheiten ist ein prozessuales Verständnis moralischer Phänomene getreten, die Einsicht in ihre Verflochtenheit mit Natur und Gesellschaft und deren Wandlungen. Die moderne Ethik ist bescheidener geworden als die traditionelle, die »unfehlbare« Rezepte zur Glückseligkeit anbot. Heute hat man erkannt, daß der Nutzen des Einzelnen nicht ohne weiteres den Nutzen der anderen Menschen oder sogar der ganzen Menschheit impliziert. Man ist vorsichtiger geworden gegenüber allen Formen moralischer Verstellung und Heuchelei, und man lernte, daß mit dem technischen Fortschritt der industriellen Gesellschaft auch Verantwortung verbunden ist: für die Mitmenschen, für die anderen Lebewesen und für die Umwelt. Man fand auch wieder von überspannten Idealen auf den Boden der Tatsachen zurück: Der Mensch ist nicht um der Moral willen da, sondern die Moral um des Menschen willen. »Leben und leben lassen« erweist sich als ein besserer moralischer Grundsatz als sämtliche »kategorischen Imperative«. Moderne Philosophen wie William K. Frankena, John Rawls und Bernard Williams haben beachtenswerte Neuansätze zur Moralphilosophie geliefert[30]. Wenn sie auch keine allgemeinverbindlichen Rezepte zum glücklichen Leben geben kann – *suae quisque faber est fortunae* –, so kann sie doch die Rahmenbedingungen für ein sinnvolles Dasein aufzeigen: Authentizität statt Autorität, Autonomie statt Heteronomie, Liberalität, Pluralismus und Toleranz statt Absolutheitsanspruch, Monomanie und Orthodoxie, Kreativität statt Habsucht, Herrschsucht und Ruhmsucht. Auf eine moderne Formel gebracht: »Ethik ist nichts anderes als ein Kodex evolutionsgerechten Verhaltens, und Moral ist das lebendige Erfühlen eines solchen Verhaltens. In einer vielschichtigen Realität ist auch Ethik vielschichtig. In der Menschenwelt ist eine solche vielschichtige Ethik deshalb so komplex, weil hier der einzelne integrale Verantwortung für die Gesellschaft und die Kultur trägt, die letzten Endes seine eigenen Geschöpfe sind. Es geht darum, individuelle Ethik mit der Ethik von Gesamtsystemen und einer allgemeinen Ethik der Gesamtevolution zu verbinden. Ein vielschichtiger Systemansatz scheint die Möglichkeit zu bieten, flexible langfristige Planung und evolutionäre Dynamik weitgehend zur Deckung zu bringen.«[31]

10.2.1.5 Rechtsphilosophie

Die deutsche Rechtsphilosophie zu Beginn des 20. Jahrhunderts schloß sich oft noch recht naiv an Lehren und Methoden der traditionellen Moralphilosophie an, Rudolf Stammler an die Marburger Schule der Neukantianer, Karl Larenz an Hegel, Helmut Coing an Max Scheler und Nicolai Hartmann. Gustav Radbruch orientierte sich an Max Weber, befaßte sich mit dem englischen Recht, vertrat einen gemäßigten Relativismus und

[30] ›The Naturalistic Fallacy‹ (1939), ›A Theory of Justice‹ (1971), ›Morality‹ (1972).

[31] Jantsch, Selbstorganisation des Universums, S. 46.

neigte, nach den Erfahrungen mit dem »gesetzlichen Unrecht« der Hitlerzeit, zur Annahme eines übergesetzlichen Rechts. Ausgehend von dem Gegensatz zwischen Wert und Wirklichkeit nahm er als oberste Werte Gerechtigkeit, Rechtssicherheit und Zweckmäßigkeit an. Gegenüber den traditionellen Problemen der Rechtsphilosophie – Sein, Sinn, Wert, Normensystem, Geltung, Gleichheit – gewinnen neuerdings die Menschenrechte an Bedeutung, außerdem Grundlagenforschung, Abgrenzung von Rechtswissenschaft und Rechtsphilosophie, Rechtsvergleichung und Beziehungen der Rechtsprobleme zu den Naturwissenschaften (Rechtspsychologie) und zur Informatik einerseits, zur Soziologie (Rechtssoziologie), zur Politik-, Verwaltungs- und Wirtschaftswissenschaft sowie zur Anthropologie und den Kulturwissenschaften andererseits.

Das Verhältnis von Moral und Recht, ein uraltes Problem der Rechtsphilosophie, hat nach den Erfahrungen des 20. Jahrhunderts besonderes Gewicht gewonnen, ebenso das Problem der Perversion von Rechtsordnungen und die Rechtskritik in Analogie zur Religions- und Moralkritik. Aber auch religiöse Motive sind zu erkennen: christliche Bedenken gegen vorschnelle Verurteilung, richterliche Arroganz und Selbstgerechtigkeit sowie, von einer ganz anderen Seite her, die Skepsis der pragmatischen angelsächsischen Rechtsauffassung, die weniger dazu neigt, Menschen, die gefehlt haben, grundsätzlich und für immer als Verbrecher abzustempeln. Besser als Bestrafung ist die Chance zu einem Neubeginn, das Wiedergutmachen, die Wiedereingliederung und Rehabilitation, der künftige Nutzen für die Gemeinschaft: weg vom Recht als Rache, hin zum Recht als Heilung.

»Im 20. Jahrhundert ist es einfach sinnlos geworden, das Recht auf irgendwelche religiösen oder philosophischen Meinungen begründen zu wollen. Als einzig mögliche und tragfähige Grundlage eines verständlichen und damit menschlichen Rechtes bleibt für den heutigen Menschen eine sorgfältige und ehrliche Analyse der *möglichen Folgen*, die mit dieser oder jener ausgeführten oder versuchten Tat verknüpft sind beziehungsweise sein können. Vielleicht würde damit auch die heutige Paragraphen-Gläubigkeit auf ein vernünftiges Maß reduziert?«[32]

[32] Albrecht Unsöld, Evolution kosmischer, biologischer und geistiger Strukturen. Stuttgart 1983, S. 126.

Revolutionierend auf dem Gebiet der Rechtsphilosophie ist die Einbeziehung evolutionstheoretischer und kybernetischer Aspekte[33]. Dadurch erscheinen ältere weiterführende Denkansätze in neuem Licht und weniger utopisch, so die Idee Josef Kohlers, von einer universalen Rechtsgeschichte allmählich zu einer universalen Rechtsphilosophie zu gelangen, oder das auf Rechtsvergleichung beruhende und auf eine universale Rechtslehre abzielende Programm Ernst Rabels, der ein Programm entwirft, »das gewiß gekoppelt ist mit dem historischen Prozeß einer zunehmenden Konvergenz in der globalen Rechtskultur. Der gleiche oder ähnliche Nutzen, wie ihn die Rechtsvergleichung bietet, wird auch für die vergleichende Rechtsethnologie und die Rechtsanthropologie gelten. Hierfür erscheint die Erforschung der universalen Entwicklungsgesetze des Rechts unentbehrlich, für welche die moderne Evolutionslehre neue und gesicherte Grundlagen und Muster bietet.« (Zemen, S. 126).

Wie eine Moral auf dem Prüfstein des Lebens ihren Wert zu beweisen hat, so erfährt auch, Rudolf von Ihering zufolge, das Recht im Leben seine Objektivierung, nicht im Begriff. Heute, nach den bitteren Erfahrungen mit Ideologien und Perversionen von Rechtssystemen, sieht der deutsche Rechtsrealismus, in Fortführung älterer Ansätze, »zunehmend auf die gesellschaftlichen Voraussetzungen und Möglichkeiten einer Steuerung sozialen Verhaltens mit Mitteln des Rechts. Auf diese Weise sind auch die durch Rechtsregeln vermittelten Prozesse der Selbststeuerung rechtlicher Regelsysteme in das Blickfeld der rechtstheoretischen Grundlagenforschung geraten.« (Krawietz, S. XIII)

Damit spannt sich ein Bogen von den naturphilosophischen Konzeptionen einer Selbstorganisations-Dynamik aufgrund von Rückkoppelungsmechanismen und von der Informationsvermittlung mittels des genetischen Codes über die Konzeption der Moral als eines verinnerlichten Codes der Selbsterhaltungsregeln bis hin zur Selbststeuerung rechtlicher Regelsysteme in der modernen Theorie des Rechts. Mit diesen Problemzusammenhängen hat sich sowohl die juristische Grundlagenforschung als auch die Philosophie des Rechts zu befassen, wobei letzterer mehr die Aufgabe zufällt, die Konvergenzen zwischen naturwissenschaftlichen Denkmodellen und moralisch-

[33] Vgl. hierzu Herbert Zemen, Evolution des Rechts. Wien 1983; Werner Krawietz, Recht und Regelsystem. Wiesbaden 1984.

rechtlichen Theorieansätzen auf ihre Integrationsfähigkeit zu einer philosophischen Anthropologie zu überprüfen. Dazu sind aber weitere Analysen der politischen, gesellschaftlichen, wirtschaftlichen und kulturellen Faktoren erforderlich.

10.2.1.6 Philosophie der Politik

Während die im 19. Jahrhundert von Karl Marx angekündigte Weltrevolution auf sich warten läßt, hat im 20. Jahrhundert bereits eine demokratische Weltrevolution stattgefunden, deren Sog sich die kommunistisch regierten Länder immer weniger entziehen können. Dabei erweist sich die starre Dogmatik der Ideologien in den totalitären Staaten immer mehr als Nachteil gegenüber der pluralistischen und flexibleren Theoriebildung in den westlichen Demokratien, wenn es auch innerhalb dieser beachtliche Unterschiede in der Auffassung des Politischen gibt. Während in den angelsächsischen Ländern die Bindung der Politik an die Forderungen der praktischen Philosophie *(common sense – common law)* an naturrechtliche Vorstellungen und die Gesellschaft überwiegt, dominieren auf dem europäischen Festland das autoritär-hierarchische Prinzip, die Staatsräson, das Denken in Kategorien der Macht. Im 20. Jahrhundert fand allerdings auch hier eine Entwicklung statt, in deren Verlauf die Unterordnung der Politik unter die Belange des Gemeinwohls, der Moral und der Menschenrechte zunahm. Die politische Wissenschaft emanzipierte sich von der politischen Philosophie erst im 20. Jahrhundert. Auch die politische Philosophie war um die Jahrhundertwende in Deutschland schwach entwickelt, nicht zuletzt infolge des Interesses der reaktionären Regierungen an politischer Unbildung. Sie erschien meistens im Rahmen anderer Disziplinen, wie Nationalökonomie, Geschichts- und Kulturwissenschaft, Finanzwissenschaft, Pädagogik oder Ethik. Die Unterdrückung nichtkonformistischer politischer Theoriebildung im Kaiserreich war einer der Hauptgründe für den Zusammenbruch der theoretisch mangelhaft fundierten Weimarer Republik unter dem Ansturm pseudowissenschaftlicher Ideologien. Die Ursachen für das Scheitern der ersten deutschen Republik reichen weit ins 19. Jahrhundert zurück.

Zu den Wegbereitern moderner philosophisch-politischer Theoriebildung gehören Gustav Radbruch, Georg Simmel und

Max Weber. Die politische Philosophie zuvor drehte sich um die alte Frage, welches die beste Staatsform sei und um ähnliche Fragen, die vor allem aus christlicher Sicht beantwortet wurden, oft mit einem gewaltigen Aufwand an moralischen Ideen und metaphysischen Redewendungen, in jedem Fall aber unwissenschaftlich, das heißt ohne hinreichende Erfahrungsgrundlage. Seit der Jahrhundertwende änderte sich das: »Statt Prinzipien a priori aufzustellen, deren Gültigkeit man nicht beweisen konnte, von denen man aber trotzdem ins einzelne gehende Postulate ableitete, stellte sich die politische Wissenschaft im 20. Jahrhundert mehr und mehr auf die Erforschung der *Wirklichkeit* ein, das heißt auf die Offenlegung von Tatsachen und ihrer Beziehungen untereinander. Forschungsergebnisse wurden auf mühevolle Beobachtungen und Messungen gestützt, namentlich auf einen rasch anwachsenden Fundus reichen statistischen Materials. Niemals hat es eine größere Revolution der Arbeitsweise in den Sozialwissenschaften gegeben.«[34]

Eines der bisher unbewältigten Grundprobleme politischer Philosophie, nicht nur des 20. Jahrhunderts, sondern der gesamten Neuzeit, ist das Problem der Macht. Verbinden die Beziehungen zwischen Moral und Recht die Moralphilosophie mit der Rechtsphilosophie, so verbindet die Frage nach dem Verhältnis von Recht und Macht die genannten Disziplinen mit der politischen Philosophie, der Philosophie des Staates und der Gesellschaft, mit Sozialphilosophie und Soziologie, Wirtschaftsphilosophie und Wirtschaftswissenschaft, darüber hinaus mit den Natur- und Kulturwissenschaften. Wie in einem Brennpunkt laufen also die Entwicklungslinien aller modernen Philosophien und Wissenschaften im politischen Kraftfeld zusammen. In der Auffassung des Politischen stehen sich seit jeher zwei Standpunkte gegenüber: Politik als Dienst am Gemeinwohl und Politik als Technik der Macht. Die von Platon her bekannte Spannung zwischen Philosophie und Politik hat hier ihre Wurzel: Soll sich die Macht dem Recht beugen oder das Recht der Macht? Wer bereit ist, aus den Erfahrungen dieses Jahrhunderts zu lernen, wird letzteres verneinen. Ansonsten müßte er den Grundsatz des Rechtsstaates aufgeben. Recht würde dann zur Taktik oder Strategie im Kampf um mehr Macht. Die Erforschung der Macht hat seit Bertrand Russells kurz vor dem Zweiten Weltkrieg erschienenen Analyse der

[34] Arnold Brecht, Politische Theorie. Tübingen 2. Aufl. 1976.

Macht Fortschritte gemacht[35]. Dank seiner akkumulierenden Grundtendenz erscheint der Machtwille weniger als natürlicher Trieb denn als psychische Perversion, einer Sucht vergleichbar, verwandt der Habsucht und der Geltungssucht. Angst vor der Freiheit, Abhängigkeit von Zwängen und verfehlte Erreichung der Selbstkontrolle führen zu dem Verlangen, anderen Menschen Freiheit zu entziehen, sie von sich abhängig zu machen, zu kontrollieren und schließlich auszubeuten. Macht ist, da sie nur auf Kosten der Freiheit anderer Menschen zu erfüllen ist, parasitär.

Um dem Machtmißbrauch und damit der Verschwendung wertvoller Energien für die Weiterentwicklung der Menschheit zu begegnen, haben Philosophen die gemischte Verfassung, Gewaltenteilung, Konstitutionalismus und Rechtsstaat erfunden. Diese Erfindungen waren das Ergebnis langer und teilweise bitterer Erfahrungen der Menschheit im Umgang mit der Macht. Man kann die Versuche zur Bändigung der Macht als Fortsetzung der Evolution im politischen Bereich verstehen. Hier suchte der Mensch, wie seine Lehrmeisterin, die Natur, mit einem Minimum an Aufwand ein Maximum an Freiheit für möglichst viele zu erreichen.

10.2.1.7 Sozialphilosophie

Für Aristoteles gehörten Ethik, Rechts- und Gesellschaftslehre noch zur Politik, aber schon die Übersetzung seiner berühmten Definition des Menschen als *zoon politikon* mit *animal sociale* läßt die Differenzierung in Politik und Gesellschaft erkennen. Elemente der Definition verweisen auf die späteren Disziplinen der Soziologie, Biologie und Anthropologie. Hinzu kommen in der modernen Gesellschaft Wirtschaft, Technik und viele andere Wissenschaften. In jedem Fall läßt die aristotelische Auffassung noch den Zusammenhang von naturwissenschaftlichem und gesellschaftswissenschaftlichem Aspekt erkennen, der im 19. Jahrhundert weitgehend verlorenging und erst im 20. Jahrhundert wiederhergestellt wurde. Heute erscheint die Verflechtung der Soziologie mit den Nachbarwissenschaften ähnlich

[35] Bertrand Russell, ›Power‹, 1938 (dt. Zürich 1947); Elias Canetti, Masse und Macht. Düsseldorf 1960; William H. McNeill, Krieg und Macht. München 1984; Marylin French, Jenseits der Macht. New York 1985; John K. Galbraith, Anatomie der Macht. 1987.

vielfältig wie die der Politologie. In andauernden Identitätskrisen haben beide Wissenschaften Schwierigkeiten, ihre Gegenstände und Methoden zu definieren. In den Begriffen Sozialstaat und Sozialpolitik kommt die besonders enge Verbindung zwischen Politik und Gesellschaft zum Ausdruck. Beziehungen zu den Geisteswissenschaften (Gesellschaft als geistiges System, Verständnis »von oben«) werden in der Rechtssoziologie, der Sozialethik, der universalistischen Soziologie (Gesellschaft als entfalteter Geist), in der phänomenologischen und in der Religionssoziologie deutlich. Beziehungen zu den Naturwissenschaften zeigen sich in der kybernetisch-informatischen Richtung der Soziologie, in der psychologischen (zum Beispiel behavioristischen) Soziologie, der Soziogeographie, der Sozialmedizin sowie in soziobiologischen, physikalischen und – mathematischen Ansätzen und Methoden (Soziometrie).

Der Soziologismus versucht, ähnlich wie der Psychologismus auf seinem Gebiet, alle Lebensbereiche soziologisch zu erklären. Hierher gehört auch die Wissenssoziologie Karl Mannheims. »Nach unten« führen die Verbindungslinien der Soziologie zur Sozialökonomie, Sozialtechnik *(social, human engineering).* Die Kunst- und Kultur-, Literatur- und Sprachsoziologie (Soziolinguistik) bemühen sich, wie die historische Soziologie, um ein vertieftes Verständnis der kulturellen und geschichtlichen Vorgänge, die anthropologische Soziologie sucht die verschiedenen Aspekte der sozialen Wirklichkeit auf das Bezugssystem Mensch hin zu integrieren.

Eine Definition der Soziologie erscheint danach ähnlich schwierig wie eine solche der Psychologie. Läßt man Tierpsychologie und Tiersoziologie außer Betracht, hat die Soziologie mit zwischenmenschlichen Beziehungen zu tun, den Wechselwirkungen der Individuen im Gemeinschaftsleben, mit komplexen Struktur- und Funktionszusammenhängen in den gesellschaftlichen Gebilden, mit deren Entstehung und ihren Aufgaben, mit Interaktion, sozialem Wandel, sozialen Systemen und Prozessen.

Da die Grundlagenwissenschaft der Soziologie, ähnlich wie in der Psychologie, noch in den Anfängen steckt, ist die Bestimmung der Gegenstände, Methoden und Aufgaben dieser Wissenschaft sowie ihres Verhältnisses zur Philosophie nicht einfach. Im Anschluß an Untersuchungen von Ludwig Wittgenstein (1889–1951) bemerkt Peter Winch: »Das zentrale Problem der Soziologie, von der Natur sozialer Phänomene im allgemeinen Rechenschaft zu geben, gehört selber der Philosophie an.«[36] Damit wäre die moderne Forschung, nur auf höherer Ebene, wieder beim aristotelischen Begriff der Lebensform angelangt. Für die moderne Soziologie ist die Entwicklung vom strukturellen zum prozessualen Verständnis charakteristisch; als Wissenschaft vom sozialen Prozeß fügt sie sich in den weiteren Rahmen prozeßorientierten Denkens ein.

Die Annäherung von Soziologie und moderner Naturwissenschaft kommt in Begriffen wie Wechselwirkung und Vergesellschaftung zum Ausdruck. Alfred N. Whitehead (1861–1947) führte den Begriff Gesellschaft in die Elementarteilchenphysik ein, Molekularbiologen entdeckten Gesellschaftsbildungen, von den Großmolekülen angefangen bis zu den Mikroorganismen, und die moderne Evolutionstheorie spricht von Arbeitsteilung, Sozialisierungen und Gesellschaftssystemen in fast allen Phasen der Entwicklung. Die Gesellschaft hört – wie der Geist – auf, ein Gegenbegriff zur Natur zu sein, erscheint vielmehr als ein durchgängiges Phänomen der Natur.

Den unterschiedlichen Gesellschaftssystemen des Westens und des Ostens entsprechen grundverschiedene soziologische Konzeptionen. Ihre Prüfung ist Aufgabe der Philosophie, da die einschlägigen Wissenschaften infolge methodischer Selbstbeschränkung auf Erfahrungstatsachen, Beschreibungen und Analysen oder infolge ihrer ideologischen Grundorientierung dazu nicht in der Lage sind. Für den Philosophierenden ergibt sich eine Art Komplementarität der Standpunkte. Der historisch-dialektische Materialismus nimmt, wie der Westen, eine Entwicklung an, glaubt aber, im Unterschied zum Westen, nach dem Vorbild Hegels, das Ziel der Entwicklung, in diesem Fall die klassenlose Gesellschaft, zu kennen. In der Ablehnung von starren Strukturen, Klassen und Kasten, Ständen und Schichten und in der Annahme eines Prozesses ähneln sich die Konzepte. Sofern die marxistischen Theoretiker an das zwangsläufige Eintreten ihrer Prognosen glauben, huldigen sie einem deterministischen Konzept, das durch den Gang der Ereignisse dauernd widerlegt wird. Sie sehen sich daher gezwungen, ihre Theorien nachträglich der tatsächlichen Entwicklung anzupassen, was durch eine entsprechende Auslegung der klassischen Texte geschieht – bis zum nächsten Widerspruch. Westliche Theoreti-

[36] Die Idee der Sozialwissenschaft und ihr Verhältnis zur Philosophie. Frankfurt 1966, S. 58.

ker, die auf ein Wissen vom Sinn oder Zweck der Geschichte verzichten, können zwar keine konsistente Theorie vorweisen, tragen aber dem evolutionären Geschehen Rechnung, das sich nicht als determiniert, sondern als offen erwiesen hat. Entsprechend verschieden gestalten sich die Gesellschaftssysteme. Aus der kommunistischen Gesellschaft erwächst eine neofeudalistische Gesellschaft, in der eine Funktionärskaste gegenüber der Masse der Bevölkerung ihre Privilegien mit Klauen und Zähnen verteidigt und allen Reformversuchen zu widerstehen sucht. Im Westen beherrscht eine Machtelite aus Managern und Technokraten das Feld, die, ebenfalls exklusiv, die Freiheit zu einem Privileg weniger umzufunktionieren sucht. Beide Gesellschaftssysteme werden scheitern, sofern sie ihre falschen Voraussetzungen nicht erkennen, und das vermag lediglich eine entsprechend unabhängige Philosophie. Die Gesellschaft jenseits von Kapitalismus und Kommunismus, ob man sie postindustrielle, Informations- oder Wissenschaftsgesellschaft nennt, unterscheidet sich von den zur Zeit herrschenden Gesellschaftssystemen vor allem durch mehr Freiheit für alle, durch Inklusivität statt Exklusivität, Kreativität statt Besitz und Macht (Lerngesellschaft), Solidarität statt Prestige, Kommunikation und Transparenz statt Verschlossenheit und Geheimhaltung, Offenheit und Vertrauen statt Taktik und Strategie. Kontrolle ist manchmal angebracht, Vertrauen ist nie verkehrt. Die am Menschen orientierte gesellschaftspolitische Konzeption des Aristoteles: »Der Mensch ist ein Gemeinschaftswesen« erweist sich nach über zweitausend Jahren nicht nur als menschlicher im Vergleich zu neuzeitlichen sozialdarwinistischen Lehren oder Klassenkampf-Theorien, sondern auch als angemessener im Hinblick auf das Evolutionsgeschehen und den Gang der Geschichte selbst.

10.2.1.8. Wirtschaftsphilosophie

Die Zusammengehörigkeit von Wirtschaftsphilosophie[37] und Sozialphilosophie läßt sich schon aus der Reihe gemeinsamer Nachbardisziplinen ersehen, die beide umgeben: von der Wirtschaftspolitik über die Wirtschaftsethik und Wirtschaftspsy-

[37] Die Bezeichnung zuerst bei Abbé Nicolaus Baudeau, Première introduction à la philosophie économique ou analyse des états policés. Amsterdam 1771.

chologie zur Wirtschaftssoziologie und Wirtschaftsgeschichte. Die Wirtschaftssoziologie befaßt sich mit Wechselwirkungen zwischen wirtschaftlichen und sozialen Prozessen, Strukturen und Normen.

In der Entwicklung der Wirtschaftstheorie im 19. und 20. Jahrhundert kehren oft Namen wieder, die aus der Geschichte der Sozialwissenschaften bekannt sind: Vilfredo Pareto (1848–1923), Achille Loria (1857–1943), Friedrich Wieser (1851–1926), Georg Simmel (1858–1918), Werner Sombart (1863–1941), Franz Oppenheimer (1864–1943), Max (1864 bis 1920) und Alfred Weber (1868–1958), Joseph Schumpeter (1883–1950), John M. Keynes (1883–1946), Alexander Rüstow (1886–1963), Hans Freyer (1887–1969), Edgar Salin (1892 bis 1974), Talcott Parsons (1902–1979)[38].

Allgemein verlief die Entwicklung im 20. Jahrhundert von der Nationalökonomie alten Stils zur modernen Weltwirtschaftswissenschaft, von der systemorientierten zur prozeßorientierten Wirtschaftstheorie und vom Wirtschaftsoptimismus, wenn nicht zum Pessimismus, so doch zur Skepsis. Neben der Technik und der Wissenschaft gehört nach wie vor die Wirtschaft zu den stärksten weltgestaltenden und gesellschaftsbildenden Kräften des industriellen Zeitalters. Karl Marx hat nur dem Geist seiner Zeit entsprochen, wenn er die Ökonomie zum Fundament und Maß aller Dinge erhob, von der alles übrige als »Überbau« abhängt. Der Ökonomismus erscheint neben dem Soziologismus, neben Technizismus und Szientismus, als eine der folgenschwersten Verabsolutierungen des modernen Lebens; er ist eine Herausforderung an ökonomische Grundlagenforscher wie an Philosophen.

Um eine klare Abgrenzung von Wirtschaftsphilosophie und Wirtschaftswissenschaft bemühte sich Theo Surányi-Unger: »Die Wirtschaftsphilosophie des 20. Jahrhunderts untersucht die Chancen der gegensätzlichen Systeme, Freiheit und Wohlstand zu erzeugen. Im Streit der Systeme geht es um die richtige Form der Selbstverwirklichung des Menschen als eines freien Subjekts und um deren öffentlich-institutionelle Ermöglichung. Wirtschaftsphilosophie hat denselben Gegenstandsbereich wie Wirtschaftswissenschaft, aber eine andere Fragerichtung. Sie

[38] Für die Wirtschaftsphilosophie grundlegend ist das von Joseph Kohler und Fritz Berolzheimer seit 1907 herausgegebene ›Archiv für Rechts- und Wirtschaftsphilosophie‹, seit 1933/34 unter dem Titel ›Archiv für Rechts- und Sozialphilosophie‹.

untersucht das wirtschaftliche Tun und Denken auf seine Bedeutung für eine Gemeinschaft freier Menschen, die wohl das einhelligste oberste Leitbild von Sozialwissenschaft, Philosophie und Politik sein dürfte. Die Funktion mechanistischer, mathematischer, kybernetischer, organischer, gleichgewichtstheoretischer Modelle ist in diesem Rahmen zu erörtern. Wirtschaftsphilosophie ist somit auch Wissenschafts- und Erkenntnistheorie der Wirtschaftswissenschaft.«[39]

Bei den Wirtschaftssystemen der Gegenwart zeigt sich ein ähnlicher Gegensatz wie bei den Gesellschaftssystemen: hier freie Marktwirtschaft, dort Planwirtschaft. Die Wirtschaftsphilosophie kann nicht entscheiden, welches das effizientere System ist – das muß in der Praxis geschehen –, wohl aber sollte sie über die Ursachen des Gegensatzes und die Möglichkeiten seiner Überwindung nachdenken.

Es erscheint als verfehlt, den Konflikt durch Radikalisierung der ökonomischen Position lösen zu wollen, durch mehr freie Marktwirtschaft oder mehr Planwirtschaft. Beide Konzepte verhalten sich komplementär und lassen sich daher nicht eindimensional verstehen. Ihr Gegensatz beruht auf einem verzerrten Bild vom Menschen und übertriebenen Hoffnungen auf den Faktor Wirtschaft, der in seiner Verselbständigung und Verabsolutierung nur zerstörend wirken kann, für die Umwelt wie für die Mitwelt. An sich gesunde Prinzipien wie Konkurrenz, Profit oder Wachstum wirken sich verheerend aus, sobald sie, nach Art des Sozialdarwinismus, evolutionistisch mißverstanden werden. Aus evolutionsgerechtem Wettbewerb kann tödliche Feindschaft werden, aus gesundem Gewinnstreben Profitsucht, die keine Grenzen kennt, und aus gesundem Wachstum megalomaner Expansionismus, der sich mit dem ebenfalls akkumulierenden Machtstreben zum Imperialismus verbindet, vielleicht der gefährlichsten Erbschaft des 19. Jahrhunderts.

Wer die gegenwärtige Wirtschaft ändern will, muß sie zuvor besser verstanden haben als seine Vorgänger, das heißt, er muß sie zwar nicht interpretieren, wohl aber analysieren. Eine philosophische Faktorenanalyse der gegenwärtigen Wirtschaftssituation erfordert neben komplexen Einzeluntersuchungen ein neues Bezugssystem, eine neue Definition des Menschen: neben

[39] Wirtschaftsphilosophie des 20. Jahrhunderts. Stuttgart 1967, S. 8. Vgl. auch G. Eisermann, Wirtschaftstheorie und Soziologie. Tübingen 1957; F. Fürstenberg, Wirtschaftssoziologie. 2. Aufl., Berlin 1970; H. Schack, Die Grundlagen der Wirtschafts- und Sozialpolitik. Berlin 1978.

eine subtilere Analyse der wirtschaftlichen Prozesse und des Evolutionsgeschehens muß eine subtilere Anthropologie treten. Praktische Ansätze sind vorhanden: Material-Rezirkulation, Energie-Zyklen, Informationsaustausch, Symbiose mit der Umwelt; auch die Voraussetzungen: ökologische Ethik, Erweiterung der Umwelt und nicht zuletzt die Erweiterung des Bewußtseins mit Hilfe neuer Informationstechnik[40].

10.2.1.9 Philosophie der Technik

Auf dem Gebiet der Technik ist eine ähnliche Polarisierung der Standpunkte zu beobachten wie auf dem der Wirtschaft. Wie der Ökonomismus den *homo sapiens* zum *homo oeconomicus* oder *consumens* umfunktioniert, so verwandelt der Technizismus ihn in einen *homo faber.* Die Revolutionen auf technischem Gebiet [vgl. 10.1] fallen weitgehend mit den Phasen der Industriellen Revolution zusammen. Der amerikanische Wirtschaftswissenschaftler John K. Galbraith spricht in diesem Zusammenhang von »Technostruktur«: »Die Macht im Geschäftsleben und die gesellschaftliche Macht liegen nicht mehr bei Einzelpersonen, sondern sind auf Organisationen übergegangen. Und die moderne Wirtschaftsgesellschaft kann man überhaupt nur als einen im ganzen erfolgreichen Versuch verstehen, auf dem Wege der Organisation eine künstliche Gruppenpersönlichkeit zu schaffen, die für *ihre Zwecke* einer natürlichen Person weit überlegen ist und zudem noch den Vorzug der Unsterblichkeit genießt ... Ich schlage vor, diese Organisation als *Technostruktur* zu bezeichnen.«[41]

Vor 1950 gab es vereinzelt Beiträge zur Philosophie der Technik[42]. Heute ist die (mehr oder weniger) philosophische Technik-Literatur kaum mehr übersehbar. Dabei hat sich das Verständnis der Technik (nicht nur) vertieft: Werkzeugerfindung als unbewußte Organprojektion, Verhältnis von Technik und Wirtschaft, Natur-Geist-Technik, Technik als Verhängnis, Kapitalismus und technischer Mensch, das Prometheische, Anthropologie der Technik, Technologie, High-Tech. Hans Lenk gibt eine brauchbare Definition von »Technologie« und grenzt

[40] Jantsch, Selbstorganisation des Universums, S. 380ff.

[41] Die moderne Industriegesellschaft. München 1968, S. 63, 74.

[42] Am Anfang steht Ernst Kapp, Grundlagen einer Philosophie der Technik. Braunschweig 1877.

das »technische« gegenüber dem »technologischen« Zeitalter ab: »*Technologien* (im weiteren Sinne) können also definiert werden als *methodisch-rationale Verfahren der Systemsteuerung oder einer optimalen beziehungsweise optimierenden Organisation zielgerichteter Transformationsprozesse.* Sie umfassen somit nicht nur die Organisation technischer Verfahren im engeren Sinne (Material- und Energieumwandlungstechnik, Maschinentechnik usw.), sondern auch Verfahren der Nachrichtenübertragung, Informationstechnik, der Organisationstechnik (Systemanalyse und integrierte multidisziplinäre Systemtechnik, Operations Research, Optimierungsverfahren) und der Planung (Netzplantechniken, Entscheidungstheorie) – ja sogar der sozialen Lenkung. Für die neueste Entwicklung (zumindestens tendenziell) ist charakteristisch die Einordnung der herkömmlichen Techniken in das Geflecht umfassender (System-)Technologien in dieser weiteren Bedeutung. In diesem Sinne ist es daher zulässig, von dem Übergang vom »technischen« zum »technologischen Zeitalter« zu sprechen.«[43]

Unter »High-Tech« versteht man neue Technologien, Basisinnovationen, Großeinsatz von Technik, Technologietransfer, verbunden mit Produktionswachstum und Produktivitätssteigerung, weniger ein Zauberwort als die Zusammenfassung modernster wissenschaftlicher und technischer Entwicklungen zu einem gesteigerten technischen Prozeß, dem »Hyperzyklus«[44] im Evolutionsgeschehen vergleichbar.

Die Technik-Diskussion ist in den letzten Jahrzehnten immer mehr zu einer Technokratie-Debatte geworden, in der sich die Standpunkte verhärten, ohne daß wesentliche neue Argumente hinzukommen. Für die Technik gilt prinzipiell das gleiche wie für Wissenschaft und Wirtschaft: Extremismus, Radikalismus, Verabsolutierung und Omnipotenzwahn machen den an sich guten technischen Fortschritt zu einer ambivalenten Gabe, deren Gefahren weder durch Angst und Verzweiflung noch durch Gewalt zu überwinden sind. Die Technik ist im Guten wie im Bösen schicksalhaft für die Menschheit geworden: ein Zurück gibt es nicht. Der einzige Weg, die Technik zu überwinden, ist die bessere Technik.

Philosophische Beiträge zur Bewältigung des Technikproblems können geliefert werden durch: Erhellung der Motivatio-

[43] Philosophie im technologischen Zeitalter. Stuttgart 1971, S. 134.
[44] Vgl. Jantsch, Selbstorganisation des Universums, S. 43.

nen für technisches Verhalten; Aufklärung über technische Grundbegriffe, Prozesse und Ziele; Stärkung der Technik-Komponenten, die durch die spezifische Entwicklung der neuzeitlichen Technik verdrängt wurden (die künstlerische Komponente im griechischen techne-Begriff); Besinnung auf die durch die Evolutionstheorie vermittelte Einsicht in Wesen und Funktion der Technik; Unterscheidung von sinnvollem Gebrauch und Mißbrauch der Technik; Technokratie-Kritik; Orientierung an übergreifenden Modellen moderner Anthropologie. Ansätze in dieser Richtung gibt es bereits[45]. Es gibt auch Ansätze zu einem evolutionsgerechten Verständnis der Technik: »Die Anwendung der Technik und ihre weite Verbreitung – kurz, die technische Innovation – folgen weitgehend der gleichen Kurve von Systemevolution wie die sukzessiv verbesserte Ausnützung einer ökologischen Nische durch Mutanten. Statt Mutanten sind hier technische Produkte oder Prinzipien einzusetzen. Wie in der Ökologie ist dabei wesentlich, daß jede neue Technik, die eine alte verdrängt, nicht nur dasselbe zu leisten vermag, sondern in der Regel darüber hinaus neue Gelegenheiten schafft.«[46]

In dieser Perspektive gesehen erscheint Technik gut, sofern sie mit den Prinzipien der Evolution übereinstimmt, den Menschen unabhängiger von Umwelt-, Mitwelt- und eigenen Zwängen macht, möglichst vielen Menschen einen möglichst großen Freiheitsspielraum schafft, Mobilität, Kommunikation und Kreativität ermöglicht, Ängste beseitigt, Lebensfreude vermittelt, das Leben reicher, schöner und reizvoller macht, die Phantasie anregt, die Wünsche diszipliniert und das Erleben intensiviert. Technik erscheint dagegen negativ, sofern sie das Gegenteil von all dem bewirkt, wenn sie entmutigt, deprimiert, ängstigt, versklavt, verarmt, verödet, Langeweile, Überdruß und Ekel am Dasein erzeugt.

10.2.1.10 Philosophie der Kunst

Philosophie der Kunst, im 20. Jahrhundert weitgehend eine Philosophie der modernen Kunst, ist abzugrenzen von der Phi-

[45] Hans Sachsse, Anthropologie der Technik. Braunschweig 1978; ders., Ökologische Philosophie. Darmstadt 1984.

[46] Jantsch, Selbstorganisation des Universums, S. 113.

losophie der Wissenschaft, ferner von der Ästhetik, der Kunstwissenschaft und Kunstgeschichte, der Kunstpsychologie, Kunstsoziologie und Kunstanthropologie. Eine der Hauptaufgaben der Kunstphilosophie ist, wie bei der Philosophie der Religion, Kultur, Gesellschaft, Wirtschaft und Technik, die Kunstkritik.

Im Rahmen der modernen Kunst gibt es, den Kunstarten entsprechend, eine Philosophie der bildenden Künste (Malerei, Plastik, Architektur) sowie eine Philosophie der Musik und der Dichtung. In der Kunsttheorie standen am Anfang des 20. Jahrhunderts, wie in anderen Wissenschaften, großangelegte Versuche zur Systematisierung der Ästhetik[47]. In England und in den USA blühte die empirisch-positivistische Ästhetik, später die semiotische, in Frankreich die positivistisch-soziologische. Die Neuthomisten griffen auf scholastische Begriffe (*apprehensio*, ästhetisches Erfassen) zurück, und die Existenzphilosophen fanden bestechende Formulierungen wie »Ins-Werk-Setzen der Wahrheit« (Heidegger). Neben der besonders in Italien gepflegten philosophischen Ästhetik entwickelte sich zwischen den Weltkriegen die phänomenologische Ästhetik, wobei Roman Ingardens (Polen) Versuche, zwischen ontologischer und phänomenologischer Ästhetik zu vermitteln, besondere Beachtung verdienen, ebenso wie Hans Sedlmayers Deutungsversuche der modernen Kunst. Nach dem Zweiten Weltkrieg gewannen Informationstheorie und Kybernetik auch in der Kunstwissenschaft an Boden[48]. Daß die Entwicklung der modernen Kunst revolutionär ist, läßt sich nicht bestreiten. Im 19. Jahrhundert signalisieren die akademisch-eklektisch-historische Kunst einerseits, Romantik und Realismus andererseits die Pole des Kunstschaffens. Der Loslösungsprozeß der modernen Kunst von der traditionellen beginnt im Impressionismus (Cézanne). Das Atmosphärische verdrängt das Gegenständliche. Die Analyse des Lichts in die Farben des Spektrums zeigt den wissenschaftlichen Einfluß ebenso wie die Zerlegung der Figuren in Elemente. Die Wirklichkeitserfahrung bleibt nicht bei der Erscheinung stehen, sondern sucht nach dem Nichterscheinenden

[47] Johannes Volkelt, System der Ästhetik. 3 Bde, München 1925–27; Konrad Lange, Das Wesen der Kunst. 2 Bde, Berlin 1901.

[48] Ingarden, Untersuchungen zur Ontologie der Kunst. Tübingen 1962; Sedlmayer, Verlust der Mitte. Salzburg 1948; ders., Die Revolution der modernen Kunst. Reinbek 1956; ders., Kunst und Wahrheit. Reinbek 1958; Rul Gunzenhäuser, Maß und Information als ästhetische Kategorien. Baden-Baden 1975.

in der Erscheinung. Die Erscheinung wird zum Medium der Begegnung mit dem Transzendenten. Die Expressionisten schalten dann völlig frei mit Form und Farbe. Sie geben damit einem neuen, immer stärkeren Freiheitsdrang Ausdruck: Schluß mit dem schönen Schein!

In der Architektur, Plastik und Musik verläuft die Entwicklung ähnlich wie in der Malerei. Die moderne Architektur entspricht den Anforderungen der Industriegesellschaft: neues Baumaterial (Beton, Glas, Stahl), neue Sachlichkeit, Funktionalismus. Der höchste Wert traditioneller Ästhetik, die Schönheit, wird nicht mehr statisch-systematisch gesehen, sondern genetisch-dynamisch. Daß die Form der Funktion folgt, paßt zur Evolutionstheorie. Die Verwendung von Glas entspricht der allgemeinen Tendenz zur Öffnung und Transparenz: entbergen, nicht verbergen, Transzendenz durch Transparenz.

In der Plastik treten an die Stelle von Form und Statik Materialgesetzlichkeit, Dynamik und Abstraktion. Der Einfluß der Wissenschaft und der Technik wird erkennbar. Die moderne Kunst will Rätsel aufgeben, denn auch die Wirklichkeit erscheint zusehends rätselhafter (Rodins »Denker«): Was ist der Mensch? Wie bei den wissenschaftlichen Disziplinen verschwimmen die Grenzen zwischen Kunstarten und Stilen. Antikes und Mittelalterliches tritt, im Wechsel und metamorph, immer wieder auf: neu ist die Mannigfaltigkeit, der bunte Wechsel. Die Richtungen werden zahlreicher und folgen einander schneller: Jugendstil, Kubismus, Futurismus, Expressionismus, Fauvismus, Konstruktivismus, Montage, Collage, Surrealismus, Tachismus, Environment, Land-Art, Multi-Media, Happening, Minimal Art und viele andere. Insgesamt ist das Lebensgefühl ekstatisch-pantheistisch: Vermählung mit der Natur, keine Angst vor der Wirklichkeit. Die Einführung von Mobiles ermöglicht kinematische Plastik, bei der sich die Objekte bewegen, ein Zeichen prozessualen Weltverständnisses. Auch die Musik steht im Zeichen der Auflösung anerkannter Maßstäbe und Gesetze: der Atonalität. Von da geht es weiter zu elektronischer und experimenteller Musik und Klangfarbenkompositionen.

Mit dem Jahr 1945 läßt man die Spätmoderne beginnen. Sie zeichnet sich weniger durch neue Ideen als durch Umbildung, Mischung und Radikalisierung älterer Ansätze aus: abstrakter Expressionismus, unvollendetes Kunstwerk, leere Leinwand, Pop-art, Assemblage, Horrorkunst zur Bewußtseinserweiterung. Man wollte Popularität, Flüchtigkeit, Verbrauchbarkeit, Witz, Sex, Verspieltheit und Glamour, aber auch Provokation, Schockwirkung und Obszönität. Roy Lichtenstein, einer der führenden Vertreter der Pop-art, erkannte, daß sich kaum ein so abscheuliches Bild finden läßt, das niemand aufhängt, da jeder alles aufhängt. In der Op-art arbeitet man mit licht- und elektromagnetischen Effekten, suggeriert die Aufhebung der Schwerkraft und versetzt das Publikum in Trance-Zustände. Konstruktionen, die sich selbst zerstören, symbolisieren den schnellen Wandel und Konsum. Roboter und Computer vervollständigen das Bild der immer weiter technisierten Kunst. Technisierung, Kommerzialisierung und Verwissenschaftlichung, aber auch Wille zu Echtheit, Wahrheit und Freiheit kennzeichnen den Weg der modernen Kunst. Wer nur die eine Seite sieht, wird ihr nicht gerecht. Ob sie, die im Zeichen der Autonomie, Emanzipation und Befreiung antrat, zum Sklaven fremder Mächte wird, am Ende sogar der Ideologie und Politik, ob die moderne Kunst der Dynamik der modernen Industriegesellschaft zum Opfer fällt, oder ob sie eine große, globale Zukunft hat, ist noch nicht entschieden. Vielleicht schafft der Übergang zur Informationsgesellschaft auch für die postmoderne Kunst neue Entwicklungsmöglichkeiten.

Der Philosophie der Kunst fällt unter anderem die Aufgabe zu, Echtheitskriterien und neue Maßstäbe zu erarbeiten, die es erlauben, den Weizen von der Spreu zu unterscheiden. Die Philosophie kann durch Beherrschung der Tradition und durch Reflexion auf die zukunftsträchtigen Trends zu einem ausgewogeneren Verhältnis von Einstigem und Modernem beitragen und das gemeinsame Anliegen alter und neuer Kunst verdeutlichen: die Beschwörung des Ewigen im Zeitlichen. Eine moderne synoptische Philosophie der Kunst kann auch Verbindungslinien von der Welt der Kunst zur Welt der Wissenschaft und Technik ziehen, indem sie an den gemeinsamen geschichtlichen Ursprung im griechischen Begriff der *techne* erinnert. Sie kann schließlich versuchen, die Verbindung zur Evolutionstheorie herzustellen, wobei sich erstaunliche Gemeinsamkeiten zwischen klassischen Kunstauffassungen und modernen Leitbildern feststellen lassen, zum Beispiel mit Goethes Anschauungen über das Verhältnis von Natur, Geist und Kunst, die evolutionstheoretischen Überlegungen keineswegs zuwiderlaufen: »Das letzte Produkt der sich immer steigernden Natur ist der schöne Mensch. Zwar kann sie ihn nur selten hervorbringen, weil ihren Ideen gar viele Bedingungen widerstreben; und selbst ihrer Allmacht ist es unmöglich, lange im Vollkommenen zu verweilen und dem hervorgebrachten Schönen eine Dauer zu geben ... Dagegen tritt nun die Kunst ein: denn indem der Mensch auf den Gipfel der Natur gestellt ist, so sieht er sich wieder als eine ganze Natur an, die in sich abermals einen Gipfel hervorzubringen hat. Dazu steigert er sich, indem er... Wahl, Ordnung, Harmonie und Bedeutung aufruft und sich endlich bis zur Produktion des Kunstwerkes erhebt ... Indem es aus den gesamten Kräften sich geistig entwickelt, erhebt es den Menschen über sich selbst, schließt seinen Lebens- und Tatenkreis ab und vergöttert ihn für die Gegenwart, in der das Vergangene und Künftige begriffen ist.«[49]

Der moderne Wissenschaftler sieht es gar nicht so sehr anders, drückt es nur anders aus: »Die Selbstorganisations-Dynamik des schöpferischen Werkes – sein Geist – und die Selbstorganisations-Dynamik des Menschen – der Menschengeist – sind zwei Seiten ein und desselben evolutionären Prozesses ... Kreativität ist nichts anderes als das Ausleben von Evolution.«[50]

10.2.1.11 Philosophie der Wissenschaft

Da es für die Wissenschaft keine Grundlagenwissenschaft gibt wie für manche Einzelwissenschaften (zum Beispiel Mathematik), fällt diese Aufgabe der Philosophie zu, die sich dabei auf empirische Hilfsdisziplinen, wie etwa die Wissenschaftsgeschichte, stützt. Seit der Mitte des 19. Jahrhunderts dachte man über Voraussetzungen, Methoden und Ziele der Wissenschaften nach, aber nicht vor dem ersten Drittel des 20. Jahrhunderts wurde aus der klassischen Wissenschaftslehre im Gefolge von Grundlagenkrisen der modernen Mathematik und Logik die moderne Wissenschaftstheorie, die mit Methoden der mathematischen Logik, Semantik und logischen Analyse der Sprache arbeitet. Zu den Wegbereitern moderner Wissenschaftstheorie gehören Frege, Russell, Husserl und Wittgenstein. Aus der Erkenntnistheorie hervorgegangen, bildet die Wissenschaftstheorie heute einen Zweig der theoretischen Philosophie. Grund-

[49] Studie über Winckelmann, zitiert in: Fritz Kaufmann, Das Reich des Schönen. Stuttgart 1960, S. 224.
[50] Jantsch, Selbstorganisation des Universums, S. 391, 398.

sätzlich lassen sich, den Gruppierungen der Einzelwissenschaften entsprechend, mathematisch-naturwissenschaftlich, sozialwissenschaftlich und historisch orientierte Wissenschaftstheorien unterscheiden. Daneben gibt es Theoretiker, die sich auf eine ganz bestimmte Wissenschaft beschränken, und andere, denen es mehr um eine Zusammenschau der Probleme geht. Die Publikationen zur Wissenschaftstheorie und Sprachphilosophie sind viel zahlreicher als die Arbeiten zur Kunst-, Kultur- und Geschichtsphilosophie. Trend und Mode führten, ähnlich wie in der Technik-Literatur, zu einem Boom der Wissenschaftstheorie, nicht immer zu deren Vorteil. Ein verbreiteter Mangel der wissenschaftstheoretischen Literatur ist die Unerfahrenheit der Autoren in den Wissenschaften, über die sie theoretisieren. Man kann es den Wissenschaftlern daher nicht verübeln, wenn sie von dieser Philosophie wenig Notiz nehmen. Außerdem ist das Abhängigkeitsverhältnis einseitig: ohne Wissenschaft keine Wissenschaftstheorie, Wissenschaft aber funktioniert auch ohne Wissenschaftstheorie, manchmal sogar besser.

Für ziemliche Aufregung im Lager der Szientisten, die Exaktheit, Strenge und Wissenschaftlichkeit bisweilen als ihr Monopol ansehen, sorgte die Studie Thomas S. Kuhns[51] über die wechselnden Paradigmen naturwissenschaftlichen Vorgehens, die jene Art Wissenschaftstheorie grundsätzlich in Frage stellte. Die scharfe Polemik der Betroffenen, die nicht auf sich warten ließ, sprach für die These Kuhns. Mindestens hat er das Verdienst, ein Tabu, einen Mythos, eine Ideologie beseitigt zu haben. Paul Feyerabend überwand dann auch den Szientismus seines ehemaligen Lehrers Karl Popper, plädierte für eine freiere Auffassung von Wissenschaft, für Methodenpluralismus, und stellte Beziehungen zur Evolutionstheorie her. Eine gewisse Auflockerung der szientifisch verengten Denkansätze findet sich in Hans Alberts (Positivismusstreit) sozialphilosophischem Konzept des kritischen Rationalismus und Hans Lenks Plädoyer für eine sokratisch-pragmatische Orientierung der Philosophie und für interdisziplinäre Öffnung.

Der amerikanische Physiker Percy W. Bridgman (1946 Nobelpreis für Physik) entwickelte speziell an Beispielen der Physik sein wissenschaftstheoretisches Konzept des Operationalismus, nach dem sich die Begriffe an den Operationen zu orientieren haben. Das operative Denken setzt sich, wie gesagt, in

[51] Die Struktur wissenschaftlicher Revolutionen. Frankfurt 1973.

Paul Lorenzens operativer Logik und Mathematik fort, ferner in seiner konstruktiven Wissenschaftstheorie.

Willard Van Orman Quine, vielleicht der bedeutendste amerikanische Philosoph dieses Jahrhunderts auf dem Gebiet der Wissenschaftstheorie, verband europäische und amerikanische Denktraditionen, überwand den Dualismus von analytischem und synthetischem Denken und gelangte zu einer umfassenden (holistischen) Sicht der Wirklichkeit. Sein Schüler Hilary Putnam schlägt eine Brücke von der Logistik zur Linguistik, erstrebt ein umfassendes Verständnis der Wirklichkeit und tendiert zu einem differenzierten kritischen Realismus.

Mit wissenschaftstheoretischen Fragen vorwiegend der Gegenwart befassen sich ferner der aus Polen stammende und in der Schweiz lehrende Logiker Joseph M. Bochenski, ein hervorragender Kenner marxistischer Theorien, und der aus Österreich stammende und in München lehrende Wolfgang Stegmüller, der sich, an die Tradition des Wiener Kreises anknüpfend, um eine umfassende Darstellung der einschlägigen Probleme bemüht[52].

Sowenig sich die Wissenschaftstheoretiker über den Umfang ihrer Disziplin einig sind, sowenig auch über Inhalte, Aufgaben und Ziele. Während die Radikalen Philosophie durch Wissenschaftstheorie ersetzen wollen, begnügen sich die Gemäßigten mit der Beschränkung auf Methodenprobleme. Prinzipiell läßt sich vielleicht sagen: Je allgemeiner oder elementarer die Bezugsebene, desto größer die Übereinstimmung, zum Beispiel in logischen Fragen. Je mehr die Wissenschaften dagegen differenzieren müssen (Psychologie, Soziologie, Geschichte), je weniger sie dem Exaktheitsideal entsprechen, desto uneinheitlicher die wissenschaftstheoretischen Methodenkonzepte. Der alte Gegensatz von nomothetischen (gesetzgebenden) Naturwissenschaften und idiographischen (Einzelbeschreibung) Geisteswissenschaften kehrt in neuer Form wieder.

Allgemein befaßt sich die Wissenschaftstheorie mit der wissenschaftlichen Begriffsbildung, mit der Gültigkeit von Sätzen, Gesetzen, Theorien und Beweisverfahren, mit Normen- und Wertfragen, mit erkenntnistheoretischen und methodischen Problemen. Dazu gehören Analysen der kognitiven, emotiona-

[52] Von den zahlreichen Leitfäden sei hier auf die dreibändige informative und relativ umfassende Einführung in die Wissenschaftstheorie von Helmut Seiffert verwiesen (München 1983–85), ferner auf dessen ›Information über die Information‹ (München 1971).

len und motorischen Faktoren des Psychischen und des Bewußtseins, Sprachanalyse, Induktion, Deduktion, Beschreibung, Erklärung und Verallgemeinerung, phänomenologische, hermeneutische und historische Aspekte der Wissenschaft, schließlich auch Informations-, Entscheidungs- und Handlungstheorie, Modallogik, Ethik und Systemtheorie. Besonders ethische Fragen wie Rechtfertigung und Verantwortung des Wissenschaftlers gewinnen in einer Phase zunehmender Abhängigkeiten, sei es kommerzieller, ideologischer oder politischer Art, an Bedeutung.

10.2.1.12 Sprachphilosophie

Die Anfänge der modernen Sprachphilosophie reichen bis ins 19. Jahrhundert zurück, aber sie ist doch, wie die Wissenschaftstheorie, eine für das 20. Jahrhundert bezeichnende Errungenschaft. Zur traditionellen Sprachphilosophie haben Platon und Aristoteles, aber auch die Stoiker, in neuerer Zeit Locke, Leibniz, Hume und Kant Wesentliches beigetragen. Die enge Verbindung zwischen der Philosophie der Wissenschaft und der Philosophie der Sprache wird schon in der großen Anzahl von Forschern erkennbar, die Beiträge zu beiden Disziplinen lieferten. Die Beziehungen der modernen Sprachphilosophie zu anderen Wissenschaften sind zahlreich; Sprachwissenschaft (Linguistik), Sprachsoziologie, Sprachpsychologie, Ethnolinguistik, Sprachgeographie und Sprachgeschichte haben die Funktion von Hilfswissenschaften.

Die vorherrschende sprachwissenschaftliche Methode ist die Analyse. Die Sprachphilosophie läßt sich als eine Meta-Sprachwissenschaft verstehen. Sprachphilosophie und Sprachwissenschaft sind Grund- oder Basiswissenschaften, unterteilt und weit aufgefächert in Teildisziplinen und Hilfsdisziplinen: Semantik (Bedeutungslehre), Semiotik (Zeichenlehre), Logik und Symbolik, Syntax und Pragmatik. Zwischen Denken, Sprechen und Handeln besteht, der modernen Sprachwissenschaft zufolge, ein struktureller und funktionaler Zusammenhang. In Verbindung mit Erkenntnistheorie und Psychologie untersucht der Sprachphilosoph Denken, Erkennen, Erklären, Verstehen, Begriffs- und Urteilsbildung, Funktionen des Bewußtseins, in Verbindung mit der Kommunikationstheorie informatische und kybernetische Aspekte der Sprache. Hier wird besonders deutlich, warum die Sprachphilosophie ein typisches Kind des 20. Jahrhunderts ist.

Die Zusammengehörigkeit von Sprachphilosophie und Logik manifestiert sich in den Problemkreisen Subjekt-Objekt, Wahrheit, Richtigkeit, Verbindlichkeit, Definition; die Verbindung der Sprachwissenschaft mit der Sozialphilosophie zeigt sich in der Wortfeldforschung, in der Analyse der Beziehungen von Sprecher, Adressat und Gesellschaft sowie der Interessen und Sprachfunktionen. Sprachwissenschaft und Sprachphilosophie suchen gemeinsam nach dem Ursprung der Sprache und untersuchen ihre Beziehung zur Wirklichkeit und zum Menschen, in historischer, metaphysischer und anthropologischer Hinsicht. Ähnlich wie man von der Welt der Wissenschaft im Gegensatz zur Alltagswelt spricht, spricht man heute von der Sprache der Wissenschaftler im Gegensatz zur Normalsprache, zur Sprache ohne Worte oder zu den Sprachen der Künste. Ob die Welten der Künstler, Normalmenschen und Wissenschaftler divergieren oder ob sie miteinander kommunizieren, hängt weitgehend von der Sprache ab, von ihrer Ausdrucks-, Symbol- und Überzeugungskraft, von ihrem Informationsgehalt und von ihrem Potential an demonstrativen, appellativen und interrogativen Formen und Strukturen. Zwecks Vermeidung von Antinomien, die auftreten können, wenn man über eine Sprache in dieser Sprache spricht, unterscheidet man zwischen Objekt- und Metasprache.

Die Entwicklung der Sprachphilosophie im 20. Jahrhundert steht im Zeichen der Sprachkritik. Der österreichische Dichter und Philosoph Fritz Mauthner (1849–1923) ging mit seinen ›Beiträgen zu einer Kritik der Sprache‹ (1901/02) voran. In Mauthners Ansatz steckt etwas Negatives und etwas Positives: »Sprachkritik ist die Arbeit an dem befreienden Gedanken, daß die Menschen mit den Wörtern ihrer Sprachen und mit den Worten ihrer Philosophie niemals über eine bildliche Darstellung der Welt hinausgelangen können.«[53] Eine der großen Erkenntnisse dieses Jahrhunderts auf dem Gebiet der Sprachphilosophie ist die Einsicht, daß Sprache nicht nur Erkenntnis vermittelt, sondern auch verhindert. Besonders der modernen Physik machte die Bildhaftigkeit der Sprache zu schaffen. Die Sprache wurde zu einer scheinbar unüberwindlichen Barriere, scheinbar, weil die Einsicht in diesen Sachverhalt befreit und

[53] Wörterbuch der Philosophie I. Leipzig 1923, S. XII.

zur Suche nach Auswegen aus diesem Dilemma herausfordert. Mauthner erkannte aber noch etwas anderes, das die Sprachwissenschaft, hätte sie Mauthners Warnung beachtet, vor manchem Irrweg bewahrt hätte: »Man wird sich daran gewöhnen müssen, in jeder Wortgeschichte eine Monographie zur Kulturgeschichte der Menschheit zur erblicken.« (Ebd., S. XV) Mit Logik und Analyse allein ist es nicht getan, der historische Aspekt darf nicht fehlen; und Sprachphilosophie ist von Sozial-, Geschichts- und Kulturphilosophie nicht zu trennen.

Eine zur Sprachkonzeption Mauthners in gewisser Hinsicht komplementäre Position entwickelte der große Schweizer Sprachforscher Ferdinand de Saussure (1857–1913). Mit Mauthner stimmt Saussure überein, daß Sprachtheorie und Lebenswirklichkeit nicht zu trennen sind. Saussure neigt jedoch zu einer Systematisierung der sprachlichen Phänomene, womit er einem Bedürfnis der Wissenschaften entgegenkam. Saussure begründete damit die Zeichentheorie oder Semiotik, die er noch Semiologie nannte. Einige wichtige Unterscheidungen Saussures erwiesen sich als fruchtbar. Er unterschied zwischen konkreter sprachlicher Äußerung *(parole)*, menschlicher Rede allgemein *(langage)* und Sprache als Kultureinheit *(langue)*, ferner zwischen der genetischen (Diachronie) und der systematischen (Synchronie) Betrachtung einer Sprache, zwischen konstanten (syntagmatischen) und in einem Kontext variablen (paradigmatischen) Sprachelementen. Für die Linguistik wurde auch Saussures Bestimmung des sprachlichen Zeichens als konventionelle Verbindung von Bezeichnendem *(signifiant)* und Bezeichnetem *(signifié)* bedeutsam.

Eine Art Relativitätstheorie auf sprachwissenschaftlichem Gebiet entwickelten die amerikanischen Sprachforscher Edward Sapir (1884–1939) und Benjamin L. Whorf (1897–1941), indem sie die Abhängigkeit der Weltanschauungen von vorgeformten Sprachmustern (Sapir-Whorf-Hypothese) aufdeckten. Zu ähnlichen Ergebnissen gelangte der deutsche Keltologe Leo Weisgerber (1899–1985), der Begründer der angewandten, inhaltsbezogenen »energetischen Sprachwissenschaft«, die die Rolle der Sprache in der Lebens- und Weltbewältigung untersucht.

Wieder in einer Art komplementärem Verhältnis zueinander stehen die Theorien des aus Deutschland emigrierten Sprachpsychologen Karl Bühler (1879–1963) und des amerikanischen Behavioristen Charles W. Morris (1901–1979). Beide unterscheiden drei Funktionen des Sprachzeichens, Bühler: darstellendes Symbol, ausdrückendes Symptom und appellierendes Signal, Morris: syntaktische Beziehung des Zeichens zum Zeichensystem, semantische Beziehung zum Gegenstand und pragmatische zum Benutzer.

Der österreichische Sprachpsychologe Friedrich Kainz (1897–1977) unterscheidet acht Funktionen der Sprache: anzeigend (indikativ), informativ, fragend (interrogativ), ausrufend (interjektiv), wünschend (optativ), befehlend (imperativ), erkennend (kognitiv), erinnernd (kommemorativ) und vermittelnd (kommunikativ). Hinzu kommt noch die darlegende (argumentative) Funktion. Kainz setzte in seinem monumentalen Werk ›Psychologie der Sprache‹ (1941 ff.) die Tradition des Völkerpsychologen Wilhelm Wundt fort, indem er die Beziehungen zwischen Volk und Sprache erforschte. Kainz wagte sich auch an ein von vielen modernen Sprachwissenschaftlern gemiedenes, aber für das 20. Jahrhundert bedeutsames Thema (Propaganda) heran, an die Sprach(ver)führung des Denkens.

Besondere Beachtung verdient die von dem englischen Sprachforscher John L. Austin (1911–1960) erfundene und von dem amerikanischen Sprachphilosophen John R. Searle (geb. 1932) weiterentwickelte Theorie der Sprechakte. Dieser Theorie liegt die gar nicht so selbstverständliche Erkenntnis zugrunde, daß manche sprachlichen Äußerungen, die wie Behauptungen aussehen, tatsächlich etwas bewirken (Perlokution) oder bewirken sollen (Illokution).

Sprachphilosophie und Sprachwissenschaft des 20. Jahrhunderts erlebten, wie viele andere Disziplinen, Krisen und Revolutionen. Die wohl bedeutendste Erschütterung verursachte der Amerikaner Noam Chomsky (geb. 1928) mit seinen revolutionären Thesen zur Tiefendimension sprachlicher Phänomene, vergleichbar der revolutionären Tiefenpsychologie Freuds. Chomsky überwand die oberflächenhafte Betrachtung der Sprache, die er vom älteren Strukturalismus her gewohnt war, und postulierte eine neue Syntax, die generative Transformationsgrammatik, der die Annahme einer Konvergenz der Syntax aller Sprachen im Elementarbereich zugrundeliegt und die durch eine ähnlich weit ausgreifende und revolutionäre semantische Universalgrammatik des Amerikaners Richard Montague (1931–1971) ergänzt wird.

Die neueste Entwicklung der Sprachwissenschaft zeigt ein Abrücken vom Formalismus und Szientismus in Richtung auf ein mehr anthropologisch, kultur- und geschichtsphilosophisches Verständnis der Sprache. In der Tat ist schwer zu sehen, was eine szientifisch orientierte Linguistik mit Homers ›Ilias‹, den Worten des Jesus von Nazareth oder Shakespeares Dramen anfangen soll, ebensowenig, wie es ihr gelingen soll, sprachliche Kunstwerke von sprachlichem Blendwerk zu unterscheiden.

Hoffnungsvoll für die Weiterentwicklung der Sprachphilosophie sind die ausgezeichneten Arbeiten Eike von Savignys (geb. 1940) und die Semiotik-Entwürfe Umberto Ecos (geb. 1931), der auch ein erfolgreicher Schriftsteller ist und die Sprache nicht nur aus der Distanz des Theoretikers kennt. Eco findet mit seiner Kategorie des »Codes« zudem den Anschluß an die Evolutionstheorie[54], hatte doch schon Chomsky vermutet, daß die dem Gehirn eines Kindes einprogrammierte Grammatik ein Bestandteil des genetischen Codes ist.

10.2.1.13 Philosophische Anthropologie

Faßt man die beiden aristotelischen Definitionen des Menschen als eines gemeinschaftsbildenden und sprachbegabten Tieres zusammen, erhält man drei Grundmerkmale des Menschen, die auf drei elementare Existenzbereiche bezogen sind: Tier – Natur, Gemeinschaft – Gesellschaft, Sprache – Kultur. Nimmt man die Zeitdimension hinzu, gelangt man zu den drei Hauptphasen der Evolution: Kosmogonie, Phylogenese, Ontogenese oder Anthropogenese. Mit Arnold Gehlen (1904–1976) gesprochen: »Der Mensch ist von Natur ein Kulturwesen.«[55]

Die philosophische Anthropologie[56] verweist also primär auf die Natur-, Sozial- und Kulturphilosophie, sekundär als theologische Anthropologie auf die Religionsphilosophie, als Ethologie auf die Moralphilosophie, als Anthropologie des Rechts, der Politik, der Wirtschaft *(homo oeconomicus, homo consumens)* und Technik, der Künste, der Wissenschaften und der Sprache (C. Lévi-Strauss), der Kultur und der Geschichte (z.B. Paläoanthropologie) auf die entsprechenden Disziplinen der Philo-

[54] Semiotik und Philosophie der Sprache. München 1985, S. 268ff.

[55] Der Mensch. Seine Natur und seine Stellung in der Welt. Wiesbaden 1940, 13. Aufl. 1978, S. 80.

[56] Die Bezeichnung »Anthropologie« findet sich zuerst bei M. Hundt (1501), als Disziplin der Philosophie bzw. Psychologie zuerst bei O. Cassmann, Psychologia anthropologica sive animale humanae doctrina (1594).

sophie. Biologische und medizinische Anthropologie, Anthropogeographie und Ethnologie, neben zahlreichen Hilfswissenschaften, entsprechen den naturphilosophischen Einzeldisziplinen. Man kann daher wohl sagen, daß von der Anthropologie Verbindungslinien zu allen modernen philosophischen Disziplinen führen. Außer dem *homo oeconomicus* und dem *homo faber* gibt es noch einen *homo religiosus, sociologicus, educandus, ludens, sapiens* und *creator.*

Die Entwicklung der philosophischen Anthropologie gleicht der der Sprachphilosophie in mehr als einer Hinsicht: wesentliche Ansätze gibt es in der Antike, einen relativen Rückgang im Mittelalter, ein Aufblühen im Zeitalter der Entdeckungen, große Fortschritte im 17./18. Jahrhundert (Kant, Herder), den Einfluß der Naturwissenschaften und die Institutionalisierung im 19. und eine Hochkonjunktur im 20. Jahrhundert. Der französische Arzt Paul Broca (1824–1880) gründete 1859 die »Société d'Anthropologie de Paris«, der ähnliche Gesellschaften in anderen Kulturländern folgten.

Zu Beginn des 20. Jahrhunderts fand in der Anthropologie ein Paradigmenwechsel statt von statisch-ontologischen zu dynamisch-prozessualen Modellvorstellungen. Die Entwicklung läßt sich etwa mit den Begriffen Struktur, Status, Existenz, Rolle und Person sowie Funktion, Kommunikation und Prozeß umschreiben. Die wissenschaftlichen Fundamente, auf denen man im letzten Drittel des 19. Jahrhunderts gebaut hatte, waren brüchig geworden und gaben nach. Der naive Fortschrittsglaube erlitt herbe Rückschläge. Einen Schock für den Titanismus der Zeit, wenn auch nur erst ein Wetterleuchten am Horizont, bedeutete der Untergang der »Titanic« (1912): ein »unsinkbares« Schiff war gesunken, nicht weil die Technik versagt hatte, sondern der Mensch. Der Erste Weltkrieg setzte den Desillusionierungsprozeß fort. Es ging um Sein oder Nichtsein, »Existenz« wurde das Zauberwort der Zeit – aber was ist Sein? Die Antwort war enttäuschend. Sie läßt sich in der Formel zusammenfassen: »Was ich erkenne, bin ich nicht, und was ich bin, erkenne ich nicht.« Wenn der Logos versagte, warum sollte man es nicht mit dem Mythos versuchen? Aber von den schlechten Mythen des 20. Jahrhunderts soll hier nicht die Rede sein.

Eine andere Erkenntnis verdankt die Anthropologie der Entdeckung Jakob von Uexkülls (1864–1944), derzufolge Tiere und Menschen ihre eigenen Umwelten haben. Lebt vielleicht jeder

Mensch in einer eigenen Welt? Wie verhalten sich die einzelnen Welten zueinander und zur Welt als solcher? Angesichts der Divergenz der Individuen und des Dissenses der Meinungen wurde »Kommunikation« zu einem anderen Zauberwort des 20. Jahrhunderts.

Max Scheler definierte die Aufgabe der philosophischen Anthropologie neu: »Es ist Aufgabe einer Philosophischen Anthropologie, genau zu zeigen, wie aus der Grundstruktur des Menschseins ... alle spezifischen Monopole, Leistungen und Werke des Menschen hervorgehen: so Sprache, Gewissen, Werkzeug, Waffe, Ideen von Recht und Unrecht, Staat, Führung, die darstellenden Funktionen der Künste, Mythos, Religion, Wissenschaft, Geschichtlichkeit und Gesellschaftlichkeit.«[57] Aber gibt es überhaupt eine solche »Grundstruktur des Menschen«?

Während Helmuth Plessner (1892–1985) das Wesensmerkmal des Menschen, im Unterschied zum Tier, in der »exzentrischen Positionalität« erblickt, worunter er die Fähigkeit des Menschen versteht, sich selbst zu objektivieren, sieht Gehlen, im Anschluß an behavioristische Auffassungen, die spezifisch menschlichen Kulturleistungen als Kompensation für Organmängel (Antriebsüberschuß infolge von Mangel an Instinkten) an. Das Hauptziel heißt Überleben, und dazu verhilft die Ordnung, die Institution. Eine ungerechte Ordnung erscheint Gehlen besser als gar keine.

Nach dem Zweiten Weltkrieg kamen neue Impulse aus den USA. Der Kulturanthropologe G. H. Mead (1863–1931) gibt in seinem »Symbolischen Interaktionismus« der Aktion den Vorrang vor der Struktur und der Sprache (Sozialbehaviorismus), P. J. H. Watzlawick radikalisiert den behavioristischen Ansatz – man kann sich nicht verhalten, alles Verhalten vollzieht sich praktisch in der Kommunikation – und gelangt auf diese Weise zu einer Kommunikationstheorie, in der zwei Ebenen, die Mitteilungsebene (Daten) und die Ebene der Intersubjektivität (Beziehung, Auffassung der Daten) unterschieden werden. Interessant an dieser Theorie ist die Verbindung von objektiv-funktional-kybernetischen und subjektiv-personal-humanen Momenten[58].

[57] Die Stellung des Menschen im Kosmos. Darmstadt 1928, 7. Aufl. Bern 1966, S. 87.

[58] Vgl. hierzu Jürgen Hüllen, Mensch sein – human werden. Frankfurt 1985, S. 108 f.

Zum Schluß sei auf einige moderne Ansätze hingewiesen, die den Anschluß an die Evolutionstheorie herstellen. Sie geben eine Antwort auf Gehlens Hypothese, der Mensch sei von Natur ein Kulturwesen. Irenäus Eibl-Eibesfeldt[59] weist darauf hin, daß sich biologische und kulturelle Evolutionen in kleineren Schritten vollziehen, Kulturrevolutionen können deshalb zu einem »Traditionsabriß« führen und mehr schaden als nützen. Die Menschheit hat ein Entwicklungsstadium erreicht, in dem sie ihre Entwicklung selbst steuern kann. Anstelle des bisherigen »blutigen Mechanismus« kann die »vernunftgesteuerte Evolution« treten. Der Paradigmenwechsel in der Anthropologie läßt sich auch als Übergang vom geschlossenen zum offenen System beschreiben, vom Maschinenmenschen der Industriegesellschaft, der im Wettlauf mit der Technik stets der Maschine unterliegt, zum neuen Herren der Technik in der Informationsgesellschaft, der als Kybernetiker im Sinne Platons (Vernunftherrschaft) wieder das Steuer ergreift. Daraus ergeben sich für die moderne Anthropologie wichtige Konsequenzen: Wie es in der Evolution nur Prozesse gibt, erscheint auch das menschliche Dasein prozeßhaft: »Gegenstand gegenwärtiger naturwissenschaftlicher Forschungen ist der Mensch als Naturprozeß ... Wahrheit wird hier als Suche nach dem offenen Spiel von Möglichkeitslösungen von Problemen behandelt.«[60]

Als gesellschaftliches Wesen bewegt sich der Mensch, denkend, handelnd und schaffend, in einem Kommunikationsfeld zwischen den Polen Natur und Kultur, das ihm Selbstverwirklichung und Erfüllung ermöglicht, wobei sich die biologische Zwecklosigkeit kultureller Schöpfertätigkeit umgekehrt proportional zu ihrer Zweckmäßigkeit für die menschliche Natur verhält: »Nur in der Kultur kann der Mensch seine Natur befriedigen.«[61] Da es gegenwärtig noch keine evolutionstheoretisch fundierte Theorie schöpferischer Prozesse gibt, kann die philosophische Anthropologie nur die Aufgabe einer solchen Philosophie bewußt machen: Der Mensch kann seinem Leben dadurch einen Sinn geben, daß er sich als einen Naturprozeß begreift, der die Möglichkeit besitzt, sich mit Hilfe der schöp-

[59] Der vorprogrammierte Mensch. Wien 1973, S. 69, 97.

[60] Ernest Wolf-Gazo, Einige Bemerkungen zum Evolutionsbegriff als Leitfaden einer neuen Philosophie der Natur. In: G. Frey und J. Zelger (Hrsg.), Der Mensch und die Wissenschaften vom Menschen. Innsbruck 1983, Bd. 1, S. 193, 198.

[61] Wolfgang de Boer, Die Frage nach der Natur des Menschen. Ebd., S. 272.

ferischen Vernunft in einen Kulturprozeß, mit Hilfe der steuernden Vernunft in einen geschichtlichen Prozeß zu verwandeln.

10.2.1.14 Kulturphilosophie

Die Affinität der Kulturphilosophie einerseits zur Anthropologie (Kulturanthropologie), andererseits zur Geschichtsphilosophie folgt einmal daraus, daß Kulturprodukte primär Schöpfungen des Menschen, nicht der Natur sind, zum anderen aus der Einmaligkeit kultureller Leistungen. Dichter gibt es immer wieder, die ›Ilias‹ nur einmal. Im übrigen sind die Verbindungen der Kulturphilosophie zur Philosophie der Religion, der Kunst, der Sprache, der Moral und zum Recht enger als beispielsweise zur Natur- oder Wirtschaftsphilosophie. Die Kulturpsychologie verbindet die Kulturphilosophie mit der Naturphilosophie und der Sozialphilosophie, die Kultursoziologie nur mit letzterer. Kulturgeschichte hat kaum etwas mit Kulturphilosophie zu tun, hängt aber eng mit der Kunst- und Sprachphilosophie zusammen. Die Kulturwissenschaft ist keine wissenschaftliche Einzeldisziplin, sondern ein Sammelbegriff für Wissenschaftszweige, die der Geschichtswissenschaft nahestehen. Die Kulturmorphologie (Kulturgestaltlehre) ist keine echte Wissenschaft, sondern höchstens ein Zweig der Kulturgeschichte. Die Kulturgeographie ist eine Grenzwissenschaft zwischen Natur- und Kulturwissenschaft. Für eine Trennung von Kultur- und Sozialphilosophie spricht die Eigenständigkeit der Welt der Kultur, dagegen spricht die Einbezogenheit in das Leben der Gesellschaft. Die Abtrennung des Geistes von der Natur, des objektivierten vom objektiven (oder subjektiven) Geist ist, wie die Trennung von Geistes- und Naturwissenschaften, überholt, ebenso der Begriff Humanwissenschaften. Vielleicht würde eine Unterscheidung von metrischen, bedingt metrischen und ametrischen Wissenschaften (wenn es diese überhaupt noch gibt) weiterführen. Mithin ist gegen eine Einteilung in Natur-, Sozial-, Kultur- und Geschichtsphilosophie (-wissenschaft) wenig einzuwenden.

Ciceros Unterscheidung von *agri cultura* und *cultura animi* war eine Art Basis-Feststellung und blieb für die weitere Entwicklung des Begriffs Kultur (Pflege) wegweisend. Während Bacon Kultur noch unter Ethik subsumierte und Goethe vor allem Geisteskultur darunter verstand, erscheint der Begriff bei Herder frei von Zusätzen.

Die Kulturphilosophie des 20. Jahrhunderts erlebte, wie andere Zweige der Philosophie und andere Grundlagenwissenschaften, ihre Krisen und Revolutionen. Der Erste Weltkrieg stellte das Selbstbewußtsein der kulturtragenden Schichten in Frage und forderte zur Neubesinnung heraus. Vor dem Ersten Weltkrieg dachte man eurozentrisch, man wollte das Wesen der Kultur erfassen und ihre Erscheinungen in ein wohlgeordnetes System bringen. Jakob Burckhardts ›Weltgeschichtliche Betrachtungen‹ (1905) intendieren zwar eine universal-globale Betrachtungsweise, bleiben aber in europäischen Modellvorstellungen befangen. Der sensationelle Erfolg von Oswald Spenglers ›Untergang des Abendlandes‹ läßt sich nur aus den Erfahrungen des Ersten Weltkriegs verstehen. Zwischen den Weltkriegen folgte eine Spätblüte der Kulturphilosophie alten Stils durch Hans Freyer, Ernst Cassirer und Erich Rothacker, aber das Umdenken ging weiter. Der Zweite Weltkrieg brachte die eigentliche Wende, den ›Abschied von der bisherigen Geschichte‹ (A. Weber, 1946). Als man an die Bewältigung der Vergangenheit dachte, entdeckte man auch die ›Kultur als Daseinsbewältigung‹ (F. Steinbacher) und die Kulturgeschichte als Heilmittel für verschwindendes Kulturbewußtsein (M. Landmann). Dieser Schwund kommt nicht von ungefähr und ist vielleicht gar nicht immer negativ zu bewerten. Die ungeheure Erweiterung des ethnographischen, anthropologischen und kulturgeschichtlichen Horizonts in diesem Jahrhundert hat das eurozentrische, das heißt egozentrische, bisweilen nationalistisch-chauvinistische Konzept der Kulturphilosophie gesprengt zugunsten eines Pluralismus der Kulturen und der Einsicht in den kulturellen Wandel und in die Prozeßhaftigkeit aller Kulturen überhaupt. Der Paradigmenwechsel führt, ähnlich wie in der Anthropologie, vom starren System zum Organismus und von dort zum offenen System, was die Suche nach Kontinuitäten im Kulturgeschehen nicht ausschließt.

Aufgabe der Kulturphilosophie ist die Entwicklung von Maßstäben, nach denen Tradition und Innovation in einem ungefähren Gleichgewicht gehalten werden können. Weder Brüche mit der Tradition noch hektische Innovation fördern die kulturelle Evolution, die sich als Fortsetzung der natürlichen Evolution zu erkennen gibt. Kulturelle Systeme erscheinen als erweiterte Vermögen zu lernen, Informationen zu speichern und zu vermitteln. Die kulturelle Evolution hängt einmal von der biologischen Entwicklung dieser Fähigkeiten ab, sodann von den kulturellen Maßnahmen, sie zu verwirklichen, letztlich oft von scheinbar unbedeutenden Innovationen an den Scheidewegen der Geschichte. Jede Neuerung birgt weitere Entwicklungsmöglichkeiten in sich, die Schritt für Schritt von den Individuen, die sich dafür entscheiden, realisiert werden können. Hier zeichnet sich für den Kulturphilosophen eine neue Aufgabe ab: als Ethiker, der sich in der Welt der Werte auskennt, kann er Entscheidungshilfen anbieten, als Historiker kann er seine Muster mit Erfahrungen der Menschheitsgeschichte fundieren.

10.2.1.15 Geschichtsphilosophie

Die Behandlung der Geschichtsphilosophie am Schluß der Reihe der modernen philosophischen Disziplinen wird durch die Stellung der Geschichtswissenschaft im Kosmos der modernen Wissenschaften nahegelegt. Zunächst steht die Geschichtswissenschaft als die am wenigsten metrischen Methoden zugängliche Disziplin in einem natürlichen antipodischen Verhältnis zur Mathematik, die den Reigen der exakten Wissenschaften zweckmäßigerweise eröffnet. Durch die Einbeziehung des Universums und der biologischen Evolution in die sogenannte Weltgeschichte, die im modernen Denken die Kosmogonie mit umfaßt, setzt eine universale, moderne Geschichtsphilosophie die Natur und die Naturwissenschaften nicht weniger in ihrem Konzept voraus als die Sozial- und Kulturwissenschaften. In der Geschichte, dem Reich der Freiheit, in der Geschichtswissenschaft, dem Sammelbecken allen Wissens um Menschheitsgeschichte (und Weltgeschehen) und in der Geschichtsphilosophie, der Reflexion auf dieses universale Wissen, laufen alle Entwicklungslinien aus Natur, Gesellschaft und Kultur, den zugehörigen Wissenschaften, Hilfsdisziplinen und philosophischen Meta-Wissenschaften zusammen.

Das Wort Geschichtsphilosophie stammt von Voltaire. Inhaltlich-historisch setzt sich der Begriff der Geschichtsphilosophie aus antiken (Herodot, Thukydides, Platon, Aristoteles, Polybios, Poseidonius, Plutarch, Tacitus), christlich-mittelalterlichen (Augustin, Thomas von Aquin) und neuzeitlichen (Vico, Lessing, Kant, Herder, Hegel) Elementen zusammen. Die idealistischen und materialistischen Geschichtskonstruktionen des 19. Jahrhunderts, aber auch die positivistische Verengung auf das Faktische und Exakte, führten, ähnlich wie in der Mathematik, um die Jahrhundertwende zu einer Grundlagenkrise der Geschichtswissenschaft, der sogenannten Historismus-Krise. Man besann sich auf die Probleme der Geschichtsphilosophie und begann zwischen dieser und der Geschichtsforschung schärfer zu unterscheiden[62]. Simmel untersuchte in seinem Werk ›Die Probleme der Geschichtsphilosophie‹ die inneren Bedingungen der Geschichtsforschung, insbesondere die psychologischen, die Relevanz historischer Gesetze sowie die Frage nach dem Sinn der Geschichte: »Zweck, Wert und Sinn erscheinen als logisch koordinierte Kategorien, deren jeder eine metaphysische Bedeutung des Geschichtsganzen tragen kann.« (S. 165) Im Zuge seiner relativierend-skeptischen Betrachtungsweise trennte Simmel die historische Wahrheit von der gelebten Wirklichkeit, die als ganze nicht erfaßbar ist. Methodisch gelangte er zu einer klaren Abgrenzung naturwissenschaftlichen und historischen Erkennens: »Umgekehrt wie in der Naturwissenschaft, ist das Wissen um die Gesetze nur das Mittel, um die besondere Komplikation und Einheit, an der sie gültig sind, zu analysieren und zu verifizieren. Naturwissenschaft und Historik, die Auffassung des Gegebenen nach seiner Gesetzlichkeit oder nach seiner für sich bedeutsamen Sondergestalt, erscheinen so als zwei Zerlegungskategorien des Einheitlich-Wirklichen, das in seiner Unmittelbarkeit und Ungebrochenheit zu erfassen uns das Organ fehlt.« (S. 190) Richtungweisend erscheint eine Bemerkung Simmels über das Verhältnis von Mensch und Geschichte: »Den Menschen, der erkannt wird, machen Natur und Geschichte: aber der Mensch, der erkennt, macht Natur und Geschichte.« (S. VII)

Rickert befaßte sich mit der Logik der Geisteswissenschaft (Methodenfragen), den Prinzipien des geschichtlichen Lebens (Sinnproblem) und der Geschichtsphilosophie als einer Universalwissenschaft (Verhältnis von Geschichte und Metaphysik). Das Hauptobjekt der Geschichtswissenschaft ist der Mensch als gesellschaftliches und kulturschaffendes Wesen, das Werte verwirklicht. Die historischen Disziplinen erscheinen als indivi-

[62] Georg Simmel, Die Probleme der Geschichtsphilosophie. München 1892; Heinrich Rickert, Die Probleme der Geschichtsphilosophie. Heidelberg 1904; Max Weber, Gesammelte Aufsätze zur Wissenschaftslehre. Tübingen 1922.

dualisierende Kulturwissenschaften, die historischen Gesetze als Wertformeln und die Geschichtsphilosophie als Wertwissenschaft. Im Gegensatz zur empirischen Geschichtswissenschaft intendiert die Geschichtsphilosophie ein Ganzes, ein System. Die Sinnfrage – Sinn des Lebens, Sinn der Geschichte – läßt sich nicht beantworten, sie ist nie gegeben, sondern immer nur aufgegeben. Die Geschichtsphilosophie wird daher zwar die historische Methode bejahen, nicht aber den Historismus als Weltanschauung, denn er führt zum Relativismus und schließlich zum Nihilismus.

In der Geschichtsphilosophie lassen sich nach Rickert drei Epochen unterscheiden: die dogmatische, die skeptische und die kritische. Die Vertreter der letzteren haben erkannt, daß Sinn und Wert zwar nicht im System zu erfassen sind, aber auch nicht nichts sind. Zur Frage nach dem Sinn und dem Wert tritt, wie bei Simmel, die Frage nach der Wirklichkeit.

Um Rickerts Thesen entspann sich eine lange Diskussion[63], die hier nicht weiter zu verfolgen ist. Mag man auch seine Voraussetzungen aufgeben, seine Problemstellung, vor allem die Frage nach der Wirklichkeit, und seine Forderung von Objektivität nicht nur im Bereich der empirischen Disziplinen, bleiben richtungweisend.

Als Ergebnisse dieser Phase geschichtsphilosophischer Selbstkritik am Beginn des 20. Jahrhunderts lassen sich verbuchen: Die Geschichtsphilosophie kann auf die Fragen nach Sein, Sinn und Wert der Geschichte nicht verzichten; Naturwissenschaft und Geschichtswissenschaft unterscheiden sich zwar in der Methode, haben aber das gleiche Ziel: die Erfassung der Wirklichkeit; der Mensch ist an einem Wendepunkt in seinem Verhältnis zur Natur und Geschichte angekommen: aus dem Gelenkten wird der Steuernde; das Ziel des geschichtlichen Prozesses ist nicht vorgegeben, sondern aufgegeben.

Die Ereignisse der Geschichte selbst, der Erste Weltkrieg, die drängenden sozialen Fragen und die Fortschritte der Naturwissenschaften forderten, neben anderen Sozial- und Kulturwissenschaften, auch die Geschichtswissenschaft und Geschichtsphilosophie heraus. Dabei wirkte der Erste Weltkrieg wie ein Schock auf das europäische Selbstbewußtsein. Oswald Spenglers ›Untergang des Abendlandes‹ (1923) verlieh der Erschütte-

[63] Vgl. hierzu Fritz Kaufmann, Geschichtsphilosophie der Gegenwart. Berlin 1933, S. 15ff.

rung nachhaltig Ausdruck. Selbstgewißheit, Fortschrittsglaube und Optimismus wichen einer tiefen Ratlosigkeit, Skepsis und nicht selten dem Pessimismus. Die Geschichtsphilosophie wurde zum Seismographen eines verbreiteten Lebensgefühls. Die Weltgeschichte, von der Spengler eine Morphologie geben zu können glaubte, hatte aufgehört, eine europäische Angelegenheit zu sein. Hierher gehört auch Heideggers scheinbar rationale Existentialanalyse (Geworfensein, Angst, Sorge), aber die Angst ist kein guter Ratgeber, sowenig wie der Übermut. Die zukunftsorientierte Zeit-Konzeption Heideggers (»Sichvorweg-Sein«) verrät einen Grundzug der Einstellung des Menschen in der Industriegesellschaft zur Zeit: eine vorwegnehmende, erwartende oder sich entwerfende Hektik, oft Aktivismus und blinde Betriebsamkeit.

Zwischen den Weltkriegen gab es indessen eine Reihe seriöser und durchaus beachtlicher Versuche, den treibenden Kräften des Industriezeitalters auf die Spur zu kommen. Pionierarbeit leistete hier, wie auf anderen Gebieten, Bertrand Russell (1872 bis 1970)[64].

Jean-Paul Sartre (1905–1980) gab bereits in seinen Dichtungen der dreißiger Jahre, ›Le mur‹ und ›La Nausée‹, die auch zeitgeschichtliche Dokumente sind, weitverbreiteten Lebensgefühlen Ausdruck.

Der spanische Philosoph José Ortega y Gasset (1883–1955) diagnostizierte in seinen Arbeiten ›Die Aufgabe unserer Zeit‹ (1923), ›Das Wesen geschichtlicher Krisen‹ (1942), vor allem aber in ›Der Aufstand der Massen‹ (1930) einige brennende Probleme seiner Zeit und kam zu dem Schluß: »Der Faschismus, der eine kleinbürgerliche Bewegung ist, hat sich gewalttätiger benommen als der ganze Sozialismus. Nichts dieser Art hindert den Europäer, sich dem Kommunismus zu verschreiben, sondern ein einfacherer und ursprünglicherer Grund: daß er in der kommunistischen Organisation keinen Vorteil für die menschliche Glückseligkeit erblickt.«[65]

Der italienische Geschichtsphilosoph Benedetto Croce (1866–1952) war, im Gegensatz zu Hegel, kein Metaphysiker.

[64] Prospects of Industrial Civilization. London 1923; Ikarus oder Die Zukunft der Wissenschaft (1924). München 1926; Das naturwissenschaftliche Zeitalter (1931). Stuttgart 1953; Education and the Social Order. London 1932; Freiheit und Organisation 1814–1914 (1934). Berlin 1948; Religion and Science. London 1935; Which Way to Peace? London 1936; Macht (1938). Zürich 1947.

[65] Der Aufstand der Massen. Hamburg 1956, S. 137.

Er war nicht an den höchsten und letzten Fragen der Geschichte interessiert, sondern an Einzelfragen und Methodenproblemen, in die sich bei ihm die Philosophie aufzulösen scheint: ›Geschichte der Geschichten der Geschichtsschreibung‹. Croce wandte sich 1925 gegen ein faschistisches Manifest seines Kollegen Giovanni Gentile (1875–1944). In seiner Zeitschrift ›La Critica‹ opponierte er gegen Mussolini. Kritik bedeutete bei ihm immer auch Selbstkritik (1926). In seinem Werk ›Geschichte als Gedanke und als Tat‹ (1938) lehnt er den Aktivismus ab. Er kämpfte, angesichts der faschistischen Gewaltherrschaft, gegen die Unterordnung der Moral unter die Macht. Moral ist ständiger Kampf gegen das Böse. Geschichte ist Geschichte der Freiheit. Diese Deutung der Geschichte kommt der Auffassung Golo Manns von der Geschichte als dem Reich oder Ort der Freiheit nahe.

Auf breiter empirischer Grundlage gelangte der englische Historiker Arnold J. Toynbee (1889–1975), im Gegensatz zu Spengler, zu einem gemäßigten Optimismus in der Beurteilung der westlichen Kultur. Die Ergebnisse seiner Erforschung von 23 Kulturen legte Toynbee in einem zwölfbändigen Werk nieder[66], dessen leitender Gesichtspunkt ›Herausforderung und Antwort‹ *(challenge and response)* ist.

In den USA betonte der Historiker Charles A. Beard (1874 bis 1948) in seinem berühmten Aufsatz ›The Noble Dream‹, während er die Möglichkeit objektiver geschichtlicher Erkenntnis (Ranke) bestritt, die ökonomischen Hintergründe politisch-ideologischer Theoriebildung[67]. Eine ähnliche kritisch-reinigende Wirkung besaßen in Deutschland die etwa zur gleichen Zeit erschienenen kritischen Aufsätze Friedrich Meineckes (1862–1954), eines entschiedenen Gegners des NS-Staates. Das Sinnproblem beschäftigte zu der Zeit auch den 1922 aus Rußland ausgewiesenen Philosophen Nikolai A. Berdjajew (1874 bis 1948)[68].

Aus den USA wäre, neben manchen anderen[69], noch Robin G. Collingwood (1889–1943), ein Freund Croces, zu nennen.

[66] A Study of History. London 1934–1954. Deutsch: Der Gang der Weltgeschichte. 2 Bde (Kurzfassung) München 1970.

[67] American Historical Review 1935. Deutsch in: Fritz Stern (Hrsg.), Geschichte und Geschichtsschreibung. München 1966, S. 323 ff.

[68] Der Sinn der Geschichte. Darmstadt 1925.

[69] Haskell Fain, Between Philosophy and History. Princeton 1970; Charles F. Delzell, The Future of History. Nashville 1977. Dort weitere Literatur.

Er verglich die Forschungstätigkeit des Historikers mit der Ermittlungsarbeit von Kriminalbeamten und Detektiven. Der Historiker muß sich, wie diese, Vorgänge in der Vergangenheit vergegenwärtigen, sie rekonstruieren, wobei er letztlich auf seine eigenen Gedanken, seine Phantasie und seine Autorität angewiesen bleibt. Ein absolutes Wahrheitskriterium ist daher nicht zu erreichen.

Einen vielbeachteten Versuch, geschichtliche Prozesse seiner Zeit zu diagnostizieren, unternahm Karl Jaspers. Glich der Historiker bei Collingwood dem Kriminologen, gleicht er bei Jaspers, einem Mediziner, dem Arzt. Die Diagnose enthüllt wesentliche Züge der industriellen Gesellschaft: wie bei Ortega y Gasset die Vermassung, die Herrschaft der Technik, Lebensangst, aber auch, im Gegensatz zu Heidegger, Lebensfreude (Arbeit, Sport), Beschleunigung der gesellschaftlichen und ökonomischen Prozesse, Unmöglichkeit einer dauerhaften Daseinsordnung, Unfaßlichkeit des Ganzen. Als therapeutische Möglichkeiten zeichnen sich ab: Selbstbesinnung, Selbsterkenntnis, Selbstverwirklichung, Echtheit, Kreativität, Bejahung des Daseins. In der Prognostik unterscheidet Jaspers zwischen betrachtender und erweckender Prognose: Während die eine nach Art des Sokrates die eigene Unwissenheit bekennt, fordert die andere zur Selbstbefreiung des Menschen auf: »Im Aufraffen am Rande des Untergangs könnte der unabhängige Mensch erstehen, der faktisch die Dinge in die Hand nehmen und das eigentliche Sein bedeuten würde.«[70]

Die Periode der Geschichtsphilosophie zwischen den Weltkriegen weist folgende Merkmale auf: Vertiefung der Sinnfrage, Akzentverschiebung von der Vergangenheit auf Gegenwart und Zukunft, starker Einfluß der geschichtlichen Ereignisse auf das Geschichtsbild, Schwanken zwischen Pessimismus und Optimismus, Absage an chiliastische (endzeitliche) Vorstellungen, weitere Relativierung geschichtlichen Denkens und Erkennens, aber Festhalten an der Intention des Ganzen, Erfahrungen mit Diktaturen und politischer Gewalt, Bekenntnis zu Recht und Freiheit, Selbsttranszendenz der Geschichte.

Nach dem Zweiten Weltkrieg setzte sich sowohl in England (Russell) als auch auf dem Kontinent (Jaspers) angesichts einer ungewissen und bedrohlichen Zukunft die Akzentverschiebung in Richtung Zukunft fort. Russell schloß 1948 seine erkenntnis-

[70] Die geistige Situation der Zeit. Berlin 1931, S. 193.

theoretischen Arbeiten mit einer umfassenden Gesamtdarstellung ab und wandte sich geschichtlich-politischen Problemen zu. Bei ihm wechseln Alpträume mit Hoffnungen, Satiren auf Unfreiheit und Polizeistaat mit der Suche nach einer besseren Gesellschaftsordnung. Diese Phase Russellscher Geschichtsphilosophie findet ihren kürzesten Ausdruck in dem Buchtitel ›Has Man a Future?‹ (1961). Im gleichen Jahr schrieb Jaspers sein vielbeachtetes Buch ›Die Atombombe und die Zukunft des Menschen. Politisches Bewußtsein in unserer Zeit‹. Schon 1949 hatte er in einer umfassenden Studie ›Vom Ursprung und Ziel der Geschichte‹ seine geschichtsphilosophischen Überlegungen der dreißiger Jahre wiederaufgenommen und weitergeführt: Weltgeschichte, Gegenwart und Zukunft, vom Sinn der Geschichte, Überwindung der Geschichte. Am Ende transzendiert sich die Geschichte selbst in Richtung auf Natur, Wahrheit, Sein und Kultur: »Für das transzendierende Bewußtsein verschwindet die Geschichte in der ewigen Gegenwart.«[71] Aber auch auf spezielle Fragen, in denen die Zukunftsorientierung sichtbar ist, blieb Jaspers die Antwort nicht schuldig, so in den ›Lebensfragen der deutschen Politik‹ (1963), in der oft wiederaufgelegten Studie ›Wohin treibt die Bundesrepublik?‹ (1967) und in der Antwort auf die Kritik an dieser Schrift. Über ihren Wert für die Geschichtsphilosophie hinaus sind die genannten Werke von Russell und Jaspers wichtige Dokumente zur Zeitgeschichte.

Die Entwicklung der Geschichtsphilosophie seit 1945 läßt folgende Grundzüge erkennen: Zunahme der analytischen Philosophie der Geschichte, Konzentration auf Einzelfragen wie Prozesse und Normen, Verhältnis von Geschichtswissenschaft zur Geschichtsphilosophie, Geschichte als Selbsterkenntnis und Lernprozeß, Historische Anthropologie, die Möglichkeit von Welt-, Menschheits- und Universalgeschichte, Evolution und Geschichte, Zukunft der Geschichte. Was den von den Erfolgen der Naturwissenschaft Geblendeten verborgen bleibt, sind die beachtlichen Leistungen der historischen Einzeldisziplinen. In aller Stille hat sich auch hier eine Revolution vollzogen. Es läßt sich kaum ein Gebiet des Lebens, der Natur, Gesellschaft und Kultur denken, zu dem es nicht gute und ausführliche historische Darstellungen gibt. Man kann, komplementär zur Mathematisierung der modernen Welt von einer Historisierung spre-

[71] München 1949, S. 339.

chen, wobei Geschichtswissenschaft und Geschichtsphilosophie aufgehört haben, vergangenheitsorientiert zu sein, vielmehr Gegenwart und Zukunft in ihre Perspektive einbeziehen. Die von Ossip K. Flechtheim begründete Futurologie ist zwar keine neue Wissenschaft, wohl aber ein Symptom der Umorientierung. Je offener und ungewisser die Zukunft erscheint, desto dringlicher wird das Bedürfnis, sie zu erhellen. Gewiß bleibt die Geschichte das Reich der Freiheit, der Kontingenz, der Unregelmäßigkeit und des Zufalls, aber umfassende und genaue Trendanalysen vermögen doch manche Schneisen in das Dunkel der Zukunft zu legen und ermöglichen feinere Abstufungen des Wahrscheinlichen.

Das Grundkonzept der Geschichtsphilosophie ist pluralistisch, dynamisch, offen, global und nähert sich damit dem der Natur-, Sozial- und Kulturphilosophie an, ja umfaßt in gewisser Weise alle diese Disziplinen. Zwar erscheint heute die Auffassung der Geschichte als Lehrerin für das Leben reichlich naiv, ebenso der Glaube, historische Erkenntnisse direkt in gesellschaftliche und politische Wirklichkeit umsetzen zu können, aber das Studium der Geschichte vermag doch den Sinn für das Irrationale zu schärfen, was zur Meisterung der Ereignisse nicht weniger wichtig ist als die Statistik. Mit Jaspers kann der Historiker den Planern und Utopisten mindestens eine Lehre auf den Weg geben: Es kommt immer anders als der Mensch denkt, wenn auch selten völlig anders. Der Geschichtsphilosoph ist kein Anwalt des Irrationalen, aber als Sokratiker weiß er, daß nicht das Irrationale der schlimmste Feind des Rationalen ist, sondern das Scheinrationale, die Sophistik.

Vom Blickwinkel der Evolution aus gesehen, erscheint die Geschichte als ein Ersatz für das nicht vererbbare Individualgedächtnis, sozusagen als verlängertes Gedächtnis der Menschheit, mit dem sie Vergangenes vergegenwärtigen kann. Ob und wie sie das tut, sind andere Fragen. Einstweilen scheint es so, als ob nicht nur die Kenntnis der Vergangenheit wichtig für die Meisterung der Zukunft ist, sondern auch die Zielvorstellungen ausschlaggebend sind für das Bild der Vergangenheit und die Entscheidungen der Gegenwart. Liefern Wirtschaft und Naturwissenschaften die Dynamik, Politik und Sozialwissenschaften die Pragmatik, Religion, Philosophie und Kulturwissenschaften die Paradigmata, so fällt dem Historiker als dem Wissenschaftler par excellence von den Prozessen die Aufgabe zu, alle diese Prozesse zu einem komplexen Netzwerk von Wechselwirkungen zu integrieren und damit der Koexistenz, Kooperation und Kommunikation des Ganzen zu dienen, das er zwar als solches nicht zu durchschauen vermag, dessen Sinn und Zweck er auch nicht kennt, aber dessen Funktionsweise er zu deuten vermag als Rückkopplungsprozeß zwischen Faktoren der Natur, Gesellschaft und Kultur sowie der Reflexion des Bewußtseins auf diese Faktoren. Historisches Bewußtsein erscheint als vermittelnde Reflexion auf den Zusammenhang von Motorik, Informatik und Kybernetik im Gesamtprozeß menschlicher Evolution.

10.2.1.16 Traditionen, Krisen, Revolutionen

Die Macht der Geschichtsphilosophie wurde oft unterschätzt. Reinhart Koselleck hat am Beispiel der bürgerlichen Revolutionen im Zeitalter der Aufklärung ihre Bedeutung für den historischen Prozeß aufgezeigt. »Aus der Kritik entspringt die Geschichtsphilosophie, die Kritik ist der Vorbote der Krise ... Es liegt im Wesen einer Krise, daß eine Entscheidung fällig ist, aber noch nicht gefallen. Und es gehört ebenso zur Krise, daß offenbleibt, welche Entscheidung fällt ... Die Krise beschwört die Frage an die geschichtliche Zukunft ... Die Revolution wird prophezeit ... Die Geschichtsphilosophie ist die Kehrseite der Revolutionsprognostik ... Krise und Geschichtsphilosophie erweisen sich damit als eine gegenseitig sich ergänzende, innerlich zusammenhängende Erscheinung.«[72]

Das Wort »Krisis« hat in seiner Bedeutung beim Übergang von der antiken zur christlichen Philosophie eine charakteristische Veränderung erfahren, und zwar von der »Unterscheidung« zur »Entscheidung«. »Urteil« kann »Aussage«, aber auch (gerichtliche) »Entscheidung« bedeuten. Im Johannes-Evangelium erscheint das Wort im Sinn des »Jüngsten Gerichts« oder »Gerichts über die Welt« *(krisis kosmou).* Paul Hazard verlegte den Beginn der Krise des europäischen Bewußtseins an den Anfang der Neuzeit[73]. Die zunehmende Spannung von Moral und Politik führte zum Sturz des Absolutismus, zuerst unblutig in England, dann mit Blutvergießen in

[72] Kritik und Krise. Eine Studie zur Pathogenese der bürgerlichen Welt. Frankfurt 1973, S. 105, 154.

[73] Die Krise des europäischen Geistes 1680–1715. Hamburg 1939.

Frankreich. Rousseau prophezeite bereits: »Nous approchons de l'état de crise et du siècle des révolutions.« So hat der Begriff der Revolution von seiner anfänglichen naturphilosophischen Bedeutung des Kreisens – Kopernikus verstand unter Revolution den Umlauf von Himmelskörpern – unter dem Einfluß des Christentums und der Erfahrung gesellschaftlichen Wandels seit dem Ende des 17. Jahrhunderts einen folgenreichen Bedeutungswandel erfahren: Umlauf, Umwälzung, Rückkehr zum Wahren, Rechtmäßigen und Bewährten, Erneuerung, gesellschaftlicher Prozeß, permanenter Wandel, Fortschritt, Freiheit, industrielle Revolution, Weltveränderung (Weltrevolution). Von da war es kein weiter Weg mehr bis zur Anwendung des Revolutionsbegriffs auf Kultur, Wissen und Wissenschaft. Edmund Husserl wandte den Begriff Krise auf die europäischen Wissenschaften an, Karl Joël (1864–1934) auf die Philosophie und Thomas S. Kuhn auf den Fortschritt des Wissens. Nietzsche pervertierte den christlichen Krisenbegriff in automessianischer Ekstase zum »Geisterkrieg«: »Es wird sich einmal an meinen Namen die Erinnerung an etwas Ungeheures anknüpfen – an eine Krisis, wie es keine auf Erden gab, an die tiefste Gewissens-Kollision, an eine Entscheidung, heraufbeschworen gegen alles, was bis dahin geglaubt, gefordert, geheiligt worden war. Ich bin kein Mensch, ich bin Dynamit ... Der Begriff Politik ist dann gänzlich in einen Geisterkrieg aufgegangen, alle Machtgebilde der alten Gesellschaft sind in die Luft gesprengt – sie ruhen allesamt auf der Lüge: Es wird Kriege geben, wie es noch keine auf Erden gegeben hat. Erst von mir an gibt es auf Erden *große Politik*.«[74]

Während Nietzsches irrationalistische Krisenkonzeption geradewegs in die Katastrophe führt, schließt Kosellecks rationalistische Diagnose andere Wege nicht aus: »Die gegenwärtige Weltkrise, bestimmt durch die polare Spannung der Weltmächte Amerika und Rußland, ist – historisch gesehen – Ergebnis der europäischen Geschichte. Die europäische Geschichte hat sich zur Weltgeschichte ausgeweitet und vollendet sich in ihr, indem sie die ganze Welt in den Zustand einer permanenten Krise hat geraten lassen.«[75]

An Kriegen, Krisen und Revolutionen, Krisenbewußtsein, Krisenpropheten und Kritikern hat es im 20. Jahrhundert nicht

[74] Ecce homo. In: Werke. Hrsg. v. K. Schlechta. Bd. 2, München 1955, S. 1152f.

[75] Koselleck, Kritik und Krise, S. 1.

gefehlt: die beiden Weltkriege, die faschistischen Revolutionen und die kommunistische Revolution, die Weltwirtschaftskrise, die Kubakrise und die Krise der Dritten Welt, die Grundlagenkrisen der Werte und Wissenschaften, die technischen und industriellen Revolutionen und nicht zuletzt die Identitätskrise des Menschen selbst, der in eine nie dagewesene Spannung zwischen Tradition und Innovation[76] geraten ist.

Ist die Welt aus den Fugen geraten oder verlor der Mensch die Kontrolle über sich? Hat sich die Technik verselbständigt oder hat der Mensch versagt? Ist der Mensch ein Halbgott oder nur ein mißratenes Tier, Hüter der Schöpfung oder Rebell gegen Gott, Übermensch oder Untermensch oder beides zugleich? Darauf hat die Prozeßphilosophie sowenig eine Antwort bereit wie die Seinsphilosophie. Wie der Mensch im Laufe seines Daseins erfährt, was er ist, bekommt die Menschheit im Laufe der Geschichte, Schritt für Schritt, die Antwort auf die Frage nach dem, was sie ist. Ohne Tradition kann der Mensch nicht existieren, nur aus der Tradition ebensowenig. Im Traditionalismus versandet die menschliche Existenz, im Fortschrittsrausch verliert sie das Maß. Allem Anschein nach hat sich mit dem Verhältnis des Menschen zur Zeit auch sein Verhältnis zur Tradition geändert, es ist dynamischer geworden. Aufgabe des Menschen ist es nun, die Dynamik unter Kontrolle zu behalten, ihr nicht zu erliegen, sich weder zu unterfordern noch zu überfordern. Die großen Gegensätze zwischen intellektuellem Fortschritt und ethischer Beharrung, zwischen überentwickelter Zivilisation und unterentwickelten Ländern, zwischen exzessiver Freiheit und ideologischer Beschränktheit erleichtern die Aufgabe nicht gerade. Traditionsgläubigkeit und blinder Fortschrittsglaube haben sich überholt. Die Evolution hat die Revolution überholt. Die Tradition ist nicht so rational wie sie sich gibt, die Revolution nicht so irrational, wie es scheint. Rationalität und Irrationalität stehen im evolutionären Prozeß in einem komplementären Verhältnis, sie schließen einander aus und setzen sich gegenseitig voraus: keine Ratio ohne Glaube, kein Glaube ohne rationale Momente.

Im Zuge der kulturellen Evolution haben sich auch die traditionellen philosophischen Disziplinen gewandelt. In der theoretischen Philosophie ist anstelle der klassischen die evolutionäre

[76] Vgl. hierzu Rainer Specht, Innovation und Folgelast. Stuttgart/Bad Cannstatt 1972.

Erkenntnistheorie getreten[77], anstelle der klassischen Ethik (Tugend-, Pflichten- und Wertlehre) im Lauf einer Revolution der ethischen Theorie[78] die moderne Entscheidungstheorie (Axiologie, Praxeologie und Metaethik), anstelle der klassischen Metaphysik die moderne Metaphysik, eine Art Metamorphose der aristotelischen Metaphysik.

Um mit dieser zu beginnen: Die Lehre von den vier Ursachen bildet das Kernstück der aristotelischen Metaphysik. Historisch gesehen, resümiert es die wichtigsten Ergebnisse griechischer Wirklichkeitserfahrung, systematisch betrachtet, läßt es das (ontologische) Orientierungssystem dieser Erfahrung erkennen. In der modernen Metaphysik kehrt die Stoffursache des Aristoteles als Energie (Materie) wieder, die Formursache als Information (Idee), die Bewegungsursache als Steuerung *(nous kybernetikós)* und die Zweckursache als Evolution *(entelécheia)*. Anstelle der alten aristotelischen Teleologie ist die Autotelie (Selbstorganisation) getreten und anstelle des Seinsbegriffes der griechischen Ontologie (Sein des Seins) der evolutionäre Prozeß in allen seinen Erscheinungsformen. Der aristotelische Gott, der unbewegte Beweger oder das sich selbst denkende Denken *(noësis noëseos)* ist als Prinzip der Selbsttranszendenz in das Evolutionsgeschehen integriert.

Ähnliches gilt für die Erkenntnistheorie und für die Ethik. Die Logik, bei Aristoteles noch vorwiegend Lehre von den Begriffen, Schlüssen, Urteilen und Beweisen, später formale Logik, Aussagenlogik, mathematische Logik, Kalkültheorie und Logistik, analysiert, soweit sie nicht in die Grundlagenwissenschaft der Mathematik oder in die Sprachtheorie integriert ist, die formale Konsistenz von Informationen. Die Erkenntnistheorie, soweit sie nicht in Wissenschaftstheorie, Kultur- und Geschichtsphilosophie einbezogen ist, analysiert Genesis, Funktion und Relevanz kognitiver Prozesse. Die Ethik, soweit sie ihre Selbständigkeit erhalten konnte, untersucht als Axiologie, Deontologie und Pragmatik die zwischenmenschliche Relevanz von Entscheidungsprozessen im sozialen, politischen und kulturellen Umfeld. Die moderne Erkenntnistheorie unterscheidet sich von der traditionellen vor allem dadurch, daß sie nicht mehr mit Prinzipien im Sinn von absoluten, unveränderlichen Größen arbeitet. Eine der wichtigsten Erkenntnisse ist,

[77] Vgl. Gerhard Vollmer, Evolutionäre Erkenntnistheorie. Stuttgart 1981.
[78] Vgl. hierzu George C. Kerner, The Revolution of Ethical Theory. Oxford 1966.

daß auch die Erkenntnistheorie dem Wandel unterliegt. Sie geht deshalb noch lange nicht im relativistischen Chaos unter. Das Aufgabengebiet der modernen Erkenntnistheorie hat sich gegenüber der traditionellen zugleich verengt und erweitert: verengt durch die Teilhabe der einschlägigen Wissenschaften an der Erforschung der Erkenntnis, erweitert durch die Möglichkeit der Kritik an den Zielen, Methoden und Ergebnissen der Wissenschaften. Aus der traditionellen Epistemologie ist eine Meta-Wissenschaft geworden, wie aus der Ethik eine Meta-Disziplin. Probleme der alten und neuen Erkenntnistheorie sind: Was ist Erkenntnis? – (Begriff); Was wird erkannt? – (Gegenstand); Wie erkennt man? – (Methode); Wie weit geht die Erkenntnis? – (Grenzen); Wie sicher ist Erkenntnis? – (Geltung); Worauf beruht die Sicherheit? – (Begründung). Aus der Sicht evolutionärer Erkenntnistheorie erscheint das Instrumentarium der Erkenntnis als ein Ergebnis der biologischen Evolution: »Die subjektiven Erkenntnisstrukturen passen auf die Welt, weil sie sich im Laufe der Evolution in Anpassung an diese reale Welt herausgebildet haben. Und sie stimmen mit den realen Strukturen (teilweise) überein, weil nur eine solche Übereinstimmung das Leben ermöglichte.«[79]

Eines der Grundprobleme der traditionellen Erkenntnistheorie war das Subjekt-Objekt-Problem. Die moderne Erkenntnistheorie hat das Problem zwar weder restlos gelöst noch als Scheinproblem entlarvt, wohl aber weitgehend geklärt. Aus der absoluten Andersartigkeit von Mensch und Welt ist in evolutionärer Sicht eine partielle Übereinstimmung geworden. Der Gegensatz Subjekt – Objekt hat sich als geschichtliches Produkt von Prozessen der Auseinandersetzung des Menschen mit seiner Umwelt erwiesen. Das Subjekt erscheint danach als dasjenige Objekt, relativ zu dem alle Objekte Objekte sind. Die Auswahl eines bevorzugten Bezugssystems ist aus Orientierungs- und Erhaltungsgründen zweckmäßig. Verabsolutiert man diese »Arbeitshypothese«, kommt dabei ein für den Menschen und für die Welt hoffnungsloser und verhängnisvoller Gegensatz von Mensch und Natur heraus. Versteht sich der Mensch, gemäß der Evolutionstheorie, als einen Teil der Natur, entfallen die Gründe für eine solche Konfrontation, und der Gegensatz Subjekt – Objekt bekommt eine relative, heuristisch-methodische Bedeutung.

[79] Vollmer, Evolutionäre Erkenntnistheorie, S. 102.

Ein zweites Grundproblem traditioneller Erkenntnistheorie, das eng mit dem oben erwähnten zusammenhängt, ist die (Kantische) Frage, ob es synthetische Urteile a priori (nicht rein begriffliche, analytische, sondern erfahrungskonstituierende) gibt. Die evolutionäre Erkenntnistheorie arbeitet hier mit dem Begriff der partiellen Strukturgleichheit (Isomorphie)[80]. Danach erscheint das Kantische *a priori* zwar nicht als notwendig, wohl aber als Anpassungsprodukt zwecks Erkenntniserleichterung und Erkenntniserweiterung. War das »Ding an sich« nach Kant dem Menschen ein und für alle mal verschlossen, so erscheint es in moderner Sicht, unter Erweiterung des Kantischen Erfahrungsbegriffs, als bedingt hinterfrag- und erfahrbar. Die traditionelle Erkenntnistheorie ist danach nicht falsch, sondern behandelte nur, dem Wissensstand der Zeit entsprechend, die Probleme in einer Art Chiffre, insofern ein typisches Produkt der Evolution, als auch diese im genetischen Code mit Chiffren arbeitet. Wächst das Wissen, läßt sich die Botschaft entschlüsseln, und damit ist ein neues Stadium kreativen Wissens erreicht. Auch die Erkenntnistheorie unterliegt dem Wandel. Kant zog in seinem Transzendentalismus aus den zeitgenössischen naturwissenschaftlichen Erkenntnissen (Newton) wissenstheoretische Schlüsse, die heute als veraltet fallengelassen und durch weiterführende Paradigmata ersetzt werden können. Stufen auf diesem Weg sind die genetische Erkenntnistheorie Piagets (1896–1980) und Campbells evolutionäre Epistemologie (1974).

Nicht viel anders als in der Erkenntnistheorie führt der Weg der modernen Ethik vom Apriorismus zu Faktorenanalyse, Feldforschung und Entscheidungstheorie, von theologisch-metaphysischer Prinzipienlehre zur Erzeugung evolutionsgerechten, dynamischen Verhaltens: »Die lebendige, direkte Erfahrung von Moral schlägt sich in Form der Ethik nieder, wird Form, wie biologische Erfahrung im genetischen Code Form wird. Die gespeicherte ethische Information wird wiederum vom moralischen Prozeß in aktuellen Lebenssituationen zur Anwendung gebracht.«[81] Die evolutionäre Ethik[82] hat ein Grundanliegen des Jesus von Nazareth zugleich bestätigt und aktualisiert: nicht der Mensch ist um der Moral willen, sondern

[80] Ebd., S. 119ff.

[81] Jantsch, Selbstorganisation des Universums, S. 358.

[82] Vgl. auch Anthony Flew, Evolutionary Ethics. London 1967; dort weitere Literatur.

Moral und Ethik sind um des Menschen willen da. Modernes Verständnis der Ethik steht originärer religiöser Erfahrung gar nicht so fern. Was Jesus seinen Zeitgenossen in Form von Gleichnissen klarzumachen suchte, erweist sich aus moderner Sicht als ein komplexer, aber natürlicher Zusammenhang von Rückkopplungsprozessen. Verabsolutiert man indessen zeitbedingte ethische oder moralische Konzepte, erstarren sie zu unverständlichen Systemen, die das Leben eher behindern als fördern. Die Hauptbestandteile traditioneller Moral, die Tugend-, Pflichten- und Wertlehre sind Chiffren für die Umsetzung evolutionärer Energie in moralische Wirklichkeit: Konditionierung, Selbstbestimmung und Zielsetzung (Selbsterhaltung, Glück, Nutzen). Der Sinn von Ethik und Moral ist nicht nur die Bewahrung der Existenz, sondern ihre Steigerung. Gut – im evolutionären Sinn – ist, was mehr soziale und kulturelle Evolution ermöglicht, schlecht, was sie blockiert, böse, was sie bewußt verhindert oder pervertiert und damit zerstört. Als Sünde im modernen Sinn erscheint der Verzicht auf Selbstbestimmung, Freiheit, Selbstverwirklichung, Kreativität, Lebenserfüllung und Lebensgestaltung, denn ein solcher Verzicht bedeutet Preisgabe einer evolutionären Chance, eines kostbaren Schatzes, die Vergeudung von Zeit, Energie und Talenten. Böse ist auch, was Menschen zur Nichtbenutzung ihrer Talente verdammt, gut, was sie zum Verzicht auf den Verzicht ermutigt.

Wie sich die traditionelle Metaphysik, Erkenntnistheorie und Ethik zu Metadisziplinen im modernen Sinn gewandelt haben, hat sich auch die Methoden-Konzeption geändert. Wie sehr dabei selbst die Wissenschaft den Einflüssen der Machtblöcke ausgesetzt ist, zeigt die Polarisierung der Methodik in Analytik (Westen) und Dialektik (Osten). Während die Analyse ihre Effizienz im Fortschritt der Wissenschaften immer wieder unter Beweis gestellt hat, entpuppte sich die Dialektik immer mehr als Pseudowissenschaft. Aristoteles hat bereits die Platonische Dialektik, obwohl diese noch etwas ganz anderes war als das, was seit Hegel unter Dialektik verstanden wird, in die Nähe der Rhetorik gerückt und beiden seine Logik, das heißt Analytik, als wissenschaftliche Methode gegenübergestellt. Wie recht er damit hatte, zeigt die Entwicklung der Dialektik nach Hegel. Es ist bis heute, ungeachtet zahlreicher Versuche, nicht gelungen, die Dialektik auch nur annähernd zufriedenstellend zu definieren. Stegmüller zog daraus nur den unabweisbaren Schluß, »daß ›Dialektik‹ kein Begriff ist, sondern ein *Wort*, unter dem sich mancher sehr vieles, ohne Zweifel aber viele gar manches denken, keiner jedoch etwas auch nur einigermaßen Klares und Vernünftiges.«[83] Positiv gesehen kann Dialektik (im Platonischen Sinn) praktiziert, immerhin zur Ordnung der Begriffe beitragen, Groborientierungen und Klassifikationen ermöglichen. Für den modernen wissenschaftlichen Gebrauch ist die Dialektik ungeeignet. Auch hier hat die Evolution die Revolution überholt. Dialektisch diskutieren heißt heutzutage bestenfalls leeres Stroh dreschen. Gefährlicher ist der Gebrauch der Dialektik zur Verschleierung von Wahrheit überhaupt, ihre quasi-militärische Funktion im Sinne einer Taktik und Strategie. Als solche trifft sie verstärkt der aristotelische Vorwurf, eine Art Rhetorik zu sein: eine demagogische, polarisierende und verfeindende Wortkunst, der Eristik (Streitkunst) der Sophisten vergleichbar, der Sokrates seine eirenische (friedensstiftende) Elenktik gegenüberstellte, aus der sich die Platonische Dialektik – besser Dialogik –, später die Aristotelische Logik beziehungsweise Analytik entwickelte. Kennt man diese historischen Zusammenhänge, erkennt man auch die moderne Dialektik als eine eristische Technik. Selbst wenn es gelänge, die Dialektik zu entschärfen und sie in eine Gesprächskunst umzuwandeln, wären damit noch lange nicht alle Probleme der modernen Methodik gelöst, deren Mängel vor allem in ihrem Intellektualismus begründet liegen. Schon Aristoteles ergänzte die Kategorialanalysen seiner Metaphysik im Buch ›Lambda‹ durch eine religiöse Meditation (Gotteslehre). Im Mittelalter bildete die Mystik ein schwaches Gegengewicht gegen den kontinentalen Intellektualismus. Sie zeigt sehr deutlich die Einseitigkeit der intellektualistischen Grundorientierung. Descartes, der den neuzeitlichen kontinentalen Intellektualismus begründete, schrieb ›Meditationen‹. Leibniz wollte aus der formalen Logik eine Kombinationskunst machen *(ars combinatoria).* Auch er erkannte die Unhaltbarkeit des traditionellen Methodenkonzepts. Seine Idee konnte sich aber gegen den übermächtigen Trend zur Formalisierung nicht durchsetzen. Schließlich griff Husserl, am Ende seiner intellektualistischen Philosophie, auf die Cartesischen Meditationen zurück. Alles das zeigt nur zu deutlich die Schwächen traditioneller westlicher Methodik, die der Erweiterung und Vertiefung bedarf, vor allem durch Einbeziehung der Phantasietätigkeit (Kombinationskunst) und des

[83] Stegmüller, Gegenwartsphilosophie, Bd. 3, S. 204.

Unbewußten (Meditation), aber auch durch die Ergänzung traditioneller Verfahren wie Induktion und Deduktion zum Beispiel durch Reduktion. Auch hier kann man von Husserl lernen. Insgesamt bietet das traditionelle Methodenkonzept ein Bild der Erstarrung, Verkümmerung und Sterilität. Aus dieser Sackgasse kann nur die Öffnung gegenüber neuen Erkenntnissen der Informatik, Kybernetik und Evolutionstheorie herausführen. Diese Öffnung, ein Desiderat moderner Wissenschaftskritik, wäre weniger revolutionär als evolutionär, insofern Öffnung ein Grundmerkmal aller Evolution ist, Verschließung dagegen ein Merkmal sowohl der Tradition und Restauration als auch der Revolution.

10.2.2 Einzeldarstellungen

Man kann die Philosophen der einzelnen Länder und die Werke der Philosophen nach den Gesichtspunkten »traditionell«, »revolutionär« und »evolutionär« einteilen, wobei aber auch in einem einzigen Werk desselben Autors Traditionelles neben Revolutionärem vorkommen kann. Ganz ohne traditionelle Elemente kommt auch der revolutionärste Philosoph nicht aus. Dabei ist nicht jeder Denker, der sich fortschrittlich oder revolutionär gibt, dies auch wirklich. Wahrhaft fortschrittlich, weiterführend und fruchtbar sind die Denker, die ohne Bruch mit der Tradition ein Maximum an geistiger Freiheit verwirklichen. In der Philosophie wie überall muß Altes, Abgelebtes, Überholtes dem Jungen, Lebendigen und Neuen weichen. Allerdings gilt hier nicht der temporäre Abstand, der Jahrgang, es zählen vielmehr Vitalität und geistige Frische. Wie ein Jüngling mit zwanzig Jahren vergreist sein kann, gibt es jugendliche Senioren, ähnlich in der Philosophie. Hegels Philosophie trägt beispielsweise senile Züge, Nietzsche erscheint revolutionär, ist jedoch in Wirklichkeit reaktionär, Platon ist nach wie vor jung, zeitlos, modern.

In der englischen Philosophie stimmen evolutionäre Theorie und Praxis weitgehend überein. Die französische Philosophie enthält viel Revolutionäres, die deutsche erscheint bisweilen revolutionär, bleibt aber insgesamt der Tradition verhaftet. Österreich fand durch den Wiener Kreis den Anschluß an die

Moderne, die Schweiz durch Denker wie Jean Piaget und Ferdinand Gonseth. In Italien hemmte die faschistische Diktatur, wie in Deutschland die nationalsozialistische Herrschaft, die philosophische Entwicklung. Ungeachtet der negativen Auswirkungen des Klerikalismus und der Diktatur Francos auch auf philosophischem Gebiet, finden sich in Spanien bemerkenswerte Ansätze zur Befreiung aus den Fesseln der Tradition: Miguel de Unamuno, Ortega y Gasset. Diese Tendenzen setzen sich verstärkt im spanischen Kulturkreis Iberoamerikas fort, wo sich Europäisches, Amerikanisches und Einheimisches zu einer ebenso interessanten wie brisanten Mischung zusammenfinden. In Europa waren und sind die Niederlande nicht nur ein Sammelbecken der Tradition, sondern hier finden sich auch wertvolle Neuansätze. Griechenland gehört, wie Indien und China, zu den Ländern mit einer großen philosophischen Tradition. Ältestes und Modernstes mischen sich hier und ermöglichen vielversprechende Entwicklungen jenseits von Traditionalismus und Revolution. Die skandinavischen Länder weisen neben traditionellen Elementen manche neuen, bisweilen revolutionären Elemente auf, so die ökologische Komponente in Norwegen, die naturorientierte Tendenz der Schule Uppsala und die deontologische Richtung in Finnland. Von den osteuropäischen Ländern sind Polen (Logik) und Ungarn (Budapester Schule) die revolutionärsten, Rußland und die DDR die konservativsten. Ob die gegenwärtige Öffnung etwas verändert, bleibt abzuwarten. Die ČSSR, die auf eine große philosophische Vergangenheit zurückblicken kann, entspricht auch im 20. Jahrhundert diesem Niveau (Husserl, Gödel, Charta 77). Rumänien öffnet sich zusehends dem modernen Denken und leistet Beiträge zu mehreren modernen philosophischen Disziplinen (Anthropologie, Axiologie, Futurologie).

Von den außereuropäischen Staaten liegen die Vereinigten Staaten, nicht nur was die Quantität philosophischer Produktion betrifft, vorn. Hier ist Westliches und Östliches, Traditionelles und Modernes in einem Maß vorhanden und vermischt, daß revolutionäre Entwicklungen, wie auf den Gebieten der Technik und Wissenschaften, abzusehen oder schon eingetreten sind (Quine, Rawls, T. S. Kuhn). Kanada gehört, wie Israel, Südafrika und Australien, zu den Ländern, die erst im Laufe des 20. Jahrhunderts in das kulturelle Szenarium des gegenwärtigen Zeitalters eingetreten sind. In allen diesen Ländern zeichnen sich, neben der Verarbeitung der Traditionen, zukunftweisende Fragestellungen und Denkansätze ab. Im übrigen Afrika und den islamischen Ländern ist bis jetzt am wenigsten philosophische Initiative zu erkennen. Asien ist in Bewegung geraten und hat sowohl in traditioneller (altes Indien und China) als auch revolutionärer (modernes China, Korea) Hinsicht manche Chance, mit dem Westen zu konkurrieren, am meisten Japan, dessen explosionsartige Freisetzung kreativer Kräfte auch auf philosophischem Gebiet wirksam zu werden beginnt.

Europa hat gegenüber Asien und Amerika nur dann eine Chance, wenn es von seiner narzißtisch-eurozentrischen Weltanschauung loskommt und sich zu einer globalen Betrachtungsweise durchringt, in der seine große philosophische Tradition, vor allem die griechische, eine Renaissance erleben könnte.

10.2.2.1 Großbritannien

Die weltweite Tendenz zur Öffnung der Philosophie zeigt sich bei keinem Denker des 20. Jahrhunderts deutlicher als bei Bertrand Russell, der sich vom Mathematiker zum Erkenntnistheoretiker entwickelte und immer auch ein politischer Denker war. Er durchlief im individuellen Bewußtsein noch einmal die großen Phasen des 19. Jahrhunderts: vom Idealismus zum Materialismus und von diesem zum Positivismus, Mathematizismus bzw. kritischen Realismus, vom Extrem des spekulativen Idealismus zum anderen Extrem des Materialismus und von da zu einer mittleren Position. Russell verbindet in einmaliger Weise das 19. mit dem 20. Jahrhundert. Einmalig nicht nur in diesem Jahrhundert, sondern darüber hinaus in der gesamten bekannten Geschichte der Philosophie ist der Fall, daß ein Denker fast ein Jahrhundert lang die politische Entwicklung seiner Zeit aus praktischer Erfahrung und mit leidenschaftlichem Engagement kommentiert, ja sogar in das politische Geschehen eingreift. Russell hat beispielhaft gezeigt, daß echte Philosophie nicht nur dazu berufen ist, Herausforderungen der Um- und Mitwelt anzunehmen, sondern auch die Fähigkeit besitzt, sie zu meistern.

Da die englische Philosophie, im Vergleich mit der anderer europäischer Nationen, die größte Kontinuität aufweist und Russell auf der Linie von Bacon, Hume und Mill weiterdenkt, sei hier mit der englischen Philosophie begonnen, zumal die Nachfolger von Moore und Russell bis zur Gegenwart durchweg die Abneigung Newtons gegenüber Hypothesen, Systemen und Spekulationen teilen und statt dessen auf Erfahrung und Analyse, verbunden mit der nötigen Skepsis, setzen, also dem sokratischen Stil zu philosophieren am nächsten kommen.

Was die Unterscheidung von traditioneller und moderner Philosophie betrifft, sind die Grenzen, wie überall, fließend. Philosophie des 19. Jahrhunderts und aus der Zeit davor lebt noch im 20. Jahrhundert weiter, läuft streckenweise neben modernen Richtungen einher und läßt sich, zumal in den zahlreichen Kombinationen, Mischformen und Varianten nur schwer und meistens nur von Fall zu Fall abgrenzen. Eine Philosophie erscheint dann mehr traditionell, wenn sie die alten Disziplinen bevorzugt, mehr zum System als zum Problem tendiert, modern dagegen, wenn sie vorwiegend sachbezogen verfährt, echte von falschen Problemen zu unterscheiden versteht und sich den Herausforderungen des Zeitalters stellt, das heißt, wenn sie von ihrer geistigen Freiheit Gebrauch macht und an der Selbstbefreiung der Menschheit mitwirkt oder, mit Kant zu sprechen, wenn sie dem Menschen hilft, sich aus seiner selbstverschuldeten Unmündigkeit zu befreien.

10.2.2.1.1 Moore

George Edward Moore (1873–1958) vollzog 1903 die Abkehr vom Idealismus in seinem Werk ›The Refutation of Idealism‹. Moore war eine Zeit lang unter John Ellis McTaggerts (1866 bis 1925) Einfluß Hegelianer gewesen. In der Hauptsache waren es Gespräche mit Moore, die dann auch Russell zur Trennung vom Idealismus und zum Aufbau einer neuen Position veranlaßten. Moores neue Position war der sog. englische Neurealismus, der eng mit dem amerikanischen Neurealismus verwandt ist. Moore lernte seinerseits durch Russell und Alfred North Whitehead Logik und Mathematik kennen. Er schrieb wenig, entlarvte Scheinprobleme und legte Wert auf strenge Analysen. Die Aufgabe der analytischen Philosophie ist es, den realistischen Standpunkt des gesunden Menschenverstandes zu verteidigen: ›A Defense of Common Sense‹ (1924). Der Idealismus macht sich schon dadurch verdächtig, daß er sich in einem dauernden Konflikt mit dem gesunden Menschenverstand befindet; der Idealist flüchtet ins Dunkel der Schwer- oder Unverständlichkeit. Moore gründet seine realistische Position auf der von Russell übernommenen Theorie der Sinnesdaten *(sense data)*. Moores Hauptinteresse galt jedoch der Ethik: ›Principia Ethica‹ (1903). Er vertrat, wie später Nicolai Hartmann, die Auffassung, daß sich der Begriff »gut« nicht definieren läßt. Spricht man dem Guten die Eigenschaft irgendeines Guten zu, begeht man einen Trugschluß, den Moore den »naturalistischen Fehlschluß« *(the naturalistic fallacy)* nannte. Ein echtes Problem der Ethik ist dagegen, welche Güter an sich gut sind und welche um eines anderen willen. Die größten Güter sind nach Moore organische Einheiten, die in zwei Hauptklassen zerlegbar sind: die persönliche Liebe und der ästhetische Genuß.

Von Moores extremer Wahrheitsliebe berichtet Russell in seiner Autobiographie. Nur einmal sei es ihm gelungen, Moore zu einer Lüge zu verleiten, aber nur mit einer Fangfrage: »Sagst du immer die Wahrheit?« Darauf Moore: »Nein.«

10.2.2.1.2 Whitehead

Alfred North Whitehead (1861–1947) studierte in Cambridge Mathematik, lehrte dann Geometrie und Mechanik, von 1911 bis 1924 in London, von 1924 bis 1937 in Harvard. Viele Jahre arbeitete er mit Russell an dem monumentalen Werk der ›Principia Mathematica‹, das in drei Bänden (1910–1913) erschien. Danach befaßte er sich mit physikalischen und philosophischen Fragen. In dem Werk ›Science and the Modern World‹ (1926) suchte er die Rolle der Wissenschaft in der modernen Welt zu bestimmen, in seinem Hauptwerk ›Process and Reality‹ (1929) entwarf er eine Kosmologie im Anschluß an Einsteins Relativitätstheorie. Whitehead ist ein ausgesprochen moderner Denker, er geht von einem neuzeitlich-prozessualen Weltverständnis aus, einer Grundvoraussetzung evolutionären Denkens.

Die Welt besteht nicht aus Dingen, sondern aus Ereignissen *(events)*, aus dem, was geschieht *(happens)*. Dennoch ist Whitehead Platoniker. Von ihm stammt der Satz, die gesamte europäische Philosophie bestehe aus Fußnoten zu Platon. In gewissem Umfang gelingt Whitehead unter Einbeziehung neuzeitlicher Gedankengänge sogar, wovon zahlreiche Philosophen im Altertum, Mittelalter und in der Neuzeit träumten: eine Synthese von Platon und Aristoteles. Die Ereignisse entsprechen der *hyle*, dem Stoff, die Objekte dem *eidos*, der beständigen Form. Jedes Ereignis ist ein Erfassen *(prehension)*, ein Abbilden des Universums an sich, zugleich ein Organismus, der in Wechselwirkung mit dem Ganzen steht. Alles steht mit allem in Verbindung, bildet eine große Gemeinschaft und lebt, fühlt, nimmt sich wahr *(apprehension)*. Jedes Ereignis wurzelt im Vergangenen, ist in die Zukunft gerichtet und auf die Gegenwart bezogen. Die Existenz des Geistes ist evident, aber es gibt keine Spaltung in Materie und Geist. Whitehead widerlegt den Materialismus schlüssig. Geist und Körper bestehen aus Ereignisreihen, das Bewußtsein ist eine Funktion. In den anorganischen Körpern ist das geistige Element nur äußerst gering enthalten. Das gilt auch für den subatomaren Bereich. Elektronen und Protonen sind Organismen niederer Ordnung gegenüber Atomen und Molekülen. Während für Kant die Welt aus dem Subjekt entsteht, entsteht für Whitehead das Subjekt aus der Welt und ist daher eigentlich ein »Superjekt«. »Das Wort ›Objekt‹ bezeichnet ein Einzelwesen, das eine Potentialität darstellt, ein Bestandteil im Empfinden zu sein, und das Wort ›Subjekt‹ bezieht sich auf das Einzelwesen, das durch den Empfindungsprozeß konstituiert wird und diesen Prozeß einschließt. Der Empfindende ist die Einheit, die aus seinen eigenen Empfindungen hervorgeht; und Empfindungen sind die Einzelheiten des Prozesses, der zwischen dieser Einheit und ihren vielen Daten vermittelt. Die Daten bilden die Potentiale für das Empfinden; das heißt, sie sind Objekte.«[84]

Wesentlich für das Weltbild Whiteheads ist, daß es zwischen »lebenden« und »nichtlebenden« Gesellschaften keine absolute Grenze gibt und daß er im Sinne der Evolutionstheorie auch die Erscheinungen der anorganischen Natur als »Gesellschaften« betrachtet. »Leben ist ein Bemühen um Freiheit«, heißt es an anderer Stelle, was jede Form von Determinismus ausschließt. Die Nähe zur Philosophie der Information wird deutlich, wenn Whitehead den Einzelnen die bestimmenden Momente seines Seins innerhalb einer Gemeinschaft aus der ihm verfügbaren Informationsmenge über seine komplexe soziale Umgebung ableiten läßt.

Von hier ist der Weg zu einer modernen Interpretation des kategorischen Imperativs oder der platonischen Idee, die Whitehead durchaus anerkennt, nicht mehr weit. Die platonische Idee läßt sich, so betrachtet, als im Verlauf der Evolution im genetischen Code gespeicherte Information zur Selbst- und Arterhaltung verstehen.

10.2.2.1.3 Russell

Bertrand Russells Leben und Denken sind das Paradigma eines evolutionären kulturellen Prozesses, in dessen Verlauf die mei-

[84] A. N. Whitehead, Prozeß und Realität. Frankfurt 1979, S. 175f.

sten der im allgemeinen Teil dieses Kapitels skizzierten philosophischen Teildisziplinen von der Philosophie der Mathematik bis zu der Geschichtsphilosophie zur Sprache kommen.

Bertrand Russell (1872–1970) verlor seine Eltern früh. Dieses Los, das seinen Lebensweg nicht unwesentlich mitbestimmte, teilte er – wenigstens für einen Elternteil – mit anderen großen Denkern wie Platon, Leibniz oder Kant, die in seinem Leben eine bedeutende Rolle spielen sollten. Für Russell, der bei seinen Großeltern aufwuchs, wurden außerdem einige andere Kindheitserlebnisse bedeutsam, die sein Verhältnis zu Natur, Gesellschaft und Kultur prägten. Rückblickend bezeichnete er selbst die einsamen Stunden, die er im Park des Landsitzes seiner Großeltern umherschweifend verbrachte, als die wichtigsten für seine geistige Entwicklung. Die Fernsicht, die der Park in westlicher Richtung bot, weckte in ihm, neben dem Verlangen nach ungehindertem Ausblick auf Sonnenuntergänge, das Bedürfnis nach weiten Horizonten und die Sehnsucht nach fernen Regionen. Er belauschte den Wind, bejubelte den Blitz und rätselte über den Flug der schnell dahinschwindenden Zeit[85]. Für seine ethische und politische Einstellung wurde ein Bibelzitat maßgebend, das seine Großmutter, neben anderen, auf dem Vorsatzblatt einer Bibel eingetragen hatte, die sie ihrem Enkel schenkte: »Du sollst der Menge nicht folgen zum Bösen.« Russell bemerkt dazu: »Diese von ihr so hervorgehobene Bibelstelle hat mich in meinem späteren Leben vor der Angst bewahrt, kleinen Minderheiten anzugehören« (I, 20). Im Grunde war und blieb Russell ein einsamer Mensch: »Meine ganze Kindheit hindurch wurde das Gefühl der Einsamkeit immer stärker, und dazu das der Hoffnungslosigkeit, daß ich jemals einen Menschen finden würde, mit dem ich mich aussprechen könnte. Vor völliger Verzweiflung bewahrten mich die Natur, die Bücher und (später) die Mathematik.« An anderer Stelle ist von Interesse für Sexualität, Religion und Mathematik die Rede (I, 34, 45). Als er elf Jahre alt war, lehrte ihn sein älterer Bruder Frank die euklidische Geometrie: »Es war dies eines der größten Ereignisse meines Lebens, atemberaubend wie die erste Liebe ... Von diesem Augenblick an bis zu dem, da Whitehead und ich die ›Principia Mathematica‹ beendeten – ich war damals 38 –, galt der Mathematik mein vornehmlichstes Interesse und war sie für

[85] Autobiographie, Bd. 1. Frankfurt 1972, S. 15f., 34 (aus diesem Band und dem Band 2 wird im folgenden unter Angabe der Seiten zitiert).

mich die Quelle höchster Beglückung.« (I, 41 f.) Eros und Logos, Liebe und Erkenntnis, hatten sich, wie bei Platon, verbunden. Hinzu kam ein drittes, christliches Element, das Mitleid. Sowenig wie bei Russells Hauptinteressengebieten (Mathematik, Philosophie, Politik) lassen sich diese drei Hauptantriebe seines Lebens (Liebe, Erkenntnis, Mitleid) chronologisch streng trennen. Alles ist von Anfang bis zum Ende vorhanden, es gibt nur Akzentverschiebungen, Schwerpunktverlagerungen, Vorwiegen von Interessen. Russells Hinwendung zur Mathematik entspricht, wie in der allgemeinen Entwicklung, die Abwendung von Theologie und Metaphysik. Von den drei metaphysischen Hauptdogmen: Willensfreiheit, Unsterblichkeit der Seele, Existenz Gottes, ließ Russell eines nach dem anderen fallen. Seine Überlegungen dazu schrieb er in einem Heft unter dem Titel ›Griechische Übungen‹ nieder, einem der wichtigsten Dokumente seiner geistigen Entwicklung. Wie die Natur ihre geheimste Botschaft in dem genetischen Code, chiffrierte er seine wichtigsten Einsichten in griechischen Buchstaben. Insgesamt entsprachen Russells Kenntnisse der griechischen Sprache und griechischer Philosophen nicht seinem mathematischen Niveau. Auch hier waren die Würfel gefallen zwischen Oxford (Klassiker) und Cambridge (Naturwissenschaften).

Als Russell mit achtzehn Jahren John Stuart Mills Autobiographie las, stieß er auf die Frage: Und wer hat Gott geschaffen? Damit verlor das bis dahin stärkste Argument für die Existenz Gottes, die »Erste Ursache«, für Russell seine Überzeugungskraft, er wurde Atheist. 1889 erhielt er vom Trinity College in Cambridge ein Stipendium und studierte dort von 1890 bis 1896. Während ihn das vor allem in Militärkreisen verbreitete brutale Sexualleben abstieß und er zu der Ansicht gelangte, geschlechtliche Befriedigung ohne tiefe Liebe sei menschenunwürdig, er aber nirgends eine seinen Vorstellungen entsprechende Partnerin finden konnte, vereinsamte er mehr und mehr. Er fühlte sich in der Gesellschaft seiner Altersgenossen unglücklich. Vor dem Selbstmord bewahrte ihn seine starke Neigung zur Mathematik: »Mich hielt die Entschlossenheit aufrecht, etwas Bedeutendes auf dem Gebiet der Mathematik zu leisten, sobald ich erwachsen sein würde, ich nahm jedoch nicht an, daß ich je einem Menschen begegnen würde, mit dem ich mich anfreunden oder dem ich freimütig meine Gedanken mitteilen könne, und ebenso wenig erwartete ich, daß irgendein Abschnitt meines Lebens ohne schweres Ungemach verlaufen könne.« (I, 57) Die ›Principia Mathematica‹ wurden nach schweren Krisen abgeschlossen, und nach einer Dissertation über die Grundlagen der Geometrie erhielt er in Cambridge ein Fellowship und wurde 1910 dort für fünf Jahre Dozent. Seine erste Ehe mit Alys Pearshall Smith scheiterte, und auch der Halt in der Religion war verloren. Orthodoxe und Nationalisten, Theologen und Bürokraten machten Russell immer wieder schwer zu schaffen. Er machte sich keine Illusionen über den derzeitigen Stand des Christentums: »Was uns nottut, ist ein neuer Luther. Denn Religionen altern wie Bäume, wenn sie nicht von Zeit zu Zeit ›reformiert‹ werden. Das Christentum, wie es jetzt besteht, gehört einer vergangenen Epoche an. Wir brauchen eine neue Form, die mit der Wissenschaft in Einklang ist und doch zu einem rechten Leben verhilft.« (I, 69f.) Während in Deutschland ein abtrünniger Theologe das Christentum als »Schandfleck der Menschheit« diffamierte und mit scheinbar revolutionären Parolen für den Kampf warb, beschritt Russell den typisch englischen Weg der Gewaltlosigkeit, der Reformen und behutsamen, aber konsequenten Erneuerung. Die Evolution hat auch hier das revolutionäre Geschrei überdauert, die Krise gemeistert und den Traditionalismus überwunden. Auch seine Krise in den menschlichen Beziehungen konnte Russell aus eigener Kraft meistern. In Whitehead und Moore gewann er Philosophenfreunde fürs Leben, und andere bedeutende Gelehrte, wie Gilbert Murray und Lowes Dickinson oder der Dichter Joseph Conrad, halfen ihm, die Welt der Kunst und Kultur, der Sprache, Religion und Geschichte zu erschließen. In einer kritischen Auseinandersetzung mit der Philosophie von Leibniz (1900) fand er den Weg vom Deutschen Idealismus zum englischen Realismus und gewann den Anschluß an den amerikanischen Pragmatismus. Reisen nach Italien (1895ff.), Deutschland (1895) und in die Vereinigten Staaten (1896, 1914) erweiterten seinen Horizont in vielerlei Hinsicht.

Als der Erste Weltkrieg ausbrach, hatte Russell sein mathematisches Programm erfüllt, Gewißheit über seinen Beruf zum Theoretiker – nicht zum Politiker – gewonnen und sich in Theorie und Praxis eine Meinung über die politischen Verhältnisse seines Landes, Europas und Amerikas gebildet. Weder die Konservativen noch die Liberalen, noch die Sozialisten wurden seinen politischen Maßstäben gerecht, und ihm war klar geworden, daß Europa einen verhängnisvollen Kurs der Selbstzerstörung eingeschlagen hatte. Schon lange vor dem Ausbruch des

Ersten Weltkrieges hatte Russell in einer Art Evidenzerlebnis die böse Grundtendenz des Imperialismus erkannt. Der Christ im Atheisten und der Menschenfreund im Skeptiker Russell behielten die Oberhand über Nationalismus, Machtstreben und Menschenverachtung. Er ergriff Partei für die Verlierer (so im Burenkrieg 1901), ein durchgehender Zug in Russells Leben, der ihn von allen Lobrednern der Macht und der Größe, Anbetern des Erfolgs und des Sieges sowie von allen Konjunkturisten, Opportunisten und Konformisten unterscheidet und zu einem wahrhaften Philosophen macht, den man, wie Goethe[86] bereits bemerkte, am Nonkonformismus erkennt.

Der Erste Weltkrieg erschütterte Russell nicht nur zutiefst, sondern wandelte ihn von Grund auf: »Ich hörte auf theoretisch zu sein, und begann, eine neue Art von Büchern zu schreiben. Ich änderte meine Ansichten über die menschliche Natur. Ich war zum ersten Mal zutiefst davon überzeugt, daß der Puritanismus das menschliche Glück nicht fördere. Das Schauspiel des Todes erweckte in mir eine neue Liebe zum Lebendigen. Ich gelangte zu der Überzeugung, daß die meisten Menschen zutiefst unglücklich sind und sich in destruktiven Wutanfällen Luft machen und daß das Sein nur durch Verbreitung instinktiver Freude glücklicher werden könne. Ich sah, daß die Grausamkeiten unserer Welt Reformer und Reaktionäre gleichermaßen irregeleitet hatten. Ich wurde allem gegenüber mißtrauisch, was strenge Disziplin forderte ... Ich verlor alte Freunde und erwarb mir neue« (II, 45f.). Hatte Russell zuvor angenommen, daß die Liebe zur Wahrheit die Intellektuellen auszeichnet, war er nun eines besseren belehrt und erkannte, daß kaum zehn Prozent von ihnen der Wahrheit den Vorzug vor der Popularität geben. Pazifistische Aktivitäten hatten Russell noch im Mai 1918 eine Gefängnisstrafe eingetragen. Später erkannte er die Vergeblichkeit seiner Bemühungen: »Nach dem Kriegsende sah ich, daß alles, was ich getan hatte, außer für mich selbst, völlig nutzlos gewesen war. Ich hatte kein einziges Leben gerettet oder den Krieg auch nur um eine Minute verkürzt.« (II, 48)

Die Begegnung mit dem Schriftsteller David Herbert Lawrence (1885–1930) stürzte ihn in eine existentielle Krise. Lawrence, selbst ein Pazifist, unterstellte Russell sadistische Motive für seinen Pazifismus. Russell, zunächst im Glauben, der andere

[86] »Wer philosophiert, ist mit den Vorstellungsarten seiner Vor- und Mitwelt uneins.« In: Plato als Mitgenosse einer christlichen Offenbarung (1796). Gesamtausgabe, 2. Abt., Bd. 15, Darmstadt o.J., S. 104.

habe tiefere Einblicke in seine Natur als er selbst, erwog Selbstmord, erkannte dann aber nach sorgfältiger Analyse, daß er um Haaresbreite einem Vertreter desjenigen Wahnsinns beinahe zum Opfer gefallen wäre, der sich in der Zeit zwischen den Weltkriegen weiter ausbreitete und im Nazismus zu einem neuen Weltbrand aufloderte. Nietzsche und Lawrence, Genien des Hasses, ähneln sich in vieler Hinsicht. In Russell gewann wieder einmal die Liebe die Oberhand, einmal als Liebe zur Natur, sodann als Liebe zum anderen Geschlecht: »Die See, die Sterne, der Nachtwind an einsamen Orten bedeuten mir mehr als selbst die Menschen, die ich am meisten liebe, und ich bin mir bewußt, daß menschliche Zuneigung für mich im Grunde nur ein Versuch ist, der vergeblichen Suche nach Gott zu entfliehen.« (II, 44f.) Russells vorwiegend philosophische und eigentlich kreative Periode begann. Er fand nicht nur Trost in der Natur. 1921 heiratete er Dora Black. Reisen nach China, Japan und den USA erweiterten seinen Horizont. In die Zeit seiner zweiten großen Schaffensperiode fallen, außer den bereits im allgemeinen Teil dieses Kapitels erwähnten Schriften naturwissenschaftlichen, politischen und geschichtlichen Inhalts, eine Analyse des Geistes (1921) und der Materie (1927), pädagogische Arbeiten – Russell hatte 1927, zusammen mit seiner Frau, eine Privatschule gegründet –, das berühmte ›Lob der Muße‹ (1935), die ›Geschichte der westlichen Philosophie‹ (1945) und das Werk über ›Ziele und Grenzen menschlicher Erkenntnis‹, das seine erkenntnistheoretischen Studien abschloß (1948). Besonders hervorzuheben ist sein Buch ›Ehe und Moral‹ (1929), für das er 1950 den Nobelpreis für Literatur erhielt. Russells Ethik ist keine theoretische Konstruktion. Das Leben selbst hat sie inspiriert.

Er hatte dem finsteren Pflichtethos des sogenannten Idealismus eine Absage erteilt und ein aristotelisches Motiv zu neuem Leben erweckt, er hatte das Glücksbedürfnis und Glücksstreben des Menschen rehabilitiert. So trug er nicht nur zu einer vertieften logisch-mathematischen und naturwissenschaftlichen Welterklärung bei, sondern arbeitete auch den Konflikt zwischen Religion und Wissenschaft heraus (1935), den er am eigenen Leibe erfahren hatte, erlebte, erkannte und verarbeitete die moderne Problematik zwischenmenschlicher Beziehungen, scheute sich nicht, Überlebtes hinter sich zu lassen, besaß den Mut zum Experiment und verfiel nicht der Dämonie des Ehrgeizes, der Sucht nach Erfolg, Größe und Macht.

Die längste Zeit des Zweiten Weltkrieges (1939–1944) verbrachte Russell in den USA. Da die Schuld am Krieg diesmal eindeutig der anderen Seite zufiel, war auch für Russell die Unvermeidlichkeit des Konfliktes klar. Seine politischen Schriften aus der mittleren Schaffensperiode befassen sich vorwiegend mit den Problemen Individuum-Gesellschaft, Herrschaft, soziale Gerechtigkeit, Kriegsverhütung und Friedenssicherung, Widerstandsrecht und Weltregierung. Besondere Fragen betreffen Indien, Deutschland, den Zionismus, Englands Verhältnis zu den USA, Rußland und Europa, das Atomzeitalter, das Überleben, die Furcht und den Fanatismus. Nach dem Scheitern seiner zweiten und dritten Ehe fand Russell, nunmehr achtzigjährig, in der Liebe zu Edith Finch (1952) das große Glück, nach dem er sich zeitlebens gesehnt hatte.

Russell war nicht nur Wissenschaftler, Philosoph und Politiker, sondern auch Dichter und Schriftsteller. Die ›Alpträume bedeutender Persönlichkeiten‹ (1954) erzählen von deren geheimen Ängsten. Zu den Träumern gehören ein Psychoanalytiker, ein Metaphysiker, ein Existentialist, ein Theologe, ein Mathematiker sowie Stalin und Eisenhower. ›Das Alphabet des guten Bürgers‹ (1953) verzeichnet unter Freiheit das Recht, der Polizei zu gehorchen. Christlich ist auch die liberale Version der Zehn Gebote. Das erste fordert: Fühle dich keiner Sache absolut sicher!, das zehnte: Beneide nicht das Glück derer, die in eines Narren Paradies leben, denn nur ein Narr wird es für Glück halten! Bekannter und ins Deutsche übersetzt sind Russells Erzählungen ›Satan in den Vorstädten‹ (1953). Zu den Veröffentlichungen der letzten Jahre zählen Arbeiten zur Geschichte und zur Geschichtswissenschaft, zum Thema Krieg und Frieden, ferner Stellungnahmen zur Kuba-Krise und zum Vietnam-Krieg, ›Über die Kunst zu Philosophieren‹ (1968) und mehrere autobiographische Schriften.

Während des Ersten Weltkrieges wandte sich Russell in einem offenen Brief an den amerikanischen Präsidenten Wilson, das Blutbad endlich zu beenden, da der europäische Krieg im Grunde ein Bürgerkrieg sei. 1957 wandte er sich an Eisenhower und Chruschtschow, die er mit »Sehr mächtige Herren« anredete, und ermahnte sie zu einer kooperativen Politik.

Um Russells Leben und Denken angemessen zu würdigen, bedürfte es längerer Ausführungen. An deren Stelle mögen seine einleitenden Worte zur ›Autobiographie‹ stehen. Sie drücken die Antriebskräfte des wahren Philosophen aus und beweisen, daß es solche auch im 20. Jahrhundert gab:

»Wofür ich gelebt habe.

Drei einfache, doch übermächtige Leidenschaften haben mein Leben bestimmt: das Verlangen nach Liebe, der Drang nach Erkenntnis und ein unerträgliches Mitgefühl für die Leiden der Menschheit. Gleich heftigen Sturmwinden haben mich diese Leidenschaften bald hier- bald dorthin geweht in einem launenhaften Zickzackkurs über ein Weltmeer von Qual hinweg bis zum letzten Rand der Verzweiflung.

Nach Liebe trachtete ich, einmal, weil sie Verzückung erzeugt, eine Verzückung, so gewaltig, daß ich oft mein ganzes, mir noch bevorstehendes Leben hingegeben haben würde für ein paar Stunden dieses Überschwangs. Zum andern habe ich nach Liebe getrachtet, weil sie von der Einsamkeit erlöst, jener entsetzlichen Einsamkeit, in der ein einzelnes erschauerndes Bewußtsein über den Saum der Welt hinabblickt in den kalten, leblosen, unauslotbaren Abgrund. Und letztens habe ich nach Liebe getrachtet, weil ich in der liebenden Vereinigung, in mystisch verkleinertem Abbild, die Vorahnung des Himmels erschaute, wie er in der Vorstellung der Heiligen und Dichter lebt. Danach habe ich gesucht, und, wiewohl es zu schön erscheinen mag für ein Menschenleben: ich habe es – am Ende – gefunden. Mit gleicher Leidenschaft habe ich nach Erkenntnis gestrebt. Ich wollte das Herz der Menschen ergründen. Ich wollte begreifen, warum die Sterne scheinen. Ich habe die Kraft zu erfassen gesucht, durch die nach den Pythagoreern die Zahl den Strom des Seins beherrscht. Ein wenig davon, wenn auch nicht viel, ist mir gelungen.

Liebe und Erkenntnis, soweit sie erreichbar waren, führten empor in himmlische Höhen. Doch stets brachte mich das Mitleid zur Erde zurück. Widerhall und Schmerzensgeschrei erfüllt mein Herz: verhungernde Kinder, gefolterte Opfer von Unterdrückern, hilflose alte Menschen, ihren Kindern zur verhaßten Bürde geworden – die ganze Welt der Verlassenheit, der Armut, des Leids, all das macht ein hohnvolles Zerrbild aus dem, was Menschenleben eigentlich sein soll. Es verlangt mich danach, dem Übel zu steuern, allein ich vermag es nicht und so leide auch ich.

So war mein Leben. Ich habe es lebenswert gefunden, und ich würde es mit Freuden noch einmal leben, wenn sich mir die Möglichkeit dazu böte.« (I, 7)

10.2.2.1.4 Wittgenstein

Russells wohl bedeutendster Schüler war Ludwig Wittgenstein (1889–1951). Er kam von der Technik zur Philosophie. Sohn reicher Eltern, wollte er zunächst Ingenieur werden, begann aber, während eines Aufenthalts in Manchester kurz vor Ausbruch des Ersten Weltkriegs, sich für die Grundlagen der Mathematik zu interessieren und siedelte, als er von Russells ›Principia Mathematica‹ erfuhr, nach Cambridge über, wo er Hörer und Schüler Russells wurde. Russell war, wie Moore, von der Begabung und dem Temperament des jungen Mannes stark beeindruckt. Am Ende seines ersten Semesters im Trinity College fragte er Russell: »Denken Sie, daß ich ein völliger Idiot bin?« – Russell: »Warum wollen Sie das wissen?« Wittgenstein: »Weil ich, wenn ich einer bin, Pilot werde, wenn nicht, Philosoph.«

Russell riet ihm, kein Pilot zu werden. Der Krieg unterbrach die Beziehung. Wittgenstein diente im Krieg als Offizier in der österreichischen Armee. Er ließ sich von Granaten, die in der Nähe explodierten, nicht stören, wenn er über logische Probleme nachdachte. Er geriet in italienische Gefangenschaft, schickte dann ein Manuskript an Russell und traf diesen Ende 1919 in Den Haag. Eine Woche lang diskutierten beide den Text Zeile für Zeile. Daraus wurde später der ›Tractatus logico-philosophicus‹.

Wittgenstein verschenkte nach dem Krieg sein Vermögen, verdiente seinen Lebensunterhalt in einem niederösterreichischen Dorf als Volksschullehrer, von den Dorfbewohnern arg schikaniert. Darauf ging er wieder nach Cambridge (1929), erhielt dort das Ordinariat für Philosophie als Nachfolger Moores, arbeitete von 1940 bis 1944 als medizinischer Helfer in englischen Krankenhäusern und gab 1947 seine Lehrtätigkeit auf.

Nach dem ›Traktat‹ fand in Wittgensteins Denken ein tiefgreifender Wandel statt, der nur langsam durch die Herausgabe von Aufzeichnungen aus diesen Jahren erhellt wird. Als die ›Philosophischen Untersuchungen‹ posthum erschienen (1953), war Wittgensteins Einfluß in England in jedem Fall schon beträchtlich.

In seinem ›Traktat‹, einer Folge von numerierten Aphorismen, geht Wittgenstein vom logischen Atomismus Russells aus, demzufolge sich die Welt aus voneinander unabhängigen Tatsachen zusammensetzt. Unser Erkennen bildet die Tatsachen ab. Allgemeine Sätze sind Wahrheitsfunktionen der Einzelaussagen. »Jeder Mensch ist sterblich« ist dem Sinn nach identisch mit »Sokrates ist sterblich«. Die logischen Aussagen sind leer, tautologisch, besagen nichts über die Wirklichkeit, die von der »Einheitswissenschaft« erforscht wird. Philosophie ist nicht Lehre, sondern Tätigkeit. Da man, Wittgenstein zufolge, nicht sinnvoll über die Sprache sprechen kann, läßt sie sich auch nicht logisch analysieren. Insofern philosophische Fragen eine solche Analyse voraussetzen, steht der Philosoph vor unlösbaren Aufgaben. Wittgenstein beschließt daher seinen ›Traktat‹ mit dem Hinweis, daß seine Ausführungen keinen Sinn haben: »Wovon man nicht sprechen kann, darüber muß man schweigen.«

In seinem späteren Werk unterzieht Wittgenstein seine Darlegungen im ›Traktat‹ keiner systematischen Selbstkritik, sondern distanziert sich Zug um Zug von ihnen. Im Gegensatz zum ›Traktat‹ ist dieses Werk flüssig und verständlich geschrieben. Wittgenstein ging den Weg von der Technik zur Philosophie gleichsam noch einmal. Russell konnte mit Wittgensteins Spätwerk nichts anfangen und hielt es für eine Sammlung von Trivialitäten. Im Vorwort bemerkt der Autor, daß es ihm nie gelungen sei, die Ergebnisse seines Denkens zu einem Ganzen zusammenzufassen. Alle Versuche, die bisher von anderen unternommen worden sind, das nachzuholen, dürfen als gescheitert angesehen werden.

Wittgenstein behandelt in dem Werk »den Begriff der Bedeutung, des Verstehens, des Satzes, der Logik, die Grundlagen der Mathematik, die Bewußtseinszustände und Anderes«. Insgesamt läuft das »Ganze« auf eine Rehabilitierung der Sprache als Lebensform hinaus, wozu interessante »Sprachspiele« beitragen: »Betrachte z.B. einmal die Vorgänge, die wir ›Spiele‹ nennen. Ich meine Brettspiele, Kartenspiele, Ballspiele, Kampfspiele usw. Was ist allen diesen gemeinsam? – Sag nicht: ›Es *muß* ihnen etwas gemeinsam sein, sonst hießen sie nicht Spiele‹ – sondern *schau*, ob ihnen allen etwas gemeinsam ist. – Denn, wenn du sie anschaust, wirst du zwar nicht etwas sehen, was *allen* gemeinsam wäre, aber du wirst Ähnlichkeiten, Verwandtschaften sehen, und zwar eine ganze Reihe. Wie gesagt: denk nicht, sondern schau! – Schau z.B. die Brettspiele an, mit ihren mannigfachen Verwandtschaften. Nun geh zu den Kartenspielen über: hier findest du viele Entsprechungen mit jener ersten Klasse, aber viele gemeinsame Züge verschwinden, andere treten auf. Wenn wir nun zu den Ballspielen übergehen, so bleibt manches Gemeinsame erhalten, aber vieles geht verloren. – Sind sie alle ›*unterhaltend*‹? Vergleiche Schach mit dem Mühlfahren. Oder gibt es überall ein Gewinnen und Verlieren, oder eine Konkurrenz der Spielenden? Denk an die Patiencen. In den Ballspielen gibt es Gewinnen und Verlieren; aber wenn ein Kind den Ball an die Wand wirft und wieder auffängt, so ist dieser Zug verschwunden. Schau, welche Rolle Geschick und Glück spielen. Und wie verschieden ist Geschick im Schachspiel und Geschick im Tennisspiel. Denk nun an die Reigenspiele: Hier ist das Element der Unterhaltung, aber wie viele der anderen Charakterzüge sind verschwunden! Und so können wir durch die vielen, vielen anderen Gruppen von Spielen gehen, Ähnlichkeiten auftauchen und verschwinden sehen.

Und das Ergebnis dieser Betrachtung lautet nun: Wir sehen ein kompliziertes Netz von Ähnlichkeiten, die einander übergreifen und kreuzen. Ähnlichkeiten im Großen und Kleinen.«[87]

Wittgensteins Betrachtungsweise ist in hohem Grad beobachtend, deskriptiv, hypothesen- und metaphysikfrei, weltfreundlich und zugleich skeptisch, realistisch und positivistisch, unverlogen. Das gibt seiner Sprache die Faszination und erklärt bis zu einem gewissen Grad den durchschlagenden Erfolg seiner Schriften. Die Wirkung steht kaum in einem rationalen Verhältnis zum »positiven« Ergebnis. Dazu fehlten Wittgenstein einfach die empirischen, philosophiegeschichtlichen Voraussetzungen. Als Vermittler zwischen Neopositivismus und Neorealismus fiel ihm in der Geschichte der Philosophie jedoch eine Schlüsselrolle zu.

10.2.2.1.5 Waismann, Neurath

Von den Mitgliedern des sogenannten Wiener Kreises (seit ca. 1925 um Moritz Schlick), der beim Anschluß Österreichs an Deutschland (1938) aufgelöst wurde, gingen Otto Neurath und Friedrich Waismann (1896–1959) nach England, wo Neurath 1946 starb. Waismann, von 1929 bis 1936 Assistent Schlicks, war 1937 bis 1939 Gastprofessor in Cambridge, seit 1939 Lecturer, später Reader für Philosophie der Mathematik in Oxford, seit 1955 Fellow of the British Academy. Neurath hatte Nationalökonomie, Philosophie und Geschichte studiert, befaßte sich aber auch mit der Herausgabe von Dichtern, mit mathematisch-logischen Problemen und entwickelte die Piktographie (Bildstati-

[87] Ludwig Wittgenstein, Philosophische Untersuchungen. Frankfurt 1971, S. 48.

stik), die Bildzeichen (Symbole) anstelle von Wortbezeichnungen setzt. 1934 gründete er in Den Haag das Mundaneum, ein Institut für die Einheit der Wissenschaften. Seit 1940 in Oxford, gab er mit dem Prager Physiker Philipp Frank und dem englischen Philosophen Charles Morris die ›Encyclopedia of Unified Science‹ heraus. »Sein unerschöpflicher Ideenreichtum, seine ständige und nie erlahmende Aktivität und sein politisches Engagement waren gleichwohl von strengen Überzeugungen im Hinblick auf die Wissenschaft geleitet. Zusammen mit Carnap sah er in der Metaphysik nicht allein ein System bedeutungs- und sinnloser Aussagen, sondern auch eine Hürde und ein Hindernis für jene Humanisierung und Sozialisierung, die ihm gerade durch eine ›wissenschaftliche Weltauffassung‹ verbürgt schienen.«[88] Über Schlick und Waismann führten Kontakte zu Wittgenstein, der dem Kreis nicht angehörte, aber damals in Wien lebte. Waismann bemühte sich um eine streng logische Fassung der Wahrscheinlichkeitstheorie:

»Wahrscheinlichkeit kann streng genommen und richtig verstanden, nicht einem *Ereignis* zukommen. Denn für das Eintreten eines Ereignisses gibt es keine Unsicherheit; es ist eindeutig bestimmt, ob es eintritt oder nicht. Wahrscheinlichkeit kommt vielmehr eigentlich der *Aussage* zu, in der das Eintreten eines Ereignisses vorausbestimmt werden soll, aufgrund anderer Aussagen. Wahrscheinlichkeit besagt somit eine logische Beziehung zwischen Aussagen. Diese Beziehung ist zum Unterschied von der *eindeutigen* Ableitbarkeit einer Aussage aus anderen, ihrer strengen Erschließbarkeit, nur eine teilweise bestimmte, nicht eine vollständig bestimmte und das Ausmaß der Bestimmtheit ergibt die Gradabstufung der Wahrscheinlichkeit.«[89]

10.2.2.1.6 Ayer, Popper

Rudolf Carnap, Hans Hahn und Otto Neurath hatten 1929 die Programmschrift ›Wissenschaftliche Weltanschauung. Der Wiener Kreis‹ veröffentlicht und darin Entstehung, Standpunkt und Ziele des Kreises dargelegt, dem auch Alfred J. Ayer (1910–1989) eine Zeitlang angehörte. Er faßte die Grundgedanken des »logischen Positivismus« in seinem Buch ›Language, Truth, and Logic‹ (1936) zusammen und befaßte sich auch später haupt-

[88] Peter Kampits, Zwischen Schein und Wirklichkeit. Wien 1984, S. 195.
[89] Viktor Kraft, Der Wiener Kreis. Wien, New York 1950, S. 141.

sächlich mit erkenntnistheoretischen Fragen[90], wobei er den Wiener Positivismus mit der empirischen Denkweise der Engländer zu verbinden suchte. In den Wahrnehmungen, so lautet seine Hauptthese, nimmt man keine Gegenstände, sondern Sinnesdaten wahr, wobei sich Wahrnehmungen von materiellen Dingen in qualitativer Hinsicht nicht von täuschenden Wahrnehmungen unterscheiden. An dieser Auffassung übte Austin Kritik. Er hielt die Alternative materielle Gegenstände – Sinnesdaten für irreführend.

Karl Raimund Popper (1902–1994) stand, wie Wittgenstein, dem Wiener Kreis nahe, ohne ihm anzugehören. Von 1937 bis 1945 war er Philosophieprofessor in Canterbury (Neuseeland), von 1947 bis 1969 Professor an der London School of Economics. Zunächst übte er an der Entlarvung von »Scheinproblemen« Kritik:

»Nichts ist leichter, als eine Frage als ›sinnloses Scheinproblem‹ zu enthüllen: man braucht ja nur den Begriff des Sinnes eng genug fassen, um von allen unbequemen Fragen erklären zu können, daß man keinen Sinn in ihnen zu finden vermag, und indem man nur Fragen der empirischen Wissenschaft als sinnvoll anerkennt, wird auch jede Debatte über den Sinnbegriff sinnlos: einmal inthronisiert, ist dieses Sinndogma für immer jedem Angriff entrückt, unantastbar und definitiv.«[91]

In seiner Erkenntnistheorie ersetzte Popper die im Erleben fundierten Protokollsätze des Wiener Kreises durch denkbare Tatsachenfeststellungen oder Basissätze, deren hypothetische Geltung durch Prüfung und Begründung in konsens- und konventionsabhängige Allgemeingültigkeit überführt werden können. Popper unterschied zwischen zeitloser Wahrheit und temporärer Bewährung, gab das Verifikationsprinzip (Entscheidbarkeit der Wahrheit) auf, hielt aber am Falsifikationsprinzip (Fehlerkorrektur) fest. Ein allgemeiner Satz kann durch einen Beobachtungssatz falsifiziert werden. Popper bildete den Logischen Positivismus zum kritischen Rationalismus weiter, kritisierte Geschichtskonstruktionen im Stil von Hegel und Marx sowie Geschichtsprophetien, forderte gezielte soziale Reformarbeit durch »Sozialtechnik« in einer offenen Gesellschaft und

[90] The Foundations of Empirical Knowledge. London 1940; The Problem of Knowledge. London 1956; The Revolution in Philosophy. London 1956; The Origins of Pragmatism. London 1968; Russell and Moore. The Analytical Heritage. London 1971; Philosophy in the Twentieth Century. London 1982.

[91] Logik der Forschung, S. 21.

stellte sich der »Frankfurter Schule« entgegen. Neuerdings behandelte Popper, gemeinsam mit dem Neurophysiologen und Nobelpreisträger John C. Eccles, das uralte philosophische »Leib-Seele-Problem« auf evolutionärer Grundlage. Die Autoren geben ein Beispiel für moderne Teamarbeit und zeigen, was durch geschickte Methodenkombination und Methodenpluralismus erreichbar ist[92].

10.2.2.1.7 Ryle, Wisdom, Strawson

Ein Jahr nach Russells zusammenfassendem Werk über Ziele und Grenzen menschlichen Erkennens erschien Gilbert Ryles (1900–1976) grundlegende Untersuchung über den ›Begriff des Geistes‹ (1949). Er stimmt weitgehend mit Wittgenstein überein, wenn er darauf verzichtet, die Kenntnisse von Geist und Seele zu vermehren, wohl aber die »logische Geographie dieses Wissens« berichtigen, vor allem das »Dogma vom Gespenst in der Maschine« austreiben will. Er will ferner die Verführung durch die Sprache, den Einfluß der Bilder auf die Begriffe vermeiden: ein Anliegen, so alt wie die Philosophie selbst (Konfuzius). In den ›Dilemmas‹ (1954) erörtert Ryle Begriffskonflikte, die sich anscheinend zwangsläufig aus Kompetenzgegensätzen von Denkweisen ergeben, zum Beispiel der religiösen und der wissenschaftlichen oder der Zuverlässigkeit von Informationen, die die Sinne liefern. Auf eine andere Weise suchte John Wisdom (1904–1974) solchen Konflikten und Paradoxa, statt ausschließlich mit linguistischen Mitteln, auch mit Hilfe der Psychoanalyse beizukommen.

Eine etwas metaphysikfreundlichere Einstellung als die logischen Positivisten zeigt Peter Strawson (geb. 1919), seit 1968 Professor für Metaphysik (Oxford), der sein Augenmerk vorwiegend auf die Normalsprache (*ordinary language*, im Gegensatz zur Wissenschaftssprache, der *ideal language*) richtete. Seine Metaphysik ist jedoch nur deskriptiv, insofern er sich darauf beschränkt, anscheinend unveränderliche Denkgewohnheiten, primäre Objekte der Benennung, festzustellen, wobei er von der in jeder sprachlichen Kommunikation vollzogenen Referenz (Bezug des Gehörten auf den Gegenstand) ausgeht und die außersprachlichen Voraussetzungen dieser Identifikation untersucht. Die Gefahr eines Zirkelschlusses (von den Primärobjek-

[92] Von Poppers zahlreichen Schriften verdienen besondere Erwähnung: Die offene Gesellschaft und ihre Feinde. 2 Bde, Bern 1957/58. Objektive Erkenntnis. Ein evolutionärer Entwurf. 4. Aufl. Hamburg 1984.

ten auf die Wirklichkeit und zurück) ist allerdings bei dem Verfahren nicht auszuschließen. Ob man die Metaphysik Strawsons mit der Aristotelischen Seinslehre oder der Kantischen Philosophie verbinden kann, bleibt eine offene Frage.

10.2.2.1.8 Ross, Hare, Mackie, Singer

In der praktischen Philosophie der Engländer kommen, wie in der theoretischen, ziemlich alle wesentlichen Varianten traditionellen, revolutionären und evolutionären Denkens zur Geltung. W. David Ross (1877–1966), ein bekannter Aristotelesforscher (Oxford) und Vertreter der Deontologie (Sollenslehre), befaßte sich auch mit ethischer Grundlagenforschung. Obwohl er eine eher konservative Linie des Denkens einschlug, arbeitete er an einem zentralen Problem Moores, der Beziehung zwischen Fakten und Werten, weiter, ohne allerdings aus der zirkulären Argumentation von synthetischem Apriori und Fakten/Wert-Unterscheidung ganz herauszukommen.

Gleichfalls im Anschluß an Moore, aber in die linguistische Richtung tendiert Richard M. Hare (geb. 1919; Oxford). Die Moralphilosophie befaßt sich mit den sprachlichen Ausdrucksformen der Moral, ohne moralische Urteile abzugeben. Moralische Urteile gleichen eher Vorschriften und Befehlen als Tatsachenurteilen.

Eine radikalere Auffassung vertritt neuerdings John L. Makkie, der zufolge Werturteile persönliche Interessen und Wünsche objektivieren sollen. Hier zeichnet sich eine Linie der Interpretation ab, die bis zur Moralkritik der französischen Moralisten, wenn nicht noch weiter zurückreicht. Moralurteile lassen sich auch als Taktik zur Durchsetzung von Machtinteressen verstehen, allerdings eine klare Form des Mißbrauchs moralischer Argumente, eine Perversion der Moral.

Peter Singer (Oxford), ein Schüler Hares und Vertreter der modernen Meta-Ethik, neigt einer mehr praktischen Betrachtungsweise der Moral zu, die auch auf dem Kontinent zunehmend in Erscheinung tritt. Hier werden praktische Fragen erörtert, wie Abtreibung, Euthanasie, Arm und Reich oder das Verhältnis des Menschen zum Tier. Am Ende steht die Grundsatzfrage: »Warum moralisch handeln?«, die Singer aber auch nicht beantwortet:

»Auf die Frage ›Warum moralisch handeln?‹ läßt sich keine Antwort geben, die jedem überwältigende Gründe für moralisches Handeln liefert. Moralisch nicht vertretbares Verhalten ist nicht immer unvernünftig. Wir werden wahrscheinlich immer die Sanktionen des Gesetzes und des gesellschaftlichen Denkens brauchen, um zusätzliche Gründe gegen ernsthafte Verletzungen ethischer Normen zur Verfügung zu haben. Diejenigen andererseits, die genügend Reflexionsfähigkeit besitzen, um die in diesem Kapitel erörterte Frage zu stellen, werden am ehesten die Gründe anerkennen, die sich für das Einnehmen des ethischen Standpunktes anführen lassen.«[93]

10.2.2.1.9 Warnock, Williams

Geoffrey J. Warnock (Oxford) befaßt sich sowohl mit ethischen als auch mit philosophiegeschichtlichen Fragen. Am Schluß seiner gelungenen Übersicht über die englische Philosophie des 20. Jahrhunderts steht ein Bekenntnis zur modernen Philosophie: »Ich persönlich neige zu der Ansicht, daß nur diejenigen ihr mit Feindschaft gegenüberstehen müssen, die eine begründete Abneigung oder Furcht vor ihrer klaren intellektuellen Atmosphäre und ihren kühlen Argumenten haben. Es stimmt zweifellos, daß der Philosoph heute die Dinge mit kühlem Blick zu betrachten pflegt und seine Feder oft als chirurgisches Instrument benutzt. Aber genau das ist der Grund, warum ich jede Zeit und jede Gesellschaft, in der er seiner Tätigkeit nicht mehr nachgehen kann, für ernstlich benachteiligt halten würde – ganz gleich, wie spezialisiert, wie minuziös um das Detail besorgt oder wie pedantisch sich diese Tätigkeit im einzelnen ausnehmen mag. Allerdings gibt es in unserem Falle und im Augenblick keinerlei Anlaß zu derartigen Befürchtungen.«[94]

Bernard Williams, seit 1967 Professor in Cambridge, setzte sich mit dem Begriff der Moral (1972) und den Problemen des Selbst (1973) auseinander und verfaßte eine Kritik des Utilitarismus (1973). Dabei kommen alte Probleme wie Relativismus, Subjektivismus, Egoismus, Altruismus, Unsterblichkeit und Gott wieder zur Sprache, aber auch neuere Themen wie die Identität der Person, Individuation, Körper, Selbst, Zukunft und Widerspruchsfreiheit der Ethik. Dabei geht es um eine vorsichtige Trennung der Problembereiche in der Ethik, verbunden mit einer Rückkehr von der Systematik zur Problematik. Besonders interessant sind die Untersuchungen zum Verhältnis von intellektuellen Leistungen und moralischen Maßstä-

[93] Praktische Ethik. Stuttgart 1979, S. 298.
[94] Englische Philosophie im 20. Jahrhundert. Stuttgart 1971, S. 180.

ben, zum Verhältnis von Moral und Religion sowie Überlegungen zum Stil, über moralische Gegenstände zu schreiben. Williams steht da auf dem Boden uralter englischer Tradition: man wird an Shaftesbury erinnert. Traditionelle und moderne Motive halten sich etwa die Waage und ergeben ein eindrucksvolles Bild der gegenwärtigen philosophischen Reflexion in England.

10.2.2.2 Frankreich

Die Wendung von der Metaphysik zur Mathematik verbindet die französische (Brunschvicg) mit der englischen Philosophie. Während die englische Philosophie aber im allgemeinen dazu neigt, Gegensätze durch immer feinere Analysen zu entschärfen, läßt sich in der französischen eher die entgegengesetzte Tendenz feststellen: Verschärfung der Gegensätze bis zur Antithetik, Denken in klaren, rationalen, logischen Alternativen (Bachelard), daneben aber auch die traditionelle Neigung zur Enzyklopädie (Wahl), zur umfassenden Übersicht, subtile Psychologie und Sinn für Formen, Strukturen (Lévi-Strauss) und Strategien. Unübersehbar ist die starke Liebe zur Freiheit (Sartre, Camus), der Hang zum Großen und Unendlichen, verbunden mit dem Leiden an der Banalität des Alltags bis hin zum Ekel am sinnentleerten Dasein. Der Zug zum Neuen, Modernen und Revolutionären wird als Gegenbewegung zu Isolation, Erstarrung und Traditionalismus verständlich. Existentialismus paßt mehr zu Frankreich als zu England. Sokratische Tendenzen gibt es in beiden Ländern, daneben auch christliche Strömungen (Marcel), oft in Verbindung mit Antiklerikalismus. Es gibt Gegner (Lalande) wie Befürworter (Pradines, Dagognet) der Evolutionstheorie, die Phänomenologie wird zur Kunst der Nuancen (Merleau-Ponty, Ricoeur), die Kulturkritik schönt nicht (Foucault) und unvergessen bleibt bei alldem der Mensch in seiner Not.

10.2.2.2.1 Lalande, Meyerson, Pradines

André Lalande (1867–1963), ein typischer Vertreter rationaler Weltbetrachtung älteren (optimistischen) Stils, stellte der auf Differenzierung beruhenden Konzeption Spencers vom evolutionären Prozeß eine integrative, vereinheitlichende (Assimilation, Involution) gegenüber. Entwicklung bedeutet Identifizierung, wobei die Vernunft die Einheit stiftet. Bei der Vernunft unterscheidet Lalande, ähnlich wie Aristoteles, eine konstituierende, aktive und eine konstituierte, formalisierte, verwirklichte, ferner eine kognitive und eine normative Vernunft. Gegen Meyersons These von der Irrationalität des Werdens wandte Lalande ein, daß Prozesse relativ zur Vernunft nicht heterogener, irrationaler seien als irrationale Konstanten: ein altes Problem, das bis auf Platon, Heraklit und Parmenides zurückgeht. Vom (biologischen) Individuum hebt sich die (soziale) Person durch das Bewußtsein des Universalen ab, partizipiert an der geistigen Welt und besitzt daher einen höheren Rang als das Individuum. Entsprechend hat die Menschheit als die »geistigere« Einheit den Vorrang vor der Nation. Auf ethischem Gebiet bedeutet daher Freiheit nicht, wie noch bei Bergson, Indeterminiertheit, sondern Selbstdetermination, den Normen der Vernunft gemäß. Wie das Individuum gegenüber dem Urmenschen ein Endprodukt darstellt, erscheint die Menschheit, in Lalandes Sicht, gegenüber dem Individuum als Endprodukt eines entgegengesetzten Prozesses (Differenzierung, Integration).

Emile Meyerson (1859–1933), der aus Polen stammte, in Deutschland Chemie studiert hatte und seit 1882 in Frankreich lebte, wandte sich, nach längerem Studium auch anderer naturwissenschaftlicher Disziplinen, 1890 endgültig der Philosophie zu, und zwar vor allem metaphysischen, erkenntnistheoretischen und wissenschaftstheoretischen Fragen: Identität und Realität, Erklärung in den Wissenschaften, Deduktion und Paradoxien. Dem Positivismus stand er kritisch gegenüber, und gegenüber Lalandes Rationalismus betonte er die irrationalen Momente der Wirklichkeit, die sich wissenschaftlichem Zugriff entziehen. Wissenschaftliche Erkenntnis verfolgt das nie ganz erreichbare Ziel, Irrationales zu rationalisieren. Meyersons Theorie erscheint nicht nur als berechtigte Gegenposition zu rationalistischen Verkürzungen des Realitätsbegriffs, sondern auch als wegweisend für die Problemsituation der modernen Wissenschaften und der Philosophie überhaupt.

Maurice Pradines (1874–1958), in der Schweiz geboren, von französischen Eltern stammend, neigte eher zur Synthese als zum Extrem. Diese Grundtendenz kommt auch in seinem Interesse für die psychologischen mittleren Schichten menschlicher Existenz zum Ausdruck. Sein Weltbild ist jedoch nicht statisch, strukturell, sondern genetisch-evolutionär orientiert. Auf dieser Grundlage gelangt er zu einer geschichtlichen Theorie des menschlichen Geistes, den er vorwiegend praktisch und operativ versteht. Der Geist hat sich in drei Etappen entwickelt, vom automatischen zum sensorischen und schließlich zum rationalen. Eine wichtige Rolle spielt bei Pradines die sowohl in der Geistmetaphysik als auch im Biologismus vernachlässigte Sensibilität. Wenn die subtile Psychologie ein Merkmal französischen Philosophierens ist, dürfte dies in besonderem Maß für ein Verständnis des Geistes als verfeinerte Sensibilität zutreffen. Pradines Philosophie der Sinne ergänzt historisch Bergsons Konzept der schöpferischen Entwicklung. Eine Grundtendenz des Geistes wie der Wissenschaft ist die Befreiung – auch das erscheint spezifisch französisch –, von Sachzwängen, inneren und äußeren Widerständen. Sowenig Pradines die biologische Basis aus den Augen verliert, vergißt er die Dimension der Transzendenz. In seiner vergleichenden Religionsphilosophie erkennt er die Selbsttranszendenz des Geistes – eine Grunderkenntnis der modernen Biologie – in der Entwicklung der Religionen wieder. Gegen die Wissenschaft als Instrument des Machtwillens muß die Religion ein Gegengewicht bilden. Vorausweisend ist auch Pradines Unterscheidung einer antikreativen, destruktiven, kontraevolutionären Kraft von der schöpferischen Entwicklung. Zu ihrer Überwindung, gleichsam zur Entstörung des evolutionären Prozesses, bedarf es der Religion, der Hoffnung, des Glaubens und des Mutes, nicht zuletzt der Liebe. Pradines liefert somit ein Beispiel dafür, daß ein zur Synopsie fähiges modernes Bewußtsein Religion und Wissenschaft durchaus nicht nur antipodisch sehen muß.

10.2.2.2.2 Brunschvicg, Bachelard, Wahl

Léon Brunschvicg (1869–1944) lehrte von 1909 bis 1939 an der Sorbonne. Auf der Flucht vor den Deutschen starb er einige Jahre später in Aix-les-Bains (Savoie). Er übte einen großen Einfluß auf die französische Philosophie zwischen den beiden Weltkriegen aus. Brunschvicg verbindet mathematische Intuition mit dem Interesse an der Geschichte und umspannt somit die Pole philosophischer Reflexion im 20. Jahrhundert. Im Gegensatz zu Hegel leitet er die Geschichte nicht aus der Vernunft ab, sondern empirisch aus der Folge von Tatsachen: die Natur fordert den Geist heraus, der Geist antwortet mit der Schaffung der Mathematik, dem Schlüssel zur Wirklichkeit. Brunschvicgs Hauptwerke sind philosophie- und wissenschaftsgeschichtlichen Fragen gewidmet: der Entwicklungsgeschichte der Mathematik, der Evolution des Bewußtseins in der westlichen Philosophie, Problemen der Sprachphilosophie und der Religion. Besondere Aufmerksamkeit schenkte er dem Problem der Modalität des Urteils, der Tradition der Worte und Ideen, dem Verhältnis der Vernunft zur Religion und dem Verhältnis von Freiheit zur Natur. Die Philosophie vermehrt das menschliche Wissen nicht, sondern denkt darüber kritisch nach, wissenschaftliche Erkenntnis transformiert allgemeine Erfahrungen. Unter Philosophie versteht Brunschvicg, ähnlich wie Aristoteles, Erkenntnis der Erkenntnis. Geistige Tätigkeit ist somit eine Art Selbsterkenntnis, jedoch weniger im idealistischen als im spiritualistischen Sinn. Der Weg führt nicht von den Dingen zur Idee, sondern im Denken verwandelt sich die Realität. Brunschvicg steht mit Pascal, dessen Werke er herausgab, dem christlichen Bewußtseinsbegriff näher als der antiken Ideenkonzeption.

Geistige Einheit manifestiert sich eher im Akt als in der Substanz. Darin nähert sich Brunschvicg dem modernen Wirklichkeitskonzept, ebenso in der Ablehnung von Metaphysik, die sich bei ihm in Erkenntnistheorie auflöst. Der genetisch-evolutionäre Prozeß der Philosophie verwandelt sich bei Brunschvicg in einen dialogisch-historischen, an dem die namhaften Vertreter europäischen Denkens teilnehmen. Die Wissenschaft ist als Produkt *(création)* des menschlichen Geistes ein Teil der Geschichte der Menschlichkeit *(humanité)*. Die Geschichte des Geistes erscheint als eine Geschichte der Freiheit, deren höchste Form die Wahrheit ist. Wissenschaft zeugt nicht nur von theoretisch-spekulativer, sondern auch von praktischer Freiheit. In dem spiritualistischen Denkansatz Brunschvicgs verliert der Gegensatz von Theorie und Praxis an Schärfe. Alles kommt aus dem Bewußtsein und kehrt zu ihm zurück. Das Bewußtsein wird zur Kategorie einer spiritualistischen Religiosität. Religiosität bedeutet aber für Brunschvicg Humanität. Hier konvergieren christliche und antike Tradition. In den drei möglichen Grundverhaltensweisen des Philosophen zeichnet sich die große Synthese Brunschvicgs ab: Ich zweifle, ich weiß, ich glaube.

Gaston Bachelard (1884–1962), Wissenschaftler, Dichter und Denker in einer Person, gelangt, von Brunschvicg beeinflußt, auf einem anderen Weg zu einer ähnlich universalen, aber eher pluralistischen als monistischen Konzeption. Auch Bachelard geht – wie Brunschvicg, Husserl und Russell – von der Mathematik aus. Einsteins Relativitätstheorie führte ihn zur Philosophie. Aufgrund anderer ausgezeichneter Arbeiten erhielt er an der Sorbonne einen Lehrstuhl für Geschichte und Philosophie der Wissenschaften (bis 1954). Bachelards Wissenschaftstheorie läßt sich als eine gelungene Antwort auf die Herausforderung der Philosophie durch die Einsteinsche Revolution in der Physik verstehen. Auch sie trägt revolutionäre Züge. Zunächst trennt Bachelard scharf zwischen Wissenschaft und Philosophie. Herrscht in dieser die Freiheit des Gedankens vor, gedeiht jene nur in klösterlicher Askese, Abgeschlossenheit und strenger geistiger Disziplin. Wie bei Brunschvicg mischen sich auch in Bachelards Epistemologie christliche und antike Komponenten. Gegenüber dem traditionell Neuzeitlichen dominiert dagegen das moderne Bewußtsein, aber darin noch das physikalische gegenüber dem biologischen Denken, aber: die Natur, die eigentlich nur die chemischen Prozesse produzierte, erzeugte den Chemiker, der, kann man heute sagen, seine Lehrmeisterin übertrifft. Dem revolutionären Charakter des modernen Denkens verleiht Bachelard sprachlich durch vorgesetzte Negationen Ausdruck: nichteuklidische (Geometrie), nichtnewtonsche (Physik), nichtaristotelische und nichtcartesische Philosophie. In der »Dialektik« Bachelards zeichnet sich der Schritt von der Menge zur Menge der Mengen ab, von der Theorie zur Metatheorie, vom Paradigma zum Superparadigma, vom Zyklus zum Hyperzyklus. Dabei impliziert erklärungsmäßig das jeweils neue Paradigma die alten. Für Bachelard ergeben sich daraus Folgerungen für die moderne Wissenschaftsgeschichte: sie muß, wie die Pädagogik, das Überholte ausscheiden.

Bachelard öffnete sich nicht nur dem Denken des größten Physikers dieses Jahrhunderts, sondern auch den Ideen des größten Psychologen, Freuds. Sie erschlossen ihm den Zugang zur Welt des Psychischen, freier schöpferischer Energie, kreativer Phantasie, dem Jungborn aller echten Wissenschaft.

Zur Wissenschaft und Poesie trat bei Bachelard als dritte Kraft die Philosophie. Die Philosophie erscheint, wie schon bei Cicero, als ein Mittleres zwischen Wissenschaft und Kunst, das heißt für Bachelard, zwischen wissenschaftlicher Askese und freier Phantasie. Philosophie entwickelt sich nicht aus vorhergehender Philosophie, sondern besteht aus Neuansätzen, Brüchen mit der Tradition.

Auf die Welt der Wissenschaft und die der Kunst reflektierend, erkennt der Philosoph die dort geltenden Spielregeln und lernt, daß der Fortschritt hier wie dort nicht kontinuierlich, evolutionär verläuft, sondern – echt französisch – revolutionär.

Natur und Kultur stehen im Widerspruch. Ein tiefgehender Dualismus durchzieht, wie bei Descartes, Voltaire und Rousseau, auch Bachelards Bewußtsein, in dem tragische Motive nicht fehlen. Philosophen empfinden die Welt als Provokation, wobei der Mensch als Denker, Dichter oder Wissenschaftler schöpferische Antworten auf die Herausforderungen der Welt zu geben versucht. Wesentlich für Bachelard war eine nie versiegende schöpferische Unruhe. Sein Gebet lautete: »Unseren täglichen Hunger gib uns heute!«

Jean Wahl (1888–1974), ein großer Gelehrter und Lehrer, wie Brunschvicg und Bachelard, Dichter und Philosoph wie Bachelard, entkam den deutschen Besetzern, die ihn wegen seiner jüdischen Abstammung verfolgten, wie durch ein Wunder. Er begann seine Karriere mit einem Buch über den philosophischen Pluralismus in England und Amerika (1920). Es schlossen sich eine kritische Auseinandersetzung mit Hegel und eine Studie über Platons ›Parmenides‹ an sowie Arbeiten über Descartes und Kierkegaard, allgemein über Existenzphilosophie, Ontologie und Metaphysik. Wahl gilt als einer der besten Kenner der Gegenwartsphilosophie. Entsprechend findet man bei ihm keine aufsehenerregenden Thesen oder Theorien, vielmehr kritisch abwägende Einzelforschung, antisystematische Einstellung (Hegel, Heidegger), wenn auch nicht ohne Sinn für die Metaphysik. Wahls denkerische Entwicklung führte ihn jedoch von der Tradition zur Revolution. Metaphysik ist kein Privileg der Philosophen. Auch Künstler haben einen Zugang zu metaphysischen Problemen, die zeitgenössische Kunst aber war modern, eher revolutionär als traditionalistisch. In seiner Metaphysik konzentriert sich Wahl auf zwei Fragen: Was ist der Mensch? Was ist die Wirklichkeit? Auf die nuancenreichen Antworten zu diesen Fragen kann hier nicht eingegangen werden. Insgesamt läßt sich Wahls Metaphysik als realistisch, pluralistisch und relativistisch charakterisieren, als eine Metaphysik des Menschen für den Menschen, der aber die transzendente Komponente nicht fehlt.

10.2.2.2.3 Marcel, Sartre, Camus

In Frankreich gab es schon im 18. und 19. Jahrhundert antirationale, antiwissenschaftliche Strömungen (Rousseau, Bergson); mit dem Erstarken des Szientismus wuchs auch die Gegenkraft. Eine Ausnahme von dieser Regel bildete in Europa wohl nur England, in dem Irrationalismus keine Chance hatte.

Der Existentialismus wird von marxistischer Seite als eine Art bürgerlicher Protestbewegung nicht ernstgenommen. Daran ist jedenfalls soviel richtig, daß der Existentialismus keine radikale Ideologie ist und somit zur starken Mitte gehört, die sich zwischen Materialismus und Idealismus etablierte (was revolutionäre Tendenzen im einzelnen nicht ausschließt). Innerhalb des Existentialismus gibt es wieder einen unsystematischen und einen systematisierenden Flügel, der sich vor allem der Ontologie widmete – Gabriel Marcel und Karl Jaspers auf der einen, Jean-Paul Sartre und Martin Heidegger auf der anderen Seite. Existenzphilosophen neigen bald zum Individualismus, bald zum Totalitarismus, bald zum Christentum, bald zum Atheismus, niemals aber zum Mathematizismus oder Szientismus. Sie stehen in einer mehr oder weniger ausgeprägten Opposition zur Industriegesellschaft. Gemeinsam ist den meisten Existenzphilosophen Kierkegaard als Ahnherr. Der Existentialismus entwickelte sich zum Teil im Anschluß an die Lebensphilosophie, zum Teil in Opposition zur Wesensphilosophie oder zur Philosophie der Essenz. Wesen und Existenz, *essentia* und *existentia*, bilden seit dem Mittelalter zunehmend einen Gegensatz. Im 20. Jahrhundert kam dieser Gegensatz zum Tragen. Existenzphilosophen sind durchweg subjektiv, orientieren sich am Erleben, sind eher Voluntaristen und Aktivisten als Intellektualisten, suchen die Subjekt-Objekt-Spaltung zu überwinden und sich mit der Welt zu vereinen.

Gabriel Marcel (1889–1973), der erste Existenzphilosoph, ist ein repräsentativer Vertreter der christlichen Existenzphilosophie, ungeachtet seiner Ablehnung des Neuthomismus. Ihm zufolge ist die Formel »ich denke« durch »es denkt in mir« zu ersetzen. Der Existierende steht nicht der Welt gegenüber, sondern ist in ihr, ist durch seinen Leib mit ihr verbunden. Der Körper ist nicht das Instrument der Seele, sondern sie ist in jenem verkörpert. Denken und Handeln heißt nicht In-Besitz-Nehmen, sondern partizipieren, sich dem Sein und den Mitmenschen, dem Du, zuwenden. In der existentiellen Betroffenheit, nicht durch theologische Formeln, kann Gott erfahren werden. Marcel ist Theist, Sartre Atheist. Nach Marcel gewinnt der Mensch Freiheit durch Gnade, indem er sich Gott öffnet, nach Sartre verfügt der Mensch über seine Freiheit: hier Stolz, dort Demut, hier Ekel, dort Liebe, hier sind die anderen die Hölle, dort Mitzuerlösende.

Zentrale Themen Marcels sind der Mensch, seine Erniedrigung und seine Würde, schöpferische Treue, die Suche nach Wahrheit und Gerechtigkeit. Seine Methode ähnelt der phänomenologischen Methode Husserls. In der ersten Reflexionsebene konstituiert das Bewußtsein die Objektwelt, auf der nächsthöheren reflektiert es sie und gelangt zu einem höheren Grad von Allgemeinheit, die sich aber von der bloßen Abstraktion unterscheiden soll. Im ersten Stadium der Existenz empfindet der Mensch, im zweiten glaubt er. Marcel redet nicht von zwischenmenschlichen Beziehungen, sondern spricht von Begegnungen, in denen der Mensch, zum Beispiel durch Treue, an sich und dem anderen schöpferisch tätig wird. In der menschlichen Begegnung wird das Besitzverhältnis in ein Seinsverhältnis verwandelt, das Haben wird zum Sein sublimiert. Letzter Grund des Seins ist Gott, dem sich der Mensch in schöpferischer Liebe und Treue annähert. Das Böse bleibt, wie das Sein und die Existenz, für Marcel letztlich ein Problem, ein Rätsel, ein Mysterium. Systemdenken war Marcel zuwider, weil es besitzergreifend ist, den Weg zum Sein und zu Gott versperrt. Aus ähnlichen Gründen lehnte er den Idealismus ab. Das Sein läßt sich nicht vereinnahmen, auch nicht in Ideen und Kategorien. Gegen Wissenschaft und Technik hatte Marcel eine tiefe Abneigung, weil sie, seiner Meinung nach, den Menschen entmenschlichen, zu einem Bündel von Funktionen degradieren. Im Grunde ist Marcels Denken, wie das Brunschvicgs und Bachelards, synthetisch, besser: integrativ. Geschichtlich verbindet es antike und christliche Elemente zu einer sokratisch-christlichen Philosophie der Existenz.

Im Gegensatz zu Marcel schließt sich Jean-Paul Sartre (1905 bis 1980) in seiner Ontologie weniger an Sokrates als an Parmenides und Aristoteles an. Die christliche Komponente der Tradition wird gemieden. Sartres Philosophie ist wesentlich »technischer« als die Marcels.

Alles was ist, ist tätig: *tout est en acte.* Das Sein ist in sich *(l'en-soi)* und ist das, was es ist, ohne Grund, ohne Erklärung, ohne Gott. Das Dasein geht dem Wesen voran. Außer dem In-sich-Sein der Welt gibt es das Für-sich-Sein *(le pour-soi)* des Menschen, das aber kein Sein außer dem Sein ist, sondern ein Nicht-Sein *(le néant).* Mensch-Sein ist das Ergebnis des sich nichtenden *(se néantise)* Seins. Das Nichts kommt durch den Menschen als solchen in die Welt. Im Für-sich-Sein des Menschen gibt es drei Ek-stasen: zum Nichts, zum Andern und zum Sein. Die erste Ek-stase manifestiert sich im Bewußtsein und in der Freiheit. Im Bewußtsein spaltet sich das Sein, in der Freiheit entwirft *(pro-jet)* sich der Mensch in die Zukunft *(a-venir)*. Danach ist die Freiheit das Wesen des Menschen, und das Wesen ist seine Existenz. In der Angst entbirgt sich die Freiheit. Der Mensch wird sich seines nichtenden Seins bewußt. Der Mensch ist seine Angst wie er seine Freiheit ist.

Die zweite Ek-stase ist das Für-den-anderen-Sein. Die Existenz des anderen ist unmittelbar, unbeweisbar. Er erscheint im Anblick *(regard)*. Das Schamgefühl zeigt, daß wir uns als erblickt erfahren. Im Blick und Gegenblick objektivieren sich die beiden Blickenden. Es geht um die Aneignung der Freiheit des anderen, und diese scheitert immer.

Die dritte Ek-stase besteht in der Tendenz zum Sein. Angewidert von seiner Existenz und zur Freiheit verdammt *(condamné à être libre)* will der Mensch in sich und für sich sein, das heißt Gott werden, und auch hier scheitert er. Der Mensch erscheint am Ende als eine nutzlose Passion *(passion inutile)*.

Sartre hat nicht nur begrifflich anspruchsvolle philosophische Werke geschrieben, sondern, wie sein Freund Russell, auch populärwissenschaftliche, essayistische und dichterische Schriften, worin er etwa die Fragen aufwirft, ob der Existentialismus ein Humanismus ist, was Marxismus und Existentialismus trennt, wie sich der Intellektuelle zur Revolution verhält und was Literatur ist. Eine Schrift ist der Kritik der dialektischen Vernunft gewidmet. Daneben sind die häufig aufgeführten Dramen und die Erzählungen zu nennen, oft mit philosophischem Einschlag. Sartres Werk hier insgesamt zu analysieren und zu würdigen, ist sowenig wie bei Russell möglich. Wie bei Russell läßt sich Sartres Philosophie nur als gelebte Einheit von Theorie und Praxis begreifen, mit seinen Aktivitäten als Schriftsteller, Bühnen- und Filmautor, Biograph und Autobiograph, Literatur- und Kunstkritiker, Widerstandskämpfer, politischer Essayist, Reporter und Demonstrant.

Am Anfang – Sartre verlor seinen Vater früh – steht das Gefühl einer fast völligen Einsamkeit und Verlassenheit. Rückblikkend (1940) sah sich Sartre als ein monströses Produkt des Kapitalismus, des Zentralismus und Funktionalismus, aber, und das ist entscheidend: es kommt nicht darauf an, was man aus dem Menschen gemacht hat, sondern was der Mensch aus dem macht, wozu er gemacht wurde. Sartre erweist sich hier als Mann der Entscheidung, der Tat, der Selbstbefreiung. Sartres *cogito* lautet: Ich bin überflüssig, also existiere ich; mit einem

Gefühl totaler Zufälligkeit, Ausgesetztheit, Sinnlosigkeit und Überflüssigkeit, mit Ekel am Dasein; der Selbstmord aber ist für Sartre keine Lösung. Er nimmt den ihm aufgezwungenen Daseinskampf an und bewältigt das Dasein. Vieles an Sartre erinnert an Ernest Hemingway, beide Repräsentanten eines weltweiten Lebensgefühls im 20. Jahrhundert, das man mit dem Wort »dennoch« etikettieren könnte. Sartre, der nie ein Schüler Heideggers war, sowie er auch sonst keine Autorität und Institution anerkannte, stellte der kleinbürgerlichen Philosophie der Angst, Sorge und des Selbstmitleids den Satz entgegen: Der Mensch ist zur Freiheit verdammt – was für Sartre soviel bedeutete wie literarische Kreativität, entschlossenes Handeln gegenüber Usurpatoren, Befreiung von Fremdherrschaft und eine an antike Vorbilder erinnernde Einstellung zum Leben und Sterben, wie denn auch antike Motive in Sartres Dichtungen einen großen Raum einnehmen. Den dialektischen Materialismus diagnostizierte er als revolutionären Mythos, der in seiner Beschränkung der Freiheiten und Menschenrechte im Endeffekt eine revolutionäre Politik eher verhindert als fördert.

Sowenig wie sein Freund Russell konnte sich Sartre irgendeiner Partei, Ideologie oder philosophischen Schule anschließen. Lebend und denkend verwirklichte er ein Höchstmaß an Freiheit. Er machte auch deutlich, daß Freiheit kein Endzustand ist, sondern, wie die Wahrheit, ein Weg, den jeder einzelne und jede Gemeinschaft immer wieder erringen, behaupten und bewahren muß.

Wie bei Sartre kam bei Albert Camus (1913–1960, Nobelpreis für Literatur 1957) ein Schuß antiker Ehrlichkeit vor den Problemen zum Durchbruch. Mit Sartre verbinden ihn auch die radikale Freiheitsliebe und die erfrischende Wahrhaftigkeit des Wollens, die Fähigkeit zu begeisternder und beglückender Desillusionierung, die rücksichtslose Entlarvung des schönen Scheins, der sich über der ökonomischen, gesellschaftlichen und kulturellen Wirklichkeit ausbreitet. Wie Sartre war auch Camus Widerstandskämpfer. Der Dichterphilosoph Camus, zunächst Gefährte, später Gegner Sartres, stimmt mit seinem großen Antipoden und Freund auch in der Diagnose der Sinnlosigkeit des Daseins überein, ferner im Gefühl des Ekels vor der Verlogenheit, dem Konformismus und dem Opportunismus. Aus der Unerträglichkeit der Welt, ihrer Absurdität, folgert er die Notwendigkeit zur Auflehnung gegen das Absurde in allen seinen Formen: Diktatur, Gewaltanwendung (Todesstrafe), Ausbeutung. Camus glaubte an eine dritte Stufe der menschlichen Solidarität. Gegen Nietzsche, Heidegger und Sartre wendet er ein, daß Negation der Vernunft und Irrationalismus nicht weiterhelfen, sondern nur das mutige Aushalten im Sinnlosen und seiner allmählichen Umgestaltung. In der symbolischen Gestalt des Sisyphos aus der griechischen Mythologie, der zur Strafe für seine Freveltat einen Steinblock immer wieder einen Berg hinaufwälzen muß, findet Camus die geeignete Metapher für seine Daseinserfahrung, die aber nicht in den Nihilismus führt. Abgesehen von dem einzigen Verhängnis des Todes ist alles Freude, Glück und Freiheit. Nur in den wenigen Augenblicken, in denen sich der Mensch seiner Lage bewußt wird, erscheint ihm die Tragik seines Daseins.

Camus tröstete sich über das Dasein, wie es ist, weder mit Hilfe christlicher Hoffnungen und Erwartungen hinweg noch mit Hilfe marxistischer Wunschträume. Er wollte kein Atheist sein, denn auch den Atheismus durchschaute er als einen Glauben. Vom Existentialismus distanzierte er sich wiederholt, denn der erschien ihm als eine Art säkularisierter Theologie mit der Tendenz zum Absolutismus. Seine Einstellung zum Tod war eher sokratisch, agnostisch: Ich weiß, daß ich fünfzehn Minuten, nachdem ich gestorben bin, tot bin. Das *cogito* des Camus läßt sich auf die (echt französische) Formel bringen: »Ich revoltiere, also sind wir.« Revolte heißt nicht Terrorismus. Ihn lehnt Camus, wie den Selbstmord, ausdrücklich ab. Eine wichtige Erkenntnis Camus': Europa hat aufgehört, in Kategorien der Freiheit zu denken, stattdessen denkt es in den Kategorien des Schicksals.

10.2.2.2.4 Merleau-Ponty, Ricoeur, Foucault

Sartres »Verdammt zur Freiheit« setzt Maurice Merleau-Ponty (1908–1961) »Verdammt zu den Sinnen« entgegen. Die Hauptaufgabe der Philosophie besteht im Wiedererlernen des Sehens, wobei das Sehen nicht im Gegensatz zur Welt und zum Denken steht, sondern im Akt mit ihnen eins wird. Die beste Philosophie vereint extreme Objektivität mit extremer Subjektivität und wird so zur Ambiguität, die das Schicksal des Philosophen, im Gegensatz zum Wissenschaftler, ist. Philosophie beschreibt die unaufhörliche Wechselwirkung zwischen Mensch und Welt, sie macht das Vernünftige im Zufälligen bewußt. Merleau-Ponty verbindet in seiner Aufwertung der Wahrnehmung gegenüber dem Denken Elemente der Husserlschen Phänomenologie mit ästhetischen Erkenntnissen, die er beim Studium französischer Maler (Cézanne, Monet, Corot) gewann. Sein Verhältnis zu Sartre ähnelt dem von Camus. Mit Sartre hatte Merleau-Ponty nach dem Zweiten Weltkrieg die Zeitschrift ›Les Temps modernes‹ gegründet, gab aber 1953 seine Mitwirkung auf und trennte sich von Sartre, hinter dessen Existentialismus er einen Idealismus vermutete, ähnlich wie Camus hinter Sartres Atheismus einen Glauben. Auch im Kommunismus sah Merleau-Ponty etwas anderes als Sartre, nämlich eine verborgene Theologie. Alles dies lehnte er, im Bestreben, die Philosophie von absolutistischen Momenten zu reinigen, ab, mit dem Ziel, ein unverfälschtes Verhältnis des Menschen zur Welt wiederherzustellen. Es gibt sowenig Denken ohne Wahrnehmung wie Wahrnehmung ohne Denken. Die Einheit von Denken und Wahrnehmung ist ein Abbild der Grundstruktur des Menschen, die sich als Einheit in der Mannigfaltigkeit verstehen läßt, wobei die Einheit nicht gegeben, sondern als Ziel der Selbstverwirklichung aufgegeben ist. Im Prozeß der Selbstverwirklichung manifestiert sich, neben Wahrnehmung und Denken, die Freiheit.

Auch in der Sprachphilosophie Merleau-Pontys sind neue Ansätze im Anschluß an seine wahrnehmungs- und verhaltenspsychologischen Studien zu erkennen. Die Sprache erscheint als Körper des Denkens, als Vermittlung zwischen Objektivität und Subjektivität, als Transzendenz des Gegensatzes von Sinn und Zeichen. So verstanden, heißt (bewußt) sprechen soviel wie philosophieren. Als sich, nicht zuletzt auf dem Gebiet der Sprachphilosophie, eine Wiederannäherung an Sartre abzeichnete, starb Merleau-Ponty, dessen *philosophie de l'ambiguïté* auch in den zwischenmenschlichen Beziehungen zum Ausdruck kam.

Derselbe ebenso sokratische wie moderne, desillusionierende Grundzug fortgesetzter Analyse führte Paul Ricoeur (geb. 1913) vom späten Husserl zu Freud. Seine Hauptprobleme sind: Zusammenhang von Bewußtem und Unbewußtem, Struktur und Funktion des Willens, Geschichtlichkeit der Wahrheit, Interpretation. Das zentrale Problem moderner Interpretation ist nicht mehr die Frage, ob richtig oder falsch, sondern die Auflösung von Illusionen, die die Wahrheit verhüllen, der Weg vom Idol zur Struktur und zum Symbol. Dabei stößt der Psychologe auf ein schwieriges Problem, das falsche *cogito,* das im Willen wurzelt und den Weg zu Wahrheit und Freiheit, zum echten *cogito* versperrt. Der Mensch scheitert, erkennend, wollend und handelnd, wenn er nicht zu sich selbst findet, den Widerstand des falschen *cogito* überwindet, hinter dem das narzißtische Ich steckt. Das Problem der Wahrheit liegt tiefer, als Idealisten, Intellektuelle und Rationalisten wahrhaben möchten: es ist ein existentielles Problem. Die »archäologische« Erforschung der Subjektivität stößt auf den harten Kern der (verhüllten) Wahrheit, der nicht mit rein begrifflichen Mitteln zu sprengen ist. Hier hilft nur die dichterische Metapher weiter, die das Verborgene im Symbol erfaßt und nach und nach der Rationalisierung zugänglich macht. Philosophie erweist sich als ein Mittleres zwischen Kunst und Wissenschaft, sie hat eine »hermeneutische« Funktion: Die Metapher ist die Bedingung der Möglichkeit diskursiven Erkennens.

Radikaler und revolutionärer als Ricoeur geht Michel Foucault (1926–1984) dem schönen Schein zu Leibe. Ihm geht es nicht mehr um ein neues *cogito* oder Enthüllung verborgener Wahrheit, vielmehr um ein anthropologisch-kulturgeschichtliches Anliegen, das die unerbittliche Diagnose des Mediziners, als Arztes der Kultur, bis an den Rand des Skandalösen vorantreibt. Foucault wendet seine archäologische Methode der medizingeschichtlichen Erforschung des Wahnsinns auf gewisse Erscheinungen westlicher Kulturgeschichte an, zum Beispiel auf die Geschichte der Sexualität. Dabei wird der Zusammenhang zwischen Verdrängungsmechanismen und Herrschaftsstrukturen sichtbar. Auch hier ist der Einfluß Freuds greifbar. Foucault entwickelt seine kühnen Thesen anhand von konkreten Beispielen wie Gefängnis, Klinik und Irrenhaus. Die rationale Kultur hat damit Institutionen zum Ausschluß tabuisierter Verhaltensweisen geschaffen. Insofern dominiert in diesen Institutionen der Wille zur Unterdrückung. Die Wurzeln der Geisteskrankheiten weisen auf soziale Strukturen, Menschenbilder und Weltanschauungen zurück. Der Referenzrahmen für den Wahnsinn ist die Gesellschaft. Die Thesen Foucaults scheinen die Tradition nicht nur in Frage zu stellen, sondern ihre Fundamente zu sprengen, aber Entrüstung und Anarchie-Vorwürfe allein schaffen die von ihm aufgeworfenen Fragen nicht aus der Welt.

10.2.2.2.5 Lévi-Strauss, Dagognet, Aron

Weniger spekulativ, dafür fest in den Wissenschaften fundiert, sind die erfahrungsorientierten Neuansätze von drei Denkern, die das Bild der modernen französischen Philosophie wesentlich mitbestimmt haben. Ethnologie, Medizin und Soziologie sind Wissenschaften, die, wie die Psychologie, in Frankreich auf eine große Tradition zurückblicken können. Für die Philosophie war es stets von Nutzen, wenn sie bereit war, von den in ihrem geistigen Umfeld führenden Wissenschaften zu lernen.

Claude Lévi-Strauss (geb. 1908), ein weltweit anerkannter Forscher, der als Begründer des Strukturalismus gilt, hat auch die Philosophie wesentliche Anregungen sowohl hinsichtlich neuer Modellvorstellungen als auch im methodischen Bereich zu verdanken. Seine Kritik an Idealismus, Formalismus und Ethnozentrismus – eine Art von kollektivem Narzißmus – hatte reinigende Wirkung. Vor allem aber kommen in der Konzeption von Lévi-Strauss geschichtliche Kontingenz (Zufall), Pluralismus und Humanismus zu ihrem Recht. Der Grundzug seines Denkens ist freiheitlich, antisystematisch, empirisch und zugleich rational, relativierend und global. Entsprechend betonte er in der Sprachphilosophie die kommunikativen Momente, das Dialogische. Lévi-Strauss betrachtete die Sprache als Muster von Organisation, verstanden als Code, nicht als System von Bedeutungen. Interessant ist seine Theorie, nach der primitives Denken nicht prälogisch, sondern logisch ist. Wie bei Ricoeur spielt auch bei Lévi-Strauss das Unbewußte eine bedeutende Rolle, als eine Art Infrastruktur gesellschaftlicher Systeme, des subjektiven wie des objektiven Geistes. Ein besonderes Anliegen von Lévi-Strauss war die Begegnung zwischen Ost und West oder wenigstens der Traum ihrer Annäherung und Vereinigung, einer Synthese, in der sowohl ein aufgeklärter Marxismus Platz hat als auch ein reinigender, von Vorurteilen befreiender Buddhismus.

François Dagognet (geb. 1924), Philosoph, Mediziner und Psychiater, trug sein Teil dazu bei, die Philosophie wieder auf den Boden der Tatsachen zurückzuführen. Er dachte nicht daran, die Medizin mit einem philosophischen Überbau zu versehen, sondern forderte, im Sinn eines angewandten Rationalismus, vor der Vernunft und ihren Erleuchtungen die handwerklich minuziöse Aufarbeitung des Faktischen. Bei Dagognet findet sich eine typisch moderne Einstellung, die extreme Skepsis gegenüber Verallgemeinerungen mit extremer Zuversicht in der Erkenntnis von Einzelzusammenhängen verbindet. Mit der antimetaphysischen Tendenz verbindet sich auch die antiszientifische, die Kritik an der Wissenschaftsgläubigkeit als einer neuen Erscheinungsform der Metaphysik. Auf diese Weise gelangte

Dagognet zu einem neuen Verständnis von Krankheit, die er nicht als Zustand betrachtet, sondern als einen dynamisch-evolutiven Prozeß. Heilen heißt, sich in diesen Prozeß einschalten, ihn lenken. Medizin erscheint als letzte Verwirklichung von Philosophie. Dagognets Theorie erinnert an Platons Verbindung von soteriologischen, medizinischen und kybernetischen Momenten in seinem Begriff des Geistes. Wie Platon fordert auch Dagognet von der authentischen Medizin Menschlichkeit, Psychotherapie erscheint als Logotherapie.

Raymond Aron (1905–1983) faßt in gewisser Hinsicht, ähnlich wie Russell in England, als Zeuge des 20. Jahrhunderts französische Erfahrungen zu einer philosophischen Gesamtschau zusammen. Im Zweiten Weltkrieg arbeitete er mit de Gaulle in London zusammen und gab die Zeitschrift ›La France libre‹ heraus. Nach dem Krieg schlug er eine Berufung an die Universität Bordeaux aus und zog das freie, praxisnahe Leben vor. Seine Freundschaft mit Sartre zerbrach infolge politischer Meinungsverschiedenheiten. Während Sartre sich der kommunistischen Ideologie näherte, lehnte Aron sie konsequent ab und unterzog die Begriffe »Linke«, »Revolution« und »Proletariat« einer einschneidenden Kritik (›Opium für Intellektuelle‹, 1955). Im gleichen Jahr an die Sorbonne berufen, vertiefte er sich in gesellschaftliche und politische Studien, die ihm zu einem besseren Verständnis der Probleme der modernen Industriegesellschaft verhalfen. Besonders lag ihm, wie Russell in dieser Zeit, die Frage: Frieden oder Krieg? am Herzen. In einem umfassenden Werk[95] untersuchte er in einem theoretischen, soziologischen, historischen und ethisch-praxeologischen Teil die Reflexionsebenen der einschlägigen Probleme. Am Schluß steht die Vision einer Ära jenseits der Machtpolitik und einer globalen Friedenssicherung. In Verbindung mit anderen namhaften Arbeiten stellt die integrative Denkleistung Arons eine echte Alternative zu Sartres existentialistischer Philosophie dar.

10.2.2.3 Niederlande

Die Niederlande können auf eine große philosophische Tradition zurückblicken: Marsilius van Inghen (1340–1396), Heymeric van de Velde (1395–1460), Rudolf Agricola (1444–1485),

[95] Frieden und Krieg. Frankfurt 1963.

Dirck V. Coornhert (1522–1590), Hugo de Groot (1583–1645), Adriaan Heereboord (1614–1661), Arnold Geulincx (1624 bis 1669), Petrus van Balen (1643–1690), Bernard Nieuwentijt (1654–1718), Leonardus Stocke (1710–1775), Frans Hemsterhuis (1721–1790), Jacques Moleschott (1822–1893), Allard Pierson (1831–1896).

In Vergangenheit und Gegenwart waren die Niederlande oft ein Zufluchtsort für freie Geister in einem unfreien Europa. Im 20. Jahrhundert gibt es hier namhafte Vertreter fast aller traditionellen und modernen Richtungen der Philosophie: Philosophie der Mathematik, mathematische Logik, Wissenschaftstheorie, Geschichte der Wissenschaften, Metaphysik, Naturphilosophie, Sozial-, Kultur- und Geschichtsphilosophie sowie Anthropologie. Daneben gibt es, wie auch in anderen Ländern, Vertreter traditioneller Schulen, wie Neuthomisten, Spinozisten und Phänomenologen. Hier können nur die repräsentativen Vertreter der Hauptrichtungen erwähnt werden, denn die Niederlande sind auch heute nicht nur ein »Treffpunkt von Traditionen«[96].

10.2.2.3.1 Bierens de Haan, Huizinga, Kohnstamm

Johannes D. Bierens de Haan (1866–1943) gehört, wie Huizinga und Kohnstamm, zu den namhaften Vertretern der niederländischen Philosophie in der ersten Hälfte des 20. Jahrhunderts. Bierens de Haan, mehr ein Repräsentant konservativ-traditionellen Denkens, Gründer der ›Tijdschrift voor Wijsbegeerte‹ (Zeitschrift für Philosophie), Philosoph und Künstler in einer Person, kam von der Theologie zur Philosophie. Stark von Spinoza beeinflußt, interessierte ihn besonders das Verhältnis des Geistes zur Natur. Gegen Ende seines Lebens (1942) verfaßte er eine Ethik.

Der Historiker und Kulturphilosoph Johan Huizinga (1872 bis 1945) wurde in philosophischen Kreisen vor allem durch sein Buch ›Homo ludens‹ (1938) bekannt, das den spielenden Menschen bewußt dem *homo sapiens* und dem *homo faber*, dem erkennenden und dem schaffenden Menschen gegenüberstellt. Huizinga entdeckte die kulturschöpferische Bedeutung des Spiels, untersuchte die Beziehungen des Spiels zum Recht, zur Wissenschaft, Kunst und Philosophie, aber auch zum Krieg und die Spielelemente in der gegenwärtigen Kultur. Philosophisch

[96] Vgl. Algemeen Nederlands Tijdschrift voor Wijsbegeerte 75 (1983) 1.

nicht weniger bedeutsam sind seine ›Schriften zur Zeitkritik‹ und seine »Studien über Lebens- und Geistesformen des 14. und 15. Jahrhunderts in Frankreich und in den Niederlanden«, im ›Herbst des Mittelalters‹ (1919).

In der zeitkritischen Schrift ›Im Schatten von morgen‹ (1935) diagnostiziert Huizinga ahnungsvoll die derzeitige Kulturkrise, die im Zweiten Weltkrieg gipfelte, in der ›Geschändeten Welt‹ (1943) untersucht er die Genesungsmöglichkeiten des tiefgesunkenen Europa. Den Philosophen interessiert besonders das Kapitel »Niedergang des Symbolismus« im ›Herbst des Mittelalters‹, wo der Autor den Realismus als Grundzug des mittelalterlichen Denkens herausarbeitet.

Der Physiker Philip A. Kohnstamm (1875–1951) repräsentiert eine ältere ontologisch fundierte Form des für die Niederlande typischen Personalismus. Hinter der objektiven Erkenntnis der Naturwissenschaften beginnt das Reich der Wahrheit, das an die Person gebunden ist. Mehr als die wissenschaftliche Wahrheit zählen Glaubwürdigkeit und Wahrhaftigkeit, eine für die zwischenmenschlichen Beziehungen und die Gesellschaft überhaupt wegweisende Auffassung, die sich in neueren christlichen und sozialistischen Geistesströmungen der Niederlande wiederfindet.

10.2.2.3.2 Brouwer, Beth, Dijksterhuis

Wenn auch einige seiner Werke erst nach dem Zweiten Weltkrieg erschienen, entwickelte Egbert J. Brouwer (1881–1966) seinen mathematischen Intuitionismus, eine Alternative zu den Positionen von Poincaré, Russell und Hilbert, schon vorher. Brouwers Theorie wurde für die Philosophie der Mathematik, weit über die Grenzen der Niederlande hinaus, sehr bedeutsam, unter anderem für Wittgenstein (1928). Brouwers Thesen laufen darauf hinaus, die logische Autonomie der Mathematik in Frage zu stellen: Wegfall des Satzes vom ausgeschlossenen Dritten, Abhängigkeit von der Zeitvorstellung und von empirischen Daten, ferner von weltanschaulichen und kulturellen Faktoren. Brouwer sah die Sprache der Mathematik analog zur Kommandosprache. Seine mathematische Theorie brachte die Grundlagenforschung der Mathematik wieder in Bewegung.

Evert W. Beth (1908–1964), einer der einflußreichsten niederländischen Logiker, sah eine seiner Hauptaufgaben in der Bekämpfung des Irrationalismus. Seine Semantik ist, wie die Carnaps, von Tarski beeinflußt. Obwohl Beth prinzipiell ein Gegner des Psychologismus war, suchte er doch, unter dem Einfluß von Piaget, nach einer Annäherung von Logik und Psychologie, was ihn zur Annahme von Entwicklungen logischer Systeme bewog. Von Beth führt diese Linie weiter zu modernen Formen der Informations- und Interaktionstheorie.

Der Wissenschaftstheoretiker Eduard J. Dijksterhuis (1892 bis 1955) untersuchte die naturwissenschaftlichen Entwicklungen vom frühen griechischen Denken bis zur Mechanik Newtons. Die Tradition verlief nicht kontinuierlich, sondern zeigt, am Ende des Mittelalters, einen Bruch. Das in viele Sprachen übersetzte Werk von Dijksterhuis verdeutlicht überdies wichtige historische und kulturelle Zusammenhänge und entspricht damit einer Grundforderung moderner Systemanalyse.

10.2.2.3.3 Buytendijk, Raven, Delfgaauw

Auch um ein besseres Verständnis des Menschen ging es dem Begründer der modernen Tierpsychologie Frederik J. Buytendijk (1887–1974), der, wie Konrad Lorenz, ein Schüler Jacob von Uexkülls war. Während aber Lorenz von experimentellen Situationsanalysen ausging, orientierte sich Buytendijk mehr an sozialpsychologischen Gegebenheiten wie dem Milieu. Seine phänomenologische Anthropologie beeinflußte Merleau-Ponty. Besondere Aufmerksamkeit widmete Buytendijk der menschlichen Haltung und Bewegung, dem Verhältnis der Geschlechter, der Frau, dem Schmerz und – dem Fußballspiel.

Peter Raven erweist sich in mehrfacher Hinsicht als Vertreter modernen Denkens. Wie Buytendijk überwindet er die fachwissenschaftlichen Schranken, neigt zu interdisziplinärer Zusammenschau, zum Methodenpluralismus und zur evolutionären Betrachtungsweise. Sein besonderes Interesse gilt der Rolle der Informationsspeicherung und -übertragung in der Biologie. Mit Paul Ehrlich prägte Raven auch den zentralen Begriff der Koevolution, der Evolution mikroskopischer und makroskopischer Systeme.

Bernard Delfgaauw bemüht sich aus der Perspektive des Historikers und Philosophen um eine Zusammenschau der Entwicklungsprobleme. In einem dreibändigen Werk ›Geschichte als Fortschritt‹ (1962–1966) untersucht er »Entstehung«, »Geschichte« und »Ewigkeit« des Menschen, wobei metaphysische und theologische Aspekte nicht ausgeschlossen werden. Bemerkenswert sind seine Ausführungen zu dem viel mißbrauchten Begriff der Liebe am Schluß des Werkes:

»Liebe ist nicht Wohltätigkeit. Es gibt echte und unechte Wohltätigkeit. Unechte Wohltätigkeit kann aus Schuldbewußtsein wegen eines unsozialen Verhaltens entstehen, ohne daß man darum die Absicht hat, dieses zu ändern. Wohltätigkeit kostet weniger und fällt mehr auf als soziale Gerechtigkeit. Solche Wohltätigkeit ist eine Karikatur dessen, was Christus mit Liebe meinte. Unechte Wohltätigkeit kann auch aus Pflicht geleistet werden, ohne daß man wirklich ein Herz für die Bedachten hätte. Eine Wohltätigkeit dieser Art hat das Herablassende, das sie als menschliche Beziehung vergiftet.

Wirklich aus dem Herzen kommende Liebe zu den Mitmenschen kann sich in persönlichen Beziehungen und im Ausbau sozialer Strukturen zeigen und auswirken. Sie ist wirklich wahre Liebe, wenn es ihr darum zu tun ist, eine bewohnbare Welt für alle Menschen zu schaffen, nicht weil der, der diese Liebe hat, so gut ist, sondern weil alle Menschen ein *Recht* darauf haben. Jede Form der Liebe, die Liebe üben will, ohne zuerst nach Gerechtigkeit zu streben, ist unecht. Worauf jemand ein Recht hat, das muß ihm gegeben werden, weil er das Recht darauf hat, nicht aus Wohltätigkeit.« (202)

Andere niederländische Philosophen haben zentrale Herausforderungen der modernen Welt erkannt und erörtert: Probleme der Technik (G. M. van Melsen), Macht (R. S. Beerling), Eurozentrismus (T. Lemaire), Form und Funktion (C. J. van der Klaauw), Wissenschaft und Realität (C. A. van Peursen). In ihrer Klarheit und methodischen Strenge beispielhaft ist die Studie van Melsens ›Evolution und Philosophie‹ (1966). Beispielhaft sind, ganz allgemein, die große Sorgfalt, mit der niederländische Denker Einzelprobleme behandeln, die Anlehnung an die wissenschaftlichen Einzeldisziplinen und schließlich die vorsichtig zur Integration fähige und neigende philosophische Grundeinstellung. Für die letztere Tendenz sei auf die Synthesis-Theorie von Johannes H. M. M. Loenen (1919 bis 1978) hingewiesen. Sie verzichtet auf den herkömmlichen Apriorismus und gelangt auch ohne ihn zu einer eindrucksvollen, an Aristoteles geschulten, wertorientierten, prozeßhaften, für Kombinationen und Konflikte offenen Kulturphilosophie.

10.2.2.4 Belgien

10.2.2.4.1 Dupréel, Tempels, Apostel, Gochet

Wie die niederländische ist auch die belgische Philosophie keineswegs nur ein Gemisch aus den Schultraditionen der Nachbarländer. Eugène Dupréel (1879–1967) und seine Brüsseler Schule zeigen eine Eigenständigkeit in der Fragestellung, die erst durch die Auseinandersetzung mit den großen philosophischen Strömungen der Nachbarländer verständlich wird. Dupréels Philosophie läßt sich nicht ohne weiteres in den Positivismus einordnen. Sie ist nicht zuletzt von der spezifischen ethnisch-soziologischen Situation des Landes geprägt und vermeidet daher, besonders in der Kommunikationstheorie, manche theoretischen Vereinfachungen des deutschen, englischen oder französischen Denkens. Sie stellt dem verabsolutierenden Idealismus Hegels eine bewußt relativierende Betrachtungsweise gegenüber und meidet sowohl den englischen Skeptizismus als auch die ontologische Soziologie Durkheims. Aufgrund eingehender Studien der griechischen Sophistik entwickelt Dupréel eine nicht nur auf Belgien, sondern auch auf Europa anwendbare Kommunikationstheorie. An die Stelle der einen, allumfassenden Ordnung der Dinge treten aufeinander bezogene Ordnungssysteme. Eine Ordnung hängt mit vielen anderen zusammen und geht in eine andere über. Die Betrachtungsweise ist konventionalistisch, pluralistisch, relativistisch. Es gibt einen Pluralismus der Ordnungen, Gesellschaften und Werte, in denen nicht Notwendigkeit und Determinismus herrschen, sondern Wahrscheinlichkeit und Freiheit. Mit den Schlüsselbegriffen Konvention, Ordnung und Intervall sucht Dupréel Konstanz und Wechsel, Statik und Dynamik in einem Konzept zu vereinigen, das den Vergleich mit anderen kontinentalen Konzepten und Modellen nicht zu scheuen braucht.

Zwischen den Weltkriegen vollbrachte der Missionar Placide Tempels (1906–1977) mit der Erschließung afrikanischen Denkens (›La philosophie bantou‹, 1947) eine philosophische Pionierleistung. Abgesehen von der Vereinnahmung für das Christentum und die Unterstellung westlichen Systemdenkens, enthält das Werk fundamentale Beobachtungen und Gedanken, die aber erst in dem Abschnitt über die afrikanische Philosophie wenigstens summarisch gewürdigt werden können.

Leon Apostel (geb. 1925) und Paul Gochet (geb. 1932) gehören einer jüngeren Generation an, für die der Übergang vom eurozentrischen zum globalen Philosophieren charakteristisch ist. Der philosophischen Mittlerstellung seines Landes gemäß, suchte Apostel widersprüchliche kontinentaleuropäische und angloamerikanische Denkansätze zu einem pluralistischen Konzept zu integrieren, in dem Einflüsse von Nicolai Hartmann, Whitehead, Carnap, Piaget und Perelman zu erkennen sind. Das neue Konzept verbindet strukturelle und dynamische Komponenten, hat einen Zug zum Praktischen und zeigt eine interdisziplinäre Grundtendenz. Gochet ging von der Sprachanalyse aus und befaßte sich später mit Anwendungsmöglichkeiten der Logik auf dem Gebiet der Informatik. Bei ihm, der vom kontinentalen Realismus Bachelards und Gonseths ausging, überwog schließlich der angelsächsische Einfluß (Austin, Quine, Montague).

10.2.2.5 Deutschland

Für die Entwicklung der deutschen Philosophie im 20. Jahrhundert wurden zwei Grundtendenzen ausschlaggebend: Öffnung und Verschließung. Noch heute hängt ihr weiteres Schicksal davon ab, welche Tendenz die Oberhand behält. Nirgends zeigt sich die ambivalente Wirkung einer großen Tradition deutlicher als in Deutschland: sie kann fördern, aber auch hemmen. Um die Jahrhundertwende dominierten teils europäische, teils spezifisch deutsche Richtungen. Simmels Orientierung am Evolutionsgedanken war ein hoffnungsvolles Zeichen der Öffnung, ebenso Freges Durchbruch zur mathematischen Philosophie, ferner Brentanos moderne Erkenntnistheorie und die daran anknüpfende Phänomenologie Husserls. Die »Ismen« signalisierten dagegen geistige Erstarrung: Neukantianismus, Neuhegelianismus, Neuidealismus, Neuthomismus, Neovitalismus. In die Zeit vor dem Ersten Weltkrieg gehört auch der besonders in Deutschland festgehaltene Glaube an ein umfassendes System der Philosophie. Nicolai Hartmanns Abkehr vom Neukantianismus und Hinwendung zu Platon (1909) war eine Chance für die deutsche Philosophie, desgleichen Schelers Abkehr von Kants Formalismus in der Ethik – aber dabei blieb es. Der Erste Weltkrieg löste in Deutschland keine Revolution des Denkens aus, nicht einmal eine ernsthafte Krise. Die Kräfte der Tradition und Reaktion behielten die Oberhand. Warner wie Spengler oder weltoffene Geister wie Graf H. Keyserling und Albert

Schweitzer wurden von unbelehrbaren Nationalisten zu Außenseitern gestempelt. In Deutschland hatte man nur noch die Wahl zwischen Resignation, Emigration oder Kollaboration. Heideggers scheinbar revolutionäre Philosophie blieb im Ansatz stecken und erwies sich im Endeffekt als reaktionär. Cassirers Kritik an Heideggers usurpatorischem Auftreten traf ins Schwarze: er hatte den monomanen, faschistoiden Kern seines Denkens durchschaut. Heideggers Flirt mit dem NS-Regime war weder ein Mißverständnis noch ein Zufall. Ein rückhaltloses Eingeständnis seines fatalen Irrtums gelang Heidegger, wie vielen seiner Gesinnungsgenossen, nicht einmal nach dem Zweiten Weltkrieg. Ganz anders Jaspers! Als Arzt und Psychologe brachte er die Begabung eines Diagnostikers der Dekadenz mit. Er diagnostizierte die geistige Situation seiner Zeit, durchschaute die weitverbreitete Verlogenheit seiner Zeitgenossen, suchte in seiner Existenzphilosophie nach einem Ausweg zur Wahrhaftigkeit, wurde aber von den Ereignissen überholt. Nach dem Zweiten Weltkrieg schlug man seine berechtigten Warnungen in den Wind. Die marxistische Ideologie lieferte, ungeachtet ihrer teilweise berechtigten Gesellschaftskritik, keine echte, freiheitliche Alternative des Denkens und verlor sich in Polemik und Streit mit den Konformisten oder Positivisten: eine günstige Zeit für jene wendigen Opportunisten und Scharlatane, die sich von allen Parteien hofieren lassen. Aber es gibt in der deutschen Gegenwartsphilosophie auch erfreulichere Entwicklungen, vor allem in den modernen philosophischen Disziplinen, auf die im allgemeinen Teil dieses Kapitels bereits hingewiesen wurde, ferner in der Einzelforschung und in der Ideologiekritik. Ob die fortschrittlichen oder die restaurativen Kräfte die Oberhand behalten, wird die Zukunft lehren.

10.2.2.5.1 Husserl

Edmund Husserl (1859–1938) aus Proßnitz in Mähren war ein Schüler Franz Brentanos. Bei Carl Stumpf (1848–1936) in Halle studierte er zudem Psychologie. Husserl kam, wie Russell und Brunschvicg, von der Mathematik zur Philosophie. Mit Husserl erweist sich die deutsche Philosophie zu Beginn des 20. Jahrhunderts als an der Mathematik orientiert, in der Mitte zwischen den Extremen des Idealismus und Materialismus, als eine Komponente jenes breiten Mittelfeldes philosophischer Richtungen, zu dem auch der gemäßigte Positivismus und der kritische Realismus gehören. Husserl hat sich selbst im Sinn der neuen Sachlichkeit als Positivist verstanden. Da sich sein Begriff von Philosophie und Wissenschaft im Lauf der Jahrzehnte wandelte, sei hier vor allem auf die Konstanten seines Denkens hingewiesen. Husserls ›Philosophie der Arithmetik‹ (1891) war Franz Brentano gewidmet. Er befaßt sich im ersten Teil derselben mit der Analyse von Grundbegriffen wie Einheit, Vielheit, Anzahl, im zweiten Teil mit dem Symbolgehalt der Begriffe. Schon hier werden einige Grundtendenzen Husserlschen Philosophierens deutlich: die Behauptung der Eigenständigkeit der Mathematik, später der Logik, gegenüber der Psychologie; die analytische Methode, womit sich Husserl grundsätzlich auf den Boden der Analytiker stellt, wenn er auch die empirischen Komponenten ablehnt; schließlich eine Bevorzugung intuitiver gegenüber konventionalistischer (Poincaré) Gewißheit.

Am Anfang dieses Jahrhunderts erschien Husserls monumentales Werk, die ›Logischen Untersuchungen‹ (3 Bände), Russells und Whiteheads ›Principia Mathematica‹ vergleichbar. Der 1. Band, die ›Prolegomena zur reinen Logik‹, enthält die Kritik am Psychologismus. Die logischen Gesetze haben weder induktiven noch relativen, weder wahrscheinlichen noch normativen Charakter, sondern absoluten, apodiktischen, notwendigen. Offensichtlich hält Husserl am Aristotelischen Erkenntnisideal fest, ohne alle idealistischen Implikationen zu übernehmen.

Im 2. Band, den ›Untersuchungen zur Phänomenologie und Theorie der Erkenntnis‹, stellt er die Phänomenologie als philosophische Grundlagendisziplin vor. Husserl tat damit insofern einen glücklichen Wurf, als er eine empfindliche Lücke der ideenphilosophischen Tradition von Platon und Aristoteles bis zum Neukantianismus ausfüllte: die Vernachlässigung des Bereichs der Wahrnehmung gegenüber dem Denken. Er lag damit auf einer Linie mit dem Positivismus, ohne jedoch dessen sensualistisch-empiristische Prämissen zu teilen. Husserl hat durch seine Phänomenologie bewiesen, daß man auch auf einer (nach unten) verbreiterten idealistischen Grundlage mit Erfolg Wissenschaft betreiben kann.

In den ›Ideen einer reinen Phänomenologie‹ (1913) hat er seinen Ansatz dann vertieft, ihn allerdings auch mit einer Reihe von problematischen Begriffen und Dogmen belastet. Kann man seinen Lehren von der Intentionalität, den Aktcharakteren und Bedeutungsebenen zustimmen, so scheint das bei den Lehren vom Wesen, von der Wesensschau und den Wesenswissenschaften im Gegensatz zu den Tatsachenwissenschaften kaum mehr möglich, ebenso wenig bei seinem Absolutismus und Apriorismus. Interessant und nützlich sind dagegen einige Elemente seiner Methodenlehre, zum Beispiel der von den antiken Skeptikern übernommene Begriff der *epoché*, den Husserl im Sinn der Ausklammerung nebensächlicher Bewußtseinsinhalte modifiziert. Husserls Lehre vom »reinen« Bewußtsein erscheint fragwürdig. Hier könnten vergleichende Studien mit Freuds Psychologie des Unbewußten weiterhelfen.

In seinen späteren Schriften hat Husserl manche extreme Position der früheren Jahre zurückgenommen. Seine Konzeption von Philosophie hat sich mindestens zweimal wesentlich gewandelt.

Am Anfang stand die ›Philosophie als strenge Wissenschaft‹ (in ›Logos‹ I, 1910/11). Die zweite Phase gipfelt in den Ausführungen der ›Cartesianischen Meditationen‹ (1931). Hier erscheint die Philosophie in sokratischer Sicht als Selbsterkenntnis. In seinem letzten, unvollendeten Werk ›Die Krisis der europäischen Wissenschaften und die transzendentale Phänomenologie‹ konzipiert Husserl die Philosophie als Selbsterhellung der Vernunft. Seine Phänomenologie, eine legitime Tochterdisziplin des nicht spekulativen Idealismus, hat weltweit Anklang gefunden und gehört zu den großen philosophischen Errungenschaften des 20. Jahrhunderts.

10.2.2.5.2 Scheler

Husserls und Rudolf Euckens bedeutendster Schüler, Max Scheler (1874–1928) aus München, lehrte zunächst als Privatdozent in Jena und München, trat 1910 zurück, lebte als freier Schriftsteller und erhielt 1919 einen Ruf nach Köln. Dort lehrte er – eine Zeitlang neben Nicolai Hartmann – bis zu seinem Ruf nach Frankfurt (1928), wo er vor der Aufnahme seiner Lehrtätigkeit starb.

Scheler war weniger Grundlagen- als Einzelforscher, weniger Methodiker als Improvisator, Essayist, weniger auf eine Disziplin der Philosophie festgelegt als auf deren viele: Theoretische Philosophie, Praktische Philosophie, Metaphysik, Religionsphilosophie, daneben aber auch Biologie, Psychologie und Soziologie.

In der ersten Periode seines Denkens überwog bei Scheler der Einfluß Rudolf Euckens, der ihm eine kantianisch gereinigte Lebensphilosophie (Geistesleben) vermittelte, außerdem eine gewisse Vorliebe für Augustin, den Philosophen der Gottesliebe. Von Husserl übernahm Scheler vor allem begriffliche und methodische Konzeptionen (Phänomenologie, Evidenz, Intention, Wesensschau). Sein auf phänomenologischer Grundlage konzipiertes Hauptwerk ›Der Formalismus in der Ethik und die materiale Wertethik‹ erschien zuerst in Husserls Jahrbuch (1913–1916). In diese Zeit fällt Schelers Wendung zum Katholizismus, sein Personalismus und Theismus, der sich in seiner dritten und letzten Entwicklungsphase zum Pantheismus weiterentwickelt: an die Stelle des persönlichen Gottes der Liebe tritt die tragische Entzweiung des Daseins. Der Mensch wird zum Ort der Gottwerdung. An der Idee einer ideellen Liebesgemeinschaft aller Geistpersonen hielt Scheler jedoch bis zum Schluß seines Lebens fest.

In der Erkenntnistheorie unterscheidet er grundsätzlich zwischen Wissen und Erkenntnis. Wissen heißt etwas wissen, erkennen etwas als etwas wissen. Es gibt drei Erkenntnisfunktionen, denen drei Arten des Wissens entsprechen. Der wissenschaftlichen, induktiven Erkenntnis entspricht das Weltwissen, das auf Beherrschung der Natur und Machtgewinn abzielt, der philosophischen Erkenntnis oder phänomenologischen Intuition entspricht das Wissen um das Wesen, der von der Person zum Absoluten transzendierenden Liebeserkenntnis entspricht das Heilswissen. Scheler glaubt, den Gegensatz von Idealismus und Realismus überwunden zu haben, indem er konsequent zwischen Dasein und Sosein trennt. Der Idealismus verlegt das Sosein mit Recht ins Bewußtsein, zu Unrecht auch das Dasein, der Realismus faßt das Dasein richtig als bewußtseinstranszendent auf, unrichtig ist dagegen seine Folgerung von der Transzendenz des Soseins. Während der Idealismus zum Subjektivismus und Relativismus führt, führt der Realismus zur Skepsis. Scheler hält seinen Standpunkt für »diesseits von Idealismus und Realismus«.

Mit Kant glaubt er an ein Erkenntnisapriori, mit Husserl an die Evidenz und mit Pascal an ein Gefühlsapriori *(ordre, logique du cœur)*.

In seiner Lehre von den Emotionen wendet Scheler die Phänomenologie auf den Bereich der Gefühle an und unterscheidet Nachfühlen, Miteinanderfühlen, Mitgefühl, Einsfühlung, psychische Ansteckung, Liebe und Haß. Im Gegensatz zum Nach- und Mitgefühl fehlt der Einsfühlung die Intention oder Gefühlsrichtung. Liebe macht nicht blind, sondern sehend. Je mehr Liebe, desto sinnvoller erscheint das Dasein. Neben, ja über die Selbstevidenz tritt die Du-Evidenz.

In seiner Ethik kritisiert Scheler den Formalismus, Subjektivismus, Rationalismus und Rigorismus Kants. Die sittlichen Werte sind nicht in der Vernunft, sondern werden vom Wertgefühl intendiert und erfaßt. Das Wertreich ist objektiv und gliedert sich in Werte des sinnlichen und vitalen Fühlens, ferner in geistige und religiöse Werte. Außerdem ist zwischen Sach- und Personenwerten, Mittel- und Selbstwerten, aktiven und reaktiven Werten, Gesinnungs- und Erfolgswerten, Grund- und Beziehungswerten, Individual- und Kollektivwerten zu unterscheiden. Die Personwerte stehen am höchsten. Besonders die sittlichen Werte sind Personwerte. Sie werden nicht direkt verwirklicht, sondern auf dem Rücken anderer Wertintentionen und -handlungen.

Was ist eine Person? Sie ist kein Gegenstand, weder ein Charakter noch eine Substanz, weder identisch mit dem Ich noch mit der Seele. Näher steht der Personbegriff dem Begriff des Individuums. Obwohl Scheler diese Begriffe nicht klar genug unterscheidet, scheint er unter Individuum mehr das Einmalige eines Menschen zu verstehen, unter Person das (unwiederholbare) Aktzentrum. Individuum erscheint mehr als ontologische, elementare und wertneutrale Ganzheit, Person mehr als axiologische (moralisch-ethische), soziale und wertbezogene Einheit. Für die Person ist nicht der funktionale Akt ausschlaggebend, sondern die Bezogenheit auf Personen und Welt. Personen und Welten entsprechen einander. Nur die Person ist ursprünglich gut oder böse. Der jüdisch-christliche Gott ist als Person denkbar, der Gott des Aristoteles (Denken des Denkens) nicht. Schelers Gott ist die absolute Person. Individualität ist wissenschaftlich erfaßbar, Personalität nicht. Antike und christliche Werttypen mischen sich in Schelers Typologie (von »unten« nach »oben«): Lebenskünstler, Weiser, Held, Genie, Heiliger.

Schelers Personalismus ist theozentrisch, nicht anthropozentrisch orientiert, und für den Evolutionsgedanken zeigt er kaum Verständnis. Der Mensch erscheint, der jüdisch-christlichen Tradition gemäß, primär als Gläubiger. Jeder Mensch glaubt entweder an Gott oder an einen Götzen. Der Götze des Nihilisten ist das Nichts. Metaphysik kann Religion weder begründen noch ersetzen. Der Gott der Metaphysiker erscheint als Weltgrund, Sein oder Urprinzip, der Gott der (jüdisch-christlichen) Religion als lebendiger, personaler Gott. Während die Metaphysik die Wirklichkeit intendiert, intendiert die Religion das Heil. Religion und Philosophie sollen einander nicht zu beherrschen versuchen, sondern sie brauchen einander. Scheler nennt dieses komplementäre Verhältnis »Konformitätssystem«.

Schelers Konzeption widerspricht den legitimen Interpretationsmöglichkeiten der Evolutionstheorie nicht grundsätzlich. Eine Untersuchung der Vereinbarkeit beider Konzeptionen wäre daher für Religion, Wissenschaft und Philosophie nützlich.

10.2.2.5.3 Heidegger

Während Scheler mit den brauchbaren Elementen der phänomenologischen Methode einen rationalen Weg des Denkens einschlug, wandelte Martin Heidegger (1889–1976), ein anderer Schüler Husserls, die Phänomenologie zu einer Existentialontologie um und stellte der Philosophie des Wesens eine Philosophie der Existenz gegenüber. Er zog damit die Konsequenz aus der beim späten Husserl erkennbaren Kurskorrektur in Richtung »Lebenswelt«. Heidegger kombiniert in seinem Denken vor allem aristotelische Elemente mit Vorstellungen von Nietzsche, dessen Umwertung aller Werte er in seiner Destruktion abendländischer Metaphysik nachvollzieht. Sein dunkler Stil, sein elitärer Nimbus (»Jargon der Eigentlichkeit«) und seine im Grunde dogmatische Einstellung machten ihn zu einem der umstrittensten Denker seiner Zeit.

Seine terminologischen Innovationen: In-der-Welt-sein, Sich-vorweg-schon-sein, Jemeinigkeit, Ent-fernen, Eksistenz und Sein-zum-Tod wirkten in den zwanziger Jahren mehr als heute, ebenso die angeblich unpsychologische Diagnose von Angst und Sorge als Urgrund des Daseins. Sie entsprechen mehr der (verdrängten) Gefühlswelt des deutschen Kleinbürgertums nach dem Ersten Weltkrieg als der ewigen Verfassung menschlicher Existenz.

Heideggers weitverstreute Aufsätze nach dem Zweiten Weltkrieg, besonders seine Ausführungen zur Technik, sind in einer Sprache geschrieben, die nichts von ihrer alten Suggestivkraft eingebüßt hat.

In dem Aufsatz ›Die Technik und die Kehre‹ (1962) definiert Heidegger Technik als »Gestell«: »Weil jedoch das Sein sich als Wesen der Technik in das Gestell geschickt hat, zum Wesen des Seins aber das Menschenwesen gehört, insofern das Wesen des Seins das Menschenwesen braucht, um als Sein nach dem eigenen Wesen inmitten des Seienden *gewahrt* zu bleiben und so *als* das Sein zu Wesen, deshalb kann das Wesen der Technik nicht ohne die Mithilfe des Menschenwesens in den Wandel seines Geschickes geleitet werden. Dadurch wird indes die Technik nicht menschlich überwunden. Dagegen wird das Wesen der Technik in seine noch verborgene Wahrheit verwunden. Dieses Verwinden ist ähnlich dem, das geschieht, wenn im menschlichen Bereich ein Schmerz verwunden wird. Die Verwindung eines Seinsgeschickes aber, hier und jetzt die Verwindung des Gestells, ereignet sich jedesmal aus der Ankunft eines anderen Geschickes, das sich weder logisch-historisch vorausberechnen noch metaphysisch als Abfolge eines Prozesses der Geschichte konstruieren läßt. Denn nie bestimmt das Geschichtliche oder gar das historisch vorgestellte Geschehen das Geschick, sondern jedesmal ist das Geschehen und das ihm zugewiesene Vorstellen seines Bestandes schon das Geschickliche eines Geschikkes des Seins.«[97]

Rationale Argumentation oder Orakelstil? Tiefsinn oder Schwachsinn? Offenbarungen oder Trivialitäten? Es dürfte nicht einfach sein, diese Fragen zu beantworten, und in dieser Provokation zur Parteinahme, zu Kontroversen, Spekulationen und Interpretationen liegt vielleicht der größte Reiz Heideggerscher Änigmatik.

10.2.2.5.4 Jaspers

Von Karl Jaspers (1883–1969) war bereits im allgemeinen Teil dieses Kapitels die Rede. In den Titeln seiner Werke spiegelt sich, in seltener Reinheit, die Entwicklung seines Denkens wider. Er war einer der ersten Existenzphilosophen und kam von der Psychiatrie zur Philosophie. Sein Denkstil ist weltoffen, sensibel, am Detail interessiert und doch nicht unsystematisch. Die ›Psychologie der Weltanschauungen‹ (1919) bezeichnet den Übergang von der Psychologie zur Philosophie, ›Vernunft und Existenz‹ (1935) führt von der Philosophie zur ›Existenzphilosophie‹ (1938). Nach dem Zweiten Weltkrieg erschien das umfangreiche, wenn auch nicht sehr tiefschürfende Werk ›Von der Wahrheit‹ (1947), 1948 dann der ›Philosophische Glaube‹.

In einer Reihe von Schriften nimmt Jaspers in kritischer Weise zu politischen Fragen Stellung. Diese Schriften erinnern an Russells Spätphase. Jaspers erörtert dort Fragen wie ›Vernunft und Widervernunft in unserer Zeit‹ (1950), ›Die Atombombe

[97] Die Technik und die Kehre, S. 38f.

und die Zukunft des Menschen‹ (1958) und ›Wohin treibt die Bundesrepublik?‹ (1966). Wie die gesamte Existenzphilosophie ist auch das Denken von Jaspers anthropozentrisch orientiert. Grundsätzlich unterscheidet er zwischen Weltorientierung, Existenzerhellung und Metaphysik, umfaßt also die Hauptthemen abendländischer Philosophie: Welt, Mensch, Gott. Jaspers' Welterfahrung ist eher pessimistisch als optimistisch. Die Welt erscheint chaotisch, haltlos, existenzfeindlich. Statt die Welt zu bewältigen, scheitert der Mensch an ihr. Aber Jaspers erkennt die Leistungen der Naturwissenschaften an. Sie vermitteln Weltorientierung. Ohne die Vorarbeit der Wissenschaften ist brauchbares Philosophieren nicht möglich. Die Philosophie setzt an den von den Wissenschaften ausgeklammerten Fragen an. Die Wissenschaften liefern kein geschlossenes Weltbild, sondern nur Sinnfragmente. Der Mensch muß sich zwischen Religion und Wissenschaft, Autorität und Ungewißheit entscheiden. Die Philosophie steht zwischen beiden wie auch zwischen Kunst und Wissenschaft. Der religiöse Mensch glaubt, der Künstler schafft, der Wissenschaftler weiß, der Philosoph zweifelt, fragt, sucht. In der Suche findet der Mensch zu sich und beginnt, über das bloße Dasein hinaus zu existieren. Existierend bewältigt der Mensch zwar nicht die Welt, aber sein Dasein in der Welt. Existenzerhellend wirkt die Philosophie, die wesentlich in Kommunikation besteht. Kommunikation bedeutet gegenseitige Öffnung und Gestaltung, Liebe und Kreativität zugleich. Philosophisch wahr ist ein Denken in dem Maße, als es Kommunikation ermöglicht. Geschichtlich ist die Existenz, insofern der Mensch von der Situation, in der er lebt, mitbestimmt wird. Besonders in Grenzsituationen (Kampf, Schuld, Leid, Tod) erfährt der Mensch seine geschichtliche Existenz. Existenz ist Geschichtlichkeit.

Existenz und Transzendenz sind in der Philosophiekonzeption von Jaspers untrennbar verknüpft. Die Transzendenz entspricht der Metaphysik. Existenz ist Freiheit, das wahre Sein ist Transzendenz. Transzendierend gelangt der Mensch über sich und die Welt hinaus. Der Mensch transzendiert, wenn er wahrhaft existiert. Mit Hilfe von Symbolen transzendiert der denkende Mensch das Denkbare. Zwischen Erscheinung und Transzendenz vermitteln die Chiffren. Die Welt und das Leben können zu Chiffren (Botschaften) und damit transparent werden. Wahrhaft existieren heißt, sich der Transzendenz öffnen, die Welt und das Leben entziffern. An den Grenzen des Erkennens erfährt der Mensch das Umgreifende, das Sein selbst als Welt, Dasein, Existenz, Bewußtsein, Geist, Vernunft und Transzendenz: das Umgreifende alles Umgreifenden, das auch als Gott erfahren werden kann. Gott ist keine Chiffre, sondern spricht durch Chiffren. Es gilt: Transparenz durch Transzendenz, aber auch Transzendenz durch Transparenz. Jaspers' Philosophie hat einen stark religiösen Einschlag, ist aber kein Religionsersatz. Sie zeugt von einem tiefen Verantwortungsgefühl des Menschen für seine Mitmenschen und ist daher nach wie vor aktuell.

10.2.2.5.5 Hartmann

Nicolai Hartmann (1882–1950), Sohn eines Ingenieurs aus Riga, war mit fast allen Teilgebieten der philosophischen Tradition des Abendlandes vertraut. Sein Medizinstudium, die Neigung zu einer universalen Betrachtungsweise und die Abneigung gegen alles Maßlose, Extreme und Radikale verbinden ihn mit Jaspers. Mit der Phänomenologie Husserls und Schelers setzte sich Hartmann, wie mit den Neukantianern, auseinander, zu Heideggers Denken stand er in einem antipodisch gespannten Verhältnis. Als kritischer Realist neigte er von den antiken Denkern besonders Aristoteles zu, befaßte sich aber auch ausführlich mit Platons ›Logik des Seins‹ (1909). Auch in der neueren Philosophie suchte er nach einem Ausgleich zwischen Idealismus und Realismus. Von den Idealisten interessierte ihn besonders Hegel, wenn er auch im Endeffekt den realistischen Strömungen der deutschen Philosophie, die es auch gab (Eduard von Hartmann), näherstand. Insgesamt dürfte Bochenskis Charakteristik zutreffen: »Nicolai Hartmann ist ohne Zweifel eine der bedeutendsten Gestalten der Gegenwartsphilosophie. Neben Whitehead und Maritain[98] hat er als einer der Bahnbrecher der Metaphysik des 20. Jahrhunderts zu gelten. Weniger systematisch als diese, liegt seine Stärke in der Feinheit der Analyse und der bei Deutschen nicht allzu häufigen Gabe, seine Ideen in klarer Form, dabei fesselnd durch inhaltliche Hellsicht und Tiefe vorzubringen. Seine Arbeiten sind wahrhaft Vorbilder nüchterner Exaktheit und wissenschaftlicher Gründlichkeit.«[99]

Es ist in diesem Rahmen nicht möglich, auf Hartmanns fast

[98] Jacques Maritain (1882–1973) war ein führender thomistischer Philosoph.

[99] Joseph M. Bochenski, Europäische Philosophie der Gegenwart. Bern, München 1951, S. 218.

alle traditionellen philosophischen Disziplinen umfassenden Arbeiten einzugehen, auch sind sie nicht alle von gleich hohem Rang. Hartmanns Naturphilosophie und Ästhetik entsprechen nicht modernen Standards, die Sprachphilosophie fehlt fast völlig, obwohl Hartmann die alten Sprachen hervorragend beherrschte, und seine breite Aufarbeitung der Tradition führt bisweilen zur Weitschweifigkeit. Alles dies wird durch die Lichtseiten seiner apollinischen Philosophie mehr als aufgewogen: die Ontologie, die mit ihrer (aristotelischen) Schichtenlehre ein statisches Gegenmodell zur dynamisch-prozessualen Evolutionstheorie bildet, den Versuch, in einer metaphysikfeindlichen geistigen Umgebung die Metaphysik neu zu begründen und nicht zuletzt durch seine ›Ethik‹: »Ein grundlegendes und hervorragend wichtiges Werk, das in Deutschland und den angelsächsischen Ländern eine sehr nachhaltige Wirkung ausübte.«[100] Eine Stelle aus der Einleitung dieser Ethik läßt, ohne die existentialistischen Aspekte des menschlichen Daseins zu verleugnen, den optimistisch-kosmozentrischen Grundzug Hartmannscher Lebensphilosophie erkennen: »Und in welchem schreienden Widerspruch steht die Verarmung zum Reichtum des wirklichen Lebens, zum Leben, das immer da ist und mit aller Fülle uns umgibt! Die Tragik des Menschen ist die des Verhungernden, der an der gedeckten Tafel sitzt und die Hand nicht ausstreckt, weil er nicht sieht, was vor ihm ist. Denn die wirkliche Welt ist unerschöpflich an Fülle, das wirkliche Leben ist wertgetränkt und überströmend, wo wir es fassen, da ist es voller Wunder und Herrlichkeit.«[101]

10.2.2.5.6 Zusammenfassung

Die drei Hauptrichtungen der deutschen Philosophie: Phänomenologie, Existenzphilosophie und Ontologie hatten ihre Blütezeit in der ersten Hälfte des 20. Jahrhunderts und waren an überragende Denkerpersönlichkeiten, Stifter von Schulen oder deren unmittelbare Nachfolger, gebunden. In den Hauptströmungen wirkten bestimmte Kräfte der philosophischen Tradition nach, bei Husserl vorwiegend Platon und der Idealismus, bei Hartmann Aristoteles und der Realismus, bei Scheler und in der Existenzphilosophie von Jaspers erwachten christliche Tendenzen zu neuem Leben, bei Scheler mehr katholische, bei Jas-

[100] Ebd., S. 229.
[101] Ethik. 4. Aufl. Berlin 1962, S. 11.

pers protestantische. Heidegger verfiel der von ihm »destruierten« Metaphysik mehr als er glaubte. Insgesamt trifft für die deutsche Philosophie ähnliches zu wie für die deutsche Politik: nach kraft- und hoffnungsvollen Neuansätzen fiel man in alte Denkgewohnheiten zurück. Husserls noch vor dem Ersten Weltkrieg in Göttingen vollzogene Rückwende zur Transzendentalphilosophie konnte seine Schüler nicht überzeugen. Schelers Katholizismus und später sein tragischer Pantheismus führten ihn zurück, nicht weiter in seinem kometenhaften Aufstieg. Jaspers flüchtete vor den Herausforderungen der Wissenschaften in die Arme seiner »Transzendenz«, und Hartmann, der sich von dem sterilen Neukantianismus losgerungen hatte, geriet, bevor er noch den vollen Anschluß an das moderne Zeitalter fand, in das Fahrwasser einer obsoleten Ontologie.

Das wird noch deutlicher, wenn man diese großen deutschen Denker mit entsprechenden Repräsentanten der westlichen Nachbarländer vergleicht. Während Husserl zu einer überlebten Metaphysik, Scheler und Jaspers zu überlebten Theologien zurückkehrten, emanzipierte sich Russell von beiden und entwickelte folgerichtig ein logisches, mathematisches, philosophisches und wissenschaftliches Konzept der Weltbewältigung. Während Heidegger und Hartmann nicht aus den Verstrickungen ihres Fundamentalismus herausfanden, beschritt Sartre folgerichtig den Weg in eine Philosophie der Freiheit: als Widerstandskämpfer, als Dichter und als Philosoph.

Die »große« deutsche Philosophie in der ersten Hälfte dieses Jahrhunderts zeichnet sich durch extremen Traditionalismus aus. Mit der politischen Klimaveränderung nach 1945 vollzog sich auch in der Philosophie ein Wandel. Ob er echt war und von Dauer sein wird, ist ebenso ungewiß wie im Bereich der Politik. Im modernen bundesdeutschen Szenarium ist von Existenzphilosophie, Ontologie und Phänomenologie nicht mehr viel übriggeblieben. Heute dominieren dagegen zwei Grundkräfte. An die Stelle der Ontologie ist die analytische Philosophie getreten, an die Stelle der Existenzphilosophie die Gesellschaftskritik. Ähnlich wie in der Politik teilen sich zwei große Gruppierungen das Feld: die mit der Wissenschaft, Technostruktur und Industriegesellschaft konformistische traditionalistische »Rechte« und die, wenigstens in der Theorie, revolutionäre »Linke«. Daß die Polarisierung in »Rechte« und »Linke« weder in der Politik noch in der Philosophie fruchtet, ist evident. Wer heute nach weiterführenden philosophischen Ansätzen Umschau hält, muß die immense akademische und nichtakademische Literatur analysieren, was hier nicht möglich ist[102]. Es gibt solche Neuansätze, aber nirgends einen Durchbruch.

10.2.2.5.7 Horkheimer, Adorno, Habermas, Bloch, Albert

In dem sogenannten »Positivismusstreit« zwischen Vertretern des positivistisch-analytisch orientierten Rationalismus und negativ-dialektisch ausgerichteten Systemgegnern, die beide den Anspruch auf eine kritische Denkweise erheben, kommt in methodischer Hinsicht der uralte Gegensatz zwischen Dialektikern (Platon) und Analytikern (Aristoteles) wieder zum Vorschein, in sachlicher Hinsicht der Gegensatz zwischen neuzeitlich-tatsachenorientiertem und heilsgeschichtlich-ideologischem Denken. Im Prinzip geht es dabei um ein »Ja« oder »Nein« zur Technostruktur der modernen Gesellschaft. Der Streit hat zwar die Probleme nicht gelöst, aber ein wenig zur Klärung der Standpunkte beigetragen.

Max Horkheimer (1895–1973) verstand unter »kritischer Theorie« (»Frankfurter Schule«) eine Art Kulturkritik, die mit der »Kraft des Negativen« operiert und sich, ähnlich wie bei Heidegger, gegen die philosophielose Wissenschaftsgesellschaft wendet. Theodor W. Adorno (1903–1969) bildete dann die Theorie – im Gegensatz zu Hegel – zur »Negativen Dialektik« weiter und betrieb interessante ästhetische, moralphilosophische und soziologische Studien. Jürgen Habermas (geb. 1929) wandte die Theorie ins Methodologische und entwarf ein Programm wissenschaftlicher Selbstkritik. Ein positives Moment erhält die Gesellschaftskritik mit Ernst Blochs (1885–1977) »Prinzip Hoffnung«.

Den Positivismusstreit focht Hans Albert (geb. 1921), ein Schüler Poppers, mit Habermas aus. Albert warf seinen Gegnern unter anderem vor, den Begriff »kritisch« für sich allein zu beanspruchen. Hier liegt tatsächlich ein Problem: Der Begriff erscheint, nicht zuletzt durch den Streit selbst, so abgenutzt, daß er kaum noch etwas besagt. Wahre Kritik ist ein Uranliegen allen Philosophierens, dem der Konformist meist weniger entspricht als der Nonkonformist. Kritik an der bundesrepublikanischen Gesellschaft erübrigt sich nach den Erfahrungen des 20. Jahrhunderts keineswegs. Allerdings ist ein gegenseitiges Un-

[102] Vgl. hierzu Hans-Michael Baumgartner u. Hans-Martin Sass, Philosophie in Deutschland 1945–1975. Meisenheim 1978.

terstellen faschistoider Tendenzen keine philosophische Argumentation mehr, sondern erinnert in fataler Weise an die Zeiten der Glaubenskriege.

10.2.2.5.8 Zukunftsperspektiven

Für die deutsche Philosophie zeichnen sich aus den weiterführenden modernen Denkansätzen folgende Möglichkeiten ab:

1. Überwindung der ethnozentrischen und nationalistischen Vorurteile.
2. Geistige Öffnung für zukunftweisende Ideen und Methoden, vor allem der westlichen Nachbarn.
3. Überwindung der eurozentrischen zugunsten einer globalen Betrachtung.
4. Ersetzung monistischer, anthropozentrischer, statischer Metaphysik durch polyzentrische, kosmozentrische, prozessuale Sicht.
5. Abkehr von theologischen, politischen oder wissenschaftlichen Absolutheitsansprüchen und Öffnung für echte religiöse Erfahrung, menschenfreundliche globale Politik und verantwortungsvolle, selbstkritische Wissenschaft.
6. Vermeidung traditionalistischer und revolutionärer Extreme zugunsten evolutionärer Kreativität und Dynamik.

10.2.2.6 Österreich

Wenn in der bereits zitierten Geschichte der österreichischen Philosophie von Kampits Mark Aurel, Nicolaus Cusanus oder Gottfried Wilhelm Leibniz als Ahnherrn österreichischer Philosophie auftreten, läßt das die Problematik der Zuordnung erkennen, die im Vielvölkerstaat der Donaumonarchie des 19. Jahrhunderts nicht geringer wurde. Bernhard Bolzano und Fritz Mauthner stammen aus Böhmen, Ernst Mach aus Mähren, Franz Brentano aus dem Rhein-Lahn-Gebiet und der Gegenstandstheoretiker und Schüler Brentanos Alexius Meinong aus Lemberg. Husserl fand seine geistige Heimat in Deutschland, Wittgenstein in England. Mit mehr Recht werden der Gestalttheoretiker Christian von Ehrenfels (1859–1932), auch ein Schüler Brentanos, Ferdinand Ebner (1882–1931), der Wiederentdecker des dialogischen Charakters der Sprache, und der Universalist Othmar Spann (1878–1950) zu den spezifisch österreichischen Denkern gezählt. Als spezifische Merkmale österreichischen Philosophierens im 19. und 20. Jahrhundert haben (nach Kampits) zu gelten: Realismus, Empirismus, Sprachkritik, Szientismus, ein ambivalentes Wirklichkeitsverständnis (Schein-Wirklichkeit), Konfliktscheu, eine Mischung von Fatalismus und Radikalismus, Perspektivismus. Wittgenstein: »Ich glaube, das gute Österreichische (Grillparzer, Lenau, Bruckner, Labor) ist besonders schwer zu verstehen. Es ist in gewissem Sinn subtiler als alles andere, und seine Wahrheit ist nie auf Seiten der Wahrscheinlichkeit.«

Repräsentativ für österreichische Philosophie im 20. Jahrhundert erscheint vor allem der Wiener Kreis, der an eine von Ernst Mach um die Jahrhundertwende begründete empiristische Tradition anknüpfte. Mit der Berufung (1922) von Moritz Schlick (1882–1936), einem Schüler Plancks und Einsteins, vollzog sich der Anschluß an moderne Entwicklungen der Naturwissenschaften. Um Schlick bildete sich ein Kreis wissenschaftlich hochstehender und philosophisch interessierter Gelehrter wie Rudolf Carnap (1891–1970), die im Abschnitt über die englische Philosophie bereits erwähnten Friedrich Waismann und Otto Neurath, ferner Edgar Zilsel, Hans Hahn und Herbert Feigl. Hahn starb bereits 1934, Zilsel 1943 in den USA. Carnap und Feigl fanden in den USA neue, fruchtbare Wirkungsstätten. Aus dem kleinen Wiener Kreis wurde eine weltweite philosophische Bewegung mit Schwerpunkt in den angelsächsischen Ländern. In dem 1953 von Feigl gegründeten »Minnesota Center« und den ›Minnesota Studies in the Philosophy of Science‹ begann die Arbeit des Wiener Kreises Früchte zu tragen, was ihnen in Österreich verwehrt blieb. Schlick, der Gründer und die Seele des Kreises, blieb in Österreich und wurde 1936 in Wien ermordet.

10.2.2.6.1 Reininger

Während die echte österreichische Intelligenz verzweifelte oder nach dem »Anschluß« Österreichs an Deutschland emigrierte, behaupteten sich Konformismus, Restauration und schöner Schein auf dem Gebiet der Philosophie. Gegenüber dem Wiener Kreis bedeutet der Rückgriff Robert Reiningers (1869–1955) auf Metaphysik und Transzendentalphilosophie einen Rückschritt, wenn auch Metaphysikgläubigkeit und Wissenschaftsgläubigkeit nicht ganz unähnlich sind. Während Schlick in der Erkenntnistheorie Kants Frage nach der Erkennbarkeit der Dinge an sich für ein Scheinproblem hielt, synthetische Urteile a priori ablehnte, eine strenge Entsprechung (Isomorphie) zwischen Erscheinungswelt und Dingen an sich voraussetzte und dem Realismus zuneigte, suchte Reininger mit Hilfe von Berkeleys Formel *esse est percipi* (sein ist wahrgenommen werden) Sein auf Bewußtsein zu reduzieren: »Es gibt für uns kein Sein, das nicht zugleich bewußtes Sein wäre.«[103]

In der Ethik hielt Schlick eine Beschreibung und Ordnung sittlicher Normen für möglich, nicht aber ihre Setzung oder Rechtfertigung. Dagegen ist es möglich, ethische Normen zu außerethischen Faktoren (Verhaltensweisen) in Beziehung zu setzen. Der Pflichtethik stellte er eine Ethik der Güte entgegen, in der auch die Neigung eine Rolle spielt. Reininger glaubte dagegen, seine subjektive Wertethik aus Urerlebnissen, Evidenz- und Wertgefühlen ableiten zu können oder aus seiner Grundannahme vom Sinn des Lebens. In der Relativierung der Normen und Werte stimmten beide Denker überein.

10.2.2.6.2 Neuansätze

Hier wären vor allem Ernst Topitsch (geb. 1919), Wolfgang Stegmüller (1923–1991) und Paul K. Feyerabend (1923–1994) zu nennen. Topitsch leistete auf den Gebieten der Sozialphilosophie, Wissenschaftstheorie und Ideologiekritik wertvolle Arbeit. Gegen die traditionelle Metaphysik wandte er sich in einem viel beachteten Buch ›Vom Ursprung und Ende der Metaphysik‹ (1958). Die Sozialphilosophie siedelte er zwischen Ideologie und Wissenschaft an, Hegels Sozialphilosophie diagnostizierte er als ein Gemisch von Heilslehre und Herrschaftsideologie, analysierte den Zusammenhang von Mythos, Philosophie und Politik und suchte das Reich der Erkenntnis vom Reich der Illusionen abzugrenzen. In den Leerformeln, bei denen er pseudo-empirische, pseudo-normative und essentialistische unterschied, ferner Leerformeln in Form von Begriffen und von Aussagen, erblickte er tautologische Formulierungen, die oft den strategischen Zwecken einer Ideologie dienen und Wissen vortäuschen. Absolute Wahrheiten erscheinen als säkularisierte Theologeme zwecks Absicherung von Machtansprüchen und Verhinderung von Alternativen.

Stegmüller erwarb sich große Verdienste um Sammlung und Ordnung des Gedankengutes des Wiener Kreises, um eine systematische und historische Aspekte verknüpfende Wissen-

[103] Metaphysik der Wirklichkeit. München, Basel 1970, Bd. 1, S. 24.

schaftstheorie und Philosophiegeschichte sowie die Einbeziehung moderner angelsächsischer Philosophie in das Spektrum der Gegenwartsphilosophie.

Zwar noch kein Durchbruch, aber eine neue Konzeption von Philosophie zeichnet sich in Feyerabends Denken ab. Hier wird nicht eine Zwangsjacke mit einer anderen vertauscht, die der Theologie mit einer der Ideologie oder Wissenschaft, sondern mit der Forderung Senecas Ernst gemacht, daß die Philosophie frei sein und befreien soll. Feyerabend wandte sich gegen den Methodenzwang und die Vorherrschaft des wissenschaftlichen Denkens, plädierte für eine Annäherung der Philosophie an die Künste und forderte eine Erkenntnis für freie Menschen. Auch die Wissenschaft trägt Verantwortung und hat sich zu verantworten, ohne Wissenschaftskritik geht es nicht. Feyerabends Vorstellung einer »offenen Wissenschaft« hängt mit seiner Aufgeschlossenheit für die Evolutionstheorie zusammen: »Der schöpferische Prozeß, wo immer er sich entfaltet, in Kunst oder Wissenschaft oder auch einfach in natürlichem und wirksamem Leben, fällt mit der Dynamik der Evolution zusammen.«[104]

10.2.2.7 Schweiz

Auch für die Schweiz bedeutet, wie für fast alle Länder Westeuropas, das Ende des Zweiten Weltkrieges einen Einschnitt. Während man bis dahin von »Philosophie in der Schweiz« sprach, nimmt eine Schweizer Philosophie seither Gestalt an. »So sind die Unterschiede zwischen der Schweiz und ihren größeren Nachbarländern insofern kleiner geworden, als jene Werke, die man philosophische Jahrhundertwerke nennen mag, in den vergangenen Jahrzehnten weder hier noch da geschrieben wurden. Deshalb richtet sich die Skepsis gegenüber einer schweizerischen Philosophie heute auf das Feld der Geschichte.«[105]

So wird Rousseau mit Recht in den einschlägigen Handbüchern als französischer Philosoph Schweizer Herkunft aufgeführt. Der Züricher Physiognomiker Johann Kaspar Lavater (1741–1801) und der Pädagoge Johann Heinrich Pestalozzi (1746–1827) gehören streng genommen nicht zur Philosophie,

[104] Jantsch über Feyerabend in: Selbstorganisation des Universums, S. 391.
[105] Martin Meyer, Philosophie in der Schweiz. Zürich, München 1981, S. 6.

ebensowenig der Mathematiker Leonhard Euler (1707–1783) und der Kulturhistoriker Jacob Burckhardt (1818–1897).

In der zweiten Hälfte des 19. Jahrhunderts änderte sich tatsächlich die Situation. Mit Paul Häberlin, Ferdinand Gonseth, Jean Piaget, Hans Barth, Michael Landmann und Walther Ch. Zimmerli gewinnt die Philosophie in der Schweiz zunehmend das Profil einer Schweizer Philosophie. Im weiteren Sinn gehören Carl Gustav Jung, Ludwig Binswanger und Karl Barth dazu, ferner Adolf Portmann, Friedrich Dürrenmatt und Hans Küng.

Als Merkmale nicht nationaler Eigenart sondern des Geistes schweizerischen Philosophierens werden danach angeführt: Pluralismus der Denkansätze und Tendenzen, Toleranz, mehr Kritik und Skepsis als Spekulation, Mangel an Autoritätsgläubigkeit und infolgedessen an Schulbildungen. Zu einer schweizerischen Philosophie im Sinne deutscher Philosophenschulen kam es nicht: »War zu Beginn des Jahrhunderts das philosophische Leben bei uns bestenfalls ein Ausschnitt aus dem Schulbetrieb in Deutschland gewesen, an dessen Vielfalt man mit der üblichen Verspätung teilnahm, so hatte vor allem die Abschnürung von Deutschland nach 1933, die unserer Selbständigkeit hätte förderlich sein können, doch nicht zur Entfaltung einer philosophischen Eigenart geführt.«[106]

10.2.2.7.1 Häberlin, Gonseth, Piaget

Paul Häberlin (1878–1960), der erste große Repräsentant schweizerischen Philosophierens im 20. Jahrhundert, bleibt, ungeachtet seiner berechtigten Kritik am Subjektivismus und Psychologismus noch in manchen Denkgewohnheiten der Zeit befangen: Systemgläubigkeit, Apriorismus, Fundamentalismus und Anthropologismus. Im Unterschied zu der in Deutschland weitverbreiteten subjektivistischen Anthropozentrik verlagert sich bei Häberlin, wie bei dem Balten Nicolai Hartmann, der Schwerpunkt auf eine kosmozentrische Betrachtungsweise, die auch die Anthropologie verändert, »objektiviert«. An Hartmann kritisiert Häberlin allerdings die Haftung am Empirischen. Der moderne Empiriker wäre sicherlich um eine Antwort nicht verlegen: Häberlin übersieht den empirischen *input* und die psychologisch-soziologische Bedingtheit seines Denkens. Er hat nicht begriffen, daß keine Metaphysik der anderen etwas voraus hat: alle Metaphysik ist Schein, geborgt, unecht.

[106] Ebd., S. 35f.

Häberlins Metaphysik hat vielen anderen jedoch voraus, daß in ihr die Ur-Aporien westlichen Denkens sichtbar werden, der pythagoreische Gegensatz: Einheit – Vielheit, der parmenideisch-heraklitische: Sein – Werden, der platonisch-demokritische: Idee – Materie und der aristotelische: Möglichkeit – Wirklichkeit. Der Begriff des Absoluten weist auf die christliche Tradition zurück. Häberlins Denken ist in hohem Maß traditionalistisch. Sein Versuch, die Existenzphilosophie in sein System zu integrieren, führt eher zurück als weiter. Schweizerisch erscheinen seine Tendenzen zum Ausgleich der Gegensätze und seine bei aller Einseitigkeit große Toleranz.

Repräsentiert Häberlin die weitgehend von deutscher Philosophie abhängige konservative Komponente im schweizerischen Denken, so ändert sich das bei Ferdinand Gonseth (1890 bis 1975), dem Begründer der Zeitschrift ›Dialectica‹, worin die angelsächsische Philosophie in eigener Sprache zu Wort kam. Gonseth gründete 1946 die »Internationale Gesellschaft zur Pflege der Logik und Philosophie der Wissenschaften«. »Es gab noch in den dreißiger Jahren namhafte politische Philosophen ... an den Universitäten von Zürich und Basel, die nie in England gewesen waren. Es ist kaum vorstellbar, daß der politisierende Heidegger je einen solchen Vorwurf zu hören bekommen hätte.«[107]

Hier wird der Unterschied zwischen der zur Öffnung tendierenden Schweizer Philosophie und der zwischen den Weltkriegen zur Abschließung neigenden deutschen Philosophie Heideggerschen Stils deutlich. In der Thematik der Werke Gonseths spiegelt sich der Wandel vom traditionellen zum modernen Denken: Philosophie der Mathematik und Logik, Grenzprobleme zwischen Philosophie und Wissenschaft, darunter ein sechsbändiges Werk über das Raumproblem und eine Arbeit über das Problem der Zeit. Der *philosophia perennis* Häberlins tritt Gonseth mit einer *philosophie ouverte* entgegen.

Die Abwendung vom spekulativen Deutschen Idealismus und die Hinwendung zum empirischen Denken setzt sich bei dem Erkenntnistheoretiker Jean Piaget (1896–1980), dem Direktor des Rousseau-Instituts in Genf, fort. Piaget überwand nicht nur den Apriorismus Häberlins, sondern entzog dem Kantischen Apriorismus überhaupt durch sorgfältige philosophische und psychologische Einzelforschung allmählich den

[107] Ebd., S. 13.

Boden. »Anders als bei Kant sind nach Piaget die Kategorien der Erfahrung und des Denkens nicht gleich ursprünglich gegeben, sondern werden in einer struktural geordneten und nicht soziologisch und lerntheoretisch erklärbaren Abfolge erworben.«[108] In Piagets Übergang von der Philosophie zur Biologie und Psychologie kommt die Umkehrung des Abhängigkeitsverhältnisses zwischen Philosophie und Wissenschaft zum Ausdruck: Nicht der mit den Wissenschaften unzufriedene Wissenschaftler gelangt zur Philosophie, sondern der von der Philosophie frustrierte Denker wird zum Wissenschaftler. Piagets Buch ›Weisheit und Illusionen der Philosophie‹ (1965) ist ein wichtiges Dokument der Philosophiegeschichte dieses Jahrhunderts.

10.2.2.7.2 Barth, Landmann, Zimmerli und andere

Bei Hans Barth (1904–1965) wird der Zusammenhang der Philosophie mit der Politik, mit der Entwicklung des demokratischen Gemeinwesens in der Schweiz in einem seiner Buchtitel deutlich: ›Fluten und Dämme. Der philosophische Gedanke in der Politik‹ (1943). Die 1941 zur Förderung philosophischer Arbeit in Zürich begründete »Marie Gretler-Stiftung« stellte unter der Präsidentschaft Barths 1945 das Thema »Philosophie in der Schweiz« zur Diskussion, ohne den Anspruch einer autochthonen Schweizer Philosophie zu erheben. Barth befaßte sich ausführlich mit dem Begriff der Erscheinung, vor allem aber mit Grenzfragen von Politik und Philosophie in seinen Büchern: ›Wahrheit und Ideologie‹ (1945), ›Pestalozzis Philosophie der Politik‹ (1954) und ›Masse und Mythos‹ (1959). Hans Barth stellte fest, daß das schweizerische Denken vom Konkreten ausgehe und im Konkreten münde. Nur wo konkrete Probleme der wissenschaftlichen Erkenntnis oder der politischen Wirklichkeit zu lösen seien, komme es zu prinzipiellen Fragestellungen und Problemlösungen. Das schweizerische Denken ist in der Tat ein pragmatisches, empirisches Denken, das in der Bewährung ein Kriterium der Wahrheit und Richtigkeit erblickt. Ein solches Denken ist nach Barth durchaus philosophischer Art, denn »gerade die konkrete Erkenntnis und die Erkenntnis des Konkreten erweisen sich als höchste philosophische Einsicht.«[109]

[108] Ebd., S. 19.
[109] Ebd., S. 58.

Landmann und Zimmerli können als Beispiele dafür genannt werden, daß die Schweiz bei der Besetzung philosophischer Lehrstühle mit Ausländern durchaus nicht immer eine negative Bilanz aufzuweisen hat. Der Kulturphilosoph Michael Landmann (geb. 1913) ging von der Freien Universität Berlin 1979 nach Haifa. Ausgehend von Sokrates und Nietzsche, gelangte Landmann »zur philosophischen Anthropologie und schließlich zur Fundamentalanthropologie«. Der Zusammenhang von anthropologischen und kulturphilosophischen Aspekten kommt in dem Titel ›Der Mensch als Schöpfer und Geschöpf der Kultur‹ (1961) zum Ausdruck. Besonderes Interesse widmete Landmann Israel und der jüdischen Kultur.

Walther Ch. Zimmerli (geb. 1945), »unter den jüngeren Schweizern wohl der vielseitigste und produktivste Autor«, Leiter der Hegel-Forschungsstelle an der Universität Zürich (1974–1984), seit 1978 Professor für Philosophie an der Technischen Universität Braunschweig, hat sich als Gastprofessor in Europa, den USA und Japan, als Mitherausgeber von ›Philosophy and Technology‹ sowie seit 1986 als Mitglied der ›Akademie für Ethik in der Medizin‹ einen weit über die Grenzen der Schweiz und der Bundesrepublik hinaus bekannten Namen gemacht. Als Autor oder Herausgeber von zwölf Büchern und Verfasser von über hundert Aufsätzen und Artikeln über ein weitgestreutes Themenfeld traditioneller und moderner Philosophie gehört er zu den vielversprechenden Nachwuchsphilosophen der Gegenwart.

Von den philosophierenden Wissenschaftlern haben Carl Gustav Jung, Karl Barth, Adolf Portmann und Hans Küng internationale Bedeutung erlangt. Das gleiche gilt für den Dichter Friedrich Dürrenmatt, der selbst Philosophie studiert hat und sich besonders für das Verhältnis der Philosophie zu den Naturwissenschaften interessiert. Bei der Hundertjahrfeier für Albert Einstein wählte die Technische Hochschule Zürich keinen Fachphilosophen oder -wissenschaftler zum Hauptredner, sondern den Dichter Dürrenmatt, einen mutigen Kämpfer gegen die Welt der selbstgerechten Spießer, Technokraten und Bürokraten.

10.2.2.8 Italien

Nach der langen Jesuitenherrschaft hatte sich die italienische Philosophie im 19. Jahrhundert so weit erholt, daß sie den Anschluß an die Hauptströmungen der europäischen Philosophie gewann. Als sie im Begriff war, eigene Akzente zu setzen und ihre in der Renaissance und frühen Neuzeit geprägte Identität wiederzufinden, erlitt sie einen schweren Rückschlag.

10.2.2.8.1 Gentile

Mit dem Erstarken des Faschismus in Italien nach dem Ersten Weltkrieg war eine unabhängige philosophische Entwicklung ausgeschlossen. War Mussolini der Diktator auf politischem, so war es Giovanni Gentile (1875–1944) auf geistigem Gebiet. Er dozierte an den Universitäten von Palermo, Pisa und Rom. Als Unterrichtsminister »reformierte« er das Schulwesen. Am Ende wurde er von einer Gruppe junger Kommunisten ermordet und teilte auch darin das Schicksal seines »Duce«. Gentile glaubte, daß vor dem Denken nichts vorauszusetzen ist: »Niente si può presuppore al pensiero.« Das Objekt löst sich im Subjekt auf. An Hegel kritisiert er, daß er eine Dialektik des Gedachten anstelle einer Dialektik des Denkens eingeführt habe. Nach Gentile ist zwischen abstraktem und konkretem Denken zu unterscheiden. Denken ist handeln – *pensare è agire* – und handeln ist denken.

Was in der Theorie Irrtum heißt, heißt in der Praxis Übel. Ohne Irrtum gibt es nach Gentile keine Wahrheit und ohne Übel nichts Gutes: »Senza errore infatti non ci sarebbe verità, nè senza male ci sarebbe bene.« Der illusionistisch-nihilistische Hintergrund dieser »Theorie« ist der gleiche wie bei Nietzsche. Die Grenzen werden verwischt, und im Trüben läßt sich wunderbar fischen. Gentiles Aktualismus entsprach dem Aktivismus der Faschisten. Beide sind Erscheinungsformen des Irrationalismus.

10.2.2.8.2 Neuthomisten, Marxisten, Existentialisten

Als dritte Kraft, neben den Anhängern Benedetto Croces und Gentiles, behauptete die katholische Philosophie, besonders der Neuthomismus, seine Stellung: Agostino Gemelli, Carlo Mazzantini, Marino Gentile. Zum christlichen Spiritualismus zählen Luigi Stefanini, Renato Lazzarini und Antonio Brancaforte.

Nach 1945 gewannen die Marxisten an Boden: Antonio

Gramsci, Antonio Banfi, Enzo Paci. Banfi begann mit Husserl, beschäftigte sich mit Kant und endete bei Marx. Gramsci vertrat einen historisch-humanistischen Marxismus: ›Lettere dal carcere‹ (1946). Nicola Abbagnano setzte sich mit den verschiedenen Stilarten des Existentialismus auseinander: ›La struttura dell' esistenza‹ (1939), stellte sich in Gegensatz zum Idealismus und untersuchte die irrationalen Quellen des Denkens: ›Le sorgenti irrationali del pensiero‹ (1923).

Von den kritischen Einzelgängern ist Guido Calogero zu erwähnen. Er schrieb sein dreibändiges philosophisches Hauptwerk im Gefängnis (1942), die ›Lezioni di filosofia‹ (1946 bis 1948), und ergänzte den Aktualismus Gentiles, dem er sich im Prinzip anschloß, durch eine Ethik der Verantwortung. Moralität fällt für Calogero mit Altruismus zusammen.

Augusto Guzzo wollte den Gegensatz Realismus – Idealismus überwinden und entwarf einen »doppelten Idealismus«, für den der Begriff »Andersheit« *(alterità)* wichtig ist, die nicht mit dem Objekt identisch ist, sondern schon als Aktcharakter in Erscheinung tritt und bewirkt, »daß ihr Gegenwärtigsein ein Gegenwärtigsein für das Bewußtsein im Bewußtsein ist«. Guzzo errichtete in seinen zahlreichen Werken ein philosophisches System, das in seiner Größe und Kompliziertheit Bewunderung erregt.

Einen anderen Weg beschritt Michele Federico Sciacca, der auf der Linie von Platon, Augustin, Pascal und Rosmini einen »Christlichen Spiritualismus« schuf, den man als »integrale Philosophie der objektiven Innerlichkeit« bezeichnen kann: ›L'interiorità oggettiva‹ (1958). Ein besonderes Anliegen Sciaccas war die Widerlegung des Atheismus. Sein Schrifttum ist ähnlich reich und vielfältig wie das Guzzos.

Zu erwähnen sind die Mathematiker Giuseppe Peano (1858 bis 1932), der die Grundlagenforschung der mathematischen Logik vorantrieb und von dem Russell die Zeichensprache übernahm, sowie Federico Enriques (1871–1946), der eine Wissenschaftsphilosophie hervorbrachte: ›Problemi della scienza‹ (1906) und ›Scienza e razionalismo‹ (1912).

Von den jüngeren italienischen Philosophen verbindet Evandro Agazzi eine gediegene Ausbildung in mathematischer Logik und Wissenschaftstheorie mit Kenntnissen in der Naturphilosophie. Er befaßte sich besonders mit Maxwell und Einstein. Agazzi ist sich der Grenzen naturwissenschaftlichen Erkennens bewußt und überläßt die Erforschung der ethischen Phänomene der Philosophie. Ganz von selbst ergibt sich für ihn daraus die Tendenz zu interdisziplinärer Zusammenarbeit.

Italien kann auf eine große Tradition der Rechtsphilosophie und der humanistischen Studien zurückblicken. Giorgio Del Vecchio (1878–1970) betrieb rechtsphilosophische Grundlagenforschung, untersuchte den Wahrheitsbegriff im Recht und in der Moral, befaßte sich aber auch mit politischen Problemen: Staat, Krieg und Frieden. Felice Battaglia (1902–1977) erforschte die Zusammenhänge von Wirtschaft, Recht und Moral und konzentrierte sich auf systematische und historische Aspekte des Wertproblems. Norberto Bobbio (geb. 1909) verband bei seiner Analyse von Begriffen des Rechts und der Politik positivistische und strukturalistische Methoden. Besondere Aufmerksamkeit schenkte er der Staatsautorität, ferner den Beziehungen zwischen Struktur und Funktion, Diktatur und Demokratie. Remo Cantoni (1914–1978) suchte, im Anschluß an Kierkegaard und Dostojewski, nach neuen Wegen zu einem zeitgemäßen Humanismus, wobei er auch das primitive und mythische Denken in seine Analysen einbezog. In einer Zeit der Krise des Menschseins bedarf es klarer Unterscheidungen zwischen menschlichem und unmenschlichem Dasein.

10.2.2.9 Griechenland

Ueberwegs Feststellung: »Das philosophische Denken hat in Griechenland niemals eine vollständige Unterbrechung erlitten«[110], behält nach wie vor seine Gültigkeit. Die griechische Philosophie ist der Gefahr der Erstarrung, wie sie eine große Tradition in sich birgt, nicht erlegen. Damit kann sie auf eine in der Philosophiegeschichte einmalige, fast dreitausendjährige Entwicklung zurückblicken. Während dieser Zeit ist sie ihrem alten Prinzip der Offenheit gegenüber neuen Ideen treugeblieben. Sie hatte es nicht nötig, sich hinter einem Wall von Dogmen zu verschanzen und Schranken der Orthodoxie zu errichten.

In Byzanz lebte die griechische Philosophie in platonischer, neuplatonischer oder aristotelischer Ausprägung weiter. Die jüdisch-christliche Tradition verband sich vor allem mit dem Neuplatonismus, aber auch mit dem Stoizismus. Erst Michael

[110] Grundriß der Geschichte der Philosophie, Bd. 5, S. 363.

Psellos (1018–1078 oder 1096) gelang es, die verschiedenen Komponenten in einer großen christlichen Synthese zusammenzufassen. Je nachdem, ob im byzantinischen Denken liberale oder konservative Tendenzen vorherrschten, überwog der Platonismus oder der Aristotelismus. Im 9. Jahrhundert blühte unter dem Patriarchen Photios (ca. 820–900) und seinem Schüler Arethas (ca. 860–935) der Platonismus, ebenso im 15. Jahrhundert unter Plethon (ca. 1355–1450). Mit dem Fall Konstantinopels (1453) begann eine aristotelisch-konservative Periode, die bis zur Befreiung Griechenlands von der Türkenherrschaft (1829) im wesentlichen andauerte.

Mit Eugenios Bulgaris aus Korfu (1716–1806) gelangte die Philosophie der Aufklärung nach Griechenland. Demetrios Galanos aus Athen (1760–1833) studierte viele Jahre in Indien und übersetzte brahmanische Schriften. Theophilos Kaïres aus Andros (1784–1853) studierte in Paris, brachte neue Ideen mit, stiftete in seiner Heimatstadt ein Waisenhaus und starb, wegen seines Rationalismus verfolgt, im Gefängnis. Petros Brailas Armenes aus Korfu (1812–1884) studierte ebenfalls in Paris, war als Gesandter in London, Petersburg, Paris und Konstantinopel tätig und entwarf ein philosophisches System, in dem er traditionelle und moderne Vorstellungen verschmolz. Die Philosophie, verstanden als allgemeine Wissenschaft des Denkens und Handelns, besteht aus Noologie und Güterlehre. Die Noologie umfaßt Psychologie, Logik, Ästhetik und natürliche Theologie, die Güterlehre Ethik, Rechtsphilosophie und Philosophie der Geschichte. Wie der Begriff »Noologie« (Geistlehre) zeigt, hat die griechische Philosophie antike, christliche und neuzeitliche Elemente verarbeitet, ohne ihren spezifisch griechischen Charakter zu verlieren.

10.2.2.9.1 Boreas, Papanoutsos, Tsatsos, Kanellopoulos

Theophilos Boreas (gest. 1954) führte in Griechenland die experimentelle Psychologie ein und gründete an der Universität Athen ein Psychologisches Institut. Die Philosophie hat nach Boreas die Aufgabe, die von den Einzelwissenschaften erarbeiteten Ergebnisse in einer Welt- und Lebensanschauung zusammenzufassen. In vier Bänden (›Academeica‹, 1932–1935) behandelte er Logik, Psychologie und Ethik und verfaßte eine Einführung in die Philosophie. Seine größte Leistung lag aber wohl in der Umsetzung der modernen philosophischen Terminologie in die griechische Sprache.

Evanghelos Papanoutsos (1900–1982) gründete und leitete die Zeitschrift ›Erziehung und Leben‹ (1947–1961). Er versuchte, Natur und Kultur zusammenzudenken. Wissenschaft und Philosophie suchen gemeinsam nach der Wahrheit, unterscheiden sich aber voneinander wie Bewußtsein vom Bewußtsein des Bewußtseins oder Wissenschaft von Metawissenschaft. Seine Dreiteilung der Philosophie in Erkenntnistheorie, Ethik und Ästhetik erinnert an die aristotelische Dreiteilung des Geistes in theoretische, praktische und künstlerische Vernunft. Sehr modern ist seine Theorie der Überwindung der Subjekt-Objekt-Spaltung durch Selbsttranszendenz des Denkens, ebenso die der Philosophie zugewiesene Rolle einer kritischen Instanz.

Constantine Tsatsos (1899–1987) aus Athen, Widerstandskämpfer, Philosoph und Politiker (Präsident 1975–1980), ausgezeichnet mit dem Coudenhoven-Kalergi-Preis (1980) und vielen anderen Ehren, verstand unter Philosophie primär und wesentlich das Streben nach Freiheit. Auf ihr beruhen die Werte, der Sinn des Lebens und die Objektivität des Erkennens. Tsatsos verkörpert, den historischen Umständen entsprechend, Platonischen Idealismus im besten Sinn des Wortes.

Panayotis Kanellopoulos (1902–1986) aus Patras, überzeugter Europäer und Staatsmann wie Tsatsos, schrieb ein achtbändiges Werk zur ›Geschichte des europäischen Geistes‹ (1966–1974) und gab mit Tsatsos und anderen das ›Archiv für Philosophie und Wissenschaftstheorie‹ heraus (1928–1940). Als Soziologe und Sozialphilosoph machte er Max Weber und Karl Jaspers in Griechenland bekannt und sah in der Philosophie eine Art Metawissenschaft. Dem Soziologismus Mannheims stand er kritisch gegenüber.

10.2.2.9.2 Bozonis, Moutsopoulos

Zu den modernen griechischen Denkern zählt George Bozonis (geb. 1929), Mitglied mehrerer philosophischer Vereinigungen, Platoniker und überzeugter Humanist. Als solcher versucht er den Brückenschlag zwischen altgriechischer Bildung, Kultur und Menschlichkeit und modernem Streben nach Identität, Authentizität und Humanität. Ihm schwebt nichts Geringeres als eine Sokratische Anthropologie auf griechisch-europäisch-moderner Grundlage vor.

Ähnliche Ziele, nur unter Einbeziehung Amerikas, verfolgt Evanghelous Moutsopoulos, Rektor der Universität von Athen (1977), Mitglied zahlreicher wissenschaftlicher Institutionen in

Europa und in den USA, Präsident der Mediterranen Gesellschaft für Philosophie und Herausgeber oder Mitherausgeber philosophischer Zeitschriften. Sein Hauptinteresse gilt dem Zusammenhang von Wert, Idee und Wirklichkeit, daneben aber auch ästhetischen und historischen Problemen, nicht zuletzt der abendländischen Geistesgeschichte, die sich in ihren Grundzügen als eine Geschichte des hellenischen Geistes verstehen läßt.

10.2.2.10 Spanien

Fand die griechische Philosophie dank ihres großen Erbes und ihrer traditionellen Aufgeschlossenheit für neue Ideen nach der Befreiung von der türkischen Herrschaft ohne weiteres den Anschluß an das moderne Zeitalter, zeigte die italienische Philosophie – wie die deutsche – zwar hoffnungsvolle Ansätze, erzielte aber infolge eines Rückschlages durch den Faschismus keinen Durchbruch zum modernen Denken, so kam die spanische Philosophie dank ihrer klerikalen und faschistischen Abhängigkeit nicht über schwache Ansätze hinaus:

»Die spanische Philosophie ist bisher ohne Bedeutung gewesen, die meisten Vertreter hatte im 19. Jahrhundert die vollkommen sterile kirchlich-scholastische Philosophie.«[111] Neuere Forschungen haben Ueberwegs lange maßgebendes Urteil als unhaltbar erwiesen, aber es zeigt sich hier, wenn irgendwo, daß die religiösen, politischen und sozialen Umfeldbedingungen auch die Entwicklung der Philosophie beeinflussen. Unamuno sah eine Ursache für die geistige Rückständigkeit seines Landes in dem reaktionären Regime »der ekelhaften Dynastie Bourbon-Habsburg«[112]. Entsprechendes gilt für Österreich und für Deutschland unter den Hohenzollern. Während in freiheitsliebenden Ländern wie Holland, der Schweiz und Griechenland die Philosophie gedeihen konnte, degenerierte sie in Deutschland, Italien, Österreich und Spanien mehr oder weniger zur Restaurationsphilosophie. England, Frankreich und die USA schafften – wenn auch unterschiedlich – den geistigen Durchbruch ins moderne Zeitalter aus eigener Kraft. Berücksichtigt man derartige politische und andere Faktoren gebührend, wird

[111] Ebd., S. 357.

[112] Ivo Höllhuber, Geschichte der Philosophie im spanischen Kulturbereich. München, Basel 1967, S. 123.

man weniger dazu neigen, die zeitbedingte Sterilität und Rückständigkeit spanischer Philosophie der spanischen Mentalität oder dem spanischen Geist anzulasten, der seine Größe und Beweglichkeit in der Antike mit Seneca und Marc Aurel, am Ausgang des Altertums mit Isidor von Sevilla, im Mittelalter mit Dominicus Gundisalvus und Raimundus Lullus und in der Neuzeit durch Francisco Suárez und Baltasar Gracian hinreichend bewiesen hat.

10.2.2.10.1 Menéndez y Pelayo, Unamuno, Ortega y Gasset

Marcelino Menéndez y Pelayo (1856–1912) revoltierte in seinen geistreichen, scharfen und gefürchteten philosophischen Essays gegen den Krausismus – eine Variante des Deutschen Idealismus, nach Friedrich Krause (1781–1832) benannt –, aber auch gegen den Thomismus, Scholastizismus und eine orthodoxe, verengte Auffassung des Christentums.

Der baskische Dichterphilosoph Miguel de Unamuno (1864 bis 1936) dozierte seit 1891 Altgriechisch an der Universität Salamanca und entschied sich schon im Ersten Weltkrieg für die Sache der Freiheit, insbesondere für Frankreich. Ausbruch und Ausgang des Spanischen Bürgerkriegs zu erleben, blieb dem leidenschaftlich das Leben, den Frieden und die Freiheit liebenden Nonkonformisten erspart. Dem zeitgenössischen Christentum gab er kaum mehr eine Chance. Seine große Gerechtigkeitsliebe fand in der Forderung Ausdruck, man müsse verhindern, daß auch dem letzten Staatsbürger das geringste Unrecht widerfährt. Unamuno war ehrlich genug, die ausgleichende Gerechtigkeit nicht Gott zu überlassen, in dem er eine Selbstprojektion des Menschen ins Unendliche sah: der Gottesglaube erschafft Gott. Das unlösbare, tragische Problem der Philosophie besteht in der Vermittlung zwischen Herz und Verstand: alles Lebendige ist irrational, und alles Rationale ist lebensfeindlich. Das Bewußtsein ist eine Krankheit. Das tragische Lebensgefühl, das Unamuno beherrschte, fand sich im Scheitern seiner Hoffnungen bestätigt, Spaniens Luther zu werden und Europa zu »hispanisieren«. Kein Wunder, wenn in seinem das Unmögliche erstrebenden Denken die Macht des Todes – wie bei vielen spanischen Denkern seit Seneca – stark empfunden wird. Der Titel seines philosophischen Hauptwerks spricht für sich: ›El sentimiento trágico de la vida‹ (Das tragische Lebensgefühl).

Mit Unamuno teilte José Ortega y Gasset (1883–1955) den

Antimonarchismus, eine starke Liebe zu Europa, eine aristokratische Grundtendenz und die Unterordnung der Vernunft unter die Lebenswerte. Nach vielen und längeren Auslandsaufenthalten in europäischen und iberoamerikanischen Ländern gründete er 1948 das »Instituto de Humanidades«, ein Forschungszentrum mit humanistischer Zielsetzung. Ortegas Leitmotiv *yo soy yo y mi circunstancia* (ich bin ich und meine Umgebung), läßt die individualistisch-subjektivistische Orientierung seines Perspektivismus erkennen: jeder Mensch erfaßt die Welt von seinem Standpunkt und bildet mit ihr eine lebendige Einheit. Die Erkenntnis, daß mithin jede Philosophie Irrtum und Wahrheit ist, führt ihn an die Grenze des Illusionismus und der Mystik. Ortega warnte vor der Vermassung, in der er ein Grundübel seines Zeitalters erblickte. Der Geist des Massenmenschen ist anmaßend, vulgär und ordinär. Die Masse ist der schlimmste Tyrann, der Feind aller höheren Bildung, alles erlesenen Geschmacks und jedes edlen Charakters. Der moralische Verfall Europas, sein Immoralismus ist evident, ebenso der Verfall der Kultur und die technische Barbarei, die unter anderem im Spezialistentum sichtbar wird. Nur eine authentische, am Leben orientierte Philosophie vermag den geistigen und politischen Verfall Europas aufzuhalten, die Gesellschaft aus Infantilismus und primitivem Rebellentum herauszuführen und anstelle des Massenmenschen den Elitemenschen zu bilden.

10.2.2.10.2 Berrueta, Marañon, Xirau

In gewisser Hinsicht ein Vorläufer Wittgensteins war der Professor für Mathematik, Physik und Chemie Juan Dominguez Berrueta aus Salamanca, der sich daneben auch mit Musiktheorie und Fragen der Mystik befaßte. Mit seiner Mystik hat Spanien die europäische Philosophie wesentlich bereichert. Teresa von Avila (1515–1582) beeinflußte Leibnizens Metaphysik, und Juan de la Cruz (1542–1591) erforschte die Mystik systematisch. Seine konsequente Unterscheidung zwischen Meditation (kognitiv) und Kontemplation (intuitiv) ist grundlegend, ebenso seine differenzierte Analyse der *via purgativa* (Weg der Reinigung), *via illuminativa* (Weg der Erleuchtung) und *via unitiva* (Weg der Vereinigung). Diese große mystische Tradition, die auf einen empfindlichen Mangel der westlichen Philosophie im Vergleich zur indischen hinweist, setzte Berrueta im 20. Jahrhundert fort. Auch hier bietet die spanische Philosophie, wenn nicht eine Alternative, so doch eine wesentliche Ergänzung zum westlichen Rationalismus und Intellektualismus. Berruetas ›Gesang des Schattens‹, der Unaussprechbares anzudeuten versucht, findet in Heideggers Sprachphilosophie und Wittgensteins Philosophie des Schweigens Entsprechungen.

Gregorio Marañon, ein Zeitgenosse Ortegas, war Mediziner (Endokrinologe), Biologe und Philosoph. Als Mitbegründer der Zweiten Spanischen Republik flüchtete er nach Frankreich und später in die USA (1936–1943). Seine Forschungen auf den Gebieten der sexuellen Evolution und Persönlichkeitspsychologie haben wesentlich zur weiteren Erhellung des Don-Juanismus und des geschlechtsspezifischen menschlichen Verhaltens beigetragen. Darüber hinaus befaßte sich der äußerst vielseitige Gelehrte von einem liberalen, modernen und pluralistischen Standpunkt aus mit historischen, literarischen und politischen Fragen.

Joaquin Xirau, ein Freund Ortegas, stand im Spanischen Bürgerkrieg auf der Seite der Republikaner, flüchtete 1939 nach Frankreich und lehrte später in Mexiko Philosophie. Seine Philosophie ist das Bekenntnis eines modernen Denkers zum Leben, getragen vom Protest gegen Idealismus, Materialismus und Szientismus, aber auch von christlicher Tradition inspiriert, von Personalismus, Spiritualismus, Liebesethik und – Mystik: alles ist in allem vorhanden. Das Individuum ist Zentrum der Ausstrahlung und Bündelung von Kräften. Indem sich der Mensch an die Welt hinschenkt, einverseelt er sich die Welt. So wird der Mikrokosmos zum Makrokosmos und der Makrokosmos zum Mikrokosmos. Xiraus Lehre von der universellen Liebe, einer unwandelbaren Geisteshaltung mit den Merkmalen Lebensfülle, Verklärung, Erneuerung und Vereinigung, übte in Spanien und in der Neuen Welt eine starke Wirkung aus.

10.2.2.10.3 Zubiri, Laín Entralgo, Palacios, Ferrater Mora

Zu den jüngeren Philosophen der Gegenwart gehört der baskische Gelehrte Xavier Zubiri, der sich mit mathematischen, physikalischen und biologischen Problemen befaßte und Kontakte zu vielen berühmten europäischen Denkern und Forschern unterhielt, zu Bergson, Husserl, De Broglie und Schrödinger. Während des Spanischen Bürgerkriegs lehrte er in Paris. Zu den großen Fehlentwicklungen dieses Jahrhunderts zählt er den Positivismus, Pragmatismus und Historizismus. Sie gründen in der Gott-, Selbst- und Weltvergessenheit des modernen Menschen. Die Krise der modernen Physik sieht Zubiri darin begründet, daß das eigentliche Problem der Physik weder ein physikalisches, ein logisches, noch ein erkenntnistheoretisches ist, sondern ein metaphysisch-ontologisches. Indem er die Frage nach dem Sein des Seins erneuert, erweist sich Zubiri als Aristoteliker, indem er Gott als *ens fundamentale* einführt, als christlicher Fundamentalist. Zubiri stellt die alte Frage nach der Wahrheit und Wirklichkeit der Wirklichkeit, kann sie aber auch nicht beantworten.

Pedro Laín Entralgo, Mediziner und Philosoph, befaßte sich mit dem Problem der Hoffnung und der Beziehung zum »Du«. Vielleicht noch bedeutsamer ist sein Versuch, dem Wesen spanischer Lebenserfahrung auf den Grund zu kommen. Er unterscheidet dabei vier Grundzüge: Kontraktion der Zeiterfahrung in der Zukunftshoffnung, Vorrang des Seins vor dem Tun, Vergegenwärtigung des Todes, Realismus. Sein Werk ›La espera y la esperanza‹ (Warten und Hoffen) drückt ein spanisches und zugleich modernes Anliegen aus. Unverkennbar ist der starke christliche Einschlag, unverkennbar aber auch die Sinnenfreude des Südländers: zwei schwer zu vereinbarende Grundtendenzen, die aber die spanische Philosophie von den Anfängen bis zur Gegenwart durchziehen.

In Leopoldo Eulogio Palacios »Prudentialismus« und »Theozentrismus« verbinden sich antike und christliche Motive auf moderner Ebene. Für sein Werk ›La prudenzia política‹ (Die politische Klugheit), das Dogmatismus und Machiavellismus zugunsten einer von antikem Gemeinschaftssinn und christlicher Verantwortung geprägten Einstellung zu vermeiden sucht, erhielt Palacios den Nationalpreis für Literatur. Politische Klugheit wird weder als Kunst noch als Technik verstanden, sondern als Tugend: Politik ist moralische Wirklichkeit, wohl mehr ein Soll- als ein Ist-Zustand.

José Ferrater Mora, ein bohrender Kulturkritiker, ging den Verabsolutierungen auf den Grund, die nach seiner Auffassung in vier Glaubenshaltungen wurzeln: im Glauben an Gott, an den Menschen, die Gesellschaft und die Natur. Ob die gegenwärtige Kulturkrise durch eine Wiederbelebung der christlichen Tradition, durch eine Weltrevolution oder durch einen neuen Rationalismus im Sinne liberaler Aufklärung zu bewältigen ist, kann auch er nicht sagen. Die Idee einer integrativen Philosophie, die den Tod nicht ignoriert, erscheint ebenso spanisch wie modern.

10.2.2.11 Dänemark

»In Dänemark ist das philosophische Leben in neuerer Zeit zum Teil durch die von früher vorherrschende empirische Denkart, zum Teil durch Einflüsse von außerhalb gekennzeichnet. Seit den Tagen des Komödiendichters Ludwig Holbein haben englische und französische Philosophen, an der Spitze Locke und Bayle, Einfluß. Daneben stellte die dänische Philosophie, wenn man den Maßstab internationaler Gedankenarbeit anlegt, in ein paar Punkten selbständige Lehren auf: Es entstand ein charaktervoller Individualismus und – schon im Anfang des 19. Jahrhunderts – eine Art nordischer Prädarwinismus.«[113]

Tycho Brahes sorgfältige astronomische Beobachtungen, aus denen Kepler seine Theorien entwickelte, sind ein klassisches Beispiel der auch für dänisches Philosophieren charakteristischen »vorherrschenden empirischen Denkart«. Im 20. Jahrhundert setzte der Physiker Niels Bohr (1885–1962) diese Tradition fort[114]. Kierkegaard, der Ahnherr der Existenzphilosophie, ist ein Beispiel für den spezifisch dänischen »charaktervollen Individualismus«, der sich durch an Selbstquälerei grenzende, bohrende psychologische Selbstbeobachtung auszeichnet. In der ersten Hälfte dieses Jahrhunderts herrschte der »psychologische Dämon der dänischen Philosophie«[115] noch bei Harald Høffding und Jørgen Jørgensen vor. Nicht unwichtig für das Verständnis der dänischen Philosophie ist die Tendenz zum evolutionären Denken. In der zweiten Hälfte des 20. Jahrhunderts nahmen dann bei Alf Ross und Justus Hartnack die angelsächsischen Einflüsse zu. Von den sonstigen dänischen Philosophen, auf die hier nicht näher eingegangen werden kann, seien wenigstens genannt der Ethiker und Pädagoge Frithiof Brandt (1892–1968) von der Universität Kopenhagen, der dem logischen Positivismus nahestehende soziologisch orientierte Epistemologe Svend Ranulf (1894–1953) von der Universität Aarhus und der für eine Arbeit über den Begriff des Geistes preisgekrönte Wittgenstein-Spezialist David Favrhold (geb. 1931) von der Universität Odense.

[113] Anathol Aall, in: Ueberweg, Grundriß, Bd. 5, S. 259f.

[114] Vgl. Johannes Witt-Hansen, The Impact of Niels Bohr's Thought on Danish Philosophy. In: Contemporary Philosophy in Scandinavia. Hrsg. v. Raymond E. Olson und Anthony M. Paul. Baltimore, London 1972, S. 491ff.

[115] Justus Hartnack, in: Handbook of World Philosophy, S. 6.

10.2.2.11.1 Høffding, Jørgensen

Harald Høffding (1843–1931), ein starker und einflußreicher Denker, brach mit dem Hegelianismus. Er und seine Schüler, die bis zur Jahrhundertmitte das philosophische Szenarium in Dänemark wesentlich mitbestimmten, neigten zu Empirismus, Positivismus und Utilitarismus. An die Stelle der Abhängigkeit von der Theologie (Kierkegaard) war eine gewisse Abhängigkeit der Philosophie von den Wissenschaften, wenn auch kein Szientismus, getreten. Erkenntnistheoretische Fragen wurden, wie religiöse, metaphysische und ethische, aus psychologischer Sicht erörtert. In Jørgen Jørgensens (1894–1969) dreibändigem Werk über die formale Logik behielt, im Gegensatz zu Husserl, die Psychologie das letzte Wort. Jørgensen bemühte sich allerdings um eine Fundierung der Psychologie in der Biologie und Physik. Auf den Gebieten der Logik und Sprachphilosophie näherte er sich den Auffassungen des Wiener Kreises.

10.2.2.11.2 Ross, Hartnack

Alf Ross (1899–1979) gewann internationales Ansehen durch seine Arbeiten auf dem Gebiet der Rechtsphilosophie über Schuld, Verantwortung, Strafe, Anweisungen und Normen. Seine Philosophie zeigt schwedische (Hägerström), englische (Moore) und österreichische (Wiener Kreis) Einflüsse. In einer scharfsinnigen Studie[116] setzte er sich mit Austins Lehre von den Performativen (»Wirkwörtern«) auseinander, die er auf Normative zurückzuführen suchte.

Justus Hartnack (geb. 1912), einer der bedeutendsten modernen dänischen Denker, befaßte sich vor allem mit sprachphilosophischen und philosophiegeschichtlichen Problemen. Nach acht Jahren Lehrtätigkeit in den Vereinigten Staaten brachte er auch von dort Anregungen mit. Vor allem bemühte er sich um die Autonomie der Philosophie gegenüber den Wissenschaften, insbesondere der Psychologie. Er schenkte den britischen Philosophen Russell, Moore, Wittgenstein und Ryle Aufmerksamkeit. Von Hartnacks zahlreichen Werken wurde sein Buch über Wittgenstein und die moderne Philosophie ins Englische, Deutsche, Japanische, Italienische und Spanische übersetzt. Dem einsetzenden ideologischen Radikalismus an den dänischen Universitäten begegnete Hartnack resignierend, indem er Europa den Rücken kehrte und – in einer neuen Emigrationswelle –

[116] In: Contemporary Philosophy (Anm. 114), S. 197ff.

einen Ruf an die State University von New York annahm. Am Ende seiner Erkenntniskritik, nach der Ablehnung der Positionen Humes und Kants, gelangt Hartnack zu einer ontologischen Fragestellung nach aristotelischem Vorbild[117].

10.2.2.12 Norwegen

Erst nach der Gewinnung der politischen Unabhängigkeit von Dänemark (1814), mit dem es seit 400 Jahren verbunden war, und nach der Gründung der Universität Kristiania kam es zur Ausbildung einer norwegischen Philosophie. Spezifisch norwegisch ist an ihr die enge Verbindung mit der Dichtung (Henrik Ibsen, 1828–1906) und, in neuerer Zeit, die relativ früh aus ökologischen Problemen erwachsene Ökosophie (Naess). Die Annäherung an Schweden und innenpolitischer Streit zogen indessen auch die Philosophie in Mitleidenschaft, die zwischen Konservativismus und Monarchismus auf der einen und fortschrittlichen Richtungen auf der anderen Seite hin- und hergezogen wurde. Die beamteten Universitätslehrer, Hegelianer und Systematiker, standen in der Regel auf Seiten der Konservativen und beherrschten das Feld bis gegen Ende des 19. Jahrhunderts. Danach wurde der Einfluß nicht berufsmäßiger Philosophen größer, mit denen positivistische und evolutionäre Tendenzen aufkamen. Seit 1890 orientierten sich theoretische und praktische Philosophie an der Erfahrung.

Ibsens philosophisches Verdienst besteht in der Entlarvung politischen Strebertums, der Lebenslügen des »Idealismus«, in der Abrechnung mit der Verlogenheit. Neben der beherrschenden erfahrungsorientierten Philosophie der Osloer Schule unter Naess entwickelte Peter Wessel Zapffe (geb. 1899) eine zum Künstlerischen tendierende Existenzphilosophie. In seinem Hauptwerk ›The Essence of Tragedy‹ (1941) kommen das tragische Lebensgefühl und die tragische Weltanschauung, wie sie in Mythos und Geschichte Ausdruck fanden, zu ihrem Recht. Hans Skjervheim (geb. 1926) stellte norwegischem Empirismus und Objektivismus in seinem Buch ›Objectivism and the Study of Man‹ (1959) eine weniger wissenschaftliche sozialphilosophische Konzeption entgegen, die gegen Ende der sechziger Jahre mit Auffassungen von Wittgenstein verschmolz.

[117] In: Revue internationale de philosophie 135, 1981, S. 72.

10.2.2.12.1 Naess, Ofstad

Arne Naess (geb. 1912), wohl der bedeutendste norwegische Philosoph des 20. Jahrhunderts, befaßte sich mit fast allen wichtigen Problemen der theoretischen und praktischen Philosophie, der Natur- und Sprachphilosophie sowie der Kommunikationstheorie; er schrieb Bücher über Präzision und Interpretation (1953), Äquivalenz, Isomorphie und Synonymität (1956–1958), Prüfbarkeit (1957), Argumentation und Kommunikation (1966), Demokratie, Ideologie und Objektivität (1956). Daneben verfaßte er Studien zur antiken Skepsis und zur modernen Philosophie, über Gandhi und Gesellschaftskonflikte. Als Mitglied der UNESCO arbeitete er mit an der Erforschung und Überwindung der Ost-West-Konflikte.

Harald Ofstad (geb. 1920) wurde durch eine Reihe ausgezeichneter Arbeiten zur Entscheidungs-, Handlungs- und Werttheorie bekannt. Er setzte sich für eine Verbindung von analytischen, empirischen und normativen Elementen in der praktischen Philosophie ein. Besonders wertvoll ist Ofstads weiterführende Analyse des Freiheitsbegriffs jenseits traditioneller Formen des Indeterminismus. Freiheit erscheint als Vermögen, alternativ zu denken und zu entscheiden. Ofstad zeigte, daß normative Probleme mit analytischen und empirischen Methoden behandelt werden können. Beachtenswert sind auch seine Untersuchungen zur *legal norm* (rechtlichen Norm) in der Rechtsphilosophie. Seinen tiefschürfenden Aufsatz über Verantwortlichkeit und Freiheit beschließt Ofstad mit der Aufforderung zu großer Vorsicht bei moralischem Schuldspruch und Tadel[118].

10.2.2.12.2 Tranöy, Føllesdal

In seinen Arbeiten über die Logik normativer Systeme (1953) und das Verhältnis von Fakten zu Normen (1972–1975) erörterte Knut Erik Tranöy (geb. 1918) wichtige Fragen moderner ethischer Grundlagenforschung auf analytischer Basis. Besonders interessierte ihn dabei die Ethik in der Wissenschaft, die als organisierte, normen- und wertbestimmte soziale Aktion verstanden wird. Seinen Aufsatz über die Ideologie wissenschaftlich-gelehrten Verhaltens (›The Ideology of Scientific and Scholarly Conduct‹), in dem er von aktuellen Beispielen der Medizin und Strategie ausgeht, beschließt er mit der Warnung vor der

[118] In: Contemporary Philosophy (Anm. 114), S. 304.

Gefahr, Wissenschaft als Selbstzweck zu betrachten und auf moralische Rechtfertigung wissenschaftlichen Verhaltens zu verzichten[119].

Dagfinn Føllesdal (geb. 1932) untersucht seit vielen Jahren die Möglichkeiten einer Annäherung zwischen Phänomenologie und analytischer Philosophie, insbesondere das Bewußtseinsproblem. Im Anschluß an Frege, Husserl und Quine weist er darauf hin, daß wir nicht primär Körper und Bewegungen untersuchen, sondern Personen und Handlungen, deren Intentionen und Bedeutungen nur in der Kommunikation verständlich werden. Am Schluß seiner Einführung in die Phänomenologie für analytische Philosophen[120] versucht Føllesdal einen Brückenschlag zwischen angelsächsischer und kontinentaler Philosophie, wobei der Phänomenologie eine Mittlerrolle zwischen Analytik und Existenzphilosophie zufällt. Ob der Gegensatz von Existenz und Essenz sich in ein solches Schema einbeziehen läßt, bleibt allerdings offen.

10.2.2.13 Schweden

In Schweden hat sich neben den importierten »Ismen« – Cartesianismus, Leibniz-Wolffianismus, Lockeanismus, Kantianismus – stets in Form, Gehalt und Terminologie auch das einheimische Denken behaupten können, im 17. Jahrhundert der Dichterphilosoph Georg Stiernhielm (1598–1672), im 18. Jahrhundert Emanuel Swedenborg (1688–1772), mit dem sich Kant in einer eigenen Schrift: ›Träume eines Geistersehers erläutert durch Träume der Metaphysik‹ (1766) auseinandersetzte, im 19. Jahrhundert Jacob Boström (1797–1866) und, an der Wende vom 19. zum 20. Jahrhundert, der bereits erwähnte Axel Hägerström sowie Adolf Phalén (1884–1931). Letztere waren die Gründer der Schule Uppsala, die in der ersten Hälfte des 20. Jahrhunderts das philosophische Geistesleben in Schweden maßgebend beeinflußte (Sprachanalyse). Schwedische Philosophen haben zu fast allen Bereichen der modernen Philosophie originelle und wertvolle Beiträge geliefert, zum Beispiel Lennert Åqvist zur Logik der Fragen, Håkan Törnebohm zur logischen Analyse der Relativitätstheorie, Dag Prawitz zur Beweis-

[119] Ebd., S. 347ff.
[120] Ebd., S. 427ff.

theorie, Göran Hemerén zu Problemen der modernen Ästhetik (Ausdruck, Symbol, Repräsentation, Einfluß, Objektivität), Konrad Marc-Wogau zur Theorie der Sinnesdaten, Lars Bergström zur Handlungstheorie, Torbjörn Tännsjö zum Verhältnis von Metaethik zur Ethik, Lars Bejerholm und Gottfried Hornig zur analytischen Religionsphilosophie, Martin P. Nilsson zur Geschichte der griechischen Religion, Alf Nyman zu Grenzfragen der Philosophie und Psychologie, Gunar Aspelin zur Geschichtsphilosophie und Anders Wedberg zur Philosophie der Mathematik und zur Philosophiegeschichte.

10.2.2.13.1 Segelberg, Halldén

Ivar Segelberg (geb. 1914), »vielleicht Schwedens originellster Nachkriegs-Philosoph« (Wedberg), suchte, auf den Grundlagen von Hägerström und Phalén, nach einer Synthese von Phänomenologie und Ontologie, Husserls und des Neurealisten Charlie D. Broad (1887–1936), kontinentaler und angelsächsischer Philosophie. Seiendheiten *(entities)* mit Teilen *(parts)* sind entweder Mengen *(collections)* oder komplexe Einheiten *(complex units)*. Mengen sind nur durch ihre Teile bestimmt und bestehen letztlich aus Teilen, die nicht Mengen sind. Eine komplexe Einheit ist dagegen weder durch ihre Teile bestimmt noch setzt sie letzte Teile voraus, die nicht Mengen sind. Die Wirklichkeit *(reality)* ist eine komplexe Einheit, bestehend aus qualitativen Momenten *(quality moments)* und elementaren Beziehungen *(elementary relations)*. Aus solchen verschiedenartig strukturierten Einheiten konstruiert Segelberg sein Bild der Realität. Es zeigt, daß bei entsprechend fortgeschrittener Analyse auch eine moderne Ontologie möglich ist.

Sören Halldén wurde durch seine Beiträge zur Sprachphilosophie im weiteren Sinn bekannt: zur Modallogik, worin er in Schweden Pionierarbeit leistete, zur Logik des Sinnlosen, zur Präferenz-Logik (Logik des Besseren) und zur Semantik: ›Wahre Liebe, wahrer Humor und wahre Religion‹. Besondere Aufmerksamkeit schenkte er dem Wahrheitsgehalt von Werturteilen in seiner Gefühlslehre.

10.2.2.13.2 Hedenius, Kanger

Ingemar Hedenius (1908–1982) gehört zu der Denkergeneration zwischen Hägerström und den Modernen. Mit Hägerström, von dem er einiges übernimmt, anderes abwandelt, setzt sich Hedenius vor allem in der Moral- und Wertphilosophie auseinander. In seinen Analysen zur praktischen Philosophie legt er weniger Gewicht auf Psychologie als auf Semantik. Im Gegensatz zu dem Norweger Ofstad entschied sich Hedenius grundsätzlich für eine utilitaristische Ethik. Über die ethische Grundorientierung kam es zwischen den Schulen von Uppsala und Stockholm zu längeren Debatten, an denen sich zahlreiche an ethischer Grundlagenforschung interessierte Forscher beteiligten. In seinem Buch über Recht und Moral (1963) versucht Hedenius alle Rechtsnormen *(legal norms)* auf Sollenssätze *(legal ought statements)* zurückzuführen. Mit Hägerström teilt Hedenius (›Glauben und Wissen‹, 1949) das Interesse an religiösen Fragen und die Abneigung gegen das zeitgenössische Christentum, insbesondere die Theologie. Die meisten christlichen Glaubenssätze sind, Hedenius zufolge, logisch inkonsistent und daher ungeeignet für eine wissenschaftliche Ethik. In einer kritischen Untersuchung von Strafrecht und Moral stellt Hedenius ähnliche aus Rechtsgläubigkeit resultierende Widersprüche fest wie im religiösen Glauben oder in der Wissenschaftsgläubigkeit: ein fundamentales Problem moderner Rechts-, Religions- und Moralphilosophie.

Stig Kanger (geb. 1924) setzt, in der Logik wie in der Ethik, die moderne kritische Linie, die von Hägerström zu Hedenius und anderen führt, fort. Er arbeitete auf dem Gebiet der Modallogik und suchte nach neuen Möglichkeiten zur Begründung der Ethik. Eine Arbeit Stig Kangers und Helle Kangers[121] von hohem wissenschaftlichen Niveau über Rechte und Parlamentarismus zeigt, daß in den politischen Institutionen und Strukturen moderner Staaten durchaus nicht immer Rationalität und Wissenschaftlichkeit vorherrschen. Daraus ergibt sich die weitere Frage, in welchem Maß politische Wissenschaft heute überhaupt frei von Ideologie und Gläubigkeit betrieben wird.

10.2.2.14 Finnland

Im Gegensatz zu Dänemark und Schweden erlangte Finnland, wie Norwegen, erst im 19. Jahrhundert seine politische Selbständigkeit. Zu dieser Zeit begann auch die eigene philosophische Entwicklung. Ob auf militärischem, sportlichem, kulturellem, speziell philosophischem Gebiet – es ist erstaun-

[121] In: Contemporary Philosophy (Anm. 114), S. 213ff.

lich, was dieses freiheitsliebende, an Bevölkerung kleine Land geleistet hat. Im Verhältnis dazu erscheint seine Selbstdarstellung bescheiden, seine Fremddarstellung oft unterbewertend. Auch in den Philosophiegeschichten ist es, wie Spanien oder das neue Griechenland, meistens unterrepräsentiert. Dabei haben finnische Gelehrte oft bahnbrechende Leistungen hervorgebracht. Es sei hier nur an Edward Westermarcks (1862–1939) ›History of Human Marriage‹ (1891) und an sein Werk ›Origin and Development of the Moral Ideas‹ (1906–1908) erinnert oder an die Arbeiten des Ethnologen und Soziologen Rafael Karsten über die Indianer Südamerikas und die Papuaner Neu-Guineas, an die Forschungen des Ästhetikers Yrjö Hirn: ›The Origins of Art‹ (1900) und ›The Sacred Shrine‹ (1912) und an Rolf Lagerborgs ›La nature de la morale‹ (1903).

10.2.2.14.1 Kaila, Ahlman, Salomaa

Wie in Dänemark (Høffding), Norwegen (Naess) und Schweden (Hägerström) dominiert auch in der Philosophie Finnlands in der ersten Hälfte des 20. Jahrhunderts ein überragender Denker: Eino Kaila (1890–1958). Da Philosophie und Psychologie an den finnischen Universitäten derzeit noch nicht getrennt waren, vertrat er beide Disziplinen. Er gründete in Helsinki das erste Laboratorium für experimentelle Psychologie. In der Philosophie führte er den logischen Empirismus – der Terminus soll von Kaila stammen – ein, in der Psychologie die Gestalttheorie. In seiner Dissertation ›Über die Motivation und Entscheidung‹ (1916) behandelt er ein Grenzgebiet zwischen Philosophie und Psychologie. Beeinflußt wurde Kaila von sehr verschiedenen Denkern und Wissenschaftlern, zunächst von Høffding, James, Bergson, Renan, Haeckel und Ostwald, dann auch von Mach, dem Wiener Kreis, vor allem von Carnap, aber auch von Schlick und Reichenbach. Kailas Vorhaben war »prometheisch« (Hintikka), insofern er zwei scheinbar unvereinbare metaphysische Konzeptionen zu vereinbaren suchte, den monistischen Gedanken der Einheit der Wirklichkeit und den pluralistischen Gedanken von der relativen Selbständigkeit der verschiedenen Phänomenbereiche. Eine ähnliche Spannung spricht aus seiner antiidealistischen und zugleich antimaterialistischen Grundtendenz, ohne dabei in einen sensualistisch-phänomenalistischen Positivismus geraten zu wollen. Dem Dualismus Geist – Materie suchte er durch eine im Biologischen und Physikalischen fundierte Theorie des Psychischen zu entgehen, die wiederum schwer mit seinem Personalismus (1934) zu vereinbaren war. Kein Wunder, daß eine so umfassend angelegte Konzeption am Ende ein Torso blieb. In den zwanziger Jahren analysierte Kaila die Begriffe Kausalität – er unterschied von der üblichen »Initialkausalität« eine (im subatomaren Bereich geltende) »Terminalkausalität« – und Wahrscheinlichkeit, arbeitete an einer holistischen (ganzheitlichen) Konzeption der Wirklichkeit und befaßte sich mit der Philosophie der Mathematik. Gegenüber dem Wiener Kreis behauptete er seine Selbständigkeit durch Ablehnung der Verifikationstheorie. 1936 und 1942 entstanden seine beiden vielleicht bedeutendsten philosophischen Schriften: ›Über das System der Wirklichkeitsbegriffe‹ und ›Über den physikalischen Realitätsbegriff‹, in denen er sich sowohl mit der relativistischen Feld-Physik als auch mit der Quantenmechanik vertraut zeigt.

Mit der Konzeption Kailas und seinem wissenschaftlichen Niveau konnten der Kulturphilosoph Erik Ahlman (1892 bis 1952) und der Geschichtsphilosoph Valmari Edvard Salomaa (1891–1960) nicht konkurrieren, wenn auch ihre Konzeptionen von Moral, Recht, Erziehung, Kultur und Geschichte Kailas Philosophie sehr gut ergänzen. Ahlmans Betonung des Willens als Grundlage der moralischen Werte und der Kultur nähert sich angelsächsischen Auffassungen. Salomaa, der sich in einer eigenen Studie mit der englischen Philosophie befaßte, läßt in seinem Denkansatz die Problemzusammenhänge von Theorie und Praxis, von Wahrheit, Wert und Geschichte erkennen.

10.2.2.14.2 Von Wright, Stenius, Ketonen

Georg Henrik von Wright (geb. 1916) befaßte sich vorwiegend mit Problemen der Modallogik: Notwendigkeit, Möglichkeit, Unmöglichkeit, Zufälligkeit und weiterführenden Kategorien des Wissens wie Begründung, Ausschließung, Glaubhaftigkeit, ferner mit deontischen Begriffen (des Sollens): Erlaubnis, Verbot, Verbindlichkeit und Beliebigkeit, darüber hinaus aber auch mit Fragen der angewandten Ethik und mit der Interpretation von Autoren wie Tolstoi, Dostojewski und Toynbee. Ausgehend vom logischen Problem der Induktion, gelangte er zu einer von Broad und Keynes beeinflußten Theorie der Induktion und Wahrscheinlichkeit, die von Hintikka 1966 weitergeführt wurde: Induktion durch Ausschließung und durch Aufzählung. In seinen Arbeiten über deontische Logik und Aktionstheorie (›Norm and Action‹, 1963; ›The Varieties of Goodness‹, 1966) befaßte er sich mit modallogischen und anderen Zweigen der Logik wie: *preference* (Vorzug), *tense* (Zeitfolge), *intensional* (Inhalte). »Die Nordischen Länder hatten eine starke Tradition, die die nicht erkenntnishafte Eigenart *(noncognitive status)* der Normen betonte.«[122] War in der theoretischen Philosophie die Klärung der intuitiven Begriffsinhalte sein Hauptziel, war es in der praktischen Philosophie eines der Hauptanliegen von Wrights, die ethischen Werte in den weiteren Wertzusammenhang von Gesundheit, Wohlergehen und Glück einzuordnen.

Erik Stenius (geb. 1911) verfaßte Schriften zur Logik, zur Philosophie der Mathematik und der Sprache, zur Erkenntnistheorie und zur Philosophiegeschichte, speziell über Wittgenstein, worin er Elemente Kantischer Vernunftkritik mit dessen Sprachkritik verbindet. Stenius entdeckte die Verwandtschaft von Wittgensteins Bildbegriff mit dem logischen Begriff der Isomorphie (Strukturgleichheit).

Oiva Ketonen (geb. 1913), Professor der theoretischen Philosophie, Nachfolger Kailas in Helsinki und Präsident der Philosophischen Gesellschaft Finnlands von 1952 bis 1962, befaßte sich mit Problemen der mathematischen Logik (Beweistheorie, Prädikatenkalkül), aber auch mit Wissenschaftstheorie und anthropologischen Fragen.

10.2.2.14.3 Hintikka, Pietarinen, Pörn

Jaakko Hintikka (geb. 1929), Angehöriger einer neuen Philosophengeneration, studierte bei von Wright (1947–1952), aber auch an der Harvard University. Danach wurde er Professor für Philosophie in Helsinki (1959–1970) und an der Stanford University (1964–1981). Hintikka ist, neben Kaila und von Wright, einer der bedeutendsten modernen Philosophen Finnlands. Da er vielleicht noch vielseitiger als Kaila ist, erscheint eine zusammenfassende Charakteristik seines Standpunktes kaum möglich. Es finden sich Einflüsse von Platon, Aristoteles und den Stoikern, aber auch von Descartes, Leibniz, Kant, Husserl und Russell. Von einem System Hintikkas kann keine Rede sein, vielleicht von einer Einheit seiner Methodik, in der transzendentalphilosophische, phänomenologische, epistemologische und sprachanalytische Momente vorkommen, vergleichbar der Suche Kailas nach einer mehr ontologisch-metaphysischen Syn-

[122] Ebd., S. 21.

these. Hintikka neigt eher zu Husserls Konstitutionstheorie als zu Quines (naturalistischer) Auffassung, eher, wie Kaila, zur Synthese als zur Analyse, trägt den Begriffen Information und Zeit stärker Rechnung als seine Vorgänger, zeigt aber eine erstaunliche Kontinuität, die sich nicht nur in den Problemen, sondern auch in den Personen ausdrückt. Hintikka bezeichnet selbst ausdrücklich Teamwork und Kooperation als Merkmale seines Philosophierens, das damit typisch moderne Züge aufweist. Als Mitglieder seines Teams und damit der kontinuierlichen Linie finnischer Philosophie nennt Hintikka neben anderen Tuomela, Pietarinen und Niiniluoto.

Juhani Pietarinen (geb. 1938), seit 1976 Professor für praktische Philosophie an der Universität Turku, gehört zu den Gelehrten, die sich, nach sorgfältigem Studium der einschlägigen theoretischen Probleme (Ähnlichkeit, Analogie, Induktion), praktischen Problemen (Entscheidungstheorie, Ethik, Sozialphilosophie) zuwandten und dadurch das Themenspektrum ihres Lehrers wie der finnischen Philosophie überhaupt bereicherten.

Ingemar Pörn (geb. 1936) studierte an der schwedischen Universität von Turku (Abo), in Oxford, Birmingham und Uppsala. Seit 1978 ist er Professor an der Universität Helsinki. Logisch geschult, verfaßte er eine Schrift über die ›Logik der Macht‹ (1970) sowie Arbeiten sozialphilosophischen Inhalts.

10.2.2.14.4 Tuomela, Niiniluoto, Hilpinen

Raimo Tuomela (geb. 1940), der auch an der Stanford University studierte, ist seit 1971 Professor für praktische Philosophie an der Universität von Helsinki. Er untersuchte die Begriffe Formation, Kausalität und Erklärung in empirischen Theorien, die Ableitbarkeit wissenschaftlicher Gesetze, die Grundlagen der Handlungstheorie und Fragen im Grenzgebiet von Philosophie und Psychologie.

Ilkka Niiniluoto (geb. 1946), Mathematiker und Philosoph, seit 1981 Professor für theoretische Philosophie in Helsinki, seit 1975 Präsident der Philosophischen Gesellschaft Finnlands und seit 1980 Chefredakteur der ›Acta Philosophica Fennica‹, betrieb logisch-mathematische Grundlagenforschung und bearbeitete logische, erkenntnistheoretische und wissenschaftstheoretische Fragen (induktive Logik, Wahrheitsbegriff, Wahrscheinlichkeitstheorie, zusammen mit Hintikka).

Risto Hilpinen (geb. 1943), seit 1972 Professor für theoretische Philosophie an der Universität Turku, führt Hintikkas Forschungen auf den Gebieten der induktiven Logik, Entscheidungs- und Informationstheorie, der deontischen und der Modallogik mit neuen Ideen (Modalität – Relativität) weiter und arbeitet außerdem an erkenntnistheoretischen und sprachphilosophischen Problemen.

10.2.2.15 Polen

Georgi Schischkoff hat mit Recht darauf hingewiesen, »daß die europäische Geschichtsschreibung der Philosophie, selbst in den Abschnitten über das 18. Jahrhundert hinaus, nach wie vor nur westliche Denker erfaßt und von der Geistesgeschichte der östlichen Hälfte Europas in philosophiegeschichtlichen Betrachtungen meist keine Notiz genommen wird ... Es muß in dieser Hinsicht als eine große Lücke empfunden werden, wenn der dreibändige *Grundriß der Philosophie* von Fr. Ueberweg, in dem zum ersten Male auch die Philosophien der osteuropäischen Völker erfaßt worden sind, seit fast 45 Jahren keine neue Bearbeitung gefunden hat und nicht nur als längst überholt gilt, sondern auch kaum mehr zugänglich ist.«[123]

Während es bei den Bulgaren und Serben erst im 19. Jahrhundert zu ersten philosophischen Ansätzen kam, reicht die philosophische Tradition Polens und der CSSR weiter zurück.

10.2.2.15.1 Ajdukiewicz, Kotarbiński, Tatarkiewicz

Kazimierz Ajdukiewicz (1890–1963) bildete den polnischen Positivismus des 19. Jahrhunderts in diesem Jahrhundert in charakteristischer Weise zu einem sprachkritischen, die Mittel der logischen Analyse verwertenden *logistical anti-irrationalism* weiter, also nicht zu einem Rationalismus im westlichen Sinn. Im Unterschied zum Wiener Kreis forderten die polnischen Philosophen einerseits eine radikalere Reform der philosophischen Sprache, andererseits führten sie keinen Krieg gegen die »Scheinprobleme«, sondern bevorzugten in der Ontologie eine realistische, in der Erkenntnistheorie eine empirische Einstellung. Ajdukiewicz wurde international durch seine Forschungen auf erkenntnistheoretischem Gebiet bekannt, als Be-

[123] Slawische Philosophie und Slawophile Ideologie. In: Kant-Studien 63, 1972, S. 481.

gründer des »radikalen Konventionalismus«: Alle Erkenntnis hängt von sprachlichen Entscheidungen ab.

Tadeusz Kotarbiński (geb. 1886), Präsident der Polnischen Akademie der Wissenschaften (1954–1963) und der Polnischen Philosophischen Gesellschaft (bis 1977) verfaßte grundlegende Werke zur theoretischen (›Gnoseology‹, 1955, übers. 1966) und zur praktischen (›Praxeology‹, 1955) Philosophie. Seine realistische Ontologie, »Reismus« oder »Konkretismus«, beschränkt Seiendes auf materielle Objekte, wobei er allerdings in Widerspruch zum mathematischen Begriff des *sets* als einer abstrakten Wesenheit geriet. In seiner ›Praxeology‹ analysierte er unter anderem die Kategorien Materie, Handlung, Ziel und Mittel. Sein Ziel war die Entwicklung einer Theorie der effizienten Handlung unter Einbeziehung der modernen Disziplinen der Spieltheorie, Modellanalyse und Entscheidungstheorie.

Wladislaw Tatarkiewicz (1886–1981), Professor in Lwow (1910), später in Warschau (1915), gehörte zahlreichen internationalen wissenschaftlichen Vereinigungen an. Er befaßte sich vorwiegend mit Axiologie, Ästhetik und Geschichte der Philosophie. Besondere Aufmerksamkeit schenkte er dem Problem der Existenz der Werte, des Wertsystems und der Wertbeziehungen, in der Ästhetik der Perfektion, der Kreativität und der Inspiration. In der Geschichte der Philosophie erkannte Tatarkiewicz zwei Grundtendenzen, eine Maximaltendenz zur globalen Erfassung der Wirklichkeit und eine Minimaltendenz zur Analyse der Erkenntnis und ihrer Ergebnisse.

10.2.2.15.2 Ingarden, Bochenski, Tarski

Ausgehend von allgemeinen ontologischen Untersuchungen, bei denen er phänomenologische und analytische Methoden verbindet und zur Unterscheidung eines absoluten, realen, idealen und intentionalen Seins gelangte, begründete Roman Ingarden (1893–1970) eine ontologische Ästhetik, die den spezifischen Charakteren der einzelnen Künste gerecht zu werden versucht, sowie deren Schichten, Strukturen und Ebenen erforscht: Wahrnehmung, Bedeutung, Gegenstand, Erscheinung. Insbesondere werden die kreativen Bewußtseinsprozesse des Künstlers und die emotionalen Prozesse des Betrachters bzw. Hörers analysiert. Wie sich die ästhetische zur realen Welt verhält, kann von Einzelnen nur durch eine Art metaphysischer Grundsatzentscheidung festgestellt werden.

Joseph M. Bochenski (1902–1995), zum Orden der Dominikaner gehörend, lebte und lehrte meistens in Freiburg in der Schweiz. Sein Hauptgebiet ist die Geschichte der Logik, daneben befaßte er sich jedoch auch gründlich mit Gegenwartsphilosophie, marxistischer Ideologie, ferner mit der ›Logik der Religion‹ (1965) und der ›Logik der Autorität‹ (1974). Bochenski gehört zu den nicht sehr häufigen Philosophen, die universale Gelehrsamkeit mit Forschergeist, theoretischen Scharfsinn mit praktischem Können und religiöses Ethos mit Weltoffenheit vereinen.

Weniger universal, mehr Forscher als Gelehrter, ist der amerikanische Logiker und Philosoph polnischer Herkunft Alfred Tarski (1902–1983), der, wie Jan Lukasiewicz und Stanislaw Lesniewski, aus der Warschauer Schule kam. Tarski, einer der Hauptbegründer der modernen mathematischen Logik, arbeitete zunächst auf dem Gebiet der Kalkültheorie, befaßte sich dann aber auch mit spezifisch philosophischen Fragen: Kausalität, Determinismus, Begriff des Denkens, Grenzen der Wissenschaft. Seit 1930 widmete er sich der semantischen Logik und führte den Begriff »Metalogik« ein. Tarski hat wichtige Beiträge zur Metasprachen-, Modell-, Gruppen- und Wahrheitstheorie geliefert.

10.2.2.15.3 Szaniawski, Nowak, Pelc

Klemens Szaniawski (geb. 1925) war Professor für Logik an der Universität Warschau, zudem Präsident der Polnischen Philosophischen Gesellschaft und der Internationalen Gesellschaft für Geschichte und Philosophie der Wissenschaften. Szaniawski untersuchte Arten nichtdeduktiver Schlüsse, Probleme der Entscheidungs-, Wissenschaftstheorie und der Ethik. Sein besonderes Interesse galt der Informationstheorie und der Rolle der Information in der Methodologie der Wissenschaften.

Leszek Nowak (geb. 1935) bemüht sich um eine Annäherung von dialektischem Materialismus und logischem Positivismus, dessen Methoden, nicht dessen Voraussetzungen ihn interessieren. Seine Kritik gilt sowohl den antihistorischen Tendenzen des Wiener Kreises als auch den Wissenskonzeptionen von Popper und Kuhn. Nowak will die Alternative: Erkenntnistheorie oder historischer Materialismus mit Hilfe einer neuen Theorie der Abstraktion überwinden, die mit einer Serie von nach Abstraktionsgraden abgestuften Modellen arbeitet.

Eine Übersicht über die polnische Semiotik von 1894 bis 1969 gibt der Warschauer Professor Jerzy Pelc (geb. 1924). In den

Jahren 1970–1977 erschienen acht Bände seiner ›Semiotischen Studien‹. Sein Hauptinteresse gilt der logischen Struktur der natürlichen Sprache, er befaßt sich aber auch mit Linguistik und vergleichender Sprachwissenschaft unter starker Betonung der formalen und technischen Aspekte und unter weitgehender Vermeidung weltanschaulicher Gebundenheit. Zwischen der allgemeinen polnischen Schule (Ajdukiewicz, Kotarbiński, Tatarkiewicz), die die Philosophie als eine Art Metawissenschaft betrachtet, und der logischen Schule im engeren Sinn (Lukasiewicz, Tarski) nimmt Pelc eine vermittelnd-verbindende Stellung ein.

10.2.2.15.4 Schaff, Kolakowski

Adam Schaff (geb. 1913 in Lwow), Philosoph und Soziologe, Mitglied der Polnischen Akademie der Wissenschaften, Ehrendoktor in den Vereinigten Staaten und an der Sorbonne, Mitglied der UNESCO sowie zahlreicher Akademien und internationaler philosophischer Vereinigungen in Europa und Übersee, befaßt sich speziell mit Semantik und der marxistischen Lehre. Für ihn ist die Philosophie eine Art metaempirische Universalwissenschaft, die zwar nicht ganz von den Voraussetzungen der Wissenschaften absehen kann, ihnen aber eine Freiheit in Grundsatzfragen voraus hat, die in den einzelnen philosophischen Richtungen und Schulen zum Ausdruck kommt. Der Philosoph trägt bei seiner Entscheidung für die eine oder andere Lehre Verantwortung für sich und andere. Auf dieser Grundlage plädiert Schaff für einen toleranten, unorthodoxen Marxismus, also eine primär humanistische Auslegung, die den Belangen des Individuums Rechnung trägt. Thematisch berühren sich manche Arbeiten Schaffs mit den philosophischen Schriften Karol Wojtylas[124]: ›Marxismus und Individuum‹ 1965; ›Die Sprache und die menschliche Handlung‹ 1972 und ›Entfremdung als soziales Phänomen‹ 1977.

Leszek Kolakowski (geb. 1927) setzte sich mit Husserls Phänomenologie auseinander, plädierte für eine Öffnung des Marxismus und befaßte sich, außer mit marxistischen Theorien, mit Problemen der positivistischen Wissenschaftsgesellschaft und mit dem Christentum. Zentral ist sein anthropologisches Anliegen: ›Der Mensch ohne Alternative‹ 1960, ›Christen ohne Kir-

[124] Handlungstheorie (1979); Personal Structure of Self-Determination (1974); Teilhabe oder Entfremdung (1977).

che‹ 1969, ›Der revolutionäre Geist‹ 1972. In der Religion sieht Kolakowski einen über die gegenwärtige geschichtliche Situation hinausreichenden globalen Integrationsfaktor.

10.2.2.16 Tschechoslowakei

Die CSSR kann, wie Polen, auf eine relativ lange philosophische Tradition zurückblicken: der freiheitsliebende Reformator Jan Hus (geb. ca. 1370), der 1415 als »Dissident« verbrannt wurde, Jan Komenský (Comenius, 1592–1670), der große Reform-Pädagoge, Bernhard Bolzano, der Führer der »Böhmischen Aufklärung«, der 1819 seines Amtes enthoben wurde, ein Reformer auf dem Gebiet der Logik, Edmund Husserl, der die Philosophie und Kurt Gödel (1906–1978), der die Mathematik neu begründete. Die Reihe der Kämpfer gegen kirchliche, politische und ideologische Bevormundung oder wissenschaftliche Rückständigkeit ist damit nicht abgeschlossen. Tomáš G. Masaryk (1850–1937), ein Klassenkamerad Husserls, überzeugter Demokrat und Humanist, der die Schwächen der marxistischen Theorie schon vor der Jahrhundertwende erkannt hatte, der Biologe Imanuel Rádl (1873–1942), der diesen kritischen Geist weiterpflegte, der tschechischen Philosophie neue Impulse verlieh, Kant die Behinderung naturwissenschaftlichen Denkens vorwarf, den Gedanken der Evolution aufgriff und, als Ergebnis einer Weltreise, die Ost-West-Problematik in ihren Grundzügen erkannte (1925). Hier wäre auch an den Werttheoretiker und Philosophiekritiker Oskar Kraus (1872–1942) zu erinnern, der nach England ging, an Rainer Maria Rilke (1875–1926), der Heidegger und Jaspers inspirierte und dem Drang dieses Jahrhunderts zur Authentizität dichterischen Ausdruck verlieh, an den Physiognomiker Rudolf Kaßner (1873–1959), der die Tradition des Schweizer Physiognomen Lavater fortsetzte und durch neue Ideen bereicherte, an Amadeo Silva-Tarouca (1898 bis 1971), der in Graz eine Wirkungsstätte fand, in seiner ›Ontophänomenologie‹ (1957) eine neue Sicht der Philosophie eröffnete und der ›Logik der Angst‹ (1953) auf die Spur kam, ferner an Nikolaus Lobkowicz (geb. 1931), der in den USA und in München lehrte, über Marx und die westliche Welt (1967), das Ende der Religion (1975) und die politische Herausforderung der Wissenschaft (1976) nachdachte, schließlich an Jaromir Daněk (geb. 1925), der in Kanada (1968), Milic Čapek und

Erazim Kohák (geb. 1933), die in den Vereinigten Staaten (1948) Aufnahme fanden.

10.2.2.16.1 Masaryk, Patočka, Kosík

Thomas G. Masaryk, seit 1882 Professor in Prag, von 1918 bis 1935 Präsident der Tschechoslowakischen Republik, erkannte den Mangel an Ethik im Marxismus und suchte ihm durch einen religiös und moralisch fundierten Sozialismus abzuhelfen. Er ging dabei von Humes Prinzipien der Moral aus (1883), befaßte sich ausführlich mit russischer Geschichts- und Religionsphilosophie (1913) sowie mit dem Verhältnis Europas zu Rußland, ferner mit der Weltrevolution und dem neuen Europa. Masaryks Ideen gerieten in der bewegten Zeit nach dem Zweiten Weltkrieg in Vergessenheit. Auf eine kurze Periode der Freiheit (1945–1948) folgten in der CSSR Repression (1948–1953), Stagnation (1954–1960), Experimente (1960–1967), der »Prager Frühling« und danach wieder Unfreiheit und Repression. Teilhard de Chardin und Edmund Husserl erschienen als Vorbilder freiheitlichen Philosophierens, das in der CSSR und in den anderen Ostblockstaaten damals nur ein Wunschtraum blieb.

Jan Patočka (1907–1977) repräsentierte den Geist moderner tschechischer Philosophie. Als Mitunterzeichner der Charta 77 starb er am 13. März 1977 nach einem qualvollen polizeilichen Dauerverhör. Ein großer Teil von Patočkas Schriften ist noch nicht veröffentlicht, andere sind schwer zugänglich. In ihnen setzt er sich mit Masaryk auseinander, sucht die Autonomie tschechischer Kultur aufzuzeigen und, wie andere Europäer, die deutsche Kultur zu verstehen, befaßt sich ferner mit der Rolle der Intelligenz in der Opposition, schließlich auch mit der Frage nach der Verantwortung der Wissenschaft. Besondere Aufmerksamkeit schenkt Patočka dem weitgehend vernachlässigten Problem der Objektivationen (logische Konstruktionen, mathematische Formeln), des Zusammenhangs dieser abstrakten Welt mit der Alltagswelt, wobei sich erstere als abgeleitet darstellt. Patočka versteht Leben als Erschließung der Menschenwelt, wobei drei Stadien zu unterscheiden sind: deskriptive phänomenologische Analyse, Existentialanalyse und logisch-semantische Analyse. Ziel der Methode ist, Sinn und Sein des Menschen in der Welt zu ermöglichen. Patočka erweist sich dabei als Erbe von Husserls Methodik und Masaryks Humanismus. Ideengeschichtlich knüpft er vor allem an Aristoteles und Descartes an, außerdem auch an Comenius und Hegel. Die

Maßstäbe für das Menschliche findet er in den Menschenrechten, im Widerstandsrecht gegen Tyrannei, Unrecht, Gewalt, Lüge und Manipulation.

Karel Kosík (geb. 1926) gehört der jüngeren Nachkriegsgeneration an, die wohl oder übel mit dem Marxismus leben mußte. Er erfuhr den Gegensatz von revolutionärer Theorie und der Praxis der Machtanwendung, der sich in seinen Büchern über radikale tschechische Demokratie (1953) und die Dialektik des Konkreten (1977) widerspiegelt. Im Anschluß an Georg Lukács, von dem er viel lernte, stellte sich Kosík die Frage, ob der Marxismus noch ein Verhältnis zur Wahrheit besitzt oder ob er ein System der Selbsttäuschung geworden ist, in dem Rationalität mit jeweiliger Realität gleichgesetzt wird. Aber die Freiheit durchbricht den totalitären Dogmatismus und öffnet die menschliche Existenz für die wahre Selbstkonstitution. Kosíks Vision ist schon nicht mehr materialistisch, auch nicht idealistisch oder utopisch, sondern stimmt im Prinzip mit der Wahrheit evolutionärer Selbsttranszendenz überein.

10.2.2.17 Ungarn

Das dritte osteuropäische Land mit einer bedeutenden philosophischen Tradition ist Ungarn. Die Anfänge der ungarischen Philosophie reichen bis ins 15. Jahrhundert (Petrus Nigri, gest. 1484) zurück. Comenius, in den Wirren des Dreißigjährigen Krieges aus seiner Heimat vertrieben, wirkte auch in Ungarn, wo bereits im 17. Jahrhundert János Apáczai-Csere eine neue Logik entwarf. Im 19. Jahrhundert kamen der Ästhetiker Janos Erdélyi (1814–1868) und der zum Konkreten neigende Systematiker Cyrill Horváth (1804–1884) hinzu.

Von den Denkern des 20. Jahrhunderts sei hier wenigstens der Gegenstandsanalytiker Richard Hönigswald (1875–1947) genannt, der das KZ Dachau überlebte und in den USA eine neue Heimat fand, ferner Wilhelm Szilasi (1889–1966), ein Schüler Husserls und Nachfolger Heideggers, bekannt geworden durch sein Buch: ›Macht und Ohnmacht des Geistes‹ (1946), dann der Ästhetiker der »Einfühlung« Victor Basch (1863–1944), den die Nazis ermordeten, der revolutionäre Psychologiekritiker Georges Politzer (1903–1942), der in Frankreich dem Nazi-Terror zum Opfer fiel, Michael Polanyi (1891 bis 1976), der Vorkämpfer für eine freie Wissenschaft, der Systematiker Béla von Brandenstein (Saarbrücken) und Joseph Gabel (geb. 1912), bekannt durch seine Arbeit über »das falsche Bewußtsein« und seine Lehre von der Entfremdung. Auffällig für die Tschechoslowakei wie für Ungarn ist die große Anzahl der vertriebenen, verfolgten und getöteten Philosophen.

10.2.2.17.1 Palágy, Lukács, die »Budapester Schule«

Melchior Palágy (1859–1924) gehört schon aufgrund seiner ›Metageometrie‹ (1901), die von einem vierdimensionalen dynamischen Kontinuum ausgeht und Einsteins Konzeption in mancher Hinsicht ähnelt, mehr ins 20. als ins 19. Jahrhundert. Auch darin erscheint er modern, daß er die Logik zur philosophischen Grundwissenschaft deklariert. Die Erkenntnistheorie befaßt sich in erster Linie mit dem Bewußtsein, das, auf dem Hintergrund der übrigen Lebensvorgänge, in moderner Sicht weniger beherrschend, als »intermittierend« erscheint. Palágy erkannte, im Vergleich zu den unbewußten Kräften, die relative Schwäche des Bewußtseins. Er kritisierte auch den westlichen Rationalismus, den er zu korrigieren suchte.

Georg Lukács (1885–1971), zweifellos die überragende Gestalt in der ungarischen Philosophie dieses Jahrhunderts, Volkskommissar für Erziehung und Bildung unter Béla Kun (1919), 1956 Minister für Kultur, führte nach dem Zweiten Weltkrieg einen aufreibenden Kampf mit den kommunistischen Machthabern seines Landes. Seine Diagnose von der ›Zerstörung der Vernunft‹ (1953) – Untertitel der 1. Auflage: ›Irrationalismus von Schelling zu Hitler‹ – bewahrheitete sich erneut in der Ära des Stalinismus. Auch als Antistalinist gab Lukács die Hoffnung auf einen menschlichen Sozialismus nicht auf. Er verfaßte zahlreiche Schriften zur theoretischen wie zur praktischen Philosophie, insbesondere zur Ästhetik (Goethe-Preis 1970). Er war einer der wenigen Philosophen, die auch den taktischen Aspekten der Moralphilosophie und Fragen der Macht gerecht zu werden suchten. Lukács, mehr Mittelpunkt des Budapester Kreises als Gründer einer »Budapester Schule«, inspirierte eine Reihe jüngerer Philosophen: Agnes Heller, die später emigrierte, Mihály Vajda, der sich anscheinend in die innere Emigration zurückzog, und György Márkus, der, wie viele andere marxistische Theoretiker, aber im Gegensatz zu einigen jugoslawischen Genossen, der Philosophie keine umfassende Ontologie mehr zutraut, sondern ihr mehr praktische Aufgaben zuweist.

10.2.2.18 Jugoslawien, Kroatien

Die Anfänge der jugoslawischen Philosophie reichen ins 16. Jahrhundert zurück: Juraj Dragišić (G. Benignus de Salvatis 1450–1520), Franc Petrić (Franciscus Patricius 1529–1597), Rugjar Bošković (1711–1787). An der Schwelle zum 20. Jahrhundert erscheint der eigenwillige Systematiker und Metaphysiker Branislav Petronijević (1873–1954) mit seinem Versuch, Spinozas Monismus und Leibnizens Monadenlehre zu einem »Monopluralismus« zu verbinden. Er setzte damit ein Zeichen für die Entwicklung der Metaphysik dieses Jahrhunderts: Monismus oder Pluralismus?

Der kroatische Philosoph Albert Bazala (1877–1947), 1909 Präsident der Jugoslawischen Akademie der Wissenschaften, sucht das Zentrum menschlicher Existenz in einer metalogischen Schicht und stellt dem kontinentalen westeuropäischen Intellektualismus eine voluntaristische Alternative gegenüber. Besonders interessierten ihn die Probleme Bewußtsein, Subjekt, Objekt, das Verhältnis des Menschen zur Welt und der Ursprung der Philosophie.

Vladimir Dvornikovic (1888–1956), ebenfalls ein kroatischer Philosoph und Schüler W. Wundts, befaßte sich mit dem Wesen des Slawischen, untersuchte die philosophischen Grundhaltungen aus psychologischer Sicht und wandte sich auch Problemen der Gegenwartsphilosophie zu (1919/20). Nach dem Zweiten Weltkrieg zeichnete sich das jugoslawische Denken durch Selbständigkeit, Kritik und den Willen aus, einen eigenen Weg zum Sozialismus zu gehen (Titoismus). Dazu gehört mehr Öffnung zum Westen als in anderen osteuropäischen Ländern, Streben nach einem »authentischen Marxismus« im Gegensatz zum Stalinismus. Große Beachtung fand auch im Westen Milovan Djilas' Analyse des kommunistischen Systems ›Die neue Klasse‹ (1963), eine schonungslose Selbstkritik des Marxismus an seinen Entartungsformen. Die Orthodoxen fürchteten im jugoslawischen Selbstverwaltungssozialismus bereits den »dritten Weg« zwischen Sozialismus und Kapitalismus[125]. Der Agramer Philosophieprofessor Predrag Vranicki (geb. 1922), ein Vertreter der gesellschaftsphilosophischen Richtung des neueren Marxismus, plädierte für einen marxistischen Pluralismus und ver-

[125] Tibor Hanak, Die Entwicklung der marxistischen Philosophie. Basel, Stuttgart 1976, S. 276.

warf die Konzeption einer marxistischen Einheitsphilosophie, aber der systembedingten Gefahr, daß marxistische Philosophie zur Marxismus-Philosophie degenerierte, war auch er nicht gewachsen.

10.2.2.19 Rumänien

Im ›Handbuch der Welt-Philosophie‹ nimmt die Darstellung der rumänischen Philosophie einen vergleichsweise großen Raum ein. Das Literaturverzeichnis ist umfangreicher als das Polens oder der Sowjetunion, was um so erstaunlicher ist, als es eine rumänische Philosophie erst seit dem Ende des 19. Jahrhunderts gibt: Evolutionstheorie, verbunden mit einer universalen Wellentheorie (B. Conta 1846–1882) und Geschichtsphilosophie (A. D. Xenopol, 1847–1925). Gegenüber der marxistischen Orthodoxie führte die moderne Philosophie (Logik, Wissenschaftstheorie) seit dem Zweiten Weltkrieg zunehmend ein weltoffenes Eigenleben, tief in den traditionalistischen und in den modernistischen Flügel gespalten, nicht anders als die vorkommunistische Philosophie. Während Lucian Blaga (1895 bis 1961) eine erzkonservative, orthodoxe, ethnozentrische, mystische Linie verfolgte und ein System errichtete, analysierte der in die USA emigrierte Religionsphilosoph Mircea Eliade (1907 bis 1987), die Religionen der Welt in Gegenwart und Vergangenheit, interessierte sich besonders für Yoga, Schamanismus, Ekstatik, Symbolik und untersuchte Mythen.

Anton Dumitrio (geb. 1905) aus Braïla war ein international angesehener Logiker und Mathematiker, der sich, preisgekrönt, mit philosophischer und wissenschaftlicher Grundlagenforschung befaßte, speziell mit logischen Paradoxien. Originell und vielleicht weiterführend ist seine Idee, daß die Logik nicht ohne ihre geschichtliche Entwicklung angemessen zu verstehen ist.

10.2.2.20 Bulgarien, DDR

Der erste Philosoph, der die slawische Philosophie der westeuropäischen als Alternative gegenüberstellte (1855), war der Bulgare Peter Beron (1798–1871). Um die Jahrhundertwende begann in Bulgarien die eigentliche Rezeption der westlichen Philosophie, die hier nicht zu erörtern ist. Nach dem Zweiten Weltkrieg begann die Herrschaft der Ideologen, die Georgi Schischkoff, der Begründer (1945/46) und Herausgeber (bis 1977) der ›Zeitschrift für philosophische Forschung‹ sowie Verfasser eines ›Philosophischen Wörterbuchs‹ in einem kenntnisreichen Aufsatz zusammenfaßte[126].

Die einzigen Namen, die aus dem Szenarium der DDR-Philosophie in internationalen Handbüchern öfters zu finden waren, sind die von Georg Klaus (1912–1974) und Ernst Bloch (1885 bis 1977), der eine ein hervorragender Wissenschaftstheoretiker, der Informationstheorie, Kybernetik und Semiotik dem Marxismus anzupassen suchte, der andere ein ebenso hervorragender Utopist, der sich den Zorn der marxistischen Orthodoxie zuzog und sich in den Westen absetzte. Wie Klaus die griechisch-römisch-neuzeitliche Komponente abendländischen Denkens in marxistischer Metamorphose repräsentierte, repräsentierte Bloch, in säkularisierter Form, die jüdisch-christlich-mittelalterliche. Dazu bemerkte ebenfalls ein unparteiischer, nichtdeutscher Philosoph zusammenfassend: »Eine Neubestimmung der Identität der DDR-Philosophie und -Wissenschaft gelang in den fünfziger Jahren trotz verheißungsvoller Ansätze ebensowenig wie die Wiedervereinigung der beiden deutschen Staaten.«[127]

10.2.2.21 UdSSR

»Die Entwicklung der marxistischen Philosophie kann noch weniger als irgendeine andere philosophische Richtung ohne Rücksichtnahme auf die jeweiligen politischen und gesellschaftlichen Situationen bzw. Ereignisse begriffen werden.«[128] Wie die Dinge lagen, war eine Befreiung der Philosophie von der Bevormundung durch die Ideologen nur von einer politischen und geistigen Wende der UdSSR zu erwarten. Michail Gorbatschow hatte mit seiner Botschaft von der Umgestaltung *(perestrojka)*, einer zweiten russischen Revolution und einer neuen Politik für Europa und die Welt, das erste Signal gegeben und Hoffnungen geweckt.

[126] In: Zeitschrift für philosophische Forschung 27 (1973).

[127] Walther Ch. Zimmerli, in: Ein kurzer Frühling der Philosophie. DDR-Philosophie in der Aufbauphase. Hrsg. v. Cl. Burrichter. Paderborn 1984, S. 69.

[128] Hanak, Die Entwicklung der marxistischen Philosophie, S. XIII.

Am Anfang des 20. Jahrhunderts entwickelte sich neben der traditionellen Philosophie das revolutionäre Denken: hier Schestow, Berdjajew und Losskij, dort Plechanow, Lenin, Malinowskij (Bogdanow). Die russische Revolution von 1917 war eine Reaktion auf die unerträglich gewordene Feudalherrschaft in Rußland, die es aus eigener Kraft überwand. England war dies zuerst und unblutig gelungen, Frankreich war 1871 endgültig Republik geworden. Die russische Revolution stützte sich auf die Lehren von Marx und Engels. Diese wiederum waren Hegelianer. Marx glaubte, Hegel durch »Umstülpung« (Idealismus – Materialismus) »vom Kopf auf die Füße gestellt« zu haben, übernahm aber von Hegel die dialektische Methode, zunächst ein Gewinn, auf die Dauer eher eine Belastung. Lenin, im Gegensatz zu Hegel und Marx kein Theoretiker, sondern ein Techniker der Macht, stimmte mit Marx in der Ablehnung des Idealismus und der Religion überein, übernahm aber auch die Dialektik. Aus dem historischen Materialismus machte Lenin den dialektischen Materialismus (Diamat). Er russifizierte den Marxismus, wendete ihn ins Praktische und amerikanisierte, wie Stalin sagte, die Russen. Hegel kam der russischen Mentalität und dem revolutionären Anliegen nicht nur durch seine Methode der Dialektik entgegen, sondern auch durch seine rücksichtslose Unterordnung des Einzelnen unter den Staat, seinen Absolutismus, Messianismus und Totalitarismus. Schon Plechanow, der Begründer des russischen Marxismus, hatte sich Engels' monistisch-ontologischer Version des Marxismus angeschlossen, während Malinowskij seinen Marxismus im Anschluß an Machs Empiriokritizismus als »Empiriomonismus« verstand. Lenin setzte sich ihnen gegenüber mit seiner Tendenz zur Vereinfachung durch, die Stalin noch weitertrieb. Lenin und Stalin blieben erfolgreich, weil sie zweierlei erkannten: Um zu siegen, bedarf es keiner komplizierten Philosophie, sondern einer möglichst einfachen Lehre, und man darf nie den zweiten Schritt vor dem ersten machen wollen: der Neuordnung der Welt muß die Neuordnung im eigenen Lande vorangehen. Im Gegensatz zu unrealistischen deutschen Weltherrschaftsträumen handelten die Russen realistisch, und sie besiegten Hitlerdeutschland im Kampf um die Vorherrschaft in Europa. Damit war der negative Teil der slawischen Vision einer Befreiung der Menschheit von den Fesseln des Feudalismus beziehungsweise Faschismus erfüllt. Um den positiven Teil zu verwirklichen, bedurfte es einer Abkehr vom primitiven Stalinismus, die nach einigen vergeblichen Ansätzen nun in einer neuen russischen Revolution vielleicht gelingt; sie soll Demokratisierung bringen, also in gewisser Hinsicht den von Lenin begonnenen Prozeß zum Abschluß bringen. Dieser Weg erscheint logisch und konsequent, denn erst als freie Demokratie unter freien Demokratien kann Rußland seine Rückständigkeit und damit seinen alten Minderwertigkeitskomplex gegenüber dem Westen überwinden. Diese neue russische Revolution erscheint danach als eine Art zweite Annäherung an den Westen. Wie stellt sich die Entwicklung der russischen Philosophie aus dieser neuen Sicht dar?

Zu einer Zeit, da in Westeuropa und in den USA die logische Analyse entstand (Frege, Russell, Quine), griffen die Russen auf die durch Marx vermittelte Hegelsche Dialektik, ein ungleich primitiveres methodisches Werkzeug, zurück. Die Entwicklung der russischen Philosophie gleicht in mancher Hinsicht der der frühchristlichen Philosophie: Übernahme vor allem der logischen Errungenschaften der Antike als einer Art philosophischer Grundausstattung, wobei die christliche Philosophie die intellektuellen Standards der klassischen antiken Denker nicht erreichte, Abqualifizierung der antiken Philosophie als Sammlung von Irrlehren, Glaube an den Besitz der einzig wahren Philosophie, Herausbildung einer Orthodoxie, Kampf gegen Abweichler (Häretiker, Dissidenten), nach dem Aufstieg zur römischen Staatsreligion rücksichtslose Verfolgung Andersdenkender, Widerrufe seitens offiziell verurteilter Denker, am Ende sterile Scholastik.

Man kann sich des Eindrucks kaum erwehren, daß in der Entwicklung der russischen Philosophie dieses Jahrhunderts Ähnliches passierte. Mit Plechanow und anderen beginnt die Rezeption des historischen Materialismus. Lenin setzt sich gegen die »Häretiker« durch, was Vereinfachung bis zum Primitivismus bedeutet. Mit Stalin wird der dialektische Materialismus, der Diamat, zur »Staatsreligion«, Abweichler werden »liquidiert«. Gegen Ende seines Lebens mußte Stalin feststellen, was er auf philosophischem Gebiet angerichtet hatte: abstoßender Konformismus, Bestätigung offizieller Dogmen, totale Frustration und Resignation der russischen Intelligenz, absolute Herrschaft der Bonzen und Funktionäre. Die Wahrheit wurde der Macht geopfert, aber die Wahrheit rächte sich mit dem sterilen Unisono einer Meinung, das selbst Stalin mißfiel. Da in der Zeit nach Stalin – was im Westen oft verkannt wird – ein wirkliches Umdenken vor Gorbatschow nicht stattfand, leidet die marxistische Philosophie noch immer objektiv unter der Verabsolutierung heiliger Texte zum Kabinett ewiger – ständig umgedeuteter – Wahrheiten, subjektiv unter einer permanenten Identitätskrise infolge von Anpassungszwängen an eine Wirklichkeit, die nicht stehenbleibt. Das Problem der marxistischen Wahrheit als Gegenstand seriöser wissenschaftlicher Forschung ist daher heute mehr denn je ein Problem der Religionspsychologie.

Zweckmäßigerweise läßt sich die russische Philosophie[129] im 20. Jahrhundert in drei Beispielgruppen einteilen, in mehr oder weniger traditionelle Denker (»Klassiker«), revolutionäre Intelligenz (Ideologen) und in moderne Theoretiker jenseits von Traditionalismus und Ideologie.

10.2.2.21.1 Schestow, Berdjajew, Losskij

Leo-Isaak Schestow (1866–1938), seit 1920 Professor an der Sorbonne, gehört in die Reihe existenzphilosophisch orientierter Denker wie Kierkegaard, Dostojewski, Nietzsche, Unamuno. Eine Art Haßliebe verband ihn mit Husserl, dessen kühle Rationalität er nicht ertragen konnte. Religiöse Motive beherrschen Schestows Denken. Sie sind für die Entwicklung der russischen Philosophie im 20. Jahrhundert höchst bedeutsam. In gewisser Weise vollzieht sie die vereinnahmende Ablehnung der Kirchenväter nach, die die griechische Philosophie in den Dienst des Christentums zu stellen suchten. Athen und Jerusalem, griechischer Intellekt und jüdisch-christlicher Glaube erscheinen Schestow unvereinbar. Er entscheidet sich für den Glauben, gegen die Ratio, gegen Wissenschaftlichkeit und kühles Denken. In seinem philosophischen Manifest ›Die Vergottung der Bodenlosigkeit‹ (1905), dem »Versuch eines adogmatischen Denkens«, bricht der Konflikt auf. In seiner Pascal-Studie ›Die Nacht von Gethsemane‹ (1924) stellt er, echt slawisch, der Philosophie der Ratio eine Philosophie des Herzens gegenüber.

[129] Über die Entwicklung der russischen Philosophie seit ihren Anfängen im 19. Jahrhundert sind in letzter Zeit mehrere, teilweise recht gute Darstellungen erschienen: Thomas M. Seebohm, Ratio und Charisma. Ansätze und Ausbildung eines philosophischen und wissenschaftlichen Weltverständnisses im Moskauer Rußland. Bonn 1977; Helmut Dahm, Grundzüge russischen Denkens. München 1979; Wilhelm Goerdt, Russische Philosophie. Freiburg, München 1984. Dort weitere Literatur.

Nikolai A. Berdjajew (1874–1948) gehört ebenfalls in die Reihe der Denker, die sich in ihrer Heimat nicht verwirklichen konnten, die verfolgt, vertrieben oder getötet wurden. Er ging, 1922 aus Rußland ausgewiesen, zunächst nach Berlin, dann (1925), wie Schestow, nach Paris, wo er eine russische »religiösphilosophische Akademie« leitete und die Zeitschrift ›Der Weg‹ (1925–1940) herausgab. Den »legalen Marxismus« wollte er durch einen »ethischen Sozialismus« ersetzen. Hier kündigt sich ein Grundanliegen der revolutionären kommunistischen Intelligenz an, das bis heute die Geister scheidet. Das slawische Moment kommt in Berdjajews Anschluß an die Slawophilen zum Ausdruck. Außer von Marx und Nietzsche wurde er auch von Kant, Carlyle und Ibsen beeinflußt. Ein zentrales Thema seines Denkens ist die Freiheit, die er über das Sein stellt. Wie bei Schestow behält also die christliche Komponente die Oberhand über die antike. Neben religiösen kommen ethische, soziologische, anthropologische und historische Themen zur Geltung. Aus der Perspektive der Funktionäre erscheint Berdjajew als Restaurationsphilosoph und Vertreter der reaktionären konterrevolutionären Klassen. Berdjajew suchte indessen nach den Ursachen, warum der Westen Sowjetrußland nicht versteht (1949).

Vielleicht der bedeutendste nichtmarxistische russische Philosoph des 20. Jahrhunderts war Nikolai O. Losskij (1870–1965). 1921 mußte er den »roten Professoren« weichen, wurde 1922 verhaftet und aus Rußland vertrieben. Nach einigen Jahren in der Tschechoslowakei und in Frankreich fand Losskij 1946 in den Vereinigten Staaten eine neue Heimat. Auf erkenntnistheoretischem Gebiet schuf er das System des »Intuitionismus«, der von evidenten Sinnesdaten und Begriffen ausgeht; seine Ontologie nannte er »Ideal-Realismus«: ein Versuch zur Synthese von Platons Ideenlehre und Leibnizens Monadentheorie. Als Religionsphilosoph vertrat er einen für Rußland seltenen abstrakten Theismus. Losskijs begrifflich klares, rationales Denken kommt der zur Zeit dominierenden westlichen Philosophie wohl am nächsten.

10.2.2.21.2 Plechanow, Bogdanow, Lenin

Georg Walentinowitsch Plechanow (1856–1918), einer der führenden Vertreter des russischen Frühmarxismus, war ursprünglich Hegelianer. Er kämpfte anfangs gegen die Volksfreunde *(narodniki)*, Anarchisten, die, teilweise von slawophilen Ideen beherrscht, durch Einzelaktionen und Verbündung mit den unterdrückten Bauern *(mužik)* für eine bessere Gesellschaft kämpften. Zu ihnen gehörte der russische Fürst Peter Kropotkin (1842–1921). Nach seinem Exil in Genf, wo er die erste marxistische russische Organisation, »die Gruppe zur Emanzipation der Arbeit«, gründete, bemühte sich Plechanow darum, den Anspruch des Materialismus auf Wissenschaftlichkeit zu fundieren. Seine Werke gehören zum Besten, das der russische Marxismus zu bieten hat. Seine westlichen Gesinnungsgenossen, vorwiegend Neukantianer, warfen ihm dagegen Dogmatismus und Simplifizierung der Probleme vor. Als Vertreter der »legalen Aktion«, im Gegensatz zu Lenin und den radikalen Revolutionären (Bolschewiki, Mehrheitler) geriet er in die Reihen der Menschewiki (Minderheitler), die im Machtkampf unterlagen. Lenin übernahm wesentliche Bestandteile besonders der Naturphilosophie Plechanows.

Bogdanow (eigentl. Alexander Malinowski, 1873–1928), ebenfalls ein angesehener Vertreter des frühen russischen Marxismus, gehörte zwar, im Gegensatz zu Plechanow, den Bolschewiki an, verfaßte aber, wie dieser, wichtige marxistische, teilweise auch philosophisch interessante Werke. Ursprünglich Nervenarzt, nahm er auch zu ökonomischen und organisatorischen Fragen Stellung und schrieb Romane. Auch von ihm hat Lenin viel gelernt, lehnte aber dessen Lehren ab, die ihm zu idealistisch erschienen. Bogdanow entwickelte eine universale Weltanschauung *sub specie organisationis,* seine »Tektologie«, eine Art kybernetische Modellvorstellung, deren Tragweite Lenin, selbst ein praktischer Organisator, wohl nicht ganz durchschaute.

Wladimir Iljitsch Lenin (eigentl. Uljanow, 1870–1924) war Theoretiker, Praktiker und Organisator in einer Person. Wie viele russische Revolutionäre schätzte er die Philosophie außerordentlich. Ausgesprochen feindlich begegnete er, der Realist und Atheist, indessen dem Idealismus und der Religion. In der Rolle eines Diktators vertrat er einen kämpferischen Marxismus, ersetzte (1921) die nichtbolschewistischen Professoren durch linientreue Marxisten, die sogenannten »Roten Professoren«, womit das freie philosophische Denken in Rußland praktisch zu Ende war. Indem Lenin von den Philosophen nicht freie Forschung, sondern Parteilichkeit verlangte und die Philosophie instrumentalisierte, machte er die Frage der Wahrheit zu einer Frage der Macht, der Rhetorik und Polemik und korrumpierte damit die Philosophie, deren Lebenselement die freie, unparteiische Wahrheitssuche ist. Auch hierin bietet die Entwicklung der frühchristlichen Philosophie Parallelen. Lenins antireligiöse Ideologie war im Grunde doch nicht areligiös, wohl aber atheistisch: eine Theologie ohne Gott. Der Anfang zum Persönlichkeitskult war gemacht. In den auf Lenins Tod folgenden Machtkämpfen setzte sich der radikalste Thronprätendent durch: Josef Wissarionowitsch Stalin (geb. 1879), der bis zu seinem Tod (1953) unangefochten Diktator des politischen und geistigen Lebens in Rußland blieb.

In einer »Säuberung« wurden 1931 die Häretiker, »Mechanisten« (L. A. Akselrod, N. I. Bucharin) und »Idealisten« (A. M. Deborin, L. Trotzki) verurteilt und eliminiert; die Parteiorthodoxie bewies ihre Macht. Stalin hatte zwar einen Sinn für philosophische Fragen und hat die Philosophie in Rußland entscheidend beeinflußt, erhob aber selbst nie den Anspruch, ein Philosoph zu sein. Aus seiner Feder stammen ein Resümee der Hauptthesen von Marx und Engels aus der Sicht Lenins und eine etwa 40 Seiten umfassende Schrift über Linguistik. Stalin rechnete die Logik zur Sprachphilosophie.

In der Nachkriegszeit fand unter Andrej A. Schdanow (1896 bis 1948), dem Schwiegersohn Stalins, ein Philosophenkongreß statt (1947), auf dem G. F. Alexandrov vom Zentralkomitee der Partei angegriffen und verurteilt wurde. In der 1947 gegründeten Zeitschrift ›Voprosy Filosofii‹ (Probleme der Philosophie) heißt es: »Nennen Sie mir bitte auch nur eine einzige ihrer Arbeiten, die eine neue Seite in der philosophischen Wissenschaft darstellt, die ein origineller Beitrag zur Philosophie wäre« (1, 377a) und: »Wir sind im Kommentieren steckengeblieben« (1, 156b).[130] Die Verwandlung der Wahrheitsfrage in eine Frage der Macht hatte sich als Bumerang erwiesen.

Eine Kritik des Diamat sollte weder dazu führen, ihn zu einer Philosophie umzustilisieren, noch ihn pauschal zu verurteilen. In mancher Hinsicht geht der Diamat sogar weiter als der Westen, denn hier wird die Philosophie durchaus nicht immer für nützlich gehalten und ihr Wert vielleicht weniger hoch veranschlagt als im kommunistischen Machtbereich. An Wirkung war der Diamat allen westlichen Philosophien überlegen, wie seinerzeit die christliche Philosophie den antiken Philosophen-

[130] Stellen bei Bochenski, Der sowjetrussische Dialektische Materialismus. Bern, München 1967, S. 50.

schulen. Es wäre aber verfehlt, aus diesem Erfolg auf weitere Erfolge zu schließen, denn die Philosophie des Westens ist nicht, wie die der Antike, zugrundegegangen, sondern hat, vor allem in den USA, ein Niveau erreicht, von dem die inzwischen veraltete russische Philosophie vorläufig nur träumen kann.

10.2.2.21.3 Sacharow, Prigogine, Sorokin

Andrej D. Sacharow (1921–1989) ist zwar kein Berufsphilosoph, aber ein philosophierender Wissenschaftler von hohem Rang. Manche seiner Gedanken aus ›Wie ich mir die Zukunft vorstelle‹, besonders sein Verlangen nach geistiger Freiheit, finden sich in ähnlicher Form auch in Gorbatschows »Perestrojka« wieder: Kooperation statt Konfrontation, globale Politik, weltweite Abrüstung, Probleme der Dritten Welt, Geohygiene, um nur einige wichtige zu nennen. Keine künftige Philosophie, die diesen Namen verdient, kommt an solchen Problemen vorbei. Grundlegende Ideen Sacharows sind: Abkehr von der Clausewitz-Doktrin, nach der ein Krieg die Fortsetzung der Politik mit andern Mitteln ist; Reaktion, Militarismus, Rassismus, Nationalismus, Faschismus und Revanchismus sind die Hauptfeinde eines Neuanfangs; Ziel internationaler Politik muß die Erfüllung der Forderungen sein, wie sie in der Deklaration der Menschenrechte zum Ausdruck kommen; Beseitigung von Geheimdiplomatie und Geheimniskrämerei zugunsten von Transparenz und Offenheit; Abschaffung der Zensur: »Tiefgründige Gedanken werden nur in Diskussionen geboren, wenn Erwiderungen laut werden, bei der größtmöglichen Freiheit, nicht nur kontrolliert richtige, sondern auch zweifelhafte Ideen zu äußern. Das war schon den Philosophen des alten Griechenland klar.«[131]

Trug Sacharow, von der Physik her kommend, Wesentliches zur Philosophie eines künftigen, post-ideologischen Zeitalters bei, so bestimmte der in Brüssel lehrende Chemiker, Philosoph und Nobelpreisträger (1977) Prigogine (geb. 1917) das Verhältnis des Menschen zur Natur aus biologischer Sicht neu: »Der entscheidende Durchbruch, mit welchem 1967 die Formulierung einer neuen dynamischen Sicht natürlicher Systeme einsetzte, gelang mit der Theorie und nachfolgenden empirischen Bestätigung der sogenannten *dissipativen Strukturen* in chemischen Reaktionssystemen und mit der Entdeckung eines in die-

[131] Wie ich mir die Zukunft vorstelle. Zürich 1968, S. 57.

sen Strukturen wirkenden neuen Ordnungsprinzips. Dieses neue Prinzip, *Ordnung durch Fluktuation* genannt, gilt jenseits des thermodynamischen Bereichs in offenen Systemen fern vom Gleichgewichtszustand, die bestimmte autokatalytische Stufen einschließen. Die Entwicklung dieser Theorie, gemeinsam mit einigen ihrer wichtigsten philosophischen Grundlagen und Konsequenzen, wurde vor allem von Ilya Prigogine und den von ihm geleiteten Arbeitsgruppen in Brüssel und Austin, Texas, geleistet.«[132]

Nicht nur im Bereich der Physik, Chemie und Biologie haben russische Denker das Weltbild der modernen Philosophie mitbestimmt, sondern auch – und damit schließt sich der Kreis – durch eine moderne Kulturtheorie. Pitirim A. Sorokin (1889 bis 1968) war 1916–1922 Professor in Petrograd, 1917 Minister in der Regierung Kerenskij, wurde von den Bolschewiki zum Tode verurteilt und zur Verbannung begnadigt, emigrierte 1923 in die Vereinigten Staaten, wo er von 1924 bis 1930 an der University of Minnesota und von 1930 bis 1955 an der Harvard University lehrte. Als Kulturphilosoph entwarf er eine Kulturzyklentheorie, ähnlich der Spenglers, allerdings auf wissenschaftlicher Basis. In seinen Arbeiten zur Gesellschaft, Kultur und Personalität (1947) und in seiner vierbändigen Kultur-Dynamik (1937–1941) unterscheidet er eine große Zahl von Kultursystemen, die in Supersysteme eingehen, die in drei Formen als vorwiegend empirisch, rational oder spirituell gedacht werden. Sorokins Kulturtheorie ergänzt Prigogines Naturphilosophie in sinnvoller Weise und läßt die Dynamik modernen russischen Philosophierens deutlich erkennen.

10.2.2.22 Vereinigte Staaten von Amerika

Während die russische Philosophie nach der Oktoberrevolution zur Parteidoktrin erstarrte, vollzog sich in der amerikanischen Philosophie des 20. Jahrhunderts eine atemberaubende Entwicklung, in deren Verlauf sie die europäische Philosophie nicht nur einholte, sondern überholte. Seit dem Tod Russells, Sartres und Nicolai Hartmanns hat Europa der amerikanischen Philosophie

[132] Jantsch, Selbstorganisation des Universums, S. 32; dissipativ: selbstorganisierend und selbsterneuernd; autokatalytisch: selbstverstärkend, selbstvermehrend.

nichts Gleichwertiges mehr gegenüberzustellen. Nicht zuletzt dank der Emigranten haben die USA auf dem Gebiet der Philosophie wie auf den meisten anderen Gebieten der Wirtschaft, Technik und Kultur die geistige Führungsrolle übernommen. Einstein ging nach Princeton, Carnap nach Chicago und sogar der Marxist Herbert Marcuse (1898–1979) fand in San Diego eine Wirkungsstätte, wie er sie nie in Rußland gefunden hätte.

Hier soll nicht die Rezeption europäischer Philosophie des 20. Jahrhunderts in den USA dargestellt werden: logischer Positivismus, Sprachanalyse, Phänomenologie, Existenzphilosophie, Neuthomismus und Marxismus – zweifellos eine geistesgeschichtlich interessante und wichtige Aufgabe –, vielmehr interessieren hier die spezifischen Züge der amerikanischen Philosophie, die auch in den USA nicht von den geschichtlichen, politischen und gesellschaftlichen Prozessen zu trennen sind. Als solche Merkmale spezifisch amerikanischen Denkens werden immer wieder drei genannt: Pluralismus, Offenheit und Wandel. Es sind gleichzeitig die Merkmale einer freien, pluralistischen und dynamischen Gesellschaft. Auf dem Gebiet der Philosophie herrscht, wie auch sonst, der freie, belebende Wettbewerb. Der schlimmste Feind des Guten ist nicht das Schlechte, sondern das Bessere. Während Europa sich in Glaubenskämpfen und Prinzipienstreit erschöpfte, handelten die USA, ihrer ureigenen Weltanschauung entsprechend, evolutionsgerecht: sie öffneten sich neuen Ideen, die nicht als Irrlehren bekämpft, sondern als Herausforderungen empfunden wurden. Je mehr philosophische Richtungen, desto besser, denn nur im Dialog können sich – wie Sacharow unter Hinweis auf die alten Griechen richtig sagt – das geistige Leben, Philosophie, Künste und Wissenschaften, Fortschritt und Wohlstand entfalten. Für das philosophische Szenarium in den USA gilt in besonderem Maß, was für die Philosophie dieses Jahrhunderts immer charakteristischer wird: Es gibt nichts, das es nicht gibt, es wird experimentiert, analysiert, konstruiert, weitergedacht und auch geirrt, aber in allem herrscht der Mut zur Wirklichkeit, ein gesunder Realismus, Selbstvertrauen und Zuversicht, wie Naisbitt sagt: eine Explosion der Kreativität.

Es begann mit einem Team, den sechs Realisten, ungefähr zur Zeit, als William James starb (1910). Sie brachen mit der bis dahin herrschenden idealistischen Universitätsphilosophie unter Josiah Royce (1855–1916). Sein Gegenspieler war Ralph B. Perry, auch aus Harvard. Mit dem Artikel ›The Ego-centric

Predicament‹ im ›Journal of Philosophy‹, der »geistigen Unabhängigkeitserklärung«, eröffnete Perry die Schlacht, die sein Team gewann. Seine Argumentation läßt sich so zusammenfassen: »Daß alles Gewußte von irgend jemand gewußt sein muß, ist eine bloß allgemeine Beschreibung der Situation des Wissens. Man kann daraus keine Feststellung über das machen, was gewußt ist. Es folgt, entgegen dem Idealismus, daraus weder, daß alle Dinge gewußt sind, noch, daß sie nur als Objekte für Subjekte existieren. Es gibt neben der Situation des Wissens, in der die ego-zentrische Aporie echt ist, andere bekannte Arten der Existenz, denn unter den bekannten Relationen befindet sich die Unabhängigkeit. Es ist also trotz der egozentrischen Aporie möglich, den Unterschied zwischen unabhängigen und abhängigen Objekten zu entdecken.«[133]

Der Untertitel des Buches der Sechs über den Neuen Realismus lautet bezeichnenderweise »Cooperative Studies in Philosophy«. Teamwork und Kooperation sind Merkmale amerikanischer Forschung auch auf dem Gebiet der Philosophie geblieben.

Der Sieg des Realismus über den Idealismus, des Pragmatismus, Behaviorismus und Naturalismus über den Intellektualismus, Apriorismus und Moralismus bedeutet nicht, daß eine Denkweise die Vor- oder gar Alleinherrschaft errang oder erringen wollte. Typisch für das amerikanische Szenarium der Philosophie ist nicht das hierarchische Übereinander, das Ausschließen, sondern das Nebeneinander, die Koexistenz. So setzten sich neben der modernen Richtung alte Denktraditionen fort: William P. Harris (1835–1909) gründete 1867 in St. Louis das ›Journal of Speculative Philosophy‹ und entwickelte den Idealismus weiter, G. Stanley Hall (1846–1924) führte an der Johns-Hopkins University in Baltimore die experimentelle physiologische Psychologie ein und lehnte spekulative Philosophie ab, William E. Hocking (1873–1966) aus Cleveland (Ohio), von 1914 bis 1943 Professor an der Harvard University, befaßte sich mit religiösen und politischen Fragen aus idealistischer Sicht, Edgar Sh. Brightman (1884–1953) setzte in Boston eine alte amerikanische Tradition, den Personalismus, fort, der sich am geistigen Wesen des Menschen orientiert, im Westen lehrte George H. Howison (1834–1916) einen pluralistisch-evolutionären, den sogenannten »Kalifornischen Personalis-

[133] Herbert W. Schneider, Geschichte der amerikanischen Philosophie. Hamburg 1957, S. 354.

mus«, und selbst der Neurealismus Perrys fand im kritischen Realismus (1916) von Roy W. Sellars (1880–1973) eine interessante, weiterführende Ergänzung. Sellars verfaßte 1933 das von 34 Gelehrten unterzeichnete ›Humanistische Manifest‹, das die Grundlinien des amerikanischen Humanismus enthält und in weiten Kreisen der amerikanischen Intelligenz auch heute noch gilt.

Aus dem Kreis der kritischen Realisten verdient der Begründer des ›Journals of the History of Ideas‹ Arthur Lovejoy (1873–1962) Erwähnung, der eine Idee aus Platons ›Timaios‹ aufgriff und in seinem Werk ›The Great Chain of Being‹ (1936) durch die Geistesgeschichte verfolgte: die Idee, daß alle Seinsmöglichkeiten in der langen Reihe der Seinskette verwirklicht werden. Gegenüber den (monistischen) Naturalisten vertrat er einen konsequenten Dualismus.

Besondere Beachtung verdient auch der aus Rußland stammende Morris R. Cohen (1880–1947), dessen Philosophie sich nicht so einfach einordnen läßt. Er wandte Russells Logik auf Probleme der Ethik und Sozialphilosophie an, befaßte sich aber auch gründlich und wirkungsvoll mit Fragen des Rechts. Er verlieh der realistischen Jurisprudenz in den USA wesentliche Impulse. Mit George Santayana verband ihn ein gewisser, wenn auch weniger individualistischer Vernunftglaube.

Einer späteren Generation als Sellars, Lovejoy und Cohen gehören Northrop, Hartshorne und Randall Jr. an. Filmer S. C. Northrop (geb. 1893) aus dem Staat Wisconsin interessierte sich vor allem für ethische, politische und anthropologische Fragen. Sein besonderes Anliegen war die Begegnung von Ost und West, aber auch Mexiko interessierte ihn, von dessen Regierung er mit einem hohen Orden ausgezeichnet wurde, nicht zuletzt auch die Einheit Europas und dessen Verhältnis zu den Vereinigten Staaten.

Charles Hartshorne (geb. 1897) aus Pennsylvania studierte an der Harvard University und assistierte Whitehead, dessen Prozeß-Philosophie er, wie Northrop, in das amerikanische Geistesleben transponierte. Dabei ergaben sich charakteristische Unterschiede zum Beispiel in der Auffassung beider von Gott und den ewigen Wahrheiten. Während Whitehead beim Gottesbegriff höchstens eine Trennung von primärem und sekundärem Wesen zuläßt, faßte Hartshorne ihn pluralistisch als Inbegriff von Möglichkeiten auf. Die Wesenheiten interpretiert Hartshorne weniger platonisch (ewig) als Whitehead.

John Herman Randall Jr. (geb. 1899) aus Michigan lernte und lehrte an der Columbia University in New York. Er untersuchte die Rolle des Wissens in den Religionen des Westens, das Wesen historischer Erfahrung, die Fragen der Verantwortung von Gruppen, des Wandels der Kultur und der Modernität. Wie Dewey und Mead sieht er die Vergangenheit aus der Sicht des modernen Problemdenkers. Als Metaphysiker verstand er unter Substanz den Inbegriff kooperativer Prozesse.

10.2.2.22.1 Dewey, Mead, Santayana

John Dewey (1859–1952) aus Vermont, ein Weggefährte und Mitstreiter Russells für gemeinsame Ideale, war weder nur Realist noch nur Liberaler oder Humanist. Er verkörpert ein Zeitalter der amerikanischen Geistesgeschichte des 20. Jahrhunderts, seine erste Hälfte. Sein Einfluß auf das amerikanische Bewußtsein ist kaum zu überschätzen, aber er beeinflußte auch das Denken des Fernen Ostens. Mit den Realisten teilte er die Absage an Hegel und die Metaphysik. Dewey hatte, wie Whitehead, ein prozessuales Weltverständnis und legte Wert auf die »rekonstruierende Aktivität«. So war seine Philosophie von Anfang an erfahrungs- und praxisorientiert. Sein »Instrumentalismus« ist ein Konzept, mit dem jeder Pilot arbeiten kann. Denken ist kein Selbstzweck, sondern situationsbedingtes Orientierungsmittel. Es setzt bei einem problematischen Sachverhalt ein, bewältigt ihn mit Hilfe von Analyse, Erfahrung und schafft Wissen, Gewißheit. Erkenntnis erscheint daher als eine Form der Daseinsbewältigung. Dewey war nicht zuletzt Pädagoge. Denken entzündet und bewährt sich an konkreten Schwierigkeiten, nicht im Anhäufen von Begriffen, Formeln und Lehren. Im Gegensatz zum egozentrischen Existentialismus zielt Deweys Pädagogik auf Gemeinschaftsbildung und Übernahme von Verantwortung ab. Dewey hatte, wie Russell, eine Vorliebe für Leibniz, während er Hegel ablehnte. Im Gegensatz zu einseitig gesellschaftlich orientierten marxistischen Theorien legte Dewey größten Wert auf Fundierung gesellschaftlicher Praxis im Wissen um die Natur des Menschen, in Evolutionstheorie und Psychologie.

George Herbert Mead (1863–1931) aus Ohio arbeitete 1887/88 mit William James an der Harvard University zusammen, lernte Dewey an der University of Michigan kennen und ging mit ihm 1894 an die gerade eröffnete University of Chicago, wo er bis zu seinem Tod lehrte. Von der entstehenden pragmatischen Schule von Chicago war Mead gleichsam das Herz, Dewey der Kopf. Aus der Analyse von Kommunikationsprozessen entwickelte Mead seinen Sozialbehaviorismus, dem zufolge der Geist, das Ego und die Sprache aus Aktion und Interaktion im sozialen Umfeld entstanden. Der Mensch muß ein Glied der Gruppe werden, eine Rolle übernehmen, um ein Ich zu werden. Aus den Wechselwirkungen zwischen den Menschen und ihren Institutionen, durch wechselseitige Anpassung beider ergibt sich die Möglichkeit, auch die Umwelt zu verändern. Gesellschaftsreformen erweisen sich als Erscheinungsformen der biologischen Evolution, deren höchste Formen die Entwicklung der Vernunft und der Wissenschaften ist. Meads »sozialer Realismus« läßt sich auch als »objektiver Relativismus« verstehen. In Amerika setzte man Einsteins und Freuds Erkenntnisse in philosophische Theorie und Praxis um.

Eine andere Form des »Relativismus« findet sich bei dem aus Madrid stammenden skeptischen Realisten George Santayana (1863–1952), der von 1889 bis 1912 an der Harvard University lehrte und zuvor in Cambridge auch mit Russell in Verbindung stand. Santayana lehnte Idealismus, Puritanismus und Subjektivismus ab. Sein fünfbändiges Werk ›The Life of Reason or the Phases of Human Progress‹ (1905/06), das seinen philosophischen Ruf begründete, ist im derzeitigen Naturalismus verwurzelt. Sein erkenntnistheoretisch bedeutsamstes Werk ›Scepticism and Animal Faith‹ (1923) zeigt ihn auf dem Pfad des kritischen Realismus, der in einen vom Hinduismus beeinflußten Spiritualismus (›The Realims of Being‹, 1927) einmündet. Die individuelle Entwicklung des Denkers spiegelt somit im Kleinen die Evolution im Großen wider.

10.2.2.22.2 Goodman, Quine, Putnam, Kripke

Während sich Hans Reichenbach (1891–1953) als Mitglied des Wiener Kreises hauptsächlich mit Fragen der logisch-mathematischen Grundlagenforschung befaßt hatte, interessierte er sich nach seiner Übernahme des philosophischen Lehrstuhls an der California University in Los Angeles auch für wissenschaftstheoretische und -geschichtliche Fragen sowie für die philosophische Ausdeutung der Quantenmechanik.

Rudolf Carnap (1891–1970), der von 1936 bis 1952 in Chicago Philosophie lehrte, von 1952 bis 1954 am Institute for Advanced Study in Princeton tätig war, wo er mit Einstein philosophische Gespräche führte, erhielt 1954 den vakanten Lehrstuhl Reichenbachs, der plötzlich verstorben war. Carnap machte in den USA eine Entwicklung durch, wobei er, von Freunden und Kritikern angeregt, seine enge Konzeption des logischen Positivismus allmählich erweiterte und über sein eigentliches Interessengebiet, die Logik, hinaus auch naturphilosophische und wissenschaftstheoretische Fragen in seine Forschungen einbezog. Bedenkt man, daß Carnap von Frege, Russell und Mach Anregungen erhielt und seinerseits amerikanische Denker wie Goodman und Quine anregte, kann man von einer fruchtbaren und weitgehend gelungenen Synthese europäischer und amerikanischer Philosophie sprechen.

In der Auseinandersetzung mit Carnap unternahm Nelson Goodman (1906–1998) einen weiterführenden Versuch, die Idee Carnaps vom logischen Aufbau der Welt (1928) in die Tat umzusetzen und, mit Hilfe verfeinerter logischer Methoden, ein System wissenschaftlicher Grundbegriffe zu entwerfen. Im Unterschied zur platonisierenden Tendenz Carnaps (Klassenkalkül) arbeitet Goodman mit einem nominalistisch-partikularistischen System (Individuenkalkül). Während jener auf ein Totalsystem abzielte, beschränkt sich dieser auf ein enger begrenztes phänomenalistisches System, was der Einzelerkenntnis zugute kommt. Logische und erkenntnistheoretische Erwägungen führten Goodman in die Nähe einer neuen Ontologie (›The Structure of Appearance‹, 1951). Der Begriff der Realität wird allerdings nicht, wie bei sehr vielen europäischen Ontologen, absolutistisch-hierarchisch gefaßt, sondern relativistisch. Mit seinem Nominalismus verbindet sich der Skeptizismus. Auf dem Gebiet der Ästhetik bahnte Goodman das Verständnis der Künste als Sprachen an (›Language of Art. An Approach to a Theory of Symbols‹, 1969).

Der vielleicht bedeutendste amerikanische Denker auf dem Gebiet der theoretischen Philosophie ist Willard van Orman Quine (geb. 1908) aus Akron (Ohio). Er promovierte 1932 unter der Leitung von Whitehead (Harvard) über ein logisches Thema, studierte 1932/33 Philosophie in Oxford, lernte 1934 den Wiener Kreis kennen und folgte Carnap nach Prag. 1939 arbeitete er, wieder an der Harvard University lehrend (bis 1978), mit Russell und Tarski zusammen (»Historische Monate«). Außer den genannten finden sich bei Quine Einflüsse des Pragmatismus und Behaviorismus (Skinner). Zunächst setzte sich Quine in einer Reihe von Arbeiten mit dem logischen Positivismus und Empirismus auseinander, besonders in ›Two Dogmes of Empiricism‹ (1951). Dabei verlagerte sich das Gewicht seiner Untersuchungen von allgemeinen Fragen zur analytischen Methode auf das Problem der Synonyme (Worte mit gleicher Bedeutung). Es stellte sich heraus, daß zwischen analytischen und synthetischen Urteilen keine klare Grenze besteht. In seinem Hauptwerk ›Word and Object‹ (1960), dem wohl am meisten diskutierten Werk der amerikanischen Philosophie seit 1945, entwickelte Quine seine Theorie der Bedeutung. Die raumzeitliche Wirklichkeit unterdeterminiert die Sinnesdaten, in denen stets ein Sinngeflecht von Bedeutungen, ein Ganzes, keine Einzelheit, enthalten ist. Ähnliches gilt für die Übersetzung von Texten (Prinzip der Undeterminiertheit). Das Ergebnis seiner Forschungen war eine breitere Öffnung für metaphysische und ontologische Fragen, zum Beispiel für eine weiterführende Behandlung des Universalienproblems. Die (typisch amerikanischen) pragmatischen und behavioristischen Komponenten im Denken Quines kommen in dieser Öffnungstendenz zum Vorschein: eine relative Rehabilitierung der Ontologie durch ein erweitertes Seinsverständnis.

Die Entwicklung der amerikanischen Philosophie vom Neurealismus zum kritischen Realismus und schließlich zum internen Realismus Hilary Putnams (geb. 1926), der sich in gewisser Hinsicht an die Kantische Position anlehnt, ohne den Charakter einer empirischen Theorie einzubüßen, zeigt einige für die moderne Philosophie charakteristische Züge: ständige Verfeinerung der Methoden, Kritik an den Prinzipien, allmähliche Elimination von Falsifiziertem und zunehmende Realitätsbewältigung. Putnam, neben Kripke einer der angesehensten Vertreter der modernen Philosophie der Mathematik, befaßte sich nicht nur mit mathematisch-logischen Problemen, sondern auch mit philosophischen Fragen der Quantenmechanik, mit erkenntnis- und wissenschaftstheoretischen, sprachlichen und metaphysischen Fragen. Von Russell, Carnap, Reichenbach und Quine beeinflußt, führt er die zu vorsichtiger Synthetik neigende angelsächsische Analytik weiter (›The Analytic and the Synthetic‹, 1962). Die Einheit der Wissenschaft wird als Arbeitshypothese angenommen. Wissenschaftliche Gesetze sind weder analytisch noch zu sehr von Ergebnissen empirischer Einzelforschung abhängig. Die Psychologie findet zunehmend Beachtung, die Sprache erscheint als Brücke zwischen Geist und Realität, deren Beziehung zum Gegenstand einer modernen Metaphysik wird, wobei die Bedeutungsanalyse eine wichtige Rolle spielt (›The

Meaning of Meaning‹, 1976). Zukunftweisend sind Putnams Ideen zur Einbeziehung von sozialen und Umweltfaktoren in die Sprachphilosophie und Wissenschaftstheorie.

Der jüngsten Generation theoretischer Philosophen gehört der geniale Saul Kripke (geb. 1941) aus Omaha (Nebraska) an, der als sechzehnjähriger Schüler eine revolutionierende Arbeit zur Modallogik und Semantik lieferte. Kripke stellte dann eine neue Theorie der Eigennamen auf, analysierte den Begriff der Identität und trug schließlich noch weniger als Putnam Bedenken, psychologische und metaphysische Probleme in seine logischen Forschungen (›Naming and Necessity‹, 1980) einzubeziehen.

10.2.2.22.3 Blansard, Lewis, Black

Nicht immer läßt sich eine so klare Entwicklungslinie wie die von Goodman zu Kripke aufzeigen; das erscheint im Hinblick auf das von Individualismus und Pluralismus geprägte Szenarium der amerikanischen Philosophie auch nicht verwunderlich. Hier befaßt sich nicht selten ein Denker sowohl mit theoretischen als auch mit praktischen Fragen oder mit sprachlichen und naturphilosophischen Problemen. Im folgenden dominiert also weniger die grundsätzliche Ausrichtung als die individuelle Kombination.

Wilmon H. Sheldon (geb. 1875), ein typischer Vertreter des prozessualen und progressiven amerikanischen Denkens, legt Wert auf Wechsel, Kreativität, Innovation und Geselligkeit, strebt aber gleichzeitig nach Synopsie und Synthese.

Paul Weiss (geb. 1901) und James Feibleman (geb. 1904) verbinden spekulative, systematische und metaphysische Tendenzen mit analytischer und realistischer Grundeinstellung. Weiss, ein Schüler Whiteheads, suchte das prozessuale Weltverständnis mit aristotelischer Ontologie zu verbinden und gelangte zu den vier Grundkategorien: Aktualität, Idealität, Existenz und Gott. Sie konstituieren das Weltall. Auf dieser Grundlage untersuchte er Phänomenbereiche der Kultur und Gesellschaft wie Religion, Kunst, Wissenschaft, Geschichte, Politik, Erziehung und Sport. Feibleman, Geschäftsmann, Dichter und Philosoph zugleich, suchte nach einer Synthese von Erkenntnis- und Werttheorie auf realistisch-ontologischer Grundlage *(ontological positivism)*. Er gelangte zu drei Grundkategorien: Wesen, Existenz, Schicksal. Letztere erinnert an die stoische Philosophie. Feibleman ging den Zusammenhängen von Institutionen, Kulturen und

Religionen nach. Er schrieb mehr Bücher und Aufsätze als irgendein akademischer Philosoph seiner Zeit.

Wilfred Sellars (geb. 1912) und Roderick Chisholm (geb. 1916) kamen von der analytischen Erkenntnistheorie zur synthetischen Metaphysik. Chisholm widmete sich besonders den Fragen der Wahrnehmung und des Selbst, Sellars suchte nach einer Verbindung von logischem Empirismus und Kantischer Philosophie.

Cornelius Benjamin (1897–1968) widmete sich vorwiegend der Erkenntnis- und Wissenschaftstheorie, wobei er europäische (Wiener und Kopenhagener Kreis) und amerikanische (Realismus) Elemente zu verbinden suchte. Leonard Bloomfield (1887–1949), 1935 Präsident der Gesellschaft für Linguistik, prägte wesentliche Grundbegriffe der modernen Sprachwissenschaft (Phoneme, Morpheme).

Wie das Beispiel des in neuerer Zeit angesehensten amerikanischen Philosophen Brand Blansard (1892–1966) zeigt, hat neben dem Realismus auch der Idealismus seinen Platz in Amerika. Blansard setzte, mit systematisierenden Tendenzen, die (europäischen und amerikanischen) Traditionen von Francis H. Bradley (1846–1924), Bernard Bosanquet (1848–1923) und Josiah R. Royce fort und erweiterte den engen Idealismus zu einem kosmischen Rationalismus. In seiner Trilogie ›Vernunft und Gutheit‹, ›Vernunft und Analyse‹, ›Vernunft und Glauben‹ wendet sich Blansard gegen die Subjektivierung der Moralphilosophie, den engen, widervernünftigen logischen Positivismus und die Vernunftfeindlichkeit moderner Theologie und Existenzphilosophie.

Clarence J. Lewis (1883–1964), Pragmatiker der zweiten Generation und Philosoph an der Harvard University, aber auch in Princeton und Stanford lehrend, vertrat einen *conceptualistic pragmatism.* Seine Untersuchung ›Analysis of Knowledge and Valuation‹ (1946) gilt als klassisch. Auch hier wird die Tendenz zur Synthese bei analytischer Grundhaltung deutlich. Lewis wurde von Peirce, James, Russell, Whitehead und Kant beeinflußt. Unter Abweisung aller aprioristischen Theorien der Linguistik hält Lewis an einer mehr an der Bedeutung als am Wort orientierten analytischen Konzeption fest. Während er die Verifikationstheorie empirischer Urteile beibehält, setzt er jedoch für die Verifikation Bedeutungselemente der Vernunft voraus. Seine Theorie soll sich vor allem auf Werturteile beziehen.

Max Black, 1909 in Rußland geboren, studierte in England,

Deutschland und in den USA, lehrte an den Universitäten Cornell und Washington und gab die Zeitschriften ›The Philosophical Review‹ und ›Journal of Symbolic Logic‹ mit heraus. Sein Hauptgebiet war die philosophische Analyse. In seinem Hauptwerk ›Language and Reality‹ (1958) untersucht Black das Verhältnis von Sprache und Sein. Im Unterschied zu Carnap und Quine will Black die Sprache weniger am strengen logischen Kalkül orientieren als an Gebrauch und Funktion mit entsprechend freieren Regeln, also mehr an der Grammatik als an der Mathematik.

10.2.2.22.4 Hook, Stevenson, Rawls

Sidney Hook (geb. 1902), ein Schüler Deweys, der sich mehr mit praktischer Philosophie befaßte, zeigt in seiner Schrift ›Pragmatism and the Tragic Sense of Life‹ (1959) viel Verständnis für die tragischen Situationen des Lebens, die er meistens aus Wertkonflikten resultieren sieht. Wenn die moralischen Konflikte ernstgenommen und rationale Methoden angewandt werden, lassen sich die meisten Konflikte auflösen. Selbst keineswegs konfliktscheu, bemühte er sich auch in den zwanziger und dreißiger Jahren um ein besseres Verständnis des Marxismus, den er mit gewissen Tendenzen der pragmatischen und naturalistischen Philosophie in den USA zu verbinden suchte. Hook gilt als einer der führenden amerikanischen Sozialphilosophen des 20. Jahrhunderts.

In die praktische Richtung weisen auch Denker wie Stephen Pepper (1891–1961), Richard De George (geb. 1933) und Robert Nozik (geb. 1938). Pepper untersuchte in seinem Buch ›The Sources of Value‹ (1958) Grundfragen der Axiologie aus naturalistischer Sicht, De George befaßte sich mit Ideologiekritik und verstand den Diamat primär als Programm revolutionärer Veränderung, Nozik unterwarf die Prinzipien des Wohlfahrtsstaates und der freien Marktwirtschaft einer eingehenden Kritik. Herbert Marcuse (1898–1979), von Marx und Freud beeinflußt, sah in der sexuellen Repression die Quelle sozialer Mißstände und propagierte in seinem Hauptwerk ›Eros and Civilization‹ (1962) eine neue Variante der sexuellen Emanzipation.

Eher subtil und wissenschaftlich wirkt dagegen Charles L. Stevensons (geb. 1908) Werk ›Ethics and Language‹ (1944). Stevenson lehrte in Harvard und Yale, war Guggenheim-Fellow und Präsident der ›Amerikanischen Philosophischen Gesellschaft‹ (1962), untersuchte die Beziehungen zwischen Sprache und Ethik aus der Sicht des logischen Positivismus, erarbeitete eine differenzierte Emotionen-Theorie *(emotive theory)* ethischer Urteile und sah die Aufgabe der Ethik in der Herausarbeitung einer Metaethik als Bedeutungslehre von Wertbegriffen und als Strategie zur Konfliktlösung. Er unterschied zwischen Nichtübereinstimmung in der Meinung *(belief)* und in der Einstellung *(attitude)*, wobei letztere schwieriger zu beheben ist.

John Rawls' (geb. 1921) Buch ›A Theory of Justice‹ (1971) ist bereits in die Geschichte der modernen Ethik eingegangen. Es fügt sich in die beiden allgemeinen Trends amerikanischer Moralphilosophie in der zweiten Hälfte dieses Jahrhunderts ein: ethische Grundlagenforschung und Erforschung konkreter Anwendungsmöglichkeiten ethischer Theorien. Rawls sieht in der Fairneß den Kern der Gerechtigkeit und hält zwei Prinzipien für unverzichtbar: 1. Jede Person hat ein Anrecht auf ein Maximum an Grundfreiheit *(basic liberty)*, soweit es mit dem der anderen vereinbar ist; 2. Soziale und ökonomische Vorteile sind so zu gestalten *(arranged)*, daß sie allen zugute kommen, sie müssen ferner an Positionen und Ämter gebunden sein, die allen zugänglich sind. Hinzu kommen Ausführungen zu praktischen Fragen, wie zum zivilen Ungehorsam. Für die Philosophen wird Eigenerfahrung in praktischen Fragen oder Bereitschaft zur Kooperation mit Sozialwissenschaftlern und anderen Praktikern vorausgesetzt.

Von hier aus läßt sich leichter verstehen, warum Norbert Wiener (1894–1964), ein Schüler Russells und Husserls, für die Idee seiner Kybernetik, als eines Lösungsangebots theoretischer und praktischer Probleme, in den Vereinigten Staaten einen fruchtbareren Boden fand als irgendwo sonst.

10.2.2.23 Mexiko

Europa und die USA stellen nach wie das Hauptkontingent philosophischer Ideen, Entwicklungen und Richtungen. Hier ist nicht daran gedacht, deren Rezeption in der übrigen Welt darzustellen. Was hier fairerweise getan werden kann und muß, ist die Vermittlung eines ungefähren Überblicks über länderspezifische philosophische Entwicklungen von übernationaler Bedeutung. Nicht unwichtig ist dabei die philosophische Kritik der anderen Länder an spezifisch europäischer oder amerikanischer Geistesart, die nur mit der nötigen Selbstkritik kreativ bleiben kann.

Bei prominenten Vertretern iberoamerikanischen Denkens finden sich Merkmale wie Frömmigkeit und Traditionalismus auf der einen, revolutionäres Engagement auf der anderen Seite, Kritik am Rationalismus und Individualismus, lebhaftes Interesse für Anthropologie, eine nicht unbedingt anthropozentrische Anthropologie, für einen mehr praktischen als theoretischen Humanismus und für die Ästhetik.

Intuition steht höher im Kurs als diskursives Denken, Wertphilosophie ist sehr gefragt, wobei gefühlsmäßige Momente oft die intellektuellen Aspekte überwiegen und die letzten Fragen wichtiger genommen werden als die naheliegenden. Eine starke Abneigung gegen utilitaristisches Denken schließt die Neigung zum Positivismus nicht aus. Geist und Begeisterung hängen eng zusammen, Kunst und Kultur werden höher geschätzt als Technik und Zivilisation, eine tiefe Skepsis gegenüber dem Fortschrittsdenken findet sich neben prometheischen Visionen. Letztere verbinden Iberoamerika mit dem Westen, ebenso Sinnkriterien wie Wechsel, Dynamik und Kreativität.

10.2.2.23.1 Caso, Vasconcelos, Ramos ...

Als Reaktion zu dem im letzten Drittel des 19. Jahrhunderts herrschenden Positivismus begründete Antonio Caso (1883 bis 1946) eine Lebensphilosophie der Intuition und Aktion. Er befaßte sich mit ethischen, ästhetischen, historischen und politischen Problemen und war als Botschafter in mehreren Ländern tätig. Mit Hilfe der intuitiven Methode, die er für die wichtigste philosophische Methode hielt, während er auf Ontologie verzichten zu können glaubte, entwarf er eine Dreiteilung des Seienden in Dinge, Individuen und Personen. Dinge können geteilt werden, ohne ihren Dingcharakter einzubüßen, können Wertobjekte, aber keine Wertsubjekte sein. Individuen sind lebendige, unteilbare Ganzheiten, können aber einander substituieren. Sie sind Subjekte für Nutzwerte. Personen sind einmalige geistige Existenzen, die nicht substituiert werden können. Sie sind Schöpfer von ethischen und ästhetischen Werten. Freiheit ist auf allen drei Ebenen der Existenz zu finden. Wertschöpfung ist der Höhepunkt menschlicher Freiheit. Der deutschen und der russischen Ideologie, die er zutreffend als Verabsolutierungen von Wertvorstellungen erkennt, stellt er nicht den Individualismus entgegen, sondern eine personalistisch orientierte

Gesellschaftskonzeption. Opferbereitschaft und Heroismus widerlegen die Konzeption einer ausschließlich von Egoismus und Egozentrismus regierten Menschheit.

José Vasconcelos (1882–1959), Teilnehmer an der Mexikanischen Revolution, Reformator des Unterrichtswesens und Rektor der Nationalen Universität von Mexiko, befaßte sich als Philosoph hauptsächlich mit ethischen, ästhetischen und methodischen Problemen. Ins Metaphysische tendiert seine ›Todologia‹ (1952), ein Werk über ein und alles. Die Philosophie erscheint als eine Art Symphonie, in der die Harmonie alles Seienden aufklingt. Die Logik ist eine wissenschaftliche Methode zur Entdeckung der Harmonie. Die logisch-mathematische Sicht der Dinge muß durch eine künstlerische ergänzt werden. Der wahre Philosoph ist auch Künstler, Dichter. Die Auffassung von der Ganzheit als Summe der Teile entspricht dagegen der Logik eines Buchhalters. Das Sein, in physisches, lebendiges und geistiges Sein geteilt, besteht in der Koordination von Elementen, angefangen vom Atom über Zelle und Seele bis hin zum Bewußtsein. Von den einfachsten Lebewesen bis zum Menschen gilt das moralische Gesetz. Ethik erscheint als Wissenschaft von der zweckmäßig gesteuerten Energie. Für das Pflanzen- und Tierreich gibt es eine botanische und zoologische Ethik. Der Schöpfer des Ganzen wird als persönlicher Gott gedacht, der die Welt transzendiert.

Samuel Ramos (1897–1959) sah in der Erforschung des menschlichen Daseins die Hauptaufgabe der Philosophie. Im Intuitionismus erblickte er eine verkappte Mystik und bekämpfte den Anti-Intellektualismus. Dem Menschen, wie er ward und ist, stellt er ein Bild vom Menschen gegenüber, wie er sein soll, dem Humanismus der Renaissance, der Mensch und Natur ins Gleichgewicht zu bringen suchte, einen »Neuen Humanismus«, der das Wertreich im Kosmischen zu fundieren sucht. In einer besonderen Schrift untersuchte Ramos den mexikanischen Volkscharakter, den er von Minderwertigkeitskomplexen beherrscht fand, die das Streben nach Echtheit und Selbstverwirklichung erschweren. Auch hier hat der Philosoph zu heilen, eine Befreiungsaufgabe zu erfüllen.

Leopoldo Zea (geb. 1912) setzt die Philosophie in Beziehung zu ethnischen, sozialen und kulturellen Gegebenheiten. Völker, die Philosophen hervorbrachten, benötigten die Philosophie. Lateinamerika fällt zur Zeit die Aufgabe zu, zwischen Ost und West zu vermitteln. Die Geschichte der Menschheit wird primär nicht durch die biologische Evolution bestimmt, sondern durch Freiheit und durch Selbstbestimmung des Menschen.

Augustín Basave Fernandez del Valle (geb. 1923), ein Vertreter der jüngeren Philosophengeneration, befaßte sich mit Fragen des Staates, des Rechts und der Moral. Er untersuchte die »Legitimität der Revolutionen« und kam zu dem Ergebnis, daß Ungehorsam gegenüber einem positiven Gesetz, das im Widerspruch zum göttlichen Naturrecht steht, nicht nur erlaubt, sondern Pflicht ist. Aus dem Dilemma von ontologischer Ausgesetztheit und psychologischer Angst hilft dem »theotropen« Wesen Mensch nur ein »theozentrischer Humanismus«. Philosophie darf sich nicht in Theoriebildungen erschöpfen, sondern muß zu einer *ancilla vitae* (Dienerin des Lebens) oder gar zu einer *ancilla salutis* (Magd des Heils) werden. Spanisches aristokratisches Bewußtsein spricht aus Basaves Theorie der Demokratie, in der er scharf zwischen authentischer, demokratischer Berufung und Pöbelherrschaft unterscheidet.

10.2.2.24 Argentinien

Von den philosophisch traditionsälteren, reiferen und interessanteren Ländern Südamerikas ragen Argentinien, Peru und Uruguay hervor.

10.2.2.24.1 Korn, Romero, Frondizi

Während Alfredo Ferreira (1863–1938) noch an positivistischen Auffassungen festhielt – das Positivistische Argentinische Comité wurde erst 1924 gegründet –, öffneten sich José Ingenieros (1877–1925) und Raymondo Pardo (geb. 1921) für die evolutionäre Betrachtungsweise. Ingenieros schrieb ein vielbeachtetes Buch über die Evolution der argentinischen Ideen, und der Epistemologe Pardo wandte den Evolutionsgedanken nicht nur auf die Kategorien, sondern auch auf die Vernunft selbst an.

Alejandro Korn, der Überwinder des Positivismus, wird als einer der bedeutendsten argentinischen Denker angesehen. In seinem Denken spielt die Freiheit eine fundamentale Rolle. Da Freiheit nicht unmittelbar gegeben ist, muß der Mensch sie im einzelnen wie in der Gemeinschaft nach und nach erringen. Von dieser relativen Freiheit unterscheidet Korn die absolute, die ein Fernziel bleibt. Mit der Freiheit verbindet er die Kreativität: *Libertad creadora*, die schöpferische Freiheit. Im Unterschied zur Wissenschaft, die es mit Erfahrung und Fakten zu tun hat, ist die Philosophie eine Lehre vom Bewußtsein und den Werten.

Francisco Romero (1891–1962), ein Schüler Korns, erwarb sich große Verdienste um Erschließung und Darstellung der iberoamerikanischen Philosophie. Schwerpunkte seines Denkens waren die Wert-, Kultur- und Geschichtsphilosophie, Anthropologie und Krisentheorie sowie die geistigen Beziehungen zwischen Ost und West. In einer originellen, modern anmutenden Theorie versuchte Romero dem Problem Immanenz – Transzendenz beizukommen. Immanenz und Transzendenz verhalten sich wie Eingeschlossensein in seine Existenz und Aus-sich-Herausgehen. Die Immanenz erreicht in der Identität ihren Höhepunkt, Transzendenz in den Akten geistigen Gewahrwerdens und Erfassens. Romero unterteilt die Wirklichkeit in vier Sphären: anorganische, organische, intentionale und spirituelle. Die oberen Sphären sind von den unteren abhängig, aber nicht auf sie reduzierbar. Romero fordert das »Recht auf den Zweifel«, sieht im Fragen die Hauptaufgabe der Philosophie und erweist sich damit als Problemdenker. Im Menschenbild Romeros werden Individuen und Personen scharf getrennt. In der Transzendenz seiner individuellen Existenz wird der Mensch zur Person, die sich ihrerseits selbst in der Erkenntnis von Dingen, Werten und Personen transzendiert.

Risieri Frondizi (geb. 1910), ein Freund Romeros, studierte bei Perry und Whitehead an der Harvard University, bewies Zivilcourage, ging wiederholt ins politische Exil und lehrte später an der Southern Illinois University. In der Axiologie relativierte Frondizi Existenz und Geltung der Werte. Auch die moralischen Werte gelten nicht absolut und sind nicht unabhängig von der Situation. Werte sind intentionale Objekte von Wertungen. Keine Werte ohne Wertungen, keine Wertungen ohne Werte. Das Verhältnis ist dem von Subjekt und Objekt analog. Im Konfliktfall ist der höhere Wert vorzuziehen. Alle Werte sind spezifisch. Der Allgemeinwert ist kein Wert, sondern ein Begriff. Ethische Werte und Normen sind nicht metaphysisch zu begründen, sondern nur streng rational und empirisch. Die Idee Gottes erscheint als ein Produkt des Evolutionsprozesses, als Kreation des menschlichen Geistes, die nachträglich als Offenbarung ausgegeben wird.

Neben den drei genannten Hauptvertretern argentinischer Philosophie gibt es eine Reihe von Denkern mit originellen und weiterführenden Ideen. Alberto Rougès (1880–1945) entwarf ein modernes, zukunftsorientiertes Geschichtsbild, das er mit einer vertieften Analyse der Zeit begründete. Angel Vasallo (1902–1972) entwickelte eine Bewußtseinstheorie, die drei Bewußtseinsschichten zugrundelegt: Objektbewußtsein, Selbstbewußtsein und ein Bewußtsein, das die beiden anderen transzendiert, eine Art Ursprungs- oder kosmisches Bewußtsein. Andere Denker versuchten den Brückenschlag zur indischen Philosophie, übrigens eine Tendenz, in der Nord- und Südamerika übereinstimmen.

10.2.2.25 Peru: Deústua, Delgado, Quesada, Bondy

Das 1543 gegründete Vizekönigreich Peru umfaßte zunächst das spanische Südamerika. Davon trennten sich Chile (1742) und Bolivien (1825).

Alejandro O. Deústua (1849–1945), weitgehend Autodidakt, bemühte sich um eine Metaphysik des Schönen. Ordnung und Freiheit ordnete er den Kategorien Ruhe und Bewegung zu. Das Schöne versöhnt Ordnung und Freiheit. Da sich in der schöpferischen geistigen Tätigkeit des Künstlers die Natur vollendet, überragen die ästhetischen Werte alle anderen. Diese Betrachtungsweise enthält eine Herausforderung an die westliche Wertphilosophie und Metaphysik, soweit sie von anderen Rangordnungen und Hierarchien ausgehen. Möglicherweise steht Deústuas Konzeption dem modernen, speziell dem evolutionären Denken näher als viele andere klassische Konzeptionen der traditionellen Philosophie.

Honorio Delgado (geb. 1892), Mediziner, Psychologe und Philosoph, war auch in der Praxis als »Kultusminister« tätig. Er erreichte vielleicht ein besseres Verständnis der Metaphysik als beispielsweise der logische Positivismus und verwandte szientifische Richtungen in Europa und den USA. Delgado verstand die Metaphysik als Chiffre des Seins. Chiffrierend und dechiffrierend steht der Mensch zwischen Existenz und Transzendenz. Das Scheitern der Metaphysik ist nicht nur negativ zu sehen. Positiv kann es die symbolische Erfassung der Wirklichkeit bedeuten. Starke meditative Züge trägt auch Delgados modernes Konzept einer Kosmobiologie. Als einfühlsamer Menschenkenner erkannte Delgado den aus Wechselwirkungen bestehenden Zusammenhang zwischen Fremderkenntnis und Selbsterkenntnis.

Niró Quesada (geb. 1918), vorwiegend Logiker, Mathematiker und Erkenntnistheoretiker, gehört einer jüngeren Philosophengeneration an. Er lernte und lehrte in südamerikanischen Ländern, aber auch in Rußland und China. Vor der formalen steht die intuitive Prinzipienerkenntnis. Es gibt logische, konstruktive (numerische) und andere Prinzipien. Beim Evidenzproblem unterscheidet er echte (authentische) Evidenz von falscher. Diese überschreitet die Grenzen des Systems, auf das ihre Gültigkeit eingeschränkt ist. Das wäre ein Argument für Russells Kritik am Evidenzbegriff: Was für evident erklärt wurde, erwies sich meistens als falsch. Der marxistischen Dialektik stellt er eine auf Analyse beruhende Methode des *feedback* gegenüber.

Salazar Bondy (1925–1974) sieht den Unterschied von Wissenschaft und Philosophie analog zu dem von Teil und Ganzem. Philosophie unterscheidet sich von Wissenschaft durch die Intention des Ganzen, von der Religion durch Rationalität. Philosophie ist authentisch, wenn sie ihre kulturellen und gesellschaftlichen Rahmenbedingungen mitreflektiert. Die iberoamerikanische Philosophie ist insoweit nicht identisch, als sie über der Rezeption fremder Modelle die Selbstentwicklung vernachlässigt. Hier kündigt sich ein gewisses Maß von philosophischer Selbstkritik an, ein Streben nach Authentizität, von dem manche europäischen und amerikanischen Denker lernen können.

10.2.2.26 Uruguay: Vaz Ferreira, de Azevedo

Carlos Vaz Ferreira (1873–1958) entwickelte sich, im Anschluß an John Stuart Mills Logik und Spencers Evolutionsgedanken, zu einem Philosophen der Freiheit, der er den Vorrang unter den Werten gab. Er unterschied zwischen freien und schutzbedürftigen Seelen. Diese, unfähig von der Freiheit Gebrauch zu machen, möchten auch die anderen Menschen unter das Joch der Autorität zwängen, jene vermögen ein Leben in Freiheit zu führen und schätzen sie daher am höchsten. Die autoritätsbedürftige Seele bleibt auch in höchsten militärischen Ämtern oder politischen Funktionärsstellungen unselbständig und entscheidet sich gegen die Freiheit.

Juan L. de Azevedo (1907–1972) befaßte sich hauptsächlich mit Problemen der Rechts- und Wertphilosophie. Werte werden durch emotionale Akte erfaßt, die, wie intellektuelle Akte ihre Objekte, ihre Gegenstände erfassen. Das Wertgefühl vermittelt auch eine Rangordnung der Werte. Nutzwerte sind subjektiv, geistige Werte objektiv. Der Wert erhält sein Sein vom Wesen, nicht von den Dingen. Dem Wechsel der Ideale in der Geschichte liegt keine Veränderung der Werte zugrunde, sondern er folgt aus Veränderungen im Wertverhalten der Subjekte. Gott als absoluter Wert vereint Sein, Wesen und Wert.

10.2.2.27 Bolivien: Francovich, Tamayo

In Bolivien trat Guillermo Francovich (geb. 1901), Verfasser einer Geschichte der bolivianischen Philosophie von der Kolonialzeit bis zur Gegenwart, mit einer Theorie vom »kosmischen Unterbewußtsein« hervor, worin er den Urgrund religiöser und philosophischer Erfahrung erblickt und den es, nach der einseitigen intellektualistischen Entwicklung der westlichen Philosophie, wiederzuentdecken gilt (Renaturalisierung). In seiner Geschichtsphilosophie unterschied Francovich zwei Menschentypen, den tharsischen und den atharsischen, den mutigen, unverzagten und den ängstlichen, verzagten. Der tharsische Mensch bringt Bewegung in die Menschheitsgeschichte, er wagt, spielt, überläßt sich dem Zufall und vertraut auf das Glück, der atharsische strebt nach Sicherheit, plant und sucht die Welt zu ordnen.

Wenn irgendwo, zeigt sich die Bedingtheit philosophischer Theorien bei Francovich, wenn er die zahlreichen Revolutionen in den südamerikanischen Staaten auf den tharsischen Menschentyp zurückführt. In den alten einheimischen Inkakulturen herrschte dagegen der atharsische Typ vor. Francovich verband die Lehre vom kosmischen Unterbewußtsein mit der von der allgemeinen Menschenliebe zu einem ethischen, politischen und sozialen Konzept, das in seiner pazifistischen Grundtendenz weniger an christliche Vorstellungen als an Bertrand Russells Friedensphilosophie erinnert. Wie Francovich versuchte auch schon der Dichter, Philosoph und Staatsmann Francisco Tamayo (1879–1956) dem indianischen Anteil der Kultur gerecht zu werden. Die Erforschung der Eingeborenen-Philosophie steckt zur Zeit noch zu sehr in den Anfängen, um hier berücksichtigt werden zu können[134].

[134] Vgl. hierzu Manfred Kerkhoff, Orientierung über die Philosophie der Nahua-Völker. In: Zeitschrift für philosophische Forschung 18, 1964, S. 185ff.

Bezeichnend für die revolutionären Bewegungen des 20. Jahrhunderts ist jedenfalls die Erforschung der Eingeborenen-Kulturen (Indigenismo) als Quellen für das Verständnis der Gegenwart. Eine führende Rolle spielt dabei die »Philosophische Schule von Bolivien«[135]. Neben dem Indigenismo gibt es in Mittel- und Südamerika einen politischen, philosophischen und ideologischen Afro-Amerikanismus, der die schwarzen Kulturelemente mit den roten (indianischen) zu verbinden sucht, die *theory of negritude.* In diesem Zusammenhang ist an die Nacional Revolucionario (MNR) von Bolivien zu erinnern, eine der großen revolutionären Bewegungen neben der Mexikanischen Revolution, dem Battlismo in Uruguay, dem Aprismo in Peru und der Revolution auf Kuba.

10.2.2.28 Brasilien: Cannabrava, Reale, Ferreira da Silva

Für den Sprachphilosophen und Wissenschaftstheoretiker Euryalo Cannabrava (1908–1978) ist die für Iberoamerika typische Einbeziehung des Ästhetischen charakteristisch. Auf der Suche nach einem Weg jenseits von Idealismus (Europa) und Naturalismus (USA) gelangt er in seinem »kritischen Objektivismus« zu einer Methodenkombination von Synthese und Reflexion, empirischer und formaler Wahrheit. Außerdem unterscheidet er zwischen reversiblen (kognitiven) und irreversiblen (perzeptiven) Strukturen des Denkens.

Miguel Reale (geb. 1910), Präsident des Brasilianischen Instituts für Philosophie (1949), Rektor der Universität São Paulo, Herausgeber der ›Revista Brasileira de Filosofia‹ (seit 1951) und Ehrendoktor mehrerer angesehener europäischer Universitäten, bemüht sich darum, die Antinomie von Kausalität und Freiheit zu überwinden, die Erkenntnistheorie ontologisch (Ontognoseologie) zu fundieren und Philosophie in soziale Wirklichkeit umzusetzen. Den Werten erkennt er nicht nur ideale Geltung zu, sondern eine autonome Objektivität. In seiner Kulturphilosophie analysiert Reale das Verhältnis der Werte zur Zeit.

In der Entwicklung Vicente Ferreira da Silvas (1916–1963) von der mathematischen Logik zur Existenzphilosophie löst

[135] Harold E. Davis, Latin-American Thought. Louisiana State University Press 1972, S. 162 ff.

sich eine fundamentale Antinomie westlichen Denkens in gewisser Weise praktisch auf, als ein Weg geistiger Selbstbefreiung aus den Zwängen von Essenz und Existenz, Rationalität und Irrationalität. Vielleicht gelingt der Philosophie in den Entwicklungsländern der Dritten Welt die Überwindung von Positionen, die in den etablierten Strukturen der alten Welten für unvereinbar gehalten wurden.

10.2.2.29 Philosophie der Dritten Welt?

Der chilenische Philosoph Felix Schwartzmann hat in einer umfangreichen, viel beachteten Studie zur philosophischen Anthropologie (1950) als Grundmerkmal des amerikanischen Menschen, im Vergleich zum europäischen, den Optimismus angeführt und damit den Schritt von der vergleichenden kontinentalen zur globalen Anthropologie und Kulturgeschichte gewagt. Der Enthispanisierungsprozeß hat die Spannung zwischen traditionalistischem und revolutionärem Denken verstärkt. Existentialismus, Marxismus und Christentum haben die Identitätskrise beschleunigt und den Mut zu einem Neuansatz gefördert. Ob aus dieser Faktorenkonstellation tatsächlich neue Philosophien entstehen, bleibt abzuwarten. Der Boden dafür ist günstig, wenn auch noch manche Probleme zu lösen sind: Nationalismus, Anarchismus, Marxismus, indianisches Erbe, Bestimmung der Beziehungen zu Nordamerika, Europa und der übrigen Welt.

Bei einem internationalen Symposium in Davis (Kalifornien 1970) kamen die philosophischen Grundlagen einer Neuordnung der Welt unter dem Motto zur Sprache: »Laßt uns den ganzen Menschen schaffen, den Europa nicht hervorzubringen vermochte.«[136]

Sollte der Not gelingen, was dem Überfluß versagt blieb? Ob der Durchbruch in eine Welt jenseits des Kapitalismus und Kommunismus gelingt, wird nicht zuletzt davon abhängen, ob sich die revolutionäre Energie in evolutionäre Kreativität transformieren läßt. Ihren Vertretern stellt sich die Philosophie der Dritten Welt als Selbstbefreiung aus der Entfremdung dar, als Neubesinnung auf das Wesen des (ganzen) Menschen, als Iden-

[136] Vgl. hierzu Heydar Reghaby, Philosophy of the Third World. Berkeley 1974, S. 42ff.

titätsgewinnung, zu der viel Idealismus, Optimismus und Geduld nötig sind. Was Iberoamerika in die Waagschale der Philosophie zu werfen hat, läßt sich mit drei Begriffen zusammenfassend umschreiben: Intuition, Spekulation und Meditation. Letztere verbindet Iberoamerika mit Asien.

10.2.2.30 Kanada

Zu den Ländern ohne alte Kulturtradition, die erst im 20. Jahrhundert auf philosophischem Gebiet in Erscheinung getreten sind, gehören Kanada, Südafrika und Australien. Im 19. Jahrhundert hatten die Kanadier mit der Erschließung des Landes noch so viel zu tun, daß für Philosophie kein Platz war. Das philosophische Leben setzte dort eigentlich erst 1945 ein. Charakteristisch für das Land ist die Zweisprachigkeit und entsprechend die Orientierung am angelsächsischen oder am französischen Kulturkreis. Das erste offizielle Organ der ›Canadian Philosophical Associates‹ (1962) erhielt den Namen ›Dialog‹. Der Raum für Artikel, Diskussionen und Besprechungen ging zu gleichen Teilen an englisch- bzw. französischsprachige Autoren. Es wurden jährliche Kongresse mit Veranstaltungen in beiden Sprachen abgehalten. In den sechziger Jahren nahm die Philosophie einen ungewöhnlichen Aufschwung, der aber von einer rückläufigen Periode abgelöst wurde. Neben Logik und Religionsphilosophie werden vor allem Sozialphilosophie und Philosophiegeschichte gepflegt. Zunächst war die Philosophie eine Magd der Theologie, dann folgte die Emanzipation, nicht zuletzt aufgrund philosophiegeschichtlicher Reflexion. Allmählich wurden die traditionellen Disziplinen ausgebaut. Ihnen folgte die Philosophie der Wissenschaften. Die englischsprachige Religionsphilosophie arbeitet vorwiegend mit analytischen Methoden, greift auf englische Positionen zurück und untersucht Bedeutung und Rationalität der jüdisch-christlichen Überlieferung, wobei eine Trennung der Ethik von Metaphysik und Theologie in den nichtorthodoxen Richtungen festzustellen ist. Der jüdischen Philosophie geht es um die Klärung der Rolle des Judentums in der modernen Gesellschaft und um die Frage der Anwesenheit Gottes in der Geschichte. Montreal wurde zu einem Zentrum klassisch-griechischer Philosophiegeschichte. Von den neuzeitlichen Denkern stehen begreiflicherweise die Engländer an erster Stelle: Hobbes, Locke, Hume und

Berkeley. An der McMaster University entstand ein Russell-Archiv. Die praktische Philosophie bildet Schwerpunkte an den Schnittpunkten von Ethik und Geschichtsphilosophie, Praxeologie und Politik. Von allgemeinem Interesse sind Sprachphilosophie, (mathematische) Logik, Semantik und Methodologie der Wissenschaften. Das Themenspektrum insgesamt ist modern und zukunftweisend: Sprache und Verhalten, Logik und Fiktion, Philosophie und Psychologie, Psychologie der Erkenntnis, Skeptizismus, Vernunft und Praxis, Vernunft und Moral, Vernunft und Religion, Einsicht, Theorie der Demokratie.

In der franco-kanadischen Philosophie dominieren Geschichte der Philosophie, Erkenntnistheorie und Sprachphilosophie. Anlehnung an französische Traditionen verbindet sich mit Anstrengungen zu Selbstbehauptung gegenüber den Angelsachsen. Hier kommen auch marxistische Autoren mehr zur Geltung. Daneben finden sich originelle philosophische Beiträge zur Mathematik, Naturphilosophie und Religion.

10.2.2.31 Afrika

Was für Kanada gilt, gilt in noch höherem Maß für Afrika: die Philosophie hat eben erst angefangen. Hier führen zunächst Anthropologen und Ethnologen, die mit der Aufbereitung des Materials noch lange zu tun haben werden. Aus der intensiven Beschäftigung mit afrikanischen Vorstellungen kann die westliche Philosophie über ihre natürlichen Ursprünge manches lernen. Lévy-Bruhl, Lévi-Strauss, Merleau-Ponty und Piaget leisteten auf diesem Gebiet Pionierarbeit, neben van der Leeuw, Leenhardt, Eliade und Gusdorf. Einige Philosopheme der Eingeborenen ähneln Vorstellungen westlicher Mythen: Ursprung und Wesen der Dinge, Einheit und Vielheit, Götter, Bestimmung des Menschen, Gut und Böse. Spezifisch afrikanisch ist der magisch-religiöse Glaube an alldurchdringende Naturkräfte, die nicht nur auf den organischen Bereich beschränkt sind. Das Vorurteil aus dem Kolonialzeitalter, nach dem Afrika keine Kultur hat und ein von Barbaren und Wilden bevölkerter Kontinent ist, ist von den Tatsachen widerlegt. Die *négritude* hat mit ihrer Vitalität, Ausdauer und Geduld, mit künstlerischer Begabung und ihrem unverwüstlichen Optimismus der Kultur der Weißen starke Impulse gegeben, nicht nur in der

Musik.[137] Die Herstellung der Beziehung zu Teilhard de Chardins ›integraler Persönlichkeit‹ mag übertrieben sein, aber zwischen seinem Konzept eines globalen Humanismus und der *négritude* besteht mindestens eine Ähnlichkeit in der Intention.

Gibt es eine afrikanische Philosophie?

In kritischem Verstand sicher nicht, wohl aber als ein Cluster von lebendigen Anschauungen, Vorstellungen und Visionen, und das ist die ewige Quelle, aus der jede Philosophie schöpfen muß, wenn sie nicht degenerieren will. Die europäische Philosophie hat sich in Afrika gewandelt und ein neues Denken erzeugt: »Western philosophy has given birth to a type of philosophizing which is no longer specifically Western but global in the true sense of the term.«[138] Die Tendenz zur Ganzheit verbindet diese afrikanische Philosophie mit der »Philosophie der Dritten Welt« in Südamerika.

Westliche Philosophen sollten nicht zu stolz sein, sich von der *négritude* das schenken zu lassen, was sie schenken kann und zu geben bereit ist. Die Idee, die beide verbindet, ist die *philosophia perennis.* Hat die westliche Philosophie eine scharfe Trennung zwischen Subjekt und Objekt vollzogen, kann, um nur ein Beispiel zu nennen, Sénghors »Augen-Verstand« einen Hinweis geben, wie man gleichzeitig die Errungenschaft der Distanz bewahren und überwinden kann. Eine andere Gabe des weißen Mannes auf dem Gebiet der Philosophie und der Wissenschaften ist die Objektivität. Sie muß ergänzt werden durch Partizipation. Eine originelle antiobjektivistische Tendenz war auch in der norwegischen Philosophie festzustellen, wo die Natur noch einen höheren Stellenwert besitzt. Wenn es ein Meeting zwischen West und Ost gibt, warum dann nicht zwischen Nord und Süd? Die logischen Symbole des Westens und die symbolträchtige Vorstellungswelt der *négritude* haben letzten Endes etwas gemeinsam: den Drang zur Weltbewältigung und Selbstbefreiung.

[137] Vgl. Leopold S. Sénghor, Négritude. A Humanism of the Twentieth Century. 1970.

[138] Anna-Louize Conradie, in: Burr, Handbook, S. 396. Vgl. auch E. A. Ruch, Omi u. K. C. Anyanwu, African Philosophy. Rom 1984.

10.2.2.32 Republik Südafrika

In der Republik von Südafrika herrscht auf dem Gebiet der Kultur eine ähnliche Zweiteilung wie in Kanada. Die Anglo-Afrikaner fühlen sich mit der Philosophie Englands und der USA verbunden, die anderen tendieren mehr zu Holland, Frankreich und Deutschland. Englisch und Afrikaans sind die offiziellen Sprachen in der Republik Südafrika. Der Gegensatz ist jedoch nicht starr. In der Philosophie sind Wechselwirkungen festzustellen: angelsächsisch interessierte Studenten interessieren sich für Phänomenologie, die anderen für Sprachanalyse: zwei globale philosophische Bewegungen. Interdisziplinäre Kurse mehren sich und entsprechen der weltweiten Situation, in der sich die Philosophie gegenüber den Wissenschaften befindet. Herman Jean de Vleeschauwer, nicht nur ein großer Leibniz-, sondern ein ebenso bekannter Kant-Forscher, sprach auf dem Leibniz-Kongreß 1966 in Hannover über das Thema: ›Perennis quaedam philosophia‹. A. H. Murray vertrat einen *synoptic liberalism* und zeigte, wie in einem Staat zweier Rassen Gesetzesherrschaft und innere Autonomie der historisch gewachsenen Gesellschaft zu verbinden sind. J. J. Degenaars' Ziel ist, dem Menschen Orientierungshilfen für die politischen Realitäten dieses Zeitalters zu vermitteln: »Der Mensch ist Mensch durch seine Beziehungen zu den Mitmenschen.« Humanismus ist weder eine Tradition noch eine Tatsache, sondern eine Aufgabe. Eine eigene »Schule für Orientalische Studien« haben Hindus und Moslems an der Universität von Durban-Westville eröffnet. Mahatma Gandhi wird zum großen Vorbild für viele Angehörige der jüngeren, friedfertigen Generation.

10.2.2.33 Australien

Die australische Philosophie überzeugt, wie die kanadische, mehr durch ihren unbekümmerten, jugendlichen Stil und ihre originellen Fragestellungen als durch »Ergebnisse«. Die 1945 in Sidney dominierende Persönlichkeit auf dem Gebiet der Philosophie war John Anderson, dessen Position sich mit den Attributen empirisch, positivistisch, pluralistisch und realistisch umschreiben läßt, ferner durch die klare Absage an jede Art von Absolutem und an eine Abhängigkeit des Erkannten vom Erkennenden: ›Studies in Empirical Philosophy‹ (1962). In Melbourne setzte sich Douglas Gasking mit Wittgensteins Philosophie auseinander, John Passmore untersuchte das Verhältnis zwischen Mensch und Natur im modernen Sinn: ›Man's Responsibility for Nature‹ (1974) und die Fähigkeit des Menschen sich zu vervollkommnen: ›The Perfectibility of Man‹ (1970). David A. Armstrong verfaßte eine Reihe interessanter Arbeiten zur Epistemologie. Logik war lange ein Stiefkind bei den australischen Philosophen. Dann aber setzte man sich kritisch mit der modernen Logik auseinander, vor allem mit den Begriffen Widerspruch, Konsequenz und Konsistenz. Auf dem Gebiet der praktischen Philosophie dominierten die Probleme Utilitarismus, freier Wille, Lob und Tadel. Peter Singer erörterte die Frage des zivilen Ungehorsams in der Demokratie und Robert Young die Begriffe Freiheit, Verantwortung und Gott.

10.2.2.34 Israel

Israel gehört, wie Indien und China, zu den Ländern, deren moderne Philosophie sich auf dem Hintergrund einer alten Kulturtradition entwickelt. Der Staat Israel wurde 1948 gegründet, das Department für Philosophie an der Hebrew University in Jerusalem 1928. 1950 war dies die einzige Universität in Israel mit drei aktiven Lehrern der Philosophie. 1977 besaß Israel sechs Universitäten mit über 100 Lehrkräften für Philosophie. Eine einheimische israelische Philosophie im Sinne einer englischen oder französischen gibt es nicht. In Israel geborene Lehrer der Philosophie wurden in Oxford, Boston oder Paris ausgebildet. Die Gründerpersönlichkeiten im Fach Philosophie sind Leon Roth (1896–1963), Shmuel H. Bergman (1883–1975) und Julius Guttmann (1880–1950), der eine ›Philosophie des Judentums‹ schrieb (1933). Sie waren größtenteils damit beschäftigt, Übersetzungen philosophischer Texte ins Hebräische zu besorgen. Die Gründer waren vorwiegend historisch orientiert. Einflüsse von Spinoza und Maimonides, aber auch von Kant und Schleiermacher sind feststellbar, ebenso von Cohen und Cassirer. Martin Bubers (1878–1965) Einfluß war relativ gering, da er weniger eine wissenschaftliche Philosophie betrieb als eine Art philosophischer Anthropologie in der Du-Ich-Beziehung. Das verschaffte ihm mehr Anhänger unter Jugendlichen, die im Kibbuz arbeiteten, als unter Kollegen oder Studenten. Bergman hielt nur einen Humanismus in einer auf Gott bezogenen Gemeinschaft für möglich, Buber nur in der Du-Ich-Beziehung. Yeshayahu Leibowitz, ein Naturwissenschaftler, ging von Aristoteles aus. Er setzt die jüdische Religion mit den religiösen Geboten *(halachah)* gleich. Die Religion liefert keine Informationen über Gott, der auch nicht der Schöpfer der Welt ist. Weder Vorsehung noch Messianismus noch Erlösung sind notwendige Bestandteile der jüdischen Religion. Die psychischen Phänomene sowie die Beziehungen zwischen Körper und Seele sind unerkennbar. Leibowitz tritt für eine strenge Trennung von Religion und Politik ein, ganz anders Gershom Sholem, der mehr Gewicht auf die mystische Komponente der jüdischen Philosophie und Religion legt.

Die zweite in Israel aufgewachsene Philosophengeneration repräsentieren Nathan Rotenstreich, Yohoshua Bar-Hillel und Pepita Haezrahi. Rotenstreichs Position ist phänomenologisch, daneben liegen Einflüsse von Kant und Whitehead vor. Er kritisiert Hegels Gleichsetzung von Vernunft und Wirklichkeit sowie dessen vergangenheitsorientierte Annahme eines abgeschlossenen Prozesses. Haezrahi geht einen Schritt weiter und wendet gegen Kant ein, dessen Transzendentalismus habe die Skepsis nicht wirklich überwunden. Sie sieht im Philosophieren das Streben nach etwas Unerreichbarem. Philosophie ist daher im Prinzip tragisch. Bar-Hillel schließt sich an Carnap an und lehnt mit diesem Metaphysik und spekulative Philosophie grundsätzlich ab. Er nähert sich Chomskys Idee einer Transformationsgrammatik, wobei ihm die Zusammenarbeit von Psychologen, Grammatikern und Logikern wichtig ist. Durch Bar-Hillel wurde die Sprachanalyse zu einem festen Bestandteil der israelischen Philosophie. Hand in Hand mit der analytischen Methode geht auch in der Philosophie Israels die Spezialisierung. Logik und Sprachphilosophie haben unverkennbar einen Bezug zur Praxis.

10.2.2.35 Islamische Länder

Die islamischen Länder sahen sich im Prinzip vor das gleiche Problem gestellt wie Israel: Säkularisierung oder Orthodoxie. Die Ausgangsbedingungen für die riesige islamische Welt, die sich vom Pazifik über drei Kontinente quer durch Asien bis zum Atlantik erstreckt, waren allerdings unterschiedlicher als in Israel: französischer Einfluß in Nordwestafrika, angelsächsischer in Nordostafrika und im Vorderen Orient, deutscher Einfluß in der Türkei. Bald nach dem Ende des Zweiten Weltkriegs, also fast gleichzeitig mit der Gründung Israels, erlangten die meisten islamischen Länder ihre Unabhängigkeit. Das führte zu einer Woge von Nationalismen mehr oder weniger radikaler Art. Hinzu kamen die Spannungen mit Israel. Ägypten und Syrien behaupteten auch nach dem Zweiten Weltkrieg die Führungsrolle auf kulturellem Gebiet, die sie seit Beginn des Jahrhunderts innehatten. Der Libanon kam hinzu.

Von der westlichen Philosophie waren es vor allem die Analytische Philosophie, der logische Positivismus, Existentialismus und Marxismus, die die Kräfte der großen islamischen Tradition reaktivierten: Sufismus, Theologie und die alte Philosophie. Wie in Israel folgte in Arabien eine Rezeptionsphase, in der westliche philosophische Texte übersetzt wurden.

Im Libanon suchte Charles Malik westlichen Liberalismus mit christlicher Religiosität zu verbinden. Im Irak verband sich traditionsgemäß englische Bildung mit aufstrebenden islamischen Kräften. Bis zum Zweiten Weltkrieg war der arabische Westen insgesamt konservativer als der Osten. Nach dem Zweiten Weltkrieg entstand dort eine Spannung zwischen moderner europäischer Philosophie und einer Art von islamischem Puritanismus. Im Iran bestand seit dem Mittelalter eine starke islamische Tradition. Er war das einzige islamische Land mit einer aktiven »Akademie für Philosophie« und einem regelmäßigen Publikationsorgan: ›Sophia perennis‹. Nach dem Ersten Weltkrieg wurden dort besonders Descartes und Bergson bekannt. Afghanistan, sonst mit dem Iran in der philosophischen Tradition verbunden, wurde zu einem Hort des Sufismus. In der Türkei, wo deutsche Einflüsse dominierten, wurde neben dem Sufismus auch die Geschichte der Philosophie gepflegt. In Pakistan und Indien lebte die philosophische Tradition der Engländer weiter. Die Auseinandersetzung mit dem westlichen Denken rief dort die traditionelle islamische Philosophie (der Medizin) sowie eine Art von Ökologie ins Leben (zurück). Eine Herausforderung besonderer Art ist der Marxismus, der die religiösen Abwehrkräfte aktiviert.

10.2.2.35.1 Agus Salim, Al-Ibrahimi, Bouhdiba, Nasr

H. Agus Salim (1884–1954) aus Kota Gedang (Indonesien), Politiker und Philosoph, suchte mit Hilfe der islamischen Tradition und westlicher Philosophie den Gegensatz von Kapitalismus und Kommunismus zu überwinden. Nach der Ausrufung der Indonesischen Republik (1945) setzte er sich als Diplomat für deren weltweite Anerkennung ein. 1953/54 erhielt er eine Gastprofessur in Princeton. In seiner Erkenntnistheorie spielt die Intuition, im Gegensatz zum diskursiven Denken, eine wichtige Rolle, außerdem der religiöse Glaube, den er als Streben zur wahren Wirklichkeit und zur Authentizität versteht. Dieser Glaube soll den Menschen auch aus der Aporie Freiheit – Notwendigkeit herausführen, ohne im Fatalismus zu enden, vielmehr in Gottergebenheit.

Al-Ibrahimi Mohammed Al-Bachir (1889–1971) aus Algerien gilt als einer der führenden Repräsentanten arabischer Kultur der Gegenwart. Er bekämpfte den Aberglauben, glaubte an eine Renaissance islamischer Weisheit auf der Grundlage von Humanität, Toleranz und Menschenrechten, verfaßte zahlreiche Schriften zu zentralen Fragen der Gegenwartsphilosophie und verfolgte dabei konsequent einen Kurs der Annäherung der Kulturen mit dem Ziel eines neuen, universalen und authentischen Menschentums.

Abdelwahab Bouhdiba (geb. 1932), von Bachelard, Merleau-Ponty und Ricoeur beeinflußt, lehrte Philosophie und Soziologie in Tunis, später an der Sorbonne. Am Modell Tunis hatte er die Möglichkeit erkannt, arabische und französische Kultur zu verschmelzen, eine Idee, die seine theoretische und praktische Philosophie durchdrang. Diese Philosophie, mehr pro- als retrospektiv, nimmt die Herausforderungen der modernen Welt an: Industrialismus, ökonomischer Fortschritt und soziale Gerechtigkeit, Emanzipation der Frauen und Erziehung der Jugend, vor allem aber die sexuelle Krise im Islam. Die »Suche nach den verlorenen Normen« darf weder zur kritiklosen Anpassung an westliche Muster führen noch zurück zum Traditionalismus und Konservativismus, sondern muß in permanenter Wertschöpfung Antworten auf die Probleme der Gegenwart finden.

Seyyed Hossein Nasr (geb. 1933) aus Teheran gehört zu den führenden Denkern nicht nur des Iran, sondern des gegenwärtigen Islam überhaupt. Er vereint eine ausgezeichnete Kenntnis der islamischen Tradition mit gründlichen Kenntnissen der indischen Philosophie. Er gründete die philosophische Akademie im Iran und präsidierte ihr. Später erhielt er einen Lehrstuhl für Vergleichende Religionsphilosophie an der Temple University in Philadelphia. Ihm schwebt eine Renaissance der großen arabischen Denktradition vor unter dem Leitbild einer *sapientia perennis et universalis.* Wie weit sein Universalismus ausgreift, zeigt, daß er neben berühmten arabischen Denkern Plotin, Meister Eckhart und Śaṃkara in sein Konzept einbezieht. Seine Arbeiten zeigen, daß er kein Phantast ist, sondern Wunsch und Wirklichkeit, Ideale, Perspektiven und Realitäten des Islam zu trennen weiß, ohne dabei das Grundproblem aus den Augen zu verlieren: Was kann der Islam dem modernen Menschen geben?

10.2.2.36 Tibet

Während man im Westen die Existenz einer indischen und chinesischen Philosophie nach und nach zur Kenntnis nahm, herrschte über die tausendjährige tibetische Denktradition bis vor kurzem tiefes Schweigen[139]. Auf Einzelheiten der tibetischen »Dreiprinzipienlehre« kann hier nicht eingegangen werden. Einige allgemeine Hinweise müssen genügen. In der tibetischen Philosophie fließen hinduistische und buddhistische Elemente in Form des Tantrismus mit autochthonen Elementen der Bon-Religion und Vorstellungen des tibetanischen Totenbuchs zusammen. »Im Gegensatz zur Dreiprinzipienlehre, die vor allem der Gelehrte und Arzt studiert, oder zu den Tantras, deren Studium den Lamas vorbehalten ist, gilt das Totenbuch – das Bardo-Thödol –, das wir in verschiedenen Versionen kennen, als geistiger Gemeinbesitz aller Tibeter, ist es doch eine Art tibetischer Bibel, ein Buch der Erlösung oder richtiger, der möglichen Befreiung.«[140]

Die drei Prinzipien *chi* (Unterscheidung, Vernunft), *schara* (Entscheidung, Wille, Tat) und *badgan* (Stoff, Materie) bilden den Kern der Chi-Schara-Badgan-Lehre (CSB), die Makrokosmos, Mikrokosmos und Menschsein umfaßt. Die CSB-Formel integriert die drei Grundkräfte menschlicher Existenz zu einer Ganzheit, welche die abendländische Metaphysik nie erreichte und von der die moderne Philosophie weiter denn je entfernt ist: Wahrheit, Freiheit, Güte. Platons Ethik gipfelt in der Idee des Guten, Stoa und Christentum betonen die Freiheit, und die moderne Philosophie setzt auf Wahrheit, Echtheit, Authentizi-

[139] P. Cyrill von Korvin-Krasinski leistete, auf der Grundlage der Arbeiten des russischen Mediziners P. A. Badmajeff, hier Pionierarbeit: Die tibetische Medizinphilosophie. Zürich 1953.

[140] Helmut Uhlig, Tibet. Bergisch-Gladbach 1986, S. 227f.

tät. Nach einer Einheit dieser drei Seins-, Wert- und Sinnelemente sucht man in der westlichen Philosophie von Plotin bis Quine vergebens: »Scheint es doch, daß kein Volk dieser Erde das ganzheitliche Denken, das die Verbindung von allem mit allem aufzeigt, zu größerer Vollkommenheit gebracht hat als die Tibeter.«[141]

Wenn das zutrifft, enthält die tibetische Philosophie die größte Herausforderung an die Denker des Westens. Tatsächlich sind in dieser Philosophie religiöse, medizinische und naturphilosophische Komponenten zu einem Heilskonzept verbunden, von dem die westliche Wissenschaft manches lernen kann. Außer der Dreiprinzipienlehre hat die tibetische Philosophie auch zum Verhältnis von Leben und Tod Wesentliches zu sagen. Der Tod erscheint als ein Teil des Lebens. Die Integration des Todes in das Leben erinnert an Platons ›Phaidon‹: Leben lernen heißt sterben lernen, und wer zu sterben gelernt hat, hat auch das Leben gemeistert.

10.2.2.37 Südostasien

Wie Zentralasien hat die westliche Philosophie – eine rühmliche Ausnahme bildet Frankreich – auch Südostasien weitgehend vernachlässigt. Von den Nachfahren alter Kulturen mit hohem philosophischen Niveau, zum Beispiel in Vietnam und Indonesien, seien hier nur drei Denker wenigstens kurz erwähnt, die für ihre Länder und Kulturen spezifische, zukunftweisende und weiterführende Beiträge zur Philosophie geliefert und sich um die Synthese von Ost und West besonders bemüht haben.

10.2.2.37.1 Nguyén, Alisyahbana, Hardjoprakoso

Dang Thuc Nguyén (geb. 1907) aus Nordvietnam studierte in Frankreich Philosophie und Mathematik und kehrte 1934 in seine Heimat zurück, lehrte in Hanoi, später in Saigon, wo er mehrere höhere akademische Ämter bekleidete, gründete die Gesellschaft für kulturelle Beziehungen Asiens und redigierte die Zeitschrift ›Asian Culture‹. Seine zahlreichen Veröffentlichungen befassen sich mit Kernproblemen der modernen Philosophie und einheimischen Kultur: Religion und Wissenschaft, Geschichte der östlichen, speziell der vietnamesischen Philo-

[141] Ebd., S. 225.

sophie, die vietnamesische Kultur in Südostasien, Zen-Buddhismus in Vietnam, vergleichende Philosophie, asiatische Kultur und vietnamesischer Humanismus, Tagore und Vietnam.

Der vom Deutschen Idealismus und deutscher Wertphilosophie beeinflußte indonesische Philosoph Sutan Takdir Alisyahbana (geb. 1908) befaßte sich vorwiegend mit Problemen der Literatur, Linguistik, des Rechts und der Pädagogik. Der wertschöpferische Geist des Menschen schafft Kulturen, die sich, den Wertsystemen entsprechend, entwickeln. Die gegenwärtige, an theoretischen, ökonomischen und Werten der Macht orientierte Kultur bedarf zur Ergänzung religiöser, ethischer und ästhetischer Werte. Letztere werden das künftige Bild einer Weltkultur wesentlich mitbestimmen. Die Schriften Alisyahbanas konzentrieren sich auf die Konvergenz kreativer Prozesse in Gesellschaft und Kultur im Hinblick auf eine »New Emerging World« (1980).

Soemantri Hardjoprakoso (1913–1970) aus Java studierte in den Niederlanden und bekleidete in Indonesien hohe Ämter im Kultur- und Bildungssektor, zum Beispiel das Amt des Direktors der Seamac, der südostasiatischen Minister für Erziehungsfragen.

Die Realität erscheint ihm als einheitlich, immateriell und wirklich. Sie offenbart sich im Evolutionsprozeß, der als Emanation verstanden wird. Der Mensch kann die göttliche Realität in seiner Seele entdecken und mit ihr eins werden. Die physische Existenz des Menschen ist nur Erscheinung. Mit dieser Metaphysik verbindet Hardjoprakoso die Ethik. Ihr Grundgedanke ist die Übereinstimmung mit sich selbst, die die Überwindung des Egoismus, Egozentrismus und Individualismus mit Hilfe der Meditation voraussetzt. Das Ziel ist die Verwirklichung von acht Verhaltensweisen, fünf gegenüber den Mitmenschen und drei gegenüber dem Göttlichen: Bereitschaft zum Geben, Annahme des Zufälligen, Ehrenhaftigkeit, Geduld und Edelmut; Bewußtsein des Göttlichen, Glaube und Ergebenheit.

10.2.2.38 Indien

Mindestens gegenüber Indien kann weder im Hinblick auf die Vergangenheit noch auf die Gegenwart von einer uneingeschränkten Überlegenheit der philosophischen Kultur des Westens die Rede sein. Hegels Dialektik konnte in Rußland und

China Erfolge erzielen, verglichen mit den differenzierten Methoden der altindischen Grammatiker und der daran anknüpfenden modernen indischen Sprachphilosophen, erscheint sie primitiv. Im Gegenzug haben indische Meditation und indischer Yoga sich im Westen ausgebreitet. Aber nicht nur auf dem Gebiet der Methodik haben die Inder Großes geleistet.

10.2.2.38.1 Tagore, Gandhi, Aurobindo, Radhakrishnan

Der Dichter, Philosoph und Nobelpreisträger (1913) Rabindranath Tagore (1861–1941) aus Kalkutta gründete 1901 eine Schule mit dem Ziel, indische und europäische Bildung und Erziehung zu verbinden. Die Grundtendenz seines Denkens läßt sich unter dem Buchtitel ›Die Einheit des Menschen‹ zusammenfassen. Die Hoffnungen, die er auf Europa setzte, erfüllten sich nicht. Bei aller Bewunderung übte er auch Kritik am Westen, besonders am Materialismus und Nationalismus. Im Endeffekt überwog bei ihm jedoch die Hoffnung: die Einheit der Menschheit, die verwandelnde Kraft der Wahrheit und der Glaube an die Zukunft des Menschen. Allerdings glaubte er nicht daran, daß die äußere Befreiung von europäischer Herrschaft das Kernproblem der Inder lösen würde. Ost und West werden erst dann in Indien zusammenfinden können, sagte Tagore in Übereinstimmung mit den besten philosophischen Traditionen seines Landes, wenn Indien sein inneres Gleichgewicht wiedergefunden hat.

Neben Martin Luther King verkörpert Mahatma (Mohandas Karamchand) Gandhi (1869–1948) das moderne Ideal der Gewaltlosigkeit. Er studierte Jura in Oxford, korrespondierte mit Leo Tolstoi und befaßte sich mit dem amerikanischen Dichter Henry David Thoreau (1817–1862), dem Autor des Buches ›Über die Pflicht zum Ungehorsam gegen den Staat‹ (1849). Das Grundanliegen Gandhis war ein platonisches: Wiederherstellung der Unterordnung der Macht unter das Recht, wobei er die gesellschaftliche Basis gegen das Unrecht der politischen Machthaber mobilisierte (passiver Widerstand). Gewaltlosigkeit war für Gandhi weniger eine Taktik als ein ethisches, im Geistigen verankertes Prinzip, das seine Kraft aus der Erfahrung des Unrechts zieht. Gewaltlosigkeit bedeutete für Gandhi das Festhalten an der Wahrheit *(satjāgraha)*, wodurch der Gegner von der Unhaltbarkeit seiner (gewalttätigen) Einstellung zu überzeugen ist. Insofern erscheint Gandhi als Sokratiker. In diese Richtung weist auch der Titel seiner Autobiographie ›Die

Geschichte meines Experimentes mit der Wahrheit‹ (1927 bis 1929). In Gandhi hat die hinduistische Philosophie ihre ungebrochene Lebenskraft wiedererlangt. In ethischer und existentieller Hinsicht kann sie mit den besten Kräften des Westens auf diesem Gebiet konkurrieren.

Sri Aurobindo (1872–1950) aus Kalkutta, Sohn eines Arztes, studierte vierzehn Jahre in England und widmete sich danach daheim dem Studium der indischen Philosophie (Ṛgveda, Upaniṣaden, Bhagavadgītā), vor allem dem Yoga. In Pondichéry gründete er eine Einsiedelei, aus der sich später (1968) die Stadt Auroville entwickelte. Die westlichen Quellen von Aurobindos Synthese waren unter anderem die Vorsokratiker, Shakespeare und die Erkenntnisse der Psychoanalyse. Sein Weg der Vereinigung von Theorie und Praxis heißt »Integraler Yoga«, eine Bewußtseinserweiterung durch Meditation, mit deren Hilfe sich die Menschheit höher entwickeln (Evolution) und vergeistigen (Spiritualisierung) kann. Aurobindos globale Vision: Hatte die Antike dem Menschen die Idee der Schönheit offenbart, Reichtum und Perfektion des Lebens gelehrt, bereicherte das Christentum die Menschheit mit seiner Vision der Gottes- und Menschenliebe. Der Buddhismus wies den Weg zu höherer Einsicht, zu Sanftmut und Reinheit, Judentum und Islam weckten den religiösen Eifer, den Willen zur Tat und die Gottesfurcht, der Hinduismus eröffnete den Weg zu letzter und tiefster Vergeistigung. Die Stadien der Evolution der Menschheit laufen auf die Dreieinheit von Existenz *(sat)*, Bewußtsein *(chit)* und Freude *(ananda)* hinaus. Gott gleicht, wie bei Heraklit, einem spielenden Kind. Im Stadium höchster Selbstbefreiung erreicht der Mensch ein göttliches Dasein, wird eins mit dem Universum, bringt *ātman* und *brahman* zur Deckung und erlangt unendliches Glück.

Sarvepalli Radhakrishnan (1888–1975) lehrte in Indien und England Philosophie, war von 1949 bis 1952 Botschafter in der UdSSR und von 1962 bis 1967 Staatspräsident Indiens. Er bemühte sich, wie Tagore, Gandhi und Aurobindo, zeitlebens um eine Annäherung westlichen und östlichen Denkens, wenn er auch die damit verbundenen Schwierigkeiten vielleicht etwas deutlicher erkannte als seine Vorgänger und gleichgesinnten Zeitgenossen. Er erkannte, daß die Probleme der westlichen Welt nicht einfach durch Zuhilfenahme östlicher Ideen, Praktiken und Methoden zu lösen sind, ebensowenig umgekehrt, sondern nur durch verfeinerte Analyse der jeweiligen Prämissen und hinreichende Lernbereitschaft. Das wissenschaftliche Denken des Westens kann nicht zur Vorwissenschaftlichkeit zurückkehren, und das unmittelbare östliche Verhältnis zur Wirklichkeit läßt sich nicht ohne Schaden für die östlichen Kulturen durch abgeleitete Wirklichkeitserkenntnis des Westens, durch Logik und Prinzipiendenken ersetzen. Ungeachtet dieser Schwierigkeiten, die Radhakrishnan sehr wohl sah, hielt er an der Idee einer globalen Zivilisation, einer Weltkultur und einer Integration der Menschheit zu einer Gemeinschaft im Geiste fest. Sollte sie zustandekommen, werden die spezifischen Werte östlichen Denkens: Toleranz, Pluralismus und Meditation darin gewiß Geltung erlangen.

10.2.2.39 Süd-Korea

Zu den auch auf philosophischem Gebiet aufsteigenden Nationen Asiens gehört (Süd-)Korea. Eine uralte Brücke der Kultur führt von China über Korea nach Japan. 1945 trat an die Stelle der halbfeudalistischen Regierungsform in Korea die Demokratie. Hand in Hand damit gingen eine Identitätskrise, eine philosophische Entwicklung vom Konfuzianismus zur Han-Philosophie und die Ausbildung eines neuen Wertsystems. »Han« bezeichnet ein Ganzes, die Realität überhaupt, den Inbegriff allen Seins. Dem entsprach eine neue, umfassende Sicht des Menschen, die sich in der Auffassung ausdrückt: ein Mensch mag sterben, aber er hört nicht auf zu sein. Leben und Tod werden nicht gegenübergestellt, als unvereinbare Zustände empfunden, ja nicht einmal streng unterschieden, vielmehr erscheinen sie als zwei Seiten einer Wirklichkeit, der Tod mehr als ein Teil denn als Feind des Lebens. Anstelle der alten hierarchischen Wertlehre trat eine neue, die sich an der Idee des *hongik ingam* (großherzigen Menschen) orientiert. Großherzig ist ein Mensch, der anderen hilft, nicht nachträgt und nicht zu stolz ist, sich helfen zu lassen, also eine teils aristokratische, teils demokratische Tugend. In ihrer Weltoffenheit paßt die Han-Philosophie zum neuen, aufstrebenden Korea, gleichzeitig als Schutz vor Bürokratie, Diktatur und Totalitarismus. Der Wille zur Einheit, Ganzheit und Harmonie bewahrte die Koreaner vor dem radikalen Individualismus des Westens. Nach koreanischer Auffassung kann ein Herrscher nicht glücklich sein, wenn das Volk nicht glücklich ist – und umgekehrt. Koreanische Philosophie verstand sich, ähnlich wie die chinesische, von alters her als eine Kultur des feinen Geschmacks. Diese Philosophie hat eine Affinität zum empirischen Denken und zeigt bei allem Spiritualismus einen hohen Grad von Realitätssinn. Shinkyo ist ein Glaube an die reinigende, heilbringende Kraft des Geistes, die aber nur wirksam wird, wenn man ihm folgt, geheilt werden will. Angesichts der Leistungen Koreas auf wirtschaftlichem und kulturellem Gebiet erscheint auch das philosophische Selbstbewußtsein dieser aufstrebenden Nation nicht unangemessen: »Han philosophy not only provides a way for the development of Korean philosophy, but also contributes to mainstream world thought.«[142]

10.2.2.40 Japan

Japan begann das moderne Zeitalter mit dem Sieg des Kaisers Meiji (1868) über das feudalistische Tokugawa-System (1600 bis 1867), in dem der Konfuzianismus dominierte. Der Buddhismus kam im 6. Jahrhundert über Korea nach Japan und bestimmte bis zum 16. Jahrhundert das geistige Leben. Der echt japanische Shintoismus, eine animistische Naturreligion, verbunden mit Ahnenkult, konnte sich als Volksreligion mit politisch-ideologischem Einschlag nicht nur behaupten, sondern wurde als Staats-Shinto (Gottkaisertum 1868–1945) zu einer Art Nationalreligion. Im Zuge der rasanten Übernahme westlicher Wissenschaft und Technik seit der Meiji-Zeit gelangte auch westliche Philosophie nach Japan, für die es im Japanischen zunächst weder ein Wort noch einen Begriff gab. Gegenüber den zunächst vorgeschlagenen Übersetzungen *kyūrigaku* (Wissenschaft vom Prinzip der Natur und der Sitte) und *dōreigaku* (Wissenschaft vom Weg und der Sitte) setzte sich dann Nishi Amanes (1829–1897) Terminus *tetsugaku* (Wissenschaft vom Wissen bzw. von der Weisheit) durch. Er hat den Vorteil, daß er von vornherein ein wesentliches Merkmal der modernen Philosophie, ihren meta-wissenschaftlichen Charakter (»große Theorie«) hervorhebt.

Hier sollen weder die buddhistischen (indischen) noch die konfuzianischen oder taoistischen (chinesischen) Bestandteile des japanischen Denkens behandelt werden – man vergleiche

[142] Min-Hong Choi, in: Burr, Handbook, S. 523.

dazu die Ausführungen zur indischen und chinesischen Philosophie im 1. Band –, auch nicht Rezeption und Aneignung der westlichen Philosophie, Prozesse, die sich mit der Rezeption der antiken Philosophie durch christliche oder der indischen Philosophie durch chinesische Denker vergleichen lassen, nur daß die japanische Rezeption ungleich schneller und umfassender erfolgte – sie umfaßt, neben der amerikanischen, die europäische Philosophie von der Antike bis zur Gegenwart –, außerdem zielbewußter, systematischer und wirkungsvoller.

Es sei hier nur daran erinnert, daß sich Japan schon einmal mit durchschlagendem Erfolg einer anderen Kultur geöffnet hatte, im 9. Jahrhundert der chinesischen. Aus dem Motto *wakon-kansei,* japanischer Geist und chinesisches Wissen, wurde *wakon-yosai,* japanischer Geist und europäische Wissenschaft. Die Synthese von japanischem und europäisch-amerikanischem Geist, *wakon* und *yōkon,* erscheint nun als gemeinsame Herausforderung nie gekannten Ausmaßes an beide Seiten. Die Vorstufen einer solchen möglichen Synthese reichen bis in die Zeit vor dem Ersten Weltkrieg zurück. Comtes Positivismus und Mills Utilitarismus gelangten zuerst nach Japan, dann kam Spencers Evolutionstheorie, James und Dewey entsprachen den pragmatischen Tendenzen der Japaner, aber auch Metaphysiker wie Thomas H. Green fanden Anklang. Der Deutsche Idealismus kam dem spiritualistischen, esoterisch-elitären Denken in Japan entgegen, ebenso wie später der Faschismus dem japanischen Imperialismus. Nach dem Zweiten Weltkrieg, der in Japan vielleicht noch tiefer als in Deutschland eine Identitätskrise auslöste, setzten sich die Japaner mit dem Marxismus auseinander, mit Existentialismus, Pragmatismus und analytischer Philosophie, neben Anthropologie, Naturphilosophie und vergleichender Philosophie. Das fremde Denken wirkte auf das japanische zurück, und es kam zu fruchtbaren Ansätzen der Vergangenheitsbewältigung, Selbstbesinnung und Identitätsbestimmung. Man erkannte, wie in Indien, daß eine Synthese von östlichem und westlichem Denken schwieriger sein würde, als anfänglich angenommen, aber man erkannte auch, daß es kein Zurück mehr gibt. Das moderne philosophische Problembewußtsein ist in Japan, wie in anderen geistig führenden Nationen der Gegenwart, für globales Denken, weltweite Neuorientierung und großzügige Konzeptionen aufgeschlossen. Wenn auch die negative Beschreibung der geistigen Situation, daß es anders nicht mehr weitergeht, zunächst nur einen Minimalkonsens ergibt, lassen sich doch daraus weiterführende Folgerungen ziehen: die Aneignung darf keine Einbahnstraße sein, zwischen Ost und West müssen auch auf philosophischem Gebiet Wechselwirkungen die Regel werden. Die in den USA entstandene vergleichende Philosophie, in Japan vertreten durch Hajime Nakamura (geb. 1912), hat eine große Zukunft, wenn die Philosophie nicht versagen, sondern kreativ bleiben will. Philosophie als Katalysator einer Weltkultur hat sowohl in den USA als auch in Japan ihre Bewährungsprobe bereits bestanden.

10.2.2.40.1 Nishida, Tanabe, Watsuji

Kitarō Nishida (1870–1945) führte die japanische Philosophie endgültig aus der Rezeptionsphase heraus. Neben Griechisch und Latein beherrschte er Englisch, Französisch und Deutsch. Somit konnte er die meisten philosophischen Texte des Westens im Original lesen. Ebenso vertraut war Nishida mit den östlichen Denktraditionen, insbesondere mit dem Zen. Mit dem Zen-Buddhisten Daisetsu Suzuki war er befreundet. Er selbst durchlief in drei Phasen eine philosophische Entwicklung, die ihn von einer psychologisch orientierten universalen Theorie der Erfahrung zur Logik der Erfahrung und von dort zu einer Konzeption (buddhistischer) Metaphysik führte, die über das westliche Denken hinausweist. Er deutete das Sein als Selbstentfaltung des absoluten Nichts. Nishida, der geistige Mittelpunkt der Schule von Kyoto, blieb nicht bei dem Plan einer Synthese westlicher und östlicher Philosophie stehen, sondern dachte weiter. Ihm schwebte eine universale Philosophie auf globaler Grundlage vor, eine Vision, mit der er der japanischen Philosophie zum Durchbruch und damit zur Weltgeltung verhalf.

Einer anderen Denkergeneration gehörte Hajime Tanabe (1885–1962) an, der aus der Nishida-Schule hervorging, aber nicht darin aufging. Er studierte Mathematik und Naturwissenschaften, begründete diese Richtung der Philosophie in Japan, setzte sich kritisch mit Hegel, Marx und – Nishida auseinander, lehnte Heideggers Ontologie ab und zog aus den Lehren des Zweiten Weltkriegs in seinem »Weg der Reue« oder »Philosophie der Metanoetik« so entschiedene Konsequenzen, wie sie bei keinem deutschen Denker mit vergleichbaren Erfahrungen zu finden sind.

Die philosophische Entwicklung Tanabes ist phasen- und aspektreich. Sie läßt sich in sieben Abschnitte gliedern: 1. Naturphilosophie, frühe Kritik (1908–1922), 2. Geschichts- und Kulturphilosophie, spätere Kritik (1922–1927), 3. theoretisch-spekulative Phase, Kritik an Hegel und Marx (1927–1934), 4. praktisch-spekulative Phase, Dialektik-Kritik, Sozialphilosophie (1934–1944), 5. religiös-spekulative Phase, Philosophie als »Weg der Reue« (1944–1949), 6. Kunst- und Wissenschaftstheorie (1949–1956), 7. Gedanken über den Tod (1956–1962).

Tanabe arbeitete erstmals detailliert und folgerichtig die wesentlichen Unterschiede der westlichen und östlichen Metaphysik heraus. Im Westen kulminiert das griechische Denken in der Substanz-Akzidenz-Lehre des Aristoteles und das Denken der Neuzeit in Spinozas Seinslehre. Die östliche Metaphysik geht nicht vom Sein, sondern vom absoluten Nichts aus, das unfaßbar und unaussprechbar ist. Als relatives Nichts erscheint es im Gegensatz zum Sein.

»Tanabe beschreibt seine Neugeburt zur Philosophie so: Ich vollziehe die Reue, indem ich mich dem Denken der Anderkraft (Fremdkraft) überlasse. Und indem ich mich der Anderkraft anvertraue, werde ich selbst zum Zeugen meiner eigenen Wende und Wiedergeburt gemacht. So bilden das Tun (der Reue), der Glaube (an die Kraft des Anderen) und das Zeugesein (meiner eigenen Wende) meine Philosophie als Wiedergeborener ... Einmal der Philosophie gestorben, werde ich so auf dem Reueweg der Philosophie wiedergeboren. Aber Wiedergeburt bedeutet nicht Wiederaufnehmen der einmal verzweifelt aufgegebenen Philosophie (des Westens) und wiedergeboren werden auf ihrem Weg. Solche selbstidentische Wiederholung ohne Negation und Wende kann es nicht geben. Im Geist ist die sogenannte Wiederholung Transzendierung, und die Wiedergeburt muß Neugeburt sein. Ich lebe nicht mehr von selbst, ich lebe, indem ich vom Absoluten her, das weder Leben noch Tod ist, transzendent belebt werde.«[143]

In seinem Übergang zur »Fremdkraft-Philosophie« beschreibt Tanabe das, was Jaspers vielleicht als Erfahrung in einer Grenzsituation bezeichnet hätte. Worte wie »Reue«, »Transzendenz« und »Noetik« geben die Erfahrung des Japaners aber nur in westlicher Form wieder.

Tanabe sieht das radikal Böse beim Menschen in der Verabso-

[143] Johannes Laube, Westliches und östliches Erbe in der Philosophie Hajime Tanabes. In: Neue Zeitschrift für Systematische Theologie und Religionsphilosophie 20/1, 1978, S. 12.

lutierung der eigenen Existenz und nähert sich damit einer Deutung Max Borns, der den Ursprung allen Übels in der Welt in dem Glauben sieht, daß es nur eine einzige Wahrheit gibt und man diese besitzt. Im Unterschied zu westlichen, besonders christlichen Anschauungen sieht Tanabe das Absolute nicht in Gott. Seine Metaphysik ist nicht theistisch. Folglich kann auch nicht die Gnade (Gottes) den Menschen erlösen. In letzter Konsequenz negiert Tanabe, auf dem Boden buddhistischer Metaphysik, die gesamte westliche Philosophie als Metaphysik und Theologie. Die »Fremdkraft« wird in der Selbstnegation des absoluten Nichts wirksam, und die Selbsterlösung des Menschen greift, er wird wiedergeboren. Tanabes Todesphilosophie intendiert eine »Wirklichkeit« jenseits von Leben und Tod, nimmt damit aber auch die Möglichkeit, sich darüber rational zu verständigen. Leben und Tod werden, wenn man so sagen will, als Nicht-Leben und Nicht-Tod Ereignis.

Tatsuro Watsuji (1889–1960) darf als moderner Repräsentant japanischer Anthropologie und Ethik hier nicht fehlen, weil er nicht nur westliche und östliche Elemente der praktischen Philosophie verbindet, sondern weil sein Denken umgreifende, übergreifende und zukunftweisende Problemzusammenhänge erhellt.

Ethik wird nicht mehr als isolierte philosophische Disziplin abgehandelt, sondern in ihren Beziehungen zur Um- und Mitwelt untersucht. Zwischenmenschliche Beziehungen werden wie alles menschliche und tierische Verhalten durch Umweltfaktoren bestimmt. Aufgrund einer eingehenden Faktorenanalyse unterscheidet Watsuji hauptsächlich drei Menschentypen, den Monsun-, den Wüsten- und den Graslandtyp. Für den Monsuntyp (Inder, Japaner) sind charakteristisch: eine gewisse Passivität und Willensschwäche, dafür Sensibilität, Ausdauer, Beharrlichkeit, Sinn für das Ästhetische, wenig Sinn für Individualität und Geschichte. Der Wüstentyp (Afrikaner, Moslems) hat einen starken Willen, trägt der Situation und der Realität Rechnung und neigt zur moralischen Betrachtungsweise. Der Graslandtyp (Europäer) vereinigt die Eigenarten der beiden anderen in einer Art Synthese. Durch das milde Klima begünstigt, entwickelt der Graslandtyp hohe Begabung für abwägendes Denken, für Theorie, Wissenschaft und Technik.

Ob die Einteilung in allen Einzelheiten zutrifft, erscheint weniger von Bedeutung als die grundsätzliche Bereitschaft, Umweltbedingungen in das Spektrum ethischen Verhaltens einzubeziehen, eine Tendenz, die in der europäischen Existenzphilosophie schwach anklingt, stärker im amerikanischen Behaviorismus. Sowenig eine weiterführende Ethik künftig ökologische Fragen ignorieren darf, wird sie auf raumzeitliche, klimatische und andere »physiologische« Faktoren verzichten können. Auch hier kann der westliche Mensch, der die Natur zu lange unterschätzte und geringschätzte, von naturverbundeneren Menschen lernen.

10.2.3 Philosophie im globalen Zeitalter

Hand in Hand mit dem Abbau feudalistischer Gesellschaftsordnungen und dem Übergang von der Nationalökonomie zur Weltwirtschaft vollzieht sich die Öffnung der modernen Philosophie für das Gedankengut fremder Kulturen. Das ist ein weltweiter, irreversibler Prozeß, in dessen Verlauf die Philosophie aufhört, das Privileg einiger »auserwählter« Völker zu sein und die Führung in Wirtschaft, Technik und Wissenschaft nicht mehr allein von Europa gehalten wird. Auch in der Philosophie haben die Vereinigten Staaten und Japan die Initiative ergriffen. Wenn sich die Demokratisierung in der Sowjetunion durchsetzen sollte, hat die Philosophie auch dort gute Zukunftsaussichten. Indien spielt nach wie vor eine Schlüsselrolle in der geistigen Begegnung von Ost und West. Im philosophischen Szenarium Europas konnte England seinen Vorsprung behaupten, gefolgt von Frankreich, den Niederlanden, Skandinavien und Polen. In Deutschland, Österreich, Italien und Spanien hat der Faschismus der Entwicklung der Philosophie schweren Schaden zugefügt. Griechenlands hohe philosophische Kultur zeigt eine erstaunliche Kontinuität vom Altertum bis zur Gegenwart. Insgesamt leidet auch die Philosophie unter der Spaltung Europas und Deutschlands. Während sich Israel auf philosophischem Gebiet stark entwickelt, scheint das philosophische Leben in den islamischen Ländern zu stagnieren. Zu den Aufsteigern gehören Kanada, die Schweiz und Australien. In Iberoamerika und Afrika regen sich erste Impulse einer »Philosophie der Dritten Welt«, Zentralasien und Indonesien werden gerade erst philosophisch erschlossen. Die Zeit, da einige wenige Länder, Schulen oder Denker bestimmten, was als Philosophie zu gelten habe, ist endgültig vorbei. Im Spektrum der modernen Philosophie haben jedes Land, jede Richtung und jeder Denker, wie in einem großen Orchester, ihren unverwechselbaren Platz, sofern sie weiterführende Ideen, Modelle und Konzeptionen hervorbringen.

Zu Beginn des dritten Jahrtausends, nach dem Übergang von der Industrie- zur Informationsgesellschaft, im Zeitalter weltumspannender Kommunikation und globaler Verflechtung von Wirtschaft, Politik, Gesellschaft und Kultur ist auch die Philosophie zur Gewinnung eines neuen Selbstverständnisses herausgefordert. Philosophie im globalen Zeitalter erscheint nicht mehr glaubwürdig in Verbindung mit dem Absolutheitsanspruch eines Systems, einer Richtung oder einer Schule. Das egozentrische, ethnozentrische, speziell das eurozentrische Denken hat seine Zeit gehabt, es wird von einem polyzentrischen, pluralistischen und globalen Denken abgelöst. Die Wahrheit erscheint nicht mehr wie zur Zeit des europäischen Besitzbürgertums als Besitz von Wissen und Macht, viel eher als Weg der Überwindung von Besitz-, Macht- und Geltungsstreben, als Befreiung vom Wissen, nicht zugunsten von Unwissenheit, Glauben oder Aberglauben, sondern vom besseren Wissen. Der Philosophie als solcher fällt dabei die zwar alte, aber neu zu definierende Aufgabe der Wissensprüfung zu, die zugleich, als Selbstprüfung, eine existentielle Bedeutung hat.

Die Begegnung von westlicher und östlicher Philosophie eröffnet neue Möglichkeiten gegenseitiger Überprüfung der Standpunkte, Richtungen und Methoden. Wenn die Philosophie sie nutzt, hat sie eine Zukunft, sonst kaum. Außer der Vermittlung neuer Prüfmethoden kann die östliche Philosophie dem westlichen Denken dabei helfen, sein gestörtes Verhältnis zur Wahrheit wieder zu entstören, die Wahrheit nicht länger als Summe akkumulierten Wissens (Kapitals) zu betrachten, sondern, im Sinn von Buddha und Sokrates, als Weg zu sich selbst, zum wahren Sein, zu wirklicher Existenz. Dabei ist es nicht mit Lippenbekenntnissen zum sokratischen Wissen des Nichtwissens getan, sondern es muß die harte, schwierige und langwierige Arbeit des Umdenkens (»Weg der Reue«) geleistet werden, denn bevor der Mensch *sich* nicht ändert, kann er auch die Welt nicht (zum Besseren) verändern. Die mühsame Arbeit philosophischer Prüfung und Selbstprüfung macht keine Schlagzeilen, aber sie ist die Bedingung für die Glaubwürdigkeit jedweder Information. Damit werden weitere Aufgaben der Philosophie im Informationszeitalter deutlich: Das Verständnis der modernen Welt setzt ein differenzierteres Erfassen ihrer Probleme voraus als bisher. Eine prozessual-dynamisch aufgefaßte Wirklichkeit kann nicht mehr adäquat mit aristotelischer Ontologie oder Hegelscher Dialektik erfaßt werden, sondern allenfalls mit Hilfe umfassender Faktorenanalysen und verfeinerten operationalen Denkmethoden. Dies aber setzt einen neuen Denkstil voraus, der sich durch traditionelle Begriffe wie analytisch, synthetisch oder dialektisch nicht mehr zureichend charakterisieren läßt. Modernes weltumspannendes Denken ist methodisch und meditativ, diskursiv und intuitiv, expansiv und intensiv. Vor der Beurteilung eines Geschehenszusammenhanges steht die Kenntnis der Einzelentwicklungen. Das gilt auch für die Philosophie, deren Wesen, nicht mehr wie früher, aus Begriffen, Definitionen, Prinzipien, Evidenzen oder Erleuchtungen abzuleiten, sondern, wenn überhaupt, nur annähernd aufgrund minuziöser Einzelforschung zu erkennen ist.

Das Aufgabengebiet der Philosophie hat sich durch die Emanzipation der Wissenschaften eher vergrößert als verkleinert. Entsprechend vorsichtiger sollte man bei der Bestimmung ihrer Aufgaben in der Gesellschaft verfahren. Wer die Philosophie zur Magd der Politik macht, vergeht sich an ihr, wer von ihr das Heil erhofft, überfordert sie, und wer von ihr nur Bestätigung erwartet, korrumpiert sie. Die »Funktionen« der Philosophie der Gegenwart lassen sich nur Zug um Zug aus der Geschichte der Gegenwart eruieren.

In der ersten Hälfte des 20. Jahrhunderts hatte die Menschheit unter den negativen Auswirkungen von Restauration und Revolution, Industrialismus, Nationalismus und Imperialismus schwer zu leiden. Mit dem Ende des industriellen Zeitalters zeichnet sich die Möglichkeit einer globalen Zivilisation ab, in der politische und soziale Konflikte grundsätzlich auf dem Verhandlungsweg lösbar erscheinen. Die Weltwirtschaft in ihrer globalen Verflechtung wirkt dem nationalen Hegemoniestreben entgegen. Indessen werden neue Probleme sichtbar: Aufrüstung, Umweltschäden, Nord-Süd-Gefälle, Energiekrisen. Das gegenwärtige Zeitalter läßt sich als Übergang von der Industrie- zur Informationsgesellschaft verstehen, und damit beginnt auch für die Philosophie eine neue Phase ihrer Entwicklung. Allgemein fällt der Philosophie die Aufgabe zu, ihre eigenen weltumspannenden Tendenzen zu fördern sowie direkt oder (und) indirekt die Prozesse zu intensivieren, die auf eine Weltzivilisation hinauslaufen. Dahin gehört auch die Neubestimmung des Verhältnisses der Philosophie zu den Wissenschaften, die in den Wissenschaftstheorien und Wissenschaftsphilosophien bereits weltweit eingesetzt hat. Von den Ergebnissen dieser Neubestimmung wird es abhängen, ob die Philosophie ihre »Identitätskrise« meistert und die Kraft findet, weiterreichende Herausforderungen anzunehmen, zum Beispiel die Auseinandersetzung mit den Ideologien, die Herstellung eines kooperativen Verhältnisses zu den Religionen, die Wiederentdeckung des Künstlerischen und die Erarbeitung einer globalen Ethik, die den Ansprüchen des Informationszeitalters genügt.

Literaturhinweise

Abramson, N.: Information Theory and Coding. New York 1963.

Acham, K.: Philosophie der Sozialwissenschaften. Freiburg i. Br. 1983.

Austin, J. L.: How to Do Things with Words. Oxford 1962.

Ayer, A. J.: The Problem of Knowledge. 2. Aufl., Edinburgh 1957.

Bathin, M. P. u. J. Hospers (Hrsg.): Ethics and the Modern World. La Salle 1984.

Bavink, B.: Ergebnisse und Probleme der Naturwissenschaften. 11. Aufl., Zürich 1957.

Beck, H.: Philosophie der Technik. Trier 1979.

Berger, H.: Wege zum Realismus und die Philosophie der Gegenwart. Bonn 1959.

Berkson, W.: Lernen aus dem Irrtum. Die Bedeutung von K. Poppers Lerntheorie für die Psychologie und die Philosophie. Hamburg 1982.

Bernstein, R. J.: Beyond Objectivism and Relativism. Oxford 1983.

Biemel, W.: Philosophische Analysen zur Kunst der Gegenwart. Den Haag 1968.

Bjarup, J.: Skandinavischer Realismus. Freiburg i. Br. 1978.

Blackman, L.: Classics of Analytical Metaphysics. Lanham 1984.

Bochenski, I. M.: Europäische Philosophie der Gegenwart. 2. Aufl., Bern 1951.

Bollnow, O. F.: Existenzphilosophie. Stuttgart 1978.

Born, M.: Die Relativitätstheorie Einsteins. 4. Aufl., Berlin 1964.

Bradley, F. H.: Appearence and Reality. Oxford 1893; dt. 1928.

Ders.: Machs Philosophie der Naturwissenschaft. Stuttgart 1974.

Brand, M.: Intending and Acting. Toward a Naturalized Action Theory. Cambridge, Mass. 1984.

Brock, E.: Naturphilosophie. Bern 1985.

Brunschvicg, L.: La physique du vingtième siècle et la philosophie. Paris 1936.
Bubner, R. (Hrsg.): Philosophische Psychologie. Göttingen 1977.
Ders.: Geschichtsprozesse und Handlungsnormen. Frankfurt 1984.
Camus, A.: Der Mythos von Sisyphos. Ein Versuch über das Absurde. Düsseldorf 1950.
Carl, W.: Sinn und Bedeutung. Studien zu Frege und Wittgenstein. Königstein 1982.
Carnap, R.: Logische Syntax der Sprache. Wien 1934.
Cassirer, E.: Was ist der Mensch? Stuttgart 1960.
Cavell, St.: The Claim of Reason. Wittgenstein's Scepticism, Morality, and Tragedy. Oxford 1982.
Chisholm, R.: Erkenntnistheorie. München 1979.
Chomsky, N.: Sprache und Geist. Frankfurt 1970.
Clark, R. W.: The Life of B. Russell. New York 1976.
Condrau, G.: In Sorge um den Menschen. Zürich 1985.
Dahlberg, W.: Ordnung, Sein und Bewußtsein. Frankfurt 1984.
Danto, A. C.: Analytische Philosophie der Geschichte. Cambridge 1974.
Davidson, D.: Inquiries into Truth and Interpretation. Oxford 1984.
Delbrück, M.: Wahrheit und Wirklichkeit. Über die Evolution des Erkennens. Hamburg 1986.
Dewey, J.: Works (Early, Middle, Later). Carbondale 1967ff.
Diemer, A.: Edmund Husserl. 2. Aufl., Meisenheim 1965.
Dobzhansky, Th. u. E. Boesiger: Human Culture. New York 1983.
Eddington, A.: The Philosophy of Physical Science. Cambridge 1939.
Einstein, A.: Aufsätze von und über E. Hrsg. v. P. A. Schilpp. Stuttgart 1951.
Ders. u. L. Infeld: Die Evolution der Physik. Hamburg 1956.
Ders.: Grundzüge der Relativitätstheorie. 4. Aufl., Braunschweig 1965.
Fain, H.: Between Philosophy and History. Princeton 1970.
Fessard, G.: La philosophie historique de Raymond Aron. Paris 1980.
Foerster, H. v.: Sicht und Einsicht. Versuche zu einer operativen Erkenntnistheorie. Braunschweig 1985.
Foucault, M.: Wahnsinn und Gesellschaft. Frankfurt 1969.
Freisitzer, K. u. K. Haller: Probleme des Erkenntnisfortschritts in den Wissenschaften. Wien 1977.
Freud, S.: Gesammelte Werke. Hrsg. v. A. Freud. 18 Bde, London 1942–1950.
Fromm, E.: S. Freuds Psychoanalyse. Größe und Grenzen. Stuttgart 1979.
Ders.: Jenseits der Illusionen. Stuttgart 1981.
Gabriel, L. (Hrsg.): Philosophie in Österreich. Wien 1968.
Gadamer, G.: Gesammelte Werke. Tübingen 1985ff.
Gaede, E. A.: Politics and Ethics. Lanham 1983.
Galbraith, J. K.: Anatomie der Macht. München 1987.
Goetz, B.: John Deweys Philosophie der Erfahrung. Stuttgart 1970.

Grene, M. u. E. Mendelssohn: Topics in the Philosophy of Biology. Dordrecht, Boston 1976.
Griewank, K.: Der neuzeitliche Revolutionsbegriff. Frankfurt 1969.
Haag, K. H.: Der Fortschritt in der Philosophie. Frankfurt 1985.
Hahn, R.: Die Theorie der Erfahrung bei Popper und Kant. Freiburg i. Br. 1982.
Hare, R. M.: Die Sprache der Moral. Frankfurt 1972.
Ders.: Freiheit und Vernunft. Frankfurt 1983.
Harlow, V. E.: A Bibliography and Genetic Study of American Realism. New York 1970.
Hartmann, M.: Die philosophischen Grundlagen der Naturwissenschaften. 2. Aufl., Stuttgart 1959.
Hartmann, N.: Grundzüge einer Metaphysik der Erkenntnis. Berlin 1921.
Ders.: Ethik. Berlin 1926.
Ders.: Das Problem des geistigen Seins. Berlin 1933.
Ders.: Der Aufbau der realen Welt. Berlin 1940.
Heidegger, M.: Gesamtausgabe. Frankfurt 1975 ff.
Hinske, N.: Lebenserfahrung und Philosophie. Stuttgart-Bad Cannstatt 1986.
Hintikka, J. u. P. Suppes: Information and Inference. Dordrecht 1970.
Hintikka, J. (Hrsg.): Rudolf Carnap. Dordrecht 1975.
Hochberg, H.: Logic, Ontology and Language. München 1984.
Höllhuber, J.: Geschichte der italienischen Philosophie seit Beginn des 19. Jahrhunderts bis zur Gegenwart. München, Basel 1969.
Hook, S.: American Philosophers at Work. New York 1968.
Hourani, G. F.: Islam Rationalism. Oxford 1971.
Hunter, J. F.: Understanding Wittgenstein. Edinburgh 1985.
Husserl, E.: Gesammelte Werke. Den Haag 1950 ff.
Izutsu, T.: Japanische Beiträge zur Phänomenologie. Freiburg i. Br. 1984.
James, W.: The Works. Hrsg. v. F. H. Burkhardt. Cambridge, Mass. 1975 ff.
Ders.: Pragmatism, a New Name for Some Old Ways of Thinking. New York 1907; dt. Leipzig 1908, 2. Aufl., Hamburg 1977.
Jonas, H.: Technik, Medizin und Ethik. Frankfurt 1985.
Jones, E.: Sigmund Freud. Leben und Werk. 3 Bde, Bern 1960 ff.
Kainz, Fr.: Hauptprobleme der Kultur- und Sozialphilosophie. Wien 1978.
Kamitz, R.: Positivismus. Befreiung vom Dogma. München, Wien 1973.
Kanitscheider, B.: Philosophie und moderne Physik. Darmstadt 1979.
Ders.: Moderne Naturphilosophie. Würzburg 1984.
Ders.: Kosmologie. Stuttgart 1984.
Kaplan, R. W.: Der Ursprung des Lebens. München, Stuttgart 1972.
Keller, A.: Sprachphilosophie. München 1980.
Kraft, V.: Der Wiener Kreis. 2. Aufl., Wien 1968.

Kraus, W.: Kultur und Macht. Wien 1975.
Krauth, L.: Die Philosophie Carnaps. Wien 1970.
Kripke, S.: Name und Notwendigkeit. Frankfurt 1981.
Kuhn, H.: Wesen und Wirken des Kunstwerkes. München 1979.
Kuntz, P. G.: A. N. Whitehead. Boston 1984.
Künzli, A.: Tradition und Revolution. Basel, Stuttgart 1975.
Kutschera, F. v.: Grundfragen der Erkenntnistheorie. Berlin 1982.
Laas, E.: Idealismus und Positivismus. Eine kritische Auseinandersetzung. 3 Bde, Berlin 1879–1984.
Lacroix, J.: Panorama de la philosophie française contemporaine. Paris 1966.
Lévi-Strauss, C.: Strukturale Anthropologie. 2 Bde, Frankfurt a.M. 1967–1975.
Lewis, H. D. (Hrsg.): Contemporary Philosophy in Australia. London 1969.
Lipton, D. R.: Ernst Cassirer (1914–1933). Toronto 1978.
Lorenz, K.: Das sogenannte Böse. Wien 1963.
Ders.: Die Evolution des Denkens. München 1983.
Lorenzen, P.: Normative Logik und Ethik. Mannheim, Zürich 1969.
Lukàcs, G.: Werke. Darmstadt 1962ff.
Lübbe, H.: Geschichtsbegriff und Geschichtsinteresse. Basel, Stuttgart 1977.
Luyten, N. A.: Mensch-Sein als Aufgabe. Freiburg (Schweiz) 1985.
MacGinn, C.: Wittgenstein on Meaning. Oxford 1984.
MacNeill, W. H.: Krieg und Macht. Militär, Wirtschaft und Gesellschaft vom Altertum bis heute. München 1984.
Maluschke, G.: Philosophische Grundlagen des demokratischen Verfassungsstaates. Freiburg i.Br. 1982.
Marcel, G.: Le mystère de l'être. 2 Bde, Paris 1951.
Mayer, A. J.: Adelsmacht und Bürgertum. Die Krise der europäischen Gesellschaft 1848–1914. München 1984.
Meinecke, F.: Vom geschichtlichen Sinn und vom Sinn der Geschichte. Leipzig 1939.
Mensching, G.: Gut und Böse im Glauben der Völker. 2. Aufl., Stuttgart 1950.
Ders.: Toleranz und Wahrheit in der Religion. Heidelberg 1955.
Ders.: Die Religion. Erscheinungsformen, Strukturtypen und Lebensgesetze. Stuttgart 1959.
Merleau-Ponty, M.: Die Struktur des Verhaltens. Berlin 1976.
Ders.: Phänomenologie der Wahrnehmung. Berlin 1966.
Ders.: Die Prosa der Welt. München 1984.
Meyer, R. (Hrsg.): Studien zum Zeitproblem in der Philosophie des 20. Jahrhunderts. Freiburg i.Br. 1982.
Meyer-Abich, K. M.: Wege zum Frieden mit der Natur. Praktische Naturphilosophie für die Umweltpolitik. München 1984.
Miller, D. L.: George Herbert Mead. Chicago 1980.

Mises, R. v.: Kleines Lehrbuch des Positivismus. Einführung in die empirische Wissenschaftsauffassung. Den Haag 1939.
Mittelstaedt, H. (Hrsg.): Regelungsvorgänge in der Biologie. München 1956.
Mittelstaedt, P.: Philosophische Probleme der modernen Physik. Mannheim 1976.
Mittelstraß, J. (Hrsg.): Enzyklopädie, Philosophie und Wissenschaftstheorie. Mannheim, Wien, Zürich 1980.
Mohany, J. N.: Husserl and Frege. Bloomington, Ind. 1982.
Möller, J.: Menschsein: Ein Prozeß. Entwurf einer Anthropologie. Düsseldorf 1979.
Morelli, M. D.: Philosophy's Place in Culture. Lanham 1984.
Morris, Ch. W.: Foundation of the Theory of Signs. Chicago 1938, dt. München 1972.
Ders.: Signs, Language and Behavior. Dt. Düsseldorf 1973.
Moore, G. E.: Principia Ethica. Cambridge 1903.
Ders.: The Pragmatic Movement in American Philosophy. New York 1970.
Murphy, R. T.: Hume and Husserl. Den Haag 1980.
Nagel, E., P. Suppes u. A. Tarski (Hrsg.): Logic, Methodology and the Philosophy of Science. Stanford 1962.
Neurath, O.: Gesammelte Schriften. 2 Bde. Hrsg. v. R. Haller u. H. Rutte. Wien 1981.
Noszlopi, L.: Wesen und Formen der Liebe. Stuttgart 1984.
Ortega y Gasset, J.: Gesammelte Werke. 6 Bde, Stuttgart 1978.
Orth, E. W.: Dilthey und der Wandel des Philosophiebegriffs seit dem 19. Jahrhundert. Freiburg i. Br. 1984.
Panofsky, E.: Aufsätze zu Grundfragen der Kunstwissenschaft. Berlin 1974.
Passmore, J.: Recent Philosophers. London 1985.
Peirce, Ch. S.: Lectures on Pragmatism (engl. u. deutsch). Übers. v. E. Walther. Hamburg 1973.
Peursen, C. A. van: Phänomenologie und analytische Philosophie. Stuttgart 1969.
La philosophie scandinave. In: Revue internationale de philosophie (Sonderheft), 1981.
Die philosophischen Bemühungen des 20. Jahrhunderts. Darmstadt 1971 ff.
Piaget, J.: Weisheit und Illusionen der Philosophie. Frankfurt 1985.
Planck, M.: Vorträge und Erinnerungen. Stuttgart 1949.
Ders.: Das Weltbild der neuen Physik. 11. Aufl., Leipzig 1952.
Plessner, H.: Gesammelte Schriften. 10 Bde, Frankfurt 1980 ff.
Pongratz, L. J.: Problemgeschichte der Psychologie. 2. Aufl., Bern, München 1984.
Popper, K. R.: Die offene Gesellschaft und ihre Feinde. 2 Bde, München 1957/58.
Ders.: Logik der Forschung. Tübingen 1969.

Ders.: Auf der Suche nach einer besseren Welt. München 1984.
Porzig, W.: Das Wunder der Sprache. 4. Aufl., Bern, München 1967.
Putnam, H.: Philosophy and Logic. New York 1971.
Ders.: Mind, Language and Reality. Cambridge 1975.
Ders.: Meaning and the Moral Sciences. London 1978.
Ders.: Mathematics, Matter and Method. 2. Aufl., Cambridge 1979.
Ders.: Vernunft, Wahrheit und Geschichte. Frankfurt 1982.
Ders.: Realism and Reason. Cambridge 1983.
Quine, W. V. O.: Wort und Gegenstand. Stuttgart 1980.
Ders.: From a Logical Point of View. 2. Aufl., New York 1961, dt. Frankfurt a. M. 1979.
Ders.: Theorien und Dinge. Frankfurt 1985.
Radbruch, G.: Rechtsphilosophie. Stuttgart 1963.
Rapp, F.: Analytische Technikphilosophie. Freiburg, München 1978.
Rawls, J.: Eine Theorie der Gerechtigkeit. Frankfurt 1975.
Reiter, J. (Hrsg.): Genetik und Moral. Mainz 1985.
Reitlinger, L.: Ethik und Anthropologie. Wien 1985.
Reucher, Th. u. H. v. d. Boom: Von der Logik des Sinnes zum Sinn der Kunst. St. Augustin 1981.
Ricoeur, P.: Philosophie de la volonté. 2 Bde, Paris 1950–1960; dt. Freiburg i. Br. 1970.
Ders.: Temps et récit. Paris 1985.
Riedinger, M.: Das Wort »gut« in der angelsächsischen Metaphysik. Freiburg i. Br. 1984.
Russell, B.: My Philosophical Development. London 1959.
Rüstow, A.: Ortsbestimmung der Gegenwart. 3 Bde, Erlenbach, Zürich 1950–1957.
Ryle, G.: Der Begriff des Geistes. Stuttgart 1969.
Sachsse, H.: Ökologische Philosophie. Darmstadt 1984.
Sartre, J.-P.: Das Sein und das Nichts. Hamburg 1962.
Ders.: Cahiers pour une morale. Paris 1983.
Schack, H.: Die Grundlagen der Wirtschafts- und Sozialphilosophie. Berlin 1978.
Scheible, H.: Wahrheit und Subjekt. Ästhetik im bürgerlichen Zeitalter. Bern 1984.
Scheler, M.: Gesammelte Werke. Hrsg. v. M. Scheler. Bern 1954 ff.
Schilpp, P. A.: The Philosophy of E. Cassirer. New York 1949; B. Russel. 3. Aufl., New York 1951; A. N. Whitehead. 2. Aufl., New York 1951; R. Carnap. London 1963; C. I. Lewis. La Salle, Ill. 1968; G. E. Moore. 3. Aufl., New York 1968; K. Popper. 2 Bde, La Salle 1974; K. Jaspers. 2. Aufl., Stuttgart 1981; J. P. Sartre. La Salle 1981.
Schipperges, H.: Der menschliche Leib aus medizinischer und philosophischer Sicht. Aschaffenburg 1984.
Schlick, M.: Allgemeine Erkenntnislehre. Berlin 1925, Neudr. Frankfurt 1978.
Ders.: Fragen der Ethik. Wien 1930, Neudr. Frankfurt 1984.

Schmidbauer, W.: Ist Macht heilbar? Therapie und Politik. Reinbek 1986.
Schmit, R.: Husserls Philosophie der Mathematik. Bonn 1981.
Schneider, H. W.: A History of American Philosophy. 2. Aufl., New York 1963.
Schnelle, H.: Sprachphilosophie und Linguistik. Reinbek 1973.
Schrödinger, E.: Was ist ein Naturgesetz? München 1962.
Schweichler, W. R.: Wittgensteins Philosophiebegriff. Freiburg i. Br. 1983.
Searle, J. R.: Sprechakte. Frankfurt 1971.
Siebers, G.: Psychologie der Revolution. Stuttgart 1976.
Simmel, G.: Die Probleme der Geschichtsphilosophie. 4. Aufl., München, Leipzig 1922.
Simpson, G. G.: The Meaning of Evolution. 7. Aufl., New Haven 1960.
Smith, J. E.: Purpose and Thought. The Meaning of Pragmatism. London 1978.
Spiegelberg, H.: The Phenomenological Movement. Den Haag 1960.
Spiegler, J. S.: Geschichte der Philosophie des Judentums. Leipzig 1971.
Stadler, F.: Vom Positivismus zur »wissenschaftlichen Weltanschauung«. Wien 1982.
Stegmüller, W.: Metaphysik – Wissenschaft – Skepsis. Wien 1954.
Ders.: Das Wahrheitsproblem und die Idee der Semantik. Wien 1957.
Ders.: Hauptströmungen der Gegenwartsphilosophie. Stuttgart 1978.
Ders.: Philosophy of Economics. Berlin 1982.
Straass, G.: Sozialanthropologie. Prämissen, Fakten, Probleme. Jena 1976.
Strawson, P. F.: Einzelding und logisches Objekt. Stuttgart 1972.
Surányi-Unger, Th.: Philosophie in der Volkswirtschaftslehre. Jena 1926.
Tanaka, M.: La philosophie japonaise contemporaine. Brüssel 1974.
Teilhard de Chardin, P.: Werke. 10 Bde, Freiburg i. Br. 1961 ff.
Tice, T. N.: Research Guide to Philosophy. Chicago 1983.
Toynbee, A. J.: Religion in a Secular Age. New York 1968.
Trillhaas, W.: Religionsphilosophie. Berlin, New York 1972.
Troller, A.: Die Begegnung von Philosophie, Rechtsphilosophie und Rechtswissenschaft. Basel, Stuttgart 1971.
Tulku, T.: Raum, Zeit und Erkenntnis. Bern 1983.
Tyminiecka, A.-T. (Hrsg.): Foundations of Morality, Human Rights, and the Human Sciences. Dordrecht 1983.
Unsöld, A.: Der neue Kosmos. 2. Aufl., Berlin, Heidelberg, New York 1974.
Vester, F.: Das kybernetische Zeitalter. Frankfurt 1974.
Volkmann-Schluck, K. H.: Politische Philosophie. Frankfurt 1974.
Waismann, F.: Einführung in das mathematische Denken. 3. Aufl., Wien, München 1970.

Ders.: Logik, Sprache, Philosophie. Hrsg. v. P. Baker u. a. Stuttgart 1976.
Wallack, F. B.: The Epochal Nature of Process in Whitehead's Metaphysics. Albany 1980.
Wallner, F.: Die Grenzen der Sprache und der Erkenntnis. Analysen an und im Anschluß an Wittgensteins Philosophie. Wien 1983.
Walther, J.: Logik der Fragen. Berlin 1985.
Warnock, G. J.: English Philosophy since 1900. London 1958.
Watkins, J.: Science and Scepticism. London 1984.
Weil, E.: Philosophie der Politik. Neuwied 1964.
Weinberg, St.: Die ersten drei Minuten. Der Ursprung des Universums. München 1977.
Wendt, H. (Hrsg.): Die Entfaltung der Menschheit. München 1982.
Weyl, H.: Was ist Materie? Darmstadt 1963.
White, M.: The Age of Analysis. 20th Century Philosophers. New York, Toronto 1955.
Whitehead, A. N.: Prozeß und Realität. Entwurf einer Kosmologie. Frankfurt 1979.
Whitehead-Symposium, Intern. (Bonn 1981). Hrsg. v. H. Holz. Freiburg i. Br. 1984.
Wiener, N. u. a.: Progress in Biocybernetics. New York 1964.
Wiese, L. v.: Philosophie und Soziologie. Berlin 1959.
Wieser, W.: Genom und Gehirn. Information in der Biologie. 2. Aufl., München 1973.
Williams, B.: Probleme des Selbst. Stuttgart 1978.
Wirz, L.: Wirtschaftsphilosophie. Heidelberg, Löwen 1965.
Wittgenstein, L.: Schriften. Hrsg. v. G. E. M. Anscombe u. a. 6 Bde, Frankfurt 1960–1973.
Wittgenstein-Symposium, Intern. (1977). Hrsg. v. E. Leinfellner. Wien 1978.
Wright, G. H. v.: Norm and Action. London 1963.
Ders.: Wittgenstein. Oxford 1982.
Wutskits, G.: Grundlegung der Wirtschaftsphilosophie. Den Haag 1980.
Zimmer, E.: Umsturz im Weltbild der Physik. 12. Aufl., München 1961.
Zimmermann, J. (Hrsg.): Das Naturbild des Menschen. München 1982.
Zimmermann, W.: Evolution und Naturphilosophie. Berlin 1968.

6

Allers, R.: Thomas von Aquin. Über das Sein und das Denken. Lat.-dt. Darmstadt 1989.

Augstein, R.: Jesus. Menschensohn. Hamburg 1999.

Becker, J.: Paulus. Apostel der Völker. 3. Aufl., Tübingen 1998.

Beckmann, J. P. u. a. (Hrsg.): Philosophie im Mittelalter. Entwicklungslinien und Paradigmen. 2. Aufl., Hamburg 1996.

Ders.: Wilhelm v. Ockham. München 1996.

Beierwaltes, W.: Eriugena. Grundzüge seines Denkens. Frankfurt a. M. 1994.

Ben-Chorin, S.: Bruder Jesus. Der Nazarener in jüdischer Sicht. 16. Aufl., München 1996.

Boff, L.: Jesus Christus, der Befreier. Freiburg i. Br., Basel, Wien 1986.

Buber, M.: Gottesfinsternis. Betrachtungen zur Beziehung zwischen Religion und Philosophie. Heidelberg 1987.

Campbell, J.: Der Heros in tausend Gestalten. Frankfurt a. M. 1989.

Cohn C.: Der Prozeß und Tod Jesu aus jüdischer Sicht. Frankfurt a. M. 1997.

Craemer-Ruegenberg, I.: Albertus Magnus. München 1980.

Crossan, J. D.: Was Jesus wirklich lehrte. Die authentischen Worte des historischen Jesus. München 1997.

Crowe, M. J.: Theories of the World from Antiquity to the Copernican Revolution. New York 1990.

Dronke, P. (Hrsg.): A History of Twelfth-Century Western Philosophy. Cambridge 1988.

Eastwood, B. S. Astronomy and Optics from Pliny to Descartes. London 1989.

Eliade, M.: Ewige Bilder und Sinnbilder. Essays über die magisch-religiöse Symbolik. Frankfurt a. M. 1986.

Fellmann, F.: Scholastik und kosmologische Reform. Studien zu Oresme und Kopernikus. Münster 1988.

Flint, V.: The Rise of Magic in Early Medieval Europe. Princeton 1991.

Fries, A. (Hrsg.): Albertus Magnus. Ausgewählte Texte. Lat.-dt. 4. Aufl., Darmstadt 1994.

Hardwick, M. E.: Josephus as an Historical Source in Patristic Literature through Eusebius. Atlanta 1989.

Heine, S.: Frauen in der frühen Christenheit. Zur historischen Kritik einer feministischen Theologie. Göttingen 1986.

Huizinga, J.: Herbst des Mittelalters. Stuttgart 1987.

Kaiser, C.: Creation and the History of Science. Grand Rapids 1991.

Kandler, K.-H.: Nikolaus von Kues. 2. Aufl., Göttingen 1997.

Kee, H. C.: Understanding the New Testament. 5. Aufl., Englewood Cliffs, N. Y. 1993.

Kogan, B. S.: Averroes and the Metaphysics of Causation. Albany 1983.
Kraft, H.: Einführung in die Patrologie. Darmstadt 1991.
Läpple, A.: Der andere Jesus. Ketzer und Poeten, Spötter und Philosophen über Jesus. Augsburg 1997.
Layton, B.: The Gnostic Scriptures. New York, London 1987.
Leroy, H.: Jesus. Überlieferung und Deutung. 3. Aufl., Darmstadt 1999.
Martin, J. u. B. Quint (Hrsg.): Christentum und antike Gesellschaft. Darmstadt 1990.
McKitterick, R.: The Carolingians and the Written Word. Cambridge 1989.
Mensching, G.: Thomas von Aquin. Frankfurt a. M. 1995.
North, J. D.: Stars, Minds and Fate: Essays in Ancient and Medieval Cosmology. London 1989.
Ohlig, K.-H.: Ein Gott in drei Personen? Vom Vater Jesu zum »Mysterium« der Trinität. Mainz, Luzern 1999.
O'Meara, J.: Eriugena. Oxford 1988.
Osborn, E.: Anfänge christlichen Denkens. Düsseldorf 1987.
Pelikan, J.: Jesus Christus. Erscheinungsbild und Wirkung in 2000 Jahren Kulturgeschichte. Zürich, Einsiedeln, Köln 1986.
Rosa, P. de: Der Jesus-Mythos. Über die Krise des christlichen Glaubens. München 1991.
Ruh, K.: Meister Eckhart. 2. Aufl., München 1989.
Sanders, J. T.: Ethics in the New Testament. Philadelphia, London 1986.
Scherer, G.: Philosophie des Mittelalters. Stuttgart 1993.
Schönberger, R. u. B. Kible (Hrsg.): Repertorium edierter Texte des Mittelalters aus dem Bereich der Philosophie und angrenzender Gebiete. Berlin 1994.
Schulthess, P. u. R. Imbach: Die Philosophie im lateinischen Mittelalter. Ein Handbuch mit einem bio-bibliographischen Repertorium. Zürich 1996.
Southern, R. W.: Robert Grosseteste. The Growth of an English Mind in Medieval Europe. Oxford 1986.
Spoto, D.: Jesus, der Mann aus Nazareth. Sein Leben, seine Bedeutung, seine Geheimnisse. Hamburg, Wien 1999.
Sturlese, L.: Die deutsche Philosophie im Mittelalter. München 1993.
Weber, M.: Gesammelte Aufsätze zur Religionssoziologie. Tübingen 1988.
Wöhler, H.-U.: Texte zum Universalienstreit. Bd. 2: Hochscholastik und spätmittelalterliche Scholastik. Berlin 1994.

7

Augustijn, C.: Erasmus von Rotterdam. Leben – Werk – Wirkung. München 1986.
Bachmeister, C.: Giordano Bruno. Von den heroischen Leidenschaften. Hamburg 1989.
Bartuschat, W.: Baruch de Spinoza. München 1996.

Baruzzi, A.: Einführung in die politische Philosophie der Neuzeit. Darmstadt 1993.
Blum, P. R.: Giordano Bruno. München 1999.
Ders.: Philosophen der Renaissance. Darmstadt 1999.
Brandt, K.: Geschichte der deutschen Volkswirtschaftslehre. Bd. 1: Von der Scholastik bis zur klassischen Nationalökonomie. Freiburg i. Br. 1992.
Buck, A. (Hrsg.): Pico della Mirandola. Über die Würde des Menschen. Lat.-dt. Hamburg 1990.
Burke, P.: Die europäische Renaissance. München 1988.
Chastel, A.: Leonardo da Vinci. München 1990.
Clatterbaugh, K.: The Causation Debate in Modern
Philosophy, 1637–1739. London 1999.
Fauvel, J. (Hrsg.): Newtons Werk. Basel 1993.
Fischer, E. P. (Hrsg.): Neue Horizonte. München 1993.
Fischer K.: Galileo Galilei. München 1983.
Freyer, H.: Machiavelli. Weinheim 1986.
Gerl, H.-B.: Einführung in die Philosophie der Renaissance. 2. Aufl., Darmstadt 1995.
Grassi, E.: Einführung in die humanistische Philosophie. 2. Aufl., Darmstadt 1991.
Grendler, P. F.: Schooling in Renaissance Italy: Literacy and Learning 1300–1600. Baltimore 1989.
Kersting, W.: Die politische Philosophie des Gesellschaftsvertrags. Darmstadt 1994.
Ders.: Niccolò Machiavelli. 2. Aufl., München 1998.
Kreimendahl, L.: Philosophen des 17. Jahrhunderts. Darmstadt 1999.
Krohn, W.: Francis Bacon. München 1987.
Lindberg, D. C.: Die Anfänge des abendländischen Wissens. München 2000.
Mayr, O.: Uhrwerk und Waage. Autorität, Freiheit und technische Systeme in der frühen Neuzeit. München 1987.
Mojsisch, B. (Hrsg.): Pietro Pomponazzi. Abhandlung über die Unsterblichkeit der Seele. Lat.-dt. Hamburg 1990.
Mout, N. (Hrsg.): Die Kultur des Humanismus. München 1998.
Perler, D.: René Descartes. München 1998.
Schmitt C. B.: The Cambridge History of Renaissance Philosophy. Cambridge 1988.
Schneider, I.: Isaac Newton. München 1988.
Schüller, V.: Isaac Newton. Die mathematischen Prinzipien der Physik. Berlin 1999.
Sorell, T. (Hrsg.): The Rise of Modern Philosophy. The Tension between the New and Traditional Philosophies from Machiavelli to Leibniz. Oxford 1993.
Starobinski, J.: Montaigne. Denken und Existenz. München, Wien 1986.
Weier, W.: Die Grundlegung der Neuzeit. Typologie der Philosophiegeschichte. Darmstadt 1988.

Weigl, E.: Instrumente der Neuzeit. Stuttgart 1990.
Welzig, W.: Erasmus von Rotterdam. Werke. Darmstadt 1995.
Whitney, C.: Francis Bacon. Frankfurt a. M. 1989.
Woolhouse, R.: Descartes, Spinoza, Leibniz. The Concept of Substance in Seventeenth Century Metaphysics. London 1993.

8

Adam, A.: Despotie der Vernunft? Freiburg i. Br. 1999.
Barudio, G.: Das Zeitalter des Absolutismus und der Aufklärung. Frankfurt a. M. 1991.
Baumgartner, H. M.: Kants ›Kritik der reinen Vernunft‹. 4. Aufl., Freiburg i. Br. 1996.
Beetz, M. u. G. Cacciatore: Die Hermeneutik im Zeitalter der Aufklärung. Köln 2000.
Berghahn, K. L.: Grenzen der Toleranz. Juden und Christen im Zeitalter der Aufklärung. Köln 2000.
Best, O. F. (Hrsg.): Moses Mendelssohn. Ästhetische Schriften in Auswahl. 3. Aufl., Darmstadt 1994.
Buck, A.: Humanismus. Europäische Entwicklung in Dokumenten und Darstellungen. Freiburg i. Br. 1987.
Busche, H.: Leibniz' Weg ins perspektivische Universum. Eine Harmonie im Zeitalter der Berechnung. Hamburg 1997.
Clevenot, M.: Krise des Glaubens, das Zeitalter der Aufklärung. Edition Exodus 1997.
Düll, S. u. W. Pass: Frau und Musik im Zeitalter der Aufklärung. Sankt Augustin 1998.
Effertz, D.: Kants Metaphysik. Welt und Freiheit. Zur Transformation des Systems der Ideen in der Kritik der Urteilskraft. Freiburg i. Br. 1994.
Eichberger, T.: Kants Architektur der Vernunft. Freiburg i. Br. 1999.
Engfer, H.-J.: Empirismus versus Rationalismus? Kritik eines philosophiegeschichtlichen Schemas. Paderborn 1996.
Ertl, W.: Kants Auflösung der »dritten Antinomie«. Zur Bedeutung des Schöpfungskonzepts für die Freiheitslehre. Freiburg i. Br. 1998.
Färber, A.: Die Begründung der Wissenschaft aus reiner Vernunft. Freiburg i. Br. 2000.
Flasch, K. u. U. R. Jeck (Hrsg.): Das Licht der Vernunft. Die Anfänge der Aufklärung im Mittelalter. München 1997.
Gerhardt, V.: Immanuel Kants Entwurf ›Zum ewigen Frieden‹.
Darmstadt 1995.
Ders.: Friedrich Nietzsche. 2. Aufl., München 1995.
Heckmann, R.: Kants Kategoriendeduktion. Ein Beitrag zu einer Philosophie des Geistes. Freiburg i. Br. 1997.
Herb, K.: Bürgerliche Freiheit. Politische Philosophie von Hobbes bis Constant. Freiburg i. Br. 1999.
Hilzinger, S.: Anekdotisches Erzählen im Zeitalter der Aufklärung. Stuttgart 1997.
Höffe, O.: Immanuel Kant. 4. Aufl., München 1996.

Hösle, V. u. C. Jermann (Hrsg.): Giovanni Battista Vico. Prinzipien einer neuen Wissenschaft über die gemeinsame Natur der Völker. Hamburg 1990.
Klamt, J.-C.: Sternwarte und Museum im Zeitalter der Aufklärung. Mainz 1999.
König, S.: Zur Begründung der Menschenrechte. Hobbes – Locke – Kant. Freiburg i. Br. 1994.
Kulenkampff, A.: George Berkeley. München 1987.
Kulenkampff, J.: David Hume. München 1989.
Löhrer, G.: Menschliche Würde. Wissenschaftliche Geltung und metaphorische Grenze der praktischen Philosophie Kants. Freiburg i. Br. 1995.
Matussek, P. (Hrsg.): Goethe und die Verzeitlichung der Natur. München 1998.
Meyer, H.: Kants transzendentale Freiheitslehre. Freiburg i. Br. 1996.
Nisters, T.: Kants kategorischer Imperativ als Leitfaden humaner Praxis. Freiburg i. Br. 1989.
Oehler, K.: Charles Sanders Peirce. München 1993.
Otto, S.: Giovanni Battista Vico. Stuttgart 1989.
Schlüter, G.: Die französische Toleranzdebatte im Zeitalter der Aufklärung. Materiale und formale Aspekte. Tübingen 1992.
Schneiders, W. (Hrsg.): Lexikon der Aufklärung. München 1995.
Ders.: Das Zeitalter der Aufklärung. München 1997.
Schönecker, D.: Kant: Grundlegung III. Die Deduktion des kategorischen Imperativs. Freiburg i. Br. 1999.
Spaemann, R.: Rousseau. Bürger ohne Vaterland. München 1980.
Specht, R.: John Locke. München 1989.
Stachowiak, H. (Hrsg.): Pragmatik. Bd. 1: Pragmatisches Denken von den Ursprüngen bis zum 18. Jahrhundert. Darmstadt 1997.
Steinvorth, U.: Freiheitstheorien in der Philosophie der Neuzeit. 2. Aufl., Darmstadt 1994.
Streminger, G.: David Hume. Sein Leben und sein Werk. 3. Aufl., Paderborn 1995.
Zeeden, E. W.: Europa im Zeitalter des Absolutismus und der Aufklärung. Stuttgart 1981.
Zotta, F.: Immanuel Kant. Legitimität und Recht. Eine Kritik seiner Eigentumslehre, Staatslehre und seiner Geschichtsphilosophie. Freiburg i. Br. 2000.
Zuber, K.-H. u. H. Holzbauer: Vom Zeitalter der Aufklärung bis zum Ersten Weltkrieg. Bamberg 1995.

9

Baumgartner, H.-M. u. H. Korten: Schelling. München 1996.
Böhmer, O. A.: Als Schopenhauer ins Rutschen kam. 2. Aufl., München 1998.
Borsche, T.: Wilhelm von Humboldt. München 1990.
Braun, L.: Geschichte der Philosophiegeschichte. Darmstadt 1990.

Bubner, R.: Innovationen des Idealismus. Göttingen 1995.
Fellner, F. (Hrsg.): Geschichte der Philosophie im 19. Jahrhundert. Positivismus, Linkshegelianismus, Existenzphilosophie, Neukantianismus, Lebensphilosophie. Reinbek 1996.
Fleischer, M.: Der »Sinn der Erde« und die Entzauberung des Übermenschen. Darmstadt 1993.
Gamm, G.: Der deutsche Idealismus. Eine Einführung in die Philosophie von Fichte, Hegel, Schelling. Stuttgart 1997.
Gander, H.-H.: Positivismus als Metaphysik. Freiburg i. Br. 1988.
Hauskeller, M.: Vom Jammer des Lebens. Einführung in Schopenhauers Ethik. München 1998.
Henrich, D.: Konstellationen, Probleme und Debatten am Ursprung der idealistischen Philosophie 1789–1795. Stuttgart 1991.
Hösle, V.: Hegels System. 2. Aufl., Darmstadt 1998.
Janke, W.: Fichtes ›Wissenschaftslehre 1805‹. Darmstadt 1999.
Kaufmann, W.: Nietzsche. 2. Aufl., Darmstadt 1988.
Kesselring, T.: Jean Piaget. 2. Aufl., München 1999.
Leiber, T.: Vom mechanistischen Weltbild zur Selbstorganisation des Lebens. Freiburg i. Br. 1999.
Mach, E.: Erkenntnis und Irrtum. Darmstadt (Repr.) 1987.
Makkreel, R. A.: Dilthey. Philosoph der Geisteswissenschaften. Frankfurt a. M. 1991.
Malter, R.: Der eine Gedanke. Hinführung zur Philosophie Arthur Schopenhauers. Darmstadt 1988.
Mayer, V.: Gottlob Frege. München 1996.
Montinari, M.: Friedrich Nietzsche. Berlin 1991.
Nagl, L.: Charles Sanders Peirce. Frankfurt a. M. 1992.
Niemeyer, C.: Nietzsches andere Vernunft. Psychologische Aspekte in Biographie und Werk. Darmstadt 1998.
Oesterreich, P. L.: Das gelehrte Absolute. Metaphysik und Rhetorik bei Kant, Fichte und Schelling. Darmstadt 1997.
Okochi, R.: Wie man wird, was man ist. Gedanken zu Nietzsche aus östlicher Sicht. Darmstadt 1995.
Rohs P.: Johann Gottlieb Fichte. München 1991.
Salaquarda, J. (Hrsg.): Nietzsche. Studienausgabe. 2. Aufl., Darmstadt 1996.
Schmidt, A.: Emanzipatorische Sinnlichkeit. Feuerbachs anthropologischer Materialismus. München 1988.
Son, G.: Schopenhauers Ethik des Mitleids und die indische Philosophie. Freiburg i. Br. 2000.
Stegmaier, W.: Nietzsches ›Genealogie der Moral‹. Darmstadt 1994.
Volpi, F. (Hrsg.): Schopenhauer, Arthur. Die Kunst, glücklich zu sein. München 1999.
Volz, P. D.: Nietzsche im Labyrinth seiner Krankheit. Eine medizinisch-biographische Untersuchung. Würzburg 1990.
Wolf, J.-C.: John Stuart Mills ›Utilitarismus‹. Ein kritischer Kommentar. Freiburg i. Br. 1992.

Altner, G.: Leben in der Hand des Menschen. Darmstadt 1998.
Barrow, J. D.: Die Entdeckung des Unmöglichen. Forschung an den Grenzen des Wissens. Berlin, Heidelberg 1999.
Baruzzi, A.: Freiheit, Recht und Gemeinwohl. Grundlagen einer Rechtsphilosophie. Darmstadt 1990.
Bayertz, K. (Hrsg.): Verantwortung. Prinzip oder Problem? Darmstadt 1995.
Baynes, K. u. a. (Hrsg.): After Philosophy. End or Transformation? Cambridge, Mass. 1987.
Bielefeldt, H.: Philosophie der Menschenrechte. Darmstadt 1998.
Böhme, G. (Hrsg.): Klassiker der Naturphilosophie. Von den Vorsokratikern bis zur Kopenhagener Schule. München 1989.
Braun, E.: (Hrsg.): Der Paradigmenwechsel in der Sprachphilosophie. Darmstadt 1996.
Breil, R.: (Hrsg.): Naturphilosophie. Freiburg i. Br. 2000.
Breuer, I. u. a. (Hrsg.): Welten im Kopf. Profile der Gegenwartsphilosophie. 3 Bde, Hamburg 1996.
Brockman, J.: Die dritte Kultur. Das Weltbild der modernen Naturwissenschaft. 2. Aufl., München 1996.
Burkard, F.-P. (Hrsg.): Kulturphilosophie. Freiburg i. Br. 2000.
Calvin, W. H.: Der Strom, der bergauf fließt. Eine Reise durch die Evolution. München 1994.
Ders.: Der Schritt aus der Kälte. Klimakatastrophen und die Entwicklung der menschlichen Intelligenz. München 1997.
Ders.: Die Sprache des Gehirns. Wie in unserem Bewußtsein Gedanken entstehen. München 2000.
Dahme, H. J. u. O. Rammstedt (Hrsg.): Georg Simmel und die Moderne. Frankfurt a. M. 1984.
Davies, P.: Sind wir allein im Universum? Bern, München, Wien 1996.
Davoust, E.: Signale ohne Antwort? Die Suche nach außerirdischem Leben. Weyarn 1997.
Drake, F. u. D. Sobel: Signale von anderen Welten. Augsburg 1997.
Eigen M. u. R. Winkler: Das Spiel. Naturgesetze steuern den Zufall. 8. Aufl., München, Zürich 1987.
Ferris, T.: Das intelligente Universum. München 1995.
Ders.: Chaos und Notwendigkeit. Report zur Lage des
Universums. München 2000.
Fischer, J.: Philosophische Anthropologie – eine Denkrichtung des 20. Jahrhunderts. Freiburg i. Br. 2000.
Fleischer, M. (Hrsg.): Philosophen des 20. Jahrhunderts. Eine Einführung. Darmstadt 1990.
Gell-Mann, M.: Das Quark und der Jaguar. Vom Einfachen zum Komplexen – die Suche nach einer neuen Erklärung der Welt. München, Zürich 1994.
Genz, H.: Die Entdeckung des Nichts. Leere und Fülle im Universum. München 1994.

Ders.: Wie die Zeit in die Welt kam. Die Entstehung einer Illusion aus Ordnung und Chaos. München 1996.

Gloy, K. u. M. Bachmann (Hrsg.): Das Analogiedenken. Freiburg i. Br. 1999.

Haken, H.: Synergetik. 3. Aufl., Berlin, Heidelberg 1990.

Haller, R.: Neopositivismus. Darmstadt 1993.

Harrison, A. A.: After Contact. The Human Response to Extraterrestrial Life. New York 1997.

Heisenberg W.: Physik und Philosophie. Frankfurt a. M., Berlin, Wien 1990.

Hirsch Hadorn, G.: Umwelt, Natur und Moral. Eine Kritik an Hans Jonas, Vittorio Hösle und Georg Picht. Freiburg i. Br. 1999.

Höffe, O. u. a. (Hrsg.): Lexikon der Ethik. 5. Aufl., München 1997.

Horgan, J.: An den Grenzen des Wissens. München 1997.

Horster, D.: Jürgen Habermas. Stuttgart 1991.

Hügli, A. u. P. Lübcke (Hrsg.): Philosophie im 20. Jahrhundert. Reinbek 1992.

Huntington, S. P.: Kampf der Kulturen. München 1996.

Jantsch, E.: Die Selbstorganisation des Universums. Vom Urknall zum menschlichen Geist. 3. Aufl., München 1986.

Kaku, M.: Zukunftsvisionen. München 1998.

Kanitscheider, B.: Im Innern der Natur. Philosophie und moderne Physik. Darmstadt 1996.

Keil, G. u. H. Schnädelbach (Hrsg.): Philosophie der Gegenwart – Gegenwart der Philosophie. Hamburg 1993.

Kolmer, P. u. H. Korten (Hrsg.): Recht – Staat – Gesellschaft. Freiburg i. Br. 1999.

Kurzweil, R.: Homo sapiens. Leben im 21. Jahrhundert – Was bleibt vom Menschen? Köln 1999.

Kutschera, F. v. u. A. Breitkopf: Einführung in die moderne Logik. Freiburg i. Br. 1999.

Lanzerath, D.: Krankheit und ärztliches Handeln. Zur Funktion des Krankheitsbegriffs in der medizinischen Ethik. Freiburg i. Br. 2000.

Lederman, L. u. D. Teresi: Das schöpferische Teilchen. Der Grundbaustein des Universums. München 1993.

Lewis, J. S.: Unbegrenzte Zukunft. München 1998.

Lottmann, H. R.: Albert Camus. Hamburg 1986.

Lütterfelds, W. u. T. Mohrs (Hrsg.): Eine Welt – eine Moral? Darmstadt 1997.

Mall, R. A.: Philosophie im Vergleich der Kulturen. Darmstadt 1995.

Manstetten, R.: Das Menschenbild der Ökonomie. Der homo oeconomicus und die Anthropologie von Adam Smith. Freiburg i. Br. 1999.

Menne, A.: Folgerichtig denken. 2. Aufl., Darmstadt 1997.

Metraux, A. u. B. Waldenfels (Hrsg.): Leibhaftige Vernunft. Spuren von Merleau-Pontys Denken. München 1986.

Mieth, D. (Hrsg.): Ethik und Wissenschaft in Europa. Freiburg i. Br. 2000.

Minsky, M.: Mentopolis. Stuttgart 1990.
Orth. E. W. u. G. Pfafferott (Hrsg.): Studien zur Philosophie von Max Scheler. Freiburg i. Br. 1994.
Paetzold, E.: Ernst Cassirer. Darmstadt 1995.
Pietrowicz: Helmuth Plessner. Freiburg, München 1992.
Pogge, T. W.: John Rawls. München 1994.
Puntel, L. B.: Wahrheitstheorien in der neueren Philosophie. 3. Aufl., Darmstadt 1993.
Rager, G.: Ich und mein Gehirn. Persönliches Erleben, verantwortliches Handeln und objektive Wissenschaft. Freiburg i. Br. 1999.
Rawls, J.: Die Idee des politischen Liberalismus. Frankfurt a. M. 1992.
Rees, M.: Vor dem Anfang. Eine Geschichte des Universums. Frankfurt a. M. 1997.
Rinofner-Kreidl, S.: Edmund Husserl: Zeitlichkeit und Intentionalität. Freiburg i. Br. 1999.
Rorty, R.: Truth and Progress. Cambridge 1998.
Sagan, C.: Unser Kosmos. Augsburg 1996.
Salamun, K.: Karl Jaspers. München 1985.
Sandvoss, E. R.: Bertrand Russell. 2. Aufl., Reinbek 1991.
Ders.: Sternstunden des Prometheus. Vom Weltbild zum Weltmodell. Frankfurt a. M. 1996.
Ders.: Ethik im globalen Zeitalter. Frankfurt a. M. 1999.
Savigny, E. v.: Die Philosophie der normalen Sprache. Frankfurt a. M. 1993.
Schmidt, A. u. A. Altwicker (Hrsg.): Max Horkheimer heute. Werk und Wirkung. Frankfurt a. M. 1986.
Schüßler, W. (Hrsg.): Philosophische Anthropologie. Freiburg i. Br. 2000.
Strawson, P. F.: Analyse und Metaphysik. München 1994.
Seifert, J.: Das Leib-Seele-Problem und die gegenwärtige philosophische Diskussion. 2. Aufl., Darmstadt 1989.
Seiffert, H.: Einführung in die Wissenschaftstheorie. 4 Bde, München 1992 ff.
Ströker, E.: Husserls transzendentale Phänomenologie. Frankfurt a. M. 1987.
Thiel, C.: Philosophie und Mathematik. Darmstadt 1995.
Van Doren, C.: Geschichte des Wissens. Basel, Boston, Berlin 1996.
Volpi. F. u. Nida-Rümelin (Hrsg.): Lexikon der philosophischen Werke. Stuttgart 1988.
Weier, W.: Brennpunkte der Gegenwartsphilosophie. Darmstadt 1991.
Weinberg, S.: Die ersten drei Minuten. Der Ursprung des Universums. 2. Aufl., München, Zürich 1978.
Ders.: Der Traum von der Einheit des Universums. München 1993.
Weingarten, M.: Organismen – Objekte oder Subjekte der Evolution? Darmstadt 1993.
White, F.: Der Overview Effekt. München 1993.
Wieser, W. (Hrsg.): Die Evolution der Evolutionstheorie. Berlin, Heidelberg 1994.

Wilson, E. O.: Die Einheit des Wissens. Berlin 1998.
Wolf-Gazo, E.: Whitehead. Einführung in seine Kosmologie. Freiburg i. Br. 1980.
Wuchterl, K.: Streitgespräche und Kontroversen in der Philosophie des 20. Jahrhunderts. Bern 1997.
Wuketits, F. M.: Evolution, Erkenntnis, Ethik. Darmstadt 1984.
Ders.: Verdammt zur Unmoral? Zur Naturgeschichte von Gut und Böse. München, Zürich 1993.

Personenregister

Sachregister

Der Sinn des Lebens

Herausgegeben von
Christoph Fehige, Georg Meggle und Ulla Wessels

dtv 30744

»Eine farbenträchtige Wundertüte.«
Neue Zürcher Zeitung

Dieses gewichtige Buch zu einer gewichtigen Frage hat einen Kern und eine Schale. Im Kern beschäftigen sich einige der seriösesten Philosophen unserer Zeit ausdrücklich mit den Fragen, die sich um den Sinn des Lebens drehen. Ihr Nachdenken wird recht umfassend, zum Teil erstmals in deutscher Übersetzung, repräsentiert. Die Schale ist bunt: Bilder, Gedichte, Geschichten über das Leben, das Universum und alles. Ein Lesebuch zum Studieren, Stöbern, Schmunzeln, Nach- Mit- und Weiterdenken.

»Der Einladung zur Lektüre kann man gar nicht widerstehen. Denn wo immer man dieses leichte Buch voll tiefen Ernstes aufschlägt, springt einen Bedenkenswertes an.«
Kölner Stadtanzeiger

»Der vorliegende Band gehört in jeden Haushalt.«
Die Zeit

Geschichte der Ethik

Die Frage nach dem richtigen Handeln und der richtigen Lebensführung gehört zu den zentralen Gegenständen philosophischen Denkens. Die auf vier Bände angelegte ›Geschichte der Ethik‹ eröffnet einen Überblick über die grundlegenden Anschauungen und Systeme der Ethik und führt in die Lektüre der wichtigsten philosophischen Texte ein. Bisher liegen vor:

Michael Hauskeller

Geschichte der Ethik
Antike

Originalausgabe
dtv 30634

Der erste Band der Geschichte der Ethik stellt die wichtigsten Systeme dieser philosophischen Disziplin in der Antike – Platon, Aristoteles, Epikur und die Stoa – vor und gibt damit auch eine Einführung in die grundlegenden Methoden philosophischen Denkens.

Michael Hauskeller

Geschichte der Ethik
Mittelalter

Originalausgabe
dtv 30727

Im abendländischen Mittelalter treten mit der christlichen Heilslehre Glaube, Liebe und Hoffnung an die Seite der Erkenntnis des Guten. Sich selbst zu erkennen und im Spannungsfeld von Willensfreiheit und Determination durch den allmächtigen Gott den richtigen Weg zu wählen, hält die mittelalterliche Geisteswelt in Atem.

Philosophie jetzt!

Herausgegeben von Peter Sloterdijk
Ein Wegweiser zu den Texten der großen Philosophen,
sachkundig ausgewählt und kommentiert

Aristoteles
Ausgewählt und vorgestellt
von Annemarie Pieper
dtv 30682

Giordano Bruno
Ausgewählt und vorgestellt
von Elisabeth v. Samsonow
dtv 30690

Fichte
Ausgewählt und vorgestellt
von Günter Schulte
dtv 30687

Hegel
Ausgewählt und vorgestellt
von Günter Schulte
dtv 30685

Kant
Ausgewählt und vorgestellt
von Günter Schulte
dtv 30683

Kierkegaard
Ausgewählt und vorgestellt
von Boris Groys
dtv 30688

Leibniz
Ausgewählt und vorgestellt
von Thomas Leinkauf
dtv 30691

Marx
Ausgewählt und vorgestellt
von Oskar Negt
dtv 30684

Nietzsche
Ausgewählt und vorgestellt
von Rüdiger Safranski
dtv 30689

Platon
Ausgewählt und vorgestellt
von Rafael Ferber
dtv 30680

Sartre
Ausgewählt und vorgestellt
von Thomas H. Macho
dtv 30681

Schopenhauer
Ausgewählt und vorgestellt
von Peter Sloterdijk
dtv 30686

Klassische philosophische Texte von Frauen

Herausgegeben von Ruth Hagengruber
dtv 30652

Denken Frauen anders? Lange Zeit herrschte die Auffassung, Frauen könnten überhaupt nicht denken. Doch heute ist gewiss, dass sie es können – und es auch tun. »Bediene dich deines Verstandes!« forderte Christine de Pizan, Autorin des berühmten ›Buches von der Stadt der Frauen‹, ihre Geschlechtsgenossinnen schon zu Beginn des 15. Jahrhunderts auf und viele folgten dieser Maxime. Immer mehr neu und wieder entdeckte Zeugnisse zeigen den Beitrag philosophierender Frauen zur Geschichte des Denkens und der Welterkenntnis.
Ruth Hagengruber hat grundlegende und wirkungsreiche Texte von Philosophinnen aus sechshundert Jahren – zum Teil erstmals in deutscher Sprache – zugänglich gemacht. In der Einleitung werden die Grundzüge feministischer Philosophie aufgezeigt und wesentliche Fragen erläutert. Es folgen Textauszüge aus den Werken von Christine de Pizan, Marie de Jars de Gournay, Margaret Cavendish, Anne Finch Convay, Olympe de Gouges, Mary Wollstonecraft, Emilie du Châtelet, Sophie Germain, Harriett Taylor-Mill, Charlotte Perkins Gilman, Hedwig Conrad-Martius, Edith Stein, Simone Weil, Simone de Beauvoir und Hannah Arendt.